張之洞

坐对天池一长啸

王凤翔／著

中国文史出版社
CHINA CULTURAL AND HISTORICAL PRESS

图书在版编目（C I P）数据

张之洞：坐对天池一长啸 / 王凤翔著 . -- 北京：中国文史出版社，2019.11

ISBN 978-7-5205-1845-1

Ⅰ . ①张… Ⅱ . ①王… Ⅲ . ①张之洞（1837-1909）—传记 Ⅳ . ① K827=52

中国版本图书馆 CIP 数据核字 (2019) 第 286848 号

责任编辑：梁玉梅

出版发行：中国文史出版社

社　　址：北京市海淀区西八里庄路 69 号院　**邮编：**100142

电　　话：010-81136606　81136602　81136603（发行部）

传　　真：010-81136655

印　　装：北京新华印刷有限公司

经　　销：全国新华书店

开　　本：16 开

印　　张：29　　**字数：**503 千字

版　　次：2021 年 1 月北京第 1 版

印　　次：2021 年 1 月第 1 次印刷

定　　价：79.80 元

目录

楔 子

历史上凡是事业有成的人个性都比较强。这是因为良好的个性胜于卓越的才智。个性比智力更崇高，并能不断挖掘潜力。个性强的人像行星一样，只要开始行动，总会闪烁其光辉，把个人的气质带出来。

其一：

所有历史都是战争史。

历史既是战争史又是文明史。

炮火炸毁了原来的历史，但又炸出了新的历史。

然而谁也不能阻挡历史前进的步伐。

只有历史才是思想史，才是斗争史，才是文明史。

其二：

所有人的生活都是历史。

没有人的生活也就没有历史。

人类在历史上扮演着重要角色，历史是从人类命运的集合体当中产生出来的。

频繁的斗争确定了人类历史，而这样的历史将是永远的人间戏剧。

只有历史才是生活史，才是经济史，才是文明史。

啊！历史是伟大的，横躺着我们尊敬的伟大的祖先！

啊！人类更是伟大的，创造着我们未来的伟大的历史。

1852年（咸丰二年）深秋，南方大山的竹林、椰子树、橡胶树还是一片翠绿的时候，北方大山的枫叶恰恰是一片火红。

可是，地处贵州兴义府管辖的龙井山已是一片火海，那种盎然生机的翠绿不复存在。

山上淙淙流淌的碧绿的珍珠泉渐渐变成红色。

拉杆炮、盘山炮仍在不停地轰炸……

碎石翻滚，沙土飞扬。

灿烂的骄阳被乌黑的硝烟遮掩，大地的震颤融入人们的心律。

炮声唤醒了沉睡的杜鹃鸟，鲜血染红了黄色的山菊花。

继而便是冲杀声、暴喊声……短刀长矛搏击的铿锵声……

声声震耳欲聋，在岭上谷底回荡，像雄狮振鬃嘶叫……

这里，乃是响应太平军号召的贵州农民起义队伍与兴义府清军官兵展开殊死搏斗的地方。

山顶上，如龙似蛇的坑道掩体接连着一个个山包，然而这些掩体堑壕被炮火炸得参差不齐，野草灌木也在不停地燃烧，并发出噼里啪啦的响声。

掩体内外，清军士卒的尸体横七竖八；坡上峰下，农民起义军的尸体横躺竖卧。残杀、搏斗、流血、牺牲……惨烈悲壮，目不忍睹。

掩体后侧的山坳里，架设一个竹棚，棚顶上铺盖着芭蕉叶片和绿枝杂草，四周没有棚壁，可以观看山下一切动静。伪装同青山融为一体，瞭望可四野尽收眼底。此处，乃是清军指挥部。

站在指挥部的兴义府知府张锳，手持筒状望远镜正在朝着大山东侧的起义军将士观望时，一发拉杆炮弹飞来，炸落在指挥部附近的山石上，顿即碎石飞溅，恰巧砸在他的红顶上。他的前额被击伤了，殷红的鲜血汩汩流出。

副将薛亮一见知府张锳受伤，马上喊道："医生在哪儿？快来给张大人包扎！"

卫兵带着外科医生急匆匆地跑来。

外科医生打开急救包，取出云南白药、纱布、绷带，给张锳包扎伤口。

张锳毫不介意，他心里惦记山上的阵地，忍着疼痛，转过头颅，面向薛亮命令道："薛将军，不要管我，赶快组织军队，准备迎击敌人反攻！"

"是！张大人！"薛亮应声后，转身面对山峰后面的清军士兵们，大声命令，"弟兄们，进入掩体，准备战斗！"

士兵们手持兵刃，立即跑向掩体。

炮火还在继续，但基本稀疏下来。

这时，只见一位书生打扮的少年，指挥着一队清军士兵肩抬圆木、滚石，朝掩体工事走来。

张锳一见儿子帮他运送这种土制兵器，心里非常高兴，不无安慰地说："老四，行啊，没白养活你，你还帮助为父干点儿事！"

"父亲，这算不了什么！"少年一边大声回话，一边指挥清军士兵，"弟兄们，把东西散开摆好！"

士兵们遵照命令忙活起来。

"好样儿的，干得不错！儿子！"张锳不禁赞道。

这位少年谦逊地摇了摇头。他名叫张之洞，是张锳的四子。他那宽阔的前额藏匿着睿智，浓黑的双眉显示出刚毅，又黑又亮的双眸透射出机敏，挺直的鼻梁和宽大的鼻翼象征着坚毅；尖尖的下颏把脸庞拉得上宽下窄，好似花瓣儿形的嘴角显得更加分明，尤其那凹陷的两腮将本来就很突出的颧骨托得更高更陡了。他的身材不高，上身长，下肢短，但走起路来矫健飞快。邻居们议论他将来可能是个矮个儿，可家人亲友不这样认为，因为他现在仅有十六岁，往后的日子还长着哩，发育长高还是大有可能的。

张之洞听罢父亲的赞誉，开始注意起父亲来。他一见父亲额头上缠着白色绷带，快步奔向跟前，询问道："父亲，您怎么受伤了？"

"不碍事，被石片砸破了头皮，流了点儿血，过几天就会好的。"张锳拍了拍自己身上的沙土，嘱咐儿子说，"老四，你得小心，你和弟兄们要格外注意安全！"

"是，父亲，您放心吧！"张之洞一见父亲欲站起来，急忙伸手去搀扶。

"不用不用！"张锳边说边拿起望远镜观望敌情……只见农民军将士手持刀枪朝山上冲来，遂命令身旁的薛亮，"薛将军，准备反击！"

"是！"薛亮说着转向掩体，大声命令道，"弟兄们，准备放箭！"

手持弓弩的清军士兵，闻声持箭拉开弓弦。

张之洞趴在掩体土堆上，双目望着山下。他看到，坡岭上卧着一具具起义军尸体，但起义军将士照样往山上冲来。

当敌人快到半山腰的时候，薛亮发出命令："射箭！"

弓满月圆，万箭齐发，嗖！嗖！嗖……雕翎箭飞射敌群。

张锳面向张之洞喊道："老四！你还等什么？快，快让弟兄们扔放巨木滚石！"

张之洞一直注视着山坡上的农民起义军将士，他们随着箭声不断地倒下，尸体遍布山冈，太凄惨啦！他，不忍心下命令啊！

"老四，你个混蛋！你没看到我头上的伤吗？敌人上来咱们就没命啦！"张锳厉声呵斥。

张之洞的思绪被父亲的怒吼拉了回来，不得不转过身体，面向手握巨木、滚石的清军士兵发出命令："弟兄们！朝敌人扔下巨木、滚石！"

轰隆隆……轰隆隆……山峰发出回响，令人胆战心惊。巨木、滚石顺着山岭往下飞去……

山下哭声号叫，揪人心弦。

农民起义军将士又倒下一片。

"老四，你知道吗？他们是太平军！"张锳手指着山坡下的农民起义军队伍，面朝张之洞说，"这些亡命徒，已是第八次冲锋了，我们的阵地险些丢失。敌我双方牺牲惨重，这些全是太平军造成的！"

张之洞疑惑地问："什么？他们也是太平军？"

"没错，这些人都是反贼！"张锳两眼望了望冲锋中止的起义军将士，给他的四儿子张之洞讲起了太平军金田起义的故事……

咸丰皇帝登基之前，1848—1850 年，广西灾害频仍，灾民遍野，很多地方的官吏照旧勒索百姓，追讨赋税，以致民怨沸腾。信奉上帝教的广东花县（今属广州）的洪秀全，认为时机成熟，在 1850 年 7 月发布总动员令，命令各地信徒在 11 月 4 日前赶往广西金田村"团营"，准备起义。1851 年 1 月 11 日，洪秀全率领 2 万多拜上帝教徒在金田村宣布起义，建号"太平天国"。全军将士用红布将长发包起来，以示要与大清王朝抗战到底。洪秀全颁布《天命诏旨书》，作为军令约束士兵。3 月 23 日，洪秀全在东乡称天王，以本年为太平天国元年。清廷此时才发现太平军有坚强的组织和严明的纪律，远非天地会等农民起义可比，于是决定集中全力先打击太平军。9 月 25 日，太平军打败清军，夺取永安（今广西蒙山），这是太平军夺取的第一座城池。

1852 年 4 月，太平军攻克全州，由桂入湘，相继占领道州、江华、郴州等地。仅这一带就有 5 万人加入太平军，太平军队伍迅速扩大。贵州农民起义队伍达 3 万人，他们全部参加了太平军，这对当地官府已形成巨大的威胁。

目前，太平军向北、向东，沿长江上游，开始长驱直入。他们很快就要攻克汉阳、汉口，直逼武昌。据说，他们明年春天就将攻克江宁（今江苏省南京）。到那时，太平军可就难对付了。

对于洪秀全率众于金田起义，建立太平天国的军事行动，张之洞已有耳闻。前不久，他到北京参加顺天府乡试时，就听人说过太平军抗击清廷的战事。现在，他听了父亲讲述太平军金田起义的始末，对太平天国及其太平军有了一个基本认识。今天，他目睹贵州兴义地区的太平军如此英勇善战，且不怕牺牲的壮烈行为，打心里佩服。但是，皇上竟然下令，让清军全力以赴给予镇压，这着实残忍。

张锳早就看出四儿的犹豫、彷徨，遂又循循教导："老四，你是读书人，甭看你年龄不大，现已中了举人。有道是，安邦定国，学会臣服，反逆是不会有好下场的！"

父亲这句话如同重锤敲击了他的心弦。他，不由得陷入沉思……

"老四，你不是不知道，为父身为兴义府知府，乃是食皇家俸禄之人，我焉能不为国家尽忠呢？"张锳又以自身说法，教育这位初涉世事的儿子。

张之洞听罢父亲的一席教诲，似乎悟出了一些道理——社稷根本，不可动摇；然唯有民魂，绝不可辱。

此时，杀声四起，农民起义军队伍又发起了冲锋。

可是，清军手中的雕翎箭已经射完。

张之洞只好命令清军士兵把仅有的十几根巨木再次抛向敌军。对方已有精神准备，迅速躲闪，仅有个别人被击伤。

转眼间，起义军将士逼向阵地前沿。

张锳立即命令薛亮："薛将军，快，快集中兵力拼力反击！"

薛亮已经急得满头大汗。他一听张大人又发出紧急命令，于是手持大刀，厉声喊道："弟兄们，跟我来！"

喊声未落，薛亮就跳出掩体。

几百名清军士兵手握兵刃，跟随副将薛亮跃出堑壕，冲向进攻的敌群。

敌我双方一场肉搏战开始了……

那刀剑搏击声一阵紧似一阵，那拼刺喊杀声一浪高过一浪。

兵刃的撞击闪出刺眼的火星，倒下的战士分不清敌我。

绿草上又染上新的鲜血，青山上又摞起新的尸体。

站在指挥部的张锳和趴在掩体土堆上的张之洞，都在紧张地观察阵前厮杀。

薛亮为救那些被敌人围困的清军士兵，只身杀向敌人的包围圈中。

清军士兵被救了。但是，他却被几十名起义军将士团团围住。

形势非常危急。

张之洞大声喊道："薛将军，要小心！"

张锳亦大声命令："薛将军，快，快，快冲出来呀！"

薛亮沉着应战，以一挡十，极力拼杀。一会儿工夫，他刀起刀落，砍死砍伤七八个敌人。

这些刚参加太平军不久的农民起义军将士杀红了眼，呼啦一下，又有十多个人手持长矛短刃围追过来。

清军的其他将士也被起义军将士围杀得水泄不通。

张之洞焦急万分，蹿出掩体，跑向指挥部，大声请示道："父亲，您赶快派兵啊，薛将军他们太危险了！"

"不急，不急！"张锳嘴上这么说，可心里还是非常急的，只是认为现在还不到使用预备队的时候。

"父亲，不能再迟延了，敌人眼看着就冲上阵地了！"张之洞再三催促道，"错过战机，干什么都晚啦！"

张锳不再理睬儿子，两只眼睛紧紧盯住拼杀的阵容。

忽然，听到清军士兵们凄厉地喊道："薛将军——薛将军——薛将军——"

张锳、张之洞仔细地观察……啊！薛亮的左臂被敌人砍掉了！臂膀上的鲜血不住地洒落……他们父子惊吓得"啊"了一声，不禁异口同声地大喊："薛将军！薛将军！薛将军……"

两军阵前损兵折将，这是主帅最心疼的。薛亮断臂当然令张锳心痛万分，将领的损失不仅是他的损失，也是全军的损失。俗话说：千军易得，一将难求。张锳心急如焚，恨不得冲上前去，把敌人斩尽杀绝，将薛亮速速救回。张锳双眸涌出泪珠，但尽力克制，没有流下，而是怆然地呼喊："薛将军……薛将军……"

张之洞看到副将薛亮受到这么大的伤害，实在忍不下去了，随手操起一把短刀，欲纵身跳出掩体……

他刚一跃身，就被一双纤细的手拽住了衣襟。他回头一看，啊，原来是母亲魏芷香。他惊讶地问道："母亲，您怎么到阵地来了？"

"四儿，你咋还问我呀！你一个年少书生，刚刚求上功名，就这么胆大，竟敢跑到战场，难道你就不怕有生命危险吗？"魏芷香又担心又后怕，嗔怨地数落着，"儿子，你是秀才，你是举人，你将来还得求功名、做高官，打仗的事儿用不着你，那是将军和士兵干的。快，快跟我走！"

"娘，这里确实危险，您快回去，快回去吧！"张之洞没答应母亲，而是劝说母亲离开阵地。

"四儿，你算得上'初生牛犊不怕虎'啦！你甭劝我，快跟我回家去！"魏芷香说着往下拉拽张之洞。

"母亲！母亲！我是不能回去的，现在怎么能回去呢！母亲，您，您快下山吧……"张之洞执意不肯离开阵地。

这时，只听张锳对身旁的卫兵大声命令道："快，快去通知预备队！"

"是！"卫兵听令后跑出指挥部。

霎时，只见一位清军头目率领五百名士兵组成的预备队，跑步冲向阵地前沿。

敌我双方再次展开搏杀……

魏芷香一看劝不动老四，不再多说什么了，但她那双手死死地拉住老四，遂扭头朝向指挥部，大声喊叫："老爷！老爷！您快发话呀，让四儿回去！"

阵地上，竟然传来一个女人的喊声……

一直注视阵前杀敌的张锳，这才发现魏夫人上山来了，他朝着她喝声道："夫人，你快离开这里！这是两军交战的地方，你怎么能来这儿呢?!"

"老爷！您以为我愿意来这儿啊！您说得对，前线这么危险，不是女人、孩子来的地方，可是您不能让四儿跟你们一块儿杀敌，他还算不上成人嘛！他出了事儿怎么办？这是闹着玩的吗？"魏芷香劝说中带着埋怨，埋怨中带着恳求，"老爷，您这里不在乎他一个孩子，您说句话吧，让四儿跟我一起回家！"

张锳厉声道："你快下山，等打完这一仗再说！"

魏芷香毫不示弱："我能离开吗？您糊涂啦，当初您把四儿交给我啦，四儿若是有个三长两短，我怎么向他九泉之下的生母交代呀！"

一句话问住了张锳。

张锳马上想起正室夫人朱碧筠……自从她死后，年幼的四子张之洞就由侧室魏芷香抚养。如今，眼看四子长大成人，作为养母魏芷香付出了多年心血，当然放心不下啦。张锳想了想说："好吧，老四，你快跟你母亲下山吧！"

张之洞根本顾不上父母的谈话，更没注意倾听父亲的命令。他的双眸始终注视前方阵地，心里惦记薛亮的伤情，断臂流血过多是会死人的，他多么想把薛亮救回来呀！

万幸啊！薛亮果真被预备队救出重围，几个清军士卒抬着他，亦步亦趋地往山上工事走来。但是，起义军战士仍在穷追不舍。

清军预备队边战边撤。

突然间，一个七八岁的男孩儿从阵地西北方爬上来，连哭带喊地跑向前沿，直奔受伤的薛亮……

张锳放下手中望远镜，大声呼喊："回来！回来！快回来！"

那男孩儿继续朝前跑，哭喊着："爸爸……爸爸……爸爸……"

张之洞已经辨认清楚，这男孩儿名叫薛福德，是副将薛亮的儿子。

连续多日，薛福德知道父亲到龙井山上同太平军打仗，一个人悄悄地爬上山来，隐藏在阵地西北角的树林里。甭看他年龄小，胆子可不小，敌人的炮火一响，他躲在树林里；炮火一停，他就钻出树林，站在高岗上眺望前沿。不过，他离得远，看不太清楚。刚才，他是听卫兵说，他父亲受了重伤，只是还不知道父亲的左臂已经被敌人砍掉。因而，他拼命地喊叫父亲，想看个究竟。他的两腿还在奔跑，非要看到父亲不可。

张之洞深知年幼的薛福德这次跑到阵地上的危险。他是薛亮唯一的儿子，况且他的母亲已经病逝，倘若他有生命之忧，那还了得！

张之洞极力挣脱母亲的双手，跳出掩体，奋不顾身地朝着薛德福跑去，疾声喊道："福德！福德！福德！……"

魏芷香一见张之洞冲向阵地前沿，哭泣地喊叫："四儿！四儿！四儿！……"

第一章 “灵猴转世”禀赋超常人

深秋时节，北方的枫叶红了，南方的枫叶更红。

枫叶红似火。

贵州红枫湖闻名遐迩，位于贵州省贵阳之西三十余公里处。枫香树茂，红叶碧波，绿竹掩映，风景如画，故名“红枫湖”。湖畔有座红枫岭，岭上及湖周长着茂密的枫香树。美丽多姿的红枫湖由北、南、中、后湖四域组成。湖面辽阔，湖水清澈，湖汊蜿蜒，一百多个大小岛屿及半岛散布其间，形成山外有山、水外有水、湖中有岛、岛中有湖的奇异山水风景。泛舟湖中，但见奇峰挺拔，山环水曲，秀色满目，享有“高原明珠”之美誉。

红枫湖的湖、岛、山、洞巧妙结合，构成一幅绚丽多彩的画卷。北湖以岛闻名，鸟岛、蛇岛、龟岛错落起伏，北湖沿岸，坐落着西汉的古墓群，并有明代的“苗王营垒”；南湖以洞著称，将军洞、打鱼洞、水下洞横竖穿插，将军湾和将军山因明朝开国大将胡大海驻防此处而得名；中湖以山引人，两岸峭壁森严，山势险峻，山上松柏苍劲挺拔，山巅之上一石似亭亭仙姑，一石含笑若罗汉；后湖以湾入胜，湾汊众多，纵横交错，看似山重水复，忽又柳暗花明。船头一转，山水相连，如诗如画，尽收眼底。

啊！北湖的岛、南湖的洞、中湖的山、后湖的湾……可谓北湖碧波万顷，南湖山重水复，中湖水狭山奇，后湖群峰环水。红枫湖融山、林、湖、洞诸景为一体，具有“阔、秀、奇、爽”四大奇特景色，泛舟漫游，穿弋于幽谷、石林和汊湾之间，令人感到扑朔迷离。依山傍水建有侗寨、苗寨、布衣寨等民族村寨，汇集了侗寨鼓楼和风雨桥、苗家吊脚楼以及布衣石头城等少数民族的建筑房舍，风情浓郁、古朴自然。

南湖将军湾溶洞群中的将军洞，长达六百米，有三个洞中湖，白而透明的各种钟乳石倒映水中，五光十色，琳琅满目。尽头处有十多米高、二十多米宽的晶莹闪烁大石幔，恰似一面巨瀑从悬崖直泻而下，堪称奇观，胜似仙境，宛如一座水晶宫殿，形成山里有洞、湖里有岛、岛上藏洞、洞中有湖、洞湖相通的别致景象。

南湖将军山更为壮观。春来可观山上野花，夏日可望湖光美色，秋季可看千种树木，冬季可赏归林百鸟。将军山乃红枫湖最高的山峰，登高极目，湖面和岛屿一览无余。站在这里，可以感受到蓝天深邃的宁静和山风阵阵的洗礼，忽然看见一只矫健的苍鹰从头顶掠过，让人顿感身躯涌起一股越海翻山的凌空飞翔的激情。站在这里，我们可一边欣赏千姿百态的红枫湖，一边倾听神奇的古老传说。

晚清时期，贵州省的兴义府所辖将军山一带，还确实流传着一个“灵猴转世”的传说——

贵州高原上的将军山，不仅因其位于红枫湖而闻名于世，而且又以自身的巍峨雄姿而让世人瞩目。将军山透着灵气……山林合一，郁郁葱葱，百鸟欢唱，琼花瑶草，水连银河，天人相合。将身置之，出入化境，此乃似凡非凡之地。啊！远离凡尘的幽静和峰入云霄的气概，显示出独特傲骨，透射着妙造自然。

一年四季，寒来暑往，有一位砍柴樵夫总是在天刚亮的时候，就肩扛着竹扁担、手拿砍刀，来到将军山上，动手砍柴。

然而，在这山巅上，樵夫几乎每天清晨，第一眼便看到一只活了三百年的老猿猴坐在山头，边吃野果边瞭望四方。天长日久，樵夫认识了老猿猴，老猿猴也认识了樵夫。他们彼此相见，都习惯地注意礼节。樵夫向老猿猴挥手打招呼，老猿猴也礼貌地向樵夫张张手臂。有时候，樵夫上山来，还给老猿猴带些水果、米团，老猿猴脸上露出笑容，遂双手作揖，以示礼让。偶尔，老猿猴心情愉快时，主动给樵夫带路，去山峦一角寻找可供砍柴的丛林灌木。

樵夫与老猿猴建立了感情。他每天上山来第一件事，就是先看看它是否还在山头；而它也是如此，几乎天天清晨坐在那块平石上，等候同他会面，而后方才离去。

这一天早晨，樵夫像往常一样，仍是在旭日未升起之前登上山头。但是，那只老猿猴突然不见了。樵夫心里非常焦急，把扁担、砍刀放在老猿猴坐过的那块平石上，手里只提着给老猿猴准备的那把香蕉，开始四处寻找老猿猴。可是，他找了大半天，太阳升起来了，晨雾散去了，根本没有发现老猿猴的踪影。

他万般无奈，只好返回老猿猴往日坐等他的平石前，把香蕉放在石头上面，随后拿起扁担、砍刀，怀着无比惆怅的心情，又去砍柴了。

从此，那只老猿猴再也没露过面。

翻开日历，老猿猴消失的这一天，是1837年9月2日——清道光十七年八月初三。而这一天正好是张之洞诞生之日。

张之洞的容貌让人们引起联想。刚出生的张之洞，长着宽阔的额头，尖削的下腭，高高的颧骨，深深的眼窝闪烁着亮晶晶的双眸，活生生一张猢狲脸。尤其是后来张之洞官至极品，蜚声朝野，于是风言四起，说他是灵猴转世再生，绝非凡人。

殊不知，关于张之洞与猴相似，还有另外一个传说。据传他在北京的家里，养了一只猕猴，但这只猴不是买来的，而是它自己跑来的。它平时就在园中假山洞里栖息，吃园内果木为生。张之洞每天在园里假寐时，这猕猴就坐在他对面调息，也从不打扰人。

当然，“灵猴转世”只是杜撰的传说。

但是，张之洞确实从儿时起就表现出超乎常人的禀赋与聪慧。

张之洞原籍直隶南皮（现河北南皮县）。因其父张锳在贵州兴义府任知府，全家人到这里生活，所以他出生在当地。

张之洞出身官宦世家，他的先祖四代为官，在当时都以清廉而小有名气，但其高祖、曾祖和祖父都仅官止于知县，父亲也仅做到知府。因此他的家族始终处在官僚体系的中下层，在那等级分明的传统社会里，还算不上豪门显宦。尽管如此，父亲还是引以为自豪，经常教育他好好读书，求得功名，要为祖宗争光，特别谈到，祖先官职虽然不大，但为官公正清廉，颇受百姓爱戴，值得后人永远学习。父亲讲到祖父张廷琛当年在福建做县令的时候，自身廉洁，能够秉公执法，所以本县老百姓给祖父送来一块写有烫金字迹“清廉执政”的巨幅横匾。这些教诲，让张之洞铭记于心，为他日后读书、成人、做官起到潜移默化的作用。

张之洞的禀性天赋与聪明智慧之所以超乎常人，与他从幼年起就受到严格的家庭教育和良好的经书教育是分不开的。

父亲张锳，时任兴义府知府，张之洞降生时，他已经四十四岁了。生母朱碧筠，三十六岁。她是张锳的第三任夫人。张之洞排行第四，他之前有三个哥哥、一个姐姐，之后还有两个弟弟和八个妹妹。

一天中午，张锳处理完公务，从府衙回到家中，准备吃午饭。他刚走进院内，就听到婴儿的哭声，便赶忙奔向卧室看个究竟。只见丫鬟抱着小之洞边哄边逗，可他还是不住地哭。他走过去，把儿子抱在怀中，左右摇晃，但小之洞仍然哭声不止。

不一会儿，给张锳准备饭菜的朱碧筠从厨房回来了。她一见张锳正抱着又哭又闹的之洞，礼貌地上前搭话："老爷，您回来啦，把孩子给我，您去饭厅吃饭吧！"

"儿子这么不停地哭，会哭坏身体的！"张锳着实心疼之洞。

朱碧筠微笑道："老爷，孩子哭几声不碍事，哭一哭会长身体的。"

她说着伸手抱过小之洞。小之洞还是哭个不停。

"不行，不行，不能让他总是这么哭！"张锳有些着急，劝说道，"夫人，你应该想些办法嘛！"

"好吧，小翠，你抱着！"朱碧筠把小之洞递给了丫鬟小翠，她转身迈动金莲，走至墙角古琴前，掀开琴弦上面的那块粉红色绸布，坐在矮凳上，双手开始抚琴弹奏。

琴声响起，忽而让人感觉到宛如一股山泉从青山石缝中流出，传来潺潺悦耳的声音；忽而使人感觉到仿佛在汹涌的波涛上，乘着极小的船划行。

琴音、乐曲和旋律把灵魂引向远方。

小翠抱着小之洞已经走过来。小之洞停止了哭声，瞪起了又亮又圆的双眼，看着娘弹拨琴弦。

襁褓中的张之洞生性爱哭，只有母亲朱碧筠的琴声才能让他安静下来，那张稚嫩的小脸蛋儿便露出笑容。

"夫人，你这招儿还真够灵的，咱四儿真不哭了！"张锳觉得有些奇怪，思索了一下，似乎悟出了道理，"哦，对啦，这可能是儿子在胎中常听你弹奏琴瑟的缘故。"

"嗯，如果胎教起作用的话，说不定四儿长大了也喜欢弹琴。"朱碧筠满脸喜色地说。

"好啊，有你这位母亲，但愿儿子将来多才多艺。"张锳面对眼前的妻子，心田荡漾起甜蜜的涟漪。

"我还是希望儿子好好读书，当大文豪、做大学问才有出息！"朱碧筠欠起身来，又把粉红色绸布蒙盖在琴弦上，对张锳说，“老爷，午饭已经备好，请快去用膳吧！”

“好吧，多谢夫人！”张锳说罢，朝饭厅大步走去。

不多时，张锳吃完午饭，就赶忙到府衙处理公务。

繁忙的公务，张锳虽然很累，但只要回家见到夫人就感到无比轻松，夫妻二人的交谈常常让他产生难以形容的愉快。

张锳十分清楚妻子的身世，她可不是普普通通的农家女。朱碧筠出自名门，父亲朱绍恩出身进士，官至四川知州。她本人年轻貌美，聪颖贤淑，琴棋书画，无所不能，特别擅长弹奏古琴。每逢过年过节、八月中秋赏月，朱碧筠总要给全家人弹上一曲，大伙听了之后感到格外开心。有时，张锳处理公务忙碌一天，很晚才能回到家中，累得他满脸倦意，不爱吭声。朱碧筠知书达理，发现后急忙上前劝解安慰。她不仅让丈夫吃好喝好，而且还操起古琴，专门弹奏那些古代名曲如《高山》《流水》……时而婉转优美、悠扬动听，将人引入幽静之地；时而铿锵激荡、撼人心弦，大有万马奔腾之势。随着妻子的美妙琴声，张锳全身的疲劳感荡然无存，愉悦而又亢奋的心情油然而生。

久而久之，张锳对妻子的鼓琴技艺和所奏名曲也能说出一二来。朱筠碧看到丈夫对古琴音乐越来越爱好，不禁高兴地说：“老爷，您如此欣赏琴声，妾身总算遇到知音了！”

“唉！夫人琴艺不亚于古人伯牙，可惜我没有钟子期那般音乐知识，更谈不上完全理解琴意。”张锳如实地回话。

“哎！老爷过誉了，妾身岂敢与伯牙相提并论，人家是古代音乐大师，咱们只是爱好而已！”朱碧筠不好意思地脸颊红了，谦逊地说。

“夫人说得也是。‘伯牙善鼓琴’——《吕氏春秋·本味》就有记载。不过，夫人弹琴，全家人都爱听，小之洞听到你的琴声竟然停止哭泣，这难道不是你的功夫吗？”张锳依然称赞着。

“老爷，荀子《劝学》中讲——‘伯牙鼓琴，而六马仰秣’。妾身这点琴艺，微不足道！”朱碧筠理解丈夫的心意，进而补充道，“请老爷放心，我一定把我的琴艺献给全家人，更要传给小之洞！”

张锳听了妻子这番话，高兴地点点头，说：“好，好啊，夫人教之洞练琴，我教之洞读书，让他发奋上进，从小就养成学习的好习惯。”

“对！咱们共同努力，一定把之洞培养成人，培养成对国家有用的人才！”朱碧筠作为母亲，当然愿意儿子尽早成才。

身为贵州兴义府知府的张锳，深知育子成才的重要性。在当今世上，国家贤良之士无不是接受过严格教育的。仕途靠功名，而功名靠读书。如果儿子读书没有进第的话，那么就难以登上仕途的辉煌道路。抓好儿子的读书，是儿子的终身大事。他听了妻子的话，亦赞同地说："夫人，说得好！从现在起，咱们都要关心之洞的成长，抓好儿时教育，关系到他的一生！"

张之洞降生来到这个世界，就受到父母的如此关爱，真是太幸运了。

对孩子的教育，大人的榜样示范作用至关重要。朱碧筠不仅认识到这个道理，而且认真遵循。之洞两岁刚离开襁褓时，牙牙学语，走路乱晃，看到室内什么东西都新鲜，不只是用手摸一摸，有时还要砸坏，喝水的瓷杯让他砸碎了，饭碗也给摔坏了，笤帚、枕头、衣服扔了满地，可就是走到那架古琴前从不乱抓乱碰，而是掀开绸布，爱抚地摸一摸琴弦。对此，朱碧筠从不呵斥、责骂儿子，一边收拾一边给他讲道理。她心里懂得，之洞是孩子，所做的一切在所难免。这大概就是孩子在做游戏，只是并不会利用游戏，而是在建设或破坏的活动中感受幸福。之洞在母亲的直接教育和影响下，似乎懂得了一些道理，要热爱自己的家，要尊重母亲的劳动，渐渐地改掉了破坏行为。

开始，朱碧筠并没有急着教儿子学古琴，而是从念诵古诗词入手，让他对文化知识产生兴趣。朱碧筠用毛笔把唐诗写在纸片上，教他边认边念边记。之洞学得很快，几乎一天就能认念、背诵一首。儿子这么好学，让她感到非常高兴。她在教他学习诗词的同时，又教他学练古琴。没有想到，之洞学习古琴达到酷爱的程度，吃完饭就要去弹琴，睡觉前还要弹一弹。

张之洞三岁半，能够背诵《唐诗三百首》；四岁那年，能够给全家人演奏十多首初学的古琴乐曲。

之洞的聪颖好学和超凡记忆力，传遍了左邻右舍。家里经常挤满了男男女女的客人，大家争抢着要听听这个仅四岁的娃娃背诗和弹琴。之洞并不胆怯，让他背诗他二话不说，就挺着胸脯张口背诵，让他弹琴他就端坐在琴前，认认真真地弹奏。当他背完诗、弹完琴的时候，常常赢得大伙一阵阵热烈的掌声。他站起身，带着自豪的神情，给大家招招那双小手。接着，大家又是一阵鼓掌。

张锳、朱碧筠夫妇俩更是喜出望外。他们不只是对之洞的博强记忆感到惊诧不已，而且对他的幼年聪颖和可塑性抱有无限希望。张锳感慨地说："夫人，咱们要重视对之洞的培养教育，千万不能懈怠，将来他一定会成大器的！"

“老爷说得对，我也看出，之洞是棵好苗子。古人讲，一岁看大，三岁看老。但再好的树苗也得靠培植，否则是长不成参天大树的！”朱碧筠赞同丈夫关于育子的想法，必须持之以恒，长期抓下去。她走到书桌前，拉开抽屉，翻找出几年前从娘家带来的古琴名曲乐谱，呈递到丈夫面前说：“老爷，您看，这些都是古琴名曲，明年之洞四岁了，我准备教他弹奏！”

“好、好，太好啦！”张锳一看，还真是名曲，抖了抖曲谱，赞道，“这是《高山》《流水》……当然是名曲了！不过教之洞学习这样的琴曲，可要费点劲了！”

“没问题，他悟性很强，又知道用功，我一定把他教会！”朱碧筠充满信心地说。

看到妻子对儿子的教育和培养如此用心，张锳意识到自己的行动慢了，亦表态说：“我从现在开始，也要做好全面准备，先给儿子选购书籍，再去物色先生，及早对他进行正式教育。”

“好吧，我这里继续抓好之洞的学前教育，请老爷尽管放心！儿子的成才……还，还得靠……靠老爷哩……”朱碧筠说着话，脸憋得通红，有些喘不过气来。接着，她便是一通咳嗽。

“夫人，你怎么啦？是不是病啦？”张锳关心地问道。

“没，没有……”朱碧筠故意掩饰，但还是呼哧、呼哧地喘气。

“不行，这得赶紧请大夫看哪！”

“不，不用……”

张锳急忙转身走出卧室，安排人去请医生。

少许，张锳陪着一位老中医，快步踏进室内。

朱碧筠一见医生进来，立即吩咐丫鬟给医生端茶倒水。

老中医摆了摆手，表示谢绝，遂马上给朱碧筠切脉问诊。经诊断，老中医叹了口气，又摇了摇头，把张锳叫到一旁，告诉他说，朱夫人患了肺痨，需赶紧吃药治疗。

张锳一听，吓出了一身冷汗。他深深懂得，肺痨是不治之症。夫人的病症是难以治愈的，这一劫难恐怕是不好逃脱。但他还是请求医生，无论如何要尽力把夫人的病治好。

老中医没有完全拒绝，表示一定尽全力、配好药，给夫人医治。他伏案写好药方，交与张大人，吩咐赶快去药房抓中药。

全家上下都在担心夫人的疾病，张锳更是心重，他让夫人一边服药一边静养。可朱碧筠心里着急，总想教之洞练琴，又怕把疾病传染给孩子，她将之洞暂时交给丫鬟小翠看养，自己服用一服又一服的中草药，盼望早日好起来，但这可恨的病魔还在缠绕她的身体，迟迟不肯离去。

谢天谢地，经过三个多月的治疗，朱碧筠的肺病总算有了缓解，不管怎的，她不那么咳嗽了，两颊的鲜红色消失下去了。

这时，已经过了春节。张之洞又长了一岁，进入了五岁光景。

朱碧筠一直牵挂儿子学琴的事情，身体刚一好转，就向丈夫提出请求，教儿学艺，不可迟延。无论张锳怎么阻拦，她也不肯就罢。因为她想过，儿子的人生，时间漫长，而自己的人生有限了，患这种病症是不可能根除的，莫不如趁早教儿子学会这些古琴名曲，否则自己一旦倒下，什么都晚了。张锳一看劝阻不了妻子，只好应允，但嘱咐她注意休息，千万不要忘了服药。

那悦耳抒情的琴声从室内传出。站在院子里的府中人们，无不为之感动！

这是一位伟大的母亲，在她身患重病期间，仍在为自己的儿子教琴付出。而这种付出正是奇迹般的爱——真诚的爱在奉献的时候最为丰富——胜似自天而降的恩泽甘霖。人生最后阶段，当她把一切都奉献之后，爱将是永不熄灭的希望之火！

三个多月时光过去了。张之洞跟随他的生母终于学会弹拨那两首古琴名曲：《高山》《流水》……

一天早晨，朱碧筠突然口吐鲜血，面色苍白。年仅五岁的张之洞吓得不知所措，拉着她的手不住地哭喊："娘……娘……你怎么啦……你可不能扔下我呀……娘……娘……我还要跟你学琴哪……"

全家人都围拢在她的病榻前。

张锳已经派人去找医生。他不住声地呼叫："夫人……夫人……"他那大颗的泪珠，滚落在妻子的脸颊上。

玉山倾倒再难扶，清泉逝去永不还。

当老中医跑步来到兴义府知府宅院的时候，贤淑颖慧、多才多艺的朱碧筠已离开人世了。

张锳为夫人朱碧筠举行了厚葬仪式，将她安葬在兴义府城东一座青山上，因为他的第一任、第二任夫人都安葬在这里，让她头朝东南、脚朝西北，以示头枕南海、脚踏昆仑。他还特意给朱碧筠夫人立了一块粉红色的花岗岩石碑，并带着身穿白色孝服的小之洞给其母上坟填土。

之后，每逢清明节，张锳总要带领儿子之洞来到朱碧筠墓前，给他的母亲扫墓祭奠。之洞在给母亲焚烧纸钱的时候，总是双膝跪在石碑前，一连叩上三个头，而思念母亲的两行泪珠默默地流下来了。

在张之洞幼小的心灵深处，母亲给予他的爱已深深扎下根。母亲虽然远去了，但母亲的爱似乎就在眼前，既像星光那样永远灿烂遥远，又像火光那样温暖地照耀全身。世间没有比爱更珍贵的财产了，这是精神上的最大财富。

母亲临终前给张之洞留下的物质上的唯一财产，就是那架古琴。他只要看到这熟悉的古琴，就会想起母亲给他留下的精神上的永恒的爱。他视琴如命，此后他走到哪里，就把古琴带到哪里，并经常抚弄。这架古琴伴随张之洞一生。

这天早饭后，张锳把五岁的小之洞叫到自己的书房，告诉他将他托付给养母的事情，目的是一要照料他的生活，二要监管他的读书。这样免得自己政务繁忙，照顾不了他。之洞询问不知何人做他的养母，张锳告诉他，就是他平日里称为姨妈的魏芷香。张之洞一听是魏芷香，当即就答应了。

这件事就这么定下来了。

魏芷香是张锳的侧室妻子。朱碧筠死后，张锳并没有续娶正室，但让侧室魏芷香主管一切家务。他请她做之洞养母，她非常愉快地答应，表示要像生母那样对待之洞。

魏氏未曾生育，虽然多次治疗，但还是没能开怀。她便视之洞为己出，给他无微不至的关怀照顾。一年四季，她除了给之洞准备好各个季节的衣服外，还不忘督促之洞读书、练琴，并且还教他一些辞赋，拿着书本听他背诵。

欣赏花卉往往给人带来雅兴。魏芷香喜爱四季常开的月季花，常常将亲手盆栽的各色月季摆满之洞的小房间。受养母的这种熏陶，张之洞打小就喜欢月季，并且酷爱一生。

父亲张锳对子女教育的重视令人钦佩。他在夫人朱碧筠生前曾经表示，一定给孩子聘请好先生，准备好各类书籍。朱夫人去世不久，他就着手给孩子选购书籍。他十分清楚，父母关心子女教育将是促其成才的重要原因，尤其是打好儿时基础。

兴义府偏处黔东一隅，经济文化落后，当地根本买不到供孩子们学习的合适书籍。张锳决定去外省买书。

出发前，张锳从兴义府所属军队挑选了两名精干的清军士卒，一名叫薛亮，一名叫王光，随他一起去四川省买书。

由于子女比较多，所购书籍当然就得多了。

这一年盛夏，张锳安排了两辆马车，前往四川成都购书。为了买更为合适的书，孩子们能够用得上，他亲自随车去选购。

烈日当头，山路崎岖，车行极为困难。

他们晓行夜宿，一连数日方赶到成都。在这天府之国，张锳花了五百多两雪花银，左挑右选，购买了数十箱经史子集等各类书籍。他同薛亮、王光一起，协助车夫装上书籍、捆绑固定于车上。

大家初来成都，总得尝一尝四川风味的辣子饭店。张锳一看完成了购书任务，弟兄们长途跋涉很辛苦，遂选了一家饭馆，让大家品尝辣味火锅。沸腾的火锅，一片通红。无论是各种肉片，还是各种蔬菜，都被那红色辣椒调料染得红艳艳的。锅内的肉菜是辣的，杯中的白酒也是辣的，大家边吃边喝，尽管辣得直咧嘴，吸溜吸溜的，但还是吃个不停，喝个不止。嘿，真过瘾！不一会儿，大伙的汗水流下来了。再加上遇到这酷暑炎热的天气，他们个个大汗淋漓。饭店老板走来了，递给他们每人一条毛巾。他们以为这是吃完饭了，擦拭了一下汗水，不想再动筷子了。

张锳看出他们还没有吃饱喝足，便劝他们边吃边喝边擦汗，不要放下筷子！

薛亮、王光以及两个车夫，今天还是头一次与知府张大人同桌共饮，打心里有一种说不出的快活。特别是张大人亲自给他们斟酒，劝他们吃好喝好，更让他们感到无比自豪。他们争抢着给张大人倒酒，而后举杯碰盏。酒席桌上，又活跃起来了。

酒足饭饱，他们走出饭馆，准备启程。

众人分头登上两辆马车。只见两位车夫扬起赶车的马鞭，“啪——啪——”响起清脆悦耳的鞭声，载着满车书籍的车辆飞快地驶出四川成都。

天公不作美。他们在返程的途中，天气忽然变阴。车辆由平原进入山区，道路高低不平，本来驰行就很困难，可又偏偏要遇到雨天，实在令人担忧。张锳命令停车，让大家从车上拿出竹席、雨布，赶快蒙盖车厢内的书籍。

马车停止前进。薛亮、王光和车夫们立即动手，打开竹席、雨布，很快把车上的书籍蒙得严严实实。

接着，他们各自穿上蓑衣，继续驱车赶路。

不一会儿，凉风四起，阴云密布，山顶上掠过一道道闪电，头顶上传来一阵阵惊人心魄的雷声，继而便是铜钱般大的雨点噼里啪啦地砸下来……

山上的雨水不住地往山下流淌，山下的雨水不停地冲刷山底道路。

万幸，实在是万幸！山洪没有暴发。

山路泥泞，行车艰难。辕马走起来，一走一滑。两位车夫勒紧缰绳，小心翼翼地驾车驱行。还好，车内的书籍保存完好，没被雨水淋到。

路上，张锳安慰大伙儿，不要担忧，一定要坚持住，这鬼天气很快就会过去。

甭说，这位知府大人还真猜对了。山里的雨来得快，停得也快。

雨过天晴，红日露出。整个蓝天，一片彩虹。

随着天气的好转，大家的心情开始舒畅起来。傍晚，他们住在一个村镇的车马大店里。张锳再次拿出银两，给大家备好酒菜，慰劳解乏。大伙儿十分佩服张锳，购书款额、往返费用全由他自理。

第二天清晨，启明星还没退去，他们便冒着湿漉漉的晨雾，驱车上路了。

还是几天几夜，张锳带领大家，把满载的两车书籍顺利地运回贵州兴义府。

回到家中，魏芷香一看老爷他们风尘仆仆，顺利归来，心里格外高兴，马上吩咐厨房师傅准备好酒好菜，款待老爷和随行人员。

吃完饭之后，张锳指挥薛亮、王光和车夫们卸下全部书箱，并把箱内经史子集等书籍分门别类地摆放在诸子室内数十个书橱里。张锳还特意为之洞挑选了所学书籍，足够他读到上京赶考。因而他的房间书橱堆得满满的，比其他哥哥都多。

张锳在多少年前就认识到，教师对学生的教育和影响是永久的，在某种意义上超过他的父母。因此，他极为重视给子女聘请塾师。多年来，他为了四个儿子的学业精进，先后聘请过十三名塾师，这些师长学识渊博，功名显著，多为进士、举人、贡生。

早在道光二十一年（1841 年）春节过后，四岁的张之洞开始入家塾启蒙识字。其实，他此时已不在启蒙识字阶段，在他生母的教诲下，他已经认识几百个字了，并会背诵《唐诗三百首》，所以他一入学就比其他孩子学得快多了。父亲张锳给他选了一个好家塾，启蒙老师名叫何养源，是兴义府有名气的教书先生。

何养源先生从《三字经》教起，张之洞打开手中的课本，认真听讲，默默领会。何先生每天教二十个字，之洞念过三四遍即能背诵。不到一个月，他把整本的《三字经》背完了。何先生逢人便夸：“之洞乃神童也！”

这一年的春末夏初，张之洞的生母朱碧筠病逝了。他极为悲痛，无心上学了。父亲张锳、养母魏芷香多次劝他节哀，并让他注意身体、勿忘读书，应以良好的学业报答母亲。何养源先生也知此情，专门到家里看望之洞，亦嘱咐他仍需发奋学习。

张之洞聪明懂事，按照父母和先生的嘱托，每天照常去家塾读书。这一年，之洞的心情一直很沉重，但他的学习成绩在家塾的孩子中间还是最突出的。

第二年，何先生给张之洞单独安排了课程，难度大的应该是《千字文》。张之洞并不畏惧，还像往常一样，按照老师的讲解，反复吟诵，强行记忆。不足一个月，他又将全本《千字文》一字不错地背诵下来。何先生对之洞很满意，再次对他进行表扬。

可是有一天，张之洞竟然没来上课，也没请假，纯属旷课。何先生非常生气，决定惩罚他。

张之洞走到讲台前，主动伸出手来，毫不畏惧地等待先生责打。何先生拿出戒尺，严厉地质问他："张之洞，你一天没来上课，到底干什么去了？为什么不请假？"

"先生，不用多说，你打我就是了！"张之洞没有正面回答何先生的问话，也没有屈服认错，而是态度生硬地请求挨打。

"嘿嘿！你还敢嘴硬！"何先生一手拉住张之洞稚嫩的左手，一手举起戒尺，朝着他的左手掌，"啪！啪！啪！"连打三下。

张之洞疼得合了合眼，但一声没吭，更没落泪。他的左手心一下肿得又红又高。

何先生把戒尺扔在桌子上，愤愤地说："唉！孺子不可教也！"

张之洞没敢再反抗，忍着疼痛，默默地回到他的课桌前。

一连数日，他回家、上学，上学、回家，从没有向家人谈起此事，只是没再弹琴。

事情过后，何养源先生到之洞家中进行家访，这才了解到：之洞旷课那一天，正是清明节，之所以没来上课，是因为他去母亲坟前扫墓；回到家中，他由于思念生母，独自弹了半天古琴，以寄托哀思……

之洞没有请假固然不对，但总是有其原因的。何先生这么一想，着实心内不安，以逃学论处之洞，似乎不够正确。但是打也打了，说也说了，作为老师总不能当着学生的面去认错吧！从古至今，师道尊严，导师何为过之！不过，之洞小小年纪，懂得孝为先，算得上好苗子，也是难能可贵了。对其“孺子不可教也”的说法是错误的。看来，为师治学，还不能忘记荀子的教导：“不闻不若闻之，闻之不若见之，见之不若知之，知之不若行之。”良师任教，必须了解学生的一切。

从此，何养源先生在教书的过程中，注意了解学生的家庭情况，观察学生的情绪变化，有的放矢地教育和帮助学生，彻底改变了以往随意惩罚学生的不良教风。为了表达对张之洞的歉意，也是为了培养学生们的忠孝品格，何先生在以后每年清明节特意放假一天，让孩子们回家祭祖扫墓。

诚然，何养源先生始终重视严格教学，从不敷衍塞责。张之洞和同学们在他多年的教导培养下，学业大有长进。

可是，学生违纪现象时有发生。兴义府街上有一位名叫牛二的学生，也在何养源私塾读书，一连三天没来上学。何先生感到奇怪，因为没有收到牛二的请假条，不知道该生家中或该生本人发生了什么事情，只知道他的父亲是一个宰牛的屠夫，平日对孩子的读书从不过问。这次，何先生以购买牛肉的机会，对牛二进行家访，从而了解到牛二是无缘无故旷课。当时，何先生通知其父母，赶紧督促牛二上学。

回来后，何先生没能见到牛二，不得不再次派人去通知牛二，可仍然不见牛二返校。

何先生只好派出几个学生，到牛二家中催请。但牛二说啥也不上学，而是站在父亲身旁观看如何杀牛。几个同学万般无奈，只能按照临来前何先生的嘱咐，把牛二活生生地抬回学校。

这时，只见何先生的脸色被气得红一阵白一阵。随之，他操起那条不经常使用的皮鞭。

坐在教室内的同学，谁也不敢吭声，只是目不转睛地注意观察眼前将要发生的一切。

牛二早已趴在讲台旁边的长条木凳上，等待这场酷刑。

何先生一边晃动手中的皮鞭，一边问大家：“同学们，你们知道我为什么鞭打牛二吗？”

坐在室内的学生年龄大都在十岁左右，当然知道原因了。但是，没人敢站起来答话，因为先生正在气头上。

张之洞站起身来。

何先生看到了，允诺道：“好，之洞，你说！”

张之洞回答道："严重违纪，不听劝告！"

"好，坐下！"何先生挥了一下手。

张之洞坐在座位上。

何先生转过身子，走到牛二身旁，遂扬起手中的皮鞭，猛烈地抽打他的臀部，"啪！啪！啪……"牛二疼得"妈呀……妈呀"叫个不停。

"住手！"室内传来一位学生的喊声。

何先生停下手中的皮鞭，转身一看，张之洞又站了起来，哦，原来是他在喊叫。何先生等了好大工夫，没有说话。

教室内一片寂静。

同学们看见何先生一步一步地朝张之洞走来。那双脚迈动的足音似乎像重槌般地敲击着学生们的心弦。

"张之洞！你要干什么？"何先生脸一沉，质问道。

张之洞闭着嘴唇，没有作答。

何先生厉声斥责："简直是放肆！"

张之洞沉默无语，但内心深处涌动着一股愤愤之情。

"张之洞，你刚才亲口回答了我之所以鞭打牛二的理由：'严重违纪，不听劝告。'现在你怎么又持反对意见呢？"何先生继续责问。

"先生，您只问我一个方面——牛二挨打的理由，但没问另一个方面——牛二该不该打？"张之洞从容地回答他的老师。

"荒谬至极，无稽之谈！张之洞，你是不是以为自己学业精进，就如此放纵！"何先生满腔怒火。

"学生不敢。我所学得的知识，全是先生教诲的结果，我还不知道将来如何报答恩师哩！"张之洞垂下头，拱手答道。

"哼！说得好听！"何先生听了张之洞这句知书达理的话，心里感到舒服了许多，但对他的劝止仍是不解。

"句句实言，焉敢造次！"张之洞仍然躬身回话。

"你说的这句话，就算我相信，但你还没有回答我，为什么反对我鞭打牛二？"何先生怒气未消，再次逼问。

"先生，您能不能到前边看一看牛二？"张之洞从容地请示道。

"好吧！"何先生应声返回讲台前。

张之洞亦随其跟了过来。

趴在长条木凳上的牛二，臀部的鞭伤痛得他仍在不停地呻吟……

何先生上前一看，啊！牛二臀部鞭痕累累，裤布已被抽破，殷红的鲜血还在渗透……

“何先生，您都看到了！”张之洞学着大人的口气，说了一句。

何先生哑然了……

“先生，真正的教育不在于口训，而在于实行；更不在于体罚，而在于诱导。正确的教学艺术不在于传授本领，而在于关于激励、唤醒和鼓舞；更不在于师道尊严，而在于拉近师生距离，增进师生友谊！”张之洞一看讲话的时机到了，便壮着胆子说了这番想了很久的话。但是，他又诚恳而谦逊地说：“先生，学生妄言，仅供您参考。日后，还得靠良师教诲！”

“唉！之洞说得对。为师可能是老了，为表仪者，人之师也！庄子曰：‘大人之教，若形之于影，声之于响。’我之言行，哪里还像人师呢！”何先生意识到自己暴打学生牛二的错误，深深感到为人师表的重要性，面对张之洞惭愧地说：“之洞虽年幼，说出话来条条是理，为师日后一定改之，绝不虐待学生。”

“先生所言，实在感人！”

张之洞赞同先生的话语刚一说完，学生们立即给何先生鼓起热烈的掌声。

何先生摇了摇头，挥手制止。而后他又走到牛二身旁，歉疚自责地说：“牛二，为师手太重了，让你受苦了，你就忍一忍吧！”

学生们又向何先生报之以赞美的掌声。

“先生，我，我错啦……我对不住您……”牛二被何先生的自责所感动，顾不得屁股上的伤痛，哭泣地检讨自己，“这全是我的错，我不应该逃学！您打了我，我不会恨您的……”

“牛二，你别说啦！你起来吧，到我房间去，我给你上点药！”何先生伸手搀扶牛二。

张之洞和其他几位同学急忙上前协助。

大伙扶着牛二向何先生的卧室走去。

这时，牛二道出逃学的真情：“原本我不想再读书了，想跟着父亲学宰牛！”

同学们一听，轰的一下笑起来了……

打那以后，何先生和张之洞等几个上进的同学，对牛二耐心说服教育，讲清读书道理，牛二思想深处发生了深刻变化，开始自觉读书，严格遵守塾规，学习成绩很快追了上来。

张之洞十一岁那年，何养源先生突然患得伤寒病症，不能执教而倒下了。

张之洞经过向父亲张锳、养母魏芷香请求商量，将何先生抬到家中治疗休养。何养源心内十分不安，对知府张大人及其全家人的人品和美德赞不绝口。

这一年，张锳为了不影响儿子之洞的学业，费尽周折，请来了大师胡林翼，继续给予教导。

对此，张之洞深知父亲的良苦用心，非常珍惜这一学习机会，比起往日更加勤奋用功。他从业于胡大师，不仅没有中断学习“四书五经”，而且拓宽了求知领域，更好地奠定了人生基础。

然而，张之洞仍挂牵何先生的身体。他在学习间隙，经常抽空去登山爬岭，采集中草药，给何先生治疗伤寒疾病。一年来，张之洞上百次地爬山采药，衣服被刺破了，鞋子踩破了，全然不顾。只要给老师背回草药，他就心满意足了。不过，养母魏芷香总是提前给他做好衣服和鞋子，让他穿了一件又一件，换了一双又一双。

不足一年，何先生在医生的精心治疗下，在全家人的热心照料下，伤寒病症终于痊愈。何先生他们对全家感激不尽，对学生之洞更是万分感激。他在离开张大人府邸时说：“贵府全家人之洪恩，我日后一定报答！”

“哎！此言差矣！”张锳赶忙劝止，并诚恳有加地道，“要说报答，应该是我们。您对之洞的教诲之恩，钱财是无法衡量的，我们全家人将永远铭记于心！”

何先生捻了捻腮下的白色胡须，不无自豪地说：“我教了张之洞这样的学生，真乃今生荣幸！”

第二年，肩负大任的胡林翼老师离去了，何养源先生又重新回到讲台上。张之洞、牛二等十多名同学看到何先生身体恢复健康，高兴得手舞足蹈，笑声不止。大家欢聚一堂，倾听何先生讲解“四书五经”以及诗、词、曲、赋。

张之洞学业精进，除了天赋，就是勤奋。他好学多思，没有一般儿童不求甚解的毛病，从启蒙识字开始，便渴求了解每一个字的含义，直到弄懂弄通为止。他每日挑灯夜读，专心思考，每当夜深人倦，不知不觉睡着了，打个盹，醒来再读再写、再思再想；如果还是困意未退，就用凉水洗把脸，精神振作后，再去伏案苦读，必得其解而后已。张之洞十二岁那年，独自撰写刊刻了诗文集，名曰《天香阁十二龄草》。他刚十三岁，就已经学完“四书五经”等全部儒家经典，兼习史学、小学（文字学）、文学及经济之学，还自学了《孙子兵法》《六韬》等武学名著，完成应试科举考试的必要准备，同时也打下日后从政的初步基础。

当地方圆百里，几乎尽人皆知，张之洞乃神童也！

在诸多学子当中，何养源先生提出：张之洞可提前应试县学。

应试之前，同学们想给张之洞带来好心情，纷纷向先生要求，带他们一起去春游。何先生当然愿意啦，愉快地答应了。

这一天，恰好是个晴天，风和日丽，春意浓浓。山野里桃花盛开，竹林翠绿；河岸上垂柳飘荡，绿草茸茸。空中的大雁群排成“人”字形，不时地发出“嗷儿、嗷儿”叫声……

何先生带着张之洞和十多个学生去春游，被这美丽的春色吸引着。

一路之上，大家追逐戏耍，连蹦带跳，说笑声一阵又一阵，真是太痛快啦！当他们走到一片桃林时，何先生停下脚步，喊道：“同学们，别闹了，都到我这儿来！”

学生们听到老师的喊声，立即朝何先生围拢跑来。

何先生满脸笑容地看了看大伙，问道：“同学们，今天咱们搞个对联活动好不好？”

“好！好！”大家异口同声地回答。

“为师出个上联，看看你们谁能对上来。”何先生咳嗽了一声，喘了口气，手一指桃树，慢悠悠地吟道，“驼背桃树倒开花，黄蜂仰采。”

这个景色一般人看不见，也不容易想象到，而何先生却发现了，上联出得巧妙，下联也就特别难对。学生们你看看我，我看看你，谁都不敢出声，还直往后退。

何先生点了点头，无奈地说：“行吧，我给你们再……”

“先生，等一等！”张之洞打断何先生的话。

“之洞，你能对下联？”何先生问道。

“先生，学生想试试。”张之洞不慌不忙地往前迈了一步。

何先生一听，说道：“好，为师听听你对什么。”

张之洞给何先生行了一个礼，然后不紧不慢地吟道：“瘦脚莲蓬结歪子，白鹭斜视。”

何先生听罢一愣地问道：“你见过这样的景致吗？”

张之洞答道：“学生见过，先生不是在学堂里挂了这么一幅画，说是八大山人的真迹吗？”

何先生一听，不由得暗暗佩服张之洞，可真是一个有心人，想不到我挂的八大山人的名画倒给他预备了，不禁赞道：“之洞，你这下联对得好，无可挑剔！”

“先生过奖，望多指教！”张之洞又给先生鞠了一躬。

“好！好！太好啦！”其他同学都朝着何先生、张之洞鼓起掌声……

第二章　少有大略　举乡试第一

道光三十年（1850年）春天，贵州高原经过短暂的冬寒，进入了它一年中最为美好的季节。

兴义府知府张锳同何养源先生商量后，为其子张之洞北上老家直隶南皮县参加县试选定了一个良辰吉日。同时，张锳还选派了老家的人和军中已当上头目的薛亮等人，护送儿子启程。

马车停在兴义府知府宅院门口，车上装着之洞的行李和书籍，以及给老家人准备的礼物。

站在车前的张之洞向前来送行的家人、师生、邻居打躬行礼，而后他又走到父亲张锳、养母魏芷香面前，伏尘叩拜。张锳、魏芷香夫妇嘱咐之洞要注意安全，要爱惜身体，祝愿他考取好成绩！随之，夫妇俩赶忙把儿子搀了起来。

张之洞转身上了马车，老家人和薛亮也随后登上车。

只见车夫抖动辕马缰绳，扬起手中长鞭，“啪——”的一声鞭声响后，枣红辕马奋蹄载车，驶离宅院大门，朝城外奔去。

众人不住地向车上张之洞他们挥手送别。

养母魏芷香跟随车辆跑了好长一段路程，心里实在舍不得之洞离开自己。她一看马车渐渐远去，只好停下脚步，但双眸的泪水早已滚落下来……

路途遥远，道路艰险，张之洞他们全然不顾。这辆马车经过三个多月的长途行驶，历经湘、鄂、豫三省，走了七千多里路，于当年七月雨季到来之前，赶到直隶南皮县。十三岁的张之洞，第一次回到故乡双庙村。

南皮县双庙村的本家族张之万兄的父母，以及乡亲们，已经得知张之洞回故里参加县试的消息，男女老少集中在村头，迎接少年张之洞。

张之洞在马车距离双庙村老远的地方，就下了车。他快步走来，行至村头，向本家族叔婶和大伙行礼作揖，问候请安。

大家看到张之洞矮矮的个子，说着一口贵州话。人们知道，之洞父亲在贵州为官，他自己生于贵州、长于贵州，所以只会说贵州话，并无半点北方口音。但见他谈吐不俗，对人礼貌，举止大方，文文雅雅，认定他将来必有大出息。

大伙将张之洞他们迎入村里，问长问短，打听他父亲在贵州为官的情况。接着，许多人家主动要请之洞去自己家里居住。张之洞一一婉言谢绝。因为父亲早就给他安排好了，让他住在族兄张之万大哥家中。

张之万本人在北京为官，但全家人仍居住在双庙村。之万家在村里称得上大户，家有良田数百顷，宅院三所，生活富裕自不必说。

待之洞与众乡亲会面寒暄后，张之万家人将之洞的行李等物品全部卸下车。张之洞便在族兄张之万老家居住下来。

薛亮、车夫等人亦住在这里。两天后，他们驾车返回贵州兴义府去了。

张之洞在老家双庙村生活了两个多月，每天仍很用功读书，充分做好应试前的准备。

时近夏末秋初，县试考期临近。

在参加当年县试的童生中，数张之洞年龄最小，个头最矮。但他有备而来，各种功课学得扎实，应答自如，绝不会惧考怯场的。

南皮县县试开始了。张之洞在张之万大哥家人的帮助下，每天一大早赶到县城，及时进入考场。在三天连考的五场中，不论是八股文、试帖诗、唐宋八大家特点，还是经论、解赋、策问，场场应对顺畅，无一漏答。监考老师看到他那挥笔而就的神态，料到他将来准是一个尖子生。

不久榜发，张之洞名列榜首，中了秀才。

本家族的人为他高兴。没有想到，之洞这个十三岁的后生一下子考中秀才，将来他的前途肯定不得了！榜发的当天，之万家专门给之洞备好一桌丰盛的酒席，以示祝贺。

在科举时代，考中秀才叫作“进学”，即取得进入县学继续深造的资格，然后按照“学而优则仕”的规则，进行乡试、会试、殿试一路考上去，金榜题名，封官授职，是谓科举正途。

无可置疑，张之洞小小年纪就考中秀才，顺利闯过仕途上的第一关，学业大门向他敞开，美好未来向他招手，书籍如金，前程似锦。

张之洞当然很高兴了。不管咋说，他这次不远千里，北上故乡应试，总算没有白费功夫，没有辜负父亲和养母的良苦用心，也没有辜负何先生的教诲之恩。榜发的当天夜里，张之洞提笔挥毫，给父亲、养母与何养源恩师各写去一封信，汇报这次县试考中的好消息。

一月后，贵州兴义府方面寄回信件。父亲、养母和何先生都为之洞高兴而祝贺，父亲并差人捎来银两，让他安心县学就读，争取学业成就，早日求得功名。

家书抵万金。张之洞收到几千里之外父母、老师的来信，心里不由得产生一股巨大的力量，尽管思念父母、思念老师、思念同学的情绪一时半会难以扯断，但是安心学习、刻苦攀登的劲头油然而生。此时，生母朱碧筠教他背诵诗词、弹拨古琴的情景浮现在眼前……他不禁泪湿眼眶，亲爱的母亲，您在九泉之下尽管放心，如今儿子已考中秀才，日后仍要继续攻读，绝不会让您失望的!

县学开学了。张之洞和那些被录取的同学如期上学，每天都按时听课。但他刻苦用功，钻研努力，利用一切可利用的时间，无论是节假日、过年，还是晚上休息，他雷打不动，挤时读书，把那艰涩难懂的“四书五经”硬是学深抠透。在县学的苦读中，张之洞的学习成绩始终排在所有同学的前边。

在校期间，他和同学们听老师讲了洪秀全在广西金田领导农民起义的战事，继而成立太平军，迅速扩大队伍，向北发展。此时，他对政治尚不全懂，但他知道父亲就任于贵州兴义府，肯定受到袭扰波及。他，十分惦记父亲的安危。只是县学就读任务繁重，也顾不上多想这些。

咸丰二年（1852 年）夏天，张之洞两年县学期满，初次来到北京，参加了这年八月举行的顺天府乡试。这次考试，比起上次县学考试当然要难得多。但张之洞已在平日打好学习基础，就像一个武艺超群的勇士不会畏惧沙场。他每次走进乡试考场，沉着应试，从不慌乱，答得井井有条。

张之洞的考试文章篇篇字斟句酌，墨饱字圆，发挥得当，且有新意，谨守程式，无懈可击。重阳日榜发列出，张之洞名列顺天府乡试第一，俗称“解元”。也就是说，他中了举人。

他考试中所书的八股文被刊入《顺天闱墨》一书。此文成为读书人揣摩学习的范文。

这一年，张之洞才十五岁。

顺天府榜发后，北京传出——直隶南皮县脱颖而出一位十五岁的举人张之洞。这消息很快传遍南皮县城，家喻户晓，尽人皆知，无不赞誉。

南皮县双庙村更是热闹非凡。全村老少欢欣鼓舞，人们集结在张之万家门口，敲锣打鼓，为本家族拥有张之洞这样的好后生而前来祝贺。几个小伙子把张之洞抱了起来，一次次地抛向空中。姑娘们笑声不断，并把从田野里采来的山菊花抛向张之洞。

那场面真够热烈！

张之洞有生以来，第一次感受到考试中第给他带来的荣耀。

张之万家上上下下沉浸在一片欢声笑语中。本家族的亲人们为张之洞这个少年举人而感到自豪，从而大摆宴席，举家相庆。张之洞对此盛情美意深感不安，多次站立于席前，向叔婶、兄嫂、姊妹躬身行礼、感恩致谢。

万万没有想到，席间，头戴夏吉服冠、身穿補服的张之万特意从北京赶来，给族弟张之洞勉励祝贺。

张之洞一见族兄张之万专程由京城赶回家乡，前来看望自己，急忙上前打躬行礼。

“之洞贤弟，少年中第，大有可为！”张之万抱拳赞道。

“多蒙族兄抬举，小弟感激不尽。”张之洞面对族兄张之万谦逊地说，“我仅初步中第，学识刚刚开始，离仕途尚远哩，还望族兄多加赐教！”

“哎！中举则是良好的开端，也是难求的学位。有此学业基础，何愁进士不中！”张之万肯定了他的乡试成就和学识基础，并披露了仕途的最后一关。

“族兄言之有理，我当珍惜顺天乡试所得。欲望将来进士及第，必须始于中举开端！”张之洞虽然年少，但也懂得奔向仕途的求学步骤。

是啊，中了举人，方可有参加会试进而得中进士的资格。

张之万与张之洞兄弟俩交谈后，便手牵手步向酒席桌前，向父母及家人请安问候。

他俩谦让入座，与全家人同饮共餐。

几乎与此同时，贵州兴义府知府张锳府邸也在为之洞中举合家欢庆。整个宅院张灯结彩，红毡铺地，鼓乐齐鸣，鞭炮声起。身穿崭新衣褂裙袍的张锳、魏芷香站在二门外，迎接前来贺喜的官员、绅士和邻里、好友。尤其是年迈患病的何养源先生，拄着拐杖也前来贺喜，张之洞是他教出来的唯一举人。

张锳是在接到顺天府乡试邮差的通知后，才与侧室魏芷香商量举行这次庆贺活动的。

二门内的院落，搭起席棚，摆满酒筵。

待宾客落座酒席桌前，张锳代表妻子魏芷香即席讲话，感谢各位大人、先生、好友光临寒舍，为之洞中举前来祝贺，希望大家吃好喝好，给张家留下美好的回忆。

随后，张锳携妻子魏芷香手举杯盏，逐桌敬酒。当他俩持杯来到何养源先生面前时，还没说完感谢何先生教诲之洞洪恩的话语，就见当了兴义府清军副将的薛亮急急忙忙跑来，拱手抱拳道："张大人，现有紧急军情报告……"

"快讲！"张锳催促道。

"贵州农民暴动，已加入太平军，正往兴义府开来！"薛亮额头上沁出汗珠，焦急地说。

"离兴义府城池还有多远？"张锳问道。

"五十里！"薛亮企盼指示的目光望着知府张大人。

张锳听后立即把酒杯递给魏芷香，转向薛亮命令道："马上带领队伍，开拔东山前线！"

"是！"薛亮领命后，一溜儿小跑，离开张大人府邸。

张锳跟随薛亮身后，疾步离去。

亲情是任何东西也无法替代的。

一个人在家庭的港湾里，幼小时所乘船只的印象，哪怕船儿再小，所受父母的关爱极微，微小到几乎觉察不出，都有着极重大极长久的风帆力量。

夜晚，一钩弯月缓缓地西移，挂在村头那棵古槐枝梢上，灿烂的星斗缀满褐色苍穹，不知疲倦地眨着睡眼，知了的叫声渐渐隐去，大地天空陷入一片沉寂。卧室内，张之洞秉烛提毫，伏案疾书，给贵州兴义府的父亲、养母写信，汇报顺天府乡试中举的情况，以及族兄张之万及其全家人对他无微不至的关怀，尤其还写了感念父母养育之恩，惦记二老身体是否康泰。信中最后说，他将在近期返回南方，很快就要回到父母的身边。

第二天，张之洞把信件寄了出去。

自从族兄张之万回京就任后，张之洞心里着实寂寞，每天坐在房间看书，不愿打扰家族的其他人。

这天上午，双庙村的小伙伴们来到张之洞的住室，约他去河边钓鱼。张之洞一听，觉得钓鱼很有意思，是散心的好机会，当即就答应了。之万父母见之洞同意去钓鱼，马上给他准备好渔具和鱼食。

张之洞谢过叔婶，带上钓鱼的器具，随同伙伴们去村头河边垂钓。

这一天，太顺利了。他一连钓了九条大鲤鱼，活蹦乱跳，扑扑棱棱。同伴们围着盛鱼的水桶，高兴地连喊带叫。大家称赞他：不愧是举人，运气真好！

嗯，九条鲤鱼上钩算得上运气吧！张之洞心里也是这么想的。他看了看桶内的一条条大鲤鱼，高兴极了，遂收起鱼竿，而后又分给同伴们每人一条鱼。大伙都很高兴，不住地谢他。

张之洞把剩下的三条鱼提回家中，交给了婶母。婶母夸他太中用了，这手真巧！

钓鱼是一种营业，比光待着强多了。张之洞考上举人以后，在老家南皮县双庙村闲居，每天除了看书外，就是和村里的小伙伴们到河边钓鱼。一连数日，张之洞都是这么度过的。

这天晚上，他吃完晚饭后，在院心散步，同家人闲谈。据从北京张之万族兄那里回来的家人透露，咸丰皇帝南巡，将在明天沿御河乘船南下，途经南皮县城西御河……

张之洞反复琢磨这个消息的可靠性。那时交通不便，从北到南还没有津浦铁路，如果皇上南巡，那么不是骑马就是乘船。但是路遥骑马，皇上太累。皇上乘船的可能性很大，他决定一瞻皇上风采，要去南皮城西御河垂钓。

次日，天刚蒙蒙亮，张之洞和双庙村的伙伴们拿着钓鱼竿，拎着水桶，赶到南皮县城西御河畔。他们左寻右找，找了一个合适的地方停下来。张之洞叮嘱大家不准乱跑，都要听他指挥，看他钓鱼。但他没有说出皇上南巡路过南皮县城西御河的消息。

只见他头戴斗笠，身穿棉袄，坐在御河岸边一棵柳树下，默默地看着伸向水面的鱼竿，俨然一钓鱼老翁。

时间不长，皇帝乘坐的龙船由北向南驶来了。皇上见有人在岸边垂钓，也不回避，就命人把垂钓者带到船上来。

张之洞被带到船上，明明知道端坐龙舟的人是皇上，但他假装什么都不知道，一双眼睛却一直在观瞻天子风采。侍从见他不下跪，也不敢说什么，因为怕走漏了皇上南巡的风声，对皇上安全不利。皇上仔细打量这位垂钓者，原来是一位年轻书生，见他头上戴了个草帽，身上却穿了件棉袄，时值夏秋之交，天气尚暖，山青水绿，莫不是个病人？

于是，皇上摇了摇头，万般不得其解地说：“戴草帽，穿棉袄，糊涂春秋！”

张之洞理解皇上说的意思，是说你这个人哪，戴着草帽穿着大棉袄，分不出春夏秋冬来了。他听了皇上说的是上联，随口对道：“生北地，游南方，非是东西！”

皇上听后，也理解这一书生的意思，说你本是北方人，去游江南，而你没有去东西方。这对联内容能够说出朕的南巡之行，上下对仗也很是工整。此少年非同一般！皇上心里暗想，待朕仔细问来，这少年究竟是何人？

经皇上一番询问，张之洞如实回答，把姓名、身世、家境、考试诸情况一一禀述，并双膝跪于龙舟，请皇上恕罪。

皇上听罢非常高兴，伸手扶起张之洞，称赞道：“张之洞十五岁少年中举，前程似锦，将来必大有可为，其才学不在状元族兄张之万之下呀！”

“多谢万岁金口勉励，小生一定加倍用功！日后一旦成才，必全身心报效国家！”张之洞再次躬身施拜，遂转身走下龙舟。

咸丰皇帝所乘龙舟沿着南皮城西御河，缓缓地朝着南方驶去。

十五岁的张之洞，凭着真才实学中举进第本来就是难求的荣幸，巧遇圣上而面君受谕更是难得的幸运。他牢记皇上的嘱托，并将此作为今后攻读的动力。

几天后，张之洞收到贵州兴义府父亲张锳的来信。他拆阅后得知，父亲正忙于军中要务，对付贵州农民起义军（亦是太平军）的袭扰，每天累得筋疲力尽；养母魏芷香终日里思念他，茶饭懒咽，少言寡语，近日还病倒在床上。信中最后说，如果之洞中举后闲居，可否回到南方兴义府与家中父母团聚。

阅罢此信，张之洞心神不宁，坐卧不安。两年多光景，他离开了养育他的温暖家庭，心里当然十分怀念，恨不得马上飞回南方，与父母、兄嫂们会面。他想到这里，决定近日返程，说啥也要离开直隶南皮了。

他把自己的想法向本家族叔婶讲了，并再次答谢叔叔家人对他几年来的关怀照顾。叔婶二老很是理解之洞的孝心，一看怎么也挽留不住这位族侄，便答应他回贵州兴义府的请求。

择日启程。张之洞在这一天清晨告别了族亲们，又在家人的护送下，登上奔往贵州的马车……

金榜题名，蟒袍加身，这往往是人生辉煌之途，更是人们所赞羡的。

一般情况下，少年得第才有希望实现。

可见，人的青春，就像受赞美的春天。

然而，在人生这本书上，几乎每一页都有着哀伤的文字。

张之洞并不例外。

按照张之洞现在的学识基础，十五岁少年就能乡试第一，中了举人，他的前途当然无可限量，金榜题名、蟒袍加身应是指日可待的。但是，他并没有一鼓作气去应试，相反而是在长达十一年以后才实现这一愿望。

张之洞此一去南方第二故乡——贵州兴义府，确实让他遇到了一件又一件始料不及的事情……

他在回到家中的当天晚上，父亲张锳为他做了妥善安排。府邸宅院挂满了花灯，摆好了酒席。很显然，这一盛情接待，既是对从远方归来的儿子的接风，又是对儿子顺天乡试中举成名的祝贺。

魏芷香一听养子之洞回来的消息，当天清晨就硬是从病榻上爬起来，让丫鬟帮助她梳洗打扮，穿得妥妥帖帖，看不出丝毫病容。这一整天，她那盼子速归的心情难以言表，同丫鬟一起给之洞收拾住室，把一床床崭新被褥摆放得整整齐齐；她还跑上跑下，督催厨房师傅备好酒席。

之洞到家，正是黄昏时分。魏芷香命丫鬟提上灯笼，陪她站在府邸门外迎候。她见到之洞后，一下子把儿子抱到怀里，惊喜的热泪扑簌簌地滚落下来："四儿……想死为娘了……"

"母亲，我也想您哪！"张之洞说着，泪水亦流下。

魏芷香的手拉着张之洞的手朝院中走来。

张之洞感到养母的手掌一阵阵灼烫，惊异地问道："母亲，您的手咋这么热呀？您是不是……"

"四儿，为娘实在是想你呀，看到你高兴得激动不已，我的手心才这么热嘛！"魏芷香唯恐儿子发现自己病了，不能让他刚进家门就有不愉快的感觉，于是赶忙打断他的话。

母子俩相见似有千言万语，诉说不尽离别后的衷肠。两人的心里话还没说够，就来到二门的院落。张之洞一看，三对兄嫂和姊妹们正在席前迎接他，他赶忙走过去，同亲人们一一施礼相见。可是，他唯独不见父亲，便问道："父亲大人因何不在家中？"

"为了给你接风和祝贺，你父亲一大早就做了安排。之后，他赶忙去东山军营了！”魏芷香向张之洞解释道。

“父亲军务在身，还为孩儿准备酒席，实在令之洞不安！”张之洞心里被父亲的关怀深深打动着。

“你父亲一直惦记你，盼你早日归来。今日安排酒席，是他已久的想法！”魏芷香把往日里丈夫与她的交谈，和盘托出。

张之洞一听这话，思念父亲的迫切心情难以抑制，这么晚了，父亲还在军营料理军务，肯定遇到了麻烦，若不然早就回来了，这得赶紧看个究竟。他思索后说：“母亲高堂，诸位兄嫂、姊妹们，你们先用餐吧，不要等我了，我去东山军营看望父亲！”

“四儿，你不能去，你父亲今天早晨临走时留下话，让你在家等他！”魏芷香一把拉住张之洞的手，劝阻道，“东山兵营就在敌我交战的阵地附近，这黑灯瞎火的，道路你又不熟悉，太危险了，你不能去！”

“四弟，你刚到家嘛，怎么能去东山军营呢？再说，那里确实危险，母亲说的是实情，你还是在家等等吧！”大哥张之濬亦再三劝阻，“用不多长时间，父亲就该回来了！”

“四弟，你不能去东山军营，那不是你去的地方！”二哥张之潭百般阻挠地说，“父亲前几天就说过，老四从老家回来，不能让他来阵地！”

张之洞性情耿直，反问道：“你们几位为啥能去，我就不行呢？”

三哥张之濮劝解他：“四弟，你不要急嘛，二哥也是为了你好。你真的要去东山军营，也得等白天！”

“四弟，你刚回到家里，我们还没有给你这位举人接风，怎么就去上山呢？”大嫂善意地劝说。

“你一路辛苦，风尘仆仆，应该先休息一下！”

“对，说得对。四弟要去的话，也得等改日！”

二嫂、三嫂都在劝说这位四小叔。

“不能等改日，今天晚上我就去看父亲！”张之洞一向固执，他想办的事情谁也阻挡不了，说着拔腿就往外走。

“老大，你快陪老四去吧！”魏芷香一看这么多人都劝阻不了之洞，便命之濬陪同前往。

“是，母亲。”张之濬躬身领命。

魏芷香又对身旁的丫鬟说：“小翠，你把灯笼给大少爷！”

“是。太太！”小翠应声后，跑了过去，将手中的灯笼递给张之濬。

大哥张之濬手提灯笼，快步跟随四弟之洞，离开知府宅院，很快走出兴义府城东门，踏上奔往东山军营的道路。

从兴义府到东山军营距离大约二十里路。刚出城的那段路况还是比较平坦开阔的，之濬、之洞兄弟俩走起来步子迈得比较快，几乎用不着灯笼照亮。但是，当他们离城七八里路的时候，走上了崎岖坎坷的山路，稍不留神就滑个趔趄。之濬走惯了，之洞不适应，这样老大不时地搀扶老四。之洞急于见到父亲，从平地到山路，两腿不停地奔走，紧紧地跟着大哥，汗珠早已湿透全身，但他全然不顾。之濬发现四弟累得不像样子，转过身来劝四弟休息一会儿再走，但之洞不肯，并说咱们再累也没有前方父亲和将士们累。兄弟俩继续前行，一直没有停止脚步。

寂静的夜晚，黛色的山峦，唯见一盏耀眼的灯笼顺着山间小道照来照去，给这宁静的山野留下一条断断续续的红线。

他们越过的三道山梁，似乎在鼓舞他们征服困难的勇气。这气势非凡的大山深处的夜景，好像让他们领略大好河山的壮观。当他们兄弟步入东面一条黝黑深邃的山沟时，一种与世隔绝的情绪油然而生，但不知为什么，在即将离开山沟而将要登上另一座大山山坡的刹那间，他俩周身的血液开始奔涌沸腾。

啊！这大概就是征服。张之洞有生以来第一次身临其境，感受困难的磨砺。只限于由意志、毅力征服困难的情况下，征服才给我们带来永久的欢乐。他，此时没有一点疲劳的感觉。

张之濬用衣襟擦拭一下脸上的汗珠，告诉四弟之洞现在所处的地理位置乃是龙井山古战场，唐、宋、元、明等几个朝代都在这里打过仗，历来没有安定过。如今太平军兴起，贵州农民暴动队伍从贵阳方向开来，直奔兴义府地域，所以闹得父亲日夜不得消停，坚守在东山阵地。听了大哥之濬这番介绍，之洞心里对脚下这块山地有了更深刻的认识，军事要地岂容含糊，越发感到父亲在此地为官，确实不易呀！

他们登上这座山梁，东山阵地即在眼前。

一个个火把照耀山顶，就像一条巨大的火龙沿着山脊爬行。

一道道火星耀眼刺目，就像一片片龙鳞似的发出灿烂的光芒。

啊！这是清军将士们手持钢镐刨挖山石，抢修阵地工事。

在工事后面的一片树林旁边，便是临时设立的军营——一顶顶军用帐篷。那里，有少数清军哨兵警卫着。

他俩没去军营，而是直接来到工事前，便一下子找到了正在指挥修筑工事的父亲张锳。

张锳一看长子之濬携四子之洞来到阵地上，惊异地问道："老大，你怎么带老四到这儿来啦？"

"父亲，他非来不可！"

张之濬的话音刚落，张之洞便跑到张锳近前，扑通一声跪在地上，拱手道："父亲！您在这大山深处忙于军务，为国尽忠，令人钦佩。可是孩儿之洞不孝，离家数载在南皮求学，未能替父分忧出力！"

"哎！你考中举人归来，给咱们张家祖上争了光，这是最大的孝嘛！"张锳已深感欣慰，上前搀扶道，"老四，你快起来！"

"多谢父亲！"张之洞作揖欠身，又关心地问候道，"父亲，您在兴义府知府任上，日夜操劳，政务、军务集于一身，身体可否吃得消？"

"没啥问题。要说不累是假的，每天不得清闲，不过已经习惯了！"张锳毫不介意地回话说。

"老四，你离家这段时间，父亲还累病过哩！"张之濬插话道。

"啊！父亲，您可得保重身体，万万不可劳累过度！"张之洞听大哥说父亲累病过，心里既挂牵又内疚，"在这个家里，之洞没尽任何力，真乃惭愧呀！"

"你说哪儿去啦，你现在的任务就是读书！"张锳不想过早地让四子之洞介入国事、家事。

张之洞看了看面前刨挖工事的清军将士们，那种忧国忧民的思绪不禁升腾满腔，而求功名、奔仕途的想法似乎抛在九霄云外，遂果断地说："父亲！从明天开始，我就天天和您在一起，和兄长们在一起！"

"胡说！老四，你虽然中举，但还是个孩子，怎么能参加打仗呢！"张锳一听，觉得四子之洞说话太唐突了，因为对他还寄予很大的希望，不得不劝阻道，"你必须好好攻读，中举之后，则是考取进士，否则岂不是前功尽弃嘛！"

"老四，父亲说得很有道理。功名虽说是你个人的大事，也是全家人的大事。再说，这求得功名是你一辈子的大事，若不然将来会遗憾终生的！"张之濬打心里也不愿意四弟就此停学而耽误前程，亦从中劝说。

"父兄的好意我领了。少年尽忠，历来有之。何况我已年满十六岁，马上就是青年了，在家尽孝，为国尽忠，这是两全其美的事情！"张之洞仍坚持个人意见。

“好啦，老四先不要说啦！”张锳一看之洞固执的脾气和他小时候一样，不想再多劝了，等过些日子再说。

张之濬嗔怨地说：“老四，你呀……”

“父亲，我想看一看将士们修筑工事，行吗？”张之洞请示道。

“行啊！”张锳转向张之濬，吩咐道，“老大，你带老四绕一绕，看一看。一会儿咱们就下山！”

“是，父亲！”张之濬应声后，又提上灯笼，携四弟之洞去观看工事。

兄弟俩沿着正在挖掘的工事堑壕绕了一遍，看到将士们刨石挖土累得满头大汗，气喘吁吁，心里不禁涌起敬仰之情。张之洞一边走一边赞扬这些清军士兵，以国家利益为重，甘心吃大苦耐大劳。在察看工事的过程中，张之洞从一个士兵手中硬是夺过一把钢镐，高举重落，“咣！咣！咣！”地刨挖起山石来。他大干了一会儿，两臂被坚硬的岩石震得又麻又疼，额头上的汗珠滚落下来了，直累得“呼哧、呼哧”地喘着粗气。张之濬大声劝道：“老四！你快停下，别再刨了！”

“没关系……再干一会儿……”张之洞仍然坚持，抡镐刨挖。

这时，只觉得一双大手狠狠地抓住了他的手腕，他只好停下来，抬头一看，啊！原来是副将薛亮，惊喜地喊道：“薛亮叔叔！您辛苦啦！”

“四少爷！您这才叫辛苦，中举刚回来，就跑到山上帮我们修筑工事！”薛亮松开双手，由衷地说。

张之洞放下手中钢镐，顾不上说什么，一下子抱住了薛亮。他不禁回忆起往日薛亮护送他回老家南皮双庙村的情景，那种思念而感激的心情难以言表。

一会儿，刚当上军中小头目的王光走来了，亦惊呼道：“四少爷！您终于回来了！”

张之洞松开双臂，上前打躬，高兴地喊：“王光叔叔！小侄向您请安！”

“免礼！免礼！”王光说着亦抱起双拳。

大家寒暄之后，相继跳出战壕。

薛亮、王光陪同张之濬、张之洞又察看了一下东山重点工事。还告诉之洞，这里主要防御来自东北方向贵阳一带的农民暴动队伍的进犯，半年来同他们交手打仗十多次了，他们从未得逞，每仗都以失败退下山去。

张之洞已有耳闻，咸丰二年（1852 年）太平天国宣告成立，太平军队伍发展迅速，越来越壮大，给当今朝廷造成很大的压力，现在波及贵州，致使兴义府地区也不得安宁。看来，这战事三朝两夕难以停下来，协助父亲料理军务已是当务之急，说什么也不能“两耳不闻窗外事，一心只读圣贤书”了。他暗下决心，回去后一定好好说服家人，尤其是父母，让他们同意他暂停学业，参与军务。

他听了薛、王二位将军的介绍后，赞扬了一番将士们敢于吃苦、勇于作战、不怕牺牲的精神。

众人来到张锳面前。薛亮、王光施礼见过张大人。

张锳早就等急了，抱怨之濬、之洞看工事看了这么长时间。之濬、之洞不好说啥，只是说，请父亲谅恕孩儿，下次不敢。

薛亮、王光从张之濬口中得知，张之洞中举归来，刚到家中就跑到东山阵地上来，还没来得及吃晚饭，于是催促张大人赶快携大少爷、四少爷下山回家。

张锳向薛亮、王光认真交代了东山防御事宜，叮嘱他们提高警惕，万万不可松懈，严防敌人偷袭。三更时分可以让将士们轮流休息，明天继续抢修工事，但阵地上必须派兵把守。

薛亮、王光躬身领命，并请张大人放心，山上的一切由他俩负责，绝不会出现纰漏。

张锳向之濬、之洞挥了挥手，之濬赶忙提起灯笼前行带路，之洞上前搀扶父亲。他们父子三人转身向西，离开阵地，深一脚浅一脚地下山去了。

三星没落公鸡叫。这一夜，张之洞几乎没睡多少觉，睡梦里不时地看见生母朱碧筠，不厌其烦地教他弹古琴、背诗词，还向他讲述岳母教育岳飞精忠报国的故事……他怎么也睡不着了，窗纱刚刚被晨曦映白，便爬起床，穿衣洗漱。他又从包裹里翻出在老家南皮给生母购好的纸钱和炷香，并带上点心、水果、白酒等，悄悄地走出宅院，直奔城外青山安葬母亲的墓地。

他来到母亲坟墓前，在石碑底座上摆好了祭品，在香炉内插上了点着的三炷香，在石盆里放上了点燃的纸钱；他站起身来，清晰地看到碑文字迹：“慈母朱氏碧筠之墓……”仿佛又看到母亲慈祥的面容，向他微笑着……他面向母亲坟墓恭恭敬敬地抱拳作揖，随之撩起长衫，双膝跪地，一连叩了三个头，默默地向母亲祈祷，希望她在九泉之下尽管放心，之洞绝不会忘记她的教诲，一定刻苦读书、为国尽忠！

他又一欠身作揖，忽然发现养母魏芷香跪伏于旁边草地上，正在朝着母亲坟墓施拜叩头。他急忙走过去，上前搀扶，说：“母亲，您的身体尚未痊愈，怎么能到郊外祭墓呢!”

“四儿，我也很想念你的母亲。如今，亲生儿子考中举人，这也是她的心愿，我得亲自告诉我的这位姐姐!”魏芷香欠起玉体，双眸仍注视着墓碑。

“母亲，天太凉了，别让风吹着，咱们回去吧!”

“好吧，四儿，准备下山!”

张之洞搀扶着养母魏芷香，离开墓地，走下山去。

回到城里后，张之洞又带上礼品，去看望他的患病的老师何养源先生。师生相见高兴得流下了热泪，说了许多离别思念的话。但张之洞咋也没有想到，何先生竟然在三天后的凌晨悄然病逝。何先生的离去，让张之洞伤心怀念不已。

热情是精神的青春。当一个人为了追求一种事业而奋斗不止的时候，除了信念和意志支配外，就要靠热情驱使。真正的热情就像一棵参天大树一样，越是生长在贫瘠的土地上，越是根深叶茂、枝干挺拔，越是令人赏心悦目。

全家人被张之洞执意参与军务的热情感动着，父亲张锳一看怎么也拗不过他，只好勉强同意他一边读书一边帮助料理军务。而养母魏芷香说啥也不答应，只允许他在家准备功课，继续攻读。

然而，张之洞向全家人表明自己的观点后，不再多说什么，而是把这种热情潜藏在心底，白天悄悄上阵地，晚上回家读诗书。看来，热情又像一条溪水，浅则潺潺而流，深则默默无声。

就是在这一天，张之洞翻山越岭，来到东山阵地，指挥、带领一队清军士兵肩扛圆木、滚石，运往掩体工事。他亲眼看到清军与农民起义军厮杀的战斗情景，看到父亲亲临前线指挥而头部受伤，看到副将薛亮在那场肉搏战中被敌人砍掉了左臂，敌我双方将士尸横山野……他的泪水流淌着，他的内心呼喊着，他的灵魂颤抖着……

从那一天起，张之洞更加坚定了帮助父兄料理军务的决心。尽管养母魏芷香带病跑上龙井山——东山阵地上，将他生拉硬拽地弄回家中，他还是把战场上的所见所闻讲给这位好心的母亲听。魏芷香终于被他说服了，但嘱咐他注意安全，枪弹可不长眼，万万不可盲目粗心，还向他提出一个要求，尽量挤时间读书，以备应试。

张之洞安下心来，不再为家庭的阻挠分忧了，每天往返军营阵地，与父兄和诸位将军研究战况，拟定方略。

咸丰四年（1854 年），张之洞年满十七岁，兴义府的战事趋向缓和，父亲和养母给他操办了婚事。这一年，他娶了石凤怡。

石夫人是贞丰知县石靖轩的女儿，今年芳龄二十，比张之洞年长三岁。她从小喜欢读书，尤其爱好古诗词和史书，造就了淑女风范，见识高远而贤惠豁达。婚后，她和丈夫张之洞的感情非常深厚，支持他参与军务，关心他起居生活，衣服、被褥总是给他缝洗得干干净净。有时丈夫从阵地回来晚了，她放心不下，赶忙去城外等候迎接。张之洞对这位新婚妻子极为满意，爱恋有加，并像对待大姐般地尊重她。石夫人更懂得孝敬公婆，侍奉老人，婆媳之间的关系也很融洽。她和妯娌们相处没有任何隔阂，知道谦恭礼让，并主动帮助她们干些家务活。全家人都赞扬之洞娶了个好媳妇，说是他上世修来的福。

咸丰五年（1855 年）中秋节过后，父亲张锳命令四子张之洞北上北京，去考取军官学校，以备提高作战指挥艺术。张之洞一看，这类考试与军事有关，便立即奉命赶赴京都。来年二月，他赴礼部应试，考取觉罗学教习。短训进修三个月期满，张之洞返回贵州。

在这人生道路上，命运的好与坏常常不稳定，总是进行着幸福和不幸的分配。而幸福与不幸都在寸心中，谁也无法料到在任何幸福中都隐藏着不幸。

不幸突然降临于张之洞的家庭——

其父张锳所带领的张氏门庭，算得上妻贤子孝、儿孙满堂，家丁兴旺、事业有成，正当他忙于军务之时，心脏病突发，于当年——咸丰六年（1856 年）七月病死军中。

身体本来就很虚弱的养母魏芷香，万万没有想到刚刚年过六旬的丈夫竟会突然死去，精神打击太大了，不久，她也病倒在床榻上，三天后离开了人世。

旧坟头上填新土，新坟陵上插白幡。在兴义府城郊外青山上，出现了三座坟茔，一座是张之洞的生母朱碧筠的，一座是其父张锳的，另一座是其养母魏芷香的。

待全家人祭祀离去后，披麻戴孝的张之洞依然跪伏于三位亲人墓碑前。他的妻子石凤怡也是身穿重孝，一直陪跪在他的身旁。夫妻俩的面颊泪水不干，之洞更是泪湿孝衫，悲痛欲绝……

他和她哭泣了好长时间，心恨苍天太无情，为什么偏偏夺去他们亲人的生命。从现在起，他就是一个无爹无娘的人啦……忽然，天空骤变，雷声滚滚，暴雨倾盆洒落下来。他们的孝衫被雨水淋透，泪水、雨水流在一起，心中的酸痛一阵又是一阵，茫然、惆怅、失落，空荡荡的……

石凤怡唯恐丈夫被雨水淋病了，赶忙欠身走过来，不住地安慰劝说丈夫，让他从长计议，保重身体，以便将来报效国家，给九泉之下的父母争光。张之洞听罢妻子的一席话，觉得有道理，亦站起身来。

夫妻俩互相给对方擦拭了脸上的泪珠和雨滴，转身走出墓地，踩着泥泞的山路，下山回城去了。

父亲、养母去世后，张之洞为父母治丧守制，从咸丰六年（1856年）至咸丰八年（1858年），连续三年未能外出。几位兄嫂和妻室石夫人多次劝他应试以求功名，但他无心顾及，只是协助兄长们料理军务。如今，兴义府新任知府钟远山主管全地区军事防务，东山阵地的防御同往日一样，不过，写有“张”字的帅旗改为“钟”字大旗。然而，张之洞仍把那颗心扑在前线，丝毫未减，所以他在正式踏向仕途之前，积累了许多军事经验，并写下一篇篇具有实用价值的作战日记，为日后鼎力效劳大清打下良好基础。

咸丰九年（1859年）二月，张之洞在家人的一再劝说下，终于赴京会试。并且，因为老人已故，他还事先将夫人石凤怡带回老家南皮县双庙村，妥善安顿下来。三月正式会试开始了，张之洞按时赶赴京都。遗憾的是，因族兄张之万被皇家任命为这次会试的同考官，按照科考规定，凡是与当科考官有亲缘关系的考生，必须回避。张之洞不得不放弃报考的机会。

族兄张之万亦感到十分不安，再三劝解张之洞放宽心、别气馁，待下次再参加会试吧！张之洞根本不在乎，他向族兄表示，一个人活在世上怎么都能生活，何况他每天都在抽暇苦读。他告别了族兄张之万，离开京都，返回老家去了。

张之洞很会生活，注意锻炼自己。他回到双庙村没几天，就告别了妻子石凤怡，到家乡直隶南皮办起清平团练，开始了演练军事。

转眼间到了咸丰十年（1860年）六月，张之洞夫妇迎来了两件事：一是大哥张之濬、二哥张之潭、三哥张之濮各带着他们的家眷，从南方贵州兴义府返回老家直隶南皮县双庙村定居，全家人又得以团聚；一是生了长子张仁权，张之洞和石凤怡夫妻俩深感家庭幸福，其乐融融。

好景总是不长。七月，英法联军炮轰大沽口，九月火烧圆明园。张之洞闻之十分震惊，心内气愤难抑。

是啊，强盗终归是强盗，永远不会改变吃人的本性！

还在咸丰六年的时候，英国列强发动侵略中国的第二次鸦片战争（1840年，即道光二十年，第一次鸦片战争爆发）。次年，英国联合法国组成英法联军。咸丰八年英法联军攻陷天津，清廷被迫签订《天津条约》。

咸丰九年初，英法联军提出进京换约的要求，清政府与英法对于如何进京产生了分歧。英法联军突然袭击天津大沽炮台，驻大沽炮台的守军奋起还击，击退了英法联军的进攻。咸丰十年，英法联军率领军队两万多人、舰船二百多艘，卷土重来，向大沽炮台发动了猛烈进攻，炮台失守。英法联军一路奔向北京，俄国外交官伊格纳提耶夫向他们提供了北京的布防情况，还告诉他们，清朝的皇帝现在逃到西北郊外的圆明园，英法联军带兵直接扑向圆明园。

圆明园始建于明朝，康熙年间下旨重修扩建，经历一百五十多年，吸取了历代宫殿的特点，融汇中西建筑风格，被誉为万园之园。园中有园，景中有景，美不胜收。园内聚集古今中外的艺术珍品，收藏有大量的珍宝古玩、图书和历史文物。

这一年的八月下旬，英法联军如豺狼野兽般地闯入圆明园，见到金银珠宝就往口袋里装，口袋里装不下，溢出的宝贝撒落满地。《泰晤士报》驻北京记者发回通讯报道说："据统计，被劫掠的和被破坏的财产，总值超过600万英镑。在场的每一个军人，都掠夺很多。在进入皇帝的宫殿后，谁也不知道该拿什么东西：为了金子而把银子丢了；为了镶有珠玉的时钟和宝石又把金子丢了；无价的瓷器和珐琅瓶，因太大不能运走，竟被打碎……"圆明园被洗劫一空。大肆抢劫后，英国公使额尔金下令英军火烧圆明园，来掩盖他们的强盗罪行。大火三日不灭，蓝天被火焰烤得通红紫黑，圆明园成为断壁残垣。在公开抢劫焚烧后，狗强盗再次下令火烧圆明园，该园几乎成为一堆瓦砾。

正如法国著名作家雨果所述："有一天，两个强盗闯进了圆明园，一个强盗大肆掠劫，另一个强盗纵火焚烧。从他们的行为来看，胜利者也可能是强盗。一场对圆明园的空前洗劫开始了，两个征服者平分赃物。真是丰功伟绩，天赐的横财！"

外国列强的野蛮行径，给中华民族种下了难忘的耻辱和无比的仇恨。

对此，张之洞感愤时事，怒火中烧，挥毫记录了所作诗句——《海水》……

海水时方北狩热河

海水群飞舞蜃螭，甘泉烽火接令支。
牟驼一旅犹言战，河上诸侯定出师。
地孽竟符苍鸟怪，天心肯使白龙危。

春秋王道宏无外，狭量迂儒那得知。

十载艰虞选将才，牙旗玉帐上游开。
不关陆九纶言痛，已见陶公义檄来。
檗敦肯捐河北地，衣冠幸免广明灾。
江头余烬千门锁，蒲柳无春更可哀。

面对国家的灾难重重，张之洞对于应试进第有了新的认识，只有考取一定的功名才能走上仕途，而后才能报效国家。他决定安心读书，争取再试。但为了养家糊口，他从咸丰十年至十一年，先后回南皮、赴任丘，给人做家庭教师，边做事边读书。

同治元年（1862年），二十五岁的张之洞再次进京，参加开恩科会试。万万没有想到，同考官又是族兄张之万。他长叹了一声后，只好再次循例回避。

张之洞回到故乡，继续教书。他暇时闭门苦读，并研究古今王霸得失之道，全面而深刻地做好下次的应试准备。

第三章　榜发得中　识拔成探花

张之洞先后两次进京应试，皆因族兄张之万担任会试考官，未能如期入考场，而以回避放弃会考，离京返回南皮。

对于失去两次报考机会的张之洞来说，这是无法估量的损失。世人皆知，大登科金榜题名，小登科洞房花烛。可是到了同治元年（1862 年），张之洞已经二十五岁了，还是没能应试取得奔往仕途的功名，大登科仍然是个未知数。然而张之洞并不抱有那种狭隘的个人主义、只为追求功名利禄，更多的是考虑通过考取功名以踏上仕途，报效国家。此时，全国军情不断，内忧外患，江南未平，山东又起，城内未弭，夷人又至。他已亲眼所见、亲历其境，内忧乃是太平军、捻军的兴起和暴动，外患乃是英法联军的入侵和抢掠。他早就听说过，大清前期几帝如康熙、雍正、乾隆、嘉庆等，国家虽未停止征战，但只有边陲的鳞甲之患，到了道光从政时，也不过是英夷为了鸦片逞凶，还从未像咸丰登基以来的这些年国无宁日、民无乐居，内外骚扰，纷争迭起，不独东南半壁疮痍，甚至英法内犯，紧迫京师，纵火烧毁了举世闻名的圆明园。从而咸丰帝不得不拖着病体，慌忙带着后妃、年幼皇子、后宫侍从以及肃顺等几位要臣逃亡热河避难。同时，谕令皇六弟恭亲王奕䜣留守北京负责与联军议和。殊不知，奕䜣与洋人签订了《北京条约》，屈膝妥协讲和，处理善后事宜，讨得了侵略者的欢心，并开始笼络了大批在京官员，树立了自己的威信。张之洞对于大清同英法议和签约，实在不敢苟同，本来国土受到强盗践踏，岂有与强盗签约之理！当然他也知道，民族受辱皆因国力衰弱所致，欲扭转此侮，必须救国图强。所以他满怀救国抱负，树立远大志向，决心为国为民做一番事业。

他回到家中，每天又同妻子石凤怡、儿子仁权生活在一起，只是不再去任丘教书了，而是抓紧复习功课，抽暇写一些书法作品，去南皮县城售卖，维持眼前的生计。

这种小家庭的团聚，给他带来不少欢乐和欣慰。茶余饭后，他与妻子石凤怡谈史吟诗，有时还要逗一逗两岁的儿子，好不痛快。夫妻俩闲聊时，石凤怡难免抱怨族兄张之万，如果不是他担任主考官，说啥你也能参加应试了。他制止她的话，告诉她不能怪之万兄，朝廷任命谁敢不服从？还说咱们应该体谅之万兄嘛！原本豁达的石凤怡，听了丈夫的一席劝说，不好意思地笑了，连声说自己错了。他为妻子的明理而高兴，没想到在对待这类大事情上，几句话就能理解，夫妻恩爱莫过知心哪！

从京师回到故乡双庙村仅一个月，张之洞感到生活有些紧张，基本支付都困难。他正准备再去南皮谋一个教书职业，忽然邮差送来一封信，他打开一看，原来是族兄张之万从河南督府寄来的，说是被皇上谕旨派入河南就任巡抚，现已到任十日，请他赶快来府上做事帮忙，一来解决全家的生活费用问题，二来为明年应试做好准备。他高兴极了，圣上重用族兄，真乃求之难得！并且，他的生活有了着落，目前的窘迫状况总算得以解决，明年大考也不会受阻了。

他转身去找石夫人，把族兄张之万的信件交给了她，让她一起分享这种快乐。

石凤怡很快看完了这封信，当然也是非常高兴，为张家有此高官感到自豪。尤其族兄之万还在惦记丈夫之洞，更让她觉得张氏家族对亲情的看重值得尊敬。她主动表示，他们应该感激之万兄的良苦用心，不能辜负人家的一片好意。

当即，夫妻俩商定，之洞可以去河南。

为了表达对族兄张之万的谢意，石凤怡专程赶到南皮县城，买回核桃和红枣，作为家乡礼物送给他。

于是，张之洞带上应用的书籍和家乡的特产，告别了妻子和儿子，骑上一头毛驴上路了。

妻子石凤怡抱着儿子仁权，追至村头给丈夫送行。她那一双眸子望着南去的丈夫身影，留恋与惜别涌上心头，不禁潸然泪下……

三天后，张之洞翻山越岭、踏桥过水，总算顺利地到达河南。

张之万一看之洞从直隶南皮老家风尘仆仆赶来，心里十分高兴，与夫人一起安排酒席给他接风洗尘，热情接待这位同族举人兄弟。

面对族兄、族嫂的热心款待，张之洞深受感动，再三致谢。他还代表妻子石凤怡，呈上由老家带来的特产核桃和红枣，让兄嫂及侄儿侄女们一起品尝。

之万夫妇给之洞安排好住处，让他一个人住在两间大房子里，其中一间作为书房，这是为他准备功课所用。张之洞非常满意，觉得比老家南皮双庙村的条件好多了，不住地感谢兄嫂。

稍作休整后，族兄张之万同他商量，请他每天抽半天工夫，协助督抚整理文牍、抄写卷宗，这样巡抚衙门亦可给他支付劳务薪金。而腾出的另外半天时间，就可以自行支配去读书了。

张之洞欣然同意。他一再称颂之万兄料事周到，一切为小弟着想。随之，他开始入河南巡抚张之万幕府按规做事，并兢兢业业。

仅数日临府上班，他便熟悉了族兄交给的业务，而后按照约定时间读书，没有任何干扰，生活、学习、帮办差事等都是井井有条，一切如愿。

这可能是因为多年来的交往，之万、之洞兄弟俩感情越来越深厚，说话非常投机，彼此交谈很是随意，作为本家族的弟弟之洞，没有过多的拘谨，对于不清楚的事情敢于提问。之万也没有官架子，凡是之洞弟弟提出的疑问，尽量给予妥善回答。当然，重要谈话只能在家里。

“今年是同治元年，先皇咸丰去年驾崩，这位幼主究竟是怎样被确立皇位的？”张之洞颇关心国家政事，便询问道，“之万兄，您是一省之父母官，且又长年在京任职，对朝廷内部的事情肯定知道得比较多，不妨说出来让小弟长长见识！您看如何？不知方便与否？”

“你所问的事情乃是国家大事。按理说，我是一省巡抚，不能随便谈论此等要事。但你现在是举人，明年就得应试求得功名，把国家一些重要事情告诉你，也未尝不可，这对你将来肯定会大有益处。”张之万经过思索后，准备回答。

“多谢兄长抬爱！”张之洞朝对方抱拳致谢。

“咸丰十一年七月十七清晨，咸丰帝奕詝崩于承德避暑山庄烟波致爽殿东暖阁。病逝前，先帝留下两道遗诏，一道是立皇长子载淳为太子；一道是任命户部尚书协办大学士肃顺及御前大臣载垣、端华、景寿，军机大臣穆荫、匡源、杜翰、焦祐瀛八人‘赞襄一切政务’，这八人也被称为‘赞襄政务王大臣’。为了防止八大臣专权，先帝还在临终前分别将‘御赏’‘同道堂’两颗印章交给皇后和懿贵妃，作为日后颁布诏令的符信，这就意味着将来两位太后对八大臣所做出的军政大事持有否决权。年仅六岁的载淳，就是同治皇帝，其生母恰恰是懿贵妃，即后来的慈禧太后，她是一个权力欲极强的女人。”张之万说到这里停了下来，看了看坐在对面的张之洞那聚精会神的样子，担心地叮嘱道，“之洞，愚兄讲的这些话，你可不能随便乱说呀！”

“请兄长放心！此乃密谈深言，小弟至死也不敢妄言！”张之洞真诚而由衷地表态。

“好，这就好。”张之万看了张之洞的态度，满意地点了点头。

“小弟愿闻其详，请尽管教诲。”张之洞说着欠身拿起茶壶，给张之万倒了一杯茶水。

“局势能否大变，现已到了关键时刻。下边我就说一说，反抗与妥协之间的叔嫂合谋——辛酉政变……留守京师的恭亲王奕䜣，很快得到了咸丰帝驾崩的消息和遗诏的内容，兄长去世当然悲痛，但对那张既在情理之中又在预料之外的八名‘顾命大臣’名单感到相当程度的震惊，他完全没有料到受命于危难之际的自己，竟会被兄长彻底排除在新的权力中枢之外。不止奕䜣个人，军机大臣文祥的落选也表明了整个‘恭王派’都遭到了排挤。在这种情况下，奕䜣必须在妥协和反抗之间做一个决定。他深知，因为统论亲尊贵贤，诸顾命大臣无法与他比拟，特别是贪权而又专断的肃顺绝对不能容忍他等成为反对的一面旗帜。因此在当时那种‘办理抚局大不易’的情况下，肃顺等八大顾命重臣就很容易找碴将奕䜣革职，让其归邸养老。然而，三十岁不到就开始养老，显然是当时英气勃发的奕䜣所不能接受的。为了自己，也为了支持自己的众人，奕䜣毅然走上了反抗之路……”

“西太后慈禧既然权力欲极强，她肯定也不情愿受挟于肃顺他们。”张之洞已听出眉目，插话道。

“对，说得对，西太后平日对肃顺专权就不满，她也预料将来的日子不好过。所以，奕䜣与慈禧叔嫂对于如何罢黜肃顺等人这个问题，态度是一致的。值得提出的是，西太后由于本人极其热衷于权力，而其在咸丰病重期间，曾替咸丰批阅奏章的经历使之有了干预政务的能力；以肃顺为首的顾命大臣们为此加意防范西太后，结果大大加深了双方的恶感。另一方面，权势日重的肃顺在两宫太后面前显示出一种妄自尊大的态度，而深遭两宫太后的反感。在西太后的提议下，两宫太后暗中发懿旨，密召唯一有力量可以对抗顾命大臣的恭亲王奕䜣赴热河‘筹谘大事’。与此同时，在北京的奕䜣为了探听新政权的虚实，要求赴热河叩谒梓宫。在热河的肃顺等顾命大臣一方面没有理由驳回奕䜣这个合情合理的折子；另一方面又对自身的权位过于自信，认为奕䜣即便来到热河也兴不起什么风浪，于是批准了奕䜣赴热河叩谒梓宫。八月初一上午，奕䜣到达热河，在淡泊敬诚殿叩谒梓宫之后，立即受到了两宫太后的单独召见。双方在会见中，显然达成了推翻现有‘顾命大臣’制度、代之以‘两宫垂帘、恭王秉政’的新制度默契。为了不使肃顺等人起疑心，直到回京，奕䜣也没有再和两宫太后单独会见过。”张之万为了喘口气，歇一会儿，端起茶杯，呷了一大口茶。

张之洞又去捧起茶壶，给之万兄倒茶，脑子里紧张地盘算此事，进而推断道：“真正做到严格保守秘密，方能实现图谋。”

张之万又接着往下说：“双方的秘密交涉改由醇郡王奕譞之妻（慈禧亲妹）负责传递。随后，奕䜣开始对顾命大臣发动大规模进攻。农历八月初六，都察院山东道监察御史董元醇奏请两宫太后：‘明降谕旨，宣示中外……皇太后暂时权理朝政，左右不能干预，庶人心益知敬畏，而文武臣工，俱不敢肆其蒙蔽之术。’‘更当于亲王中简派一二人，令其同心辅弼一切事务。’而督办‘河南安徽剿匪事宜钦差大臣’胜保与山东巡抚谭廷襄亦同时联衔具折‘恭请皇太后圣躬懿安’，开了臣子向太后请安的例子。慈禧太后在收到董元醇奏请‘两宫垂帘、（恭）亲王辅弼’的折子后，知道无法立即实行，于是将该折留中不发。而顾命大臣则打算严惩董元醇以杀鸡儆猴，催发该折以便处理。两宫太后在商议后将该折发下并明确指示批准董折‘亲王辅弼、添派师傅’二事。顾命大臣肃顺等人大为恼火，结果双方当庭争执起来，最后竟把小皇帝载淳吓得小便失禁、哭出声来才算停口。次日，顾命大臣又停止办公，拒绝开视发下的折件向太后施加压力。顾命大臣虽然在这次冲突中取胜，但他们的跋扈却使得舆论倒向了相反的方向，大多数亲贵也随之站到了太后与恭亲王一方。在此期间，奕䜣在京抓紧组织反抗顾命大臣的武装力量，密派左翼总兵文祥兼任步军统领（北京卫戍军队），还责成岳父文华殿大学士桂良、老师武英殿大学士贾桢，另有体仁阁大学士周祖培，以及前领班军机大臣彭蕴章，并上述诸臣之门生故吏一起做好准备，对肃顺及顾命大臣形成强大的包围网。京畿周边的统兵大员僧格林沁、胜保等也都站在了奕䜣一边。而外国势力因为恭亲王的活动，也一致地支持他和太后的政令。”

张之洞为恭亲王、太后的精心组织所叹服，不禁赞道：“一切谋划最根本的是军事组织，看来年轻的恭亲王和年轻的西太后都不是等闲之辈。”

“没错！古往今来，年轻人能成大事。奕䜣不足三十岁，西太后比他还小两岁。”张之万继续陈述，“咸丰十一年九月二十八日，两宫太后偕幼帝载淳及载垣、端华等七大臣抵顺义西北的南石槽行宫。恭亲王奕䜣在此接驾并受到了两宫太后的召见，而政治中枢由热河再次回到了北京。九月二十九日，两宫太后抵京后于养心殿东暖阁再次召见奕䜣，而载垣、端华等人竟然未给予任何干涉，也没有产生应有的警惕。”

“这一切说明顾命大臣过高地估计了自己的政治力量，忽视了恭亲王的机敏和太后的野心！”张之洞看到其中奥秘，分析道。

“对，你看得很对！”张之万站起身来，走至张之洞近前，语气低沉地说，“十一月二日，两宫太后传特旨召文华殿大学士桂良、武英殿大学士贾桢、体仁阁大学士周祖培、军机大臣户部左侍郎文祥由恭亲王奕䜣带领觐见，载垣等人阻拦未果。两宫太后在养心殿东暖阁向众人泣述顾命大臣种种不道，随后出示在热河由曹毓英写好的上谕，指责八大臣（特别是载垣、端华和肃顺）僭窃帝权，欺骗先帝，并在外交政策方面处理失当而‘失信各国，淀园被扰’，‘口外严寒……圣体违和’，导致文宗死在热河，将‘载垣、端华、肃顺着即解任。景寿、穆荫、匡源、杜翰、焦祐瀛，着退出军机处。派恭亲王会同大学士六部、九卿、翰、詹、科、道，将伊等应得之咎，分别轻重，按律秉公具奏’。同时就贾桢、周祖培及户部尚书沈兆霖、刑部尚书赵光联名奏请太后‘垂帘听政’一事，‘皇太后应如何垂帘之议，一并会议具奏’。紧接着又下一诏，将载垣、端华、肃顺革去爵职，拿交宗人府。”

“动真格的了，顾命大臣再也无法嚣张了！”张之洞亦同情恭亲王、慈禧太后。

“政治险恶。不是你死就是我亡！”张之万提高了声调，似要说到高潮地方。

“之万兄，快说呀！”张之洞心情急切，想尽快听到结果。他也站了起来，给张之万端过茶杯。

张之万呷了一口茶，说道：“奕䜣随即带人赴军机处，捕拿载垣、端华二人，除去载垣一句‘我辈未入，旨从何来’的蠢话外，没有遭到任何反抗，一捕而就。当夜，护送咸丰皇帝灵柩的肃顺行至密云被醇亲王奕譞等逮捕。至此，执政仅约两个月的‘赞襄政务王大臣’被迫离开了政治舞台。”

“好，好，说得太好了，太精彩了！”张之洞听罢族兄张之万的一席长谈，打心底受到一番深刻的政治教育，感慨万端地说，“族兄深言，无处求教。您对国家大事熟记于心，做起官来心明眼亮。巡抚大堂悬挂的‘高悬如镜’横匾，对您来说是恰如其分的！”

“之洞所言过誉了，匾额字迹乃是鞭策，愚兄哪有那么好，根本谈不到心明眼亮。”张之万谨慎而谦逊地说。

张之洞为族兄的广博知识和谦虚品格而感动，不好再说什么，只是点头赞许。

然而，张之万出于对族弟的关心，还是向他讲了为官之道、从政之术，叮嘱他：“唯书唯上不可取，但执行圣谕是不能抗拒的，关键的是要有主见、要有独到见解，在实践中力求天地合一、天人合一，切忌主观违背客观，到头来不好收拾。”

“至理名言，小弟谨记！”张之洞欠身抱拳，感激不尽地说。

“如今是太后‘垂帘听政’、奕䜣‘亲王辅弼’，权力中枢已定，绝不容许质疑。”张之万挥手让他坐下，重申道。

“看来‘垂帘听政’这种方式确实有些特殊，历朝历代也是少有的。”张之洞一看族兄的谈话即将结束，没再落座。

“巡抚衙门还有事，江苏巡抚李鸿章来访，我准备去接待一下！”已经站起身的张之万整理袍服，戴上顶子，准备离去。

“好吧，之万兄先去忙，我回书房准备功课，改日再聆听兄长赐教！”张之洞向族兄打躬施礼，转身走出客厅。

张之万急忙去督抚衙门，组织当地官员去迎接这位未来的清廷大员李鸿章。

李鸿章走后，张之洞又从族兄张之万口中得知，慈禧太后为了维护清朝的统治，巩固自己的地位，不得不重用汉族官僚，让他们放手去绞杀太平天国运动。垂帘听政的当日，就授权曾任内阁学士、礼部侍郎，后遍任兵部、工部、刑部、吏部侍郎乃至军机大臣、创建湘军的头目曾国藩，统辖苏、皖、浙、赣四省军务，督抚以下的文武官员都归他节制，这在清王朝是史无前例的。李鸿章率领淮军到达上海后，清廷任命他为江苏巡抚。汉族官僚势力扩大，地方政务逐渐被汉族官僚控制。这些汉族官僚多为洋务派，洋务运动兴起后，朝中权力多为汉官所有，李鸿章更成为权倾朝野的重要人物。当今朝廷的要臣以及他们的洋务运动思想，在张之洞心灵深处萌芽。

他在准备功课的过程中，脑海中还不时地浮现英法联军进犯北京、火烧圆明园的惨烈景象……从康熙到咸丰二百多年的历史里，鼎盛时期还得数康乾年间，至今同治始元，怎么到了如此衰弱地步，难道洋务运动也不能救国吗？是不是洋务运动思想还未被大多数臣工接受，导致朝廷持观望态度呢？他心内焦急，忧国忧民，不知如何为大清效力！

春节将临，明年春天就该大比应试。他来到张之万夫妇房间，先是感谢兄嫂一年来的盛情安排和接待，后又提出准备回老家南皮双庙村，待春暖花开时去京会试。张之万和他的夫人当然放行了，因为试第是之洞的一生大事，说啥也耽误不得。夫妻俩一致要给之洞带些银两，作为生活补贴，但被他婉言谢绝，说在河南督抚所挣薪金完全够花用了，考试费用也不成问题。张之万一看他执意不肯接受，不再勉强，但给他备好车马，派人护送回乡。

张之洞告别了族兄族嫂，顺利地回到南皮老家双庙村，与家人一起过年。

年底，他从河南归来，给妻子石凤怡、长子张仁权带来不尽的欢乐。他与妻子带上从河南买来的礼物，领着儿子仁权，给长辈们拜年，去看望居住在本村的本家族张之万父母以及之濬、之潭、之濮几位兄嫂和侄儿、侄女们。按照当地风俗，各家各户除了请之洞全家人吃饭外，还专门赠给小仁权压岁钱。新一年的正月，张之洞几乎都是在亲友家吃请。而他在家就餐的时候，妻子平日早就为他和儿子准备好了，上顿下顿除了饺子、炸糕，就是面条、大米饭。

不过，张之洞没有浪费时间，而是尽量挤时间读书，抓紧备试。

这是大比之年。张之洞必须提前进京，寻找客店、填表报名、熟悉考场等，都要做在考试之前，于是同治二年（1863 年）过了元宵节，就带上行李、书籍、文房四宝赴京了。

他住在北京顺天府的一家客栈。这家客栈是车马大店，来往客人大多数是外地来京办事的，房钱是比较便宜的。他忙活了好几天，把考前应该做的一些事情都做完了，正要一门心思在自己的房间准备看书时，忽然觉得浑身酸痛、直打冷战，接着肚子一阵一阵地疼。他心想，京师天寒，可能要闹肚子。不一会儿，他从住室跑向院心厕所，又吐又泻。唉！来到北京还没应试就病了。

张之洞在自己的房间躺卧了一整天，没吃没喝，四肢无力，肚子隐隐约约地疼。他心里想，如果明天还不见好转，就得找大夫瞧瞧了，说啥不能因病误了会试。今天晚间，就这么坚持了。

傍晚，桌子上的煤油灯亮了。

他抬头一看，只见两位年轻漂亮的女子站在床前，她俩一个是小姐打扮，一个是丫鬟打扮。他用手臂强撑起上半身，诧异地说：“你们这是……”

“别动，您赶快躺下！”丫鬟上前劝道。

“大夫马上就到，给您诊断一下，就知道是什么病啦！”小姐仍站在原地，不无安慰道，“您放心，一定让大夫把您的病治好。”

“这，这太麻烦你们啦！”

他刚说了这么一句客气话，一位白发白须的老中医就推门进入。老中医把药箱放在桌子上，走至床前，询问道：“公子，您是什么时候病的？什么症状？”

“今天早饭后，就感到不舒服，浑身冷，肚子疼，接着呕吐、腹泻。”张之洞简单地叙述了一下自己的病情。

“您躺好了，我来切脉！”老中医伸手给他号左手脉。

小姐、丫鬟都在注视老中医的表情。

老中医又给他号右手脉……老中医皱起眉头，沉思不语。

“请问大夫，他身患何病？”小姐问道。

老中医抽回切脉的手，长嘘了一口气，诊断说：“公子胃有虚火，饮食不周，肠道滞血，气脉不通，此乃轻度伤寒也！”

小姐惊讶地说：“他患的是伤寒症吗？”

张之洞深知伤寒症的厉害，闹不好是要肠穿孔的，这下可坏了，非耽误应试不可。他紧锁双眉，望着老中医。

“请小姐不必着急，我自有良方医治。”老中医欠起身体，走到桌前，打开药箱，取出纸笔，欲开药方。

“大夫，您要开最好的药。”小姐叮嘱道。

“那好，只要小姐舍得花钱，我保证将您相公的病治好！”老中医看了小姐一眼，准备书写。

闻听“相公”二字，小姐的面颊唰的一下通红。她心里暗想，这位郎中先生不是乱点鸳鸯谱吗？但又一想，为了把客官的病治好，岂能顾这么一句话呢！她随口应道：“不管花多少钱，只要治好病就行！”

“好嘞，有了小姐您的态度，我就知道应该怎么开方了，我保证药到病除！”老中医拿起笔来，写写画画，霎时写就药方，交于小姐，嘱咐道，“您到中药铺抓药，每天煎熬一服，分两次服用，这个药方共开十五服，半个月服完！”

“好吧，谢谢大夫！”小姐向老中医屈身一拜，接过药方。而后，她又拿出几两银子，递给老中医。

“见笑了，见笑了！小姐、公子，告辞！”老中医收起银两，背上药箱，转身走出房间。

躺在床上的张之洞早就听出老中医的话，错把他和这位小姐当成夫妻，这让人家太难堪了，人家本来是帮忙的，没有任何亲缘关系，岂不是抹杀一片好心！他不能接这个话茬，只好感激地说："小姐，给您添麻烦了，我真是过意不去呀！"

小姐摇头不语，但她那双秀眸透露出羞涩。

丫鬟直言快语："您就甭客气了，算您有造化，今儿白天我家小姐就发现您病啦，下午给您找的大夫。"

张之洞打起精神，欠身坐在床上，拱手道："谢谢！谢谢！"

"不谢。明天我们给您送药来！"小姐说着，向她的丫鬟挥了挥手，示意离去。

"您等着吧，我们回去啦！"丫鬟朝他说了句话，便转身随小姐走出房间。

次日天刚蒙蒙亮，小姐、丫鬟各提着药壶、瓷碗，走入张之洞住室。

张之洞端碗服药。他心里琢磨，她俩连夜抓药、起早熬药，一夜也没怎么好好睡觉！自然要对她们说些感谢的话语，尤其还为他垫付了银两。

当天晚上，张之洞又照医嘱服药。他对小姐、丫鬟免不了还要说些感激的话。

连续十五天服用中草药，张之洞所患疾病基本治愈。他的精神好多了，能够坚持看书学习了。他同小姐、丫鬟萍水相逢，她们竟如此善良热心，让他心内万分不安，不知怎样答谢才好。

这一天夜间，他与小姐、丫鬟秉灯交谈。这时，他才想起询问："二位姑娘尊姓大名？"

"我家小姐姓唐，名为慈丹。"丫鬟替小姐回答，"她今年十八岁了……"

唐慈丹不好意思地脸红了。她立即打断丫鬟的话，亦介绍说："这个姑娘叫张雨虹，十六岁刚过，是我雇的伙伴，除了平时照顾我的生活外，还要协助我们家里做点小生意。"

张之洞点了点头，赞道："哦，婵娟经商，不简单！但不知经营何种生意？"

"售卖茶叶。您没想到吧！"张雨虹回答后，又补充一句，"其实我家老爷才是大老板，小姐协助其父，了解商情，联络外出。"

"小姐祖籍何地？"张之洞又追问道。

"祖籍广东，现住在湖北汉口。"唐慈丹继续回答，"这次我们俩奉父命来京，同几家茶庄订货。"

"公子，您到底姓甚名谁，来京办理何事？"张雨虹有些心急，盘问道。

“在下姓张，名之洞，字孝达，号香涛，祖籍直隶南皮县。此次赴京准备应试，多亏二位姑娘搭救医病，险些误了考试！”张之洞和盘托出，但未说出家室情况，因为对方没有问及。

张雨虹听了张之洞的回话，眼珠一转，狡黠地笑道：“嘿！太巧啦，公子的字为孝达，小姐的名为慈丹，‘孝’与‘慈’可有内在联系哟……”

“这……”张之洞这位举人出身的学子竟被这个小姑娘将住了。

“雨虹，你不要胡说了，公子的字孝达，含义颇深，我的名字怎能与其相提并论！”唐慈丹知道丫鬟的用意，赶忙岔开话题，恭敬地说，“大比之年，学子云集，公子会试，一定成功！”

“借小姐吉言，但愿好梦成真！”张之洞转身打开包裹，取出一包银两，双手捧至唐慈丹面前，诚挚地说，“小姐，这是医药钱，请您收下，我已经是万分感激了！”

“不行。公子，您还没到考期呢，钱不够花了怎么办？”唐慈丹用手推了一把银两包裹。

“小姐，我把该用的钱留好了，绝对够花了。这些银两您无论如何要收下，若不然我考不好的！”张之洞极其诚恳地说，“日后我有机会去汉口，一定当面致谢！”

唐慈丹一看张之洞百般不愿接受馈赐，只好示意丫鬟收下银两。

张雨虹走过来，从张之洞手中接过银两包裹。

“公子，应试临近，剩下的日子没多久了，您抓紧准备功课吧，我们不再打扰了！”唐慈丹欠起玉体，屈体施拜，“公子，告辞了！”

“多谢小姐，多谢姑娘！二位恩重如山，张之洞没齿难忘！”张之洞抱拳施礼，并送至门外。

她俩走后，张之洞暗暗庆幸自己的命运，多亏了遇见这两个贵人，让他在危急的病中得到及时治疗，获得痊愈，能够按期应试，这真是苍天保佑！

他又认真看了半个月的书，转眼到了二月上旬，会试时间到了。

张之洞进入考场，挥笔答卷，成功地通过了会试。榜发，他得中第 141 贡士。

四月中旬，开始复试，张之洞列一等第一名。

四月下旬，在保和殿，由皇帝亲自主持殿试。张之洞同其他贡士考生一起参加殿试，只考策论一门。然而，由于他的殿试文章比较尖锐，对于时政有所批评，所以惹得考官不高兴，虽然也承认他确实写得妙语佳章，但是把他的这份答卷列入三甲末名，就是第三等的最后一名。

后来，主考官认为不妥，把他的考卷提到了二甲，即提到了第二档，并告知他暂且留京等候最后结果。

张之洞回到客栈，心里不由得想起唐小姐和张姑娘，本想现在去看望她俩，可又一想，自己是个男子，出入客店女性房间确实不方便，况且功名尚无结果，见了面也不好说啥，还是过几天再说吧。他从桌几上拿起一本唐宋八大家文选，浏览观看。

殿试的结果必须由朝廷决定。正因为是殿试，所以最后还需要两宫太后阅卷判理。

前边已经谈到，“两宫垂帘、恭王秉政”，乃为朝中新制度。在此，不妨介绍一下两宫太后是如何垂帘听政的——

辛酉政变成功后，恭亲王奕䜣享有蒸蒸日上的声名，或多或少可以弥补其因曲循慈禧太后的懿旨，违反祖制，促成垂帘而起的内疚和抑郁，也因为如此心绪，议定垂帘章程的奏折，由会中公推礼亲王世铎主稿具奏。

这个奏折，早在当年十月十六日就已拟好，但一直到十天以后，国丧百日已满，方始呈进。章程一共十一条，除去规定须皇帝亲临的各项大典，或者派亲王、郡王恭代，或者等成年亲政之后，再恢复举行以外，最重要的只有三条：一条是两宫太后召见“内外臣工”的礼节。一条是“京外官员引见”的礼节：“请两宫太后、皇上同御养心殿明殿，议政王、御前大臣，带领御前、乾清门侍卫等，照例排班站立，皇太后前垂帘设案，进各员名单一份，并将应拟谕旨注明。皇上前设案，带领之堂官照进绿头签，议政王御前大臣，捧进案上，引见如常仪。”其如何简用？皇太后于单内钦定，钤用御印，交议政王军机大臣传旨发下，该堂官照例述旨。另一条是“除授大员，简放各项差使”，可事先开单，与钦定钤印的规定合在一起，使得两宫太后在实际上做了皇帝，扼有完全的用人大权，同时也跟皇帝一样，可以召见京内京外的任何官员，亲自听取政务报告。对此奏进的垂帘章程，慈禧太后相当满意。

封建时代，讲究男女有别，皇室更要以身作则，文武百官并不能面见皇后、皇太后或其他后宫嫔妃。如今皇帝年幼，太后要听政，古制又不能破坏，毕竟男女有别、内外不同，于是就在太后和臣子之间垂帘，在皇帝宝座之后设立两太后的宝座，中间用八扇黄屏风隔开，早朝禀事，宣读谕旨都要隔着帘子进行。如果召见大臣，就请大臣前往养心殿东暖阁面圣。东暖阁的帘子就是在墙前的栏杆上挂一幅黄幔，帘前正中是同治帝的御榻。从两宫皇太后正式垂帘听政这天起，同治帝发布的谕旨前都要加上“朕奉母后皇太后、圣母皇太后懿旨”的字样。两宫太后虽然隔着帘子问话，大臣隔着帘子回话，但她们实际上走到了权力的幕前。然而，母后皇太后慈安软弱无能，大权一直握在圣母皇太后慈禧一人手中。

鉴定殿试文章的地点设在东暖阁。

此时，东暖阁的黄幔帘子垂落下来，室内摆设整齐，窗明几净。帘子后面，慈禧太后正伏在一张丈余长的红木御案上，审视张之洞的文章《殿试对策》……帘前正中是小皇帝的御榻，铺着簇新的黄缎皮褥子。不知什么时候，小皇帝同治已经离开御榻，到帘前墙角下玩耍去了。而侍立在帘前的主考官根本不敢劝止小皇帝，两眼只是默默地注视帘子后面，期待太后的谕示。

慈禧被张之洞撰写的《殿试对策》吸引着，文章一开头就让她感到出手不凡——

臣对：臣闻制科之设，畴于西汉，本以求能直言极谏之人，而天子临轩称制问之，使尽其所欲言，故汉董仲舒，唐刘黄，后周王朴，宋苏轼、陈亮类能指陈当代利害，侃谔不挠，诚以此科非以校多士之词章，将以闻朝廷之阙失。钦惟皇帝陛下以躬圣哲之资，荷艰大之业，揆文奋武，四海望治，猥以典学求贤、崇俭察吏之要，下采刍荛。伏读诏书，罢去对策格式忌讳，彼得剀切敷陈，是则二百余年相沿之旧章，在今日为破格求言之盛举。闻之孟子，不以尧、舜之道事君为不敬，若逆臆言之无益，而遂涂饰敷衍，苟以窃一命之荣，不敬孰大？于是用敢披肝胆、冒斧质，为陛下一言。

伏读制策，有曰：“二帝三王之心，法不外一中，因旁搜经典，以相发明。”臣谨案：《春秋繁露》曰：“合天者帝，通德者王。”《书》之钦、《易》乾坤之诚敬、《春秋传》之大居正，皆与执中通。“《大学》始终一敬，《中庸》枢纽一诚”，朱熹语也……

张之洞文笔犀利、文风别致，引经据典、有的放矢，这让慈禧大开眼界。尤其他敢于紧密结合时政，诸如，“制策又以得贤才所以治天下而综论资格、科目之得失”，“制策又以今日习尚侈靡，思以俭德救敝俗”，“制策又以蠹吏厉民，思所以整齐磨砺之道”等问题的提出和阐述，足以令人为之一振、耳目一新。

慈禧亦觉此文确有独到见解，并对朝廷、官场也有警示教诲作用。她对张之洞的文才颇为欣赏，并对他本人有了新的打算，但没有急于表态，而是把这份殿试文章交与慈安太后审阅。

慈安太后对于政务不感兴趣，虽然同慈禧太后一起垂帘听政，但是她是一个挂名的，不会去管这些事情，真正阅卷的是慈禧，就是西太后。慈安简要地看了看殿试文章，而后又把它交给慈禧，什么态也没表，只是说你定吧。

慈禧接过张之洞撰写的《殿试对策》这篇宏篇力作，沉思片刻，遂拿起毫管在上面批示道："张之洞所作职训文章《殿试对策》，可谓超凡不俗、大家风范，现将他从二甲拔到一甲第三，即探花，赐予进士及第。"

不知什么时候，小皇帝同治靠卧在御榻上睡着了。

"好啦，小安子，拿回去吧。"慈禧太后朝着一直站在身旁的大太监安德海打了个手势，让他递给黄幔外边的主考官。

"嗻！"安德海躬着身子，双手接过慈禧太后批示过的殿试文章，转身走到黄幔外边，交与主考官。

"多谢太后恩典，多谢皇上恩赐！"主考官一边看了御示，一边双膝跪下。

"你们翰林院负责通知张之洞，告诉他已中探花！"慈禧隔帘指示道。

"是！太后，下官回去就办理！"主考官大礼叩拜后，欠身倒退着脚步，离开东暖阁。

他心想，张之洞这个进士可不得了，转眼间被慈禧太后识拔为探花，这可是大造化！

他一溜小跑，奔向翰林院……

是啊，张之洞被太后从二甲拔到了一甲第三，一跃成为探花，确实够幸运的。第一名是状元，第二名是榜眼，第三名则是探花。张之洞的地位提得很高了，顿时成了通天人物。

张之洞从发布的大红榜得知，他已中第进士，主考官还特意向他传达了慈禧太后的御批，将他提拔为探花。他正在大喜过望之际，忽然朝廷派来安德海叫他，让他去东暖阁接受太后召见。

张之洞岂敢怠慢？奉旨直奔东暖阁。

他走进会见大厅，双目余光发现黄幔内的两太后，并列端坐着，黄幔外的御榻上坐着同治小皇帝。哦，这就是垂帘听政。他赶紧撩袍跪地，大礼叩拜道："太后陛下、皇上陛下，万岁万岁万万岁！"

“你就是张之洞吗？”慈禧问道。

“学生正是。”张之洞回答道。

“祖籍何地？”慈禧已经知道他的祖籍，殿试文章落款标为“直隶南皮张之洞”，但仍故意询问。

“学生祖籍直隶南皮县。”张之洞又回话道。

“祖上有做官的吗？”慈禧进而问道。

“学生之高祖、曾祖和祖父，都仅官止于知县，父亲张锳也仅做到贵州兴义府知府。”张之洞谦逊地说。

“哎，这也不简单，你也算得上官宦人家的子弟了！希望你奋发努力，超过你的祖先！”慈禧不无激励地说。

“学生不敢奢望！”张之洞谨言回答。

“好啦，从今以后，你就不要自称学生了，因为你已经中第进士、高中探花了！”慈禧边说边打量张之洞……

“晚生不才，多蒙太后恩宠！”张之洞又扬起双臂，抱拳施拜。

慈禧虽隔帘观望，但也看得很清楚，张之洞其貌一般，个头又矮，又说得一口贵州话，她先是摇了摇头，似有遗憾，后又点了点头，好像佩服其学识。她朝着帘外的内奏事处臣工说：“宣旨吧！”

“是！”那位臣工躬身应声后，展开谕旨，面对张之洞说，“张之洞接旨！”

张之洞向前跪行一步，将头叩伏于尘：“恭请太后陛下、皇上陛下……

那位臣工宣旨道——

> 皇上诏曰、太后懿旨：鉴于张之洞殿试文章出类拔萃，特赐予进士及第，破格识拔为探花，并授予翰林院编修之职，望其日后竭尽全力为朝廷效劳。钦此！

“太后陛下万岁万岁万万岁！皇上陛下万岁万岁万万岁！”张之洞再施叩拜大礼。

“好啦！跪安吧！”慈禧发话道。

“多谢太后！”张之洞施拜站起，与那位臣工走出东暖阁。

他兴高采烈，难以抑制激动的心情，很快走出紫禁城，奔向自己居住的客栈。

他万万没有想到，一篇殿试文章竟然被圣母皇太后慈禧看中了，将他特别识拔为探花，所以他被称作太后“手擢之人”，亲手提拔的一个人，这是罕见的殊荣，而且也打破了多少年沿袭不替的惯例，即探花郎与状元、榜眼还不同，不仅才学见地文字都要好，还得是年轻英俊、相貌漂亮、风流倜傥之人。而他深知自己的身材、长相与此标准相差甚远。毫无疑问，这就更是一个异数了，所以张之洞成为绝无仅有的“太后门生”。他本人亦不胜荣幸。从此，他开始步入仕途。

在此，笔者告诉读者诸君：由此造就了后来张之洞与慈禧太后和同治、光绪两位皇帝的君臣际遇。

张之洞高中探花、及第进士已传遍京师，就连他的家乡直隶南皮也都家喻户晓。

他回到客栈，打开房门，走进室内一看，桌几上放着两包茶叶，一包写着“黄山毛尖”，一包写着“西湖龙井”。他一下子明白了，这是唐小姐送来的，心想，现在可以去找她俩了。他又一看，桌几一角放着一封信，拆开一瞧，信上写道：“今知张公子金榜题名，中第进士，且又被皇家识拔探花，此乃人生最大荣耀也！我和雨虹姑娘特来祝贺，并呈上两包新茶，请公子品尝。今日上午，我们即刻登程，返回汉口，来日再听公子赐教！唐慈丹。”

张之洞手拿着茶叶、信件，跑向门外，想去追这两位姑娘，但是人家早已乘上马车离去了。

他从门外返回，把手中的茶叶、信件放到桌案上，脑子里不住地盘旋这一个月来准备应试以及受到唐小姐、张姑娘无私关怀的情景……他反复揣摩，思绪不宁，人生在世欠账好还，唯有欠下的人情难以偿还。什么时候才能去汉口呢？唉！这可是一件难事啦！

朝廷已经向他降旨，授职翰林院编修，限他十日内携家眷来京上任，但是他得回家祭祖，特别是去贵州兴义府迁移父母坟墓，重新安葬在老家南皮县双庙村的先祖墓地，往返贵州、直隶七八千里之遥，绝非几天内完成，十天假日说啥也不够用，至少还得增加一个月左右，方能处理完这些事情。

想到这里，他无心在京逗留，应马上去翰林院续假，好抓紧时间回老家。当天下午，他便去了一趟翰林院……

所续请的一个月假批准了，加上原来的假日，总共四十天，完全够用了。张之洞仔细盘算着，心里做好了日程安排。

第二天，他到客栈账房结了账，带上行李和东西，返回直隶南皮。

第四章　翰林苦差　十八载清廉

位于南皮县双庙村附近的一块丘陵高地，石多土薄，不宜耕耘，然而这里生长着一片苍松翠柏，遮天蔽日，掩映着一座座坟茔。那坟包由大渐小，鳞次栉比，横排竖行，整齐有序。每座坟堆长满了青草，每座坟前都矗立一块石碑。最为显眼的是，并排堆起三座新土坟茔，只是没插白幡，而坟前亦有石碑。这，便是张之洞和他的三个哥哥从贵州兴义府新迁来的父亲、母亲、养母的坟墓。

这一天晌午，红日高悬，天空瓦蓝。

只见三座新坟前，各摆放一张矮脚案几，几上皆放置香炉、猪头、点心、西瓜和苹果以及白酒等祭品。三座新坟四周还撒下了五谷。

顿时，唢呐声、锣鼓声奏起。

继而便是一阵阵鞭炮声……

唯见高中探花、及第进士的张之洞，与其大哥张之濬、二哥张之潭、三哥张之濮，携带他们的妻室、子女，跪伏于墓碑前叩头参拜，追思亡灵，祭奠生养他们的父母和祖先……

一些村民父老、妇孺围站在张氏坟旁，观看金榜题名、喜获殊荣归来的张之洞，回乡祭祀，光宗耀祖。

祭祖的当天晚上，村里乡亲们自发地请来当地的沧州梆子剧社，一连唱了三天大戏。这第一天晚上，演唱了著名剧目《大登殿》，左右邻近十里八村的百姓都聚集在双庙村看大戏，人山人海，风雨不透。

看戏的过程中，南庄北村的人们免不了相互交谈，询问双庙村为啥舍得花钱唱大戏？经了解，人们很快知道，双庙村考上了一个进士叫张之洞，高中了一个探花叫张之洞。许多人惊叹地赞道：哎呀！张之洞不是凡人，太了不起啦！还有些人这样夸耀：南皮县双庙村是块风水宝地，竟然出了张之洞这样的大人物，将来非出将入相不可！

还甭说，这些出口议论者别看他们是平民百姓，还真是未卜先知哩！诚然，那都是后事啦！

张之洞的名声像鸡毛信似的，迅速地传遍直隶全省。当然，沧州、南皮县更是家喻户晓、尽人皆知了。

连日来，南皮县双庙村张之洞及其兄弟的家门前，车水马龙，络绎不绝，来访的名仕豪绅一直未断。他们看好，张之洞将来前途无限矣！

然而，张之洞心中有数，大脑非常冷静，每听到对方夸赞之词，他总是谦和并感激人家的心意，遂诚挚地说："吾德薄才疏，岂敢承当此誉！"

张之洞之所以如此态度谦逊，遇事冷静，这与他具有较深的学识涵养、抱有较大的志向理想是分不开的。他在古人的著作中，认真吸取类似的训导。诸如——《周易 · 谦》中写道："谦谦君子，卑以自牧也。"《管子 · 形势解》中阐明："明主配天地者也，教民以时，劝之以耕织，以厚民养，而不伐其功，不私其利。"《尚书 · 大禹谟》中述道："汝惟不矜，天下莫与汝争能。"等等，不一一概述。

进士与探花，且又是慈禧太后所圈点识拔，但对于张之洞来说，没有丝毫受宠若惊之举，可见其修养达到何种地步！因为他准备继续深造，终身用功，决心为国家干一番大事业。他坚信，若乃砥节砺行，动心忍性，苦其心志，劳其筋骨，必将实现天将降大任于斯人也！

迁陵、祭祖的生活大事完成后，张之洞携夫人石凤怡、儿子张仁权访亲拜友。尤其是不忘本家族张之万的父母对他几年来县学读书的大力支持，尽管手头积蓄有限，还是专门备下一桌酒席，热情招待了叔婶二位老人。

他不忘南皮县学的那段日月，中了举人之后，双庙村的几个伙伴陪他数次钓鱼玩耍，特别是他和他们一起去南皮城西御河垂钓，首次见到了南巡的咸丰皇帝，这次本应该请当年垂钓的小伙伴吃顿饭，怎奈家中实在无钱支付，只好拿起鱼竿，把钓鱼的小伙伴们（现在都已结婚成家）找到一起，到村里小河边又一次垂钓，这是他同本村少年时期的伙伴们留作最后一次的纪念。

赴任前的四十天假期仅剩下两天了。张之洞携带石夫人、长子仁权，在几位兄长的护送下，赶赴北京上任去了。

在张之洞看来，翰林院的就职状况比他想象得还要好。刚到职时，一些同僚就告诉他，翰林院衙门不小，但不是审案的地方，只是主管全国教育，没有任何外快好处，每月薪金又低，生活不容易富裕起来。但是，张之洞压根儿就不是为了钱来当官的，他的人生宗旨则是报效国家、富国强民，所从事的教育更是他的人生向往，世间没有比教育更崇高的了。他对于皇上授予的翰林院编修之职，满足而高兴，所有学生所学书目和课本都要由他和同僚来敲定，往后并有机会去全国各地巡视考场，同诸多考生会面交谈，这是多么难得的幸事啊！再说，他没有想到翰林院会这么庞大和有气势。瞧！两座院落连在一起，南北各两排正房，红砖绿瓦，飞脊刺天。房前设有走廊，一根根红色漆柱支撑廊顶。院内建有凉亭、水榭，长有花卉、草坪，就连铺陈的石板路也是粉红色的花岗岩。门房上首檐顶处悬挂一块烫金横匾，写有硕大字迹："翰林院。"好不气派！好不威严！这里虽然不是高官厚禄向往之地，但却是一个能创造巨大精神财富的地方，一个令人振奋的生活与求知的大舞台！

从同治二年（1863年）六月起，张之洞开始了他的仕途生涯。这一年，他已经二十六岁了。

他对自己到翰林院从事的职业很满意。每天早出晚归，尽职尽责，从不误事。他在编写教育文献时，除了认真听取周围同僚的建议外，还注意结合自己多年来的读书与考试的实践，从而使他的编修总结颇具新意，并有较强的创造性和针对性。时间不长，他便赢得了同僚、同人的好评。

每天下班回到家里，他感到无限的温馨和快乐。妻室石夫人给他的生活以无微不至的关怀，不但给他准备好饭菜，而且还同他一起谈史吟诗、论古议今，夫妻俩有说不完的话，叙不尽的情。尤为让他感动的是，妻子对他心细入微、情深意切，只要时间允许，便给他搬出他母亲留下的那架古琴，请他操琴拨弹、寄予情怀。

是的，每逢抚琴之前，张之洞总要凝思神往……先要想起慈祥的生母朱碧筠，后又想到善良的养母魏芷香。认字、学琴、背诗、读书乃至朝朝夕夕的起居生活，两位母亲对他的关爱让他刻骨铭心、终生难忘。为了怀念生母，这架古琴他走到哪里就带到哪里。为了纪念养母，他在北京宅院的住室里，亦亲手盆栽了养母生前喜爱的四季常开的月季花。

母亲，伟大的母亲，我永远也不会忘记您哪！

母亲，亲爱的母亲，永远永远地离去了！

这让张之洞既留下永久的思念，又产生莫大的遗憾。那就是他现在衣锦还乡、金榜高中，两位恩重如山、情深似海的母亲，没能亲眼看到。他只能告慰九泉之下的两位母亲的英灵了。

入夜，张之洞抚琴演奏，曲调深沉。那琴音婉转悠扬，悦耳动听……仿佛滚滚东逝的长江水一般，无影无踪地向前奔涌，那是无形的冲击，那是永恒的追思，即使在寂静的夜晚也会荡起粼粼的波光。

琴声终止。张之洞收起古琴，盖上那块褪了色的粉红绸布。他转身走至桌案前，开始秉灯夜读，继续用功钻研。

夜太深了。石夫人见丈夫还在苦读，怕他夜深着凉，便拿起一件长衫，悄悄走进书房，给他披在身上，并叮咛他："香涛，别睡太晚了，明天还得去翰林院哩！"

"你快去睡吧，我再看一会儿！"他催了一下妻子。

一个多时辰过去了。三更鼓响，子夜时分。

张之洞掩卷站起，伸了伸双臂，缓解伏案的疲倦，肩披的长衫滑到了地上。他一转身，发现妻子仍默默地站在他身后，惊问道："啊，夫人，你怎么一直没走啊？"

"我不困！"石凤怡从地上拾起长衫，又给丈夫披上。

他心疼妻子而嗔怨地说："嘿，你呀，以后夜间不要等我了。该睡你就睡嘛，你得注意身体呀！"

"好，好，我听你的！"她理解丈夫的心情，这是关心她，怕影响她的身体。说实话，她近些日子身体还真有些不适，有时偶尔发烧，只是持续时间不长，很快就恢复正常，所以没向丈夫透露丝毫病情。她向他微笑道："不过，你也得听我一句劝，你更得注意身体，白天就劳累了一天，到了晚上不能总熬夜！时间久了，会把身体累坏的！"

"行，行，明天晚上我就注意！"张之洞离开书房。

石凤怡快步上前，携扶丈夫，朝卧室走去。

一天上午，张之洞正在翰林院办公就职，忽然一位同僚走进他的房间，告诉他说："张大人，您的族兄、河南巡抚张之万来了，正在会客厅等候！"

"好，我这就去！"张之洞立即欠身离座，随同僚走了出来，去会见族兄张之万。

兄弟俩在会客厅见了面，互相寒暄了一番后，张之洞得知族兄张之万是专程来京师汇报河南灾情的，顺便到翰林院来看望他这位新任探花。

他向翰林院主管大学士请了假，便带领族兄张之万回家去了。

这天中午，张之洞夫妇准备了一桌丰盛酒席，热情款待了远方来京的族兄张之万。

饭后，张之洞请族兄到他的书房叙旧，让妻子拿出他珍藏的两包新茶，一包是“西湖龙井”，一包是“黄山毛尖”，他对张之万说：“之万大哥，您看喝哪种茶?”

“嘿！之洞，你还有这么好的东西！”张之万看了看石夫人手端木盘内的两包新茶，笑呵呵地说，“弟妹，就喝西湖龙井吧！”

“是，之万大哥，您稍等！”石凤怡端着茶盘转身退出书房，忙活沏茶去了。

“之洞，你及第进士、高中探花，还算得上顺利吧！”张之万为族弟金榜题名感到十分高兴。

“唉！榜发结果还行，但应试之前不够顺利。”张之洞长叹了一口气，皱了皱双眉。

“怎么，是不是主考官为难你了？”张之万猜测地问道。

“我所写的殿试文章本来很有创意，确实还不错，但主考官看后觉得不舒服，认为笔调尖锐，对于时政竟敢有所批评，遂将考卷列入二甲第二档。”张之洞后来才知道这些情况。

“真不像话！”张之万愤愤地说。

“这也难免，历来考官都有类似情况，只是程度不同而已。”张之洞不以为然地说。

这时，石凤怡端着茶壶、茶碗走了进来，她先后给族兄、丈夫倒上茶水，并摆放在他俩各自的茶几上。

“看来，你这次殿试结果，多亏了西太后，慧眼识珠，慧眼荐才。”张之万为其弟得此殊荣深感欣慰，不由得联想到祖上，“咱们张氏门庭，高中探花的仅仅你一人。”

“惭愧，惭愧，小弟被授予探花算得了什么，之万大哥当年高中状元才称得上金榜题名哩！”张之洞亦觉谦卑地说。

“还是大哥的功名显赫，状元排名第一，大考之年仅有一名，况且大哥又是朝廷大员，居官河南巡抚，您这才是国家栋梁哩！”石凤怡插话赞道。

“哎呀呀，弟妹赞誉过高，愚兄愧当此位！”张之万急忙欠身站起，朝石夫人拱手道，“您别忙活啦，快坐下歇会儿，咱们一块儿聊聊家常！”

“你们哥俩聊吧，我去看看火，一会儿还得续茶倒水。”石凤怡欲转身离去。

“那好，弟妹您先忙吧！”张之万挥了挥手说。

“大哥，您用茶！”石凤怡说着走出书房。

张之万点了点头，又坐在木椅上。

“之万大哥，刚才我说的应试不顺利，还不只是主考官阅卷不公平……”

“那么还遇到什么不顺心的事了吗？”

“唉！万万没想到，我刚到北京没几天，忽然得了一场病，肚子疼得厉害，上吐下泻，高烧不退。”

“你赶快去找大夫啊！”

“我上哪儿找大夫去？北京这里，人地两生！”

“那也不能傻等着呀，误了会试怎么办？”

“是啊，我正趴在床上苦苦地坚持，盼望自己尽快好起来。忽然有两个姑娘，带领一位老中医，走进我的店房门。”

“嘿！来了救世主啦！”

“老中医给我号脉诊断，说我得了轻度伤寒症，给我开了中药方。当天晚上，两个姑娘先替我垫上钱，去抓了十五天的中药，每天负责煎熬送药。半个月后，我的病情果然痊愈，没有影响按时应试。真乃谢天谢地！”

“哈哈哈哈……之洞，你真是遇到贵人啦！”

“谁说不是啊！临分手时，我把她们垫付的药钱硬塞给她们，但是，我却欠下她们一大笔人情债！”

“她们俩姓啥叫啥，是干什么的，你没问问吗？”

“我能不问吗！我一询问，那位小姐名叫唐慈丹，丫鬟名叫张雨虹，主仆都是湖北汉口人。小姐的父亲是当地大茶商，人称唐老板，她们是代表唐老板专程来京，联络并售卖茶叶的！”

“哦，原来是这样，这两位姑娘的人品确实高尚，令人敬仰！”张之万端起茶杯，呷了一口茶，品了品，赞道，“嗯，这茶叶味道不错，正宗西湖龙井！”

“刚才你弟妹端来的那两包新茶，就是人家唐小姐趁我不在客房，悄悄放在桌子上。”张之洞遗憾地摇了摇头，长出了一口气，“唉！我从东暖阁回到客栈后，才发现了她留下的茶叶和一封便信，连句感谢的话都没来得及说，唐小姐就已经带着她的丫鬟返回汉口了！”

“之洞，这件事弟妹知道吗？”

“知道。我由京师回家祭祖时，就告诉她了，连信都给她看了！”张之洞亦端杯饮了一口茶，笑了笑说，“她开始一听我应试之前生病的事儿，真有些担心后怕，可一听多亏了唐小姐和张姑娘的无私帮忙，便说了我一句，艳福不浅！”

“嘿！弟妹吃醋了。”

“这倒没有。她还说，咱们得感谢人家唐小姐，说啥也要做有良心的人！”

“弟妹不愧是贞丰知县的千金！涵养之深，值得称道。”

石凤怡手提一铝壶开水，步入书房，给他们续茶倒水。她一听张之万在夸赞她这个普通女人，不好意思地说：“大哥，您让弟妹无地自容了！”说完便提着铝壶离去了。

“大哥，我想请您给帮个忙，不知是否答应？”张之洞恳求地说。

张之万打趣地说：“之洞，你不会让我给你和唐小姐当证婚人吧！”

“不不不，那不是太荒唐了吗？”张之洞着急得直摆手。

张之万又逗他说：“添一房侧室也未尝不可！”

“大哥取笑了！”

“那你的意思……”

“您督抚位显，认识人又多，请大哥费些心，替小弟给唐小姐择偶选夫，也算帮了我一个大忙。”

“好啊，你竟给我压担子。”张之万喝了几口茶，认真思考着。

张之洞端起茶壶，给族兄倒水。

“之洞，你把唐小姐的详细住址写给我。”

“我手头没有。不过，翰林院每年都有人去大江南北办理公务，到时候打听到了，我就写信告诉您！”

“行，我该走了。今天晚上我得回河南驿馆，那里还有跟我一起来的州县属下，明天我们就由京师返回河南。”张之万欠起身来，准备告辞，遂叮嘱他，“你抓紧派人询问唐小姐的住址，我赶紧回去处理灾后情况，等过了这段时间，我也就能腾出手来，帮你报答救命之恩！”

“多谢之万兄长！”张之洞早就站起来，抱拳施礼。

石凤怡一听族兄要走，赶紧走过来，并呈上一个红缎布包，恭敬地说：“大哥，请您带上，这是之洞给您准备的！”

“什么宝贵东西？”张之万问道。

“黄山毛尖！”张之洞直言不讳地说。

“哈哈哈哈……你这是怕我忘了。好，我收下！”张之万从石凤怡手上接过这个红缎布包礼品。

他们走出书房，穿过院心，来到院门外。大路旁边，停放着一顶绿呢软轿。

张之万抱拳施礼：“多谢贤弟、弟妹！”

张之洞、石凤怡亦打躬施拜：“大哥慢走，一路顺风。”

张之万转身钻入轿内，向他们挥了一下手，而后放下轿帘，轿夫们抬起轿子，朝河南驿馆走去。

人哪，活在世上总会遇到这样或那样的问题，然而不管什么问题总要逼着你去解决。谁能想到，身为进士、名为探花的张之洞，却为自己不是欠债、胜似欠债的事情而愁烦。今天，他总算为了报答唐小姐的搭救性命之恩，寻觅到一个有效途径——之万兄啊，千万用心哪！

族兄走后，张之洞每天照常赴任就职，晚上依然加班攻读。他把取得的功名作为人生的起点，看书学习的劲头丝毫没有松懈。

还好，翰林院的一位同僚要去湖北巡视考试。他得知后，就拜托这位同僚到汉口打听经营茶庄的唐老板，并将他写的一封信转交其女儿唐慈丹小姐。这封信，他表达了对唐小姐的感激之情，并向她询问是否已婚，是否同意择偶选婿？还再三要求她，无论如何回封信。

半个多月后，那位同僚从湖北返回京师，果真给他带回唐慈丹的一封亲笔信。他不住地感谢那位同僚，便当即看了唐小姐的信件……

信中，字里行间充满了她对他的关怀，诚恳地问候他的身体，嘱咐他在京师做官时一定要注意安全，信的最后部分希望他来到汉口时到她家做客。可是，她在这封信里只字未提她是否同意接受择偶，当然，她更没有打听他的家室情况。她虽然在信封上写清了她的家庭住址，但是并没有回答他所提出的问题。

怎么办？应该如何给族兄张之万写信呢？这可难住了他……他想来想去，总不能就这样不了了之吧，干脆，还是得把这件事做到底！

于是，他给族兄张之万提毫写信，信中仍然是恳求大哥帮忙，成人之美的事情尽量办好，并写上了唐慈丹小姐家住汉口的详细地址，只是没有说明她的态度，完全可以理解为，这是未婚姑娘的含蓄和羞涩。

当天，他把信件寄往河南。

一个多月过去了，族兄张之万没有回信，他心里非常着急，难道还没有找到如意人选，还是汉口方面不同意……

在这段日子里，南皮双庙村老家的几位兄长先后数次进京看望他，这让他和夫人石凤怡，包括儿子张仁权，心里很高兴，受到莫大慰藉。他和石夫人不仅是好酒好菜招待，临走还要给这些亲人带上礼品。

这么一来，可不得了，弄得张之洞手头经费异常拮据。他在生活上没有任何经济资助，只靠翰林院支付给他的每月不足二十两纹银薪水维持生计。如果不是来人待客，没有其他花费，只是正常生活开支，那么他还是完全应付得了。可是他在京居官，亲朋好友往来自然就会多了，所以他的开销入不敷出，夫人和儿子不敢随意添置好衣裳。最近，他几次向同僚暂借一些银两，等到下月薪金发放时偿还。

一天晚上，南皮老家的亲友离去后，张之洞和石凤怡夫妻俩坐在一起，盘算下月的生活开支。他把领到的薪金还了欠账后，剩余的银两交给了妻子，两人一合计，仅够半个月的饮食费用。丈夫看着妻子，妻子看着丈夫，怎么算也不够花用。看着看着，张之洞正要说不行咱再借，话没出口，忽然烛光下的妻子额头上沁出汗珠，两只眼珠变得焦黄，他"啊"了一声，惊异地问道："夫人，你病啦？"

"没，没有……"石凤怡避开他的目光。

"不行，我得带你去看病！"

"用不着去看病，过几天就会好的。"石凤怡嘴上这么说着，一只手却使劲撑着腹部。

"说啥也不能这么硬挺着，耽误了诊断什么都晚了！"

"别瞎说了，哪儿有钱看病啊！"

"没钱去借，也得去看大夫！"

"要去你去，我是不去的！"她因腹部疼痛，额头上的汗珠滚落下来。

"不能再等了，身体出了事还得了！"张之洞装上银两，背起石夫人就往外走。

"放下，放下，快放下！"伏在他背上的石凤怡，拼力挣脱，但怎么也下不来。

张之洞背着妻子走出院落大门，叫来轿子，奔向一家老中医诊所。

经老中医诊断，石凤怡患的是急性肝病，必须马上吃药治疗，但这里不能收住病人。医生给开好了药方，但埋怨道："你们来得太晚了，腹部肝区有些变硬，再不抓紧治疗，就有生命危险了！”

“是，是，请大夫开最好的药，我们一定抓紧治疗！”张之洞恳求地说。

“我已经把最好的药加上了，有当归，有人参，还有鹿茸……服用后就会见效的！”老中医把抓好的中草药连同药方递给了他。

“谢谢！谢谢大夫！”他收起中药方，付了银两，又背起石夫人，扶他上轿，回到家中。

他连夜给妻子去抓中草药，并煎熬煮沸，一直忙到后半夜，才让妻子服下药汤。

石凤怡身上出了一些汗珠，觉得舒服了许多，但看到丈夫太累了，不住地催他快去睡一会儿，若不然明天就无法到翰林院就职了。

他让妻子先躺下，给她盖好了被子，而他没有上床休息，只是靠坐在椅子上打了个盹儿。天还没亮，他又去给妻子煎熬草药，药熬好了，他轻轻扶起妻子，协助她把汤药服下。

早晨，张之洞给妻子煮好了小米粥，自己没顾得上吃饭，便忙着去翰林院了。

他的主管上司知道他家里的情况后，批准他半天就职、半天在家侍候患病的夫人。

虽然张之洞忙得不可开交，但总算能够抽出一定的时间，回家照顾妻子。这对他来说，已经是够幸运的了，所以他几乎是跑着上班，跑着回家，每天紧紧张张、忙忙碌碌，但是从不叫苦，没有任何怨言。

在丈夫的精心照料下，仅一个月时间，石凤怡的肝病趋向好转，眼球上面的黄色消失了，两颊开始出现了红润，但是腿脚仍有浮肿现象。这些病症，细心的张之洞已经观察到了，因而他隔三岔五地领着医生到家里来，诊断后再开药方，继续抓药煎熬，让妻子坚持服用。

在这段度日如年的日子里，张之洞除了为石夫人的病情操心外，还为长子仁权的孤苦生活而分心。由于孩子的母亲患了肝病，无力照顾，唯恐不慎引起传染，只好让母子分开，把孩子委托保姆单独照顾，有好长时间不得相见。仁权为此常常哭闹，弄得他心里格外难受。直到最近，石凤怡病情好转，他才通知保姆将儿子领来，同其母亲见上一面。没想到，母子俩会面时都哭出声来了……

哎呀，可不得了，张之洞的生活不堪重负！他向同僚们数次借债，以支付给妻子看病买药钱。所欠债务，只能一个月推一个月地领到薪金分批偿还。

然而，重情重义乃是人生的一大美德！

心情郁闷而又极其沉重的张之洞，没有只考虑自己，而是不忘惦记他人。这么多天，他心里还在惦记汉口的唐慈丹小姐，多么盼望她早日建立起一个美好幸福的家庭啊！现在，他又提笔写信，催问族兄张之万给唐小姐择偶选夫的事情。他一次次督催，这已经是他寄往河南的第三封信了。

过了七八天，张之洞左盼右盼，果真盼来了河南督抚张之万族兄的来信。

他急忙拆看了张之万的信件，信中告知，来信之所以迟缓，原因有二：一是此事周旋费时，从河南到湖北，再由湖北到河南，往返信件需数日之久；二是等待结果方可回信，此等婚姻大事，岂能一说就成，尤其是女方唐慈丹那里，迟迟没能回信。信件的后半部分写了办理此事的最终结果，经多次托人，最终托付到了——开封府知府答应担任媒人，选中了其同僚南阳府知府的儿子，这位公子虽然没有大的功名，但也是县学秀才，只是目前尚无生存职业，暂靠父母提供生活费用，不过时间不会太久，将来定会榜发有名。信件的结尾处写到，南阳府离汉口较近，公子便前往唐小姐家中，两人交谈后告吹……此事若想再办，也只好暂等机会……

阅罢族兄的来信，张之洞心中感到无限惆怅，一股无名大火攻入口腔，牙也疼嗓子也痛，欠唐小姐的太多了，今生偿还她的人情还不知等待何日。他琢磨来琢磨去，只好有机会去汉口出差时再说了。

同治四年（1865 年）四月，翰林院举行散馆考试，张之洞参加了。他凭着日常挤时用功苦读，榜发公布，列一等第一名。

考试成绩下来后，同人们正在赞扬张之洞的学识渊博、功底深厚时，上司委派他代表翰林院去湖北巡视考试。他毫不犹豫地接受了任务，心里暗想，这次去湖北出任考试钦差，肯定有机会到汉口看望唐小姐，到时候他会向她表达感激之情的。

临行前，张之洞征求了妻子的意见，想不到她竟然那样通情达理，不仅热情支持他去南方执行公务，而且给他带上换洗衣服、常用药品、充足的路费，并把自己珍藏多年的、娘家陪送嫁妆的一块杭州翠绿色丝绸布料拿出来，诚心诚意地对他说："香涛，你到了汉口，无论如何要找到唐慈丹小姐，就说我很是感激她，咱们一辈子也不能忘了人家！来，把这块布料带上，你要替我亲手交给她，让她做件长衫！"

"不行，这块杭州丝绸布料是你的嫁妆，你还是留着吧！"张之洞不忍心带这件东西，把布料放在床上。

“哎，我留它干啥呀！往后我的年岁一年比一年大了，身体又有病，用不上！”石凤怡从床上拿起布料，细心地放入丈夫所带的行李内，又嘱咐道，“告诉唐小姐，这是我的一点心意。只要她不嫌弃……”

“这……”张之洞还是不忍心带走妻子当年的嫁妆。

“香涛，别说了，唐小姐救过咱的命，你的功名和性命都是人家给的，咱可不能忘了救命恩人哪！眼下，咱家欠了别人许多账，手头没多少银两，你到汉口拿啥去看唐小姐呀？一块布料，总是一件东西吧！”石凤怡恳切地叙述了这番理由，“别忘了，你给人家选婿选了那么长时间，不还是没成吗？”

“是啊，说得是。夫人，就按你说的办！”张之洞同意妻子的意见。

“你到了南方，一定要注意身体，离家这么远，自己可要照顾好自己呀！”石凤怡虽然在病中，但还是非常惦记丈夫的身体。她心里怨恨自己的身体不争气，如果不是因病拖累丈夫，说啥也能减轻丈夫的负担，不至于闹得丈夫临走前还为她操心。

是啊，张之洞按照医生开的药方，给妻子备下了一包包中草药，并雇了一个女佣负责煎熬；同时，还嘱咐那位保姆注意看好儿子仁权，协助妻子买粮买菜。妻子的生活可以自理了，包括洗衣做饭，这让他能够放心去南方执行公务。

夫妻俩依依难舍，但总得分手。张之洞告别了妻室、长子，带上行李和生活用品，乘上马车，离开北京，一路向南，朝湖北方向奔去。

命运对于人生很重要，但常常是不如人愿。这是因为人生之路并非一帆风顺，往往在艰苦的跋涉中，原来的痛苦刚刚过去，新的痛苦又涌上心头。唉！这就是黄鼠狼专咬生病的雏鸡！

张之洞乘车不懈奔波，经过十天左右，他和随行人员穿过直隶省，到达河南省南部，眼看快到湖北地界，心中豁然开朗起来。

当他们驶入信阳时，只见京师驿马奔来，这是翰林院派出的转送紧急公文人员，顺便给张之洞捎来一封公函。

驿马离去后，张之洞马上拆看，原来是翰林院主管大学士的手书，告诉他说，石夫人病情恶化，危在旦夕，请见信速回，由他人替换巡视。

张之洞的大脑“嗡”的一下，身体摇晃，险些晕倒，多亏站在旁边的车夫扶住了他，并帮他拾起滑落在地上的信函。

他立即意识到，翰林院的同僚一定去过他家，发现了他的夫人病入膏肓，已无可挽救，若不然他们不会通知他返回京师的。妻子的病情突然恶变，让他始料不及，本想完成公务后，由湖北回到北京，看到病情痊愈、精神焕发、面容红润的健康妻子，可是如今恐怕全是梦想了。

他精神恍惚地登上马车，向车夫挥了挥手，有气无力地说："咱们回京吧！"

"是，张大人！"车夫手勒缰绳，掉转马头，又扬鞭催马，从南向北驶去。

这一路上，别看是返回，但车夫深知张大人的心思，遂猛挥长鞭，策马疾奔，那鞭声响彻长空，那车轮滚动大地，回京的车速比起离京的车速要快上两至三倍，即使到了晚上，在驿站休息也不过两三个时辰。第二天凌晨，他们又披着满天星斗继续赶路，恨不得马上飞回京师。

正常生活的时候，亲人之间的相互关怀固然重要，但往往不会引起足够的重视，可是一旦生活发生变化，陷入一种难以摆脱的困境，那种亲人之间的相互关怀将永远地刻骨铭心。

妻子是已经离开人世，还是顽强坚持等待，张之洞思绪不宁，忧心忡忡，往日生活的情景一幕幕地涌入脑际……

结婚后，妻子忠孝仁达，侍上爱下，关心侍奉父亲和养母，对于诸多的妯娌既能和睦相处，又能主动帮助她们做些力所能及的家务活儿；随着父母的相继病逝，而他长年未能找到谋生出路，妻子面对家境贫困却无丝毫抱怨情绪，总是安慰他锐意进取，刻苦读书；无论他是从南方北上南皮老家县学念书，还是由南皮进京应试，妻子总是为他打点好衣物和路费，从不叫他犯难。其实，妻子早已患下疾病，但考虑他到翰林院就职不久，根本没钱医治，硬是把痛苦吞在心里，乃至病情加重；妻子即使体弱患病，也要苦苦坚持，料理这个贫困的家，特别是注意抚养儿子仁权的成长，默默地奉献母爱；妻子本来体力不支，硬是撑着假装无事，让他安心去南方执行公务，并拿出珍藏已久的原本是作为嫁妆的杭州丝绸布料，非要他呈送给救命恩人唐小姐不可。她的生命已经进入尾声，可还在惦记他人……

石凤怡贤妻——心爱的人哪——你让我张之洞如何承受眼前的打击呀！

坐在车厢里的张之洞，思前想后，痛惜不止，一点也没觉出飞速车轮带来的颠簸，而他的鼻孔一阵阵酸楚，泪珠扑簌簌地滚落下来……

京师到了！

张之洞看到自己的家门，还没等马车停稳，飞身跳下车子，跨入院门，穿过院心，像疯了一般撞开卧室的房门。

他一下子呆立在门口。他很快瞥见躺在床上的妻子石凤怡，她面如纸色，奄奄一息，看得出已是处于弥留之际，硬是坚持等待丈夫归来。此时，她似乎听到开门声，心想一定是丈夫从南方回家来了，强睁开那双无神的眸子。她看到了他，看到了他正向她的病榻移动。她那大颗大颗的泪珠由眼角滴落在枕头上，嘴角不住地颤动……要说什么，但什么也听不清。

儿子仁权、保姆和用人们由病床前闪到一旁。

当张之洞来到妻子病床前，透着泪眼注视着她时，她竟然嗫嚅道："香涛……你……你回来啦……"

"夫人……"他扑下身子，猛地一把抱住她，压抑了许久的思念之情涌上心头，痛心疾首地说，"夫人……我对不住你呀……"

他的一颗颗泪滴洒在她的脸上。

她的泪水与丈夫的泪水流在了一起……

"香涛……你已经尽力了……我虽然走了……但心里……很满足……"石凤怡嘴角处露出一丝苦笑。

"不，夫人，你不能离开我和孩子！"张之洞欠起身，一只手拉着妻子的手，另一只手拽着年仅五岁的儿子仁权的手。

"仁权……"石凤怡两眼含泪叫着儿子。

"娘……娘……"张仁权从父亲那里抽出手来，扑向娘的怀抱，哭泣地喊道，"娘……娘……呜，呜，呜……你不能扔下我呀……娘……娘…我不能没有你呀……"

"儿子……我的好儿子……"石凤怡已经没有说话的力气了，但是一见儿子抱住她不放，她拼出全身力气，由衷地嘱咐道，"仁权，你……你……你一年比一年大了……可要听你爹爹的话呀……"

"娘……"

"夫人……"

父子俩呼叫着，唯恐她离去。

"香涛……无论你将来做多大官……也要把儿子抚养成人哪……香涛……仁权……"石凤怡使出最后的一点气力，说完了临终遗言。她，慢慢地合上了双眸，撒手长逝了。

"夫人……夫人……"张之洞伏在床前哭叫着。

"娘……娘……"张仁权扑在母亲的身上拼命地哭喊着，"娘……娘……你不能抛下我不管哪……娘……娘……我以后怎么活呀……娘……娘……我再也看不到你啦……娘……娘……我到哪里去找娘呀……娘……娘……"

"夫人……夫人……"保姆与用人亦在哭泣地喊着。

一棵参天玉树倒下了。

作为探花夫人的石凤怡，不足三十岁就离开了人间，可谓英灵早逝。按理说，其葬礼应该隆重大办，但张之洞考虑，家庭生活条件不允许，手头经费确实紧张，况且还准备把石夫人的遗体运回老家南皮安葬，所以把在京的吊唁仪式从简了。

棺木停放在院子搭起的灵棚里。长明灯从卧室移出，放在棺木前。灵案上摆着香炉、供果和猪头。紧靠灵案的地板上放置一个燃烧纸钱的瓦盆。两侧摆满了纸糊的房子、白色灯笼、引魂幡和童男童女。

披麻戴孝的张仁权侍立棺木之首。保姆和用人们都穿上了白孝衫，陪站在灵前。

当天下午，吊唁的人群一拨儿又一拨儿，多数是左邻右舍，并有翰林院的同僚及其家属。张之洞负责接待他们，并帮助他们点燃炷香和纸钱。他们有的握拳打躬，有的双膝跪地磕上一头，还有的哭上几声，欠身施拜就离去了。

与此同时，张之洞派出一名差人，给南皮双庙村老家的几位兄长送去一封信，请他们安排人到张家祖坟上打墓挖穴，准备安葬石夫人。

因现在是四月中旬，正值春末夏初，天气开始渐渐热起来，遗体不宜久放，所以两天后，张之洞携儿子仁权、保姆、用人，一起护送石夫人的灵柩，返回老家南皮双庙村入葬去了。

俗话说，入土为安。张之洞和老家亲人安葬完石凤怡夫人后，便带领儿子、保姆和用人们及时回到北京。

石夫人病逝后，贵州兴义府、老家南皮县的一些乡亲、故旧，当地的一些财主，特意进京给张之洞送来一些财宝、礼物，但都被他谢绝，让他们掉转马头，原封载回。

他强忍丧妻的悲痛，每天又开始去翰林院就职。

几天后，在河南做巡抚的张之万，因从老家南皮双庙村得知石夫人病逝的消息，故马上给张之洞寄来一封书信，特意安慰他节哀保重。

张之洞看过来信，当即写了回信，信中感谢之万大哥的关怀和问候，介绍了在京师翰林院就职近况，并又请求族兄帮忙，看是否可给汉口唐慈丹小姐选到佳婿，望切切照办！

这一封信发出去后，迟迟不见之万族兄的来信，看来人家是厌倦了，不愿意管这些与己无关的烦事。但又一想，族兄乃一省之督抚，确实是政务缠身、无暇顾及，应予以谅解才是！张之洞翻上倒下，这么胡思乱想地猜测着。

他哪里知道，张之万对此托付并非厌倦，也并非因政务繁忙而拖延，而是有了新的想法才搁浅此事……

江南火热的夏天来临了。离开北京，来到长江沿岸，从北到南依次可见荒凉的山野抹上了大片大片的翠绿色。纵横交错的河流山溪清澈碧澄，水波荡漾着蓝天白云，反射出骄阳金银般灿烂的光辉。

同治六年（1867年）六月，张之洞按照翰林院的统一部署，急忙赶赴南方，充浙江副考官。

一天上午，张之洞在驿馆里，刚同当地考官研究完学生考试应注意的事项，便收到了驿马转交的一封河南来信。他总算盼来了之万兄的亲笔信，但拆看方知，张之万并没有从河南给唐慈丹小姐选婿，而是要当他和她的介绍人，并说已经往汉口发信了，讲清他现在的家庭情况，因为妻室病逝而独身照料幼子，并要在翰林院照常任职，急需续娶一位端庄而贤淑的夫人。

这，这成什么啦？简直是荒唐！

张之洞断然拒绝族兄的好意，当即写了回信。

这封信抛出去，如石沉大海，杳无音信。然而，张之洞不想再写信催问这件事了，很有可能惹恼了族兄之万，等过一段时间再说吧！

在任翰林期中，张之洞两典试差，两放学政。

人们都知道，翰林做官，一般都靠外放考差、学政捞财。考差，尤其学政，程仪既丰，陋规所得更多。“一年学政，十年吃不尽”是当时的写照，可见收入之丰。

对此种做法，张之洞嗤之以鼻，认为这种贪婪行为祸国殃民，绝不可仿效。他决心从自己做起，廉洁自律，防微杜渐，并决定终生做一名廉吏。

盼望已久的前往湖北汉口的机会终于来了。

他想来想去，还是带上了亡妻石凤怡给唐慈丹小姐准备的那块杭州丝绸布料，万一能够会面，也好把这件礼品呈送于她。

这一年正值八月中秋佳节，张之洞受翰林院差遣，简放湖北学政。可不是，有相当一部分考生同家长一起来找张之洞疏通送礼，但是被他严厉拒绝。

转年春天，他在湖北学政任内，兢兢业业，秉公办事，老百姓无不称赞。正因如此，他在武昌创建经心书院的过程中，得到当地官府和百姓的大力支持。

现在，他有了时间，带上当年唐小姐给他回信的地址，特意到汉口去找这位救命恩人，但他没有携带随从，而是独自前往。

没有费多大周折，他就比较顺利地找到了唐慈丹小姐的住址。两人在唐家宅院的会客厅见了面，端茶倒水的用人仍然是在北京见到的那个丫鬟张雨虹，不过她已经是大姑娘了。

张雨虹离去后，张之洞向唐慈丹再三表示感激之情，他说："那一年，我进京会试，若不是唐小姐热心帮忙，不但功名难取，恐怕连命都保不住了！这让我终生难忘，真不知道该如何感谢您哪……"

"别说了，我为张大人做了那么一点事，微不足道，何劳挂齿！"唐慈丹谦辞地说。

张之洞出于诚心诚意的关爱，问道："唐小姐，您现在是否……"

"张大人，承蒙您的一片厚意，我一个人生活很好，请不必费心了！"唐慈丹知道他问什么，无非还是想给她择婿。他哪里清楚她的内心世界，她心里早就爱上了这位探花进士，可是又无法直言，索性也问了一句："您现在的生活怎么样？是不是也很好啊？"

张之洞被问住了，不知应该如何回答。停了好大工夫，他才想起临来时所带的礼物，于是从包裹内取出那块杭州丝绸布料，双手捧向对方："唐小姐，这是石夫人临终前留下的，她让我转送唐小姐，请您收下此心意！"

"这……"唐慈丹亦欠起玉体，但没有马上接受。

这时，张雨虹走进会客厅，是想给他们倒茶水的，恰好看到张之洞给唐小姐赠送礼物，她可能是误会了，高兴极了，大声喊道："小姐，您还等什么，快接过来呀！"

唐慈丹依然站在那里，双手垂着不动。

"是啊，是啊！"张之洞说着。

张雨虹又劝说她："张大人总算同意了，这是他的一片真情嘛！"

"是啊，是啊……"张之洞嘴上这么应着，但立即意识到不对劲儿，不应该说是啊，遂改口道，"我不是这个意思，那是你们……"

唐慈丹一听他这话，又羞又气又难堪，暴怒道："张之洞！你走，你给我走，你给我快点走！"

张之洞愣住了！

张雨虹也愣住了!

大厅内陷入一片沉寂。

此时，张之洞两手还抱着那块杭州丝绸布料，放下也不是，拿走也不是；两条腿呆立在那里，走也不是，不走也不是。他，亦陷入窘迫状态之中。

在这关键时刻，多亏了丫鬟雨虹智上心头，力挽狂澜。她迈步走至张之洞面前，不无施加压力地说道："张大人！您是个明白人，您饱读诗书，满腹经纶，不会不懂得救命之恩应该如何报答吧！我家小姐从进京那年就看上了您……"

"雨虹，不准瞎说!"唐慈丹截住了她的话。

但是张雨虹照常倾诉："她为您付出了多少心血，付出了多少辛劳，您知道吗？那么多个日日夜夜煎汤熬药，不得安宁，唯恐您患病迟愈耽误应试，背地里悄悄地落泪伤心，您知道吗？她是一个多么重情的人哪!"

唐慈丹听到张雨虹说到这里，泪水竟然夺眶而出。她赶紧把脸背过去。

张雨虹又继续往下说："您可倒好，一次次写信，托河南的族兄张之万搭桥介绍，并让南阳知府的儿子登门求亲，但是被我家小姐婉言谢绝，这倒可以让人理解。关键的是，您家石夫人既然病逝，为什么拒不接受您之万大哥的一片好心呢？难道他给小姐的来信提亲是戏耍吗？您是不是以为自己居高官、享厚禄，小姐配不上您?"

张雨虹的这一番劝说与问话，如同一棒棒重槌敲击着张之洞的心，让他感受到难以名状的阵痛。有生以来，他的灵魂似乎从未受到过像今天这样的鞭挞。说实话，他张之洞并非铁石心肠，也并非觉得唐小姐配不上自己，而是想给她找一个如意夫婿，根本没敢想让人家姑娘嫁给像他这样的已婚男人。如今，石夫人已经离世四年多了，续娶也不为过，况且长子仁权急需继母照顾。他又手托这块杭州丝绸布料，举到唐慈丹面前，极其郑重地说道："唐小姐，请您收下。这，这是我的定情之物!"

唐慈丹内心大喜，但还想出口气，故意讥讽道："我可不敢收，这岂不是高攀了吗?"

"岂敢，岂敢，岂敢啊!"张之洞连声说着。

张雨虹一看大事已成，高兴地说："小姐，您就快收下吧，别难为张大人了!"

唐慈丹羞涩地低着头。

张之洞把定情之物硬是塞到唐小姐手中。

他和她两颗激动的心差点儿蹦出来，两双目光忽而碰在一起，忽而急速避开，他们的面颊顿即涨红起来……

同治九年春节过后，三十三岁的张之洞与二十七岁的唐慈丹，在武昌经心书院举行婚礼，永结秦晋之好。

唐慈丹虽然是汉口著名大茶商唐老板的千金，但是只带来一般嫁妆，对于家中所陪珠宝、金银，一概拒绝。她明确表态，人生一世应该靠个人勤奋辛劳生存，或穷或富皆是命运注定，不能依赖他人。对此，张之洞非常欣赏，一再赞扬唐夫人。这一大喜之年，他在湖北学政供职之余，编刻成书《江汉炳灵集》。

婚后三年，到了同治十二年（1873 年）二月，张之洞充四川乡试副考官，又简放四川学政。

仕途顺心，家庭幸福。尤其是续娶了唐夫人，更让张之洞爱慕不已。两人常常交谈至深夜，不知疲倦，忘了时辰。可谓举案齐眉，相濡以沫。

这一年，是最难熬的一年。秋季刚来，不知什么原因，老天不开眼，竟然不同于往年气候，长江沿岸猛烈地刮起了很冷的凉风，只吹得路上行人边走边跑，寒战不止。

天哪！这也太残忍了。肺心喘病突然落在唐夫人身上，不足数月，老天竟然夺去了她的性命。

张之洞顿足失声大哭："天哪，天哪！你怎么这么不公啊，让我的唐夫人如此早逝！……夫人……夫人……夫人！……"

张之洞忍悲含泪，到四川学政赴任去了。

按照以往惯例，四川是一个大省，生员最多，一任学政，所得陋规收入，有二万数千两银子之多。但张之洞概行拒收，保持两袖清风。

当年八月，四川乡试即临。一天，来到学政府邸达百十多人，给张之洞这位学政并乡试副考官送呈银两宝物。然而他让一位随从人员一边接待统计，一边当场拒收退还。傍晚，他看了看退银总数，已达一万余两。

张之洞在任四川学政期间，满怀热情，连续整顿四川科举积弊，并创建尊经书院。

从同治二年（1863 年）至光绪七年（1881 年），张之洞以十八载的翰林院仕途生活，相继充翰林院教习庶吉士，充文渊阁校理，补国子监司业，补翰林院侍读学士等职，从而磨砺了艰苦奋斗的意志，留下了清正廉明的美名，同时为将来打下了当好教育家的思想基础和理论基础。

第五章　山西巡抚　居封疆大吏

“文怕翰林武怕侠。”这是古人留下来的一句话。顾名思义，文官最怕到翰林院任职，武官最怕当侍卫，即“侠老爷”，这样的文官、武官升迁太难了。

可是，在翰林院做官的张之洞，一连做了十八年。但他却以自身能力和才干改变了上述这条古训，出乎意料地当了二十六年的封疆大吏，并有两年为京师一品要员。诚然，这是后话。

不过，张之洞在翰林院任职期间，从未巴结上司跑官要官，而是充分利用一切可以利用的时间，抓紧读书，刻苦钻研，并注意结合实际，写出符合当时社会需要的著作。

同治十三年（1874 年）十二月，正当张之洞开始《辅轩语》的写作时，忽然京师传来噩耗，同治帝驾崩。次年，载湉继位，是为光绪帝。

此时，慈禧太后又开始了第二次垂帘听政。

这又是为什么呢?

当年，咸丰帝在承德的热河行宫去世，临死前立只有六岁的载淳为皇太子，这就是同治帝。同治帝即位后，两宫皇太后垂帘听政，也就是说，这便是慈禧太后垂帘听政的开始。到了同治十二年（1873 年），同治帝正式亲理朝政，但仍事事必先奏与慈禧太后，一切遵守圣母的懿旨。谁知同治帝这么命短，亲征第二年患病去世，年仅十九岁。

可惜的是，同治帝身后无子。按当时的皇位候选人来看，应该是道光帝的曾长孙、载治的儿子溥伦。但慈禧太后并没有同意这个皇嗣，理由是溥伦的宗支太远。其实，慈禧很清楚，溥伦小自己两辈，并且当时已经十七岁，到了可以亲政的年龄。如果让溥伦继承皇位，那么她就不能垂帘听政了。对于掌握清朝大权的慈禧太后来说，当然是不会同意的，岂肯让自己把握的权力落入他人之手？据说，同治帝去世前，曾口授给他的师傅李鸿藻一封遗诏，传位给孚郡王（道光帝的第九个儿子）。同治帝崩逝后，李鸿藻将遗诏给慈禧太后看了，慈禧太后二话没说，将同治帝的遗嘱撕得粉碎。殊不知，慈禧太后自己心中早已有了人选，她想要继续垂帘听政，皇帝的人选必须具备两个条件：一是应为同治的平辈，即比她只小一辈；二是必须是幼童，不能是成人。当然还有一个条件，最好也具备，就是这个孩子在血缘上和她不要太疏远，否则不好管理。慈禧太后费了一番脑筋，选来选去，终于找到了合适的人选，这就是醇亲王奕譞的次子载湉。醇亲王奕譞是慈禧太后的亲妹夫，又是她的亲小叔子，而载湉是她的亲侄子，与同治帝平辈，当年只有四岁。于是，慈禧太后下懿旨，到醇亲王府邸迎载湉进宫入继大统。这就是光绪帝。

对于慈禧太后选帝，朝廷内外虽有不同认识，但谁也不敢公开议论，一旦被慈禧知晓，一定会招来杀身之祸。这种祸事，张之洞是绝不会招惹的，何况他又是慈禧太后亲自圈点识拔的探花！

光绪元年（1875 年），张之洞著就《𬨎轩语》，这是他在翰林任职期间具有代表性的一篇著作。全书分为三篇，即语行第一、语学第二、语文第三。从德行谨厚、人品高峻、立志远大、砥砺气节，到为学之道岂胜条举、宜读正史和诸子，乃至所学“四书”、乡会试等诸多方面，加以精辟分析和阐述。其要点和目的可见张之洞《〈𬨎轩语〉序》——

……故举当为诸生言者，条分约说，笔之于书，以代喉舌，分为三篇：上篇语行，中篇语学，下篇语文。其间颇甚浅近，间及精深，缘质学非一，深者为高材生劝勉，浅者为学僮告诫，要皆审切时势，分析条理，明白易行，不为大言空论，称心而谈，一无剿说。使者尝谓：“蜀中士人聪敏解悟，向善好胜，不胶己见，易于鼓动，远胜他省。”所望不以此言视为规瑱，引伸触长，异日成就必有可观。使者自惟资学，不逾中人，益之荒落，岂谓一人之知。综括无阙？特在官言官，谊无多让云尔。

光绪元年夏月提督四川学政、侍读衔翰林院编修

南皮张之洞书

《輶轩语》脱稿后，张之洞做了认真修订，呈报于翰林院。翰林院审定通过后，上报朝廷审夺，很快得以采用。

当年九月，张之洞又以超人的思绪和才华，完成了他又一流传后世的名著《书目答问》。

张之洞心细如丝、志坚如钢，从浩瀚的书海中遴选节录并苦心创作了这部鸿篇巨制《书目答问》。该著作分为《书目答问》一、《书目答问》二、《书目答问》三、《书目答问》四等四大卷。这部书，的确是为后人学习所作的百科全书及查询书目。

上海古籍出版社 1983 年版——范希曾《书目答问补正》中，专门在《书目答问》一的前边加上《书目答问》略例，提出“此编为告语生童而设，非是著述，海内通人见者，幸补正之”。于是开宗明义地指出：“诸生好学者来问应读何书，书以何本为善。偏举既嫌绁漏，志趣学业亦各不同，因录此以告初学。读书不知要领，劳而无功；知某书宜读而不得精校、精注本，事倍功半。”正如张之洞所记：“……所举二千余部，疑于浩繁，然分类以求，亦尚易尽，较之泛滥无归者则为少矣。”

《书目答问》问世后，当时就引起很大轰动。朝野上下，无不称赞张之洞是一个大学问家。还有相当一部分人赞颂慈禧太后独具慧眼，唯才是举，当年将张之洞破格提拔为探花是多么英明正确！

《书目答问》一直影响着世人。时过不足半个世纪，到 20 世纪初，《书目答问》亦曾受到名人学者的青睐。鲁迅、胡适就极力推荐，称为国学入门之书。这样的感召力，恐怕作者本人张之洞也没能预料到。

《輶轩语》《书目答问》两部著作完成之后，张之洞于光绪二年（1876 年），继续整顿四川科举利弊，为大清培养人才不遗余力地寻觅途径。

中秋节过后，张之洞来到唐夫人坟旁，在墓碑前的矮脚案几上摆上香蕉、西瓜和点心，遂又燃上炷香，再用一小坛白酒泼洒在坟前。他搭躬施礼，沉痛缅怀离世三载的唐夫人。

还在四川任学政期间，在好友王懿荣的撮合下，张之洞又娶了第三任妻子王氏。王氏是懿荣的妹妹，也是四川龙安知府王祖源的女儿，这位王氏原先一直没有婚配。王氏是名副其实的才女，书画并通，而且是一个合格的贤内助。

这一年的十一月，张之洞任满交卸返京。翰林院命其充文渊阁校理。

张之洞兴高采烈，精神抖擞，准备带领王夫人和侍从一起回北京，去翰林院再接要职。他和大伙儿忙着收拾行李、物品和书籍。

他携王夫人回京后，与长子张仁权团聚，一个新的家庭组合起来了。

出乎意料的是，在张之洞这个新家庭里，又多了一个新成员，就连张之洞也感到很奇怪。

一天早晨，张之洞来到自家后花园散步晨练，突然发现假山洞口蹲着一只猕猴，第一次见面它就向他挥手打招呼，他走了过去，仔细打量猕猴……这只猕猴不是买来的，而是自己跑来的。他哪里知道，它平时就在园中假山洞里栖息，吃园中果木为生。从此，张之洞每天在园里假寐时，这猴子就坐在他对面调息，也从不打扰人。这不免让我们想起张之洞出生前那段"灵猴转世"的传说。

命运带来的不幸，常常令人始料不及。刚过三年平静幸福的生活，这位王夫人与前夫人石凤怡的遗留长子张仁权相处非常融洽，还没来得及教导孩子练字学画，她却突然患得伤寒，抱着满腔遗憾离世了。

王夫人离世前，用一只手，一只无力的手，死死地攥着丈夫的手，非让张之洞答应她，她死后将在四川的表妹李静姝娶过来，这姑娘虽然不是官宦家庭出身，但是父亲和兄长皆是船商，从小受过高深文化教育，向私塾先生学过"四书五经"，以及礼、乐、书、画等。这样，静姝进门就可以照顾全家生活，他也可以安心从政了。

张之洞看到自己的三位夫人在如此短暂时间相继离开人世，似乎对自己的生活麻木了，再也不敢奢求什么幸福了。

可是，他一想到王夫人的临终嘱托，尤其是长子仁权尚在备考，急需有人照看。他这位父亲实在放心不下，难以割舍。他，还得继续成个家。

张之洞第四次婚姻就这样开始了。

李静姝被张之洞从南方续娶进京，成为他的侧室妻子。但是，他一直没有把李夫人扶正。这是因为有一位相师给张之洞相面，说到他命太硬，平常女人嫁他为正室会折寿；不过，还说到他日后将会官运亨通，飞黄腾达。所以，他的三任正室夫人皆因病去世后，他也认命了，再也没有娶过正房妻子。他，并非吝啬，不愿给名分，而是为对方的生命着想。

对此，李夫人非常大度，她是一个知识女性，根本不介意这些习风陋俗，每天都很乐观地主持府内生活，并落落大方地接人送往。特别是她心中极为挂牵的是先夫人长子张仁权。不过，张之洞非常尊重李夫人，府内大小事务都由她掌握处理，包括接待重要女客，也让她逢场必到。天长日久，没有任何人拿李夫人当张大人的妻妾，都认为她是名副其实的府邸夫人。

面对一个十几岁的孩子仁权——前夫人石凤怡的亲生骨肉，作为继母李静姝将如何相处？这的确是一个考验。然而李静姝并不蓄意扮演好继母的角色，而是像生母一样对待仁权，生活上的关怀自不必说，衣食住行方面无微不至的体贴常常超过对待丈夫，最重要、最用心的是，督促和检查仁权的读书学习。继母的关爱令张仁权十分感动，但他由于过分思念生母，所以对李静姝一直称“姨母”，并未改口。

一次，他突然患得麻疹，没有想到继母急忙寻医找药，日夜守候在他的床前，直至痊愈为止。他心内万分激动，无法表达感激之情。一天，他的两眼涌出泪水，从床上呼的一下扑向坐在床头的继母怀抱，哭泣地喊了一声：“母亲……”李静姝亦高兴地叫道：“儿子……”她的双眸顿时流出幸福的泪花……

李静姝同张仁权这种新型母子关系的确立，给这个家庭带来万般和谐和无限愉快。张之洞看在眼里、喜在心头，他为续娶李夫人作为家室而感到无比自豪。他不由得想起自己的养母魏芷香，当年待他的感情和热心，就值得歌颂，如今的李静姝夫人不亚于养母，有些地方让他感到心满意足。真可谓家风代代传，美德金石心。

夫妻之间的相互理解和相互体贴往往是爱恋和爱慕的重要基础。此德此心，对于再婚的张之洞来说，更为宝贵。在张之洞的书房里，摆满了四季常开的月季花，这是他还在童年时期，养母魏芷香给他留下的爱好，由于受养母的这种熏陶，他一生酷爱月季。他去南方简放湖北学政、四川学政以及创建各类书院的日月里，全是保姆、用人负责管理花卉。他携李静姝夫人回京后，李夫人很快熟悉了家务琐事，接管了浇灌和侍弄月季花的活计。除此之外，李夫人不仅理解这是丈夫对养母的一种高尚追思，而且知道丈夫不忘生母朱碧筠对他的养育和教诲之恩，特别是给他留下的那架古琴——唯一的传家宝，她也是更为珍惜，几乎每天都清理干净，随时为丈夫弹拨使用。这些都没有让张之洞多费口舌，而是李夫人想在前边做在前边了。夫人的贤德让他感到非常满足、无比自豪。还有一件事，也令他十分欣慰。那就是石凤怡夫人生前，他请了京师一位著名画家，给石夫人画了一张画像。他去南方充浙江副考官时，临行前便把石夫人画像挂在了墙上，作为永久的思念。这次，他和新婚妻子李静姝从南方返回北京后，他赶忙一个人进入书房，悄悄地将石凤怡的画像摘下来，翻扣在案几一角。第二天他再次步入书房时，突然发现石凤怡的画像又端端正正地挂在墙上，并且画框玻璃擦拭得明光锃亮。他，一切都明白了。静姝，你如此大度确实让人钦佩呀！

张之洞打心里感谢李静姝夫人，自从嫁给他以后，可以说是百依百顺，夫唱妇随。须知，李静姝是一个制船商人家的千金小姐，进了门就给长子仁权当继母，而且当得非常合格。她之前还是一个姑娘，太不简单了。

这时，张之洞被仆人唤到前厅，翰林院派人送来一封家信。他拆开一看，原来是家中大哥张之濬病危，让他快速赶回老家直隶南皮。

当天，他告别了妻子李静姝，带上钱物，乘上王一丁驾驭的马车，赶忙奔回老家南皮县双庙村。

七天后，张之洞从老家双庙村返回京都。

李静姝快步到府门外迎接丈夫，一看张之洞的一双布鞋鞋面上蒙上了白布，她什么都明白了，长兄张之濬过世了……又一看，从车上跳下一个十来岁的男孩儿。

张之洞介绍道："这是大哥张之濬的儿子，比起仁权仅年长一岁。他还有一个姐姐，留在老家大嫂身旁。我把晋生带到咱家来了！将来我可能到山西任职，我给侄儿起了个学名晋生。"

"好的，好的，这孩子是咱们家的人！"李静姝既聪慧敏捷，又通情达理，马上面带微笑地朝晋生迎过来。

张晋生第一次见到这位四婶，心里暗暗为四叔高兴，遂急忙躬身施礼道："婶母，侄儿向您请安！"

"好，好。晋生，免礼吧！"李静姝伸手搀起这位侄儿。

中午，李夫人让厨房师傅专门给晋生做了可口饭菜，热情招待孩子吃了午饭。而后，她又给晋生拿出几套新衣服，因为晋生与仁权的年龄相仿，个头儿也差不多，所以这些衣服他肯定都能穿。当时，就让晋生换上了一套新式制服。随之，李夫人又派仆人给晋生打扫两间房子，一间是卧室，另一间是书房。这种起居生活待遇，同张仁权一模一样，没有任何区别。

晚上，张之洞、李静姝带着长子仁权来到侄儿晋生的卧室，嘱咐仁权多多关照小哥哥晋生，出入府门一定要注意安全。夫妻俩特意安慰晋生，不要过多地思念父亲，过一段时间可以回家看望母亲和姐姐。还叮嘱晋生只管在叔婶家中生活与读书，遇到困难尽管提出来，千万不能见外。

张晋生听到叔婶亲切温暖的话语，看到叔婶接待安排的这一切，感动得不住地点头，一双眼睛涌出泪花。他第一次来到北京，寄居在叔婶家中，原本那种生疏不安的感觉早已荡然无存。他见到这位婶母似乎就像母亲一样，慈祥温和，无微不至。衣、食、住、用，样样齐全。给他准备的住室窗明几净，亮亮堂堂；给他铺设的被褥、枕头都是崭新耀眼。他那幼小的心里，感到一丝丝甜蜜，一阵阵温暖。

张之洞看到妻子李静姝给侄儿晋生安排得这样周到，心里格外高兴，非常满意。

夜晚，在他们的卧室里，张之洞心内不安地说："大哥张之濬这么一走，大嫂身体多病，两个孩子实在抚养不起，更谈不上供孩子们读书……我只好把晋生……"

"香涛，您别说了。"李静姝截住丈夫的话，爽快地说，"大嫂那里生活困难，咱们作为叔叔、婶婶，帮助抚养侄儿是理所应该的。"

张之洞抱着十分歉意的心情，进而安抚地说："静姝，我太对不起您了！关键是长子仁权和侄儿晋生两个孩子的生活和读书，这么重的生活担子都压在您一个人的肩上，我又每天赴任在外，真是难为夫人了！"

李静姝非常豁达地说："香涛，您怎么见外了！别忘了，咱俩是夫妻，是一家人。家庭生活出现困难，我当然要帮您一起克服了！"

"谢谢，谢谢，多谢夫人！您受累了！"妻子越是谦逊明理，张之洞越是感激不尽。

"好啦，您别担心我了！"李静姝不无提醒地说，"别忘了，明天您得抽空给仁权、晋生安排一下读书的事情。他俩的生活包在我身上，您尽管放心！"

"行，行，夫人，明天我就去办！"张之洞心内还在不住地感激妻子。

第二天，张之洞按照李夫人的叮嘱，带着仁权、晋生来到北海附近一所私塾，让两个孩子一齐拜见了先生。

放学后，张之洞郑重地教导他俩："仁权、晋生，你们必须懂得，读书才能改变人生的命运。私塾念完，就要迎接和敢闯科举考试的三大关：乡试、会试和殿试。刻苦读书，发奋图强，争取榜上有名，不负列祖列宗！"

张之洞还用毛笔给他俩写了一副对联：十年寒窗无人晓，一朝题名天下知。

仁权、晋生听后连连点头，铭记在心。

读书是苦差事。仁权、晋生每天去私塾求读，早出晚归，风雨不误。

李静姝更是辛苦。每天除了料理府中的大小事务外，还要准时到私塾门前接送长子仁权、侄儿晋生。这种接送负担，她一直坚持到两个孩子去上县学。

人们常说，家庭是人生的避风港。还有人说，家庭是男主人的城堡。德国诗人歌德曾经讲过这么一句话：“不论皇帝还是庶民，能在自己家中得到和睦就是最幸福的人。”

幸福的人大多数来自幸福的家庭，幸福的家庭给人以温馨和力量。这是确凿无疑的。对此，张之洞已深有体会。

此番张之洞回京，因前些年到南方简放学政成绩斐然，皇家给其补国子监司业。他在翰林院干得更加起劲了。除了完成本职专业外，还注意同那些清流新人交往，不断扩大自己的视野，汲取政治营养。在北京，他与潘祖荫、王懿荣、吴大澄、陈宝箴等清流俊彦结交。然而他同清流名人的结交，不局限于生活友谊，而更多的是注重政治信仰。光绪四年（1878 年）冬天，张之洞主动为清流党人黄体芳代拟疏稿，上奏朝廷，陈时政得失。光绪五年（1879 年）四月，张之洞又继续上疏，议皇统继承。从而他在清流党人中间渐渐树起了威信，并轻而易举地打入清流派的上层。

这与光绪三年张之洞回到京城翰林院所任要职有关。他先后任文渊阁校理、国子监司业、翰林院侍讲、内阁学士等职，尤其到光绪七年他还兼礼部侍郎衔，接触名流名士的机会也就多了起来。清廷中一个新的政治派别——清流派，以现军机大臣李鸿藻为首的名流对张之洞极有好感，再加上张之洞是李鸿藻的直隶同乡，那种高抬和青睐自不必说。其间，张之洞成为清流派的重要成员。与张佩纶、黄体芳、宝廷、陈宝琛、吴大澄、张观准、刘恩溥、吴可读、邓承修、何金寿等人一起，放言高论，纠弹时政，抨击奕䜣、李鸿章等洋务派官僚，享有“四谏”“六君子”“十朋”之称。

张之洞的直谏言论传遍朝野，不免让妻子李静姝担心。他每次回到家里，李夫人除了关心他的饮食起居外，就是叮咛他不要与那些清流派人物上疏弹劾重臣。有一天晚上，夫妻俩吃完饭后，来到后花园。这里入夜静悄悄，没有一人出入，但就看到那只猕猴从假山洞走出来。它有意地向主人张之洞挥了挥手臂，便很知趣地躲到假山背后去了。他俩坐在花圃旁边的木凳上，隔几交谈起来……

“香涛！”李静姝称谓丈夫的号名，亲切地说，“妾身不敢干预政事，但劝您不要谏疏朝中要臣巨室，对您从政大有益处，至少可以避免自己的对立面，不知是否有道理……”

“夫人，尽管说下去！”张之洞注意倾听对方的劝说。

“说实话，对待奕䜣、李鸿章这样的大人物，放在别人眼里巴结还巴结不上哩，您怎么就不仔细想想呢？竟敢直言上疏抨击，而不顾及一切后果呢？”李静姝唯恐丈夫接受不了她劝的话，遂又委婉地说，“诚然，您说的话、办的事，肯定有您的道理，他们更知道您是慈禧太后提拔的人，随意扳倒也是不可能的。”

“夫人，你还没说完哩！”张之洞伏在几上，眼睛望着妻子，那神态活像园中的那只猕猴。

“那好，我还有一句话供您参考。”李静姝一看丈夫注意倾听她的意见，又开口道，“俗话说，直如弦，死道边；弯如钩，反封侯！”

“好。你说的话我全明白了！”张之洞直起腰来，对妻子的劝说给予肯定。他怎么也没想到，这位出身于商人家庭的千金竟然也懂得为官之道，确实让人刮目相看。他心中有数，没再多说什么，而是欠身离座，上前拉起李夫人，夫妻俩走出后花园，回房睡觉去了。

家有贤妻，男人不做横事。这是中国几千年来流传的一句谚语。

对于妻室李夫人的规劝，张之洞非常尊重，认为是难能可贵的。世人皆知，张之洞十三岁考秀才第一名，十五岁中举人，二十六岁中进士成探花。杜甫诗句“富贵应须致身早”，用在他身上最合适。张之洞尽管已有如此功名，但是头脑冷静，不骄不躁，连妻子的话也要认真思索，这对他从政当然是有益的。

起家翰苑，出掌文衡。张之洞从翰林院起家，掌管天下教育、考试，负责培养、选拔人才。天下人都认为他是“天子的使者”，中国近代教育的创建者。这在本书后边的有关章节还要重点描述。

为政以不得罪重臣巨室为要。张之洞出身官宦之家，深知官场奥妙，他虽是有名的清流派，有清正之名，可是他一生坚持“为政不得罪于巨室”的原则。何谓巨室，巨室就是那些大富大贵的家庭。洞悉风波，懂得望风远避，具有政治洞察力，这是权衡政治家的标准。张之洞此力极强。庚子之变中能化险为夷，而且变不利为有利。这就是佐证。

当然，张之洞也不是事事都那么谨小慎微，相反，他善于观察事物，分析事物本质，审时度势，因势利导，使自己随时处于主动地位，在潮头翻卷处扬起前进的风帆。

《清史稿》记载：

> 光绪初，擢司业，再迁洗马。之洞以文儒致清要，遇事敢为大言。俄人议归伊犁，与使驻俄大臣崇厚订新约十八条。之洞论奏其失，请斩崇厚，毁

俄约……

由此我们可以看到，这是发生在光绪元年（1875 年）以后的事情——

光绪五年（1879 年）三月，张之洞被皇家提升为国子监司业；当年九月，他又被晋升为司经局洗马。张之洞步入清流派重要成员的行列，从而遇事敢向朝廷进谏大言。

恰值光绪六年（1880 年），中俄发生争端，俄国人妄图议归伊犁，双方举行谈判，大清驻俄使臣崇厚竟然答应俄方，与其签订新约十八条。张之洞闻听此消息后，觉得不妥，认为崇厚纯属卖国行为，决定上疏谏弹。

张之洞回到家中，向妻子讲了崇厚同俄国人签约的行为，及请奏的想法。李夫人听后又有些担心，遂劝阻道："香涛！您如果上疏朝廷，弹劾使臣崇厚，那么后果恐怕就严重了！您是否……"

"夫人，此事不涉及巨室问题，大可不必担心！"张之洞规劝妻子说。

"妾身可能是多虑了。"李夫人听丈夫这么一说，没有再坚持。

张之洞一见妻子同意了他的想法，心里很高兴，但还是讲了一下上疏的原因："作为朝廷命官，理应上对天子尽忠，下对百姓负责，抛个人安危于不顾！"

李夫人不住地点头，接受了丈夫的教诲。

第二天上午，张之洞入朝上疏，言"中俄条约十八条"之危害，并对"十不可许"加以分析，特提出力主整修武备，与俄另订新约，惩治出卖主权的崇厚以"应得之罪"——"斩杀"。

这时，光绪帝载湉年仅九岁，亦属少不更事的年龄，很显然，决策这类大事的仍是垂帘听政的慈禧太后。

慈禧太后对张之洞的谏奏极其重视，因为这关系到大清领土的完整，维护主权方能稳固社稷。于是，她先争取众卿，取得共识，而后下旨将驻俄使臣崇厚判处死刑，继而命令侍郎曾纪泽（曾国藩之长子）为使俄大臣，重议改约，收回伊犁。

在张之洞的督促下，清廷只论界务，不争商务，并附陈设防、练兵之策，同时左宗棠坐镇新疆，西北边陲得以安宁，在相当一段时间沙俄不敢轻举妄动。

张之洞这位名臣的地位渐渐确立起来了。

自张之洞心系国家、喜言大事之后，朝风也有所改变。不少清流派人员把自己的目光瞄向大清朝廷，如宝廷、陈宝琛、张佩纶等辈崛起，开始纠弹时政，给朝中注入了新鲜空气。

可是，守旧的慈禧并不十分喜欢他们。

人的命运往往与其声誉紧紧联系在一起。正如平常人们讲的：时来运转。当然，人生之命运在于自己把握，凡是敢于拼搏和创造的人就能主宰自己的命运。而这种命运愈佳愈顺，愈能带来良好的声誉。

多年就职翰林院的张之洞，官位不住地迁升，口碑亦越来越好。众所周知，张之洞在“翰林四谏”中颇得人缘，名声传遍朝野。

这一天早饭后，张之洞来到内阁学士府官邸，忙于处理政务。忽然，湖广总督派遣的一位差人走了进来，给他呈上一封信和一包重金。他接过信后，立即拆看。啊，原来是湖广总督李瀚章的亲笔书信，邀请他去当湖北通志局的总纂。这本来是好意，理应答应。可张之洞心内已有打算，不准备去任这类“局级”官职。于是，他提起笔管，给湖广总督李瀚章回信，首先感谢李瀚章大人对他的信任和使用，而后讲了在京供职多年，不宜外出做官，且家庭又有些实际困难，实在脱不开身，就这样婉言谢绝了对方，但是转荐了他的门生樊增祥自代。他把封好的信件和那包重金一并交与差人。差人装好张之洞的信函，提上退还的那包重金，向他打躬告辞，返回南方去了。

官场上的秘密是比较多的。

朝廷命官为朝廷着想这是当然，为个人盘算也是难免的。官居湖广总督的李瀚章，知道张之洞的才识和人品，打心眼里喜欢他这个人才，为了笼络他，加强湖广总督政坛力量，特地卑辞厚币，请他去湖北通志局任职。可惜，张之洞没有答应。

善于从对方瞳孔中发现自己影子的人是一个聪明的人。张之洞在清流派中享有崇高的声誉，尤其被上层要员赏识，使他已有意识。加之他此时正在培养资望关系，快要水到渠成，将要大用的时候，自然不肯应聘。

果然，光绪七年（1881 年），由于军机大臣李鸿藻的保荐，四十四岁的张之洞放了山西巡抚。

在大多数卿臣看来，张之洞被朝廷重用，担负一省督抚之职，虽在情理之中，但又是比较突然。这期间，张之洞官为内阁学士，兼礼部侍郎衔。按照常规，翰林当到内阁学士，不是内用为侍郎，便是外放为巡抚，循资迁转，原无足奇，奇的是张之洞升内阁学士还不到半年的工夫，就有皇家此任命，不能不说是异数。

官居巡抚，飞黄腾达。张之洞所在京师宅院，门庭若市，热闹非凡。前来给他贺喜的人络绎不绝，开始来的大多数是翰林院同僚，还有清流派同人，后又来了老家南皮双庙村的家兄家嫂和故交乡亲们。迎送客人，吃喝招待，张之洞和身怀六甲的夫人李静姝忙得不可开交，一连半个月没得停闲。

恰在这时，当年副将薛亮的儿子薛福德，携带妻子高琼玉、长子薛日贵，以及部将王光的儿子王一丁偕同妻子刘瑞琴、长子王小兴等，从南方贵州兴义府赶到北京，专程投奔张之洞来了。张之洞、李静姝夫妇热情接待了他们，并做了妥善安置。可惜的是，他们的父亲都已经战死，埋葬在南方。

兴奋之余，张之洞在他的书房里，挥毫蘸墨，书写了一副大红对联："国恩家庆门行马，渊深岳峻云从龙。"随后，他让薛福德、王一丁把这副对联贴在院门口两侧门框上。不仅贺喜的人们进入院门时看得真真切切，而且街上的行人途经大门口时也看得清清楚楚。

这副对联的含义不必详解，我们一看便知，张之洞把他和他的家门抬得够高的了。"门行马"象征着皇上恩宠、宾客之多；"云从龙"展示这气冲霄汉、鲲鹏之志。可以说，这本来就够"档次"了，但张之洞并未满足，仍在渲染。

诸君请看！前来给张之洞道贺的人特别多，府上接待、登记的人忙个不停，张之洞更是兴奋得不得了。他亲拟谢恩折子，得意忘形，除了写上"不胜感激诸同仁"字迹外，还书上自命为"敢忘八表经营"的话。这一下不得了，甭看仅六个字，一时传为口实。

在此，笔者向诸君稍加阐释——

"八表"乃是八方之极，亦是"天下"的别称；"八表经营"可以解释为开国英主力战定天下。可是，张之洞却下笔不检，竟然用了这句成语。如果往前，他是在雍正、乾隆年间，不丢脑袋也会丢官。但嘉庆之后，文字狱久已不兴。况且，清流派的口气向来阔大，有时无所忌讳。所以，即将到山西任职巡抚的张之洞，想经营八表，只不过痛快一下嘴巴，传作笑谈而已。

如此放荡、口无遮拦，非张之洞莫属。难道就真的没人敢教训他了吗？非也！

这一天午饭过后，张之洞和他的家人把贺喜的客人们刚刚送走，还没来得及休息，突然有人向他报告：河南巡抚张之万前来道贺！

张之万来了！这让张之洞为之一振，又惊又喜。张之万是他非常敬仰的同族大哥，更是在生活上、学业上帮助过他的恩兄，今天从千里之外的河南开封赶来，专程为他祝贺，实在难得！他立即跑向府门口，迎接张之万大哥。

兄弟俩一见面，相互打躬问候。继而，张之万向张之洞贺喜道：“四弟官运发达，如日中天，此番山西巡抚，为祖先增光添辉，愚兄到此特意祝贺！”

“岂敢，岂敢！小弟所得成就微薄，大哥才是我们张氏后代的佼佼者！”张之洞挥手谦让，将张之万引入院内。

此时，李静姝夫人已经将在书房苦读的儿子仁权、侄儿晋生叫了出来。

李静姝领着仁权和晋生，紧紧跟随在张之洞身后，急忙迎过来，向张之万兄长施礼问安。

张之万亦向弟妹抱拳问候，并询问仁权、晋生两个侄儿的学习情况。

张之洞正要把张之万大哥让到书房歇息，只见跟在张之万身后的两个随从，他们每人怀里抱着一个挂表，遂问道：“之万大哥，您这是干吗？”

“老四，你当了一省之巡抚，我总不能空着手来看你吧！”张之万回话说。

“这表只要准，一个也就够了。大哥，您为啥带来两个挂表呢？”张之洞又问道。

“嘿嘿！你怎么也有不明白的时候！”张之万讽喻道。

“大哥，您让我猜谜呀！”张之洞着实不解。

大家一看张之万、张之洞正说得难分难解，便都围拢过来。薛福德与高琼玉、王一丁与刘瑞琴这两对夫妇，也站在圈外观看。就连张之洞的妻子李静姝和儿子仁权、侄儿晋生都是一直站在路旁的亭榭下边，倾听他们兄弟俩说话。

“那好吧，我只好向你这位探花学子、巡抚大人道出真情！”张之万不无讽刺地说。

“大哥言重了！”张之洞已经意识到对方在讥讽他。

张之万提高了嗓音，面带微笑地说：“四弟！我带两个表不足为奇嘛！谁不知道，舍弟有‘八表’之多！难道你忘了自命为‘敢忘八表经营’的话？”

“这，这……”张之洞顿觉语塞，他那张脸被对方挖苦得通红通红。

众人听后，轰的一下笑了起来。

张之洞口吐狂言，被族兄张之万不留情面地彻底揭穿，羞得无地自容。

他搭讪地上前说话，一面吩咐家人给族兄预备酒席，一面将族兄让进书房叙谈……

今天，张之洞上任之前受到了一次深刻的教育。古人说得好，宁吃过头饭，不说过头话。看来，“四十而不惑”这句话也不是绝对的。他张之洞年已过四十，并马上要赴山西做巡抚，不是照样会犯妄自尊大的错误吗？他不由得想起曾国藩教育其子女说过的一句话："德以满而损，福以骄而减。"这是多么深邃的名言哪！自己可得好好反思，说啥也不能再出这样的笑话。

张之洞年轻时身入清流，说话有时不免偏激，可他比起其他的清流党人，其高明之处，则在于清高之余还有圆滑。正因为如此，张之洞始终未得到慈禧老佛爷的全力委任。不过，他在慈禧眼里还是一个才华超群的官员，若不然怎么会多年担任封疆大吏？

政治舞台往往给人提供施展抱负的机会。眼下，张之洞被任命为山西巡抚，由闲散京官跃居封疆大吏，一种积极向上的激情开始燃烧他的生命，江山社稷、百姓父母都将成为他所干事业的重要组成部分。同时，这为他从清流派向洋务派转化提供了条件。只有政治舞台，方能实现取向之变。张之洞督抚之际，确切地说，他督鄂之前，其个人的人生经历已由"词臣"而膺"封疆"，取向也由"清流"而一变为"洋务"。

次年，也就是光绪七年（1881 年）十二月，张之洞告别了尚未分娩的夫人李静姝、儿子张仁权和侄儿张晋生以及薛、王两家的家眷，携薛福德、王一丁两人，赶赴山西太原走马上任。

他在山西巡抚任上发布的启示宣称："盖闻经国以自强为本，自强以储才为先，方今万国盟聘，事变日多，洋务最为当务之急。"还宣称："查中外交涉事宜，以商务为体，以兵战为用。"并开始注意了解西方诸国的"政令、学术"。由此可以看出，这是他转向洋务派的宣言。

张之洞是一位务实的巡抚。他上任后，即打算干一番大事业。他对督抚官员做了详细分工，无论是农业、工业，还是税收、法律，都要坚持秉公执法、照章办事，并告诉他们以廉从政、爱民为本，对做内勤的薛福德、王一丁也进行了耐心教育，叮嘱他俩办事要认真，生活要勤俭，一言一行都要维护督府的威信。

大地到处为贤者搭起舞台，凡是敢于革新的贤者，必能演出最活最好的戏剧。

作为山西省巡抚的张之洞，管辖大同府、朔平府、归绥六厅、代州、宁武府、保德州、平定州、忻州、太原府、汾州府、辽州、沁州、潞安府、泽州府、平阳府、霍州、隰州等近二十个州、府，含上百个县，要想一下子把全省治理好，谈何容易！他临上任之前，便做好思想准备，一是革新政策，二是整顿官吏，争取尽快打开局面，而后抓经济、搞洋务、办教育、促民生。

赴任的头一个月，他除了对督府官吏做好分工外，即刻从革除陋规、整顿吏治入手，兴利除弊、废旧布新。随之，他设立清源局，清理山西三十余年的悬案、积案；劾革、褒奖部分州县官，又为清廷皇家荐举了数十名人才。

经过一番浩繁的调查走访，张之洞对全省具有典型意义的廉吏、贪官做到心中有数，并采取相应的奖惩措施，让他们各得其所。

我们不妨先看一看张之洞于当年春季上奏的《保奖循良片》——

再，激扬之术，道贵兼施，尝考西汉之世，循良之吏，玺书褒勉，所以吏治蒸蒸，最为近古。臣于晋省害民不职之员，已经专折参奏。至实心爱民，为守兼优者，亦应上达宸聪，恳加褒奖，然后群吏知所趣向。查有现署太原府知府候补知府马丕瑶，廉惠刚明，所至有声。前置永济县，痛除差钱万缗，民困大苏。洎知解州，办灾最善，清丈招垦，精密有法……后补直隶州知州方龙光，学道爱人，前署汾阳县，正值光绪二、三年，当灾象初成，首请停征，触怒上官，于是早筹荒政，设法储粮，苦心粜运，全活甚多。若使再任一年，该县罹灾尚不甚酷，至今县民称之。朔州知州姚官澄，操守廉洁，政事勤明。晋省早年州县不染卖粟恶习者，不过数人，而姚官澄兼以有才。阳曲县知县锡良，守清识定，自其候补时抽厘办赈，卓著贤声，到阳曲任两月，革除差累，商民咸悦。万泉县知县朱光绶，廉洁慈祥，上次任万泉时，荒政尽心，饥而不害，所到皆有惠政。太原县知县薛元钊，廉朴至诚，专心民事，前署垣曲灾区，于禁种莺粟，极为认真。现任太原，孜孜讲求渠利。以上六员，官声最好，众论佥同。合无仰恳天恩，降旨嘉奖勉励，以为晋省官吏之劝。

旨：另有旨。钦此。

不久，朝廷降旨，对张之洞保奖的上述六位廉吏都给予不同奖励和晋升。

奖惩兼施，方可安邦治天下。

也是在这一年的夏初，张之洞每天忙于同太原府知府马丕瑶研办省城附近之平遥、祁县、太谷等几个县的积压陈案。忽然，他接到京城家里李夫人的来信，说她已经顺利分娩，生下一子，让他赶紧给孩子取个名字。张之洞心里当然非常高兴，灵机一动，想好了新生儿子的名字，叫“仁侃”，此名既可与长子仁权排序，同时“侃”字含义是刚直，仁侃就是仁德刚直，满腔正义。事先给侄儿晋生这个名字也改得好，可纪念他来山西任职，“晋”字乃山西简称也！他马上给李静姝写了回信，交于驿马带回京城。

接着，张之洞又处理了一桩大的经济案件——

这一天的傍晚，张之洞正准备离开巡抚会馆回府邸吃饭时，只见薛福德带领五个陌生人急匆匆地走来。他只好坐在堂上，倾听他们的来意。

五个陌生人双膝跪地，各自向巡抚张大人禀报了自己的所在地方和姓名，他们是口外归化城、萨拉齐等处粮店的掌柜，分别为：广丰店朱永明、恒兴店牛承恩、公盛泉店王铭复、盛锦店施德润、永和成店张翙。他们这次来省城，主要是状告代州棍徒刘定邦。刘定邦也在口外归化城、萨拉齐等处开设粮店。同治九年（1870 年）秋，提督刘景芳驻军包头镇时，刘定邦不惜花钱，由监生捐纳游击衔，并擅用二品顶戴，谎称由军营保举副将衔游击，窜身入营，勾串防营将弁、各衙门官吏丁役，把持行市，并雇打手金全仔等十余人，各执刀枪，依势横行，威吓商民，久为地方之害。十余年来专以买空卖空为事，前后坑害商民资本数十万金，因此顿至豪富，一人横敛罔利，而归化城、萨拉齐两厅商民终岁惶惶不安其业，人人切齿。

他们说着，由恒兴店掌柜牛承恩双手举起他们的状纸。薛福德走过去，亦双手接过状纸，转交给张之洞大人。

张之洞让他们站起身来，等待回话。

牛承恩、朱永明、王铭复、施德润、张翙等齐声谢过张大人，而后施拜欠身站起。

张之洞秉烛阅览状纸，不禁怒火填胸，心里暗骂代州棍徒刘定邦，胆大包天，目无王法，竟敢十多年欺压边地商民，敛金数十万，这还得了！

他看罢诉讼状，满脸怒色地问道："刘定邦欺行霸市经济案，情节之严重，手段之恶劣，尔等为何至今才报案？"

"回禀张大人话——"恒兴店掌柜牛承恩向前跨了一步，双手抱拳道，"去年春天，我和民人周大礼以及粮店广丰号众铺户等，都来过省城，状告代州棍徒刘定邦。可是刘定邦手眼甚广，羽翼甚多，口外文武员弁，除大同镇总兵张树屏一人外，无不结交，省城各衙门丁胥、各营武弁，大多数人都认识，为他通风报信，一些官吏贪图私利，且又复畏其势，所以也就不敢拿办！"

"刘定邦确实势力很大……"广丰店掌柜朱永明补充道，"这个棍徒以前勾结大青山匪徒游奕，让土匪们给做靠山。官府里有人，黑社会也有人，可谓黑白两道，没人敢惹！"

张之洞思索后，叮嘱道："牛承恩，尔等暂时留住省城，不得随意外出，严格保守秘密，随时听从召唤，以便出堂做证。本督抚即日责令官吏抓紧办理此案，争取尽快缉拿代州棍徒刘定邦归案，铲除民害而为诸商平愤！”

“多谢张大人！”牛承恩等施礼告别。

“薛福德！”

“在！”

“你将牛承恩等带到省城一家偏僻酒馆，秘密住下，不让任何人知晓！”

“请张大人放心，我一定把他们安排好！”

薛福德应声后，便领着牛承恩、朱永明、王铭复、施德润、张翊等人走出巡抚大堂。

张之洞回到府邸，吃罢晚饭后，没有休息，而是走进书房，连夜草拟办理刘定邦之案的方案……

第二天，他按照方案要求，派人通知大同镇总兵张树屏，立即来省城巡抚会馆，秘密接受召见。

他之所以高度信任张树屏，是因为他来山西赴任时发出通知：不许州、府官吏前来迎接拜访，但还是来了许多人。大同镇总兵张树屏则严格执行这一通知，至今也未来相见。可以看到，此人正直不阿、光明磊落。再加上省城一些官宦的反映，张树屏从不巴结上司，没和任何一届巡抚拉过关系、套过近乎，更没有送礼行贿之说。这次，牛承恩等人还特意提出，代州棍徒刘定邦手眼甚广，除张树屏一人外，无不结交。由此可见，张树屏的人品与官品值得信赖和敬仰。

巡抚召见的手书到达大同后，大同镇总兵张树屏于当日起身，乘快马赶赴省城太原。

张之洞单独接见这位廉政的张树屏。初次相见，他一眼就看到，张树屏威武凛然、性情豪爽、谈话直率、反应敏捷，是一位难得的武士将才。他向张树屏了解了代州及棍徒刘定邦的违法作乱情况，听取了对方建议和想法。张树屏谈到，边地代州官吏实不可信，必须从省城选择一名德高品优的廉吏办理此案。他听后点头应允，随之便做出决定——

他密嘱大同镇总兵张树屏缉获刘定邦歹徒押解到省，绝对不可泄密，确保万无一失。

张树屏领命离去。

当天夜里，张树屏住在省城驿馆。

次日清晨，他悄悄起床，牵过坐骑，顶着满天星斗，快马加鞭，返回大同镇，安排部署去了。

根据张树屏的建议，张之洞认真考虑了办案主审官员，决定由太原府知府马丕瑶承担此任。当下，他以山西巡抚的名义，起草函告公文，饬发太原府审讯。

代州棍徒刘定邦的经济案件转由省城太原府承办，这无疑是山西省巡抚对该太原府知府的信任。马丕瑶接到饬令后，马上来到巡抚大堂，当面请教张之洞大人。张之洞便将刘定邦在口外归、萨等处倚势横行、残害商民，十余年来专以买空卖空为业而从中渔利数十万金的事实讲述一遍，随之又把原告牛承恩等五家粮店掌柜的状纸递于马丕瑶知府。

马丕瑶听完张之洞大人的介绍，又仔细看了一遍几家粮店掌柜的诉讼状纸，对案情有了基本了解。此案关系重大，绝不能含糊，因为这直接影响诸多商民的利益，更会影响边地的社会稳定。何况张大人对自己百般信任和器重，由太原府候补知府提拔为正式知府，如此皇恩多亏张大人的举荐。如不好好做事，怎能对得起张大人！他当即向张大人表态：不管此案多么复杂，也要一查到底，绝不让代州棍徒刘定邦逃出法网！

办案人选准了，办案就成功了一半。张之洞深知这条经验，所以才选定马丕瑶知府主办此案。但是，他还是嘱咐他，只有执法如山，才能办成铁案；只有办成铁案，才能取信于民。

马丕瑶点头应是，下官牢记，请张大人放心。他欠身打躬告辞，转身走出巡抚大堂。

三天后，大同镇总兵张树屏率领一支精干小分队，将代州棍徒刘定邦缉获解省，交与太原府。

太原府知府马丕瑶升堂审讯。刘定邦自恃官衔高、根基深，傲视公堂，拒不下跪。马丕瑶一见刘定邦这个恶棍，怒气不打一处来，手指刁恶之徒，呵斥怒骂："刘定邦，你个混账东西，胆敢蔑视公堂！你见了本府因何不跪？难道你不知道马某乃朝廷命官吗？"

"此言差矣。俺刘某是当朝二品，不信请你往头上看！"刘定邦扬扬自得，用手指着自己的红顶子，轻蔑地说，"二品焉能跪五品！"

"胡说！你那是假的。"马丕瑶心想，今天非杀杀你的威风不可，他看了看左右差人，大声命令道，"来人哪！先摘掉这个棍徒的顶戴花翎，再把他拉下去，重打四十军棍！"

"马丕瑶！你也太胆大了，五品官敢打二品官，看你将来怎么收场！"刘定邦强词夺理地喊着。

“别啰唆啦！”差人们拿上军棍，先是摘下刘定邦的顶子，后又架起他离开公堂。

刘定邦倒退着脚步，边喊边骂：“马丕瑶！你个混蛋！你，你不得好死！你，你等着……”

堂下传来一阵阵棍棒声，并刘定邦一声声“妈呀……妈呀……”的哭喊声。不大工夫，用刑已毕，差人们又把浑身是伤的刘定邦架回大堂上。刘定邦呻吟着跪在堂前。

“刘定邦！你那嚣张气焰哪儿去啦？”马丕瑶喝问道。

“哎哟……哎哟……”刘定邦疼得还在哼哼。

“跪好了，别叫唤啦！”一位差人嚷了他一声。

另一位差人从地上拾起刘定邦那个顶子，送到案几上。

马丕瑶厉声问道：“刘定邦！你先说说，你戴用的二品顶戴怎么回事？究竟多大官阶？”

“我是善庆将军保奖的副将游击衔。”刘定邦说着，心里直打鼓。

“有何凭证？”马丕瑶又问。

“我这里有凭证。”刘定邦从衣兜里掏出一张手书。

差人上前取过手书，呈于马丕瑶大人。

马丕瑶看后，厉声喝道：“呸！刘定邦，你这是由监生花钱捐纳的游击衔，哪里来的副将衔候选游击？根本没有保案行知！”

“我不是在口外经营粮店嘛！因此打仗的机会不多……”

“你既然多年皆在口外粮店经商，何从得有战功，即使劳绩保奖，亦不能由监生、游击虚衔递保游击实职副将衔，显有虚冒情弊。假红顶、实蒙骗，这是你罪责之一！”马丕瑶说罢，“咣”的一声，狠敲了一下惊堂木。

“小人冤枉！”

“装什么委屈！我再问你……”马丕瑶手拿状纸，又逐条问道，“刘定邦！你在口外归化城、萨拉齐等处开设粮店，勾结大青山匪徒游奕，并出入随带打手多人，各持枪械，仗势横行，久为地方之害。十余年来，你专以买空卖空为事，赢则立时取货，亏则恃强狡骗，由此牟利。商民多被坑害，各城街市为之惶惶。你从中渔利甚多，在聚源、元纯两店内，谎立福星聚字号，定买广丰等十八家粮店麻油二百四十万斤。每油百斤，价银四两三钱至五两七钱不等，共合价银十四万余两。诡称秋标付银，取油转运他处售卖。广丰店等，信以为真，立有定帖。嗣届标期，油价贱落。你既无现银，又虑亏折，这不是买空卖空又是什么？嗣因油价贱落，挑剔狡赖，你又率领金全仔等打手，赴广丰等店，将油封存，不准售卖，架词捏控，归化厅断令分别交银取油，复断酌给油店赔项，一味狡抗不遵，以致各商民因之赔损苦累不堪。综上所述，罪行累累，该当何罪？”

“马大人！您按状纸所列，皆属一面之词，焉能给我定罪？”刘定邦心内七上八下，早已胆战心惊了。

“嘟！大胆刘定邦，还敢狡辩！”马丕瑶从案几上拿起一份证词，喝道，“你看，这是什么？这是大同镇总兵张树屏亲赴代州，带回来的准宁夏将军善庆的查复证词，根本没有你刘定邦保案，二品顶戴游击衔实属花钱捐纳，副将官阶更是无从谈起！你再看看你身后……”

刘定邦回头一看，广丰店朱永明、恒兴店牛承恩、公盛泉店王铭复、盛锦店施德润、永和成店张翙等几大家粮店掌柜，都站在堂前控告做证。他两只眼睛惊愕地看着大家。

马丕瑶向堂上做笔录的知事打了个手势。

知事已心领神会，遂欠起身，拿着笔录，走到刘定邦身前，递给对方一支毛笔，说：“画押吧！”

刘定邦右手持笔，颤抖不止，他签过姓名后，一下子瘫倒在地上……

第六章　力主抗法　系南国安危

坐镇全省的巡抚张之洞，的确是日理万机，朝夕不宁。他设立清源局的目的，则是为了清理山西三十余年的悬案、积案，并劾革、褒奖部分州府县官。与此同时，他又在山西设立洋务局，创办令德书院，兴学育才，筹办山西练军和山西铁矿等。从此，张之洞一步一步地开始向洋务派转化了。

关于代州棍徒刘定邦的经济案件，在全省引起巨大轰动。罪犯本人被缉拿归案后，更是激发了边地乃至全省人民的热情。因此，张之洞与太原府知府马丕瑶两人继续抓紧办理此案，力求早日终结，以便向全省百姓做个交代。

受命于巡抚的太原府知府马丕瑶，办案相当谨慎。审讯尽管比较顺利，刘定邦业已画押招供，但是他并未急于结案，而是派人快马赶到口外归化、萨拉齐等地，继续调查取证，并将其勾串的有关防营将弁、衙门官吏丁役也都一并缉获归案，审讯追查，核实罪状。就连其雇用的打手金全仔等，照例依法逮捕，让他们人人交代犯罪事实。知府马丕瑶同他的手下知事等人，一连忙活几个月，总算理出头绪，寻出眉目。他们所遇到的阻力难以言表，所承受的困难不计其数。

铁案必须用铁的手段！

刘定邦诈骗经济案是个重头戏。作为山西巡抚，张之洞早就把解决此案摆到议事日程。他三天一打听，五天一询问，不仅做到心中有数，而且做到政令畅通，促进办案速度，把握办案方向。

这一天，张之洞命太原府知府马丕瑶提卷来省研讯，同时由藩、臬两司解勘前来，对代州棍徒刘定邦案件做了认真分析和严格梳理，并研究了具体请奏意见。

于当天下午，即光绪八年（1882年）六月初二，张之洞就代州棍徒刘定邦一案，向皇上拟呈奏折《特参游击革职审办片》。

来年春天，张之洞根据代州棍徒刘定邦经济案的整个案情落实情况，又向皇上呈递《审办刘定邦折》。此折材料翔实，证据确凿，分析有力，按律定罪，具有很强的说服力和判断力。

这份奏折被驿马送到北京。

慈禧太后和光绪皇帝载湉正在养心殿西暖阁用午膳，长春宫总管太监李莲英皮笑肉不笑地捧了一个黄绸布裹的木匣走进来。慈禧太后一看，那是内奏事处放置奏折的匣子，不禁脸色一沉，呵斥道：“你没看到吗？我正在陪皇上用膳！”

“奴才不敢！”李莲英慌忙躬身，心想：这下可坏了，无缘无故惹恼了主子，折子好坏与自己没有关系，完全是为了朝廷，我这是何必呢！他转身欲离去……

“站住！”慈禧太后叫住了他。

“奴才在。”李莲英去而复转。

慈禧放下筷子，一双眸子盯着黄匣。

皇上也放下筷子，目光望着慈禧。他知道，慈禧太后自从儿子载淳（同治皇帝）崩逝后，心情一直不好，总觉得心内一根擎天支柱倒下了，虽说是将他这个亲侄立为皇帝，了结一桩心事，但还是难以平复丧子之痛。不过，这时光已经过去七八年了，情绪总应该正常了吧……

“里边放的是谁的折子？”慈禧问道。

“山西巡抚张之洞所奏密折。”李莲英赶忙走过来，屈身禀道。

“哦，张之洞的折子，拿出来看看。”慈禧招手说道。

“喳！”李莲英一听慈禧老佛爷要看折子，那种紧张神态立刻消失了，他笑嘻嘻地把黄匣放在炕几上，打开匣盖一看，奏折密封着。内奏事处的官员很懂规矩，凡是加盖“密奏”字样印迹的折子，从不拆封，而是原样呈上。他从匣内取出折子，双手呈于慈禧：“主子，请您过目！”

慈禧用手撕开折口，里面露出十几通黄面白里黑字，奏请两宫与皇上办案密折。她仔细览视张之洞的亲笔奏书《审办刘定邦折》。

她的面目表情随着奏折内容不停地变化，忽而愠怒，忽而欢喜，那两道弯眉时而紧蹙，时而展开，目光一直在闪烁，嘴角微微地颤动着，呈现出饱满而激昂的情绪。

很显然，她被奏折的内容所吸引。她不由得自言自语道：“张之洞真是个办事的人，山西积压几十年的陈案、悬案，硬是被他清理了结。你来看，他所呈报的《审办刘定邦折》，就是一个十多年未结的案子，现在终于了结！”

“看来，我们选派张之洞去任山西巡抚是正确的！”光绪听了慈禧这番话后，亦称赞道。

十二岁的光绪皇帝尽管少不更事，但他品行端正，为人正派，在翁同龢老师的教诲下，治国之道、安民之策也懂得了许多，一些是非曲直基本可以辨清。因而他听了慈禧太后对张之洞的一番赞肯，心里暗暗佩服，随之点了点头。

苦心执政而为皇家考虑的臣子，真是太难得了。像张之洞这样的词臣儒生、翰林出身的闲散京官，竟然成为一名称职合格的省级巡抚，重要的一条就是他敢于把他学到的知识理论付诸实践，并在实践中不断变革、不断创新。办大案、开局面的过程，足以显示其胆魄和方略。

慈禧太后对这位“太后门生”张之洞越来越欣赏。此时，她不仅为自己慧眼识才而自豪，而且为军机大臣李鸿藻荐能举贤而称道。她不由得开始念诵折子里的一些片段：“窃查代州棍徒刘定邦，向在口外归、萨等处，倚势横行，积为商民之害。恃其雄于资财，广通声气，屡被控告到厅、到道、到省，均经展转营脱。经臣饬拿奏革，委提人卷来省，发交太原府审办去后。兹据该府马丕瑶讯明……光绪七年夏间，刘定邦因归、萨等处商民畏避，不敢与之交易。复起意于萨拉齐厅所属之包头镇，买空卖空，从中渔利。在聚源、元纯两店内，谎立福星聚字号，定买广丰等十八家粮店麻油二百四十万斤……共合价银十四万余两。及起意空买空卖，假冒副将衔游击诸轻罪不议外，合依凶恶棍徒，屡次生事行凶，无故扰害良人，人所共知，确有实据者，发极边，足四千里安置。凡系一时一事，实有情凶势恶者，亦照例拟发极边，足四千里充军，到配折责安置，游击职衔部照，追出缴销……臣现已严饬地方官，认真禁绝。如有得规庇纵者，即当严行参处。除将全案供招，咨部查核外。所有审拟缘由，理合缮折具奏，伏祈圣鉴。”

“代州棍徒刘定邦真是可恶至极！”光绪皇帝年龄虽少幼，但已听清折子内容，不禁愤愤地说。

“皇上，应该如何批奏啊？”慈禧太后看到光绪年龄已到十二岁，还有五年就要亲政了，故意试探他的执政能力，遂问道。

“应立即将张之洞的奏折谕批刑部，对代州棍徒刘定邦按律定罪！”光绪皇帝说罢觉得不妥，自己还没到亲政的时候，便马上改口道，“不，皇儿说话太唐突了，还请皇阿玛一语定音！”

慈禧太后听了光绪的话，认为他说得在理，只是他现在发旨下令还为时过早，但又不能全盘否定，于是选了个折中的语气，并或多或少地给予纠正道："皇上讲得不无道理，可这批阅文武臣工的奏折还不能忘记议事程序……"

"请皇阿玛赐教！"光绪打躬抱拳道。

"先把此折退还内奏事处，再进行廷议，听听众臣工的意见，而后再交于刑部查办！"慈禧严肃地说道。

"皇阿玛圣明，儿臣谨记！"光绪恭维道。

三天后，山西巡抚张之洞就俟到京城谕旨："刑部议奏……钦此。"

张之洞将皇太后慈禧、皇上光绪的谕旨下达给太原府承办。知府马丕瑶遵照圣旨及刑部判处，将刘定邦棍徒发配边陲四千里之遥地方从役，并没收其全部家资，对其余涉案人员给予杖刑和罚款。从而，口外归、萨等处得以安宁平静。

国土平静只是暂时的，尤其边防更是如此，而不平静才是绝对的。

这一年，山西出现了百年不遇的旱灾。

张之洞一边忙于实施洋务、处理边地骚乱事件，一边指挥全省二十个州府抗旱救灾及赈灾救危，从中感到担当巡抚大员的任重和艰难。

一天夜里，他正在烛光下审看各州府呈送来的赈灾报告，薛福德急急忙忙走进书房，给他送上北京军机处的一封信。他从信封字迹看出，这是族兄张之万的亲笔来信，怎么他被调任京城了？他放下了手中州府的报告，立即拆信阅视……

可不是嘛，军机处人员进行了调整——

在当年，朝野上下，尽人皆知，军机忌满六人的传说，已成定则。有人指出，从同治皇帝以来，军机两满两汉，再加恭亲王奕䜣，一直是五个人。这种单数，可能也是为了遇到重大问题便于表态。光绪二年（1876年）春天，景廉入值，不久就接连出事：文祥病殁。光绪五年（1879年）年底，李鸿藻丁忧服满，即将复起，十有八九还得入值军机，这么一来等于又是六个人。而除夕那天，沈桂芬突然病逝。以后左宗棠进入军机，但很快就外放到两江任职。年前王文韶罢官，翁同龢、潘祖荫进入枢廷。不料，潘祖荫为迎养在京的老父亲而忽然一病不起，他只当了三十多天的军机大臣。

这一下，刑部尚书的空缺，亦得补任。在汉侍郎之中，没有资望恩眷也可以升为尚书的人，而慈禧太后很想用彭玉麟做兵部尚书，因而将张之万调到刑部。

族兄张之万从河南巡抚岗位调入军机处，负责刑部尚书要职，虽说不是领班军机大臣，但也堪当重任。所以，张之洞觉得族兄所走的仕途还是越来越辉煌的。同时，他还认为族兄执政经验丰富，为官处事稳妥，完全可以驾驭胜任。只是有一点，必须始终注意，那就是紧跟老佛爷慈禧。

这是张之万在给他的来信中提到的第一个内容。

第二个内容，张之万告诉他法军入侵越南、威慑大清南方边陲的情况。

这已经是中越边境存在的一个老问题——

那还是在顺治十八年（1661年），越南正式受清朝的册封，承认前一年农历九月自称国王的黎维祺为“安南国王”。到了嘉庆八年（1803年），改安南为越南。国王阮福映，年号嘉隆，越南人民称他“嘉隆皇帝”，是一位英主。可见，越南是大清的附属国。

从越南嘉隆皇帝以后，阮朝三代皇帝不喜欢法国和天主教。意外的是，英法联军侵华的那几年，法国海军附带在越南攻城略地，把侵略魔爪伸向越南。于是在同治元年（1862年）夏天，越南被迫跟法国订立了条约，除赔款割地之外，另有专条：越南政府承诺，此后不准将领土的任何一部分，割让给法国以外的任何一个国家。

法国得寸进尺，五年以后吞并了越南整个南圻，而且贪心不足，还打算攘夺北圻，仅留下中圻给越南。到了同治十二年（1873年），借故攻陷河内。越南政府派出一员名将抵御法军，这员名将叫刘永福，是中国人。

刘永福本名业，字渊亭，原籍广东钦州，落籍广西上思。早年加入天地会，投身农民起义的行列。清政府大举清剿天地会，余众四散，刘永福随将领吴鲲进入越南。吴鲲一死，刘永福带了两百多人，翻山到了越南的高平省，自树一帜，旗帜用黑布所制，号为“黑旗军”。

刘永福不但英勇豪迈，善抚部属，而且善于指挥，多谋能断，在北圻披荆斩棘，招兵买马，实力日渐雄厚。目前，黑旗军兵力已达七八千人。越南国王阮弘住特加招抚，并命其御法。在河内西门外，黑旗军与法军交战，法将安邺不敌而退，退到城门附近，刘永福的先锋吴凤典赶到，一刀砍掉了他的脑袋。这就是引起法军惧怕黑旗军的一个重要原因。此时，乃同治十二年（1873年）冬天。

安邺一死，法国反倒慎重了许多。他们派出文官办理善后，展开外交交涉。因为这时他们看到中国采取不干涉的态度，从而法国和越南订立了新约。其中重要的条款是：第一，法国承认越南为独立国；第二，定河内等城为商埠；第三，开放红河，也就是富良江而上到河内，法国有自由航行之权；第四，越南的外交事务，由法国监督，不得与他国有联属关系。很显然，法国完全是为了排斥中国。而大清朝廷因为台湾番社事件，对日交涉正吃紧的当儿，无暇顾及中越边境之事，只下了一道密旨给广西巡抚刘长佑，“固守边围”而已。

以上所述，越南迫于法国的城下之盟，但并不心服。所以一方面仍旧向中国上表进贡，保持关系；另一方面重用刘永福，授官为“三宣副提督”，准他在北圻商务繁盛之地的保胜设局抽税，以助军饷。

正因为如此，法国自然将刘永福视作眼中钉，恨不得立刻将他除掉。然而三番两次用兵，都被刘永福击败。但是法国并不甘心失败，到了同治十三年（1874年）春末夏初之际，法国在越南有了举动。法国海军上校李威利，率领一支四百五十人的队伍，持枪荷弹，攻占了越南首府河内。

光绪八年（1882年）秋季，大清驻法公使曾纪泽给国内发回电报，说法国谋占越南北境，并拟通商云南。因而总理衙门奏请降旨，派李鸿章、左宗棠、刘长佑、刘坤一、张树声等人会商办理。这五名疆臣中，除李鸿章外，其他人都是主战派。他们的言辞自然更为激昂，甚至驻法公使曾纪泽亦主张，对法国采取抵抗态度。但是不论谈洋务也好，谈海防也好，恭亲王奕䜣总是尊重李鸿章的意见，所以对法交涉，仍然出以持重。

光绪九年（1883年），法军蠢蠢欲动，已快进入越南北方，离我国广西边境越来越近。因此，主战的议论又复甚嚣尘上，而朝廷的举措，也是不无防范，开始调动西南疆臣：曾国荃署理两广总督；云贵总督刘长佑因年纪大、鸦片烟瘾又大而被免了职；有霸才之称的福建巡抚岑毓英赴任督滇；人送绰号“唐拼命”的唐炯也放了云南藩司。同时，朝廷不准李鸿章回籍服三年之丧，只准假百日后，仍回天津驻扎率营，严格训练，并署理通商事务大臣。

对以上情况与分析，张之万都写在信中，让族弟张之洞尽快拿出意见上奏朝廷，以表督抚大员之态度。

一向关心国事的张之洞，看过族兄张之万的来信后，焉能无动于衷？他已闻知清流对此等大事的明确态度，张佩纶与陈宝琛联名上了一个折子：“存越固边，宜筹远略。”他俩向朝廷共谏两策，一策是“命重臣临边”，左宗棠或李鸿章，择一以钦差大臣驻扎两广，负责督办法越事宜；另一策是采用奇兵迷惑法军，则是派出左宗棠的南洋和李鸿章的北洋两支大军，假作全力对付日本，而另派贤才，如彭玉麟、丁宝桢、张之洞都可以作为人选。张佩纶与陈宝琛在奏折中还力保广西、云南两藩司，广西藩司则是徐延旭，滇藩司就是“唐拼命”。张之洞作为清流之重要人物，当然也要积极行动起来。

过了十多天，山西巡抚张之洞亦上了一道密折：当速遣师赴援，示以战意，乃可居间调解。建议派李鸿章坐镇两广，筹划一切，并推荐唐炯、徐延旭、张曜任统帅，另外还保举一批京外文武人才，总计四十人之多，第一个便是张佩纶。

尽管张之洞这份奏折是积极的，但是朝廷采纳起来还是颇为困难的。

不过，慈禧太后对张之洞的奏折是比较重视的。她把他的奏折交给军机处，责令他们先议，拿出个章程来，尤其对李鸿章的任用选调一事。

军机大臣李鸿藻和刑部尚书张之万，以及翁同龢等人感到很着急。他们心里明镜似的，要建议朝廷下旨，命李鸿章到两广督师，是件办不到的事情，僵持的结果，必定贻误战机，坏了大局。因此首要的是将李鸿章争到天津，让其主管北洋水师，接下来的事才好商量。不难看出，李鸿章是一个议战议和未定的人。

面对这样的情势，着实难以决策。李鸿藻带领其他几位军机大臣前往恭亲王府，向恭亲王奕䜣做了汇报，遂呈上慈禧批给军机处的张之洞的奏折。身为军机领班大臣的恭亲王奕䜣，患病刚刚初愈，他早就知道北洋大臣李鸿章对法的态度，乃是不战议和。所以，他听了李鸿藻的请示后，表示无可无不可。

李鸿藻等人一听，究竟让李鸿章督两广还是回天津，恭亲王的态度模棱两可，不好琢磨。

他们几位不住地摇头叹息。当然，他们都知道，恭亲王这一段时间心情格外不好，本人患病，儿子载澄长了一身“杨梅大疮”，已经不能下床了，到了生命的尾声。

万般无奈，李鸿藻他们只好告别恭亲王，返回军机处，再作商议。但是，仍然拿不出好主意。

李鸿章的调任，是件大事，不是一般臣工的使用，可去可留。慈禧太后觉得一定得征求一下恭亲王的意见。张之洞的奏折尚无结论，只能等到恭亲王上朝的这一天。

朝上，慈禧太后让众臣围绕张之洞提出的建议，对李鸿章坐镇两广之事进行议论，但谁也没发言。

“恭亲王，你说说吧！”慈禧催促道。

“臣因有病，多日未上朝，还是想听听其他人的意见。”奕䜣推辞道。

“好吧！”慈禧对这位恭亲王非常失望，这样催逼他，竟逼不出他一句痛快话来，只好提出她自己的想法，“这样吧，李鸿章回直隶，张树声去两广！”

诸位卿臣齐声道：“太后英明！”

慈禧心里想，我哪里是英明，尔等明明知道，李鸿章谁也不容易搬得动，他现在不愿意同法交战，回老家奔父亲丧事去了，再加上恭亲王的避事态度，只好顺着说“太后英明”。

她沉思片刻，又向众人说道：“李鸿章即使去了天津，坐镇北洋，也会先要打定是和是战的主意；张之洞所提到的唐炯、徐延旭等人也都是能打仗的；驻法使臣曾纪泽打回来的电报也说，不宜对法国让步；再加上越南心向着中国，在越南的刘永福也能用，这不都是能打的样子吗？”

大家几乎都看出来慈禧太后愿意打的态度，恭亲王却逆着说：“不能打，绝对不能打！”

慈禧假装平静地问：“为何？你说说看！”

恭亲王终于敢表态了，又拿出了从前议政的勇气，他摇了摇头，用分析的口吻说：“请太后不要轻信外面的游词浮议！有人说，法国的军队胜不了刘永福，未免把法国看得太轻、把刘永福看得太重；有人说，唐炯、徐延旭是贤才，能打仗，这也未然。臣听人说，唐炯出镇南关，生活特殊，讲究排场，专门派驿马到国内昆明往那里运泉水。至于徐延旭，他刚到广西，也没听说有啥业绩……”

“这恐怕也是谣言，不足为信。”慈禧太后不想听他这些颓废之言，插话打断了他。

谈话进入僵局，场上忽然冷静下来。

李鸿藻向张之万递了个眼神，示意他表个态。

张之万急忙摆手谢绝，并不住地摇头。他在这个节骨眼儿岂敢发言，何况他又任刑部尚书不久，一旦说错，那还得了！

李鸿藻只好准备发言，现已看出慈禧太后的用意，基本可以归纳两个方面：一方面派人抓紧备战；另一方面靠曾纪泽、李鸿章议和，扭转局势，稳定国防。于是说道：“圣谕极是。当务之急，外交与军事可同时进行——正在上海的李鸿章，应努力与法国公使谈判，争取化干戈为玉帛；并严饬各省抓紧部署防务，以应付法军突袭！”

“好。就这么办吧！”慈禧太后这次议政不是以恭亲王的态度为准则，而是以李鸿藻的意见做结论。

战多于和的形势越来越严峻。

法国公使宝海奉调返回本国，接替宝海的是驻日公使特利古，调其以特使身份来华。在上海，李鸿章与新来的特使特利古会谈。会谈中，特利古的态度极其蛮横，否认越南是中国的属邦，同时表示，法国不怕与中国失和，准备对越南用兵。李鸿章告诉对方，两国开战对各自都没有什么好处，需要持慎重态度。特利古趾高气扬，根本不听。

李鸿章又接到新消息：法国国会通过对越南北圻开战战费五百万法郎，孤拔受命率领海军已经开往越南。他分析认为，大清政府在中国西南边陲布防的力量甚薄，虽然有广东水师提督吴全美统带军舰，但绝对抵挡不住法国海军。李鸿章连夜拟写电报文稿，急电总理衙门，切不可轻易言战。

各方面的情形总不是一面倒的。

曾纪泽从法国巴黎发回电报，说法国总理茹费理决定在越南驱逐黑旗军，如果发现中国军队支援越南的话，将采取同样手段。这是危言恫吓，应该马上派兵进入越南，造成保护越南的既成事实，以利于交涉和会谈。

李鸿章一连收到驻法大使曾纪泽打来的两个电报：一个是催促他赶紧派兵进入越南；另一个是否认报纸所载新闻，说他允许法国提出的任何和解条款。

对于这两个电报，李鸿章不敢扣压隐瞒，而是据实上报京师朝廷。

慈禧太后本来对曾纪泽尤其信任，看到他给李鸿章这位外交大臣的两份电报，更加坚定了一战决心。她将恭亲王召入宫里，把李鸿章由上海转来的曾纪泽的两个电报交于他，让他拿出意见，看看怎么处理。

固执的恭亲王奕䜣始终支持李鸿章的做法，不愿轻易开战。

万万没有想到，慈禧太后对恭亲王奕䜣的不满终于到了难以容忍的地步。但她没有责备他，更没有对他发火——念他辛酉政变乃至二十多年的功劳，格外包容，尽量宽让——非常平静地采取了比责备更为有力的措施，指派醇王奕譞进入军机处，参与策划法越事宜。

这一道明发上谕公布后，引起朝野上下一片轰动。

醇王奉旨当天，便到军机处上任，认真查看有关法越争端事宜的电报奏折，还注意倾听诸位军机大臣的不同意见。他决定稳步行进，特别注意请示慈禧太后，吸取恭亲王的教训，说啥也不能惹翻了这位女主子。

久经仕途风雨的李鸿章，说不上是道多还是奸猾，知道这个消息后，唯恐局势又有极大转变——说不定朝旨还要采纳张之洞的谏奏，派他到两广督师，接替张树声之职，因此，他一面拒绝接见法国特使特利古，一面以服制未满为由，仍旧回任直督，三天后乘坐轮船，北上天津，履行北洋大臣这一关防要职去了。

身在太原的山西巡抚张之洞，虽然忙着整治全省，但心里仍然惦记南国安危。自从发出第一个奏折后，本想朝廷全部采纳，可两广总督却是张树声，并非李鸿章，况且还没有向越南进兵，开战的决定迟迟不见下达。这怎么行呢？将来误了战机，可要造成难以估量的损失。

中法的事态变化如箭在弦上，一触即战。张之洞坐卧不宁，便于光绪九年（1883年）十一月初一日，一天之内给朝廷呈上两份奏折，一份是《法衅已成敬陈战守事宜折》，另一份是《法患未已不可罢兵折》。这两份奏折指出，法国不只是为了占领越南，而且垂涎我大清的云南贵州地区，蓄谋已久想要侵占，我们断无坐视之理，应当积极备战。同时，提出了“争越、封刘、战粤、防津”的战略策略。所谓“争越”就是主动出兵越南，抗击法军倭寇；“封刘”就是对活动在越南北部的刘永福率领的“黑旗军”许以击退法军、收复失地的重任，“即封以越南世守”，授其官职，资助饷械，鼓舞其斗志，使之能大建奇功；“战粤”就是命令两广督抚和将领做好抗法作战准备，随时应对敌军侵略；“防津”就是加强天津、烟台、旅顺等地防卫，阻止法军从海上进犯，确保北京安全。

这次，他还建议朝廷，应派李鸿章这样威望素高的重臣驻粤督办法越事宜。但是，他怎么也没想到，最终奔赴中法战争前线的不是李鸿章，而是他张之洞。

正在长春宫一边喝茶水一边同宫女下棋的慈禧太后，忽然见长春宫总管太监李莲英领着内奏事处的大臣徐怀走进来，她停下手中的棋子，斜着那双丹凤眼，冷冷地问道：“是不是请求赈灾的折子？”

徐怀急忙跪下一条腿，另一条腿弓着，双手擎起黄匣，禀道：“老佛爷，这是山西巡抚张之洞的两个折子！”

“哦，拿来我看。”慈禧太后将身子扭过来，看了一眼李莲英。

李莲英应了一声：“喳！”便赶紧走到徐怀面前，从黄匣内取出两个折子，转身双手呈于慈禧太后。

陪同慈禧太后下棋的宫女们都自动地退下了。

内奏事处大臣徐怀亦向慈禧太后双膝跪安，而后抱着黄匣转身走出宫门。

慈禧太后热衷于权力，所以她对朝中的大事小事还算得上亲政。像张之洞这样的要员重臣，不管是来信还是奏折，她都要亲自过目。

她先是阅看张之洞的《法衅已成敬陈战守事宜折》，此折开篇直接揭示：“窃惟法兰西贪悖不道，翦我属国，逼我边徼，胁越立约，意犹未厌，攻夺不已。闻法人接我照会后，漫不省改，依然进兵，攻取北宁诸镇，必欲吞灭刘团，尽有越地……”接着，张之洞写道：“谨陈战守事宜十七条，敬为我皇太后、皇上陈之……”好家伙，他详细阐述了决战计、国根本、策敌情、择战地、用刘团、用越民、务持久、散敌缓、防津、防烟台、防旅顺、防粤、防江南、筹饷需、备军火、速文报、备重臣等十七个方面的详细内容，从军事到政治、从国际到国内、从用人到饷需，既有战略策略，又有备战措施，可以说内容全面、条陈具体、应叙则叙、无一漏减。慈禧太后心里暗暗赞许张之洞，这才是大清的爱国贤臣！

她看完了这份奏折后，没有休息，而是又连着阅示另一份《法患未已不可罢兵折》。张之洞在此折开头便写明："窃臣前经条上《法越战守事宜》一疏，正在缮发间，适闻法人攻下越南宁、西南镇，援兵失利之报，不胜愤懑焦灼。"接着，他对朝廷"于是命滇、桂两路出师，于是又命彭玉麟督办广东海防，于是又照会各国陈说曲直"深表赞扬，如折子中所述："以上三大端，海内臣民无不钦颂欣惬，以为庙谟至当，任用得人，谋划得策，中华将士之气，为之勃然奋兴。"继而他又指出："乃法人贪戾逞兵，复陷北圻数城，援师偶挫。窃恐此时必有以撤兵弃越闭关息事之说动圣听者，臣窃以为不可。若果如此，则前功尽弃，而后患不可胜言矣……"

慈禧太后认真思考着张之洞缮写的第二个折子，态度诚恳，措辞得当，上陈及时，切中要害，读后让人感到舒服，容易接受，甭看他是清流派人物，翰林词臣水平尚在，不愧当年识拔探花、名列前茅之英才！至于他在奏折后面提到的：为今之计，唯有切恳皇太后、皇上，应严饬云南、广西督抚协规合力，厉兵决战，但期相机制敌，其攻守动静机宜，万望勿为遥制……也是唯恐朝廷决策失误，不仅没有坐视旁观，而且忧国忧民、直抒胸臆，敢于奏谏上疏，真是国难识忠良！

慈禧太后阅罢张之洞的两个奏折，脸上呈现出满意的神情，不由自主地说了句："我们大清还是有人才的嘛！国家栋梁怎么会只是一两个呢？"

站在一旁的李莲英，知道慈禧太后这话的含义，是对恭亲王奕䜣的不满，亦随声附和道："对！对！老佛爷圣明！"

"哼！你又在拍马屁。"慈禧太后白了李莲英一眼。

"奴才不敢。"李莲英躬了一下身子，继续辩解道，"我说的这话是实情，谁都得承认老佛爷圣明。"

"好吧，算你会说话。"慈禧太后把这两个折子放在案儿一角，思索了一会儿，如何统一军机处和总理大臣们的认识，便于及早批复，于是先想到光绪和翁同龢，遂面向李莲英命令道："小李子，你快去毓庆宫，请皇上到我这儿来；再看看翁同龢在那儿没有，如果不在的话，你去趟军机处，把他也找来。”

“喳！奴才现在就去！”李莲英转身离去。

他知道慈禧太后现在已经反感恭亲王了，若不然军机处怎么老是不停地调整呢！就连皇上的师傅翁同龢也有幸进入军机就职。

李莲英朝毓庆宫走着，脑子里不住地琢磨翁同龢，他可是朝中的一个非常人物……

学识渊博的翁同龢，于咸丰六年（1856年）曾得一甲一名进士，授翰林院编修，两年后典试陕西为副主考。同治五年（1866年）被任命在弘德殿行走，当同治皇帝载淳的老师，并给两宫皇太后讲解历史课《治评宝鉴》。在此期间他被擢升国子监祭酒、内阁学士。光绪元年（1875年）初，同治驾崩，同年底，翁同龢被任命为年幼的新皇帝光绪的老师，头衔是毓庆宫行走。他和孙家鼐教皇帝读经以及一些其他科目，而另外一个老师夏同善教授皇帝书法。翁同龢先后担任两个皇帝的老师，这是大臣中极为罕见的。现在，他一边入值军机处，一边行走毓庆宫，照常担当皇上的老师。除此之外，他与李鸿藻、潘祖荫等大臣同属清廷中的清流派。这些官高位显的要臣关心大清自不必说，那种直言上疏、敢于讲话的魄力也是无人敢比。总之，像翁同龢这样的臣子，是不能随便惹的，人家现在一身兼多职，除了担任皇上的老师外，还入值军机、总理衙门。翁同龢跟皇上的关系就别提有多深了……

时间不长，李莲英来到毓庆宫，看见皇上正在听翁同龢讲课。很凑巧，不必去军机处了。他先是叩见皇上，后又跪拜翁大人，并传达了慈禧太后的口谕，请他们去长春宫议事。

光绪皇帝放下手中的书本，与翁同龢一起，跟随李莲英去见慈禧太后。

这次，慈禧太后没有同皇上、翁同龢谈论其他事情，仅就张之洞关于抗法出兵的两个折子进行了议定。

“翁大人，你现在是军机大臣了，又是总理衙门大臣，可不能像从前只是在毓庆宫行走，今天我把你找来，就是想听听你对张之洞折子的意见。”慈禧太后待光绪、翁同龢看过这两个折子后，第一个便问翁同龢。

“多蒙太后圣恩！”翁同龢深知慈禧太后的意图，从一开始她就主张向越南出兵，只是碍于恭亲王、李鸿章等主和派的面子，没有明确谕示，当然也有担心国力不支的原因。而他一直是个主战派，于是回奏道，“张之洞所奏万般正确，朝廷应全力以赴对法备战。当前事不宜迟，越快越好，全国都要行动起来，西南云贵、东南两广和福建，必须做好战斗准备。”

“哎——这才像一个臣子哩！”慈禧太后对翁同龢的态度极为满意，转身面对光绪皇帝问道，“皇上，你看呢？”

“回皇阿玛的话，皇儿同意翁师傅的谏奏。”光绪皇帝欠身答道。

“好，好！”慈禧太后非常清楚光绪皇帝的想法，翁同龢教导皇上这么多年，师徒关系极为密切，可以说，翁同龢说什么，皇上也说什么，谓之言听计从一点都不过分。她之所以征求皇上的意见，就是免得他人说她独揽大权，即使如此，也尽量不要让别人看出来。她拿起两个折子，又面对翁同龢问道：“翁大人，你再说说，张之洞的两个折子怎么处理呀？”

翁同龢躬身抱拳道：“请太后、皇上下旨，责成军机处、总理衙门议定回奏！”

“行，就这么办！”慈禧太后当即表态。

当时，慈禧太后和皇帝就下达了圣旨：“张之洞奏《法衅已成敬陈战守事宜》及《法患未已不可罢兵》各一折，着军机大臣、总理各国事务衙门王公大臣会同妥议具奏。钦此。”

翁同龢向慈禧太后跪安后，便陪同皇上走出宫门，回毓庆宫读书去了。

李莲英见慈禧太后没有发话，没敢离去，仍站在一旁侍候着。

“小李子，最近外边有啥议论吗？”慈禧太后心里知道，李莲英是她的忠实耳目，当然信服他传来的话。

“外边的人说，别看现在老佛爷没怎么用六爷（恭亲王），将来还会用的。”李莲英捡了一个重要话题回道。

“谁说的没用，我免他职了吗？”慈禧太后质问道。

“不不不，奴才不是这个意思。”李莲英赶紧改口，“我说的主要是对法作战一事，老佛爷广聚贤才，谁的意见都能听得进去。这就不光是六爷的谏言了！”

“六爷的态度，你知道吗？”慈禧太后故意这么问道。

“奴才知道。”李莲英多次听到慈禧太后与恭亲王奕䜣交换大清对法态度，不敢说不知道。但是，他又不能直接说六爷是主和的，还必须委婉一些，若不然传到荣寿公主（恭亲王奕䜣的女儿）耳朵里，那还得了，说啥也不能落个安德海的下场，于是笑呵呵地说：“六爷知道您对法国愿意主和，所以他才提出主和。”

“胡说！我什么时候愿意主和？”慈禧太后勃然大怒，额头两侧的青筋不住地跳动，两手还不停地撕扯手帕。

“老佛爷息怒，老佛爷息怒！奴才说您和六爷主和，那是一种策略，一种高瞻远瞩的策略。”李莲英心里这个后悔，干吗这么多嘴多舌呢！慈禧太后即使问自己听到外面有什么呼声反应没有，也不能捡要害问题说嘛！唉，这太监的活儿真不是人干的。他心内暗暗骂自己。

可以说，慈禧太后愿意讲和那是违心的，甚至是对她本心的侮辱。她一直想寻找机会对法国报仇雪恨。

她也不是没有良知的。她不会忘记，当年英法联军内犯京师，火烧圆明园，文宗皇帝携带宫室仓皇出狩热河，这是大清开国以来，列祖列宗所未曾蒙受过的奇耻大辱。尤其是文宗急火攻心，肺病复发，口吐狂血，一命呜呼，更是令人心痛。当时的社稷动荡，乾坤摇震，至今想起来还让人战栗后怕。这段历史，只有她一个人感受得最为深切。她多么盼望，朝廷有重臣挂帅，将士效命，能将洋人彻底击败，才得国家安宁，扬眉吐气，以告慰含恨而殁的文宗在天之灵。

她想了又想，还是决定一战。不管恭亲王还是李鸿章怎么想，抗法之战得要坚持下去。

李莲英现在清醒了许多，弄清了慈禧太后此时的心思，为了讨好主子，便搭讪道：“老佛爷，您如今的威望如日中天，执掌朝政没有任何障碍，多舒心哪！”

“你又在胡说八道。”慈禧太后想起烦乱的国事，不由得长叹了一声，“唉！日本对待朝鲜的事儿，法国占领越南的事儿，还有台湾那里，大清边境一日不得安宁，难哪……”

“再难也比以前好多了，好在老佛爷一个人说了算！”李莲英讲了一句关键的话。

“我一个人说了算……”慈禧太后对这句话很感兴趣，但没往下说什么。

是啊，三年前还是两宫太后垂帘听政，每逢下达谕旨得要使用“御赏”和“同道堂”两枚印章，自从东宫慈安皇太后“抱病而亡”后，西宫慈禧圣母皇太后就一个人说了算了。

确实，大清边境一日也没得安宁。

没过多久，光绪九年（1883 年）年底，法国司令孤拔率军进攻驻扎越南境内的清军和黑旗军，中法战争正式爆发。

面对法国咄咄逼人的进攻态势，大清王朝在是否应当援越抗法以保卫领土主权的问题上举棋不定。

宫廷内，主战派与主和派相互之间争论不休。

被一次次从天津北洋公所催召来京的李鸿章，因其是朝廷中枢要臣，且又监管外交事务，又是北洋大臣，还是主和派的领袖人物，此时他说话的分量要比其他卿臣重得多。

谁都知道，李鸿章是同治九年（1870 年）被任命为直隶总督兼北洋大臣的，集军事、外交大权于一身，多年来权倾朝野。所以，大多数人都在看他的态度，暂时没人带头发言。而李鸿章不是不知道越南形势危急，大清政府也应该出兵助越，但他顾虑将来朝廷无力同法军作战到底，特别担心的是，一旦决战，引火烧身，把他的北洋水师调往南方，因此他默然无语，待机行事。

慈禧太后看了看李鸿章，想让他率先表个态，可李鸿章假装思考，没有目视这位女主子。

她只好将目光落在恭亲王奕䜣头上，看看这个六爷是什么态度。

恭亲王已经知道慈禧太后对他有了不好的看法，说不定什么时候就把他撵出军机处，眼下只能应付廷议，但又不能提出主战，这样既不符合国力实情，又非李鸿章之意图，因而回奏道："启禀太后陛下！朝臣们未曾全面思虑国事，有些只看到眼前利益，没有想到大战一来将要兵连祸结，到那时如何收拾残局，恐怕就难说了……"

"不要说'到那时'……我让你们回答我的话：现在怎么办？"慈禧太后截住恭亲王的话。

场上一下子寂静下来。

李鸿章良久无言以对。仍是慈禧太后质问："两广总督张树声、云贵总督岑毓英、广西巡抚徐延旭等，接连发回电报、奏折，法国经过几番试探后，派兵进攻驻扎在越南以西的大清军队，现在可以说中法战争正式爆发了，请示朝廷全力应战，你们看该怎么办吧？"

"洋人坚船利炮，兵器甚精，而我大清焉能匹敌？"恭亲王再次陈述对法应战困难。

"非法国人的敌手，莫非我们就不应战了？"慈禧太后不赞同恭亲王的观点，她离开御座，走至文武卿臣面前，激动而忧心地说，"现在法军是在人家越南国土上打仗，好像胜败都跟我们没关系，一旦越南被打败，法国把战火烧到我们国土上，这又该怎么办呢？"

翁同龢早就憋不住了，打心里反感李鸿章、恭亲王奕䜣的态度，听了慈禧太后的一番分析后，立即应道："太后陛下所担忧的后果，我们也应该考虑到，绝不能坐以待毙！更不能指望议和停战！而应该选一贤才，统管法越事宜，力争将法军……”

“此言差矣！”李鸿章终于开口，打断翁同龢的话，面对慈禧太后打躬道，“太后陛下，愚臣认为，对法越争端，理应采取亦战亦和之方略，我大清才能主动回旋，防止兵连祸结！”

“亦战亦和是什么方略？大敌当前，如此态度是要贻误战机的！”翁同龢没有丝毫惧怕李鸿章的意思，当即给予反驳。

年长而瘦弱的李鸿藻，心里也是不同意李鸿章的态度，从法越争端一开始就提出主战，反对议和，遂谏言道：“微臣觉得翁大人所言极是，朝廷应马上选一得力疆臣，督抚广粤，万万不可议和休战！”

这时，慈禧太后一边点头，一边看醇亲王奕譞。醇亲王心内虽然畏惧恭亲王，但一想到慈禧太后让自己入值军机，正是由于他平日主战观点明确，所以也就没啥顾虑了。于是，他抱拳打躬奏道：“臣以为议和不可。法军尽管兵器精尖，但其陆军作战能力远不如我军，只要在山地作战，我军骁勇果敢，必能战败他们。眼下，我也同意选一贤能要臣，督办法越事宜，指挥我军作战！”

恭亲王打心里瞧不起七弟奕譞，但考虑慈禧太后对他的信赖，不好当面驳斥，可又不得不表示对李鸿章的支持，只好谏言再奏：“太后陛下！主和未必是卖国，未必是耻辱；主战未必是爱国，未必是荣耀。慎战同样不等于不战，不等于投降。一旦时机成熟，便可毫不犹豫地开战。为稳妥起见，应既备战，亦议和，两者同时进行！”

李鸿章皱了皱双眉，进而陈述利害，道：“敌强我弱，实难开战，开战只能招敌失败，遭受更大的报复和耻辱，我们大清帝国实在‘输不起’呀！”

慈禧太后又回到御座上，询问旁边的光绪皇帝：“皇上，你看怎么办好啊？”

光绪皇帝载湉心内早就想同法宣战，翁同龢老师已经和他交谈多次，必须坚决抵抗法夷，绝不能当城下盟国，但一想到还没有亲政，又不得不说：“皇儿一切听从皇阿玛的！”

“众卿，这江山是大清的，可不是我一个老太婆的！”慈禧太后看了看殿前诸位卿臣。

众人不语。

慈禧太后不由得感慨地说：“非张之洞不能担任此危急时期的封疆重任！”

第七章　奉召晋京　署两广总督

处于山西的西北黄土高原，经过漫长的严寒冬天和短暂的温暖春天，荒凉景色开始褪去，渐渐进入一年中最为赏心悦目的季节。四周的山野和沟道，到处呈现出深深浅浅的绿色，朝阳的坡岭处绽放着五颜六色的野花，那一只只彩色蝴蝶恋着花丛飞上舞下。湛蓝的河流在不停地流淌，被太阳照射得波光粼粼，蓝天上的白云也在水中悠悠飘动。啊！山、水、花、草显示了大自然永无休止的生机。瘦弱的汾水河依然在这片古老的土地上唱着不倦的歌谣，鼓舞着人们去战胜荒年并迎接新的希望。

山西的山还是原来的山，山西的水还是原来的水。然而，山西的人有了新的变化……他们在山西巡抚张之洞的带领整治下，社会趋于安定，商贾开始兴旺，各种矿藏如铁矿、煤矿等的开采也逐渐红火起来。只是农业尚未五谷丰登，其原因是全省遭遇五十年未见的大旱，虽经督抚和各府台赈灾救危，以及民众抗旱，但百姓的衣食生活还没完全摆脱贫困局面，不过总算度过了灾情，满怀信心地进行春耕播种，企盼新一年的好收成。

这一天清晨，地平线影影绰绰，淡雾缭绕，东方天空刚刚出现鱼肚白，西方启明星还在闪烁，整个大地还没有完全亮起来。但是，田野里传来车轮碾压声、耕牛哞叫声，不时地响起吆喝声、甩鞭声……啊！这是备耕运肥春来早！

然而，此时此刻，山西巡抚会馆门前聚集了数以百计的平民百姓。这些男男女女、老老少少绝大多数来自古城太原，其中少数官吏、差人从邻近州、府赶来。众人所来目的：给即将离晋赴京的张之洞大人送行。

正当人们翘首企盼在巡抚会馆前时，只听“嘎吱吱、嘎吱吱”门轴声骤响……两扇带有铜环的大门缓缓地打开了。大家一眼看到，身穿官服、头戴红顶的张之洞迈着矫健的步履走出来了。他身后跟着身负行李的薛福德以及十多名督抚属下。

顿时，门前的人们向前涌来，喊声四起："张大人！张大人！张大人……"

"父老乡亲们！父老乡亲们！父老乡亲们……"张之洞面对前来送行的百姓，心情格外激动，挥动手臂打着招呼。

"张大人！张大人！您还得回来呀……"一部分百姓仍在呼喊着。

"父老乡亲们！父老乡亲们！我一定回来看你们……"张之洞激动地回答道。

他又发现门前的百姓越聚越多，回头面向薛福德问道："这是谁透露出我走的消息？"

薛福德赶紧回禀道："张大人！咱们督抚院内都已经按照您的吩咐，守口如瓶，谁也不敢往外说这件事的！"

张之洞转身看了看百姓，一下子看见太原府知府马丕瑶，心里立刻明白了，一定是马知府给说出去的，若不然他怎么也会在百姓中间呢！张之洞一边向百姓呼喊打招呼，一边朝马知府挥手示意。

马丕瑶已经领会张之洞的用意，费了好大力气，挤出人群，来到张之洞面前，抱拳施礼道："张大人！下官马丕瑶特意给您送行！"

"马知府！我怎么向你交代的，怎么来了这么多百姓？"张之洞脸上露出不悦之色，嗔怨责怪道，"我来山西不足两年半时间，没给百姓做多少事，惊动大伙放下手中生意和活计，专程给我送行，这不是让我沽名钓誉吗？如果传到京师，这还得了？"

"回张大人的话，卑职只给府衙属下讲了您回京的事儿，没想到百姓也知道了，这绝非府衙号召，而是百姓自发之举。在此，请大人谅恕！"马丕瑶躬身解释道。

"好啦！请你把你属下和百姓带回去吧！"张之洞说着又朝向众人，大声喊道，"乡亲们！谢谢你们几年来对我的信任和支持，请大家回去吧，生意上的事儿，生产上的活儿，还需要你们去做，并且要做好！此番奉召进京，待事办完后，我还会回来的！"

"张大人！您一定要回来！"民众再次呼喊道，"我们等着您哪，张大人……"

"回来，回来！乡亲们，我会回来的！"张之洞走向百姓中间。

马丕瑶指挥大家让出一条人行道。

张之洞携薛福德穿过送行的人群。

路旁，王一丁手牵三匹骏马正在那里等候。

张之洞、薛福德、王一丁等把行李捆在马背上，而后他们搬鞍跨镫，飞身上马，勒缰持鞭，猛一磕镫，朝城东驰去。

“张大人！张大人！张大人……”送行的人们追在奔马后面，还在不停地呼喊。

霎时，三匹骏骑驰出东关，飞离太原城，朝着东方京师飞奔。

路旁两侧，阡陌纵横的原野如几何图形般地变化着，挺拔生长的白杨像一队队勇士排列着，波光粼粼的小溪似一块块宝石镶嵌着，山脊上的烽火台宛如一只只雄狮屹立着……遥远的天际在缭绕的晨雾中时隐时现，恰似一抹荒凉的海岸线，而远方的一团团羊群仿佛一片片白云散落在山峦坡谷，它们在啃吃返青的枯草嫩芽，牧羊人甩过一阵清脆的鞭声后，望着山下的原野，扯起嗓子喊了声：“啊哎嗨哟……”

三匹快骑飞驰而行，马蹄在松软的沙土路面上溅起一溜白烟……

忽然间，他们听到牧羊人唱起嘹亮而悠扬的山歌——

啊哎嗨哟——啊哎嗨哟——
七九七九河没开，
哥哥还在冰上走。
七九七九河没开，
妹妹把哥哥挂心头。

八九八九雁没来，
哥哥还在闯包头。
八九八九雁没来，
妹妹盼望哥哥到村头。

九九九九春临头，
黄牛拉犁遍地走。
哥哥挣钱回家来，
妹妹种田不再愁。

啊哎嗨哟——啊哎嗨哟——
谁说七九河不开，
谁说八九雁不来，
哥哥还想外边走，
妹妹满腮泪花流
……

三匹骏骑早已放慢了驰行速度。原来是张之洞、薛福德、王一丁听到牧羊人一亮嗓开唱的时候，就勒缰停奔了。

牧羊人唱完山歌后，他们仨互相看了看，都不禁张开嘴巴笑了。

然而，骑在马背上的这三个男人可能是因为抛下妻儿离家太久的缘故，很快便敛住了笑容，继而觉得这首民歌唱得心沉甸甸的，似有千愁百感……

张之洞一看薛福德、王一丁两人低头不语，只是手扶马背，缓缓地朝前行走，遂打趣地问道："福德、一丁，你们俩听了这首民歌，是不是想老婆了？"

"张大人，我不是……"薛福德不好意思地笑了，"嘿嘿嘿……我，我，我是想我儿子了！"

"嘿！福德，有啥难为情的，我们离京两年多了，没沾着老婆的边儿，谁不想啊？反正我想我老婆！"王一丁跟随张之洞到山西听差，一直负责管理厨房伙食，跟那些男女下人打交道，养成了说话随便的习惯，所以他直言不讳地说出了心里话。

"是啊，大丈夫思念妻子儿女乃人之常情！没啥不好意思的。"张之洞借此机会安慰两位部下，同样也是有感而发，他心里更加想念夫人李静姝，还有长子张仁权，侄儿张晋生，尤其是没见面的次子张仁侃。

"福德，你看怎么样？张大人多么通情达理呀！"王一丁高兴地说。

"是啊，谢谢张大人！"薛福德一听张之洞也有同感，亦很钦佩对方，"张大人真是善解民意呀！"

"唉！说来让我心里惭愧呀！你们俩跟随我赴山西督抚重任，两年多没能与妻儿团聚，的确对不住你们哪！"张之洞诚恳而真挚地说。

"不不不，张大人您和我们不是一样吗？"薛福德心里更是感激地说。

"张大人，我看福德说得对，您这巡抚大人以身作则，我们这些当差的还有啥说的？”王一丁亦赞同薛福德的话，并且说，“我们这也是为了生活，如牧羊人在这首民歌中唱的：‘哥哥挣钱回家来，妹妹种田不再愁……’”

薛福德回忆刚才听到的民歌，心里依然受着触动，非常感激：“农民不简单，别看他们没啥文化，可编唱的民歌美妙而动听！”

“是啊，说得是。那些目不识丁的农民，还在发扬祖宗留下的传统，用双手和心灵创造灿烂的文化。他们编出可歌可泣的歌谣，激励人们满怀信心地战胜困难、赢得胜利！”张之洞凭着自己对诗词的爱好，以及对音乐艺术的造诣，遂就山西民歌做了简要分析，“民歌来自民间，植根于劳苦大众的土壤之中，既是歌也不是歌，但它是劳动者苦难而深沉的叹息，是劳动者梦想而深情的向往！”

薛福德、王一丁听后不住地点头，心里暗暗赞佩张之洞的才华。

不知什么时候，张之洞胯下的骏骑已经飞奔冲到前边去了。

他俩也都抖了抖缰绳，双脚猛磕马镫，飞也似的追赶过去。

大道走了一条又一条。

大山翻了一座又一座。

一路上，张之洞他们穿山越水，晓行夜宿，归心似箭，恨不得立刻飞回京城。经过两天的疾奔，三匹快骑终于来到了北京。他们勒住缰绳，翻身下马，牵骑走进京城。

京城内，大街小巷车水马龙，人山人海。

在走向张之洞府邸的街道上，他们仨的脸上都露出轻快的笑容。

“咱们总算回家了！”薛福德激动的心情难以抑制。

“今天晚上我就和老婆睡在一起了！”王一丁内心的甜蜜似乎就在眼前。

“小别胜新婚！”张之洞虽然是说给他俩听的，但也是他个人的心底之言。

“一丁，你看你说的话多露骨啊，你再看张大人说的话，叫人感到中听嘛！”薛福德对王一丁进行了抨击，不无讽刺地说，“你一口一个老婆，一句一个睡觉，好像回京就是为了那个……”

“福德，甭看你嘴上不说想老婆、睡老婆，可心里比我还邪乎，说不定一进屋，顾不得搭理儿子，就先把老婆抱在了床上……”王一丁损了对方一顿后，便哈哈地笑了起来。

“没办法，你这种人哪，狗嘴里吐不出象牙！我还是愿意听张大人讲话，即便是说男欢女爱，也比你说得让人爱听！”薛福德说着，回过头来望着张之洞。

“那好啊，我也愿意听张大人说话。”王一丁手拉着坐骑，凑向张之洞身旁，恭敬而亲切地说，“张大人，您进士出身，考取探花，又多年行走翰林，论学识你是大清著名词臣。在山西巡抚衙门，我们哪里敢同您这样说话呀！今儿个咱们主仆一块儿回京，心里非常高兴，马上都要和各自的老婆孩子团聚了，那种兴奋心情您和我们大概都是一样的。张大人，您如果不见外的话，那么就请您说说男欢女爱的事儿，怎么样？您看行吗？”

“这……嘿！你们俩怎么拐到我这儿来了？”张之洞被薛、王两位仆人给将住了。但他此番回京，心情格外激动，思念妻子的渴望劲头儿也是心急火燎……

在另一侧跟着张之洞行走的薛福德，亦恳求道：“张大人，您说说吧，让我们长长见识！”

“好吧！我给你们说说王实甫在他的名著《西厢记》剧本中写下的一段唱词，这是‘草桥店梦莺莺’的第一折……”张之洞思索后，情绪非常饱满地吟诵道，“……我这里软玉温香抱满怀，呀，阮肇到天台，春至人间花弄色。将柳腰款摆，花心轻拆，露滴牡丹开。”

薛福德虽然私塾未第，但还是因为念过多年书，对张之洞背诵的这段唱词，基本听得明白，所以无限感慨地说：“王实甫不愧为元杂剧作家，这唱词写得太美了！张大人，您的脑子真好，连《西厢记》中的唱段还记得清。”

王一丁念书比薛福德少了几年，但或多或少也能听清词中的意思，亦称颂道：“真好，这唱词写得确实好！你看人家把两口子睡觉写得活灵活现，什么‘天台’呀，什么‘牡丹’哪，既文雅，又有情感。这才是才子写的东西呢，我们这些粗俗人一辈子也写不出来。不过，我以前看过《西厢记》这出戏，怎么没听过这段唱词呢？”

“这样的唱词是不能在舞台上公开演唱的，只能写在书本里。”张之洞联系自己看过的昆曲《西厢记》，解释道，“《西厢记》是舞台剧本，不论是昆曲还是其他剧种，都是后人按照王实甫原著改编的。当然，也就不能把刚才吟诵的那段唱词原封不动地照抄上去，再加上原著词难懂、篇幅长，缺乏舞台立体感，必须加以改编。”

“哦，原来是这样。张大人，我们听您讲了这番话，真是大开眼界呀！”薛福德听后对张之洞更加景仰了。

“哎呀，我得下辈子再托生一回吧，这辈子是不行了！”王一丁为自己读书少、学识浅而深感遗憾。

“哎！不能这么说。”张之洞安慰、劝说他们，“人生一世，活到老、学到老，总会有一天达到目的!”

薛福德、王一丁边听边点头，似乎大脑开了窍，他俩决心日后好好学习，非得有所提高不可。

位于北海附近的张之洞府邸到了。此时已是下午。

他们仨的家室住在同一府邸。张之洞的家住在正院，而薛福德、王一丁两家分别安排在侧院。

他们卸下行李物品，把三匹骏马交于用人，牵到后院马厩去了。

三个家庭团聚热闹极了。李静姝早有安排，让厨师、仆人们在张府后花园备好了酒席，给远道归来的张之洞、薛福德、王一丁三个男人接风。

按照礼仪，主宾依次入座。张之洞抱着初次见面的年仅两岁多的小儿子仁侃，坐在正席中间，李夫人和长子张仁权、侄儿张晋生紧邻他身旁；高琼玉和儿子薛日贵也是坐于薛福德旁边；王一丁一看，马上明白了，遂将妻子刘瑞琴、儿子王小兴拉坐在他两旁。

李夫人手举酒杯，代表在京的所有张府人员，包括高琼玉、刘瑞琴两位妹子，欢迎张大人及薛、王两个兄弟顺利回京，说罢她将杯中酒一饮而尽。

随之，张之洞与薛福德、王一丁也都把杯中酒饮下。高琼玉、刘瑞琴两人因酒力不支，只能少许表示。

接着，仆人们给他们斟满酒。张之洞举杯饮酒，感谢李夫人和高、刘两位弟妹为张家操持家务所付出的辛劳！大家又饮了一轮酒。

而后，大家边吃边喝，说笑不止。张之洞、薛福德、王一丁介绍山西的风土人情，他们特意谈到，那里的百姓几乎家家都具备三至五顶缸山西老陈醋，当地人说，无醋不成席、无醋不吃饭。他们还讲了一个笑话，有一个迎亲的农户，因家里陈醋数量少了一顶缸，对方把姑娘抬了回去，男方父母急坏了，到处去借老陈醋……看来，醋真成了山西人的命根子。

李静姝、高琼玉、刘瑞琴等几个女人听了后，哈哈哈地笑了起来。李夫人说，这纯粹是糟蹋山西人!

饭桌前，大人孩子们在一起，大伙只能拉拉家常之类的话，谁也不会涉及官场仕途上的情况。张之洞的脑子里则盘旋着进京受召的大事，这将决定他何去何从。当三个女人说些柴米油盐、生活琐碎的事时，张之洞无心倾听，只是皱着眉头应付对答。对此，李夫人早就看出来了，不再跟他们说什么，只好劝说大伙吃好喝好。

这时，只见那只猕猴从假山洞走来。

张之洞眼前一亮，嚯，老伙计，你还在呀！他马上将儿子仁侃递给李夫人，欠身站起，从桌上端起两盘剩肉剩菜，走了过去。

猕猴立即抬起两只手，朝着主人张之洞拱手作揖。

张之洞向猕猴打着招呼，领它向假山洞口走去。

猕猴一见主人端着香喷喷的菜肴，很高兴地跟在他身后。

他和它又来到原来的地方，在假山洞口的那块平台上对坐一起。

他心里似乎很想念它，开口向它说起话来，问长问短，询问它生活怎么样？吃的东西好不好？还问它你想我了没有？

猕猴大口大口地吃着肉块，不住地向主人点头。

张之洞看着猕猴，心里充满了喜悦。

酒席宴已经散了。他们携带自己的孩子回到各自的房间去了。

夕阳落下，夜幕降临。

今夜的张府，烛光很早就熄火了……

第二天早饭后，张之洞没有急于进皇宫接受召见，因为对朝中君臣关于法越的态度尚不十分清楚，莫如先打听一下消息，待心中有了底数后再去不迟。他想来想去，决定还是先见一见族兄张之万，听一听这位军机供职的刑部尚书的话，可能更为稳妥一些。他把自己的想法告诉了李静姝，李静姝认为丈夫的主意可行，但不知张之万今天上朝没有。他转念一想，对妻子说："没关系，如果之万大哥不在家，咱们就在他家坐等。"

"那行，咱们走吧！"李静姝同意现在就走。

"我去买些点心、水果。"张之洞欲往外走。

"不用。我已经准备好了礼物！"李静姝说着，转身提起一个沉甸甸的面袋。

张之洞问道："这口袋里盛的什么？"

"莜面。这是你从山西带回来的土特产，我倒出来七八斤，还是新鲜东西哩！"李静姝回答道。

"嘿！真有你的，我咋就把它忘了呢！"张之洞心里佩服李静姝的聪明伶俐，真是过日子的一把好手。

他们夫妇俩走出家门，朝北海东岸张之万府邸走去。

恰巧，张之万今天休班，并非上朝日。

在客厅里，桌几上摆满了各种水果、糖块、点心……张之万和夫人柳春絮热情接待了张之洞夫妇。多年来，由于本家族的血缘关系，两个家庭的相互往来一直没有中断，再加上张之万与张之洞都在仕途上飞黄腾达，使得他们之间有着一种一般人不具备的特殊关系，那种尔荣我荣、尔耻我耻的潜在意识也就不言而喻了。

双方见面寒暄了一阵后，李静姝捧着面袋递给柳春絮说："嫂夫人，这是香涛从山西带回来的莜面，请您收起来吧！"

"弟妹，你们留着吃吧！"柳春絮推让道。

"我家里还有。"李静姝将面袋塞到对方手里，又说了莜面的用处，"莜面可以做成饸饹，也可以做成莜面卷儿、莜面窝儿，可好吃啦！"

"我这手艺不行，弟妹，到时候你得来帮忙！"柳春絮把莜面口袋放置在墙角处。

李静姝很爽快地答应道："没问题，嫂夫人，您打个招呼我就过来。"

丫鬟小玉提着铝壶走进客厅，给他们沏茶倒水。

柳春絮吩咐道："小玉，你把那莜面送到厨房去，先给我留起来。"

"是，太太！"小玉一手提着铝壶，一手提起莜面口袋，转身离去。

"香涛、弟妹，你们喝茶！"张之万挥手谦让道。

张之洞、李静姝端起茶杯，呷了一口热茶。

"香涛，你这次奉召进京有啥想法？"张之万有意问道。

"我还猜不透老佛爷让我进京干啥来呢。今天到府上造访兄嫂，一来是看望你们，二来是想聆听大哥赐教。"张之洞谦辞道。

"咱们是家里人，就别客气了，在这里说话就得直来直去，也节省时间嘛！"张之万以族兄的身份，似乎在动员这位同族的弟弟，"香涛，你先说说，心里是怎么想的？奉召进京该不会是请你饮酒做客吧？"

张之洞摇了摇头，苦笑了一下，猜测地说："现在，法越争端白热化，中法已经开战，朝廷总不能把我张之洞派到前线去吧！"

"香涛，你应该有这样的思想准备，若不然，为啥专门召你进京呢？"张之万在京师已经听过这方面的议论，尤其慈禧太后多次赞赏张之洞。

"我先后三次建议朝廷选派重臣大员督抚两广，其中特意提出李鸿章、左宗棠，老佛爷不会不考虑吧！"张之洞根据自己的奏折内容回答道。

"李鸿章早已回到天津，左宗棠被派往福建。至今，节制广西前线的大员还没选出来，十有八九太后是看中你了，再加上你几次奏折都是明确主战，并且内容非常具体，不派你去前线又派何人呢?”张之万给张之洞做了一番认真分析，这其中也包含着对他的抱怨。

张之洞听到这里站起来了，觉得族兄讲得很有道理，古往今来，凡是主战的文臣武将，朝廷绝不会让你平平静静地待在后方，至少也要让你介入此战。他踱步思考着，做好了应召受命准备。

李静姝本来不想当着他人的面干预丈夫的政事，但又一考虑，丈夫赴前线指挥作战，总是会遇到危险的，何况朝廷从来说话都不算数，把你夹在中间怎么办？她脸带微笑，面对张之万不无恳求地说：“大哥，刚才小妹听了您对香涛讲的这番话，略懂一二，作为女人是没有资格插嘴说话的。但我反复想过，香涛从未涉足军事，指挥打仗上是一个彻头彻尾的门外汉。大哥您见多识广，素望又高，在朝廷那里说得上话，能否奏请太后，另派合适人选赶赴前线，以免误国误民！”

张之洞转身向李夫人摆手摇头，以示制止。

张之万并未答言，低头不语。

柳春絮听了李静姝的一席话语，觉得中肯在理，不得不向丈夫求助帮忙，她面对张之万劝说道：“子青（张之万字），你现已入军机处，由刑部调出，兼署吏部，看得出，太后和皇上对你越来越信任。你应该给香涛说句话，请示朝廷改派别人，千万别叫香涛去南方了，他从来没带过兵，怎么能让他去指挥打仗呢？这事儿，你无论如何得想想办法。”

张之万仍然没有答言。他绝不是事不关己，高高挂起，而是要看张之洞眼下是什么态度，方可发表自己的意见。

“嫂夫人！请您不要过于挂牵小弟，您的好意我全领了，我一定会谨慎从事的。再说，此等大事一旦朝廷做出决定，任何人也无法改变的！”张之洞向柳春絮抱拳致谢，并表明态度。

“你们看，怎么样，香涛从山西回到北京，态度还是没有变。”张之万不悦地说。

“香涛，你咋这么固执呢？应该听听兄嫂的劝告嘛！”李静姝一见丈夫持有受召听命的态度，心内非常气愤，进而责怨他，“你不但没有替你个人着想，而且也没有替我、替孩子们着想！”

“静姝，你不应该这么想。国家兴亡，匹夫有责！作为朝廷命官，边陲受到威胁，岂能坐视旁观！”张之洞道。

“是啊，弟妹说的话不是没道理。香涛，你还是应该仔细想想，人家李鸿章那么大的官，当朝一品，都懂得明哲保身，从南方溜回天津，你咋就不知道保护自己呢？你的理由太充分了，就以不懂军事这条理由，完全可以谢绝南方赴任！”柳春絮同意李静姝的想法，世上有哪个妻子不惦挂丈夫的安危，遂又劝说了一番。

张之万亦劝道：“按理说，她俩没权参政，但今天她们讲的话有道理，你还是应该好好想一想。一旦领旨受命，你可是重任在肩了，到那时不管你懂不懂军事，前线、后方都要统筹兼顾，一切都要考虑周全，而朝廷却向你一个人发话，向你一个人问成败，你招架得了吗？现在还来得及，趁你没进宫，你先藏在家里，我立即去见老佛爷，向她陈述理由，请朝廷收回成命，改派他人前往南方，但你得同我保持一致的态度，否则，我这样上疏是会受到谴责的。”

作为入值军机不久的张之万，能够如此向慈禧太后逆谏已经是难能可贵了。张之洞哪里知道，张之万从打进京行走军机的第一天起，再也不想揽事招惹是非了，几十年的仕途生涯让他懂得了许多。其实，他像李鸿章一样，官越做越大，胆越来越小，当年的锐气看不见了，似乎变成了另外一个人……

“大哥，您，您现在怎么……”张之洞听了张之万的一番话，觉得很扎耳朵，大有苟且偷生之感，这简直不像他说的话，族兄当年经纶满腹，血气方刚，奋发向上，从不弯腰，如今他……

是啊，当年，张之万威名远播，朝野上下无不敬服。道光二十七年（1847年），张之万以一甲一名进士授修撰，始获状元殊名，惊动全国。咸丰二年（1852年），出督河南学政。后来，粤地起乱，贼破归德，逼近开封，他上奏防剿事宜，多被采纳允行。同治元年（1862年），擢礼部右侍郎，兼署工部左侍郎。不久，恰遇河南州县乱派苛捐，擅杀无辜，为御史刘毓楠奏劾，张之万方得以任河南巡抚，取代了原巡抚郑元善之职。当捻军头目陈大喜率众进犯南阳时，张之万亲赴汝州督师，杀败敌军。后来，同治四年（1865年），他迁河道总督。但因僧格林沁抗捻战殁曹州，督兵大臣亦皆被获咎，他也被革职留任，以助防省城功，给二品顶戴。同治六年（1867年），东捻扫平后，他被赐头品顶戴花翎。次年，会剿西捻，张总愚溺死，东南大定。因而之万相继调任江苏巡抚、迁升浙闽总督。光绪八年（1882年），他以母老乞养而归京，两年后则入军机供职。

此前，族兄张之万的棱棱角角多么鲜明啊！而今他怎么会变得如此世故呢？张之洞心里不禁感到无所适从，遂回到座位上，连续呷了几口茶，便岔开话题，带着十分感激的语气说：“大哥、大嫂，想起当年你们在河南时，小弟生活极为贫困，多亏你们念及家族兄弟之情，写信让我去河南，一边听差做事，一边复课攻读，我方能中第有今天。兄嫂的大恩大德，小弟没齿难忘……”

“是啊，香涛和我每逢说起往事，总是不忘大哥和嫂夫人的厚恩深情，这是我们全家人的福分，将永生牢记……”李静姝对张之万夫妇亦感激不尽。

“哎！你们俩说这些干啥，一家人还不应该吗！再说，我们也没做什么，这点小事你们何必总挂在心上呢?”张之万很大度地劝止对方。

柳春絮也是一个知书达理的女性，不论是对家人还是对外人，都很热情谦让，对待之洞这个本家族的小叔子更是爱戴有加，所以她也满不在意地谢绝对方：“你们俩别说了，咱们都是家里人，不管谁遇到困难，只要能伸上手的，都得要拉一把。你大哥说得对，一家人是应该的！”

“好，兄嫂的情分我们往后不说了，但记在心里总是应该的！”张之洞感叹地说。

“你呀！”张之万微笑着用手点了点张之洞，继续说道，“甭说别的，还得说正事儿……”

“还是大哥明白，小弟洗耳恭听！”张之洞恭敬地说。

“既然你已经做好了奉召受命的精神准备，那么我就得向你说实话了……”张之万皱了皱眉头，经再三思考，觉得张之洞是本族兄弟，还是得告知真情，“香涛，愚兄所言只能是关起宅门，在家里说了。目前，国际形势紧张，法兵几乎攻破整个越南。国内早已分成主和与主战两大派，以太后、皇上和醇亲王为代表的主战派，同以恭亲王和北洋大臣兼直隶总督李鸿章为代表的主和派，进行了针锋相对的斗争。军机处、总理衙门观点不一，追随者的观点已经泾渭分明，李鸿藻、翁同龢两人主战，包括驻法使臣曾纪泽；宝鋆一直看恭亲王的态度，资浅气盛的张佩纶早已投靠了李鸿章……对于这些派别，你我无权干预，也无力左右，你心中有数就是了！”

“大哥所言，价值千金，小弟一定注意策略。”张之洞打心底感激族兄的点拨，一旦谏言回奏，绝不刺激他人。

“还有，你在奏折里提到的‘封刘’战略，一定要坚持，在越南的抗法将领黑旗军统帅刘永福，值得信赖，并应委以重任！”张之万回忆过去剿捻的作战经验，叮嘱这位心气正旺、踌躇满志的族弟，“作为统帅，重要的是，牢记两条原则，一条是用兵，一条是给养。所以，你还不能忘记解决军队的给养问题。”

“好，好，大哥说得太好啦！小弟在受召之前，听了大哥一番教诲，实感受益匪浅！”张之洞说罢站起，抱拳打躬，“大哥，小弟向您施礼致谢！”

“哎，你又来了，几句言语，只供参考，何必致谢。”张之万上前将对方让到座椅上。

柳春絮一看之万、之洞哥俩儿说完了正事，欠起身来要去厨房安排午饭，但被之洞夫妇谢绝。张之洞说得马上进宫，奉召受命事大，绝不能耽搁。

就这样，张之洞、李静姝离开了张之万府邸，急忙忙地返回家中。

午饭后，张之洞又急匆匆地奔往长春宫。

他走得满头大汗，刚一到宫门口，就被宫门侍卫拦住了。一位小太监走来，告诉他说：“大人，没有老佛爷叫起，谁也不准进入！”

“请马上去回禀，就说我张之洞是奉召进京的！”

“好咧，请暂等！”小太监屈身一礼，快步离去。

不一会儿，小太监与长春宫总管李莲英一前一后走来了。小太监闪过一旁，李莲英走到张之洞近前，躬身一礼道：“张大人，一路鞍马劳顿，久违了！”

张之洞亦抱拳还礼：“李公公，劳驾你出宫相迎！”

李莲英又回话说：“张大人，真不好意思，老佛爷正在为越南北宁失守发火呢，她一个劲儿训斥侍讲学士张佩纶。恭亲王和军机处的宝鋆等人也都在宫里，他们只在旁边听着，没一个敢答言的。所以，请您在宫门耳房暂等一下！”

“哦，是这样。那好，我在宫门口等候叫起吧！”张之洞马上意识到前方战事紧张，说不定此次受召就是让他去前线的。

“张大人，时间长了太累，您还是到耳房坐等吧！”

“好，谢谢李公公！”

张之洞望着李莲英离去的背影，心里暗想，这个太监头子对他还算客气，而对一般朝臣晋见往往是刁难要赏钱，大概已经知道慈禧太后对他的青睐和信任，否则绝不会这般讲究礼仪的。既然李莲英告诉他老佛爷正在朝张佩纶发怒，一时半会儿平静不下来，他只好走进宫门旁的耳房坐等了。

对于张佩纶的才干，慈禧太后是格外赏识的。但今天因北宁失守她向张佩纶大动肝火，十有八九是由于他举荐的广西、云南两藩司徐延旭、“唐拼命”（唐炯）造成的。这两个人负责北宁驻守，如今战败，当然也要责怪张佩纶了。张之洞想来想去，忽然想到自己，曾经向朝廷举荐过唐炯、徐延旭，也在奏折里推荐重用张佩纶。唉！偏在这个节骨眼儿受召进京，这顿训斥恐怕是逃不过去了。

过了两个多时辰，夕阳的光辉射进宫门耳房的门窗。

坐在耳房长条木凳上的张之洞，心内有些焦急，宫里老佛爷怎么还没有口谕召见呢？

这时，他从门缝里看见恭亲王、宝鋆、张佩纶无精打采地走出来，径直地踏出宫门口。

忽然，李莲英出现在院心里，朝着宫门提起又尖又细的嗓音："老佛爷叫起，醇亲王、李鸿藻、张之洞进宫啊——"

张之洞闻声后，双手整理了一下红顶和官服，赶忙走出耳房。他恰遇踏进宫门的奕譞、李鸿藻，上前向醇亲王、恩师施礼。醇亲王、李鸿藻一见张之洞回京来了，马上向他打招呼。他俩心里已经清楚他受召听命的原因和去向，不过在此丝毫没有透露。

他们仨快步入宫，大礼参拜慈禧太后。

慈禧太后让他们免礼站起。而后，她仔细端详了一番张之洞，唯见他年未五旬而须发多白，越发显得有忧国荩臣的风采，遂安慰道："张之洞，你在山西近三载光景，真乃操劳过度，容貌见老！"

"回老佛爷的话，古人云：人过三十容颜改。愚臣何况往五十数了，而并非为国为民做何等大事！多谢老佛爷抚慰关怀，微臣理应为大清尽忠！"张之洞听后深受感动，躬身谦逊道。

慈禧太后一看室内光线渐暗，便命宫女剔亮了灯。

"唉！"她打了一个唉声，自言自语，"唐炯、徐延旭太不争气了！"

张之洞听了慈禧太后这句话，不由得心内一沉，马上想到他和张佩纶都曾力保徐、唐二人，正因为唐炯是自己的内兄，更不敢辩解，只好装糊涂站在一旁。不管咋说，老佛爷没怪罪他。

协办大学士、军机大臣李鸿藻心里则像开了锅似的，更不敢解释。他现在是被免职的官员，今天接到圣旨进宫，估计还是因为误保唐炯、徐延旭的过错。他知道，唐炯、徐延旭自道员起擢藩司，不足二年即抚滇、桂，对其二人皆谓侍讲学士张佩纶荐之于前，而他荐之于后，想摆脱干系是万万办不到的。所以，他上前奏道："老佛爷，依老朽愚见，北宁失守，当然是我与张佩纶误保唐、徐的罪过！在此，请老佛爷重责！"

"还有呢！你看这是什么？"慈禧太后抖了抖手中的一份折子，说，"这是张树声因病请开两广总督缺、专治军事的奏折！"

"是，是，是是是！老朽无用，所荐贤者不准，臣请一并获罪！"李鸿藻一看，坏啦，他此前也曾给张树声说好话，虽然没写进折子上，但是在廷议上讲的，慈禧太后当然印象深了。他明白了，这可能是他免职后被召入宫的原因。如今张树声出了问题，岂不是罪上加罪吗？

“这不是你们的责任！”慈禧太后甩了一句。

在场的几位臣工都愣住了，但马上意识到：这是老佛爷暗指恭亲王奕䜣。

“算啦。醇亲王，宣旨吧！”慈禧太后面对她的七小叔子奕譞命令道。

“张之洞，接旨！”醇王从衣袖内掏出黄帛谕旨。

“微臣张之洞在。”张之洞急忙向前撩袍跪地。

醇亲王展旨宣道——

诏曰：

鉴于张树声准开两广总督缺，仍着督率所部，办理广东防务，两广总督着张之洞署理，并节制中越抗法前线，以保大清领土完整。

钦此。

“太后陛下、皇上陛下，万岁、万岁、万万岁！”张之洞施三拜九叩大礼，欠身站起，走到醇亲王跟前，双手接过圣旨……

第八章　广东赴任　堪称张香帅

奉召受命的当天晚上，张之洞回到北海府邸。

晚饭后，他在会客厅召开家庭会议，李静姝夫人并薛福德夫妇、王一丁夫妇一同参加。会上，他向大家宣读了朝廷任命他为两广总督的谕旨。这是李夫人早就预料到的事情，她根本没有感到惊讶，但是那种惦挂丈夫的思绪一下子涌入脑际。高琼玉、刘瑞琴两个女人不懂得什么仕途，可她俩像李夫人一样，知道自己的丈夫也得去广东，不免心内亦非常惦记。

“你们听了这道圣旨，有什么想法？”张之洞问大伙儿。

李静姝脸上露出忧虑和不满，白了一眼丈夫，说：“你问这话还有啥用？谁不懂得，金口玉言，老佛爷和皇上定下来的大事，能不服从吗？”

高琼玉、刘瑞琴两人互相看了看，谁也没敢多言。因为她们也知道圣旨的厉害，这是木已成舟的事情，任何人不准说三道四。

薛福德“嗯”了一声，准备发言，坐在他身边的妻子高琼玉悄悄地用手拽了他一下衣襟，暗示他不要瞎说。薛福德还是表态道：“张大人，我看这是朝廷对您的莫大信任，巡抚做过，又去当总督，这是荣耀升迁。我们理应愉快前往，责无旁贷！”

“福德，说得好！”张之洞频频点头。他愿意听这种升官赞誉的话，这可能是每个行走仕途的“通病”。此次慈禧太后召见的用意，是他早就从张之万那里得到的消息，是他预料到的一件喜事了。他对升官之道颇有研究，但不向任何人透露。这就是说，在官场上做事，既要符合万民之意，又要符合国家之需，更要合乎朝廷之想。诚然，为官并非易事。仕途险峻，世人皆知。但仕途有几个关键，只要跳过去，就是龙门，知县升知府、道员擢监司、巡抚迁总督等，道虽坎坷，途却辉煌。张之洞心里有数，此前早就有所筹划，因而一次次奏折谏对甚称懿旨圣意。

王一丁一看薛福德发言了，也要讲几句，当然不外乎是赞同张之洞奉命赴任之事。他开口之前，看了看妻子刘瑞琴，刘瑞琴却向他点点头，同意他快快表态。王一丁颇为感慨地说："张大人才能超凡，非同一般。从巡抚升总督，绝对胜任。我们从山西出发时，千八百的老百姓给张大人送行，那场面太感人啦！现在想起来，仍然很感动，如果干不好，老百姓不可能来送行。我相信，张大人去广东，还会干得非常出色的！所以，我支持张大人南方赴任。"

薛福德的妻子、王一丁的妻子没有发言，但面目上已经表现出担忧和紧张。对此，张之洞没急于劝说，而是把这项苦口婆心的工作留给她们各自的丈夫。

张之洞心想，开人之心锁，必须从大处着眼，一般的劝慰无济于事，所以决定向在座的亲人和朋友讲一讲他此番去广东赴任的重大意义，于是他郑重地说："朝廷命我督抚两广，旨在搞好广东、广西的沿海防务，并完成指挥抗法的战略重任。边陲军务落实得如何，直接关系到国家安危。而作为一个男人，应该严肃地对待自己的性命。如司马迁在他的《报任少卿书》中讲的：'常思奋不顾身，而殉国家之急。'这是多么铿锵有力的话呀……"

"怎么，你还没到前线，就准备以身殉国？"李静姝不愿意丈夫说这类话，认为不吉利，因而打断他。

"对！这就是我张之洞的抗敌决心！"张之洞深知李静姝的心思，他看了一眼妻子，遂提出反问，"夫人，难道你没听说过，曾国藩两次因指挥围剿太平军失利而准备自杀，这种忠君殉国的精神谁人不赞？"

李静姝原本是一个明理而贤惠的女人，听罢丈夫对曾国藩的追忆，不禁受到莫大触动，她微点额头，极为赞同地说："大丈夫，四海为家，理应报国！"

"对！母亲说得对！"年过二十的张仁权、张晋生领着三岁的弟弟张仁侃走进会客厅。张仁权先是赞扬了一句。

接着，张晋生又称赞道："婶母，深明大义！我们晚辈必须向您学习，把国家利益放在之首。"

"仁权、晋生，你们别夸了，我哪有那么高的境界。"李静姝心想，我是一个给你们的父亲、叔叔扯后腿的人，现在拗不过老夫子，也只好服从了。

张仁权、张晋生向两位长辈躬身施礼。

“仁权、晋生，你们俩前些日子刚应试完毕，该好好歇息一下了。”李静姝视仁权、晋生如自己亲生儿子一样，在他俩十几岁的时候，她就进了张家门，至今抚养他们五年了，母子之间、婶侄之间已建立起深厚的感情，她对待这两个小伙子还像对待少年一样，爱抚而亲切地说，“仁权、晋生，别看你们二十出头了，在我眼里，你俩和你弟弟仁侃一样，还都是孩子，不要听大人们议论这些打仗的事！”

“是啊，仁权、晋生，你母亲、你婶母，是为了关心你们的学习，不让你们分心，即使应试已过，还有更难的殿试，而读书是一生的大事。”张之洞一边用手摸着小儿子仁侃的头，一边举目端详已经成人的长子仁权、侄儿晋生，亦关怀地说，“仁权、晋生，你们现在还算不上大人，学生时期终究不是成年人，先不要考虑国家这些大事了，快带你弟弟回去休息吧！”

“叔父、婶母，我在你们家生活和读书已经好几年了，你们对我恩重如山，胜似亲生父母。我想现在去从军，赴越抗法，先去报效国家，而后回来继续读书，参加会试，再孝敬二老。”晋生说罢，跪地申请从军。

“晋生，快起来，听叔、婶跟你说！”李静姝俯身将侄儿搀起，劝阻道，“晋生，你虽然比仁权大一岁，但正在读书阶段。你的父母在九泉之下，还盼望你学识有成，求得功名，你怎能就此荒废学业，辜负二老一片厚望？再说，我们焉能舍得把你送到前线！”

“晋生，你婶母说得对，你眼下应该集中精力，刻苦攻读，求取功名，绝不能辜负你父母生前的希望！”张之洞当然也不愿侄儿中途辍学，放弃功名，继而说道，“大丈夫立志在胸，学业有成，将来更能高瞻远瞩，报效国家！”

张仁权一看哥哥晋生从军未允，便决定自己先投笔从戎，后再求学登科。他面带乞求，但态度诚恳。

“爹、娘，我都二十四岁了，还不算大人哪？”张仁权和弟弟张仁侃知道父亲将要去广东赴任，肩负指挥抗法的重担，于是求情道，“不管应试中第也好，还是名落孙山也罢，我决心去南方抗法前线，报效国家！”

“大哥，我和你一块儿去，我也去前线，报效国家……”张仁侃恰是幼童，嗓音还透着稚嫩。

在场的众人几乎都笑了起来。

但是，李静姝涌出怒容，满脸涨红，又急又怕地说：“仁权，你怎么竟胡思乱想，边陲前线是你去的地方吗？那是两军阵前敌我交锋的地方，不是流血就是牺牲，你不要命啦！”

“娘！你别太担心了，没那么严重！”张仁权毫不在意地说。

“不行，你再说也不行！”李静姝忽然想起当年同张之洞结婚的情景，张之洞特意叮嘱她，无论如何要把亡妻石夫人抛下的长子仁权培养成人，并让其考取功名，这样才能对得起他故去的生母。现在，他要跟随他父亲去前线抗敌，多年的寒窗苦读和近日的大比应试，岂不是前功尽弃了吗？李静姝严厉地命令道，“仁权，你的任务是读书应试、考取功名，将来一旦中第，皇上会给你安排事情做的！眼下，你不要想别的，老老实实在家里待着，读书学习，有空就要读书学习！”

“仁权，你娘说得对，你刚应试完毕，怎么能去参军呢？你还有大前途哩，不要荒了学业！”高琼玉亦劝阻道。

“是啊，说不定你金榜题名，做了大官，要比去前线打仗强多了！”刘瑞琴也在一旁劝说。

张仁权无可奈何地说：“娘……娘……”

“仁权，你娘说得在理呀，你静下心来再好好想一想……”张之洞当然支持李夫人的意见了，因为知道她的一片苦心，所以帮她安慰劝说长子，“现在，你对国家政务大事还不懂，军事更谈不上。将来，待你功成名就后，报效国家还有机会嘛！”

“爹、娘，我们回去了！”张仁权一看暂时不能去前线，只好领着弟弟仁侃走出会客厅，回房睡觉去了。

随后，张晋生同四叔、四婶及众叔婶告辞，亦朝自己房间走去。

张之洞看了看薛福德、王一丁，问道：“福德、一丁，你们俩怎么样？愿意跟我一起去广东吗？”

“没问题，愿意去！”薛福德愉快地应道。

王一丁看了一眼妻子，刘瑞琴向他点头示意，他咧着嘴笑道：“张大人，您都舍得嫂夫人，我……我更没说的了！实在想家了，您给我们讲讲故事，像王实甫的《西厢记》，我很爱听的，那里面的唱词太好啦，可惜我记不住！”

“行啦行啦，一丁，你别瞎咧咧啦！”薛福德知道他在说什么，马上制止，唯恐这几个女人细问。

张之洞发现李夫人正用白眼瞪他这位张大人呢，他知道她看过王实甫的《西厢记》，而高琼玉、刘瑞琴没看过，因为她俩没有任何反应，心内暗想，多亏王一丁读书少、记忆力差，若不然那张破嘴非说漏了不可。他假装没看李夫人，顿即面容变得严肃起来，目光落在薛福德、王一丁头上，下达命令道：“你二人做好准备，三天后随我出发赴广东！”

“是！”薛福德、王一丁异口同声地应道。

张之洞赴任前的三天准备时间，是慈禧太后特批的。

说实话，这三天工夫对张之洞来说够紧张的。可慈禧太后考虑前方战事吃紧，尤其是越南北宁失守、法越事态严峻，直接威胁到大清的云南和广西，急需新任两广总督去节制。她哪里知道，张之洞在这三天内要办理许多事，特别是军队给养和抗法将帅尚无着落，因为北宁失守后，唐炯、徐延旭统统被召回，等待惩处，他认真分析过，唐、徐二人绝非贪生怕死之辈，北宁战败主要是因为与黑旗军统帅刘永福团结不够，所以朝廷不至于治他俩死罪。因而见了慈禧太后大可不必为唐、徐辩白，争取刘永福方是当务之急。在这个问题上，他已经想好了人选，准备面奏慈禧和皇上。当然还有筹措粮饷的大事，实在不成，就一并请奏。

这些主意，还不成熟，但这是他当天夜里召开家庭会议后想出来的。

第二天清晨，张之洞提前吃完早饭，就走出家门，去办有关他广东赴任的事情。

他没有先进宫求见慈禧，而是直接奔往宣武门外，曾为严嵩故居所在之地的绳匠胡同李鸿藻宅邸。前边已经说过，他视李鸿藻为恩师。其实，李鸿藻没有教过他读书，只是因为李鸿藻是清流派的重要人物，尤其是向老佛爷推荐过他任山西巡抚，所以他心里就把李鸿藻当成恩师了。他进京就听说了，李鸿藻因为荐人有误导致北宁失守而受到牵连，和恭亲王奕䜣一块儿被免职了。他今天去看望他，目的有两个：一个是安慰恩师；一个是登门请教。

世人皆知，李鸿藻因推荐张之洞、张佩纶而享誉朝野。二张的大用使李鸿藻深感荣幸和自豪。但是，恭亲王和李鸿藻又因举用唐炯和徐延旭而遭贬停职。关于李鸿藻这位要臣，从今年三月十三“降二级调用”到现在有一个多月了，始终没得到后续任命。这表明滥保唐炯、徐延旭一案未了。看情节和现状，朝廷可以不予察议，将来时机一到，大有可能开复原官。在李鸿藻看来，这也不算什么坏事，无官无职一身轻，在家“闭门思过”不必上衙门，尽情清闲了。

张之洞同他的恩师李鸿藻见面寒暄后，他首先安慰了一番，不要因此沮丧，荐贤举能本来是好事，谁也不愿意所荐之人出现问题，朝廷会理解的。

接着，张之洞问李大人，是谁告发了这件事？李鸿藻回答他，是张树声之子张华奎。张华奎因为其父被免去两广总督之职，心中不满，想把水搅浑，便给慈禧上了一道奏折，弹劾说，唐炯、徐延旭皆谓侍讲学士张佩纶荐之于前，而协办大学士李鸿藻保之于后。张华奎在奏折中还说，张佩纶资浅分疏，误采虚声，犹可言也，而李鸿藻内参进退之权，外顾安危之局，义当博访，务极真知，乃以轻信滥保，使越事败坏至此，即非阿好徇私，律以失人偾事，何说之辞？

张之洞听了李大人一番叙述，不禁非常气愤，心里暗骂：张华奎真不是个东西！

他又追问李大人，太后看了折子是什么态度？

李鸿藻摇了摇头，皱起了双眉，合上了眼睛，沉默无语。

张之洞马上明白了，李大人现在的处境，就是慈禧太后看过折子后的态度。

少许，李鸿藻睁开了双目，不再想这些不愉快的事情。他知道张之洞即将去南方任两广总督，任务是相当艰巨的，仅援越抗法一项担子就够重的。于是，他主动提出："香涛，你现在是不是为粮饷之事发愁呢？"

"李大人，您果然是料事如神！"张之洞为恩师的操心深受感动。

"你有什么想法，说一说吧！"李鸿藻想听听张之洞的意见。

"晚生愿听李大人赐教！"张之洞虽然心中已有打算，但不想在长者面前充明公。

"那好吧，我先说说看。"李鸿藻稍作思考，便直率回答，"筹划粮饷渠道大致有三条：第一条是内务府的经费，第二条是开设赌局卖彩票，第三条是两广之税收。但是，这三条道路都不是那么容易开通，得要想出办法，用力开辟！"

"李大人所言即是，请您详细说说！"张之洞感到，恩师的话说到了他的心坎上，他也知道这其中的难度很大。

"第一条内务府的经费最难办到，原因是中央和各省都给吃去了，所剩无几，只能老佛爷御批了。但是，你得上折子申请！"

"好，我记住了！"

"这第二条开赌之事，现在的形势对你不利，因为我听说了，前些日子张树声还在两广总督任上的时候，给太后、皇上拟写了一个奏折，叙述了吏治、军政、理财、民风四大条，其中民风一条，提到广东的赌风问题，'赌之名目甚多，至不可胜计'……'屡有借军需之说，巧请开禁者'……张树声在折子里以'坚持理财正辞，禁民为非之战'为由，想让朝廷废除赌票，以示自己从政有方。"

"太后怎么看？"

“当时，太后和军机处对张树声交卸之前、即将离职上这样一个奏折，实感费解，不明白用意何在。太后认为，他是自陈政绩，在广东赴任不过三年，直到今日才来述职，无论如何太迟了。在任数年间，何以不早整顿，直至交替在即，始行陈奏，实属任意推诿。所以，慈禧太后对这个奏折还没批示。”

“现在也没批吗?”张之洞担心地问道。因为开赌买票是他解决粮饷财源的一条重要措施。

“你到军机处一问就会清楚了!”李鸿藻又接着往下说，“第三条征收税务就得靠你回广东后解决了，也不是没有可能性的。广东、广西毕竟是两个大省，只要认真操作，总会见到成效!”

“多谢李大人一番苦心指教!”张之洞欠身抱拳道。

李鸿藻亦离座，叮嘱道：“香涛，祝你此番就任一帆风顺!”

“李大人，请您保重! 晚生一定不辜负您的期望!”张之洞又一打躬，向李鸿藻告辞后转身离去了。

在官场上，按照常理，上司遇到挫折，属下应该去看望安慰一下。张之洞对李鸿藻就是这么做的，当然这其中也有登门求教的目的。可是，张之洞对恭亲王奕䜣就没敢如此，他也知道，恭亲王同样是因越南北宁失守，举荐唐、徐有误而被停职留用，不过，恭亲王还有其他因素，惹得慈禧太后反感生厌，这是他早有耳闻的。从昨天恭亲王、宝鋆、张佩纶出宫的神态来看，恭亲王的情绪糟糕透了，往常从来没有过。他想来想去，还是不去恭亲王府为好，在这种情况下，尤其他即将赴广东上任，一旦慈禧太后发现他与恭亲王有联系，轻者产生误解，说他办事圆滑；重者产生看法，对他以人画线，多年来他所经营的与太后的关系就可能中断，往后想在仕途上干一番事业的希望就将化为泡影了。所以，他决定不再去拜访恭亲王。

转日，张之洞去养心殿，到军机处打听张树声上报的那道禁赌奏折。

他到养心殿后，看到翁同龢正在军机处值班，心想这下可好了，今天向翁同龢询问折子的事儿，不必有啥顾虑，翁同龢才高人正，远见卓识，连续当了三十年的京官，由帝师而军机大臣，目前仍行走毓庆宫，在上书房辅导皇上，在内廷行走了二十二年，见多识广，经历的风波亦多，自然不会做出招惹麻烦的事情。他进入军机大厅，很有礼貌地拜见了翁大人。

翁同龢一看张之洞来到军机处，当然热情，一边让座，一边叫侍从沏茶倒水。在军机处，这种礼仪对其他官员是没有的，可能是看他即将督任两广的原因。

张之洞连声致谢，并问候翁同龢的身体状况。

翁同龢遂问道："张大人，无事不登三宝殿，不知你有何贵干？"

他没顾上喝茶，立刻站起身来，抱拳回答："翁大人，下官有一事求问！"

"请讲，坐下讲！"翁同龢挥手道。

"我想打听一下，关于广东禁赌可有谕示？"张之洞开口之前就想好了措辞，他没有直接问及前任两广总督张树声上报的奏折，而是拐了个弯，询问"谕示"情况，免得他人怀疑他还没上任就对张树声有意见。

翁同龢脑子很快，为官多年，对各职衔的职能当然都很清楚，对方一问，马上猜出这是关于张树声上奏的禁赌折子，因为这关系到新任总督开辟粮饷的大事，于是很同情地解释道："张大人所问，乃张树声之禁赌奏折。老佛爷阅后，因政事繁多尚未御批，估计近日就可答复。"

"哦，是这样！"张之洞呷了口茶水，脑子里不停地思索，赌风之盛，遍布全国许多大中城镇，而广东的赌局参考了西洋发行奖券的规则，国家可以从中抽捐。譬如名为"闱姓"，以国家的抡才大典，作为赌徒卜利的凭借，地方绅士设局卖票，凡是遇到大比之年，等榜发看买中姓氏的多寡，以定胜负。又譬如"白鸽票""山票"等，都带有赌、猜之意。还有"铺票""诗票"等，大同小异，都是可资以筹饷的财源。如此之赌，对国家有利，未尝不可呀！一旦御批不准，可就难办了。想到这里，他担心地问道："翁大人，下官想拟折请奏皇太后，不知是否来得及？"

翁同龢撩了撩那双浓眉，思忖了一下，善意地提示道："张大人！依老夫之见，开赌奏折不易公开，只要廷议，非否不可，这终然不是好的风气，有谁人替国家着想，开辟财源通道呢？皇太后之所以将张树声的折子留住，就是不想廷议了，到时候她单独御批。如果皇太后的批示迟迟没有下来，你可以去广东后侍机密奏！"

张之洞听罢翁同龢讲完这番话，觉得很有道理，不胜感激地说："多谢翁大人提醒，我一定照此办理！"

这时，忽然传来长春宫总管李莲英的呼喊声："军机处的人注意听着——老佛爷、皇上驾到——"

突如其来的圣驾到此，让张之洞感到无所适从，走也不是，留也不是，他赶紧问道："翁大人，我，我在这儿不合适吧？"

"有啥不合适的，正好皇太后他们来啦，你可以侍机请奏。"翁同龢安慰道。

“好，我听翁大人的，那就先留下。”张之洞决定不回避了。

“来吧，你我准备迎驾！”翁同龢说着向张之洞挥了一下手，便第一个走出厅门。

张之洞紧跟在后，亦踏出门外。

霎时，慈禧、光绪驾到。她和他分头走出黄缎大轿。

翁、张二人急忙跪地参拜老佛爷、皇上。

慈禧让他俩起来，先问张之洞：“你怎么不在家里抓紧准备，跑军机处干啥来了？”

“回太后陛下的话，微臣是来看望翁大人！”张之洞惴惴惶惶地回禀道。

“哼！你张之洞心里想什么我还不知道？恐怕是为你个人的事儿来的吧！”慈禧边说边往军机处大厅里走。

光绪皇帝同她一起并行。李莲英紧紧尾随于他们身后。

翁、张待他们步入厅门后，也都走进来。

张之洞听了慈禧这么一说，没再接话茬，心想：这皇太后太精了，难怪有人说，聪明不过帝王家！

慈禧太后与皇上坐在军机处大厅的正座上。

翁同龢等人侍立两旁，等待老佛爷垂询。

“张之洞，你的事等一会儿再说。”慈禧太后瞅了一眼张之洞。

“是，太后陛下！”张之洞心里七上八下，唯恐她准奏张树声的折子。

“翁大人，今天你来军机处值班，前方有奏折吗？”慈禧心里很怕听到中越前线不好的消息，但是不得不主动到军机处查询，一旦出现紧急情况，好抓紧处理。

“回禀皇太后、皇上，军机处现未收到前方奏折，但今天早晨收见一份电报，反映法军正向谅山移动！”翁同龢双手将电报译文呈于慈禧太后，又补充道，“因微臣值班，暂时走不开。”

紧锁双眉的慈禧太后，用她那颤抖的纤细手指夹着电报纸片，很快浏览了一遍，遂又递给翁同龢，命令道：“快，快给云贵总督岑毓英、广西巡抚潘鼎新发电报，让他们派兵支援谅山驻军。北宁失守了，说啥也不能再让谅山丢了，那样可就把战火点到咱们疆土上来了！”

“是！微臣抓紧办理。”翁同龢抱拳躬身道。

“哼！越法之事，越来越严重，都坏在李鸿章身上了！他整天主张议和，可法国人不听这一套，照样动兵进犯。”十四岁的光绪皇帝，心地纯正，爱民爱国，一直主张开战，因年少气盛而口无遮拦，“皇阿玛，应该撤掉李鸿章！”

“皇上，你太性急了。”慈禧太后脸上露出愠怒，她何尝不知，李鸿章为保存北洋水师的实力在要滑头搞议和，当然也有考虑敌强我弱的原因，但是作为皇上总不应该当着臣子的面，数落李鸿章这样的重臣吧！好歹不是在朝堂上，听见的人不多。唉，还有两三年，皇上就要亲政了，不能过于严厉责怨他，只好耐心地启发道：“皇上，难道你忘啦，皇阿玛不是给你说过吗？李鸿章、左宗棠好比你的左右手，不能动不动地只要这只手，就不要那只手了！”

“皇阿玛，皇儿错了！往后皇儿一定注意，请您放心吧！”光绪急忙躬身施拜，因为他深知慈禧的厉害，今天好就好在军机处，翁、张两位大臣在场，若不然这位皇太后非要发雷霆之怒不可，让他几天几夜吃不下睡不安。

“皇太后、皇上，我去派人往南方发电报了！”翁同龢请示后离去。

“好啦。小李子，你把那份御批交给张之洞看看，看完了留给军机处存档！”慈禧面对李莲英命令道。

“喳！”李莲英屈身应道，便从衣袖掏出御批，递与张之洞。

“微臣谢过太后、皇上！”张之洞双手接过御批，准备览视。

“张之洞，你先等一会儿再看，我有话问你！”慈禧太后说道。

“太后陛下，请谕示！”

“你对越南的军事、解决我军的粮饷，怎么看？”

张之洞听后辗转思忖，回答此事亦不必攻击张树声，应该以自己到任后的举措为主，于是他先打了个比方说：“目前滇桂边境用兵，两广总督的职司尤为重要，如同当年曾国藩担任两江总督坐镇江宁一样，全力为前方筹办粮饷，方使李鸿章无后顾之忧，获以平捻之大功！”

“这话我爱听！”慈禧太后插话说。

张之洞继续阐述道：“微臣此番去广东赴任，如果现在两广总督亦能发挥广东富庶优势，注意兴利除弊，精心整顿，并多方调度，定能要械有械、要饷有饷，全力支援边境，则前方将士必能为国为民效命驰驱！”

“好，好，好啊！”慈禧太后对张之洞的陈述赞不绝口，她心里暗暗佩服这位即将出任的两广总督，他为什么一直只字未提请奏开赌呢？哦，他可能因为御批在她手里，说啥也没用了。不过，他暂时还不清楚御批的内容，他心里怎么想的，已经很清楚了，只是还没说出来。

“微臣乃一孔之见，尚需赴任后努力周旋！”张之洞觉得刚才的话说得有些满，又赶紧以谦逊的口吻收了收。

可是，慈禧太后觉得他这番话又很中听，越发感到这次任命他为两广总督是正确的，对他将来所需粮饷应予以支持，她高兴地说道：“好啦，张之洞你可以看批示了！”

“遵旨！”张之洞展开手中慈禧太后、皇上的御批，只见上面写道——之洞：望你赴粤到任后，将一切应办事宜，认真经理，总期有利必兴，无弊不革，以资治理而重地方，妥善解决粮饷军需问题！光绪十年夏初谕示。

张之洞阅罢这道上谕，总算松了口气，再也不用担心禁赌阻塞粮饷之道。他急忙跪地，作长揖叩拜道：“太后陛下、皇上陛下，英明善断，胸装全局，微臣万分感激！”

“好啦，粮饷的事儿，你看着去办吧，但朝廷也不会不管的！”慈禧太后又一次口谕。

“多谢皇太后！”

“快起来吧！”

“微臣还有要事请奏！”张之洞再次抱拳道。

“讲！”

“鉴于前方抗法将领短缺，拟请冯子材将军出山，不知可否？”

“冯子材年龄大，已经退下来了，不知你能不能请得动他？”慈禧太后说到这里，停顿了一下，仔细一想，只要张之洞出面恳请，冯子材受多大委屈也会出山的，所以马上应允道，“张之洞，你去找他吧，我这里同意！”

“皇恩浩荡，多谢太后陛下、皇上陛下！”张之洞激动不已，再次施叩拜之礼，方站起身来。

这时候，翁同龢发完了电报，返回军机处。

张之洞将那份御批转交给翁同龢。

“皇上，咱们起驾吧！”慈禧太后欠起玉体，对皇上说。

“好，就依皇阿玛！”光绪皇帝亦欠身道。

翁同龢、张之洞撩袍跪安。

慈禧太后、光绪皇帝走出军机处。

李莲英朝门外喊道：“太后、皇上起驾回宫！”

站立于门外的侍从、宫女、轿夫都紧张地忙碌起来。

只见慈禧、皇上钻入轿内，穿过御河桥，回宫去了……

精神是最好的特权。张之洞为他请奏的几件事情格外顺利而感到高兴。因为他已经意识到，作为臣子能够从慈禧太后和皇上那里得到尊重和支持，算得上人格得以承认、精神享有特权。

兴奋之余，张之洞回到自己府宅又搞了一次告别家人的便宴，男女老少欢聚共饮。

次日凌晨，满天的星斗还未散去，张之洞携薛福德、王一丁，各乘一匹快马，离开京师，朝广东驰骋而去。

他们到达广州后，张之洞马上投入两广总督的始任工作。万事开头难，督任两省比督抚一省更为困难。但是，他做官很有经验，封疆大吏虽说是日理万机，但绝不眉毛胡子一把抓。他到职后，决定抓好吏治、经济、军政、民生等四大项业务，并根据当时的形势，把军政要事放在首位。为了防止地方官民兴师动众欢迎他，他采取秘密进入两广总督府的方法，而后悄悄深入两省调查摸底，从而尽快理顺关系，搞好职司分工，全面开展工作。

善于观察才能拥有正确的判断。这是张之洞在多年的从政道路上总结出来的一条宝贵经验。他常跟人说，不要在陆地上判断航船。凡是注意辨别方向的人，才不会迷失道路。

张之洞走马上任以后，按照抓好军政要事的定位，首先着手整顿和强化广东省的防务。他对玩忽职守的官吏，严肃批评，重赌立即免职。他和兵部尚书兼办广州防务的彭玉麟一起，连续几天组织军民认真搞好沿海军事工程，使其能够抗拒法军可能的侵扰，并成为广西、云南抗法前线的稳固后方。在调整部署广州及广东沿海各口岸军事防御的同时，张之洞每天早起晚归，吃在阵地，干在阵地，同军民一起抬木桩、扛沙袋、运石头，加快修缮前沿工事。张之洞十分重视调动军民的抗敌积极性，关怀他们，体贴他们。同时，他又令各县设立团防局，组建十团，合计可招募乡勇五千余名。经过这一番调整建设，广东基本建立起军民联防的防御体系。

由于张之洞整天忙碌于军务，穿行于军营，军民们都亲切地称他“张香帅”，并且由广东传遍广西，由广西传遍越南。

作为两广总督的张之洞，在大敌当前的严峻形势下，不仅注意抓好广东的军事防务，而且还要抓好广西的军事部署。因为法越争端日益激烈，直接威胁广西的安危，所以广西前线牵动着张之洞的心。

张之洞性情乖僻，生活没有规律，再加上日夜操劳，起居更是无常。他常常夜里办公，撰写奏折或文书，次日凌晨再睡上一觉。他还有一个同他人不一样的习惯，只要不是在大堂上，从来都是蹲在椅子上看书、写字，因而有人说他一举一动像猕猴哩!

一天夜里，张之洞依照往常的习惯，蹲在椅子上思考抗法前线的事情，丝毫没有睡意，时过寅时，他还那么精神。突然，他从椅子上跳起来，在屋里踱步。他脑子里浮现一个人，骁勇善战的抗法英雄——冯子材老将军……

冯子材，字南干，号萃亭，嘉庆二十三年六月二十七日（1818 年 8 月 17 日）生于广东钦州（今属广西）县城沙尾村一个破产的商贩家庭。其祖籍乃在偏远的广东南海县。冯子材的父母多子多女，他在兄弟之中排行第四，因脸色生得黝黑，人们便称他为亚黑四。不幸的是，父母和兄长早亡，他不得不过早地独立谋生。因受家庭商贾职业的影响，他做过小本盐贩，还当过木匠，也为人护送过牛帮，运载货物，往来于钦（州）谦（州）之间险恶的山路上，其间，风吹雨淋，饥饱不定，受尽雇主的欺凌，但也锻炼了胆量。后来，还流落街头，过着朝不保夕的生活。在坎坷的人生道路上，他毫不气馁，练就一身过得硬的好武艺，并养成慷慨侠义、扶危济贫、疾恶如仇、不畏强暴的性格。咸丰元年（1850 年），走投无路的冯子材加入天地会，举起反清义旗。但不长时间，他的队伍就被清军招降了。

光绪七年（1881 年），正当法军侵略越南的时候，冯子材主动督办团练，打败法军。后被大清任命为广西提督，帮办广西关外军务。后来，冯子材因受地方官吏的排斥和打击，一气之下辞去广西提督的职务，卸甲归田，回到故里，过起隐居生活。

张之洞为其惋惜。此人能征惯战，爱国抗法，又非常熟悉广西地理情况，如果此人下山，定能战败法军。想到这里，张之洞忽然精神抖擞，重又蹲在椅子上，提起毫管，写写画画，写好奏折，奏请朝廷对冯子材委以重任。接着，又给冯子材写了一封信，请冯老将军再度出山领兵抗法。张之洞放下毫管，“嗖”的一下，跳下座椅，伸了伸臂和腰，浑身觉得无比轻松，遂又想起临来广东之前曾口头请奏关于起用冯子材一事，慈禧太后满口答应。现在，又加上笔奏，估计这件事万无一失了。

奏折与信件发出后，迟迟不见回音。这让张之洞意识到，办一件大事没那么简单，不下功夫是不行的。张之洞没有坐等，而是带领薛福德一行快骑，驰往广西视察，而后再专门回请冯老将军。

他们直奔广西前线，来到中越边境，对谅山阵地、镇南关阵地进行了周密察看。正在视察时，广西巡抚潘鼎新听说总督大人张之洞来了，也急忙乘骑赶来，他没敢像前任巡抚徐延旭那样，坐着八抬大轿到前线。

张之洞在潘鼎新的陪同下，详细勘察了清军隘口阵地，因为这里的攻防备战如何，直接关系到镇南关的守卫。他们看到清军将领王德榜正在指挥士兵们抢修堑壕工事，明显看出军力不足。

潘鼎新向张之洞不住地说困难、倒苦水，现在迫在眉睫的不仅是粮饷不足，最缺乏的是前线统帅。

张之洞告诉对方，他已经奏请朝廷，请冯子材老将军出山，担任前线抗法统帅。

一听张大人要把冯老将军请下山来，重新挂帅，潘鼎新高兴得不得了，连声说："太好啦！太好啦！"

"潘大人，你早干什么呢？"张之洞嗔怨地说，"作为一省巡抚，肩上的担子多重啊，你怎么不知道珍惜人才？"

"是，是，下官理应受责！"潘鼎新亦认识到自己对冯老将军挽留不够的过错。但他还是向香帅做了一番解释，说冯子材是一个耿直人，不论是在军营还是在地方，从不阿谀奉迎、吹吹拍拍，既不属湘（湘军乃曾国藩创建），又不隶淮（淮军乃李鸿章所建），派系不同，自然要受到排挤；朝野上下卿臣皆知，冯子材熬了好多年才当到广西提督，却又因前广西巡抚徐延旭跟他不和，彼此还互相弹劾，结果徐延旭占了上风，冯子材一气之下，辞去广西提督的职务。

张之洞问潘鼎新，现在怎么看冯老将军，还值不值得请回来？

潘鼎新知道他的顶头上司问话目的，是在考验他的态度，他马上向张大人表态，非常愿意请回冯老将军，并且还谈到，于今徐延旭、黄桂兰兵败受挫，北宁失守，相形之下，足以见得冯子材高明多了！

他俩在视察阵地之际，统一了邀请冯子材出山的认识。

夕阳斜下，他们走出阵地。

张之洞认真叮嘱潘鼎新，抓紧修缮阵地工事，密切关注法军动态。而后，他搬鞍跨镫，抖缰挥鞭，率薛福德等一行快骑，朝冯子材的家乡广东钦州（今属广西）县城驰去……

第九章 威震中外 镇南关大捷

张之洞一行快骑赶到广东钦州县城的时候，已是掌灯时分。

他和薛福德等人在一家小酒馆吃罢晚饭，便又去找了一家车马大店，先是让店主给他们备好草料，喂饲马匹，后又让大伙抓紧歇息，以解鞍马劳顿。

装着满腹心事的张之洞，顾不得连续数日奔波的疲劳，要在今天晚上去见冯子材将军，可是沙尾村离县城还有三十多里路，还得走一会儿。当他说出这个想法时，薛福德不同意，唯恐夜里不安全，并担心他累坏身体。但他执意要去，说完便奔向马厩。无可奈何，薛福德知道他的脾气，凡是他定下来的事，非办不可，只好跑在他前边，去马厩牵马。

他俩手拉坐骑，悄悄地走出车马大店。

星光下，两匹骏马像离弦的箭一般，飞快地驰向沙尾村。

不一会儿，他俩到达了目的地。沙尾村坐落在一个山坳里，一面靠山，三面是丘陵茶田。全村仅有十多户人家，各家的窗户透出微弱的光线，看得出多数农户还没睡觉。

山村的夜晚沉静得出奇，人的呼吸都能够听得清清楚楚。然而，由于时近夏初，不时地传来山林内的蝉鸣声、鹁鸪鸟叫声，只有它们打破这山村的沉寂。此时，月亮升起来了。

他俩把马匹拴在村头两棵挺拔而高大的松树下。张之洞让薛福德在这里看马等候，他一个人去见前广西提督冯子材。

山村的宅门几乎全是木制栅栏门，没有那种垒石砌砖的门楼。人们走在街上，就可以一眼看见住户的院心和房舍。这对刚来该村的张之洞而言，可方便多了，不用找人询问，从门外观察就能猜到冯子材老将军的宅院。

不一会儿，他趁着月光，透过一个栅栏门的缝隙，发现一座又长又宽的院落，只见一位白发长者正在教导两个青年男子演练刀枪武艺。他明白了，那长者是冯子材，那两个小伙子是冯子材的儿子。冯子材虽然卸甲归乡，但是那颗爱国之心犹在，别看身处这小山村里，夜晚还在习武，无疑随时准备救国救危。正如古人所云：白习文来夜习武，报国为民献忠骨。一种对冯老将军的敬慕之情涌上心头，他情不自禁地喊道："冯老将军！冯老将军！"

父子三人闻声后，立即停止演练。

"冯老将军！冯老将军！"张之洞继续呼喊。

"您是何人？深夜到此有何贵干？"长者大声问道。

"在下张之洞，特意拜访冯老将军！"张之洞回答道。

"啊，总督张大人到了。"长者对他的两个儿子吩咐道，"相荣、相华，快，快去开门，迎接张香帅！"

"是！"他俩齐声应道，遂放下手中大刀，朝门口跑去。

"请张大人稍候！"长者又很有礼貌地喊了一声。

相荣、相华每人打开一扇栅栏门，并说道："张大人请进！"

"多谢二位公子！"张之洞踏进门内，走入院中。

长者急忙迎上前，向张之洞躬身施礼，道："草民冯子材拜见张大人！"

"哎，岂敢，岂敢。张之洞向冯老将军施礼！"张之洞双手抱拳施拜道。

"相荣、相华，快过来，拜见两广总督张大人！"冯子材面向张之洞介绍说，"这是我的三子和五子！"

"晚辈拜见张大人！"冯相荣、冯相华急忙跪地长揖叩拜。

"快，快快请起！"张之洞上前搀扶，待他们哥俩站起后，又仔细打量一番，赞道，"兄弟俩威武雄壮，真乃将门出虎子！"

"张大人过奖，草民怎敢承此赞誉！"冯子材谦逊而热情地说，"张大人深夜光临寒舍，此乃我冯家祖上的荣耀！"

这时，只见冯子材夫人走出堂屋，喜出望外地喊道："总督大人来啦，您快到屋里坐吧！"

"这是冯老夫人吧？"张之洞走了过去，抱拳施礼道，"在下张之洞，拜见冯老夫人！"

"张大人，这怎么行呢？我给您施拜礼了！"冯老夫人举止不凡，大大方方给张之洞屈身施拜。明眼一看，这位提督夫人是见过大世面的。

冯子材夫妇将张之洞让到堂屋。

主宾落座后，相荣、相华兄弟俩忙着给张大人沏茶倒水，还端来香蕉、柑橘等水果，之后他俩转身退了出去。

冯子材知道张之洞的来意，专门为了广西防务请他下山，但他故意岔开话题，询问广东防御体系的状况。

张之洞告诉他说，广东防务已见成效，基本建立起来了；现在，广西防务存在着危机，前线将士正在抢修隘口工事，法军已占领越南北圻，步步北进。

嘿！没想到张之洞这位总督大人三言两语又拐到主题上来了，看来就是要请他下山。他一听广西前线出现危机，焦急地问道："前方危急到什么程度？"

"法军已经占领北宁，接替你的新任广西提督黄桂兰服毒自杀了。近日法军又在蠢蠢欲动，准备占领镇南关！"张之洞心里尤为惦挂前方战事，不得不和盘托出。

"张香帅，您深夜来我冯子材寒舍，必有重命相托，为何不直言相告？"冯子材激动地站起身来，询问道。

"冯老将军，您多年从军，带兵有方，战功赫赫！"张之洞亦欠身赞道。

"往事不足挂齿！"冯子材摇了摇头，说。

"我这是，总督夜访老提督。然见冯老将军，银须白发尽如霜，之洞不忍开口啊！"张之洞本来心急如火，求贤似渴，但他却以这种尊老爱贤的姿态，前来搬兵求将。

"哎！大帅尽可开口，我冯子材绝对服从命令！"冯子材英雄气概不减当年。

"萃亭（冯子材号）……"冯老夫人一见丈夫表态坚决，想善意劝止，但考虑不会管用，所以也就没往下说。

"冯老将军，我临离开京师之前，曾面见圣上，奏请皇太后、皇上，邀请您出山，再任广西提督，慈禧太后已经允奏。所以，我才进山拜求于您！"张之洞说完这通话后，方下达命令，"冯老将军，我命你帮办广西军务，负责指挥广西前线抗法战争！"

"遵命！"冯子材抱拳打躬，激动难抑地说，"明天一早，我就带领我的三子相荣、五子相华赶到广西前线！"

"广西前线有关事宜，您可与广西巡抚潘鼎新商量。广西前线军事指挥，由您一人做主；粮饷问题，我来帮助解决！"张之洞为解除冯子材的后顾之忧，一一做了交代。

“好，全靠大帅鼎力支持，广西前线一定会胜利在望。老夫愿舍合家性命，保卫广西边陲安宁！”冯子材被总督大人的一番话感动，这才是士为知己者死呢！

“张大人，我同意萃亭的决定——挂帅出征，并让我的两个儿子相荣、相华，跟他们的父亲一起上前线，把法国人打回老家去！”冯老夫人听了张之洞总督同丈夫的热烈交谈，内心受到无比触动，情绪激昂，当即表态。

“好，好，说得太好啦！冯老夫人深明大义，忠君爱国，必流芳百世矣！”张之洞被冯子材全家人感动着，更被这位年近七旬的老太太冯老夫人深深感动着……

“相荣、相华！你们俩快进来！”冯子材朝门外喊道。

“是，听见啦！”一直站在门外的相荣、相华，对堂屋内张大人与父母的谈话听得一清二楚，他俩步入堂屋后，亦向张之洞施礼表态道：“张大人，您受累了！我们一定听父帅的指挥，坚守阵地，奋勇杀敌，保卫疆土，视死如归！”

“我大清有如此壮士，何愁不败法军？”张之洞抗法的信心越来越足，似乎胜利就在眼前。

“张香帅，您就等着抗法捷报吧！”冯子材抗敌决心更大，老当益壮，豪气冲天。

“好！好！我相信！冯老将军、冯老夫人，请你们多加保重，咱们分头准备吧！”张之洞叮嘱一番后，遂起身道，“天色不早，我该回县城了！”

“大帅，天黑夜深，您如果不住下的话，那么就让相荣、相华送送您吧！”冯子材亦起身关心地说。

“冯老将军，请不要挂念，侍卫正在村头看着马匹，等候着我！”张之洞转身走出冯家宅院，同他们全家告辞，便大步流星地朝村头走去。

一直站在两棵松树下面等候的薛福德，一见张之洞快步走来，便赶忙解缰牵马向前，担心地问道：“张大人，怎么样？冯老将军同意了吗？”

“一切顺利！”张之洞牵过自己的骏骑，搬鞍跨镫，“回城！”

“是。太好啦！”薛福德亦飞身上马。

两匹骏马载着它们的主人，腾蹄跃起，飞离山村，沿着临来的道路，向钦州县城驰去。

升到头顶上的月亮，宛如银盘一般，洒下似水的光线，照射得山野绿地斑斑驳驳、深深浅浅。逶迤的山峦在月光下时隐时现，那一个个峰巅高高陡陡、起起落落、圆圆平平，显示出南方两广山脉的特点。纵横于原野上的大河小溪，被天上的月亮映照得泛着光辉，如同一条条白色绸带盘绕在墨绿色的巨幅丝绒中。遥远的地平线那边，横贯东西几千里的珠江，好似银河缀于九天苍穹。

啊！博大辽阔的南国风土，让每个炎黄子孙爱恋不已……

回到广州的张之洞，顾不上休息，更不敢懈怠，整个心思全在广西前线。因为他知道，冯子材父子现已赶赴前沿，指挥广西前线抗法的千斤重担，落在了冯子材老将军的肩上，其所管辖的万名将士尚缺军饷粮秣，一旦供应不上，那后果不堪设想。所以，他眼下第一件大事，就是抓紧为广西抗法军队筹备粮饷。

任职数年封疆大吏的张之洞，对于收捐筹饷还是具有丰富经验的。首先，他组织督抚人员大力宣传抗法爱国，掀起支援两广的抗战热情，积极为前线出力出钱出物。接着，他主动联系当地绅士、商人、名人，让他们自觉捐钱、捐物，以示抗敌爱国决心。与此同时，他一并开出税收、赌局、义捐、义演等多条渠道，使得粮饷财源滚滚而来。在这期间，张之洞还为冯子材军队配备了大量军械。正如史书所记载的："短短数月内，张之洞筹拨广西冯子材等各军军饷二百万两。"从而使开赴前线的冯子材军队饷械充足，使其彻底解除后顾之忧，一门心思地对敌作战，迸发出强大的战斗力。

很快，朝廷任命冯子材帮办广西军务，并恢复其广西提督职务，负责指挥广西前线抗法事宜。

在张之洞的精心谋划下，两广的军事防务粗具规模，虽还谈不上固若金汤，但是在广东所建立起的军民联防的防御体系对敌人已经起到威慑作用，尤其广州的防务是有效而又成功的。

有备无患。原先游弋于珠江口外准备进攻广东的法国远东舰队，在该舰队司令孤拔将军的带领下，正是看到张之洞早有准备，转而北上攻打福建。

诚然，张之洞仍在为他所担负的两广军事防务继续奔波，至于法军绕开广东、北上福建他是顾不上的。但他把筹集的大量军械粮饷调拨给福建驻军，左宗棠对其非常满意。现在，他一面给朝廷写奏折，请旨将吏部候补主事唐景崧派往云南，相机入越联系刘永福，并同时请旨对刘永福委以重任，协助我大清军队抗击法军；一面亲赴唐景崧的家乡广西灌阳，访求正在回家探亲的唐景崧，催促其及早动身潜入越南，说服刘永福，携手一起抗击法军侵略者。

亲爱的读者诸君，为了让您们更好地了解敌我双方在两广乃至福建前线作战的始末，笔者在此尚需交代有关时代背景——

法国对中国的图谋不轨由来已久。早在18世纪末，法国国王路易十六就制订并实施了变越南为“法兰西东方帝国”的行动计划。1859年，法国派出军队远渡重洋，攻占越南南部，并于1862年胁迫阮福时王朝签订了第一次《西贡条约》。法国企图利用该条约从湄公河进入中国境内，因河道航行困难未能得逞。但法军并不死心。1871年，法国考察发现，通过红江（今红河）可进入云南。1873年冬初，法国远征军向越南北部发起进攻。法国官员叫嚣：法国必须占领越南北圻这个军事基地，“有了这个基地，一旦欧洲各强国企图瓜分中国时，我们将是一些最先在中国腹地的人”。

正值越南面临法军入侵之际，广西原天地会义军首领刘永福受越南王朝政府的邀请，率领黑旗军一千多人救援，在河内大败法军。刘永福麾下先锋吴凤典，一刀砍掉了法将安邺脑袋，这个动人的故事就发生在这次河内战斗中。

越南的时局本来大有好转，但国王阮福时不幸病逝，新政府态度不坚决，在法方的诱逼下，于1874年3月签订了第二次《西贡条约》，割断与中国的联系。这样，法国的胆子大起来了，1882年3月，法国再次进攻越南北圻。

越南新政府国王感到事态严峻，遂遣使臣入中国求援。但是，事不遂人愿。两位使臣在天津哀求李鸿章长达半年多，李鸿章无动于衷。最后，他俩痛哭回国。

光绪十年（1884年）春天，在张之洞调任两广总督之前，法国当局将侵略军增补到1.7万人，准备进攻清军据守的战略要地北宁。消息传到北京后，清廷十分惊恐，不断谕饬挑选得力将领加强防备。到战役前夕，清军共有58营，2.4万人。本来中法双方各有优势，旗鼓相当。可是法军经过一个多月准备，十二月开始水陆并进，利用海军声东击西，从清军薄弱环节攻破防线。清军消极防御，调度失措，法军终于得逞，占领北宁。云贵总督岑毓英等不战而逃。清军在中法战争初期的主力决战中失败，处于被动局面。而法军控制了红河三角洲，利用海军装备机动优势对中国海域形成大面积威胁。

就是在这样的背景下，大清朝廷采取了不得已而为之的战略应急措施。

慈禧太后对根源于主和派的战事失利，包括北宁失守这样的战败，极为恼火，将恭亲王奕䜣等一班主和内阁罢免，并拿问徐延旭、唐炯等治罪，让相对主战的醇亲王进入军机；此时，已回到军机处的前两江总督兼南洋通商大臣的左宗棠，因法军大举内犯，朝廷又命他督师福建；调湖南巡抚潘鼎新任广西巡抚，命随左宗棠手下的王德榜招募定边军八营出关增援，启动张之洞大力举荐的老将、原广西提督冯子材。

敌人仍在加紧活动。法国除了在军事上准备大举进犯之外，还采取外交攻势以配合其入侵目的。光绪十年（1884年）四月初，法国为了休整军队和控制新侵占的北圻地区，派出一个权限很低的海军中校绕道天津，找到北洋大臣李鸿章，联系游说，很顺利地签订了《中法简明条约》：清廷承认法国对越南的保护权；开放西南各省；立即将英法公使曾纪泽调回。法方还以不及早签约将要求赔偿法国军费、占领抵押进行威胁。

软弱的李鸿章不敢提出反对意见，而是大力促使清廷接受这些条件，并于四月十七日（5月11日）与该法国人签订此条约。

这时，左宗棠正在从江宁赴京入见的途中。他得知条约一事后，心中非常气愤，进京后立即上奏反对：

“法人之得陇望蜀，势有固然……吾华何能高枕而卧？若各国从而生心，如俄人垂涎朝鲜，英人觊觎西藏，葡萄牙据澳门，鹰眼四集，圜向吾华，势将狧糠及米，何以待之？此固非决计论战不可也……法人欺弱畏强，实躁急而畏难。近时国内党羽纷争，政无专主。吾华果示以力战必不相让，持之期年，彼必自馁。况虚悬客寄之师，劳兵数万里之外，势难持久，此议和之应从缓也。”

左宗棠见朝廷反应不大，遂主动请缨督师，甚至还立下军令状：“不效，则请重治其罪，以谢天下！”

抵京后的数日，左宗棠发现紫禁城内外风气萎靡，很不正常，便联合主战的醇亲王奕譞、翁同龢等舒张正气，其“胜固当战，败亦当战”的豪言壮语被舆论传扬，京城内外顿然豪气萌生，壮怀激烈。

但是，《中法简明条约》不了了之，还没有被彻底废除。

左宗棠进宫入见，被太后谕示叮嘱后，就急忙返回福建去了。

主战与主和的分歧和斗争，一直未能得到解决，从中央到地方，执法的认识也就不能统一了。

不过，前线的张之洞、冯子材、王德榜、左宗棠，以及台湾的刘铭传等诸多将士，他们义无反顾、全力以赴，抵抗法军的侵略，誓死保卫祖国的疆土。

五月二十四日（7月14日），法国远东舰队司令孤拔似乎有恃无恐，将其军舰调驻靠近马尾、基隆等地的中国领海。果不其然，李鸿章指示其亲信钦差大臣张佩纶和船政大臣何如璋等办理福建海疆事宜，严禁各港口大清防军阻止法军。

这是何等国家重臣，多么荒唐至极！

六月十五日（8月5日），法军舰队悄悄启航，突然袭击基隆。驻守台湾的淮系大将刘铭传马上率部反击，将敌舰击退。

法军舰队主力被击退后，在孤拔司令的指挥下，掉头转回马尾港方向。钦差大臣、帮办福建军务张佩纶，与马尾驻军将士一起反击敌舰，但实感力不从心，只好向李鸿章求援。可是，李鸿章根本没往心里去，不仅拒绝了亲信张佩纶等的增援要求，而且还禁止其对已经向中国开战的法国舰队进行拦阻，听任法国军舰与外国舰船混杂在一起靠近中国舰队。更为严重的是，张佩纶擅自做主，进而不顾将士们的反对，将中国舰队集中到一起。这种普通的军事常识却被张佩纶忽略了——将士们非常担心出现三国时赤壁之战那样的“火烧连船”惨剧。

可怕的事情终于发生了——

时过半个月，七月初三（8月23日）下午2时，正当驻守马尾港的福建水师军队长期提心吊胆且又因高度警戒而疲惫不堪的时候，法国七艘军舰突然发起袭击，舰炮轰鸣，海水变黑，一发发炮弹飞入港湾，只炸得中国舰船大火连成一片。仅福建水师那艘“扬武”号军舰就伤亡700余人，而法军损失甚微。左宗棠、沈葆桢千辛万苦创建的福建水师全军覆没，大多数海防炮台被毁。这就是著名的马江惨败。

七月初六（8月26日），在福建海军主力被敌人一举摧毁之后，清廷当局不得不表态，对法宣战。

左宗棠万般痛惜，立即赶往天津，来到北洋公所。就福建水师覆没、马江抗法惨败，左宗棠同李鸿章进行了理论，质问他，北洋水师为啥不去增援？李鸿章则以北洋水师担负保卫京师为借口搪塞。左宗棠又质问他，为何禁止我军拦阻法国舰队？李鸿章以敌强我弱、议和图存为由，回答左宗棠的提问。李鸿章的态度虽然和缓，但把左宗棠气得浑身发抖。

左、李二人争论不下，没有结果。他俩只好进京晋见，讨个说法。遭受如此巨大损失之后，左宗棠深感痛心，认为全国上下一致对外坚决抗敌，才不会有今天的结局，主战可赢得主动，主和必然被动。而李鸿章仍固执己见，不以自己促成的国耻为耻，反而夸耀法军的舰炮，并非我军所能抵御，马江失利足可证明中国海军不堪一击，只有议和，别无选择。

对此两种截然不同的态度，慈禧太后认为左宗棠言之有理，并为其敢于奋战的气概所鼓舞，当即表态，予以支持。在左宗棠的再三要求下，清廷同意这位七十三岁的老将军亲自再赴福建前线督师。

马江惨败的消息很快由福建传到两广。正在广西灌阳私访唐景崧的两广总督张之洞忽然惊闻此事，不禁心头往下一沉……福建水师的全军覆没，给大清造成不可估量的损失，亦牵动和影响两广的战事。广西若再战败，那么法军将更加猖狂，大有可能占领中国南方，作为两广的父母官，何以面君，何以对民？想到这里，张之洞心如针扎，坐卧不安……他决心在广西、云南打好抗法一仗，同法军决一雌雄，重振中国人的士气，赢回中国人的尊严，捍卫中国的领土！

坐在堂屋会谈的张之洞，面对唐景崧问道："唐大人！两广总督衙门来人，汇报了福建水师惨败一事，不知你怎样看待？"

"回张香帅话，虽说两军交锋，胜败乃兵家常事，但此次马江惨败，纯属议和误战铸成大错！只可惜大清党羽纷争未断，军政不能统一，实乃悲哉！"唐景崧看到张之洞亲自登门拜访他这位吏部主事，深受感动，不得不道出真情。

"唐大人！你又如何看待广西、云南之战局呢？"张之洞为彻底弄清唐景崧的抗法信心，又追问道。

"广西、云南不比福建，我们在此可不受李鸿章节制，而是在您张香帅直接统率下执行军务，所以没啥可担心的！"唐景崧欠身端起茶壶，给张之洞倒水，继续说道，"法军在海上是有优势，可他们在越南处于陆上作战，至于他们进入广西、云南，全是大山丘陵，我断定他们必败无疑。何况我们已在边境加强防御，无论如何，不允许法军进入大清疆土！"

"说得好，说得好！人常讲，官不在大小，位不在高低，凡爱国者必受人所尊，凡爱民者必受民所爱。"张之洞听罢唐景崧的一番答话，心中有了底，责成此人单独入越联络刘永福是完全信得过的。说着，他将手中的那本《请缨日记》还给对方，赞扬道，"你写的《请缨日记》我看过了，文中充满了爱国之情，确实令人敬佩。同时，也看到了你求战的迫切心情，以及大展宏图的抱负和决心！难得，难得呀！"

"张香帅过奖，下官当更加努力！"唐景崧收下《请缨日记》，谦逊地说。

"先后三次交谈，彼此已经有了深刻的了解，日后我们还要加强往来，争取在中法战争中增进我们的友谊！"张之洞热切而真诚地说。

"多谢香帅抬爱，下官一定过府求教！"唐景崧听罢，心里非常感动。

"唐大人，关于你向朝廷请奏的'救越南有至便之计，就是重用刘永福'一折，已经引起太后的重视。我在山西督抚期间，也向朝廷提出了'争越、封刘、战粤、防津'的战略策略。到达广东后，我又向朝廷举荐你担负入越联络刘永福之重任。最近，朝廷已经准奏，决定派你前往云南，交新任云贵总督岑毓英差遣委用，同时，另有密谕寄交岑毓英，让其有所准备。不尽事宜，再由我协调下令。”张之洞遵照朝廷给他的谕示，亦向唐景崧下达指令。

唐景崧听后欠身抱拳道：“张香帅，请放心，下官绝不辜负您的期望，更不敢辱朝廷使命，明日立即动身，前往云南，再赴越南！”

“唐大人，任重道远，望多加保重！”张之洞欠身离开藤椅，抱拳祝福道。

“谢张香帅！”

“等候你的佳音。告辞！”

张之洞转身走出唐景崧的宅门。

站在门外手牵骏骑的薛福德，一看张之洞出来，便急忙迎过去。

张之洞、薛福德上马勒缰，双脚磕镫，驰出灌阳，朝广西前线奔去。

两匹骏骑经过一天的奔驰，来到广西前沿。

这时，正值盛夏的午后。椰子、芭蕉、柑橘等南方热带亚热带植物受了一整天烈日的熏烤，它们的枝叶几乎全都耷拉下来。大道上的沙土被灼热的大地蒸腾着，不时地冒着缕缕灰烟。骄阳之下的河流泛着粼粼波光，似乎还有凉爽之意。泡在河里的水牛不想上岸，只是仰起带角的头呼吸河面上的氧气。蓝天、白云、大树、桥梁以及成片的茶田倒映在水中，展示出一幅美丽的南国画图……

这是张之洞第二次视察广西前沿阵地。

隘口前沿一片繁忙景象，东岭、西岭的清军将士们正在抢修长墙、堡垒。冯子材同他手下的将士一样，抬木桩，运石料，头上大汗淋漓，衣服被汗水沾在身上。相荣、相华也都和将士一起，肩挑满筐沙土，一趟又一趟地往来于岭上坡下。

站在高坡上的张之洞，看到将士们紧张备战，心里无比高兴。特别是看见年近七旬的冯子材老将军还如此拼命，让他感动不已。他实在不忍看下去，便大声喝止道：“冯老将军！冯老将军！您快停下来，不要再干啦！”

冯子材一听喊声，停住脚步，顺着喊声望去——啊！张之洞大人来了！遂放下肩上木桩，疾步走来，激动地喊道：“张香帅！张香帅！”

“冯老将军！您这么大年岁，怎么能和将士们一样干呢？”张之洞嗔怨地说，“您若累坏了身体，谁来指挥呀？”

“多谢香帅关爱！”冯子材抱拳施礼，而后转身朝向众人喊道，“将士们！张香帅看望大家来了！”

张之洞急忙高喊：“将士们辛苦啦！”

"张香帅辛苦！张香帅辛苦！"众人异口同声地喊道。

喊声过后，将士们又继续忙碌起来。

冯子材同张之洞寒暄了几句后，便汇报了此次镇南关战役的军事部署——

冯子材一边用手指画一边说，他带领部下管带经过实地勘察，选定镇南关（今友谊关）内八里处的关前隘口为诱敌聚歼的战场。关前隘东西山岭相对峙，中间只有一条宽约两里的关道，地势险要，易守难攻。冯子材告诉张之洞，这样他才决定在此构筑坚固的防御阵地。随之率领军民用土石修建一道横跨东西岭的长墙，并在墙外挖了深达四尺的沟堑，切断关道。同时控制制高点，在东西两侧的山岭上赶筑很多堡垒，架设大炮，掩护主阵地。在兵力部署上，前线兵力总计60余营，3万余人，冯子材率主力正面迎敌，王德榜驻守在距镇南关东北30余里的油隘，负责切断法军供给线。一切按计划进行。

张之洞听后高兴地说："好啊，这是个完整的战役部署，等你们全部准备就绪，法军就自投罗网了！"

冯子材一看香帅给予肯定，随即又抬起头来寻找相荣、相华他们，发现后大声喊着："相荣！相华！你们快过来！"

"知道啦！"相荣、相华应声后，放下扁担，并让身旁的那个小伙子也停止担土，同他俩一块儿朝冯、张二人走来。

冯子材手指他们仨，面对张之洞问道："张香帅，你看那位青年是谁？"

张之洞仔细一瞧："啊！是仁权，他怎么来这儿啦？"

"哈哈哈哈……香帅，您没想到吧？"冯子材大笑了一阵后，亦反问道。

是啊，谁能想到，我们父子竟然在广西抗法前沿阵地会面呢？张之洞心里异常高兴。其实，仁权到前线说突然也不突然，他临到广东赴任之前，还在北京的时候，仁权曾闹着参军抗法，因李夫人万般阻挠，再加上当时得应试报考，所以没能随同他一块儿来南方。现在，他终于闯出来，真是让人兴奋！张之洞上前迎接儿子。

张仁权快步跑到父亲跟前，带着满头大汗，跪拜道："儿仁权参拜父亲！"

"晚辈向张香帅请安！"相荣、相华也是汗珠滚滚，一起跪地抱拳道。

"好，好啊！相荣、相华、仁权，你们快起来。在阵地上可以不要这些繁缛礼节！"张之洞上前搀起他们。

"谢张大人！"

"谢父亲！"

相荣、相华、仁权又一拱手，欠起身来。

“仁权，你来前线你母亲同意了吗？”张之洞催问这个关键问题。

“爹！我可费大劲儿，好话说了几马车，娘说啥不肯放我，但应试完了，她只好答应，并且说让我看看您就回去！”张仁权把实情告诉父亲。

“仁权，应试结果怎么样？”张之洞关心长子的前程，问道。

“榜发后得知，我终于考中，第二十六名进士！”张仁权脸上露出自豪神情。

“行啊，仁权，为咱们张家争气了！”张之洞听到长子考中的消息，非常高兴。他随即想到侄儿晋生，遂又问道：“你哥晋生考得怎样？”

“我晋生哥考得比我强，他在我前六名，第二十名进士！”张仁权说后又补充道，“听主考官讲，我和晋生的进士名次不算低，将来起码能去县里任职，也有可能留在京城。”

“太好啦！你们哥俩儿，后生可畏，两名进士，为张家列祖列宗争光了。特别是晋生，他的父母若是健在的话，该多高兴啊！”张之洞喜不胜喜，万分高兴。

“父亲，等打完这次仗，您和母亲带着我和晋生哥，回南皮老家祭祖！”张仁权为自己和晋生的金榜题名，设计将来的庆贺之事。

“好，值得祝贺！”张之洞拍了拍儿子的肩膀，只见他猛一哆嗦，并吸了口气，不解地问道，“仁权，你怎么啦？”

“没，没什么！”张仁权说着往后躲闪。

张之洞觉得不对劲，伸手翻开长子的衣领，只见他肩膀上沁出鲜血，小声叮嘱道：“晚上睡觉前上点药！”

冯子材关心地问道：“仁权，你的肩膀是不是让扁担磨破了？”

“没关系，过两天就好啦！”张仁权毫不介意地说。

“还是按我说的办，工事修得差不多了，你就回北京！”冯子材望着张之洞，继续说道，“张香帅，我们再缺人手，也不能让一个进士来前线吧！再说，朝廷还得给仁权任职，不走也不行啊！”

“冯老将军，这得看仁权的意思！”张之洞知道冯子材的心意，但不能硬让儿子回去，因为这是儿子的报国夙愿。

“提督大人，您七十岁还挂帅出征呢！您常用古人的话教导我们，‘国家兴亡，匹夫有责’。您怎么能让我下山哪？”张仁权拒绝冯老将军的好意，还补充说，“我告诉伯父、父亲，我虽然中第，榜上有名了，但前方战事这么危急，朝廷哪还顾得上我们这些学子，一时半会儿不可能册封我们的！我在这儿干点事，不是挺好嘛！”

“冯老将军，您就开恩嘛，我看，就听孩子的吧！”张之洞恳求道。

“嘿！大帅给儿子讲情上前线，古来少之！”冯子材嘴上虽这么说，但心里很佩服张之洞父子的爱国之举。

“爹！您和伯父有事，我们去干活啦！”张仁权转身欲走。

“仁权，今天晚上，我给你父亲接风，你也来！”冯子材向张仁权先打招呼，免得他和将士们一起去吃饭。

“多谢伯父！但得让相荣三哥、相华五哥跟我一块儿去！”张仁权说完，便跟着相荣、相华挑沙土去了。

“行！今儿个破例！”冯子材答应道。

张之洞见三个晚生走后，便四顾察看，问道：“冯老将军，我怎么看不到王德榜将军？”

“王德榜每天都来山上，现在正和将士们一起修建堡垒。”冯子材说着仰头瞭望。

“他现在的心情怎么样？”张之洞又问道。

“这段时间好多了。前些日子，王德榜还和潘鼎新吵了一架！”冯子材知道张之洞问话的目的，担心派系关系的矛盾影响对敌作战。

是啊，潘鼎新是淮系军队李鸿章的属下，对其他人总是瞧不起，甚至找碴儿排挤，自从当了广西巡抚后有所收敛，但还是老毛病重犯。

王德榜是爵帅左宗棠的部下。为抗法御敌，左宗棠督师福建，并积极支持王德榜前往广西。王德榜是一员刚毅坚强的虎将，不负朝廷重托，毅然克服淮系上司潘鼎新的不断阻挠，主动配合冯子材、刘永福的抗法大战。

“冯老将军，你陪我去看望一下王德榜！”张之洞似乎有些不放心，唯恐王德榜与潘鼎新不和而影响抗法大局，进而又说，“明天我再去找潘鼎新！”

“好！张香帅，你跟我来！”

冯子材走在前边，张之洞跟着，他俩离开长墙工事，朝山上堡垒工事走去……

广西、云南的战略部署基本就绪。但张之洞那颗心一直悬吊着，终归中法决战尚未开始，谁胜谁负还没揭晓。

时间过得真快，转眼到了光绪十一年（1885 年）初。

这一年，刚过春节，可怕的一幕发生了——越南谅山失守。

消息传到北京。一直过年听戏的慈禧太后，听了醇亲王奕譞的报告后，吓了一跳，追问道："什么时候丢的谅山？"

"正月初二。"醇亲王躬身回答。

慈禧太后怒声怒语道："都过五天了，今天正月初七，怎么刚报告？"

醇亲王俯首不语。

"张之洞还能夺回谅山吗？"慈禧太后仍在追问醇亲王，但醇亲王不敢吭声，于是下达命令道，"七爷，去，去给张之洞发电报，就说我说的，让他夺回谅山！"

"遵旨！"醇亲王倒退着走出宫去。

……

张之洞收到京师军机处电报。他阅后马上回电：前方正在抓紧备战，将士们义愤填膺，摩拳擦掌，誓死捍卫疆土，决心夺回谅山！

光绪十一年二月七日（1885 年 3 月 23 日）清晨，广西前沿上空炮声隆隆，火光冲天，浓烟四起。法军以大炮队猛烈开炮，顺着东、西岭向下轰击，以枪队猛扑中路。登时"炮声震天，远闻七八十里外，山谷皆鸣，枪弹积阵前厚者至寸许"。清军早有准备，将士们在冯子材老将军的统一指挥下，藏身于掩体内，持械准备反击。

炮声停止后，清军立即进入阵地。

敌军兵分三路，猛扑清军隘口。这时法军侵略头子尼格里纠集了两千多人，组成攻势阵容——其中两路分别进攻东、西高岭，一路直扑隘口长墙。他们越打越奸猾，鉴于前几次战役中越南人民和清军互通声气，所以这次以法国人打先锋，而把诱骗来的北非洲人和越南人统统放在后面，让他们没有接触中国人的机会。

山岭上的大树、灌木和藤蔓在不停地燃烧，片片翠绿草丛亦变得枯黑焦黄，就连坡坎上的岩石也都被炸成黑色碎块。

从阵地上的惨状，足以看出法军的炮火杀伤能力。对此，尼格里沾沾自喜。他心里暗想，难道中国人的肉体比这山石、树木还坚硬！他跟在进攻军队的后边，寻找中国人的遗体，但是没有发现，这让他非常遗憾。

两军交锋，枪声大作……

清军在东岭上赶修起来的五座堡垒，连续被法军攻陷了三座，眼看着侵略军即将冲破隘口长墙的防线。

从掩体指挥部飞身跃出的冯子材，站在堑壕上边，镇定自若。突然，他看见几个临阵退缩的胆小鬼，便毫不犹豫，亲自举枪处决了他们。他面向士兵们，沉痛激昂地说："弟兄们！法军再入关，我等有何面目见粤民？何以生为？"

"人在阵地在！以身报朝廷！"全体将士在主帅冯子材爱国热情的激励下，高声呐喊，斗志昂扬。他们个个奋不顾身，拼命杀敌，坚守着东岭长墙阵地。激烈的战斗一直延续到晚上，清军将士没有一人退出阵地，在各路友军的支援下，终于杀退了侵略军的疯狂进攻。

二月八日黎明，法军继续发起猛烈攻击，其大队主力在炮火的掩护下，向中路进犯。侵略军气势汹汹，像恶狼一样猛扑过来，有的爬越了长墙前面的堑壕，有的已经冲上长墙。站在长墙上督战指挥的冯子材，一看形势十分危急，当机立断，抓住战机，进行反击，便下达命令，打开长墙的栅门杀出去！年近古稀的老将军冯子材"帕首短衣草履，操倭刀一柄，亲率大刀队，大呼一声跃出墙外，其子相荣、相华，随之跃出"。张仁权手持大刀亦冲在前边，锐不可当。全军将士看到主帅冯子材身先士卒，也一齐跃出长墙，以排山倒海之势，勇猛无畏地冲向敌阵，与法国兵展开肉搏战。一场激烈的殊死战斗，清军将士终于把法国侵略军完全压倒在阵地前面。

这时，只听枪声如雨，回响山谷，东岭的清军经过反复的争夺，收回了被占的三座堡垒，重新控制所有的制高点。萃军（冯子材号萃亭，其统率的军队，人称萃军）的另一支队伍从扣波赶回，抄了法军的后路；东路的王德榜军以英勇的步兵截断了法国侵略者的后路运输线。关外中越人民的抗法武装千余人队伍也奋勇投入战斗。

此时，清军完全掌握了战斗的主动权。冯子材立即向各部发起总攻击命令。清军和中越人民抗法队伍个个争先效命，从各个山头、壕沟、树林、村庄里冲杀出来，潮水般地向山谷里的敌人扑去，把侵略军杀得溃不成军。

法军头目尼格里一看大势不好，不得不督军率残部往同登方向仓皇逃窜。清军在冯子材统帅的带领下，穷追法军至镇南关外二十多里的地方，并一鼓作气重新夺回谅山阵地，直到深夜才收兵回关。

这是一次漂亮大仗，"毙匪千余，擒斩数百，内有军官数十，夺获枪炮弹药、饼干不计其数"。取得中国近代史中清军反侵略战争第一次重大胜利，实现了"用侵略者的头颅重建我们的门户"的豪壮誓言。这就是威震中外并载入史册的镇南关大捷。

第十章　民族大义　起用黑旗军

越南的形势一直很严峻。

这时候，正好越南政局发生变化，“嗣德皇帝”阮福时病殁无子，大臣拥立他的堂弟阮福升，称号叫作“合和皇帝”。而大清朝廷内部，主战与主和两派之间的斗争仍在继续，这种斗争不可避免地影响到对法抗战。前一阶段，法国远东舰队司令孤拔就是利用这一时机，率领七艘军舰击溃清军福建水师。与此同时，孤拔还部署军力，由海防率舰南下，攻击位于越南中部的京城顺化。他们在攻取顺化的第二天，又部署陆军，亦对怀德府的黑旗军发动攻击。刘永福率部顽强阻击，可是其军队且因河堤决口被淹，不得不从怀德府撤出而退保丹阳。

侵入越南的法国军队肆虐无忌。孤拔率其舰队，封锁越南各海口，并且攻破顺安炮台。越南阮福升王朝吓破了胆，说啥也不敢向法国应战。到第十天，孤拔司令就迫使越南政府签订了二十七条的城下之盟，越南自己承认法国为保护国。由法国派驻越南的“东京理事官”转任为公使的弗罗芒，贴出告示说，越南全境尽属法国，还扬言要驱逐黑旗军出境。

在丹凤地方，黑旗军同法军激战三昼夜。刘永福指挥黑旗军虽然击退敌军，勉强守住了阵脚，但伤亡极重。不多几天，实在支持不住，他率部退出丹凤，与越南的统督军务大臣、东阁大学士黄佐炎转移到山西（位于越南北圻），暂时休整，停止作战。此时，最令人不安的是，刘永福与黄佐炎二人失和，给下一步的行动带来障碍。

正在这个节骨眼上，吏部主事唐景崧先后从张之洞、岑毓英那里领授使命，秘密潜入越南。经私下了解得知：越南“统督军务大臣、东阁大学士”黄佐炎，是越南王朝的驸马，权力根基较深，但统御无方，能力不强，本人又心胸狭窄，隐匿了刘永福在抗法斗争中的战功，导致彼此不和。唐景崧此行的第一个主要任务，就是帮助他俩化解矛盾。

这次，他已经是第二次来到越南。

按照礼仪要求，唐景崧到达北圻山西后，首先会见越南统督军务大臣、东阁大学士黄佐炎。他先是说明来意，讲清中国永远是越南的保护国，道破法国侵略者的狼子野心及其不可告人的目的，特别说到，大清政府将一如既往地维护双方之间唇齿相依的关系，越南有难，中国一定支援，从而取得了对方的信任。后就黑旗军的作用和贡献，进行了详细阐述，特意讲述了黑旗军保卫河内、杀败法军的光辉战绩。敌人一提到黑旗军则闻风丧胆，因而恨不得马上把黑旗军驱逐出越南境。可见，黑旗军已对法军形成巨大的压力。接着，唐景崧专门讲了内部团结与外部抗敌的关系，如果内部分歧不解，那就给敌人造成钻空子的机会。黄佐炎被唐景崧的诚恳话语深深触动，当即表示，一定消除同刘永福的隔阂，并奏请国土支持他的抗法行动。

而后，唐景崧去营寨面见刘永福——

联合刘永福抗法是唐景崧的主要任务。因为他深知，此次请缨入越是大清朝廷批准的，一旦失言那便是犯下欺君之罪。再者，张之洞在太后面前给他说了许多好话，还亲自到他的老家灌阳请他出山，命他到云贵总督岑毓英处报到后，立即潜入越南，秘密联络刘永福，这可全是上峰指令。这项使命说啥也得完成，否则无颜面对国人！其实，唐景崧踏入仕途十多年了，是个吏部后补主事，直到这次批准出国，才去掉了“后补”二字，但终究还是吏部主事。所以，他决心好好干一场，争取创出业绩，在仕途上再向前迈一步。

对于刘永福的处境，唐景崧心里再清楚不过了。刘永福本来是中国人，但因当初受大清追扰，而沉沦异域。他所率领的黑旗军仍着华人服装，念念不忘中国，并有仰慕名器之心；越南招抚以御法，屡战屡捷，该国授以副提督职，这也仅是个虚职；刘永福从不考虑官大官小，更不计较越南不发粮饷，而是收税养兵，所部两千将士，不臣不叛；越南王朝政府对其态度不冷不热，急则用之，缓则置之，刘永福亦不甚欣然受命；他所率军队志坚势旺，并非该国之爪牙，而是我大清边陲精干力量。此时，刘永福是退到山西的，万人的军队只剩下不足三千了，军心有些涣散，近乎解体。时下，唐景崧同刘永福见面是极为必要的。

黑旗军营寨设在山坳里，而栅栏大门紧紧地关闭着。但从栅栏外面可以瞧见手持枪械的士兵们来回走动，无疑他们是在警戒放哨，防止敌人偷袭营区。

站在栅栏大门外的唐景崧，已朝营区观看多时，等待刘永福查岗过来。但是，迟迟不见其踪影。他实在等不及了，便上前手击栅栏大门，喊道："喂！快开门，快开门，我有事要见你们的刘提督！"

一位士兵走过来，劝阻地说："刘提督有话，谁也不准进入营区。先生，您快回吧！"

"这位兄弟，你赶快通禀一声，就说咱们大清来人了，有要事求见！"唐景崧将头贴到栅栏门缝处，继续恳求道。

"不行不行，先生，您再说也不行！"这位士兵执意不肯。

另一位士兵走过来，不耐烦地说："喂！您这位先生不是难为我们吗？若是通禀的话，非让我们挨顿训不可！"

怎么办？见不到刘永福岂不是白来了吗？这可难坏了唐景崧。他在门外急得来回踱步，想啊，想啊……他忽然想出一个主意，又走到栅栏门前，叫道："兄弟，快过来！"

"先生，您还没走啊？"还是第一个士兵问话。

"你把这个交给刘提督，就说我有要事见他！"唐景崧说着从腰间取下那只短枪，递向栅栏门缝处。

"啊！枪?!"那位士兵犹豫了

"对，把我的武器带上！"

"好吧，先生，您稍等！"

那位士兵由门缝接过短枪，转身跑步奔向院内……

不一会儿，士兵又拿着短枪回来了。

守卫营区大门的两个士兵打开栅栏门旁边的小门。

"先生，请进吧！"那位士兵双手递还短枪，不好意思地说，"这是您的武器，让您费了不少心思！"

"多谢二位兄弟！"唐景崧接过短枪。

"刘提督在他的房间等候，先生，您跟我来吧！"

那位士兵说完后，走在前边带路。

跟在士兵身后的唐景崧，举目环顾四周——远处的山峦被白云缠绕着，近处的山峰被太阳照射着。岭上灌木郁郁葱葱，坡下野草翠绿茸茸，一条碧绿澄清的山泉小溪从山腰处缓缓地流淌下来。一座座绿色帐篷设置在溪水旁边，那便是将士们的宿营地。这里山清水秀，宜居宜游。黑旗军驻扎在这里，就像身处世外桃源，太神奇了！

不时地传来将士们练兵的喊杀声，并有战马的嘶鸣声。

唐景崧闻听军营的声息，心中大喜。谁说刘永福受挫、军心涣散了呢？记得黑旗军驻守北面红河边上的一条大堤时，堤高齐城，上设铁炮，最大的铁炮不过八百斤重，要用它来轰击红河内的法国军舰，当然是无济于事的。法军采取水陆两途，皆从东北进击。黑旗军迎头抵挡，打了一个小胜仗，杀了十几个法国兵。但紧接着报来一个坏消息，法军炮弹恰好打中河堤上的铁炮炮口，铁炮被炸裂，因而河堤失守，黑旗军退入城内。刘永福气得说不出话来，马上召集部下营官密议，准备夺回河堤。可是，堤上的法军得以有效的防守，黑旗军三进三撤，仍旧不能得手，只好退入城内。第二天，法军继续攻城。刘永福一看死守不成，当机立断，恰好中越人民里应外合，他率军队冲进城池，离开山西，往南撤退，直到兴化才停止下来。但刘永福没有气馁，重整旗鼓，不到三个月，又带领黑旗军从法军手里夺回山西。

今天，刘永福将军依然如故，豪气犹存。唐景崧边走边想边判断着。

当他走到距离山坡丘陵不远的地方，看到黑旗军的将士们手持兵器，利用地形地物，进行战地演练。他停下脚步，仔细察看，竟然发现演练队伍中有七八个女兵。他回过头来，向身旁引路的卫兵问道："黑旗军怎么招来女兵啊？"

"这是刘提督的大女儿、二女儿的功劳，最近，她们姐妹俩一看军队损失惨重，就骑着马到中越边境招来几个女兵。演练中把女兵编在男兵一起，将来打仗时便于男兵照顾女兵！"卫兵也抬起头来，用手指了指演练的将士们，"先生，您看，跑在前边的就是刘提督的大女儿阿娇、二女儿阿秀！"

"哦，看见了，不简单哪！女儿们有本事，能够为其父处理国事！"唐景崧称赞她们姐妹的时候，不由得想到黑旗军兵员缺乏，应该抓紧补充。

不一会儿，他俩拐进一条岔沟。唐景崧发现沟坡上设有一座木制房屋，心想这可能就是刘永福的住处。从进入营区的路上观察，刘永福打仗很有经验，屯兵营寨安置在山脚下，左右前后都有沟谷通道，便于出现意外情况时可随时机动撤出，这比驻防城里有利得多。同时，军队还能天天演练，为应战做好一切准备。

卫兵用手指着房舍，说："先生，您自己进去吧，刘提督在屋里等您哪！"

"好，多谢兄弟！"

"不谢。我回营门了！"那位卫兵转身离去了。

唐景崧朝着房门处大声喊道："刘提督！刘提督！"

只见从房门走出两个中年人，一男一女。男的是刘永福，女子是其妻张美兰。

"刘提督！嫂夫人！"唐景崧抱拳施礼道。

"唐大人！哎呀，原来是唐大人哪！"刘永福惊讶地说。

"贤弟，快进屋！"张美兰挥手道。

唐景崧被刘永福夫妇热情地让到堂屋。屋里摆着长方形木板桌，周围放置几个长条木凳。一看便知，这里是召开三营将领会议的议事厅。

唐景崧与刘永福隔桌对坐。张美兰给他俩提来一个铝壶，摆上两个黑瓷大碗，随手沏上茶水。唐景崧说了句："多谢嫂夫人！"便端起茶碗，"咕噜咕噜"地一连喝了几大口。

"唐贤弟，你和永福先聊着，我去给你们准备饭！"张美兰又给唐景崧倒上水，而后转身走出堂屋。

"唐大人！你咋不早说是你来呀，我以为……"

"朝廷有令，让我注意保密！"

"前不久，我率领军队撤入县城，准备固守。哪知城门一开，信奉天主教而又亲近法国的越南教民趁机混进城来，闹得我良莠莫辨，而且身为客军，无从阻止。果不其然，第二天法军攻城，这些越南教民改着白衣，作为投降法军的准备。他们给咱们黑旗军带来很大的麻烦，造成一定的混乱。所以……"

"所以今天你这位提督将军，把我也当成信奉天主教的越南教民了！"

刘、唐二人说到这里，哈哈大笑。

"这回可好了，我终于把你盼来了！"刘永福满脸喜色，似乎对方带来援兵一般，那种损兵折将的沉痛心情顿即抛在脑后。

"来吧，我先给你说说，我这次回国后，大清朝廷对待你的态度。"唐景崧端起黑瓷碗又喝了一大口茶水，稍作沉思后，就把两广总督张之洞大人如何请奏朝廷，提出"争越、封刘、战粤、防津"的战略策略，又如何派遣他代表朝廷秘密入越联络刘永福，一起抗法保卫中越领土等，一五一十地说个里外透彻。

大清朝廷对刘永福的看法终于改变，不再拿他当"洪杨"余党看了，这是他多年的心病，直到今天才根除。尤其让他感激不尽的是，张香帅坐镇两广，竟会如此抬爱他，"封刘"则是抗法战略之一。如今唐景崧特意潜入越南，代表朝廷联络他。这些都让刘永福激动得周身热血沸腾，不住声地说："感谢，感谢，太感谢了！”

“刘提督，我这里还有上、中、下三策，不知你愿采用哪一策？”

“唐大人，请讲！”

“上策是，黑旗军与大清滇军合并一起，军饷统一拨发，一致对外抗法！”唐景崧说罢上策，注意察看刘永福的神情。

说实话，刘永福打心里恨透了滇军，前些日子攻打河内法军时，滇军克扣了黑旗军大部军饷，根本没按朝廷指示办事。他皱了皱眉头，没有表态。

“中策是，黑旗军驻守越南北圻各省，积蓄力量，乃成霸王之业，然后请命大清，假以名号……”

“不行，不行，中策绝对不行，再说我刘永福力薄不胜，从来没有当官的野心！”刘永福立刻打断唐景崧的话。

“下策是，坐守山西，事败而投大清！”唐景崧说完又看着他。

“下策我不取。”

“中策、下策你不同意，上策你也没表态呀！”

刘永福摇了摇头，说：“上、中、下三策，我都不同意。我想听张香帅的，既然你负责同我联络，我就和你一块儿干！”

唐景崧听懂了对方的意见，可是让自己同他合着干，自己连一兵一卒都没有，也不能光出一张嘴呀！唐景崧站起身来，踱步思考……

过了好大一会儿，唐景崧停下脚步，问道：“刘提督，你现在还有多少兵力？”

“不怕你见笑，现在满打满算，包括 8 名女兵，黑旗军还有 2890 人！”刘永福实言相告。

“既然兵员如此缺乏，那么咱们就得想办法抓紧招兵扩军！”唐景崧抓准了对方的关键问题，遂建议道。

“那当然好啦，我正为此事犯难呢！唐大人，说实话，按照黑旗军现在的实力，没有资格同滇军合并！”刘永福不想说云贵总督岑毓英的坏话，便拐了个弯儿说出拒绝上策的理由。

“你说得对，没有实力的黑旗军，是不可能有威望的！”唐景崧点了点头，继而提出，“刘提督，咱们马上回国，抓紧招兵！”

“行，我同意！”刘永福当即认同唐景崧的高参意见。

“不过，你和我回国后，先不要急于招兵，咱们得先去见云贵总督岑毓英，你得表示自愿投奔滇军。”唐景崧看了看对方，又说道，“因为这是我临入越之前，同他商定的。”

“这……”刘永福着实为难，打内心不情愿。

“我知道你怎么想的。没关系，你先把投奔滇军的想法说了。紧接着就向岑毓英提出黑旗军粮饷的问题，让他帮助解决，他一听这事，当时就会谢绝你了！”唐景崧灵机一动，给对方出了个主意，“这样，你在云南征兵，他才不会阻挠。”

“好，好，我记住了！”刘永福非常佩服唐景崧的足智多谋。

“还有一点，你得记住，你见了岑毓英要称他‘大帅’，不要称他‘大人’，他听了后才高兴。”唐景崧又把礼仪方面的事情，跟刘永福说了一遍。

“是，是，我一定按照你说的去办！”刘永福满口应承，并问道，“咱们什么时候动身？”

唐景崧想了想，说：“军情紧急，今天晚上就得走。你还得带上几个熟悉国内情况的人，跟咱俩一起回国招兵！”

“没问题，请放心！”刘永福心里有了底数，痛快地答应道。

这时，张美兰给他俩端来做好的中国饭菜，烩肉、烹鱼、竹笋、苦瓜等菜肴上面都放有鲜红的辣椒，这是典型的南方菜特点。随后她又提来一壶陈酿白酒，分别倒入两个黑色大瓷碗里，递到唐、刘面前。

唐景崧非常高兴，连声致谢：“嫂夫人，谢谢，谢谢，太感谢了！”

“谢啥呀，不值得谢。现在条件不好，对付着吃吧！等将来把法国人打垮了，回国后我再给你弄好吃的，让你尝尝蟒肉、龙虾！”张美兰谦逊而诚挚地说。

“唐大人，来吧！”刘永福端起酒碗。

“来，刘提督！”唐景崧亦把酒碗举起。

他俩一碰酒碗，便一口饮尽……

当夜戌时，刚刚点灯，唐景崧、刘永福及他的儿子阿胜，大女儿阿娇、二女儿阿秀一行五人，乘马北行，飞奔云南。

第二天凌晨，他们来到昆明云南府。

吃完早饭后，刘永福跟随唐景崧去见云贵总督岑毓英。

岑毓英是抱着收编刘永福及其黑旗军的目的来接待他的。但知道刘永福不好对付，便以亲兵摆队、刀枪如林的架势迎接他，旨在显示自己的威风，杀掉对方的锐气。可刘永福并不在乎，因为他就是从枪林弹雨中走过来的，什么武器、什么敌阵都见过，焉能惧怕岑毓英的鬼把戏！他挺起胸膛，迈着矫健的步履，走过滇军队列。

刘永福踏进府堂，看到提前进入的唐景崧也在堂上，坐在岑毓英下首。他按照来时唐景崧嘱咐过的，抱拳打躬，称岑毓英“大帅”。

还不错，岑毓英几乎同唐景崧一块儿站起，抱拳还礼，口口声声喊着刘永福的号：“渊亭，渊亭！”

刘永福主动开口提出，此番多蒙唐大人联络，愿领黑旗军投奔滇军。岑毓英喜上眉梢，一再说：“难得，难得！”

坐在一旁的唐景崧向刘永福递眼神，快往下说。刘永福心领神会，随即提出请大帅负责解决黑旗军的粮饷、兵械问题。万万没想到，岑毓英答应得非常痛快，反复说：“没问题，没问题！”

太出乎意料，刘永福、唐景崧都愣住了！

怎么也没想到，岑毓英竟会答应拨发黑旗军粮饷。其实，岑毓英本身很吝啬，只是最近朝廷把军饷直接下拨云南，并谕示分配黑旗军，以供抗法军需，违者军法处置，所以他不敢扣压，当然得答应了。

黑旗军合编滇军眼看就要成为事实，这让刘永福着实失望，他不住地向唐景崧暗示请求。唐景崧皱起眉头，吸着凉气。

他俩正在为难，但岑毓英哪里知晓，他心里一直在盘算，黑旗军这支队伍到底要得要不得？他忽然问道：“渊亭，你的黑旗军还有多少人？”

“三千人！”

“哦，军队人数不多，编不了多少营，问题不大吧！”岑毓英回头看着唐景崧问，“唐大人，您看呢？”

唐景崧打心底也不愿意将黑旗军并入滇军，可是一听岑毓英的问话口气，好像是基本定下来了，于是采取折中的口吻回答道：“人数虽然不多，可也得足够的粮饷消耗！”

老奸巨猾的岑毓英听了唐景崧的回话，眼珠转了转，忽然又转向刘永福问了一句：“请问，大清朝廷给你下达正式授封的御批了吗？”

听了这句问话，刘永福不由得心头一震，朝廷册封谕示他始终没见到，这也是他一直挂念的大事。名不正，言不顺。可是，唐景崧向他口头传达了……想到这里，他笑了一声，回话道：“我刘永福从没有想过升官发财，只要让我参加抗法斗争，至于什么正式授封，也就无所谓了！”

“不不不，朝廷有谕示，让我亲赴越南，联络刘提督。况且，张香帅找了我，口头传达了朝廷关于‘封刘’战略的允奏。”唐景崧为了打破这尴尬且又不快的局面，便抢着解释回答。

“啊，是这样！”岑毓英心里已改变主意，干脆就以没有正式授封手续为借口，拒绝刘永福率部并入滇军。岑毓英叫了声：“渊亭！”而后委婉地说，“朝廷迟早会下来正式册封的，你不要往心里去。不过，滇军是大清在编军队，黑旗军因你这位统领提督还未正式授封而非在编，所以暂时还不能并入滇军！”

“大帅，这……”刘永福假装犹豫不肯，但心里巴不得军队不并入。

“还是大帅说得对！”唐景崧赶紧借机表态。因为这是最好的理由，拒绝入编，且又出自岑毓英之口。

谢天谢地！黑旗军终于解脱，依然能够自由发展了。

刘永福趁机向岑毓英大帅提出在云南征兵的申请，并请其给予帮忙，以解决军队缺员问题。

唐景崧在一旁帮腔。他着重强调，黑旗军一直处于越南抗法前线，兵力不足是难以完成阻击法寇任务的。还谈到，在国内征兵，可以保持黑旗军的纯洁成分，有利于提高战斗力。

听了刘、唐二人关于征兵的一席话，岑毓英觉得不无道理，目前仅有三千人的黑旗军，确实也难以担负抗击法寇的大战，再说，黑旗军兵力强弱也会直接影响滇军作战，具有足够的兵力才能有把握战胜敌军，这是一致对外的大计。他二话没说，同意了。

岑毓英当场表态，云南靠近越南的临安府、开化府、广西府等三个地区，随便挑选，在哪个府征兵都行。

回国到云南面见岑毓英的目的达到了，刘永福急忙欠身离开座椅，走至大堂中间，转身面向岑毓英，口称“大帅”，长揖叩谢。

“渊亭！请不必多礼，只要你对老夫不怪罪，老夫就心满意足了。”岑毓英亦走上前，长揖相谢。

“大帅胸襟宽阔，统率有方，此次抗法必能大胜！”唐景崧明明知道对方无能，心胸又小，但故意奉承吹捧，“此乃我滇军全体将士之大福矣！”

“哎呀呀，唐大人哪，唐大人，您这位钦差是老夫的知己呀！”岑毓英被唐景崧这么一忽悠，脑子立刻晕晕乎乎的，高兴地舍出了一点血本，说，“唐大人，我把滇军四个营的兵力调拨给你，包括这几个营的管带，都由你指挥！”

“谢大帅！”唐景崧立即长揖叩拜。

“免礼，免礼！”岑毓英说完了有些后悔，心里暗骂自己：我脑子咋这么发热呢！唉！话已说出口，唐主事也叩谢了，给他吧，仅四个营的兵力，好歹也算是对钦差的一个态度。

站在一旁的刘永福，看到刚才这一幕跟演戏似的，心里更加佩服唐景崧，这简直就是一个“小诸葛”，谋略太深了。没想到他这么一恭维，就把岑毓英给弄迷糊了，一下子将滇军四个营的兵力弄到手。嘿，神啦！

当天中午，岑毓英设宴招待了唐景崧、刘永福、阿胜、阿娇、阿秀等一行人。下午，唐景崧和刘永福几个人没有急于离去，而是趁休息机会，商量下一步行动计划。

经商讨他们决定，应该先去镇南关，拜访冯子材老将军，一来听听他对征兵的意见，特别是对黑旗军的布防指示；二来请他与张之洞大人联系，以求解决黑旗军粮饷的供应问题。而后，他们再去有关府地征兵。

次日，唐景崧等一行五匹快骑驰奔镇南关。

驻守镇南关的萃军统帅冯子材，一见唐景崧他们从越南回国，十分高兴，当得知一男阿胜，二女阿娇、阿秀全是刘永福的亲生子女的时候，甚感出乎意外，遂一再表示对黑旗军统领刘提督的钦佩之意。

说来凑巧，正当冯子材同唐景崧、刘永福他们谈得极为热闹时，张之洞携薛福德乘骑又一次赶到前线来。

经唐景崧介绍，刘永福第一次同张之洞见面。刘永福异常兴奋，当即让儿子阿胜，大女儿阿娇、二女儿阿秀，随他一起叩拜张香帅。张之洞抱拳还礼，并急忙上前搀扶，让他们快快请起。

久闻张之洞大名并受其大力支持的黑旗军首领刘永福，今日相见，说不尽感激的话语。张之洞对身在异国尝尽艰辛而坚持多年抗法斗争的刘永福将军，深表衷心敬意和万般感谢！

冯子材知道，张之洞是去京师晋见慈禧太后刚回来，主要为了请奏下达谕旨册封刘永福并委以重任事宜，从张香帅表情来看，此事办得可能很顺利。冯子材遂问道：“香帅，怎么样，此番赴京还顺利吗？”

张之洞面带微笑，点了点头，心想：在乾清宫廷议时，为了给刘永福争取这个游击头衔，将黑旗军纳入大清正规军编制，可费了一番周折。开始，他就向朝廷提出“牵敌以战越为上策，图越以用刘为实际”的战略方针，应积极资助黑旗军；接着，他便提出起用黑旗军统领刘永福，只有委其重任，才能完成抗法戍边任务。这下不得了，触怒了主和派，他们纷纷反对。张之洞力排众议，讲清道理，以民族大义为重，改变朝廷借法军之手消除黑旗军的态度，充分肯定黑旗军的抗法功绩，主张承认黑旗军的合法地位。在他的努力下，朝廷总算统一了思想，慈禧太后、光绪皇帝终于允奏，并颁发谕旨。

大家都在看着张之洞，盼望他从北京带来好消息。张之洞也在看着众人，尤其看到刘永福那双企盼的目光，更让他心动。张之洞默默地站起身，从衣内取出布帛谕旨，说道："唐景崧、刘永福接旨！"

众人全部站起。

唐景崧、刘永福口称"万岁"，急忙撩袍跪地。

张之洞极为严肃地宣道——

圣上诏曰：

吏部主事唐景崧，官为五品卿衔，可秘密潜入越南，联络刘永福，协助黑旗军，共同抗法，保卫边境。刘永福亦为正式官衔，授"记名提督"，继续率领黑旗军，英勇抗法，顽强杀敌，战胜法军可按功犒赏！

光绪十年，钦此。

"万岁！万岁！万万岁！"唐景崧、刘永福施叩拜大礼，随之欠起身来。

不管怎么说，朝廷正式册封刘永福的谕旨终于下来了。这对刘永福来说，是他多年来梦寐以求的一件大事，甩掉了"洪杨"余党的大包袱，再也不用担心"有国难投，有家难奔"的那种厄运会降到自己头上。从今天起，他统率的黑旗军可以名正言顺地驻守祖国各地，并代表大清政府抗击法国侵略者。听罢宣旨后的唐景崧，内心也很激动，关于他入越联刘之事，总算来了正式谕示，并且还给他晋升一级官衔，这一切都是香帅的努力。所以，他和刘永福欠身谢旨后，又向张香帅打躬致谢，深表感激之情。

可谓好友相聚，喜事临门。冯子材无比振奋，那种高兴的心情难以抑制。他立即吩咐厨师，备好酒席，欢迎款待各位。并且，出于对待刘永福子女的礼仪，又把张仁权、冯相荣、冯相华几个年轻人找来，一块儿陪客接风。

酒席宴上，冯子材将张之洞让到首位，他和唐景崧、刘永福及孩子们坐在长桌两旁。他举杯提议，为给张香帅接风，为给唐、刘二将祝贺，请大家干杯。众人亦举起酒碗，开怀畅饮。

酒席桌上，刘永福向张之洞、冯子材两位大帅请教两个问题：一个是黑旗军当下的军事部署，一个是黑旗军严重缺员而需要征兵之事。

张、冯二人商量后，根据我军在镇南关一带的兵力设置情况，指示刘永福应将黑旗军布防在临洮一线，以阻击法军偷袭。至于招兵买马，可在距离广西较近的地区进行，即云南省的开化府、广南府。

说到招兵，冯相华、张仁权主动提出，他俩一同前往，并说熟悉这里的风土人情，对招兵可奉献一点力量。

冯子材看了看张香帅，递去征求意见的眼神。张之洞点点头，欣然同意。冯子材说了声“可以”，遂嘱咐他们要听从刘提督的命令，万万不可擅自行动，必须注意安全。

酒席宴散后，张之洞又把唐景崧、刘永福留下，说了另外一件重要事情：经他向朝廷大力举荐，唐景崧新组一支粤军，开赴云南，深入越南，协助刘永福共同抗法。唐、刘万分感激，握拳叩拜，并说绝不辜负张香帅一番苦心和期望。

唐、刘他们忙着执行任务去了。

十天以后，刘永福率领新征召的一万名由中国士兵组成的抗法队伍，返回越南。张仁权、冯相华也都一同护送跟随。

唐景崧带领新组粤军，并四个滇军营，悄悄开进越南。他和刘永福取得联系，把粤军、滇军与黑旗军组在一起，由刘永福统一指挥。

这时，由于张之洞的大力周旋，朝廷通过云南，给越南黑旗军拨发饷银十二万两。

因为唐景崧的走访说和，越南再次重用刘永福，将他的黑旗军调到山西抗法前线。黄佐炎带领他的两千越南军，也尾随其后。

待黑旗军整编组合进驻河内省所属的怀德府后，法军在海军上校李威利的指挥下，突然发起攻击，连陷河阳、广安、宁平等省，进逼黑旗军。

在怀德府的纸桥地方，敌我双方相遇。黑旗军展开攻击，与法军短兵相接，拼命厮杀。刘永福豪气冲天，锐不可当，他一马当先，麾军猛击，阵斩李威利，法军退入河内。

这就是有名的纸桥大战。

唐景崧替刘永福以越南赐封他“三宣总督”的名义，写了一道檄文，征集队伍，“布告四海”。于是远近响应号召，抗法义师达三万余人。

越南国王又册封刘永福为“义良男爵”。

随即，刘永福同唐景崧密谋后，遵照张之洞香帅的指示，带领并组织三万余人的黑旗军队伍，秘密向临洮一线集结……

军队刚刚部署完毕，张之洞又给黑旗军筹集七万两白银和大量枪械弹药，以充分的粮饷供应，满足他们的作战需要。

冯相华、张仁权决定回国，准备参加抵御法军的反击。

为确保两位少爷的安全，刘永福责成其子阿胜，其女阿娇、阿秀一起护卫。

经过一个多月时间的朝夕相处，他们彼此之间不仅渐渐了解，而且加深了感情。尤其阿娇与相华、阿秀与仁权这双双大男大女，似乎更加亲近，心心相印。

出于安全起见，刘永福安排他们从水上行走，避开关卡，防止同法军冲突，并让他们身着便衣，打扮成商人模样，每人身背盛有茶叶的竹篓，赶往码头。

他们行至山西北面八十里的宣光地方。此处乃是锦江、明江的两江交汇之处，所以又名“双江口”。这里位于红河以北，并非法军重点防地，但向来是商贾往来的交通要冲，只是因为法军侵入并已占越南数省，弄得市面极其萧条，码头也不像从前那样繁华了。

不过，码头上还停泊着少数帆船，当地渔民靠打鱼和租船为生。但一天也碰不到几个租船客户，所以谁若是花钱使船，还是很方便的。

阿胜很快租了一条帆船。他把背上的竹篓放在船舱内，而后回到舱外，挥手让相华、仁权、阿娇、阿秀迅速背篓上船。几个人动作都很麻利，嗖嗖地跳到甲板上，陆续地钻入舱内，把竹篓放在船舱一角。

看罢风向——东南风，阿胜高兴地大喊了一声：“太好啦，天助我也！”随后便抖落绳索，开始用力撑帆，相华、仁权从舱内跑出来，协助他使劲拽绳撑起风帆。

阿胜仰头看了看展开的风帆，两手把绳索往桅杆上缠了又缠，绕了又绕，直到系紧后，才去操舵。他对他俩说：“相华、仁权，你们俩进舱里坐吧，我一个人就行啦！”

“阿胜，你能行吗？”相华有些不放心。

“这样吧，我来协助你！”仁权欲上前操橹。

“哎，不用不用，你们俩快去吧，阿娇、阿秀还在舱里等你们哩！”阿胜已经双手操舵，帆船开始启航。

“阿胜，你受累啦！”

“阿胜，我们……我们进舱了……”

相华、仁权听阿胜这么一说，似乎不好意思，他俩搭讪着转身钻入船舱，去找阿娇、阿秀，共叙离别之情……

船身刚刚离开港湾，只见几个法国兵持枪跑来，嘴里不停地叽里咕噜地喊着……阿胜一看，不好！敌人是要他靠岸，上船检查。他心一横，不行，说啥也不能返回。他假装没听见，拼命摇橹向前行驶。

那几个法国兵还在大声喊着……

阿胜拼命摇橹前行。他一手掌舵，一手摇橹，不一会儿，帆船驶离双江口，往北进入锦江河道。

忽然，“叭！叭！叭！”敌人开枪了。

阿胜伏下身子，照常摇橹摆渡。

“叭！”敌人又射来一枪。

阿胜抬头一看，枪弹将白帆射穿一个小窟窿，他骂了一声：“妈的！等我回来收拾你们！”

帆船已驶入江心。虽说是沿锦江逆水而上，但扬起的船帆借助风势却是顺风航行。船行速度越来越快。

那几个法国鬼子顺着江岸奔跑追逐。“叭！叭！叭！”又是一阵枪声……

第十一章　胜仗败约　留下千古恨

南国的大地春雨绵绵，风光秀丽。一座座山岭万木葱茏，遮天掩映；一条条江河百舸争流，竞帆远游；一层层梯田布满茶园，翠绿鲜亮；一片片沃土油菜花黄，流光溢彩。那一棵棵榕树生有硕大的树冠，就像一把把巨伞并列在一起，倾盆暴雨难以淋透，骄阳烈日也不易射穿。而它们的须根都紧紧地连接在一起，就像筑起的拦江护堤一样，牢不可破。

啊，南国边陲的勇士们！你们是雷电，在阴雨狂风中绽出绚丽的鲜花；你们是彩虹，在雨过天晴时画出诱人的弧线。我们将你们永远铭刻于心，是你们给大地带来新春，是你们给人民带来安居。

光绪十一年（1885 年）春天，中国抗法前线捷报频传——二月上旬，七旬老将军冯子材率兵于镇南关打败法军，取得了威震中外的镇南关大捷；三月中旬，农民军领袖刘永福率黑旗军于临洮大败法军，取得了临洮大捷的辉煌战果。

广西前线、云南前线、越南前线的抗法军民，欢腾雀跃，载歌载舞，敲锣打鼓，鞭炮齐鸣，热烈庆祝抗法的伟大胜利！

两广总督张之洞携薛福德等一行快骑，飞驰赶到镇南关，为抗法取得重大胜利的前线全体军民前来祝捷。

在关前阵地上，召开了大清抗法祝捷大会——

冯子材所统率的萃军军队、刘永福所率领的黑旗军军队、唐景崧所带领的粤军队伍和滇军队伍等，有七八万人，还有当地数千百姓，云集在镇南关关前阵地上，参加这次史无前例的抗法胜利祝捷大会。

当张之洞在冯子材的陪同下，走上关前高台时，只听数万人的呼声像地动山摇一般——“张香帅——张香帅——张香帅——”张之洞被这激动人心的场面深深地感动着、触动着，他流下了热泪……亦高喊着：“将士们——乡亲们——将士们——乡亲们——你们辛苦啦——”

场上又响起众人的呼喊声：“张香帅——张香帅——张香帅——”

“将士们、乡亲们！乡亲们、将士们！你们付出了辛劳、付出了血的代价，我们终于赢得了镇南关大捷！赢得了临洮大捷！赢得了抗法的重大胜利！”张之洞激情满怀地向广大军民宣讲。

场上军民再次振臂高呼：“大清必胜——法国必败——”“打败法国佬——法军从越南滚出去——”

抗法的口号声一浪高过一浪。

军民的抗敌声一阵胜过一阵。

“将士们、乡亲们！我代表抗法帅部向你们致以崇高的敬意！”张之洞单膝跪于地上，抱拳施礼。

“张大帅——”将士们亦跪于地上，抱拳还礼。

“九泉下的烈士们及其亲属！我代表朝廷向你们致敬！并缅怀英灵！”张之洞双手摘下自己头上的红顶官帽，又伏首致意片刻。

许多抗法战士、烈士的亲属呼啦一下，也都双膝跪于地上。

“将士们、乡亲们！我们要誓死捍卫大清领土！坚决不当亡国奴！”张之洞又戴上红顶子，欠身站起来。

“捍卫领土！保卫国家！”将士们与乡亲们都举起右拳，高声呼喊。而后，全都站起身来。

“请诸位注意！我这里有一块木牌……”张之洞朝众人喊了一声，回头看了看冯子材。

冯子材赶忙把木牌递给他：“大帅！”

张之洞接过木牌，转向众人举起：“你们看！这是前不久，法军侵占镇南关时在关前高台上竖立的一块牌子，上面写道：‘广西的门户已不再存在了。’这是他们的宣称，更是他们的狂妄野心！一厢情愿，岂能持久！”

“捍卫领土！保卫国家！”将士们看到法军曾竖起的木牌，义愤填膺，同仇敌忾，遂又高声喊起来，“打败法国佬——法军从越南滚出去——”

张之洞猛一挥臂，摔掉手中的那块法国人木牌，“啪”的一声，木牌摔断了。随之，张之洞一边喊着：“将士们！乡亲们！”一边指着身旁竖立不久的木牌说：

“你们看，这是我们萃军统帅冯老将军在取得镇南关大捷之后，在关前原来法国人竖牌的地方竖起了我们中国人的木牌，上面写道：‘我们将用法国人的头颅重建我们的门户。’这个目的我们已经实现啦！”

场上数万军民再次振臂高呼：“大清必胜——法国必败——”“大清必胜——法国必败——”

军民们的抗敌热情和爱国精神，让张之洞一次次热血沸腾，一次次备受鼓舞，更加坚定了主战观点，直至终生都没有改变。

张之洞着重指出：“法军绝不甘心最后失败，还有可能积蓄力量，重新反扑过来。所以我们还不能撤军，必须驻扎在抗法第一线，提高警惕，严阵以待，随时准备给法军以迎头痛击，彻底打垮法寇，把它们赶出中国去，赶出越南去！”

“大清万岁——大清万岁——大清万岁——”数万军民的呼喊声如山呼海啸，将祝捷大会推向高潮。

抗法祝捷大会结束后，各军队统领、管带集中在关前高台周围，倾听张香帅、冯老将军关于下一步抗法防御战略战役部署。

张之洞站在抗法战略全局的高度，进行阐述和分析——他严肃地告诉大家，广西和广东、福建和台湾，现已形成统一的对法作战态势，都面临着如何抵抗法军入侵、维护大清疆土完整这一重大问题。他还形象地打比方说，法国的侵略魔爪并没有彻底收回，仍在蠢蠢欲动，别看它目前像冻僵的毒蛇，但很可能死而复生，到时候还要残害我们。大家千万不要忘记咸丰十年英法联军攻陷北京、火烧圆明园的惨痛教训，法寇一旦进入我们的家门，将贻害无穷。他最后再三强调，我们不但不能撤军，而且还要提高警惕，丝毫不能松懈，密切注视敌人动向，随时准备痛击来犯敌人！

接着，冯子材就广西、云南乃至越南驻军所处的地理位置、地形特点，做了具体的战役部署。他向大家指出三点注意事项：一是充分利用山地特点，发挥我军陆地作战优势，尽量避开法军水上作战的舰炮优势；二是注意加固阵地防御工事的建设，炮台、堡垒、堑壕都要统一布局，互为依托，绝不可顾此失彼，做到攻防结合、进退自如，机动地消灭敌人；三是严格遵守军队纪律，关心当地百姓利益，力争建成军民抗法的武装力量，迫使敌人钻不进来、站不住脚、藏不住身。一句话，我们要用我们的血肉之躯，保卫住我们大清的南大门！

大家听罢张、冯两位大帅的讲话动员，受到莫大鼓舞和激励，打了胜仗还不能松劲，更不能撤军。广西、云南这个中国的南大门，直接关系到广东、福建前线形势的变化，这里依然是全局的重要部位——牵一发而动全身。大家表示，一定要带好军队，坚守阵地，让法国佬有来无回！

刘永福、唐景崧两位首领也都表了态，他们决定回去后，一面抓紧总结作战经验，奖励作战立功人员；一面抓紧修筑作战工事，做好一切应敌作战准备。他们决心，在祖国南疆贡献自己的毕生力量！

各军队即将返回驻地，冯子材、刘永福、唐景崧等人都来同张之洞话别，并探讨朝廷日后将对法采取什么态度。张之洞对一直在前线的这几位将帅，打心里敬佩并十分感激，正是因为他们，才赢得今天的胜利局面。他们马上还得与他分手，他确实舍不得离开他们，彼此之间这种深厚的友谊是在战斗岁月里建立起来的。所以，张之洞一再赞扬他们对抗法战争的贡献，以及对他的大力支持。他们对张之洞更是感激不尽，他们说：如果没有张香帅的推荐重用，就没有报效国家的机会；如果没有张香帅千方百计筹集粮饷军械，就不可能取得镇南关大捷、谅山大捷、临洮大捷，那后果不堪设想……

至于谈到朝廷对法将是个什么态度，张之洞一下闷在那里了，似乎很不好猜测。说实话，他对朝廷始终忠诚和信赖，从没有任何猜忌和不满，这可能与慈禧太后对他宠爱有加有关；可是，近年来朝廷抗法的大政方针，常常犹豫不决，主战派与主和派之间的斗争一直未能停止，主战虽然有慈禧太后和皇上支持，可主和却是朝中重臣提出来的，也是打着保家卫国的旗帜说明主和理由。所以，这么一分析，未来的前景不一定很乐观，必须做好思想准备……然而，张之洞为了安慰大家，从正面讲述，朝廷看到我军取得镇南关大捷，必然坚定抗法信心，很有可能继续坚持抗法。

冯子材、刘永福、唐景崧他们相信张香帅的分析判断，充满信心地组织军队，按原计划进行。

在这即将分手之际，阿胜、阿娇、阿秀来找相荣、相华、仁权。他们相见后，连蹦带跳，有说有笑，高兴得不得了。

阿胜知道阿娇与相华、阿秀与仁权的密切关系，便有意识地拽了一把相荣。相荣心领神会，赶紧躲开他们，跟着阿胜跑到一棵大树下交谈去了。

善解人意的行动，当然要得到他们感激了。他们笑着向他俩摆了摆手，而后各自牵着意中人的手，去寻找无人的地方，倾吐离别之苦、思念之情、相聚之甜……

由于战事要求，聚散是正常的。阿胜、阿娇、阿秀同相荣、相华、仁权挥手告别，他们依依不舍。阿娇和阿秀都落下了泪珠，但姊妹俩忍着内心的酸痛，与相华、仁权惜别分手，转身跟随哥哥阿胜，去追赶黑旗军队伍。

祝捷大会之后，对前线军队又做了妥善部署，张之洞这才放下心来。

当天晚上，冯子材下令，在关前点起篝火，给萃军全体将士摆设庆功宴。

张之洞当然受邀参加。他端起酒碗，在冯子材的陪同下，给将士们敬酒祝贺。

篝火前，一些少数民族的将士自动组织起来，手拉着手，边唱边跳。那篝火不停地燃烧，发出“啪啦、啪啦”的响声，火苗蹿得高高的、亮亮的，映红了大半个夜空。那歌声伴随着舞蹈脚步声，由近及远，响彻关前关后，为大战告捷带来一片欢乐祥和的景象。

相荣、相华、仁权三个晚辈都端着酒碗，来到主帅冯子材、总督张之洞的酒席桌前，向两位长辈敬酒贺喜。冯子材、张之洞一见几个孩子，高兴极了，也都欠起身来，端起酒碗。冯子材对张之洞说：“香帅！咱们的儿子很争气，相荣、相华、仁权他们仨在镇南关大战中，英勇杀敌，将生死置之度外，都立了大功！”

“好啊！相荣、相华、仁权，你们给祖宗争了光，给大清争了光！来吧，让我这个当叔叔、当父亲的，祝贺你们荣立战功！”张之洞说完，举起酒碗，率先饮下。

“多谢香帅！”

“谢父亲！”

相荣、相华、仁权说罢，亦将碗中酒一饮而尽。

冯子材又让相荣他们端起酒坛，给张香帅斟上酒，欢迎他从广东赶来，感谢他为前线日夜操劳，筹集大量军饷，以满足作战需要。大家又一饮而尽。

张之洞亦命仁权取过酒坛，先给冯老将军倒满，而后再给其他人逐一倒上。张之洞端起酒碗，提议说：“这碗酒，让我们祝贺冯老将军一举取得镇南关大捷，歼灭法军精锐千余人。并乘胜追击，扩大战果，随即占领文渊、谅山、谷松、北黎等地，战场上的形势大好，从根本上改变了中法战争的态势，我军由被动转为主动，敌军由主动转为被动！来，干！”

“香帅，多谢了，干！”冯子材端酒碰盏。

“干！”仁权、相荣、相华也都同冯子材碰盏祝贺。

众人把碗中酒全部饮尽。

夜深天凉，冯子材考虑将士们身体疲惫，需要及早休息，遂宣布篝火晚会结束，各军队立即返回。

待军队回到驻地营区就寝后，冯子材陪同张之洞走回中军大帐，也准备去休息了。

这天夜里，睡觉之前，两人躺在被窝里，冯子材向张香帅请示一件事情，他说是他心里一直挂牵的一件大事……

张之洞听冯老将军这么一说，觉得有些奇怪，什么大事一直挂牵在心里呀？张之洞让他快说出来，好帮他参谋参谋。

冯子材翻过身来，只好实言相告："就是仁权回京师的事情。"

"嘿！这算什么大事啊？睡觉睡觉……冯老将军，不要管仁权，让他在军队多锻炼一段时间，这对他的一生都有好处！"张之洞仰起脖子说了这番话，仍主张儿子在军队继续锻炼。

"香帅，话可不能这么说。谁不知道，张仁权是考中的进士，他这位进士每天和将士们一样，除了修工事，就是打仗，大汗滂沱，枪林弹雨。我们这里的人，都夸他，都非常佩服他！可我对他……又是心疼，又是担心……"冯子材说到这里，说不下去了，因为想到仁权从小就失去了亲生母亲，是继母把他拉扯大的，一旦出现意外，怎么向张之洞交代呀？他的一双老眼噙着泪花。

"啊！冯老将军，您说的话，我很理解，一个有了功名的人，似乎不能再去当兵，不能与普通百姓在一起，否则是不是太可惜了？是不是太不值得了？您老本身就是大将军，不也是从当兵干起吗？前不久您还回故里当农民种茶田呢！"张之洞将头靠向对方，进而又说，"冯老将军，您不要为我、为仁权担心，打仗就要流血，就要牺牲，这是难免的。相荣、相华，还有那全军将士，哪个不是舍生忘死地报效国家！"

"香帅，您说得好，也很在理。但是仁权已经来军队快一年了，和将士们一块儿生活、一块儿拼杀，所受的锻炼、所受的磨砺是常人无法比拟的。现在，我们又取得镇南关大捷、谅山大捷、临洮大捷，可以说，这是抗法的重大胜利！所以，我建议：明天您回广东时，还是应该把仁权带回去……"

"冯老将军，我说得既然在理，那么仁权还得留下，等过一段时间再说！"

张之洞说完吹灭了那盏油灯。他和冯子材仰面倒在枕头上，不再说话了，准备入睡，解除连日来的疲劳。

他俩一觉睡到天明。

为了不让将士们送行，张之洞向冯子材打了招呼，吃完了早点，就带领薛福德一行快骑，悄悄上路了。

他们乘骑来至隘口阵地通往广东的岔路口处，只见张仁权站在坡岭上，张之洞勒缰停奔，先是转身对薛福德说：“福德，你们到前边等我！”

“是！”薛福德应声后，抖缰磕镫，带领其他人朝前奔去。

“爹！爹！”张仁权一边喊着，一边朝父亲跑来。

“仁权！仁权！”张之洞喊着长子的名字，翻身下马。

“爹！爹！”张仁权跑到近前，急忙搀扶年近五旬的父亲。

张之洞心里清楚，这一年来，儿子始终在抗法前线，所受的苦和累是可想而知的，甭说还能立功受奖，就是坚持下来也算了不起！只不过这种评价是不能同他人讲的，即使当着仁权的面，也不能这么说。

“爹！您太累了，这回抗法获胜，取得镇南关大捷，您应该歇一歇了！”张仁权望着父亲两鬓斑白的头发，两只眼睛有些湿润。

“唉！为父已快五十了，难得儿子一片孝心哪！”张之洞听了儿子的嘱托，心里受到慰藉，只觉暖洋洋的。

“爹！您比起我们这些人，更操心、更费力，两广、云贵乃至越南前线，您都得要统一谋划、统一协调。兵力部署、枪炮弹药、后勤保障，方方面面都得要想到了，这种战略战役指挥太不容易了！爹！军事上谁也替不了您，可生活上谁也帮不了您，我母亲又不在您身边，您一定要保重！”仁权因为父亲来广西前线参加祝捷大会，没有单独说话的机会，便借今天早晨给父亲送行之际，认认真真地嘱咐一番。

“仁权，你长大了，说话、办事跟以前大不一样了，爹小瞧你了，对不起呀，儿子啊……”张之洞听罢长子的一席感人肺腑之言，心内无限感慨，他拍了拍仁权的肩膀，由衷地说，“儿子！你五岁就失去了生母，打小就缺乏母爱，父亲对你关心不够啊……特别是到了过年过节，我一看那些有亲妈的孩子，吃的，穿的……再一看你，我这心里……不是滋味……”

“爹！您……您……您别说啦……您对我够好的啦……”张仁权看到父亲含着眼泪说了这番话，自己也落泪了，为了不让父亲再伤心，他不住地安慰道，“小时候的事，我什么都记得，您又当爹，又当娘，抚养我，照顾我，教我认字，让我念书，鼓励我早日成才。后来，您给我找了贤德的继母，十几年来，多亏了这几位母亲，生活上体贴我，学业上督催我，对我简直就像亲生儿子一样，所以我才有今天……爹！我知足啦，您长年在外为官，继母把我这样一个孩子培养成进士，真是难得！”

“好，好，好啊，说得好！我的儿子太懂事啦！”张之洞万万没想到，长子仁权竟然对他的继母有如此高的评价，这真是太难得了！

“爹！我这次参军来到广西前线，母亲不是很同意。她主要惦记我的安全大事，生怕我有个三长两短，对不起我的生母。还有，母亲同我的感情太深了，打心窝里不愿意离开我！这么一来，我可费老劲了，苦口婆心，谈了两天两夜，母亲才答应我参加抗法队伍。爹！您有机会回京师办事，一定代我问候母亲，并向她诚恳致歉。”张仁权说了许多内心不安的话，唯恐母亲抱怨他。

“你放心吧，我一定把你说的话，转告给你母亲！”张之洞心里早就知道，李夫人一开始就反对仁权去前线，后来仁权终于实现抗法愿望，她思想上能够转这么一个大弯子，确实不容易！因此，向她转达仁权的话大有必要。

“爹！我这里有一件东西，请您带给我母亲。”仁权从衣兜里掏出一个黄缎布包，双手递给父亲，又说道，“我去越南护送新兵，从锦江回来，在广西劳水东岸的照阳关集市上，特意给母亲买的，这是我的一点心意！据说此等银质首饰，来自暹罗哩！”

“好，好啊。”张之洞接过来抖开布包一看，原来是一副银手镯，在旭日的照射下，闪着耀眼的光芒，他心里分外高兴，赞不绝口，“这是一件珍贵的礼物，太好啦！等我回京时，就替你转交给你母亲！”

“爹！时间不早了，您该上路了！”

“好，你也回去吧！”

仁权上前牵马坠镫，扶父亲跨鞍。张之洞把银镯布包装好，搬鞍上马，从仁权手中接过缰绳，说道：“仁权，注意安全！”

“是。爹，您一路保重！”仁权双手抱拳。

“知道啦！”张之洞双脚磕镫，猛一挥鞭，“啪”的一声，骏骑飞蹄驰奔，追赶薛福德他们去了。

仁权依然站在坡岭上，久久地望着父亲离去的背影……

张之洞一行快骑于第二天晚上回到广州。

次日清晨，他吃罢早饭，急急忙忙赶到两广总督府，给朝廷撰写电报文稿，报告镇南关大捷，并于当天送到广州电报局，发往北京。

镇南关大捷的消息已经传遍大江南北，举国上下欢欣鼓舞，人人奔走相告，个个喜笑颜开。中国人第一次取得抗法战争的伟大胜利，也是第一次取得战胜外国强盗的重大胜利！

作为朝廷举行重要庆典和研究重要国事的乾清宫，忽然又呈现出往日少见的那种严肃而激烈的场景。这是满朝文武大臣在为取得镇南关大捷之后应采取何种行动所进行的争辩和表态。主战派认为，大清要牢记历史教训，英法联军曾在咸丰十年攻陷北京、火烧圆明园，就是因为我们抵抗不力、软弱可欺，如今我们打败法军，取得震惊中外的镇南关大捷，说啥也不能撤军，绝不能给法军喘息机会，让敌人卷土重来；主和派却认为，我大清既要以史为鉴，更要考虑敌强我弱的现实，停战议和是上策，中法两军都应撤军，趁我们现在正处于胜利形势，议和不能错过时机，所以应该下诏，宣布立即撤军……

并坐在御座上的慈禧太后和光绪皇帝，听了两派争论半天也没有表态。但听到翁同龢提到不要忘记英法联军火烧圆明园时，慈禧太后脸上顿即涌起愠怒，她忽然想起跟随文宗仓皇出狩热河，后来文宗急病攻心、吐血身亡，这皇家之仇、国家之恨，她感受得最为深切。如今前方将士将法军打败，总算报仇雪恨、扬眉吐气了。这块心病，也该治愈了。若是议和，算高看法国人；若是再战，不知后果如何。

慈禧心想，反正咱们是不怕法国人炸刺儿了，只是战与和应该有一个具体明文说法，不能让洋鬼子笑话咱们。她看了一眼站在众卿之首的李鸿章，因其主张议和而被主战派翁同龢、孙毓汶等军机大臣一顿抨击，气得脸色煞白，遂安慰道："李鸿章，你是北洋大臣，兼直隶总督，又负责外交事务，看待事情、处理问题，比一般人站得高、看得远，不要因为别人说两句不对心思的话，就受不了！"

"老佛爷，我知道您的好意。可有些人不在我这个位置上，怎么能晓得国事难办哪！"李鸿章在殿前公开向慈禧太后诉说起委屈来。

"难道别人都是白痴？"翁同龢往前站了一步，面朝李鸿章质问道，"我们前方将士抛头颅、洒热血，已经取得镇南关大捷，这是多么好的抗法斗争形势！中堂大人，如果现在我们还去同法国人议和，那么举国上下将是个什么状态？岂不是寒了前方将士的心吗？"

刚调入军机处不久的孙毓汶，正是因为主战而被醇亲王奕譞推荐才有此重要地位，今天面对这样的派别争议，尤其是对立面李鸿章站在眼前，说啥也不能失去主战的立场。但是，应该如何谏奏才能让老佛爷和皇上满意呢？他想好了措辞，干脆，避开李鸿章，面向御座抱拳奏道："老佛爷、皇上！微臣愚见，只要我们君臣一心、军民一致，就不怕洋人捣乱，镇南关大捷足以证明：只要我们敢于斗争、善于斗争，就不怕洋人耍滑，要揭穿洋人议和的鬼伎俩！”

前不久被恢复职务的张之万，又行走军机处，并回到吏部尚书岗位上来。他今天一看这阵势，太难对付了。打心里说，他不愿意议和，更不愿意撤军，可是无法表态，谁不知道巨室不可惹呀！李鸿章仍没松口，仍在坚持议和的态度。这时，他想找一个遵循者，最好是比自己官大的，只要还是主战就行。他决定等一等再表态，把目光移向醇亲王奕譞身上……

醇亲王没注意到张之万在看他，只注意慈禧太后的眼神。她究竟是同意议和、撤军，还是坚持不撤军、准备再战，真是揣摩不透。再加上主张议和且又软硬不吃的李鸿章还在坚持自己的态度，暂时下野的六哥恭亲王奕䜣跟李鸿章一样，也是主和派，身旁站着军机大臣宝鋆，此人又是恭亲王的嫡系，若是唐突表态，非引起大麻烦不可。老佛爷把军机处和总理衙门的大权，全部委以自己，那是因为当初坚持主战、顺应老佛爷的缘故。可如何对付眼前的大事，绝不是玩着闹的。皇上那里好说，他得听老佛爷的，何况他又是自己的亲生儿子。但慈禧老佛爷是万万不可惹的！这架势太难拿了，恨不得上天让自己病倒，躲开这个政治旋涡。现在，他确实感到力不从心，比起老六的能力差远了。唉！当初就不应该接这副重担！

果不其然，慈禧太后的眼神就像两道寒光一样射向醇亲王，醇亲王奕譞不禁打了个寒战，但他还是没敢搭话。只听慈禧冷冷地问了一句：“怎么，七爷还不敢吭一吭声啊？”

“老佛爷，微臣岂敢默然视之！”醇亲王赶紧伏首答言。

“那好，你说一说，到底是个什么态度？”慈禧进而逼问道。

醇亲王在思想深处已经理出一个看似清晰又不清晰的头绪，但总比没有态度好得多。他“嗯”了一声，清了一下嗓子，禀道：“镇南关大捷报来，不仅给我大清壮了国威，也为朝廷决策大事争取了主动，一是那种不赔兵费和不下来的局面不复存在了，二是那种拒绝议和而又不撤军的形势让法国人奈何不得……”

“七爷！你这闪烁其词的观点，好似一个皮球，圆乎乎的，光滑滑的，谁也抓不住！”慈禧太后讽喻道。

“喳！微臣愿听教诲，只要老佛爷指点，什么事情都会办得清清楚楚！”

“哎呀！七爷，你是不是老实得出格了？”

慈禧从心里不怎么怨恨醇亲王奕譞，她知道他是一个本分人，没有啥坏心眼儿，谁都恨不起来，谁都爱不起来，越是人多的时候，越是不敢说心里话。她长出了一口气："唉！你先考虑一下。"

"是！"醇亲王心内暗喜，老佛爷给他留了不小的面子，好歹没让他在众人面前丢脸。

张之万心里高兴，本想醇亲王讲完就学着说几句，可慈禧太后盯上了醇亲王，无形中他便可以逃脱今天的谏言。

关于镇南关大捷之后的事情，议论了半天没有结果。慈禧太后没有征求光绪的意见，压根儿也没有这个打算。皇上心想自己还没亲政，不到说话的时候，所以仍是保持沉默。她看了看众卿，宣道："醇亲王！李鸿章！你们俩留下！其他人跪安吧！"

"喳！老佛爷、皇上，万岁、万岁、万万岁！"众臣工跪拜山呼后，转身退出乾清宫。

"来吧，他们都走了，咱们得拿个正经章程。"慈禧太后望着李鸿章、醇亲王他俩说。

"启奏太后、陛下，英国人、美国人都出面，让我们同法国议和；法国驻华领事特意到天津找我谈判，因无朝廷谕示，微臣尚未接待，让他在天津暂等！"李鸿章抱拳躬身请示道，"如何裁定，请老佛爷下旨！"

"美国人帮我们调停，英国人亦在帮我们调停，人家可能是好意，谁愿意打仗呢？闹得都不得安宁！"慈禧太后想了想又说道，"咱们把法国人打败了，已经伤了和气，但也犯不着得罪其他国家。军机处、总理衙门是得好好研究一下，办不到的事情，别胡乱托人！"

醇亲王从慈禧、李鸿章的讲话中，已经悟出了一些味来，看来议和与撤军的可能性比较大，只是还没有明言，于是他试着说道："这次中法开战，我们在越南、福建、台湾等地抗法战争中，耗资军费三千余万两银子。我们还需要建设海军、建设其他项目，真若是再打起来，这个家的支撑可就困难了！"

"七爷说的话，我爱听。这回还差不多，像一个当家人讲的话！"慈禧太后头一次听到醇亲王奕譞关心大清的财政大事，其实最让她感兴趣的是，还需要"建设其他项目"这句话，因为她知道他指的是修建颐和园必须筹措一大笔款子，好为她退下来准备好颐养天年的地方。

"是啊，醇亲王所言极是！"李鸿章万万没有想到，七爷奕譞在平时总是唱高调，当了主战派，此时不跟他唱对台戏了，所以他趁此机会向慈禧明确表态，"老佛爷！微臣主张——借谅山一胜之威，与缔和约，则法人必不再妄求，并可同时下令停战撤军！”

慈禧“嗯”了一声，但她面目仍是严肃，沉默了好一会儿，转对醇亲王问道：“七爷，你看呢？”

醇亲王心想，这议和的调子已基本定了，不能再不知趣了，遂表态答应说：“我看中堂大人的意见值得重视！”

慈禧太后最后拍板说：“好吧，七爷去找军机处、总理衙门再议一下，起草个折子，尽快报上来。李鸿章，你速回天津，跟法国人谈吧，记住，不能再给他们搭银子了！”

“是，老佛爷！”醇亲王、李鸿章跪拜应声后，欠身退出，分头准备去了。

殊不知，镇南关大捷的消息传到了法国，导致法国茹费里内阁政府倒台。

不幸的是，当中国军队在前线浴血奋战，取得镇南关大捷、谅山大捷而终于扭转战局的时候，连整个欧洲都非常震惊，李鸿章等人却在英国人赫德等的怂恿下，派出其手下的一个英国税务员金登干代表大清王朝，于当年二月十九日（4月4日）在巴黎签订了《中法停战条约》。

三天后，清廷宣布停战。

停战诏书飞抵前线。

两广总督张之洞、正在福建督师的左宗棠、治兵广东的兵部尚书彭玉麟等，闻之大为震惊，并非常愤怒。他们纷纷上书表示反对。

第一封谏书上送后，张之洞再次上书，奏称撤兵之害。

前线将士更是以剑砍地，不想撤离战场。冯子材、王德榜等也纷纷上书请战，并要求处死议和者。

岂止于此。在列强的极力干预和上层主和势力的强大压力下，于四月二十七日（6月9日），李鸿章仍代表清廷，在天津跟法国人签署了《中法新约》：承认法国对越南的“保护权”；云南、广西各开放一处通商；中国日后修筑铁路，应与法国商办；法军撤出基隆和澎湖。

不可思议的是，主和派把这个中法条约视为李鸿章的重大外交成就，因为这是鸦片战争以来第一个没有割地赔款的条约。

正因如此，李鸿章才进一步把持了晚清中国内政外交的大权。

这是丧权辱国的条约。张之洞实在忍受不了，决定去天津找李鸿章理论，问个究竟。

张之洞携薛福德，从海上乘轮船北上天津。

在张之洞走后的第二天，左宗棠上疏复命，并以治病为由辞去一切官职。

张之洞他们赶到天津，来到北洋公所。张之洞一个人去求见李鸿章，而李鸿章开始不想接见，让他的儿子李经方找一个搪塞理由，将张之洞挡在门外。李经方遵照父亲的嘱托，对站在门口等候的张之洞说：“张香帅一路辛苦！家父因身体不适，等改日一定相见，请您暂到驿馆歇息！”

张之洞一听，马上意识到李鸿章不愿意见他，怕他揭穿撤军、议和的丑恶面目，随即想了个主意，将对方一军：“好吧，没关系，中堂大人肯定是因为跟法国人谈判签约而累得病倒了，这次就不见了。经方，这天津市、大沽口码头，是你们北洋水师的地面，你去给我买张船票，今天我就回广州！”

“不，不不不，香帅您不能走！我去跟家父商量一下，看能不能坚持同您会面？”李经方一看，情况不妙，急忙挽留。

“嘿！那就麻烦你啦！”

“请稍候！”

李经方向张之洞拱手一礼，转身去找其父汇报。

正在卧室地板上踱步的李鸿章，看到儿子经方急步转来，料到情况有变，问道：“怎么，他非要见我不可？”

“哪儿啦，人家说不见就不见吧，让我给他买船票，今天就要回广州。”李经方着急地说，“父亲，您还是见见吧。张之洞也是封疆大吏，从七八千里之遥的广东来到天津，一旦您不见他，这若是传出去，对咱们可不利！”

“唉！张之洞这个人真难对付！”李鸿章想起张之洞就头疼，今天他登门求见，肯定是为撤军、签约之事，谁能说服得了他呀？可是，将他拒之门外也不是办法，传扬出去的确不好听啊！李鸿章从衣架摘下官服，对儿子说：“见！”

“是！”李经方帮助父亲穿上官服，戴上红顶官帽，便匆匆去请张之洞。

在会客厅，李鸿章接待了张之洞——

李经方把侍从打发走了，亲自给张之洞、父亲他们沏茶倒水，而后也悄悄退出客厅。

张之洞主动而又有目的地寒暄：“中堂大人！近日身体欠佳，是不是因为跟法国人谈判签约累的？您千万要注意哟，不能让一个战败国影响您的健康！”

李鸿章听了这些客套话，感到很别扭，不是个滋味，他不住地摇头，不知怎样回答才好。但在门外时，张之洞也是这么说的，李经方就没听出来，可能是年轻的原因。

对方没有答言，让张之洞觉得说对了。于是他又说道："中堂大人——"

"张香帅，您无事不登三宝殿，有啥事直接说吧！"李鸿章不想回答他那讽刺的问话。

"那好，我是特意来登门请教中堂大人的。"张之洞不想兜圈子了，直截了当地切入主题问道，"中堂大人！我不明白，大清军队抵抗法军侵略，已经取得镇南关大捷、谅山大捷、临洮大捷，正值全军斗志旺盛之际，为何托人在巴黎签订《中法停战条约》，宣布停战撤军呢？"

"停战撤军乃是大清政局之需要，我大清同法国几年来的战争耗资款额过大，双方之间都需要停火休战……"

"我们大清撤军，而法国不撤军怎么办？这不是给我们大清造成被动吗？"张之洞打断对方的话，提出质问。

"这，这怎么会呢？"李鸿章感到语塞，无言以对。

"中堂大人！再问，我大清既然取得镇南关大捷，打败了法国军队，为什么战败国提出和谈签约，我们战胜国却答应呢？您不觉得荒谬吗？"张之洞进而逼问道。

"张香帅！我告诉您吧，正是因为我们是战胜国，才有谈判的资本，借抗法获胜之威，才能与法缔结和约，法国才没向我们索赔银子，这是多少年来第一次签订这样的中法条约！"李鸿章沾沾自喜地说。

"谬哉！谬哉！"张之洞站起身来质问，"按条约规定：越南原是大清附属国，现在却让给法国，怎么讲？云南、广西各给法国开放一处通商，怎么看？中国日后修筑铁路，应与法国商办，凭什么？至于法国撤出基隆和澎湖，那是应该的，因为那里是大清疆土。请问这样的条约，同赔偿银子有什么区别？这不是丧权辱国又是什么？这次中法战争是不是成为一场胜者不胜、败者不败的战争？胜仗败约，后人将会怎么看我们大清王朝？"

这一连串的质问，让李鸿章头上沁出一颗颗豆粒般大的汗珠。他嘴里"这、这"地半天说不出话来……

第十二章　创设水军　转向洋务派

面对木已成舟的政治形势，和谈、撤军、签约已成定局，再多的争论、谴责、不满也都无济于事，张之洞深感无能为力。他只能怀着满腹惆怅的心情，告别天津，无心去京，携薛福德，从大沽口登上开往广州的轮船，再去两广任上。他站在甲板上，望着波涛奔涌的大海，思绪如海浪一样，起伏不止，大清何时才能不被列强欺辱……

张之洞返回南方不久，清廷下旨李鸿章，统筹边防战事。李鸿章依然认为各省海防兵力不强，军费也不多，所以再次提出“未可与欧洲强国轻言战事”。

一时间，举国哗然，人人痛恨李鸿章屈膝卖国。从北方到南方，从沿海到内地，都在痛骂李鸿章“卖国贼”！人们从实战中认识到，如果大清朝廷任用主战派的张之洞，全权主抓全国战事，后果肯定不是这样的！

李鸿章到底是一个什么态度？

就谈判和签约、停战撤军之事，李鸿章个人认为，越南并不是中国领土的一部分，它基本上是独立的国家，尽管原来是大清的附属国，但它一直拥有自己的军队和外交，并不是一切依附别国。特别应该指出的是，越南国内已经非常腐败，大片国土已逐渐沦丧。抗法战将刘永福最盛时，麾下也只有几千人，连同中国支援的军队，最多也没有超过两万人，根本没有力量抵御法国的兵力。如果非要刘永福承担这个力不从心的重任，实际上就等于清廷宣告自己同法国进行争夺整个越南的决战。在这样的情况下，李鸿章认为“法之图越已数十年”，而“越王老悖无后，无可久存之理。河内以南断非我力所能图存”——越南王朝政府已经很衰败了，河内以南肯定保不住了。所以，李鸿章选择了撤军、议和。

但是，李鸿章在越南问题上并不是一味地低声下气，卑躬屈膝。他没有完全听洋人的，不管是法国人，还是美国人、英国人，凡是把损害中国人的利益全部加在中国人的头上的，他也要当场驳回。

他牢记这样一个基本观点：实力是和平的后盾。因而他采取了一系列防范措施——

在环渤海重要港口，从烟台到旅顺，北洋直接管辖的地区水陆两军都做了周密部署。

在给滇、桂两省增派兵力的同时，立即调拨一批枪炮弹药给桂军。

台湾被困，日用军饷无以为继，他也马上设法接济。

建议统一领导，前线作战由云贵总督岑毓英负责，军械则责成前两广总督张树声转运分拨。他则眼观各方，联络上下左右，尽心尽力协助朝廷驾驭全局，处理有关的军事和外交问题。

对转折关头的一些重大危险即将出现时，他能及时洞察并发出警报。例如，条约签订后风波再起，法方准备占地为质，他曾一再提醒朝廷，并建议采取补救措施。法国战舰驶离上海，又发电报告诉当局形势危急。这是在法舰炮轰基隆前二十多天发出的警报，而他们袭击马江船厂及水师更在四十天之后。

另外，李鸿章认为中法之战耗资巨大，首先是国家经济损失："中法之役用银三千余万两。"这是每年经常性军费开支三千四百万两白银以外的额外支出。当时，大清政府的年税收入约白银七千万两，都已派上用场，根本无余钱剩米可拿出来支付这笔开销，只好借用外债来堵这个缺口。他在给别人的一封信中写道："法事平后，各省须还洋债近二千万。"

读者诸君一定会记得，福建马江之战损失最为惨重——

经历届驻福建封疆大吏的恪尽职守，苦心经营了十八年的中国主要造船基地福州船政局受到严重破坏。

左宗棠与沈葆桢呕心沥血创建的福建水师，突然遭法军舰炮袭击，被击沉的军舰有七艘，其中包括福建水师旗舰。此外还有两艘逃出后自己凿沉，龙槽船十几只和一大批小船被毁。福建水师主力丧失殆尽。仅舰船和工厂设备的损失就达二百万两白银以上。

在刘铭传的主导下，基隆煤矿也于战火中被迫炸毁。

中法战争结束后，思想家何启、胡礼垣也指出：中国在这次事件中"力难自顾，而又兼欲顾人"。

回过头来，看看张之洞吧——

聪颖过人的张之洞，对朝廷发生的一些要事，心里是很清楚的。因此，他从天津回到广州后，照常执政，毫不懈怠。他也不私下中伤李鸿章，更不抬高自己，文过饰非。别人当着他的面骂李鸿章卖国求荣的时候，他极力劝阻，并让人们理解李鸿章的苦衷。别人又问他，为什么你一直主战而反对议和？他却理直气壮地说，因为我是大清臣子。

圣旨就是决定。张之洞知道，朝廷已经下达了关于签约、撤军的谕旨，这是决定的大事，必须尽快执行，任何人不得随意改变。他虽然亲赴天津，找李鸿章争辩未果，但还是向同僚讲明自己的态度，抗击法寇，决不低头。不过，他内心已做好准备，照旨办事，绝不违抗。

张之洞心里明白，朝廷关于撤军的指令早已下达广西前线，冯子材肯定知道了，因抵触情绪很大，估计暂未行动。至于刘永福那里，也一定知道，只是由于黑旗军驻扎越南，很有可能在拖延，不过现在又有《中法会订越南条约》，恐怕他在越南也站不住脚了。想到这里，张之洞马上伏案挥毫，给冯子材、刘永福各写了一封书信，劝说他们赶紧执行朝廷命令，立即撤军回广东。

他刚写完信，薛福德给他送来一份关于降薪的文书。他打开一看，原来是因保徐延旭、唐炯失当，吏部议奏降一级留任。他脸上没有丝毫不满，更没说什么，就把这份文书放在案几上。

薛福德着实生气，觉得不公，说道："朝廷太不讲理了！张大人，您为了抗法之战，日夜操劳，费了多少心血呀……"

"福德，别说了！"张之洞截住他的话，解释道，"我和张佩纶曾力保徐延旭、唐炯，谁让他俩丢了北宁、谅山呢？"

"如今已取得谅山大捷！"薛福德忍不住地说。

"功与过是两码事。我不能辜负圣恩，理应受罚降薪！"张之洞说着把写好的两封书信递于薛福德，命令道，"你准备一下，尽快把这两封信件送到广西镇南关，亲手交给冯老将军！"

"是。我马上出发！"薛福德把书信揣入怀中，转身速去。

薛福德飞马送信，直奔广西边卡镇南关。

他按照张之洞的嘱托，亲手将两封书信呈递给冯子材老将军。

冯子材接过张香帅写给他的亲笔信，当即拆看……唉！将帅奉命，谁敢不执行？军令如山，朝廷让撤就撤吧！他对薛福德说："撤！"

“冯老将军，辛苦!”薛福德抱拳致意。

冯子材又说:“关于香帅写给刘永福的那封信，我亲自去越南转送于他。”

“劳烦冯老将军!”薛福德又一抱拳。

“请你转告香帅，让他放心吧!”冯子材虽然不是十分情愿撤军，但还是痛快地接受指令，因为张香帅也没有办法，只能听朝廷的了。

薛福德一看完成了送信任务，遂向冯老将军施礼告别，策马挥鞭，返回广东去啦。

临去越南之前，冯子材把副帅王德榜找来，向他传达了张香帅的来信内容，并研究了撤军具体方案，只留下少数军队驻守镇南关，多数军队撤离边关，移交给现任广西巡抚潘鼎新管辖。

冯子材还告诉王德榜说，他们父子三人从越南回国后，将卸甲归田，返回老家，军队的一切事务就委托王将军负责。至于张仁权，恐怕也不会留在这里，很有可能回北京。

听罢主帅冯老将军的一番话，王德榜内心如被重槌敲击一般，感到无比震痛，虽一再挽留，但冯老将军执意不肯。王德榜表示，一定完成主帅最后交给的任务，并说将来抽机会去广西农村老家看望老将军。说罢就流下了眼泪……

冯子材安慰王德榜好一会儿，朝夕相处的战斗友谊将永远铭刻在他们双方的心田。

次日拂晓，冯子材、冯相荣、冯相华、张仁权等四匹骏骑，穿过镇南关、谅山等我军阵地，直接奔往黑旗军驻地——越南保胜。

晌午时分，他们到达保胜军队营地。

刘永福、张美兰、阿胜、阿娇、阿秀等，在栅栏营门口迎候。

唐景崧闻讯后也匆匆赶来。

彼此相见，沸腾起来，胜如久别的亲人团聚一样，又说又笑，似有说不完的话，想一下倾吐出来。

刘、唐二位将军请七旬老将军冯子材走在前面，然后让相荣、相华、仁权跟着，一起朝中军大帐走来。

议事桌变成了酒席桌。大家一边饮酒一边交谈，谈得更多的是，镇南关大捷、临洮大捷胜利后的喜悦。

当冯老将军掏出张香帅写给刘永福的信件时，大家立即静下来。

刘永福看过来信后，脸色木然，随即沉默不语。

张美兰一看丈夫的神情，马上猜出他还是因为撤军回国无处安身而伤脑筋，便劝说道："渊亭，香帅是不是让咱们撤军回国？这是好事啊，朝廷实在不能安置你，咱们全家就回老家广东钦州去！"

"阿爸！我看阿妈说得对，不行就回钦州，怎么还不活一辈子！"阿胜插话道。

"不对！阿妈、大哥，你们太不了解阿爸了！"阿娇不同意草草回老家，因为她深知父亲的内心隐痛，父亲虽然跟随天地会反对过清廷，也曾打过太平军的旗号，但是时间很短，他把大半生的精力和心血都献给了大清，且自己过惯了戎马生活，现正年富力强，怎么能一下子就让他离开亲手创建的黑旗军呢？阿娇双眸涌出泪珠，哽咽地说："如果我们撤军回国……倘若阿爸……没有去处……那么我们全家……就留在越南……"

张美兰听大女儿这么一说，心里更是理解丈夫，那种伤感不禁油然而生，泪水簌簌地流下来了。她看了看儿女们，知道大女儿同相华、二女儿同仁权的恋情，便说道："你们几个回国吧，让张香帅给你们安排点事干，我和你阿爸留在越南！"

阿娇又说道："那怎么行呢？我们兄妹都走了，这里留下你们二老，我们也不放心哪！"

"撤军回国，早晚的事，咱们回去吧！"刘永福思考多时，下定了决心，遂表态说，"朝廷实在不愿意安排我，大不了还是回老家！"

"渊亭的决定是对的。撤军回国乃是谕旨圣命，且又有香帅书信指示，这是必须执行的。"冯子材经过一番深思熟虑，建议道，"我看是不是这样处理撤军回国的事：我和唐将军先走，到广东去见张香帅，把渊亭的情况告诉他，请他帮忙解决，如何安置渊亭及其黑旗军；渊亭和家人，同黑旗军暂时留下，驻守越南保胜，做好撤军回国准备，再听候张香帅的指令！"

"刘提督！我看冯老将军的主意可行，时间不会很长，很快就会有结果。"唐景崧同意冯子材的意见，又补充道，"反正法国人还不敢撵你黑旗军，他们是战败国，不会像从前那么嚣张！"

"行，就这么办！"刘永福表态同意，又对唐景崧说，"唐将军，你可以把你的军队带回！"

"好。我也是这么想的，免得将来麻烦。"唐景崧心里明白，这既然是朝廷谕示，那么就得不折不扣地执行。

不一会儿，大家喝完酒、吃完饭，各自准备去了。

那几个青年男女早就等得心急如火了，巴不得酒席散了好单独行动。

营区小树林内，分别藏着两对情人在窃窃私语。相华在埋怨阿娇，不应该拖延回国时间，这一分别又得几个月，而阿娇却说，作为女儿不能不为父亲着想……阿秀在埋怨仁权，为啥不把他们的关系告诉他父亲，将来他的父母给他安排婚事怎么办？仁权告诉她说，自己的婚姻大事自己能够做主。阿秀还是不放心，便把她颈上戴的连心锁摘下来，作为定情物赠予仁权。仁权高兴极了，双手接过来，银光烁烁，沉甸甸的，但他没有准备，急中生智，从怀中掏出那块怀表，这是去年离京时继母李夫人给他买的，他把这个心爱之物赠予阿秀。阿秀双手捧着这块金光灿灿的怀表，心内荡起甜蜜的涟漪……

马上就要回国，冯子材知道五儿子相华同阿娇的婚事还没订下来，心里很着急。冯子材将唐景崧拉到一旁，向他叙说了五子相华同阿娇的恋情关系，委托他去说服刘永福夫妇，并要求把阿娇带回国。唐景崧满口应承，一定把这好事办好。

在刘永福住室门前，唐景崧刚一提出此事，刘永福就不住地摇头："不妥，不妥！"还算不错，张美兰不同意丈夫的意见，当场便反驳他："有什么不妥？"

经唐景崧认真追问"到底为什么"，刘永福才回答原因："人家冯老将军是广西提督，我刘永福是'洪杨'余党、草寇之辈，实在是门不当、户不对！"

忽然传来冯子材的说话声："门亦当，户亦对！"

刘永福闻声一振，着实不解地问："冯老将军！您……"

"渊亭！你可不能这么说，谁敢说你是'洪杨'余党？是草寇？你多少年坚守抗法第一线，舍生忘死，从不畏惧，为大清立了大功！"冯子材慷慨激昂，推心置腹地说，"渊亭！你和你的全家一旦受到冤枉，我冯子材和我的全家不怕受株连，宁肯一起去坐牢！"

"冯老将军！"刘永福和妻子张美兰激动万分，异口同声地说，"我们同意孩子的婚事！"

"哎！这就对啦！"唐景崧为冯、刘两家结为秦晋之好而深感高兴。

"渊亭、美兰！我还有一个要求，请你俩同意。"冯子材顿了顿，接着说，"我想把阿娇提前带回国内，让她同我的老伴住一段时间，熟悉一下我们农家的环境，待你们回国后，我们共同把相华、阿娇的婚事办了！"

关于将阿娇带回国内这一要求，唐景崧还没来得及向刘永福夫妇提出，听冯子材这么一说，马上附和道："刘提督、嫂夫人，你们俩就放行吧，这是你们大女儿的终身大事，关系到孩子一生的幸福，可不能耽误了啊！"

刘永福向妻子递去征求意见的目光，张美兰脸上露出笑容，喜不自禁地说："行啦，你别看我啦，我同意！"

"冯老将军，就按您的意见办吧！"刘永福亦很高兴地表态。

"阿娇不懂事，多请冯老将军、冯老夫人担待并教诲！"张美兰谦辞而热诚地说。

"哈哈哈哈……太好啦！"冯子材一看刘永福、张美兰夫妇俩这么通情达理，高兴极了，开怀大笑，道，"亲家翁、亲家母！感谢你们哪！请你们放心，我和我的老伴绝不会让你们的女儿受委屈，一定好好待她！"

刘永福、张美兰放心地点头微笑。

这时，阿胜、相荣、阿娇和相华、阿秀和仁权等人陆续走来。

"你们来得正好，冯老将军、唐将军准备回国，得跟你们商量一下！"刘永福向他们挥了挥手。

"对，大家都过来，听冯老将军训导！"唐景崧摆手招呼大家。

"甭说训导，咱们一块儿合计一下，我先提出一个撤军计划，大家看行不行？"冯子材稍作思忖后，就把原来的设想，连同现在的想法，归纳成撤军方案，非常具体地交代一遍……

大伙没有异议，一致赞同。

这一天夜晚，春意浓浓。月亮跃出海面，升入夜空，洁白的光亮照射得山川原野宛如白昼一般，崇山峻岭的轮廓好似妙手剪影一样，人们看得十分清晰。峰峦起伏，谷深幽静，江河环绕，如诗如画。

越南，这大好的河山岂容污水染！

忽然，三声大炮巨响。山谷回荡奏凯歌，宿鸟飞来齐送行。援越抗法的第一批中国军队正在撤营拔寨，准备回国。

唐景崧将军乘上一匹枣红色骏马，率领滇军与粤军近十个营组成的抗法军队，离开越南保胜山区，往北朝着中国的云南方向开去，执行大清撤军这一使命。冯子材带领相荣、相华、阿娇、仁权等一行快骑，驰离保胜，直奔中国广西方向飞奔，而后再准备去往广东。

这几天，张之洞出于节制两广的职责，除了贯彻朝廷关于议和撤军的指令外，还在总结中法之战的经验教训。他目睹法军不远万里从海上乘坐舰船来到越南，又攻打台湾，偷袭福建，扰乱广东，充分显示其海上作战的优势。欧洲国家的坚船利炮让他猛然惊醒，使他清楚地意识到，大清如再执迷不悟，墨守成规，那么总有一天会被这些海盗吞灭。大清现有一万多里的海疆，面对西方海上列强，必须重视大清水师建设，提高海上作战能力。目前，只剩下北洋水师，尽管李鸿章精心经营，购买了几艘较为先进的军舰，但是按照需要，是远远不够的，应该统筹考虑，重点实施。他准备全盘谋划一下，给其他沿海督抚做个表率。

办理和筹建水师这样的大事，张之洞知道自己缺乏经验，只靠热情是完不成任务的，还应广泛征求意见。这一天早饭后，他在两广总督议事厅，同广东提督彭玉麟和广胜军管带张洋、刘川等人，一起研究创设水军的大事。他们提出，可以招募广胜军，建立新的水军，同时还要在沿海港口建设防御工事，特别注意加强舰船建设，海上与陆地要形成统一的防御体系。张之洞采纳了他们的建议，遂做出决定：招募广胜军，创设广安水军。他责成彭玉麟具体筹办，当务之急是先解决广胜军改编水师的问题，至于兵力不足，可由广东沿海渔村招募熟悉水性的青年渔民补充。另外，关于造船购舰之事，由他筹款办理。

遵照张之洞的指示，彭玉麟携广胜军管带张洋、刘川等，走出两广总督衙门，去沿海渔村摸底，并开征兵议事会。

彭玉麟他们刚走，负责给厨房购菜和担水的王一丁满脸喜色地步入两广总督议事厅。他告诉张之洞，李夫人由北京赶来了，她正在总督府邸等候。张之洞一听脑子都炸了，现在两广政务这么多，她来干啥呀？嘴里不住地埋怨。王一丁劝他，千万不能流露不满情绪，李夫人从北京来广州坐了八千多里的船专程看您，您可不能伤了人家的心。

多亏了王一丁的提醒，张之洞把愁烦埋在心底，脸上装出笑容，回府去见李静姝夫人。

“夫人！夫人！”张之洞踏进卧室，一眼望见李静姝，关心地喊道，“夫人！夫人……”

“香涛！香涛！”李静姝看到张之洞走来，惊喜万分，她一下子扑到丈夫的怀里，眸子里的热泪簌簌地滚落下来，沉浸在重逢的幸福之中，口里喃喃地说，“香涛……你和我……分别……都快两年了……”

“是啊，是啊，我和你一样，我这心里……”张之洞心底本来对妻子突然来广州有一种嗔怨和厌烦，可是被妻子的柔情和爱恋一下子驱散化解了。

李静姝松开双臂，仔细打量丈夫，用那双纤细的手指抚摩丈夫的脸颊，心疼地说：“香涛！你，你都瘦了！”

“没瘦，还那样儿，我原来就不胖！”张之洞故意安慰妻子，不让她挂牵，反而夸赞她，“夫人，你还那么好看，还那么漂亮！你那脸颊、你那肤色，又白又嫩，我这天生的猕猴长相，一辈子也赶不上你了……”

“瞧你，没正形……”李静姝不好意思地低下了头。

张之洞把妻子拉到床前坐下，向她询问家里的情况。他最关心的是，二儿子仁侃的身体发育情况。她告诉他，仁侃长得很健壮，个头比同龄孩子都高，现在已经开始上私塾了。他一听非常高兴，笑着说儿子像母亲，个儿高，皮肤好，只要不像我就行。她却说，长相像我，聪明像你，五岁年纪就能背诵《三字经》了。张之洞得知孩子如此聪明，兴奋不已地连声说：“太好啦！太好啦！”他还盼望说：“有一个进士的哥哥，还得有一个进士的弟弟！”

“哎！不是一个进士哥哥，而是两个进士哥哥，还有晋生呢！”李静姝纠正说，“在抗法前线，仁权没告诉你呀，晋生金榜题名，考中第二十名进士！”

张之洞急忙回话：“说啦，说啦，这么大的事能不说嘛！”

“同一宅门，张氏府邸，一下子考上两名进士，轰动了整个京都！”李静姝一提起儿子和侄儿考取进士这个头等功名大事，只觉得周身热血沸腾，无比激动。

“是啊，是啊！静姝，您花费了几年的汗水和心血，终于把仁权、晋生抚养成人，并一举夺取功名。您给我们张家做了巨大贡献，立了大功啦！”张之洞欠起身来，向李夫人郑重施礼致谢。

“香涛，您这是干什么！”李静姝急忙上前搀扶，嗔怨地说，“咱们本是一家人，您这样过谦，岂不是见外了嘛！”

“夫人的大恩大德，我是不会忘的。”张之洞欠身后一再表示感激。

说到进士，李静姝忽然想起她几次求托张之万大哥给仁权、晋生安排官职的事情，激动地说：“仁权、晋生中第进士一年多了，由于中法之战，朝廷一直顾不上给他们册封，我怎么敢去紧追之万大哥呀！现在中法议和停战了，仁权、晋生的官职终于有了眉目……”

“哎！夫人，你怎么知道？”张之洞当然也很关心儿子、侄儿的前程，只是因为政务缠身、战事繁忙，顾不上家事罢了。他听妻子这么提起仁权、晋生的事儿，觉得有些奇怪，一个女人竟然有此消息，他却一无所知，所以感到惊讶。

“香涛！你只顾在前方忙于战事，哪里还顾得上管孩子的事！”李静姝其实在埋怨丈夫，继而又说，“我考虑这两个男孩子确实不容易，仁权、晋生就没有离开过我，即使在京读书也能每天回家，我总是能照料他俩的生活。可是他们刚一长大成人，考中进士，居然关心国家大事，都想参加抗击法寇之战。我想来想去，还是同意仁权上了前线，说啥也没同意晋生援越抗法，晋生终究是我们的侄儿，他的父母又都不在了，如果让他去打仗，有个三长两短那还得了！所以他怎么恳求我也没答应。”

“还是夫人想得周到。”张之洞插话道。

李静姝接着说道：“仁权这次参军打仗，是头一次杀敌上战场，也是头一次远离家门，远离父母，他吃的苦、受的罪，就可想而知了。现在，想起这事，我真是对不起孩子……”

李静姝说不下去了，泪水夺眶而出。

“夫人，你不要伤感了，也不要自责了，你对仁权够好的，谁不知道啊？你这个继母像亲生母亲一样，对仁权的感情比亲生儿子还亲。萃军队伍，凡是认识仁权的，都知道他有个好母亲，根本不知道是继母。”张之洞把他几次去广西前线视察时听到的情况如实告诉妻子，予以安慰。接着，他又追问：“你还没告诉我，朝廷到底册封仁权、晋生干什么？”

“开始，朝廷议论让仁权留在广西任知县，说他对那里的情况熟悉，但是也有人反对，理由是：不能把在广西前线抗法的人还留在边陲就职。因此，当时没有定下来。”李静姝望着丈夫，继续说，“这些情况都是之万大哥向我说的，我打心里也不愿意仁权留在广西，所以我请求之万大哥帮忙，把仁权安排在北京，当什么小官都行！”

“哎呀，你这个请求太过分了，之万大哥答应了吗？”

“之万大哥满口答应，说啥也要把仁权任职的事办好。因为仁权在边疆抗法，且又立过战功，这在进士及第的年轻人当中也是极少数，这样给仁权说话比较方便，其他人不会有闲话。最后，大多数人同意仁权留在北京。之万大哥推荐仁权到签分户部任职。”

“那里有外事活动，仁权还得学好外语。”张之洞担心长子外务学识不足，遂说道，“将来有机会让仁权出国游学，若不然供职困难。”

“好，好啊，香涛，你这话说得很在理。”李静姝高兴地说，“之万大哥说啦，仁权干好了，还有机会去外务部丞哩！”

张之洞知道仁权有了着落，心里惦挂侄儿的册封地点，遂问道：“夫人，咱们的侄儿呢？”

“晋生的事，我更是放心不下。”李静姝确实非常牵挂张晋生，也想把他留在自己身旁，似乎非常惋惜地说，“说实话，我向之万大哥求情，第一个为的是晋生，第二个是仁权。晋生是前二十名进士，可以留京去翰林院。但是，晋生死活不同意，他说弟弟仁权中第进士居然去了前线，舍生忘死，报效国家。他岂能贪图安逸，留京享受？一定要去边陲为国尽忠，为民出力。朝廷准备任命晋生当知县，但是去边陲任职是不允许的。我只好请求之万大哥，把晋生往长江沿岸安排一下。”

“我看哪，你不能强求之万大哥，一个小小的知县在哪儿不是干，怎么能为己之利而挑三拣四？”

“你说得轻巧，我们既然把晋生看成亲儿子，就要对他负责。最后，我又麻烦一次之万大哥，请他无论如何再帮帮忙、说说话，看看能不能让晋生去湖北任职？”

“你这是怎么想的？”

“我娘家成都就在长江沿岸，父兄造船，由四川成都到湖北武昌，很是方便。再说，湖北是我姨母家，位于长江北岸，那里气候好，又是鱼米之乡。只是离北京远一些，咋也比广西强吧！”

“嗯，我看还行，湖北远离京师，对晋生是个锻炼。”

“具体地点，让晋生去湖北哪个县还不清楚，但是之万大哥告诉我，朝廷已经基本定了，估计最近几天就要下诏！”

“难得你这位母亲、婶母用心良苦，我代表仁权、晋生先谢谢您啦！”张之洞为李静姝的善良之举所感动，欠身抱拳道。

“不行，不行，你又来了！”李静姝急忙屈身下拜还礼，后又说道，“仁权是咱们俩的儿子，晋生又是咱们俩的侄儿，我为他们俩做什么都是应该的！”

“夫人！仁权思母心切，情亦深也！”张之洞转身走到衣柜前，打开柜门，取出那个黄缎布包，递向李静姝，说，“夫人，这是仁权从广西边陲特意给你带回来的，请你收好！”

“啊，仁权给我的！”李静姝接过黄缎布包，打开一看，原来是一副银手镯，惊叹而欢喜地说，“太珍贵了，谢谢咱的儿子！”

“这是暹罗的纯银首饰，质地优良。”张之洞进一步说明。

“这副银镯又白又亮，光彩夺目，质量绝对上乘。让我感动的是，仁权的一片孝敬之心！”李静姝感慨而动容地说。

“这也是他应该做的。人生在世，忠孝乃为人之本！”张之洞替长子仁权谦辞地说，“仁权再三让我代表他，感谢母亲多年的养育之恩，然而至今未能尽孝，他实感不安！”

“孩子有此孝心，我已心满意足！”李静姝深感欣慰，把银镯包好，放入包裹内。

随之，李静姝从包裹里取出一个崭新而精制的眼镜盒，恭敬地递向丈夫，说：“香涛，你看，这是晋生从北京一家眼镜店专门给您挑选的。他说叔父年岁大了，办理公务得有一副好花镜。还让我嘱咐您，一定要注意饮食起居，保重身体！”

“太好啦，晋生长大成人，又金榜题名，懂得孝顺，懂得礼仪，难能可贵呀！”张之洞从李夫人手里接过眼镜盒，遂取出这副金丝花镜戴上，并举目透过镜片观看案几上的书籍，非常满意地说，“清楚，清楚，太清楚了！”

李静姝又继续说道：“是啊，晋生这孩子很懂事，在我临来广州之前，他还特意用自己积攒的零花钱，为我买了一块紫色丝绒布料，非让我做一件新衣服不可，还说叔婶十多年的抚养教育，恩重如山，将来一定好好报答。”

张之洞听后打心里高兴，又赞扬道：“晋生这孩子时刻牢记‘忠孝’二字，将来一定大有作为。看来你这个婶母没白抚养他，虽说是侄儿，胜如亲儿。”

“晋生常说，叔婶的大恩大德胜过亲生父母，今后要尽全力好好孝顺二老。”李静姝越说越激动，恨不得把同丈夫分别两年多所做的几件大事一下子全说出来，万般高兴地说，“还有一件大喜事，没来得及同您商量，我就先斩后奏了……”

“说说看，什么大喜事？”张之洞急切地问道。

“我把湖北我姨的孙女栗典颖介绍给晋生了，她的父母在襄阳经营岩盐，而她不愿意经商，喜欢读书，专工诗律，并著述一本《襄风阁诗抄》，诗意颇深，境界犹远，只是尚未行于世。晋生虽非巨室后代，但也是官宦儒生人家出身，本人且中第进士。所以，应该娶一个栗典颖这样的淑女媳妇。”

“行，行，行啊！夫人，你的眼力不错，花开并蒂，文鸾对舞。晋生他什么态度？”张之洞问道。

“典颖来到北京，与晋生见面了，两人谈得很和谐，基本一见钟情。”李静姝遂问道，“这就要看你这位老爷啥态度了？”

张之洞兴奋不已，脱口吟道："且等典颖成佳妇，不久晋生变丈夫。我完全赞同这对恋人的婚姻。"

李静姝继而说道："那就成了，典颖的父母也都同意这门婚事。你在南疆边陲公务繁忙，根本抽不出空来回京。我从广州回去后，准备在京把晋生、典颖的婚事办了，然后，让晋生带着他妻子一同到湖北赴任！"

"好，那就劳驾夫人了。争取把侄儿、侄媳的婚事办得隆重一些，这也是给大哥、大嫂一个圆满的交代！"张之洞很客气地叮嘱一番。

李静姝连连点头，应道："是，是，为妻记下了，一定办好，请香涛放心！"

这时，王一丁走进来，抱拳打躬，道："张大人、夫人，请你们吃午饭。今天，为了给夫人接风洗尘，专门让厨师准备辣子火锅、涮牛肉。广东甜食多，今天就不上广东菜了，以后夫人再定。"

"太好啦！还是一丁想得周到，知道我是四川人，我和张大人马上就去用午饭。"李静姝听后很高兴，似带歉意地说，"刚才下船的时候，我只顾打听张大人的情况了，忘记告诉你，你媳妇刘瑞琴、儿子小兴，他们的身体都很好，家里一切不要你惦记，嘱咐你保重身体！"

"多谢夫人为我们费心了！"王一丁听到家里亲人的消息，非常高兴，满脸笑容地退出房门。

张之洞携李静姝一起走向餐桌，去用午餐。

两天后，两广总督府热闹起来了——

冯子材带领相荣、相华、阿娇、仁权等人，一行五匹骏骑飞抵广州。

张之洞与李静姝在两广总督府邸门外迎候。

少许，只见五匹骏马驰至门前广场。冯子材等人一见张之洞正向他们挥手，便第一个翻身下马，带领几位年轻人急忙上前参拜张香帅、李夫人。

张之洞、李夫人亦打躬问候，向冯老将军等热情地打招呼。

张仁权早就看到母亲李静姝了，她一定是探亲来到广州，遂主动跑过去，向母亲单独施拜问候。李静姝看见儿子仁权从抗法前线归来，高兴万分，拉着儿子的手，摸着儿子的脸，激动得不得了，热泪模糊了双眸，并问长问短。母亲的养育之恩、教诲之情，让张仁权永生难忘，他说他离家的这些日子从没忘记母亲，说着流下喜相逢的热泪……

冯子材等寒暄后，又向张之洞大人、李静姝夫人介绍了几位年轻后生：相荣、相华以及相华未来的媳妇阿娇。张之洞夫妇逐一打量，赞不绝口，说他们抗法作战，英勇杀敌，荣立战功，后生可畏！尤其听说阿娇是刘永福的大千金，更是有一种羡慕之情，张之洞赞道：“阿娇——黑旗军巾帼英雄矣！”

不久，单骑出关的唐景崧亦乘骑奔来，他是将撤军队伍交给云贵总督岑毓英之后昼夜兼程赶来的。

张之洞、冯子材等人对唐景崧率军回国一路辛苦表示问候。唐景崧向张香帅抱拳打躬，汇报撤军，完成御命。

张之洞深知，唐景崧领受大清使命，单骑赴越招刘，后又率军入越，抗击法寇，戍边守土，功不可没。遂奏明朝廷，将其推荐至台湾道。今天，他将朝廷任用之事告诉对方，让其做好准备，近日即可赴台上任，协助刘铭传抗法。

对于张之洞大人的伯乐之恩，唐景崧万分感激。两年前，张之洞曾奏请朝廷，推荐他赴越招刘，促使黑旗军为大清效劳、奋力抗法；现在，又举荐他担当台湾道这一重任，他为此生能够遇到张之洞这样的恩人深感荣幸，遂立即表示，竭尽全力赴台抗法，绝不辜负香帅期望！

这一天的中午，张之洞在两广总督府大摆宴席，为冯子材、唐景崧等人接风祝贺，并畅叙友情。

恰值众人酒兴正浓时，薛福德兴冲冲地走来，给张之洞大人送来一份电报谕示。张之洞打开一看，原来是朝廷关于册封张仁权签分户部任职、礼部郎中，及张晋生为湖北省黄陂县知县的电报通知。他异常兴奋，在席间便向大家通报了这一喜讯。顿即，宴席一下子热烈起来。大伙儿你一言我一语，为仁权、晋生步入仕途祝贺，你一杯我一盏地为仁权、晋生将来的辉煌干杯！

已经站立多时的张仁权，举杯回敬众人之后，又双手捧起酒樽，感谢父母多年培养教育，并祝二老身体健壮、万福长寿！张之洞、李静姝喜不胜喜，亦祝贺儿子仁权、侄儿晋生在各自任上为民造福、事业顺利！

这一天，两广总督府就像欢庆佳节一般，院内张灯结彩，院外鼓乐喧天。这是张之洞来广东后最高兴的一天，既是对抗法壮士胜利归来的欢迎，又是对儿子仁权、侄儿晋生即将迈入仕途的祝贺。他和夫人李静姝及薛福德、王一丁等忙上忙下，招待这些部属、好友。

饭后，在会客厅，张之洞同冯、唐二位将军饮茶议事——

开始，他们仨围绕刘永福不愿回国的问题进行讨论，认为刘永福的想法有一定道理，没有明确的位置和职务，黑旗军统领就名不正、言不顺。张之洞告诉他俩，他已经给朝廷呈送了关于拟任刘永福的奏折，但迟迟不见回音。他准备就此事再谏再奏。

而后，他们就冯子材告老还乡之事作了商议，张之洞、唐景崧都不同意这位从戎五十年的老将军卸甲为民。“香帅惜才爱国”传遍朝野，冯子材出山时就对此深有感受。这次，张之洞挽留冯老将军，帮他筹建广安水军，让冯老将军感到盛情难却，只好应允。但张之洞让冯老将军携子女回老家歇住几天，看望一下冯老夫人，然后再回广州。

至于唐景崧将军，现为朝廷命官台湾道，张之洞当然明白，无权干预。不过，张之洞还是向唐景崧介绍了台湾目前的局势，台湾基隆失守后，台湾巡抚刘铭传又组织兵力死守沪尾，保住了台北。正准备重新收回基隆时，刘铭传被贬职，进京反省。张之洞特意分析指出，刘铭传很快就得复职回台，因为这是抗法保台的需要，也是台湾百姓共同的呼声和愿望。所以，张之洞向唐景崧提出诚恳希望，必须做好心理准备，刘铭传十有八九由京返台，继续指挥抗法，要全力协助他完成抗法保台大业。

到了晚上，待众人去寓所休息后，张之洞才腾出空来，与李夫人、长子仁权坐在一起，共叙亲人团聚之乐……然而，张之洞着重嘱咐儿子回京就任礼部郎中应注意的事情，那是在天子脚下做官，又要与众多卿臣打交道，并同外国使者时有往来，必须谨慎从事，万万不可大意，凡事注意请奏，不可擅自做主。张之洞转身又告诉李夫人，回京后，一定代他转告叮嘱晋生，到了黄陂就任知县应注意的事情，那里离武湖、长江比较近，抓好生产，还要注意抓好渔业。法律、民生等都不可忽视，提醒他千万不要小视县官，别看知县不大，但他在地方，直接关系和影响百姓的生活利益，还说在这一层干不好就不配做官，晋升更无从谈起。除此之外，张之洞还叮咛李夫人，还得告诉侄儿要同邻县搞好关系，服从汉阳府乃至汉黄德道的管辖，当然湖北巡抚去了黄陂县，你这个知县就更得注意礼节礼仪了，绝不可任性胡为。知县也是朝廷命官，要带头遵守大清王法……

好家伙，这一通嘱咐让李夫人感到头都涨了，不由得说道：“哎呀！当官儿有啥好处，麻烦死啦！”而张仁权发自内心地感激父亲，他一再表示，多谢父亲为他操心，一定做好这个礼部郎中！

而作为母亲的李静姝，并不考虑儿子的礼部郎中、侄儿的知县能干出什么业绩，只关心他的身体，叮嘱他不要因做官累坏了自己，并说在他回京赴任后，她准备从京城给他介绍一个绸缎庄老板的女儿，也是一位有学识、有教养的淑女，有才有貌又有本事。

张仁权一听母亲给他提亲，只好把他去越南与刘永福二女儿阿秀相爱的事儿说出来，也把这姑娘骑马射箭、舞刀打枪等杀敌本领夸赞一番，并请二老支持他俩这桩婚事。张之洞是个开明父亲，当即表示同意儿子的选择，并劝夫人摆正心态看待此事。李静姝当然理解了，她当年与丈夫结婚就是自己做主，所以她二话没说，立刻表态支持儿子的婚事……

第二天，唐景崧、冯子材等一行人按照张之洞的安排和嘱咐，各自乘骑回老家看望并辞行去了。

老不舍心，少不舍力。作为母亲、婶母的李静姝，看到儿子、侄儿的婚事迫在眉睫，便向丈夫打了包票，一定把这俩孩子的婚事办好，还说唯恐丈夫公务繁忙，回不了京城，但得把两家孙子的名字起好。

开始，张之洞不同意，这也太心急了，但架不住妻子磨缠，只好稍作思忖后，脱口说道："仁权与阿秀的后代，若生长孙，可叫作'厚琨'；晋生与典颖的后代，若生孙子可叫作'长江'，因为晋生婚后立即去湖北黄陂县任职。"

李静姝听后，连声夸赞："好，好，厚琨、长江这俩孙子的名字起得好。香涛，你不愧是进士加探花呀！"

几天后，李静姝看到丈夫的确忙碌得很，不想分散他的精力，于是怀着满足而愉快的心情，依依不舍地告别丈夫，同即将赴任的长子仁权，一起乘船北上，返回北京。

封疆大吏的政务繁忙是不言而喻的。然而张之洞忙而不乱，繁中就简，简中求要，他把主要精力放在创建广安水军、大办洋务运动上。

在招募广胜军、筹建广安水军的同时，张之洞着手解决舰船之事。他学习左宗棠创办福州船政局的做法，在广东也创办了广州船政局，主张中国除修明廉政之事外，必须精练兵勇、仿造舰船，以抵海盗之害。于光绪十二年（1886 年）就大见造船之效果，造出合格军舰 12 艘，其中一千吨级的 6 艘，几百吨级的 6 艘。以此为基础，建立了中国又一支海军舰队——粤洋水师。

广安水军建立起来后，张之洞委托冯子材老将军狠抓军队训练，包括练习洋操；委托彭玉麟协助聘任的德国海军教官德夫尔，抓好军队舰船技术训练。其中，广安水军则是粤洋水师的主力。

这一年的九月，张之洞奏请朝廷，中国海军可分为北洋、南洋、闽洋、粤洋四大支，所需技术人员、战舰战船，都应采取独立自主、独立建设的方针，尚可聘任极少数外国专家和顾问。

张之洞的洋务思想与洋务实践，在理论上发展了魏源“师夷长技”与“以商立国”的思想，在实践上敢于大胆创新、以求实效，可谓继李鸿章、左宗棠之后的洋务运动的佼佼者。

广东，是他转向洋务派的第一个大舞台。

第十三章　招揽怪杰　对付西洋佬

粤洋水师的规模大起来了。

摆在张之洞面前的事情越来越多了。他和彭玉麟、冯子材等人多次研究海防配套设施及其加固港口工事建设。仅半年时间，他率领广东当地军民就将珠江口、大鹏湾、大亚湾、红海湾等沿海港口炮台工事修筑完毕。其场面轰轰烈烈，大有众志成城之势。

海上陆地结为一体，才能实现真正的海防作战防御体系。这是张之洞从中法之战总结出来的一条宝贵经验。因此，他除了集中力量加强港口、岛屿、陆地的工事建设外，还创设了浅水兵轮厂、枪弹厂，尤其注意培养水陆军事人才，在广州创办了水陆师学堂。

19 世纪西方国家工业的蓬勃发展，促使资本主义的发展，并有足够力量带动各行各业的发展，包括军事和外交。对此，张之洞已看在眼里，记在心里。所以，他在转向洋务派的过程中，发展工业的思想占据了整个脑海。

光绪十二年（1886 年），张之洞开始在广东探讨谋划全局性的工业发展远景，并根据财力、物力和人力情况着手实践。他带领技师几次到相关地点进行勘察，制订出广东工业的发展规划。他提出在广州城外白云山一带兴建铁厂的计划，并电告出使英国大臣刘瑞芬及后任薛福成，向英国订购铁炉两座；决定在广州珠江南岸建立织布官局，并派人到省内外有关地区考察种棉情况，以解决棉纱原料问题；还在广东北部开展制械活动，筹措经费，订购机器……

广东工业起步势头良好，海防建设也初见端倪。张之洞每天虽然奔波劳累，但精神十分愉快，对他所从事的事业充满了希望。

正当两广刚刚迎来稳定祥和的局面之际，所辖地域出现了意外事件——

这一天上午，张之洞携薛福德到珠江南岸织布官局考察，听取该局局长朱沙关于布厂建设的汇报……忽然，琼州府（今海南岛）知府杨楠木越海赶来，向他报告，琼山一带客家和黎民正在滋事，直接影响琼州府秩序，不能正常执行公务。

张之洞一听，觉得事情不是那么简单，在此处不适合谈这类问题，便摆手制止了对方。

于是，他们走出织布官局，返回两广总督府。

路上，张之洞又命薛福德去广安水军找冯子材老将军，一起商议此事。

在议事厅，张之洞、冯子材又听杨楠木知府详细讲述琼山一带客家和黎民滋事的经过。经了解得知，主要原因是百姓对税收不满，群起闹事。

张之洞特意追问："杨知府，双方可否发生武力争端？"

"本府差人去制止，结果被他们打死三人、打伤八人！"杨楠木回话道。

"啊！百姓打死差人，那琼州府所管辖的兵勇也太无能了！"张之洞听后感到惊讶，遂问道，"你们是不是也动手了？"

"回张大人的话，官家差人也把客家和黎民打了，他们死了两人、伤了十人！"杨楠木似有自豪而满足的神态。

"杨知府可到现场？"张之洞两眼已喷着怒火，逼问道。

"下官因政务缠身，未能前往。"杨楠木心里直打鼓，不敢说谎，只好实言禀告。

"混账！杨楠木，你好大胆，身为知府，竟敢擅离职守，发生如此人命关天之事，你却不在现场，说什么'政务缠身，未能前往'，百姓之事不是最大的政务吗？"张之洞越说越气，发出一连串的质问，"事态如此严重，你是怎么搞的？整天昏昏庸庸，白拿朝廷俸禄，你就不怕万民指责你吗？官民死伤惨重，你怎么向其亲属交代？"

"下官该死！下官该死！"杨楠木已双膝跪地，他的两只手不停地"啪啪"地打自己的嘴巴。

"行啦，行啦。后果严重，该当何罪？"张之洞最后又追问他一句。

"张大人！只要不治下官死罪，怎么惩罚都行。"杨楠木说着不住地叩头触地，发出"咣咣"的响声。

坐在一旁观看多时的冯子材，对杨楠木这样的昏庸知府也是非常气愤，但觉得马上处理杨楠木不利于解决琼山百姓滋事问题，应当让杨楠木陪同勘察，如果表现好、贡献大，那么可以从轻发落，想到这里，遂提出建议：“张香帅，老夫有一个主意，不知当讲与否？”

“冯老将军，尽管直言！”张之洞对冯子材极为尊重。

冯子材欠身阐述道：“琼州府处于海南岛，确实是天涯海角之地，以此形容‘天高皇帝远’再确切不过了。所以，在那里发生一些意外事，也是在所难免的。当然，并不是说理所应该。作为琼州府知府的杨楠木大人，身为朝廷命官，理应尽职尽责，自觉完成圣命，不能因为远离朝廷而渎职。不过，琼州府与广东相隔琼州海峡，往来讯息、禀报情况确也十分不便。我想，琼山百姓滋事之前，琼州府杨知府不能说一点儿征兆也不知道，可能听到后因为路途受阻，未能及时向两广总督禀告，以致滋事酿祸，这是其一；其二，滋事酿祸之后，杨知府采取哪些措施进行解决，上司暂且不知，今天只是到督府认罪，因而有待了解并给予支援。鉴于上述两点原因，请张香帅深思，可否对杨知府暂不治罪，给他一个继续平息滋事、从而立功赎罪的机会！”

“好吧，杨楠木，既然冯老将军给你说情，本督抚暂且不追究你的罪责，但要看你的行动了！”张之洞听了冯子材一番苦口婆心的分析和劝解，觉得不无道理，便采纳了他的建议。

“多谢张大人！多谢冯老将军！”杨楠木又长揖叩拜。

“行啦，起来吧！”张之洞挥手道。

“是，谢张大人！”杨楠木欠身打躬。

张之洞面对冯子材说：“冯老将军，我想请您率领卫士们跑一趟琼州府，不知意下如何？”

“香帅，请您不要客气，老夫愿前往！”冯子材早有思想准备，当即答应，“但不必带卫士，我一个人即可！”

“那怎么行呢？为了您的安全……”

“请放心，我一个人方便，什么事儿也不会出。还有杨大人这位当地的父母官，我们俩一定会处理好这次客家和黎民滋事事件！”

“冯老将军，我这里拜托了！”张之洞双手抱拳道。

“张香帅，告辞！”

“张大人，告辞！”

冯子材、杨楠木向张之洞拱手打躬，转身走出两广总督议事厅。

他们刚离去，薛福德急急忙忙地走进来，禀道："张大人，刘永福率领黑旗军从越南回来了！"

"啊？刘永福回来啦！"张之洞听到这个消息不由得心内一惊，因为朝廷还没有下达关于刘永福回国的安排谕示。

"张大人，他的全家人也都来了！"薛福德又禀道。

"好，好啊！"张之洞又是高兴，又是担心，遂问道，"福德，他们在哪儿？"

"张大人！因为军队人员多，没有进城，现在他们都在白云山待命！"薛福德回禀道。

"福德，备马！"

"是！"薛福德转身急去。

一会儿，薛福德牵来两匹骏骑，在两广总督府门前等候。

张之洞已经派人去通知彭玉麟，请其在广安军驻地给黑旗军安排午饭。而后，他大步走出总督府。

他携薛福德乘上骏骑，挥鞭磕镫，催骑直奔白云山。

路上，张之洞思索着，这次刘永福是被迫入关回国。在《中法会订越南条约》十款中有"由中国自行设法解散在越诸匪党"的文字，说的就是刘永福的黑旗军，法方还扬言，只要刘永福的黑旗军一日不离开越南的保胜，法国就一日不交还澎湖。万般无奈，刘永福和他的黑旗军只能离开越南，返回祖国。可是，如何安置回国后的刘永福，成了清政府和两广大臣头疼的问题。云南总督岑毓英、广西巡抚潘鼎新都一再表示，不愿意把刘永福留在云桂。他们拒绝的主要原因，还是对刘永福"洪杨"余党这个说法心有余悸。

一直坚持公义的张之洞，根本就不怕这些歪门邪说。他认为，连续多年，刘永福率领黑旗军驻法抗越，保卫大清南大门，舍生忘死，忠心耿耿，立下了不朽战功。像刘永福这样的忠勇将军还不能安置的话，天理何在？他决心已下，接收并安排刘永福在广东南澳镇、碣石镇任总兵。

张之洞、薛福德两人乘骑来至白云山南麓，老远就看到那整齐威武的黑旗军队伍排列在山前开阔地上。他俩猛挥一鞭，骏马飞驰过去。

刘永福带领他的部将安罗、妻子张美兰、儿子阿胜、二女儿阿秀等快步迎过来。

张之洞、薛福德他俩勒住缰绳，翻身下马。

"张香帅！张香帅！"刘永福等上前参拜施礼。

“渊亭，你们一路辛苦！”张之洞把缰绳交于薛福德，亦抱拳还礼。

张美兰携儿女走到近前，向张之洞施拜礼，道：“香帅，您身体大安！”

“谢谢，多谢美兰弟妹！”张之洞又一握拳施礼。

“张香帅，我们这么多人马回来，给您添麻烦了！”刘永福心内不安地说。

“哎，这是哪儿的话！你和你的黑旗军，我张之洞花重金买都买不来。”张之洞深知刘永福内心的疑虑，不得不当场告诉刘永福自己对他的安排，遂直截了当地说，“渊亭，我现在正式宣布任命你为南澳镇、碣石镇总兵，即日率所部黑旗军前往赴任！”

“张香帅！我刘永福今生今世愿为您效犬马之劳，为国赴汤蹈火、在所不辞！”刘永福单膝跪地，双手抱拳，两眼含着激动的泪花。

“刘总兵，快快请起！”张之洞亦立即改口，并上前搀扶。

“多谢香帅！”刘永福再一施礼，欠身站起，又向张之洞请示道，“香帅，军队出发之前，请您训示！”

张之洞答应道：“好，我说几句。说完了之后，你们黑旗军可去广安军驻地吃午饭！”

刘永福转向部将安罗命令道：“安罗，你去召集队伍，听张香帅训话！”

“是，刘总兵！”安罗应声后，跑步离去。

张美兰知道丈夫和他的黑旗军有了着落，那颗悬吊的心终于放了下来。她含着热泪，走到张之洞近前，道：“香帅！多亏了您大仁大义，收留了渊亭，我们全家永世难忘。在此，小女子向您施拜感恩大礼了！”说完她双手施拜、双膝欲跪。

“不可，不可！这怎么行呢？”张之洞急忙上前搀扶，并打趣地说，“美兰，你不能太多礼了，往后咱们可是亲家哟！”

“张香帅……您……”张美兰惊恐不安地说，“张香帅，这，这合适吗？”

“哎！当然合适！仁权临回京赴任之前，向我还有他母亲都讲了，两个孩子相爱，我们得支持，这是好事嘛！”张之洞坚定地表态。

站在张美兰身后的二女儿阿秀，羞涩地低下了头。

刘永福不住地摇头，但又不好推辞。

“香帅……我们这个家庭……”张美兰心里深感门不当、户不对。

“永福、美兰，你们不要这么想，自古以来，男女相爱，不存在门第高低之分。”张之洞心地宽阔，又很诙谐地说，“一个是两广总督的家庭，一个是南澳镇、碣石镇总兵的家庭，这两个家庭的孩子结合在一起，要多好就有多好啊！”

张之洞说罢大笑起来。刘永福、张美兰听后也都笑了。

安罗集合好军队后，跑步过来，向刘永福报告：“军队准备完毕，请刘总兵指示！”

“好，张香帅马上训话！”刘永福回答道。

“走，咱们走！”张之洞应声朝队伍走去。

刘永福、安罗紧紧跟在张之洞的后边。

登上高台的张之洞，举目观看眼前的黑旗军阵容，威武雄壮，整齐划一，大有气贯长虹、锐不可当之势，他顿感周身热血沸腾，深受鼓舞，遂激动不已地高声喊道：“黑旗军弟兄们，辛苦啦！”

“香帅辛苦——香帅辛苦——”黑旗军的喊声响彻白云山上空。

“我在此宣布：黑旗军统领刘永福现为南澳镇、碣石镇总兵！你们即将跟随刘总兵开往广东沿海南澳镇、碣石镇，同福建、台湾将士们一起，保卫大清疆土，抵抗法寇！”张之洞提高了嗓音，隆重宣布。

“抵御法寇——保卫大清——抵御法寇——保卫大清——抵御法寇——保卫大清——”军队的喊声惊天动地，响彻长空。

张之洞讲完话后，刘永福命安罗带领黑旗军去广安军驻地吃午饭，并告诉他当天下午黑旗军将开赴南澳镇、碣石镇。

安罗领命后，便率军去广安军驻地，准备就餐。

薛福德乘骑走在前边，给黑旗军带队。

刘永福把妻子、二女儿叫过来，同张之洞话别，她们吃完午饭，就要回广东钦州老家去了。张之洞再三挽留，让她们在广州多住几日。但张美兰婉言谢绝，她说，总也没回老家，得要好好收拾一下，往后就要准备长期过日子了。听她这么一说，张之洞只好应允，遂嘱咐她们母女注意身体，遇有难事，可来广州找他，一定会帮助解决的。

张之洞还叮咛刘永福、阿胜父子俩到海防前线，仍需谨慎从事，确保安全，免得家里亲人惦挂。刘永福点头称是，并说，请香帅尽管放心，他已有多年的战场生活经验，还是能够应付各种意外情况的。

军队已经走远了。

张之洞让大家上马，随他去两广总督府，参加接风洗尘宴会。

安排刘永福及黑旗军的事情告一段落后，张之洞又忙活他所实施的广东工业去了。

由于创建新兴工业，涉及学习西方科技问题，不仅需要科技人才，而且急需翻译人才。人才的匮乏，让张之洞深感焦急。

这一天早饭后，他亲自参加他在广东开设的中国第一家近代钱庄的开业典礼。剪彩程序刚完，鞭炮声骤然响起……

正当他观看钱庄经理宋银仁讲话的时候，来了两个外国人，横冲直撞地挤过人群，用手指着台前的张之洞，连说带比画，但不知道他们干什么。

这突如其来的洋人把会场活动搅得停了下来，张之洞很生气，命令侍卫们去劝止。

侍卫们上前向两个洋人说理，但这两个西洋佬听不懂，还在那里叽里哇啦地乱叫。没有办法，侍卫们只能将他俩拉到会场外面。

新上任的钱庄经理宋银仁勉强讲完了话。但是，前来祝贺的各有关商号老板看到这种场面，也没有心思发表贺辞，放下花篮、礼品，就转身离去了。

其中，有一位是经营西服的老板，他告诉张之洞，曾经见过这两个外国佬，说他俩是法国驻中国广州领事馆的秘书和武官，因为不懂法语，所以也不知道对方说什么。

钱庄开业典礼发生的事情，张之洞不再生气了，他猜到法国领事馆肯定是有什么事，才派人找他。从中他意识到，中国作为一个东方的大国，不向西方学习是不行的，不仅学科学技术，还有语言，尤其是西洋国家的语言，都得要好好学习。他心里有了准备，待日后有机会抓教育时，一定把这些想法都考虑进去。

突然有一天，坐在两广总督府内办理公务的张之洞，听到薛福德禀告："张大人！您的一位要好朋友来访，说有要事相见！"

"哦，要好的朋友见我，他叫什么名字？"张之洞问道。

"他没有说姓名，就说要见您！"薛福德站在那里，等待答复。

"那好，请他到会客厅说话！"张之洞猜测这位朋友肯定为公事而来，要不然怎么能连姓名都不告诉呢！

"是。我去请他！"薛福德转身走出屋门。

张之洞将文牍整理好，放在案几一角。他便欠身离开座椅，到会客厅门前迎候这位不知姓名的朋友。

不一会儿，薛福德带领一位身着蓝布长衫、头戴南洋凉帽的客人走了进来。

只等对方摘下白色凉帽，张之洞方才辨认出来，这是在京相识的一位翰林老友、弃官随父去南洋经商的杨汝曲，遂热情地叫道："哎呀呀，杨先生，少见，少见！"

"张大人，您好啊！"杨汝曲双手抱拳道。

"杨先生，别来无恙！来，请进！"张之洞边握拳还礼边谦让道。

两人一起步入会客厅。

彼此寒暄了一会儿，张之洞让他喝茶，遂问道："杨先生，不知您何时来到广州？有何要事需要我协办？"

"张大人，我是无事不登三宝殿。"杨汝曲呷了一口香茶，便开门见山地说，"昨天夜里我从南洋押运橡胶回国，同船来了一位朋友，一位具有大才华的朋友，我想把他介绍给您，看看您是否需要？"

"太好了，但不知是哪方面的人才？"张之洞正在求贤找人，听了杨汝曲上门荐贤，当然很高兴。

"此人名叫辜鸿铭，人称'文化怪杰'，以外文翻译享誉东南亚！"杨汝曲画龙点睛，介绍了辜之特别专长。

"杨先生，可否把辜鸿铭的主要才识，尤其是他的外文特长，具体介绍一下！"张之洞对于杨汝曲推荐的辜鸿铭已感兴趣。

"辜鸿铭何许人也？张大人，那我就向您介绍一番……"杨汝曲又呷了一口热茶，稍作思忖，接着说道，"他生在南洋，学在西洋，婚在东洋，精通英、法、德、日、俄、拉丁、希腊、马来等九种语言，倒读英文报纸嘲笑英国人，说英国人没有文化。"

"杨先生！我看辜鸿铭才识的确超人，但不知此人现在何处？"张之洞截住对方的话，并询问道。

"辜鸿铭正在驿馆歇息，等待回音！"杨汝曲见这位两广总督基本同意接受，心里暗暗为辜鸿铭高兴。

"杨先生！再劳您辛苦一趟，替我去驿馆将辜鸿铭请来，咱们仨一并叙话，意下如何？"张之洞听罢杨汝曲对辜鸿铭的荐介和夸赞，心里虽然认同此贤，但是考虑应该当面交谈一下更为稳妥，所以还没有做最后的表态。

"张大人，请稍候，我马上去驿馆！"杨汝曲欠身作揖，走出会客厅。

出于招贤的谨慎，张之洞决定面试辜鸿铭的才学。因为这样不仅能了解他的专业特长，而且可以知道他的政论主张，判断他将来的仕途发展。

坐在会客厅等候的张之洞，不由得想起当年曾国藩判定贤人才略优劣之情景。有一次，李鸿章将刘铭传和另外两个书生一起推荐给曾国藩，曾国藩为了测验他们三人中谁的品格最好，便故意约他们在某个时间到曾府去面谈。可是到了约定的时刻，曾国藩却故意不出面，让他们在会客厅等候，自己在门外观察他们的表情。只见其他两位书生都显得很不耐烦，不停地抱怨。只有刘铭传一个人安安静静、心平气和地欣赏墙上的字画。后来曾国藩考问他们仨客厅中的字画，也只有刘铭传一人答得出来。后来，刘铭传得到重用。这件事对张之洞启发很大，作为曾国藩这么高爵位、高谋略、高才华的大清要臣，在招纳贤士时，还那么重视人的品格和德操。因此，他认为：所谓贤者——德才聚于一身为最佳选择。

往驿馆急奔的杨汝曲，对于张之洞提出的要与辜鸿铭当面交谈，心里犯着嘀咕，因为他知道，张之洞这个封疆大吏绝不是等闲官僚，进士授探花，翰林晋巡抚，现又节制两广任总督，可以说文韬武略，无所不精。一般人他是看不上的，即使贤能之人同他对话，也不尽然。想到这里，还真得嘱咐几句辜鸿铭，他那狂颠性格最好收敛一下。至于辜鸿铭本身具有的外文专长，大可不必担心，因为辜鸿铭的根基太牢固了……

辜鸿铭祖籍福建同安，1857 年 7 月 18 日生于南洋马来半岛西北的槟榔屿一个英国人的橡胶园内。早年，他祖辈由福建迁居南洋，积下了丰厚的财产和声望。他的父亲辜紫云当时是英国人经营的橡胶园的总管，操流利的闽南话，能讲英语、马来语。他的母亲则是金发碧眼的西洋人，善讲英语和葡萄牙语。在这种家庭环境熏陶下的辜鸿铭，自幼就对西方语言有着出奇的理解力和记忆力。没有子女的橡胶园主布朗先生非常喜欢他，将他收为义子。儿时让他阅读莎士比亚、培根等人的作品。

辜鸿铭他那混血儿的体态，超凡的天赋，伶俐的言行，再加上与众不同的性情，使他深得布朗的喜爱。因而布朗于 1867 年前后，带他返回苏格兰老家，对他的学业做了周密、细致的安排。十四岁那年，辜鸿铭以优秀的成绩完成了义父为他开设的各种课程，被送到德国学习科学，不久考入莱比锡大学，获土木工程文凭。回苏格兰后，又进英国古老的名牌大学——爱丁堡大学就读。

凡是认识并了解辜鸿铭的那些西方近代名人，都说他是来自东方的一尾小鱼，自由自在地遨游于西方文化的大海。对于辜鸿铭的如此褒奖，杨汝曲是通过海上经商从西方人口中得知的。

正在驿馆等候回音的辜鸿铭，并不把投靠张之洞看成唯一出路，从他那种洒脱的神态可以看出他不是十分介意。杨汝曲回到驿馆，直接走进辜鸿铭的住室，兴致勃勃地说："鸿铭贤弟！鸿铭贤弟！"

"杨老板辛苦！"辜鸿铭将手中的书放到桌几上，欠起身来。

"鸿铭，你这次回国有大展宏图的机会了！"杨汝曲说着坐在椅子上。

"噢！张大人愿意接收了？"辜鸿铭问道。

"嗯，基本差不多！"杨汝曲回述道，"我把你的专长向这位总督大人介绍后，看得出他的神情非常高兴。他让我代表他，请您去两广总督府上会面！"

"哦，人家可能不放心。"

"不，不是这个意思。张大人可能要向你了解其他方面的情况！"

"那好，咱们就由张大人考试！"

"不过，鸿铭贤弟，临去之前，我得嘱咐你几句……"

"孔子曰：'知之为知之，不知为不知，是知也。'"

"这个道理我知道，用不着我嘱咐！"

"管仲曰：'海不辞水，故能成其大；山不辞土石，故能成其高；明主不厌人，故能成其众；士不厌其学，故能成其圣。'"

"看来我要嘱咐的话，你已经知晓。"

"谦恭！"

辜鸿铭说完后，他和杨汝曲两人都大笑起来了。

他俩走出驿馆，来到大街上。

为了节省时间，他俩租坐一辆马车。在车上，辜鸿铭感谢杨汝曲的一片好意，还说他那狂颠性格是对付外国人的，在文明的中国，礼仪是永远不能忘怀的。杨汝曲放心地点点头，对辜鸿铭这个文化怪杰更有好感了。

马车载着他俩，朝两广总督府飞快地奔去。

还是在会客厅，张之洞接见了杨、辜二人，但重点是辜鸿铭。

然而，张之洞咋也没想到，辜鸿铭对西方国家社会制度的分析竟然那么透彻，特别是对那些近代社会名流的思想和言论掌握得那么准确，给人一种耳目一新的感觉。当然，这是由辜鸿铭扎实的外文基础及其广泛的社会交往所决定的。

张之洞看到辜鸿铭这位年仅三十岁的中国西方化儒生，身体瘦而不弱，思绪敏而不滑，那双机警的双眸透射着睿智和灵气，由于对西方社会的接触和对欧洲文学的涉猎，他有一种自命不凡的气概。为了察看辜鸿铭的品格，张之洞有意地赞扬道："辜先生所译中国儒家大作，对西洋国家的影响之大，恐怕前无古人，后无来者！"

坐在一旁的杨汝曲，曾在翰林院供过职，当然学识也是很高的，对于张之洞的赞扬之词，一下子就听出动机所在，旨在考核辜鸿铭的修养如何，这一点也是他担心的。他的目光马上移向辜鸿铭。

曾经周游西方各国的辜鸿铭，对中国的礼仪始终铭记在心。一听张之洞对他的赞誉之词，他就觉得有些过了，立即回话道："张大人勉励，晚生当再努力。但是西洋国家的先贤们有着他们自己对中国的独到见解，这也在影响着晚生。比如，我曾探寻伏尔泰所说'中国是世界上唯一的将政治和伦理道德相结合的国家'的思想根源，这表明他对中国的历史、中国的文化有所研究。"

回答恰如其分，令张、杨感到意外和满意。

张之洞想好了最后一个考查题目，询问道："辜先生，你对大清政府未来经济和科学的发展怎么看？"

辜鸿铭虽然多年生活在海外，但是对祖国的一切还是不陌生的，所以谈到大清的经济和科学也能够马上说出看法："张大人，恕我直言，大清的经济和科学，包括军事，已经远远落后于西方。咸丰十年英法联军攻陷北京，火烧圆明园；光绪十一年中法之战，中国虽然获胜，但还是签订了《中法新约》，乃至法国攻占了台湾南部……这些足以证明。所以，要想把中国的经济和科学搞上去，就必须派人到海外，向西洋国家学习！"

"好！辜先生年轻有为，前途无量。"张之洞发自内心地赞许道。

"张大人身为两广总督，乃朝廷栋梁、国家重臣，吾辈将终生追随！"辜鸿铭终于道出了求职心情。

张之洞心里已有打算，但没有马上说出具体安排，而是看了看杨汝曲、辜鸿铭，面带笑容地说："我在这里谢谢杨先生！辜先生若不嫌弃，就留下来吧！"

"多谢张大人海之胸襟，收留晚生！"辜鸿铭长揖大拜。

"张大人！老友施恩，我杨汝曲向您致谢！"杨汝曲站起身来，抱拳打躬。

"杨先生、辜先生，二位免礼！"张之洞亦欠身还礼。

这时，薛福德、王一丁两人走进来。薛福德禀道："张大人，按您的吩咐，酒席已经备好！"

"我给二位特备薄酒，略表心意！"张之洞挥手谦让道，"杨先生、辜先生，请吧！"

"张大人费心了！"

"张大人请！"

杨汝曲、辜鸿铭踏出会客厅，将张之洞让到前边。

“诸位大人，跟我来！”王一丁施过一礼，走在最前边，领着大伙奔向餐厅。

酒席宴请过后，张之洞送走了杨汝曲、辜鸿铭。

杨、辜二人回到驿馆，又住了几日，他俩各自办了一些事情。而后，杨汝曲马上动身回南洋继续做自己的生意，并带上辜鸿铭写给他父母、妻子的信件，准备捎到马来半岛。

辜鸿铭则提上自己的行李、皮箱，雇了一辆马车，奔向两广总督府，开始回国后的仕途生涯。

对于辜鸿铭的才学使用，张之洞心里有数，其人绝对是一个外交兼翻译的大才。可是在两广总督府，并非京师，专职外交根本用不上，只能等将来有机会再说了。所以，他只好任用辜鸿铭为两广总督幕僚，司理英文案牍。

回国供职的辜鸿铭，没有计较官职大小，主要是为寻找一位信得过、影响大的重臣，能使自己才有所使。如今，张之洞对他的安排，他感到由衷的满意。

张之洞总想给辜鸿铭找一个施展外文才华、体现舌辩能力的机会，以领略其风采。

这一天终于到来了——那是光绪十二年四月下旬的一天，还是钱庄开业庆典的那一幕，又在两广总督大堂重演，两个法国人到此大声喧闹。

张之洞令辜鸿铭上前交涉。

辜鸿铭操流利的法语，告诉对方这里是中国两广最高行政机关，作为异族的法国人应该讲究礼仪、尊重别国，不应无理取闹，并问他们是干什么的？为何唐突来此？

两个法国人惊讶万分，立即停止喧哗，说他们是法国驻中国广州领事馆的文秘和武官，还讲了法国在广州设立的教堂被中国人损坏，要求按造价赔偿。

辜鸿铭把他们的回话译成中文，转告给张之洞。张之洞听后，弄清了他们的来意，让辜鸿铭现场处理。

对于外国人在中国领土发生的索赔事件，辜鸿铭以前就听人说过，但没有一次是合理的。今天法国人要求索赔教堂损失也是如此，不过面对这两个无名之辈，用不着讲过深的道理，只要反问他们几个浅显问题，就可以让他们乖乖地走出去。

于是，辜鸿铭操法语质问对方：教堂损坏，抓获凶手了吗？由何人做证是中国人干的？究竟是由于什么原因造成的？

两个法国人无言以对，你看看我，我看看你，他俩摊开双臂，耸了耸肩膀，无可奈何地走出两广总督府。

张之洞很高兴，便问辜鸿铭怎么将他们劝走的？辜鸿铭说不是劝走的，而是问走的，随之把质问的几个问题又告诉了张大人。张之洞听了哈哈大笑起来，不住地称赞："问得好！问得好！简直就像法司断案！"

忽然，法国驻广州领事馆的领事沃里奇气冲冲地闯进来了。他身后跟着两广总督府的两个侍卫，一边阻拦，一边劝说，但怎么也没拦住。

坐在堂上的张之洞、辜鸿铭马上站了起来，很有礼貌地请沃里奇领事坐下。张之洞认识这位西洋佬，只是打交道不多，所以对他还算客气。

可是沃里奇正在气头上，可能是看到他的文秘和武官空手而回，他才亲自找上门来的。他没有入座，而是急于提出索赔教堂损失……

张之洞虽然听不懂他的话，但知道他在说什么，遂命辜鸿铭严加驳斥这个西洋佬。

面对沃里奇领事，辜鸿铭想好了对策，又操起流利的法语，义正词严地揭露法国人在这次中法战争中所犯下的滔天罪行，指出法国人自以为是、不尊重中华民族传统习惯的野蛮行径，列举法国人利用教堂坑害中国人的丑恶勾当，最后也对这个西洋佬提出质问，杀了人家，抢了人家，还让人家索赔，岂不是怪哉？

沃里奇领事听罢辜鸿铭的一番陈述，瞠目结舌……

第十四章　谏修铁路　终尘埃落定

坐在书房内的张之洞，正在挥毫给朝廷写奏书，为黑旗军三千将士请示军饷。忽然，薛福德手持一份户部发来的电报文稿，高高兴兴地走进来，躬身一礼，报告道："张大人，现有户部一份电报！"

"稍等！"张之洞仍然持管书写，先是阐述了黑旗军在中法之战中的出色功绩，特意指出这支英雄队伍在临洮大捷中所做出的巨大贡献，后又说明黑旗军回国后驻守南澳镇、碣石镇将对广东、福建海防所起到的重大作用，于是向朝廷提出给黑旗军下拨军饷的必要性。他一口气给朝廷写完了这份奏折，放下毫管，再仔细阅视检查了一遍，见没有遗漏差错，把奏折叠好，放入信封内。

张之洞抬起头来，说："福德，拿来我看！"

"是。大人！"薛福德双手呈上电报。

张之洞拆开一看，原来是户部根据军机处、总理衙门的议定，下发的电报文书：张之洞因"筹济军事不分畛域"，加一级俸禄。

对于户部的来文，薛福德知道多为好事，不是晋职，就是加薪，或是提供粮饷，因而面带微笑地问道："大人，不知有何喜事？"

"嘿！朝廷看我为两广、福建、台湾等地筹济军饷尽职尽责，又不分界限，给加了一级俸银。"张之洞虽不在意，但脸上露出了轻松之态。

"弄了半天才加一级薪俸，这够干啥！前些日子，还因你误荐徐延旭、唐炯他们减了一级，这等于没加！"薛福德替张之洞鸣不平。

"哎，不能这么说，这是朝廷对边防大臣的关怀！"张之洞制止了对方，从桌上拿起装入奏折的信封，递向薛福德，命道，"福德，你把这份奏文送到电报局，立即发往京师！”

“是！”薛福德双手接过奏文手稿，转身走出书房，去往电报局。

朝廷给予张之洞的一级加俸，无疑是对他的奖励，更是对他在抗法前线业绩的肯定。至于多了一级俸禄，张之洞不怎么在意，甚至于无所谓，关键此举是对他行动的一个肯定。他心里似乎受到莫大安慰，对今后戍边保国更加坚定了信心。

除此之外，张之洞还在想，筹集军饷之所以让前方将士满意，让朝廷满意，不全是督抚的功劳，而是广东各行百姓大力支持的结果。

但是，没有广东、广西两省坚实的经济、财政基础，也不可能达到筹济军饷的目的。

因而张之洞忽然想起，自己的前任两广总督张树声，曾两次来两广就任，一次是光绪五年十一月至光绪八年三月；一次是光绪九年六月至光绪十年四月。从张树声离任的这一天起，张之洞则开始赴任节制两广……两年多的总督两广等处地方提督军务、粮饷兼巡抚事，让他越来越体会到张树声在任期间所付出的辛劳和花费的心血是令人尊敬的。没有前任打基础，哪有后任出成就！

历史的连续性才有历史的大发展。

可是，张之洞想到张树声如今的处境，他因北宁失守，由原来的两广总督贬为一个挂名的广东提督，心里真不是滋味。

尤其是，军机大臣字寄：“光绪十年五月十五日奉上谕：‘有人奏参两广总督张树声不孚众望，难胜兼圻，推诿取巧，玩视边防，贻误地方，任性徇私等语。前据张树声奏，患病未痊，已有旨准其开缺。所参各款，是否属实，必须确切详查。着彭玉麟、张之洞会同，秉公查明，据实具奏，毋稍循隐。’”

对此，张之洞与兵部尚书兼广东提督彭玉麟核实卷宗，听取舆论，并责成藩、臬两司，运司，粮道，按照所参各节，确查禀复。其间，有应行咨查者，一旦说法有异，张、彭二人还及时咨询张树声。经过博访周咨，互相考证，原奏事极烦琐，均与张树声无大关涉。

近日，张之洞又向运司、粮道、税法等部门进行调查了解，那里的人们几乎都反映张树声督粤期间奉旨尽心力，未曾懈怠过，在法越之事初期也从未误过粮饷，他本人不仅廉洁，而且要求下属自律，在征收和转运粮饷的过程中，从未出现过大的差错。因此，这给张之洞抵任两广督署留下良好的风气。

张之洞还亲自看望了年老体弱的张树声，安慰他保重身体，凡事想得开，还告诉他说，一定谏奏朝廷，还他一个清白。张树声听后，心内感动不已，流下了热泪。

不久，张之洞以他和彭玉麟二人的名义，向朝廷撰写了一份关于《查复张树声参款折》——

> 敬为我皇太后、皇上陈之：
>
> ……
>
> 伏查该前督被劾各节，或本无其事，传闻失实；或原无大过，责备太苛；或已经圣裁，不必追论，似均可勿庸置议。臣等窃维张树声素行谦谨，久历封疆，刻意自爱，服官各省，类皆孜孜求治。初任粤督，声望颇优，回任之后，非议顿集。今经臣等详考案牍，按核实政，以其设施不宜有此。揆其致此之由，略有数端：
>
> 一、由于上年七、八两月，英人罗近枪毙华民幼孩一案，葡人戴阿士踢伤华民溺水一案，因格于洋例，不能令洋人抵偿，民情愤怨，辄以袒畏洋人议之。
>
> 二、由于海防事起，多用淮将、淮军。该前督之意，谓粤军以骁悍胜，淮军以训练胜，欲以此示之准的，自是治军正论。而本省将士，因疑有鄙夷粤军之意。又该前督议防中路，故战具、守具先于此处布置，物力所限，他军或未能遽行遍及。于是，粤省将校不悦滋甚。
>
> 三、由于该前督谓兵力不敷，扼要以近为宜，主守黄埔。臣玉麟谓藩篱当固，御敌以远为宜，主守虎门，并沙角、大角两山。现在两策并行，始分终合，持论偶存成见，吹求附会，浮言遂多。今既解任治兵，督率所部办防。在朝廷实为保全善任，在该前督亦得专力殚心，于防务必有裨益。以上所陈，皆系核实之言，平情之论。臣等奉命确查，断不敢有一毫隐饰。所有查明前督臣被参各款，谨合词据实复陈，伏祈圣鉴。
>
> 张之洞、彭玉麟顿首

为前督张树声被弹劾所核实的奏折写好后，张之洞立即派薛福德送往电报局，全文发报至京师。

三天后，慈禧太后、光绪皇帝发回电报，谕旨曰：“知道了。钦此。”

但是，朝廷对前督张树声没有答复处理意见。这使后任张之洞仍放不下心来，他和彭玉麟经过认真研究、反复商量后，决定再拟一折，为前督张树声讨回说法。

在第二份奏折中，张之洞与彭玉麟两人严格措辞、把握分寸，丝毫不敢露出抱怨朝廷的意思，更不敢说这是冤假错案，而是彰显前督张树声大半生以来的主要功绩——比如，粤寇扰皖北时，张树声以廪生资格与其弟树珊、树屏治团杀敌；他又以五百人陷阵，击退陈玉成众数万，功尤盛，传四方；同治二年，攻无锡、金匮，击寇芙蓉山，大破之，夺获战舰器械不可称计，赐号卓勇巴图鲁，予三品服；九年，调补山西巡抚，两年后擢漕运总督，署江苏巡抚；光绪三年，起授贵州巡抚，八年，他又摄直督任，后又还督两广……足见其多半生对大清之忠诚。张之洞和彭玉麟在奏折后边，特恳请朝廷对张树声给予宽谅酌处。

这第二份奏折发往京师后，第三天便收到朝廷吏部回电："据太后、皇上御批，前两广总督张树声为离职留用。"

谢天谢地！前督张树声终被朝廷恢复政誉。

一直对前督张树声悬挂于心的张之洞，已经感到欣慰。他同彭玉麟带上朝廷回电批复，去见患病的张树声。

躺在病榻上的张树声，手捧电文，阅视之后，老泪纵横，激动地说："多谢朝廷洪恩，今生我虽然不能官复原职，但还算从两广总督位置上退下来，死而瞑目矣……"

张之洞、彭玉麟看到张树声伤感而又凄楚的神情，心内不禁涌出一丝丝苦涩，他俩上前安慰劝说，让这位前督大人保重身体，颐养天年。

坐在床前的老夫人，也默默地淌下泪珠，她拿起手帕，颤巍巍地给老伴擦拭泪痕，嘴里叫着："振轩，振轩！你要放宽心哪，朝廷给你恢复了名誉，这一辈子总算没白来到人世上……"

张树声仰面望着天花板，两眼又滚下一颗颗苍凉的泪滴，滴湿了头下的枕头……

门外传来急促的脚步声，房门被推开了。

原来是张树声的儿子、在京师为官的张华奎匆匆赶到广州，探望父亲来了。他噙着泪水趴伏到病榻前，喊了声："爹！孩儿看您来了！"

张树声听到儿子的呼唤声，吃力地伸出手来，抚摩张华奎的头，嗫嚅道："华……华……华奎……"

"爹！爹！"张华奎用双手攥住父亲那枯瘦的手。

此时，病入膏肓的张树声再也说不出话来了，只是张了张嘴唇……

张华奎一见父亲病情如此严重，慌乱地喊道："爹！爹！您说话呀，您说话呀！"

老夫人看到老伴的一双瞳孔都散了，知道大势不好，哭泣道："振轩……振轩……振轩……"

张之洞、彭玉麟亦发现张树声病情恶化，已无可挽回，惊恐地喊道："张大人！张大人！"

突然，张树声的头颅倒向枕头一侧。他永远地倒下去了。

"爹……爹……爹呀……你回来呀……"张华奎趴在父亲的身上哭号着。

老夫人拉着老伴的手，望着老伴的脸，两眼直瞪瞪的，泪滴"吧嗒、吧嗒"地滚洒在老伴的遗体上，憋了老半天，方喊了一声："振轩……你，你，你为何不坚持一下呀？一切……一切都会过去嘛……你，你怎么一个人走啦……"

站在床前的张之洞、彭玉麟，头一回看到封疆大吏这样含冤吞屈地离开了人间，死在他乡。他俩深受触动，潸然泪下……

张之洞安慰老夫人，节哀保重，并告诉她，张树声大人的后事由督署负责，一定妥善料理。

按照张之洞的吩咐，两广总督府设置了前督张树声灵堂。张树声之柏木棺材停在堂前，灵堂四周摆满了花圈和花篮，房顶上垂落一条条白色布带，整个灵堂显得极为庄严肃穆。

祭奠张树声的仪式，搞得非常隆重。张之洞亲自为张树声致悼词，并率领督署上下官役，焚香追思，戴孝跪拜。

老夫人及其儿子张华奎很受感动，向张之洞表示诚挚的谢意。

三天后，张之洞派出马队和役人，陪同张树声的家人将其灵柩护送到他们的老家安徽合肥，入土安葬……

近日，张之洞给朝廷发去的一封封电报奏折，多有反馈，但关于给刘永福所率黑旗军请示军饷的奏折至今还没有回音。他心里很着急，担心刘永福从越南带回来的粮饷用完而难以维持生活。好歹刘永福还没找上门来，或许还能容缓一段时间。

他想来想去，本想再拟折电报催请，但忽然想起，控制大清军费开支的权力主要不在户部那里，而是在李鸿章手里。如果给李鸿章发电报请示，恐怕是无济于事的，十有八九不会回文。看来，只有当面恳谈了，他不会一点面子都不给吧！主意定下来后，张之洞命薛福德马上去买船票，准备北上天津，去见李鸿章。

次日清晨，张之洞携薛福德简装出发，乘上北去的轮船，由广州到达上海，经过短歇再从上海直航奔赴天津。

他俩来到北洋公所。薛福德向门前侍卫打了招呼，说明了他们的身份和来意。侍卫一听，焉敢怠慢，速转身到会客厅通禀去了。

这时，李鸿章正在接待并也是初次见到从朝鲜归来的将士袁世凯。因为李鸿章不仅是大清国直隶总督兼北洋大臣，还担任外交大臣，涉及的外交事宜他都得管。

当李鸿章向袁世凯询问朝鲜局势时，袁世凯很拘谨地回答："目前朝鲜还在我方控制之中，只是日本蠢蠢欲动，多次派兵挑衅！"

"但不知你们是怎样对待的？"李鸿章追问道。

"末将已率先带兵进驻朝鲜，日本暂未轻举妄动！"袁世凯自豪地回话道。

"嗯！这说明日本知道朝鲜是我们大清的附属国。"李鸿章嘴上这么分析国情，但心里佩服袁世凯的军人果敢作风，遂又问道，"你参加过会试吗？"

袁世凯闻听如此问话，如后背被针扎了一下，倏地站起身来，抱拳道："学生不才，惭愧、惭愧，几次应试全都名落孙山，我只是在淮军当过兵！"

李鸿章点了点头，赞非所赞地说："哦，实干！进士多如牛毛，实干凤毛麟角！"

"中堂大人过誉，末将一定奋发努力！"袁世凯拱手道。

侍卫站在门口多时，终于找到插话的机会，上前禀道："中堂大人！现有两广总督张之洞门外求见。"

"啊，张之洞?!"李鸿章一听两广总督张之洞来了，遽然一惊，不知他干什么来，挥手道，"快，快请张大人进来！"

"是。大人！"侍卫应声转身离去。

李鸿章对袁世凯说："你先回驿馆休息，有事我再派人找你！"

"好，谢中堂大人！"袁世凯打躬施礼，走出会客厅。

一会儿，只见张之洞一个人跟随侍卫走进院内，他已经让薛福德先回驿馆等候去了。

恰巧，张之洞与袁世凯碰了个对面。张之洞不认识袁世凯，但袁世凯在京时曾见过张之洞，那时他在翰林院刚进入清流派，不过已有名气，如今相继担任山西巡抚、两广总督，其威名已传遍大江南北，早就是大清重臣了。袁世凯心里琢磨，张之洞绝对是仕途上用得着的人，主动上前躬身施礼，道："张大人！晚生向您请安！"

张之洞看到一个素不相识的青年人向他施礼请安，便停住脚步，问道："你是何人？我怎么从未见到过你？"

"张大人！在下袁世凯乃区区鼠辈，曾在京师翰林院见过您。您贵人要事多，且担负国家重任，焉能认识晚生！"袁世凯仍伏首抱拳，毕恭毕敬地说。

"哦！好，好，快快免礼！"张之洞亦拱手道。

"多谢张大人！日后请张大人多多赐教。晚生告辞！"袁世凯又一打躬施拜，方平身抬头，眨了眨那双溜溜转的眼珠，看了看仪表威严的张之洞，径直地朝门外走去。

张之洞看罢袁世凯的举止，尤其是那两只三角眼，滚动着眼珠，神色不定，立即意识到袁世凯绝非诚实之人，谦恭中藏着诡秘，机警中透着奸诈，将来此人不可小视，一旦得势必使国家不得安宁。他不由得忆起曾国藩关于看人相面说过的两句话："邪正看眼鼻，真假看嘴唇。"这么一印证，觉得对袁世凯的预测不会出现差错。唉！李鸿章这么一位高官位显、才大资深的国家重臣，居然同袁世凯这样的人往来，真是不可思议！诚然，人各有志，何必苛求！

张之洞在侍卫引领下，来到北洋公所会客厅门前。

李鸿章已站在门口迎候，抱拳施礼，道："张大人！多日海上奔波，航途辛苦！"

"岂敢，岂敢，多蒙中堂大人问候！"张之洞已拱手打躬，寒暄道，"中堂大人，在下张之洞向您请安祝福！"

"香涛，免礼吧，快请进！"李鸿章亲切地称谓对方的号名，谦让地说。

"中堂大人，请先行！"张之洞亦谦恭道。

"来，咱们一块儿走。"李鸿章伸手拉着张之洞，步入会客厅。

桌几上摆好了香茶、香蕉、点心、糖块等，看得出，北洋公所的待客条件不亚于宫廷。当然，这也是北洋水师统领李鸿章，对待封疆大吏、两广总督张之洞的一种热情而特殊的礼仪。

主宾落座，李鸿章先让张之洞饮茶，而后叙话。

这是一个酷暑天。室内闷热，没有一丝凉风。张之洞因为面见李鸿章大人，不能穿便衣，只好穿官服，虽然已摘下顶子，汗珠还是从额头上淌下来。他用手帕擦拭一下脸上的汗水，伸手端起茶杯，一口气喝了多半杯茶水。

“中堂大人，下官唐突造访，请多担待！”张之洞心里明白，尽管恭敬李鸿章，但他也不一定买账，凡求他的事，都不可能顺利答复。

“香涛！您就甭客气了，有啥事儿直说吧。”李鸿章表现出大度洒脱的姿态。

“那好，我向中堂大人报告黑旗军的目前情况：黑旗军完成中法之役而凯旋回国，现驻防在广东沿海南澳镇、碣石镇，与福建、台湾守军形成水陆防御体系，担负着东南沿海的重要戍边任务。但是，他们的军饷至今尚未解决……”

“哦，这件事我知道。前不久，户部找过我，军机大臣、工部尚书翁同龢也找过我，他们都说国库存银不多，军费开支过大，黑旗军粮饷可否暂缓拨发！”李鸿章打断张之洞的叙述，唯恐他提起发饷人数，便先入为主，“军队军需焉能久等！这样吧，香涛，我给黑旗军提供八百人的军饷！”

“中堂大人，这怎么行呢？黑旗军三千兵力，所供八百人军饷，相差过于悬殊，恐难以支撑！”张之洞还是说出了黑旗军兵额，极为恳切地说，“中堂大人，念在往日下官对您的支持，以及您对下官的帮扶，看在黑旗军对大清的无限忠诚上，请您再多多费心周旋，按该军兵额给予调拨军饷！”

李鸿章已经欠身踱步，反复思考。他停下脚步，转身对张之洞说：“香涛！我以最大限度，给黑旗军拨发两千人的军饷！”

“好吧！我代表黑旗军衷心感谢中堂大人！”张之洞一看再恳请也没有用了，只好作罢，拱手作揖，深深一拜。

这天中午，李鸿章命人摆下酒席，招待两广总督张之洞。

张之洞与薛福德只在天津逗留一天，第二天就从大沽口乘上轮船，返回广州去了。

总督两广的主要任务是提督军务和筹备粮饷。对于肩负的这一重担，张之洞是十分清楚的。经过百般努力，黑旗军还差一千人的粮饷没有着落。为了不给黑旗军带来压力和不必要的口实，张之洞做出决定，不再求助他人，自己解决黑旗军剩余一千人的军装、军饷。

黑旗军三千兵力的军饷全部得到解决。

这一喜讯传到驻守南澳镇、碣石镇的黑旗军官兵那里，大家群情振奋，喜气洋洋。

正在南澳镇组织训练黑旗军的总兵刘永福，借全军粮饷到位之际，向诸位将士训话，感谢朝廷的信赖，感谢张香帅的关怀，并带头剃发，表示抗敌决心。将士们开始有些犹豫，但看到刘总兵手提着自己已经剪下来的发辫，呼啦一下，争先恐后地剪去头上的长辫。

这时，平息琼州客家和黎民滋事的冯子材老将军，回到了广州。他听人说，张之洞曾拟提南澳镇总兵刘永福为广东提督，可是奏折刚递上去，朝廷派来了八旗爷当这里的提督。

冯子材实在看不惯，去找张之洞询问："香帅！上边是不是怕刘永福谋反？"

张之洞摇了摇头说："不可思议，现在还反什么？"

冯子材气得仰天长叹："爱国之士，栖身难矣！"

张之洞非常理解冯子材的心思，点了点头说："说什么，我也不能看着这把利剑上锈！"

冯子材听后振奋地说："香帅！有您的鼎力支持，黑旗军就有希望！"

当冯子材陪同张之洞来到南澳镇视察黑旗军的时候，看到全军上下那高昂的士气、饱满的热情，尤其是刘永福总兵忠于职守、不计名利，不禁感慨万端。

此时，只见站在排列整齐、威武雄壮的黑旗军队伍前边的刘永福，挥动着手臂，大声宣布："……我们黑旗军驻守南澳镇，世代相传，继往开来，一代代人保卫着这片疆土，决不让朝廷失望，保卫大清！"

全体将士挥动起手中武器，振臂高呼："保卫大清——保卫大清——"

接着，刘永福又满怀深情地说道："弟兄们！我现在是南澳镇总兵，也是黑旗军的一位丁勇，更是你们的兄弟，我将和你们患难与共、风雨同舟，一起保卫南澳镇、保卫碣石镇、保卫广东！弟兄们！南澳镇历来是兵家必争之地，历代都很重视，一直都有重兵把守。郑成功之父郑芝龙曾是南澳镇副总兵，戚继光也曾是南澳镇总兵。南澳镇先后有三百多任总兵，确实名将如林，战功卓著……从我这任总兵开始，若有失职，唯朝廷拿我刘永福是问！"

全体将士再次振臂高呼："跟着刘总兵——保卫广东——跟着刘总兵——保卫我大清——"

刘永福训话完毕，发现张之洞、冯子材来到南澳镇，便跑了过去，大声喊道："张香帅！冯老将军！"

张之洞、冯子材亦快步迎过来，异口同声地说："刘总兵！辛苦啦！"

双方施礼抱拳，问候大安……

且说光绪初，张之洞擢司业，再迁洗马。不久，到了光绪六年（1880年），张之洞曾因“中俄条约”“十不可许”，上书与俄另订新约，治出卖主权的崇厚以“应得之罪”。

也就是在这一年，俄罗斯议还伊犁，有违言，急备边。朝廷在太和殿召集重臣，商议国家军务大事。

此时被宣召至京的直隶提督刘铭传，疏陈兵事，然有独特见解，奏道：“启禀皇太后、皇上！依微臣愚见，练兵造器，固宜次第举行，其机栝则在铁路。铁路之利，不可殚述，于用兵尤为急不可缓……”

“噢！兴造铁路关系到军务，这倒是个新鲜主意，以前还没听说过。”坐在御座上的慈禧太后，半信半疑地说，“刘铭传，你接着说吧！”

“是，太后陛下！”刘铭传拱手一拜，继续奏道，“中国幅员辽阔，防不胜防，铁路一开，南北东西呼吸相通，无征调仓皇之虑，无转输艰阻之虞，从此裁兵节饷，并成劲旅，一兵可得十兵之用。权操自上，不为疆臣所牵制，立自强之基础，杜外人之觊觎，胥在于此。臣斗胆妄言，望太后、皇上准奏！”

慈禧太后看了看众卿，没有人发言，只是看到李鸿章脸上露出轻松，心想：刘铭传所奏修铁路之事，合乎你这位洋务派首领的口味，凡事都要学西洋、学洋人！再加上刘铭传是你门生，说啥话当然顺耳！

她将目光又转向身边的皇上，他现在只有十岁，不可能懂得这类事务，遂面对刘铭传问道：“刘铭传！你可还有奏言？”

“谢太后！微臣还有一些具体想法……”刘铭传躬身施礼道，“鉴于国家财政拮据，暂拟请以北京为中心修建四条铁路……”

突然，殿前传来一位大臣的喊声：“我反对！”

众人把目光抛向喊话的大臣，原来是刚刚回国的、曾做过英国副使且亲身坐过火车的刘锡鸿。

“哦，刘锡鸿，你见过世面，又坐过火车，你怎么反对起修铁路来了？说说看，让诸位明白！”慈禧太后打心里不愿意接受修铁路这样的新事物，所以想听一听刘锡鸿的意见。

刘锡鸿已跨出臣工队列，与刘铭传并列站在一起，奏道：“我东方大清，与西洋诸国相比截然不同，暂时还达不到修建铁路的条件。”说着他掏出事先拟好的《罢议铁路折》，从中列举了修铁路“势之不可行者八、无利者八、有害者九”，振振有词地说，“西洋的技艺与政俗是配套而化一的。虽然火车实西洋利器，但西方有一套与之相应的公司、司法、税收等制度，因而能够运行自如，断非中国所能仿行。”

“此言差矣！”李鸿章终于开口了。他也向前跨出半步，抱拳启奏：“太后、皇上！刚才刘锡鸿副使所言大有危言耸听之感，什么‘不可行者八、无利者八、有害者九’……一派胡言，自我嘲讽！而刘铭传所述，‘铁路一开，南北东西呼吸相通’，‘从此裁兵节饷，并成劲旅，一兵可得十兵之用’……尤其谈到，‘不为疆臣所牵制，立自强之基础’……微臣觉得刘铭传所言才是正理，铁路修好，民生、军务才能有保障！”

刘锡鸿忍气吞声，不再争辩。因为面前的李中堂是他的上峰外交大臣。

“不行，不行！修建铁路虽有民生之计，但地脉毁坏，开山占地，越水过河，这可不是小事！”一位迂腐大臣又提出疑议。

更为可笑的一位大臣，竟然颤巍巍地阻止道：“自古以来，车马奔驰，帆船航行，焉能在陆地铺设铁轨，任火车利器横行，这纯属淫邪之术！祖制不能破坏，铁路是万万修不得的！”

这次议政以反对意见取胜而结束。

虽格未兴，然而中国铁路之兴，实自刘铭传发之。

当时在京师翰林院任职的张之洞，当然非常清楚这第一次商议修建铁路的情况。不过，他没有上书，觉得时机未到，更重要的是，本身还不具备掌握修建铁路的能力。因而他只能在心里暗暗为刘铭传遗憾了。

其实，中国最早的铁路已经出现，那是同治四年（1865 年），英国人杜兰德在北京宣武门外修筑了一条长仅五百米的铁路，试行小火车，意在劝说清政府同意外国人修筑铁路的要求。不料清朝大臣们“诧所未闻”“骇为妖物”，以致“举国若狂，几致大变”，清政府赶紧令步军衙门饬令拆除。

时间过得好快，转眼间七年过去了。

现在，历史的车轮驶入光绪十三年（1887 年）。国家发生了许多重大政治事件——

这一年正月，春暖乍寒。光绪皇帝已经年满十七岁，在太和殿参加了登基大典，开始正式亲政。

然而，从咸丰十一年（1861 年）宣布“两太后垂帘听政”开始，慈禧太后就掌握了大清统治全国的最高权力，一直到光绪十三年正月光绪皇帝亲政，始终处于国家权力的巅峰。殊不知，光绪皇帝尽管步入亲政的权力殿堂，仍没有走出慈禧太后主宰朝纲的阴影。这是因为五十二岁的慈禧太后表面退居颐和园颐养天年，实际仍把持着国家政务。慈禧太后规定，每隔一日，光绪皇帝必须亲自向她奏报政务，听候训示；遇有重大事情，更得随时请旨，一旦有违，必遭严惩。

还有一个重大政治事件——在左宗棠、李鸿章等人的极力倡导下，台湾建省，已经取得抗法保台战斗最后胜利的刘铭传总兵改任台湾巡抚。刘铭传任巡抚后，首先推行的是“办防、清赋、抚番”三项：订购新式大炮 31 门，在基隆、淡水、澎湖、台南等地兴筑钢铁水泥炮台；将台湾守军统编为 35 个营，实行新式操练，以提高战斗力；还着重清查了地主瞒报的田产及洋商的漏税，使台湾的财政收入由每年的数十万两白银增至三百万两。

有一天，在一个小茶馆里，刘铭传碰到台湾道唐景崧，他们虽说是初次相遇，但谈得很投机。唐景崧一听他谈到基隆煤矿的开采情况，马上告诉他，基隆海里有一条铁路，这是光绪三年洋务派官员丁日昌任福建巡抚期间在台湾基隆煤矿的老寮坑矿地至滨海泊船处修筑的，用于运煤。但是迫于朝中保守派无端攻击，说什么铁路是“淫巧之术”“陆上怪神”，硬是派人拆毁铁路，将一条条道轨扔到基隆海里去了。刘铭传不由得想起光绪六年（1880 年）上奏朝廷修建铁路而遭受攻击的情景，决定组织人力，下海捞取铁轨，重新铺设基隆煤矿产地至滨海码头的铁路。

又一个重大政治事件发生了——还是在这一年，醇亲王奕譞根据洋务派的呼吁和西方经济发展的影响，奏请朝廷成立了中国铁路公司。

在此期间，两广总督张之洞一面关注京师发生的政治事件，一面抓紧督署军务和两广经济建设。同时，他还注意在两广尝试办教育、搞革新。

张之洞已经看到，书院是历代王朝的旧式学堂，学的是经、史、词章，多为科举考试的补习班。他于光绪三年，在广州设立了广雅书院。在保留原来经史各科外，增加经济一科。培养的学生不仅仅会八股文，还会搞些实业。其学术成就可与著名的其他学堂匹敌。可以说，这是张之洞改造旧教育走出的第一步，从此踏上了创办新式教育的征途。

同年，他本人及几位官员和商人出资，设立广雅书局。许多学者受聘担任书局的编辑或校对。

该书局在张之洞离任两广总督后的二十年左右的时间内，成绩斐然，令他都惊讶！请看——出版书籍约 176 种，其中大部分为清代学者所撰述。除 7 种之外，这些著作于 1920 年均被收入《广雅书局丛书》再版。其中的史学著作于

1920年在上海以《史学丛书》之名石印再版。广雅书院和书局的成就引人注目，而张之洞则因创办之功经常被称为张广雅。

一天傍晚，薛福德从两广总督府回到府邸住处，给张之洞带回北京家中拍来的电报。张之洞打开电报一看，这是夫人李静姝发给他的电文。她告诉他，关于侄儿晋生与典颖的结婚典礼，已在上月中旬办完，他们已经赶往湖北上任去了。关于仁权与阿秀的婚礼，定于光绪十五年（1889年）春节，在京举行，望届时回来一并参加。

看罢电报，张之洞高兴万分，长子结婚这是大喜事，说啥也得回京一趟，亲眼看看仁权与阿秀的结婚庆典。不过，刚刚过了重阳节，离过大年还有三个多月时间，定婚期未免太早了。管他呢，这是夫人跟儿女们定的，绝不能干涉，到时候参加就行了。张之洞让薛福德明天给家里回电，就说同意，不再变更。

薛福德很高兴地走出房门。

不久，北京传来消息：李鸿章上朝，提出修筑津通铁路。但这次提议又引起守旧卿臣的抵制，他们不仅认为修铁路“资敌”“扰民”“夺民生计”，而且视修铁路者为“直欲破列祖列宗之成法以乱天下”的罪人。李鸿章气得脸色一阵青一阵白，他叹道：“中国何时强矣！”

面对针锋相对的争议，朝廷改变了以往的做法，既不完全相信洋务派的提议，也不相信保守派的反对意见，而是广开言路，于光绪十五年（1889年）正月颁诏，令沿海、沿江各省督抚发表意见。结果多数督抚反对，少数态度不明。

善于观察事物和分析时局的张之洞，马上看到机会来了。既然他们反对在沿海、边防修筑铁路，那么何不在内地办成这件大事！他脑子里开始酝酿……

可是，眼下春节将至，恰是儿子结婚时间，怎么办？他当然不能错过上奏修筑铁路的机会。于是，他命薛福德给家里发电报，讲明不能按时回京参加儿子婚礼的原因。

张之洞遵照朝廷的指令，秉灯伏案，连夜撰写奏折……他在复奏中，首先阐明，修筑铁路有利国计民生，铁路是西方近百年来“驯至富强之一大端”，中国“自不得不采彼长技以为自强之助”。接着他提出，修筑铁路必须有“经营全局”的视野，认为与其修津通铁路，不如修卢汉铁路，从卢沟桥起，经河南达于湖北汉口。他强调，卢汉铁路穿中国腹地而过，不近海口，无“资敌”之患；修铁路“以开通土货为急务”，“首在利民”，无“夺民生计”之忧，实为“中国大利之所萃”。

张之洞在谏奏中，提出修筑卢汉铁路共有“七利”并建议，“有此七利，分段分年成之。北路责之直隶总督，南路责之湖广总督，副以河南巡抚”。

这样，既挡住了守旧派的攻击，又否定了李鸿章的方案。

数日后，朝廷下旨：准奏。钦此。

时任两广总督的张之洞一奏而使争论尘埃落定。

第十五章　大兴调研　建设新湖北

旭日仿佛从海水里蹦出来，照耀得整个东海金灿灿的。

停泊在上海码头上的轮船已经载满旅客，忽然响起悠扬动听的汽笛声，而长长的汽笛声回荡在长江出海口上空。只见那一只只海鸥扑棱棱地飞向江心，似乎在导航，从宽阔的长江口掠过，直抵奔腾的长江。

轮船缓缓地起航了。

梭形的船舶绕过崇明岛，瞬间驶入长江，劈开江面，逆水而上，发出“哗啦啦、哗啦啦”的响声，让人感觉在江上行走，留下无尽的遐思。

伴随着船头击水声音，两岸那些崛起的西洋高楼和苍老的破房旧屋跳舞一般地旋转着移向后边。

别了，上海！别了，英法列强曾袭扰过的上海！

上海顷刻间消失了。

轮船西进，朝着汉口方向航行。

初冬的凉风一阵又一阵地拂面吹来，博大辽阔的华东大地展现在眼前。

长江两岸，四季常青。但对于习惯生活在珠江两岸的人们来说，常青与常青不尽相同，那里是橡胶、榕树、椰子、芭蕉、甘蔗等，这里是梧桐、橘子、茶田、玉米等。更重要的是，在这里还看不到西洋工业的影子。

在这短短的时间里，就像从一个世界来到另一个世界。然而从甲板上望出去，长江两岸麦田里复种的玉米一片翠绿，复种的油菜一片金黄，它们在冬日耀眼的阳光辉映下放射着五彩光芒，像无边无际的绿色海洋。遥远的地平线那边，逶迤的山峦时起时伏，被淡淡的白云抹来抹去，就像一帧剪影山水画。

纵横于华东、华南平原上的滚滚长江，在蓝色的雾霭中穿行流淌，如同一条绵绵不断的白色绸带盘绕在无垠的墨绿色丝绒中。

汽笛又一次长鸣！轮船顶部又粗又圆的烟囱开始喷吐着白雾，缓缓驶入江宁码头。

江宁到了！待船身停稳后，上下船的旅客各自手提行李忙活起来……

已站在甲板多时的张之洞，眼睛里闪着兴奋和激动。他是第一次登上上海至汉口的客轮。此前虽说是多次坐过海轮和江轮，但同这次相比截然不同——这次他是去汉口赴任湖广总督。

本来，在这一年的夏季，即光绪十五年（1889 年）七月，朝廷吏部下诏调两广总督张之洞改任湖广总督，督办卢汉铁路，可是，两广政务繁多，许多要事尚在办理中，张之洞实在脱不开身，只好暂留两广，待办出眉目后再辞行。

在这几个月里，张之洞除了检查广州珠江南岸建立的织布官局、广州城外白云山兴建的炼铁厂、广东境内设立的机械厂等实业项目落实情况外，还筹设了广州枪炮厂、铸钱厂，并筹款购买艇舰、组建广东水师等。七月份，他考虑自己即将调补湖广总督，还以督署名义向朝廷请奏在湖北设立纺纱厂。八月，他继续完善修筑卢汉铁路计划并上报朝廷，仅三天时间朝廷工部就发来电报，上谕对其给予赞许。九月份，他向继任李瀚章交卸两广总督篆务，完成各种交接手续。于是，十月中旬他才告别广州，携领相关人员，乘船北上，改由上海发出的客轮，沿长江逆流西行奔汉口。

张之洞在两广总督任上，经中法战争之故，更是一意图强。广州开埠最早，又临近港澳，其迈向现代之路的历史机遇相对优越。如果不是因为卢汉铁路的缘故，张之洞和广州，应该是适逢其会。可是，历史的天平却偏向了湖北。

不知什么时候，客轮已经驶出江宁码头，正沿江逆上，进入安徽境域。

一直陪着张之洞站在甲板上的薛福德，担心他被江风吹着，几次劝他回船舱休息，可他却说时间不长，不会着凉。薛福德只好回舱内取来一件黑缎面红绸里的斗篷，给他披在肩上。

激情满怀的张之洞，一路上兴高采烈。他不停地给薛福德讲述《三国演义》中与长江有联系的故事：回荆州、借东风、火烧战船、赤壁大战……这让薛福德不仅了解了历史，而且大开了眼界，不知不觉地爱上了长江。

初冬的傍晚，江上刮来的凉风，似有吹透衣服的感觉。薛福德不禁打了个寒战，说啥也不让张大人在舱外待下去了，硬是将他拉入舱内。

轮船行至安庆，停了下来。张之洞他们和旅客们一起，在船舱过夜休息。

第二天黎明，客轮鸣笛启航，继续西行。

太阳升起来了。张之洞听薛福德禀告，轮船驶入了湖北地界，他精神立即振作起来，欠身钻出船舱，又出现在甲板上。陪同他观景聊天的多了几个人，其中有辜鸿铭、蔡锡勇等，他们是他聘招的幕僚人才。

江上的雾霭渐渐被阳光驱散，江水泛着碎银般的粼粼波光，江心内一只只渔船风帆雪白雪白，江岸上边的一片片庄稼显得更加翠绿。突然，一行白鹭沿江飞来。接着，纤夫拉船的号子声响彻大江。

轮船往北过了黄州府，又往西航行，还有三百多里航程就可到达汉口。

目的地越来越近了。张之洞那颗激动的心难以抑制，湖北将是他大展政治抱负之地。

他看了看身旁的辜鸿铭问道："鸿铭，你能说说我督鄂的首因吗？"

辜鸿铭笑了，说道："这个问题好回答，张大人督鄂的首因，是因为一条路——卢汉铁路！"

他又问站在辜鸿铭后边的蔡锡勇："锡勇，你怎么看？"

蔡锡勇也是翻译出身，曾充美、日各国翻译、参赞等官，于张之洞督粤时，即任办理交涉事务。他的思维敏捷，眼光深邃，遂回话道："我同意辜先生的回答。张大人督鄂之路，则是卢汉铁路，此路既是督鄂导火索，又是督鄂直接原因。"

张之洞心里早就认为，谏奏修筑卢汉铁路是他从政以来最称心的佳作之一。刚才听了两位幕僚的回话，他十分满意，面带微笑地点了点头。

是啊，谋划卢汉铁路，绝不是寻常之路。

这是一条在今天看来很具体的路。但在当时，不仅是一条新路，一条抽象的仅停留于构想之中的路，而且也是一条阻力巨大、困难重重的路，客观上更是一条由前现代社会向现代社会的转型之路。关于铁路，清朝政府官员激烈争论了整整十年。

正是因为卢汉铁路，张之洞从此踏上了治鄂兴汉之旅，迈向他一生事业的巅峰，并给后人留下了一次反复咀嚼的社会变革——湖北新政。

有人要问：难道卢汉铁路与湖北新政就这么重要吗？

如果不是清廷有关铁路的争论，张之洞没有上书提出修筑卢汉铁路，他可能不会被朝廷调命督鄂；如果没有张之洞在湖北推行新政的实绩，武汉早期现代化的进程可能会大大滞后，丧失一次难得而又关键的历史机遇；如果不是张之洞编练了一支高素质的新军，辛亥首义可能不会在武昌成功；如果不是张之洞兴办工业培养了大批产业工人，中国工人运动的历史可能会改写。这些情况已成为历史的记载，张之洞本人没有预料到，也不可能预料到。当然，历史不能假设，因为历史就是过去，过去连神仙都无法改变。但是历史的吊诡在于，其客观的发展进程和人们的主观认识之间，总有分辨不清的模糊地带，需要我们注意总结，增进认识，不断反思。

在历史的烟尘背后，总有楚人对铁路的歌吟、对新政的颂扬……

张之洞怎么也没想到，此次他来湖北竟然一干就是十八年。所以，张之洞对湖北的感情深厚得无法比拟。因为他以湖北为第二故乡，自命“楚人”。

现在，让我们再回到江上，看看张之洞他们乘船到达汉口的情况——

轮船顶部的烟囱停止了黑烟缭绕，而是微吐着淡淡白烟。船速减慢，武汉这座城市就在眼前。

薛福德用手指着前方，喊道：“张大人！请看，汉口快到了！”

“对！我们的大本营——汉口，就在前边！”张之洞激动地喊着。

辜鸿铭、蔡锡勇等也都目不转睛地望着前方。

轮船汽笛声响起——“呜……呜……”

随着汽笛声，客轮缓缓驶入汉口码头。

辜鸿铭、蔡锡勇搀扶张之洞准备下船；薛福德和王一丁等人肩扛行李、手提包裹，跟在他们身后。

客轮停稳后，旅客们早已拿起自己的行李，争先恐后地抢着下船。

张之洞嘱咐随行人员，让旅客们先行，不要同百姓争挤。

汉口是航船终点站。船上的旅客几乎都下去了，这时他才携随行人员步下客轮。

站台上，迎候接站的百十余官兵，排列得整整齐齐。他们一见张之洞等人走下客轮，立即挥臂高喊：“欢迎张大人——欢迎张大人——”

张之洞朝着喊声望去，并向官兵们挥手致意。

他一眼看见，侄儿晋生和侄媳栗典颖也都站在队伍旁边。夫妻俩没敢近前，只是带着笑容向他摆手，以示迎接叔父顺利到来。不用问，夫妇俩肯定是从黄陂县特意赶来的。

今天，张之洞是第一次见到侄媳。心想，这对新婚夫妇，是张家的后代，也是张家的亲骨肉。日后，我得好好照顾他们。

这时，只见湖北巡抚奎斌携武昌镇总兵江帆以及湖北部分道、厅、州官员朝张之洞走来，施礼问安，张之洞亦向对方还礼。

至于湖南巡抚及其属下没来汉口码头迎接，这是因为张之洞临来时给其发来电报，说其路途较远，不必施礼。

欢迎湖广总督的礼仪完毕后，张之洞想起侄儿晋生、侄媳典颖，命薛福德赶快去叫他俩。

薛福德转身正要去找他们时，只见晋生拉着一位穿洋装的青年男子走来，后边跟着手提两条大鱼的典颖。

张之洞看见他们，高兴地喊道："晋生！典颖！"

"叔父！叔父！"晋生、典颖见到来湖广督署赴任的叔父，喜出望外。夫妻俩咋也没想到，晋生于三年前到湖北黄陂县当知县，今天叔父被朝廷改任湖广总督来湖北上任来了。这可是天赐机缘，叔侄又重逢了。

晋生、典颖向叔父施叩拜大礼，问候一路行船劳乏。张之洞亦向侄儿、侄媳问安，并向典颖询问她的祖母、父母亲身体状况，以及在襄阳家庭生活怎么样。栗典颖听后非常高兴，向这位叔父一一做了回答，同时，诚挚表示多谢叔父费心。

张之洞一看周围的官员较多，说话实在不方便，他看了晋生一眼，连问问侄儿从政情况也没顾得上，当时便打住了。

可是，张晋生还有要事禀报，赶忙把那位穿西装的青年人拉到叔父跟前，着急地说："叔父！我给您推荐一位高才生，德国莱比锡大学毕业的留学生，名叫颜启达。您即将筹办卢汉铁路，他可是用得着的人才！"

颜启达快步上前，抱拳打躬，道："张大人！晚生颜启达向您请安！"

"颜启达！快免礼！"张之洞走到近前，搀扶道。

"谢张大人！"颜启达又施一礼。

张之洞又问道："启达，你为什么不去京师报到？"

颜启达有些难以启齿："我去了北京，听说醇亲王成立了中国铁路公司，可是我去那里求职时……"

"怎么，他们不接收？"张之洞又追问道。

"这……"颜启达思想有些顾虑，不想道出真情。

张之洞认为，凡是与卢汉铁路有关的人和事，他都感兴趣。颜启达的事情必须搞清楚，才能考虑是否收留。他告诉薛福德去通知湖北巡抚奎大人，让他们到码头外边等候。

薛福德应声后，转身匆匆离去了。

“启达，到底怎么回事？你说！”张之洞想问个究竟，方可下决心。

“张大人！我知道您的心意，您的情我领了，可我这条件……”颜启达唯恐得罪朝廷，还是不想明说。

张晋生一看，这怎么行呢？你颜启达不说出事情的真相，我叔父就无法拍板，于是他替对方回话道：“叔父！原因不是很复杂，但是朝廷的人给弄复杂了……”

“哦，你说说看！”张之洞面向晋生督促道。

“颜启达没能在京师站住脚，主要因为他的家庭。启达的父亲出生在广东佛山，是启达的祖父、祖母将其父亲供到德国柏林大学读书。他父亲大学毕业后，与同班的一位法国女大学生结了婚，便生下启达。他的父母在德国定居，后来因他的祖父病逝，父亲便让他回国照顾祖母的生活。由于祖母回到老家湖北黄陂安度晚年，启达这才从北京来到黄陂看望祖母。就这样，我们俩就相识了。我一听您来湖北赴任，就把启达生拉硬拽地弄到了汉口！”张晋生一五一十地述说了颜启达个人和家庭的简要实情，并恳求叔父道，“叔父！为了大清、为了您的大业，也是为了颜启达个人的前途，请您无论如何要敢于招贤纳士，将他收下，让他为卢汉铁路的施工建设贡献力量！”

张之洞已在心里有了盘算，决定收下这位德国大学毕业生，遂问了颜启达一句：“你在莱比锡大学研习什么专业？”

颜启达回话道：“张大人，晚生获得了德国莱比锡大学铁路工程文凭！”

“辜先生！你和颜启达算得上校友嘛！你们俩都是德国莱比锡大学毕业生，只不过你学的是土木工程，颜启达学的是铁路工程。”张之洞向身旁的辜鸿铭郑重地说，旨在征求他的意见，遂问道，“怎么样？你谈谈看法！”

“张大人！依我看，颜启达后生可畏，前途无量。”辜鸿铭始终陪在张之洞身旁，他们的谈话，听得清清楚楚，并进一步强调，“德国莱比锡大学称得上世界知名的工科大学，凡是从那里毕业的大学生，几乎都成了人才。既然颜启达毕业于德国莱比锡大学，且又是学习铁路工程，建筑卢汉铁路确实离不开他这样的人才！”

“嗯！说得好！他们不要你，我要你！”张之洞明确地表态，“他们无非是嫌你母亲是法国人，前不久中法之役才结束，心理上不好接受。”

“谢张大人知遇之恩、收留之情！”颜启达施跪拜大礼。

“哎！启达不要客气，请起来！”张之洞上前扶起对方。

颜启达欠身后，转对张晋生，拱手施礼道：“张知县！不胜感激，在此多谢了！”

“启达！你是人才，焉能说谢，将来卢汉铁路靠你了！”张晋生亦抱拳还礼。

栗典颖一见叔公他们说完了正事，赶忙走过来，递上两条大鱼，恭敬地说：“叔公，我和晋生不能在您膝下尽孝，实感惭愧。这里有两条武昌鱼，特意给您带来，尝尝鲜吧，也算我们给您接风洗尘了！”

“好，好，典颖，我收下，谢谢你俩的心意！”张之洞非常高兴，甭说孩子们送来这鲜美闻名的武昌鱼，就是听了侄媳这孝顺得体的话，心里也感到慰藉和满足。他回头向王一丁打了个手势，说：“一丁，接过来，等到总督府后，咱们一起品尝。”

“是！张大人。”王一丁走到典颖近前，从她手上接过这两条肥嫩的武昌鱼。

“叔父！我们回去啦，等您忙过这段接任时间后，我和典颖再来看您！”晋生唯恐影响叔父赴任接职，方提出返回黄陂。

“行啊，你们先回去吧！”张之洞向晋生、典颖说完后，又转对颜启达，关心地说，“启达，你也和晋生他们一块儿走，回到黄陂老家休息几天，安慰安慰老祖母。然后，你视情况来汉口！”

“张大人！您料事周全，这么关心我们，晚生向您致谢！”颜启达再次躬身施礼。

晋生、典颖、颜启达告别了张之洞，便到码头外边寻找他们的骏马，准备乘骑返回湖北黄陂县。

薛福德从汉口街上折回，急急忙忙进入码头，请张之洞大人去总督府。

总督府设在武昌。汉口、汉阳在江北，武昌则在江南对岸。

张之洞携一行人走出汉口码头，来至汉口大街上。他只见一乘八抬绿色丝绒大轿摆放在路旁，湖北巡抚奎斌、武昌总兵江帆侍立在大轿旁边。

奎斌走至轿前，伸手打开轿帘，请张大人上轿。

张之洞钻入轿内，放下轿帘，坐在黄缎缠绕的长条木凳上。

八位轿夫抬起绿色丝绒大轿，往南行走。后边跟着薛福德、王一丁、辜鸿铭、蔡锡勇等一行人。

他们走出汉口，穿过江上大桥，来至长江南岸，行至武昌街前。

光绪十五年（1889年）12月17日，张之洞率人抵达武昌，赴任湖广总督。

湖广总督，正式官衔为总督湖北、湖南等处地方提督军务、粮饷兼巡抚事，正式简称为湖北湖南总督，是清朝九位最高级的封疆大臣之一，总管湖北和湖南的军民政务。因湖北、湖南两省在明朝同属湖广省，因此通称为湖广总督。该职的前身为顺治元年（1644年）所设置的湖广总督，总督府驻武昌；康熙七年（1668年）被废，九年（1670年）再次设置；康熙十九年（1680年），改川湖总督复为湖广总督，还驻武昌。

到了清代，总督作为封疆大吏的地位已经确定。他们的基本职责是“掌厘治军民，综制文武，察举官吏，修饬封疆”。中央的一切施政方针政策，均需首达总督而推行于下，同时中央通过分权于总督而收到集权的实效。正如雍正上谕所说：“自古帝王疆理天下，必有岳牧之臣，以分猷佐治，而后四方宁谧，共臻上理，此封疆大臣，以总督为最重。”因而作为最高统治者的皇帝，对于总督人选历来都十分重视，虽说总督选任的途径有三：皇帝亲擢、廷臣会推及吏部简选，但实际上是以皇帝亲擢为主，后两者亦得皇帝最后拍板，所以总督的选任权便牢牢地操纵在皇帝手上。诚然，这也反映出清代皇权高度强化的特征。目前，垂帘听政尽管已经结束，但仍是慈禧太后把持着最高皇权。

忽然，大街上人声鼎沸。轿子的速度越来越慢，甚至停步不前。坐在轿子里的张之洞，觉得不对劲儿，便用手掀开轿帘，举目细看。百姓来到街前，正在观看他这位新来的湖广总督。他向轿夫们喊道：“落轿！”

“是！”轿夫们应声后，把轿杆从肩上拿下来，将轿子轻轻落地。

湖北巡抚奎斌赶忙跑到轿子前边，用手掀开轿帘，张之洞躬着身体，钻出绿色丝绒大轿。

他定睁一看，武昌百姓正在不停地向他摆手，欢迎湖广总督！他心里暗想：多好的百姓啊！既讲礼貌，又很热情，这是对我张之洞寄予莫大希望啊！多亏我下了轿，若不然成何体统？

张之洞面对薛福德命令道：“你去告诉奎大人，让他派人把空轿子抬走！”

“张大人，您怎么不乘轿啦？”薛福德不情愿让人抬走空轿子。

“人家在大街上站着欢迎我，而我坐在轿子里，这像话吗？”张之洞反问道。

“张大人，我明白了！”薛福德转身去找湖北巡抚。

张之洞不顾几天来行船的疲劳，一边朝前走着，一边向百姓抱拳。在夹道欢迎的人群里，张之洞率领一行人不停地迈动脚步，一直徒步走到湖广总督府。

傍晚，湖北巡抚奎斌按照张之洞的嘱托，宴席从简，为湖广总督张之洞等一行人接风洗尘。

第二天，湖广总督府一派繁忙景象，张之洞接篆视事，开始了就任湖广总督的督鄂工作。他听了湖北巡抚奎斌和督署司农、工商及藩、臬两司等部分官员的汇报，了解到湖北、湖南两省的行政组织机构和经济基本情况。湖北省划分成：武昌道（分守）辖一府——武昌府；汉黄德道（分巡）辖三府——汉阳府、黄州府和德安府；安襄郧荆道（分守）辖三府一直隶州——安陆府、襄阳府、郧阳府与荆门州；荆宜施道（分巡）辖三府——荆州府、宜昌府、施南府。而湖南省划分：盐法道、岳常澧道（分巡）、衡永郴桂道（分巡）、辰沅永靖道（分巡），也是管辖十多个府、州和厅。

议事会上，张之洞听到官吏反映：湖南、湖北两省的山地蕴藏着煤矿、铁矿，平原盛产棉麻、大米等，这给他制订“湖北新政”计划提供了经济发展内容。

张之洞当然不会忘记，由粤移楚的首要任务就是督办卢汉铁路。他按照自己在奏折中提出的：修筑卢汉铁路“有此七利，分段分年成之”的步骤，同中国铁路公司取得联系，抓紧落实御批，北路责成直隶总督承担，南路责成湖广总督完成。接着，他在汉口成立卢汉铁路工程指挥部，由他兼任该工程指挥部总指挥，中国铁路公司一名官员担任副总指挥；中国铁路公司一名工程技术人员担任总工程师，德国莱比锡大学毕业的颜启达担任副总工程师。而后，张之洞又同中国铁路公司一起，与湖北、河南两省巡抚协商，抽调五千名员工，组成兴造铁路的施工队伍。

卢汉铁路工程指挥部成立后，一边向中国铁路公司汇报施工计划和材料，一边分头组织施工。五千人的施工大军，纷纷开进施工现场。

一场轰轰烈烈的卢汉铁路工程建设正式开始了。

这可忙坏了湖广总督张之洞。万事开头难。有一段时间，他每天往返汉口与武昌两三个来回，铁路兴造的事情不能耽搁，这是向朝廷立了军令状的；湖广总督的政坛更不能荒芜，这是上百万人口的政治、经济、生活大事，何况他还要在这里大展政治抱负，实现人生最辉煌的理想。

光绪十六年（1890 年）正月，张之洞赴任湖广总督仅半个月时间，就派员带领五个调查小组，分赴湘、鄂各县及川黔山诸省勘探煤矿铁矿。

他还率领辜鸿铭、蔡锡勇等一行人，深入到后来所谓的武汉三镇（汉口、汉阳、武昌），召集工商民座谈，了解第一手经济资料，听取大家对新政的意见。

张之洞大兴勘察之风。大冶产铁，江西萍乡产煤，张之洞乃奏朝廷开炼铁厂，大别山下汉阳即可设之，资源广，原料多，尚能兼设枪炮钢砾专厂；又以荆襄宜桑棉麻枲而饶皮革，设织布纺纱、缫丝、制麻革诸局，将给湖北财政带来良性循环，土木工作亦日兴矣！

在这期间，张之洞又亲赴广州，为湖北办了一件非常有利的事情——

张之洞奉命调任湖广总督时，就发现继任两广总督李瀚章对抓经济办工厂既没兴趣，也没有信心，并说你给广东留下这么多工厂，将来是个麻烦事，你人走了可工厂带不走啊！张之洞哪里知道，李鸿章也希望兄长李瀚章不要多事，多一事不如少一事，认为张之洞“抑扬铺张”“大言无实”，断定“恐难交卷，终要泻底”。

正是由于这些原因，张之洞此行广州，办事也就很顺利。他和新任两广总督李瀚章见面说明迁厂的来意后，李瀚章二话没说，马上表示同意，让他迁走所要迁走的工厂。

于是，张之洞顺水推舟，趁机将在广州白云山建立的炼铁厂、广州珠江南岸建立的织布官局并厂内机器一并调入湖北。还有其他正在筹办但尚未投产的制械机器，也都调入正在兴起的湖北。

这么一来，本属广州的发展机遇就因张之洞而转移到了湖北，继而形成了近代武汉超沿海广州的格局。

张之洞以修建卢汉铁路为契机，为了“图自强，御外侮；挽利权，存中学”，拟出一个“湖北新政”计划——兴实业、办教育、练新军、应商战、劝农桑、新城市……

自命楚人的张之洞，和湖北还有另一层渊源。

张之洞督鄂前，与湖北就有过联系，他在同治六年（1867 年）至同治九年（1870 年）做过湖北学政。督鄂时，他正好晚胡林翼三十年主政湖北。胡林翼作为一代名臣，成功在湖北，政声颇佳。张之洞恰是胡林翼的学生，在其十一岁时曾问业于胡。历来以儒臣自命的张之洞，再度来鄂时想来有“薪尽火传”的使命感，因而决心“排除万难，为鄂兴百世之利”，目标就是“崭新湖北”，“理财练兵，使湖北一变而为富强”。

19 世纪下半叶，清政府在洋务派的呼吁倡导下，注意发展近代军事工业，以图自强，制枪炮，造战舰，大量输入西方国家生产的钢铁。1867 年进口钢 11 万担（约8250吨），1891年增加到173万担（约13万吨），进口钢几乎占据了中国全部市场，中国传统的冶铁业难以生存。

张之洞为了摆脱列强对我国钢铁的封锁和控制，为了抵御列强的经济侵略，也为了解决军备和民用工业对钢铁的需求，在光绪十五年（1889年）底大力推行“湖北新政”时，便提出并主持兴建重型企业。转眼到了光绪十七年（1891年）酷暑，张之洞督鄂仅一年半多的时间，湖北新政计划落实得就比较快，经济发展的新气象就被中外瞩目。

光绪十七年（1891年）六月的一天，张之洞正在汉口卢汉铁路工程指挥部召开工程议事会，听取颜启达及各施工队伍负责人关于施工进展情况和施工中遇到的问题的奏报。他刚听完呈报，正准备给各施工队伍协调议决时，湖北巡抚谭继洵[①]来到指挥部，向他报告俄罗斯皇储携内戚希腊世子来中国汉口游玩的消息，看是否接待？谁出面合适？用多大规格欢迎？

张之洞听后沉思了一会儿，马上作出反应，说道：“谭大人，你去通知武昌镇总兵江帆，让他带上一营兵力，立即赶到汉口码头，严格注意警卫安全！至于多大规格欢迎，我一个人就行啦，顶多带一个翻译！”

“张大人，您受累啦，我现在就去安排！”谭继洵向他施礼告别，转身走出工程指挥部。

张之洞一面命薛福德去告诉辜鸿铭随他去汉口码头接待俄国人，一面委托蔡锡勇和副总指挥代表他协商工程相关问题。而后他身穿石青绣蟒官服，头戴红顶花翎官帽、脚蹬翘尖薄底快靴，乘上绿色丝绒大轿，并带领四名随从侍卫，朝汉口码头走去。

张之洞、辜鸿铭提前赶到码头。

大约过了半个时辰，依照条约规定的特权舰船耀武扬威地缓缓驶入港口，停泊在汉口码头。这时，只见俄罗斯皇储携其内戚希腊世子从船舱内走出，步入搭有遮凉布篷的甲板。

湖广总督张之洞尽地主之谊，落落大方地前往舰上拜谒俄罗斯皇储，身为幕僚的辜鸿铭随同张大人亦登舰充当翻译。其间，彼此寒暄问候，当然是留着长辫的辜鸿铭给他们翻译对话，尤其是辜鸿铭那流畅的法语令皇储非常惊讶！

午后，蔡锡勇领着俄罗斯皇储及希腊世子去武昌文昌门外江滨，参观设立不

① 1889年，奎斌改任察哈尔都统，谭继洵继任湖北巡抚。

久的湖北织布局。这是从广州筹设的织布官局迁移过来的。张之洞、辜鸿铭又一起陪同。几经周折，这个大型轻工业纺织企业方正式投产。

俄罗斯皇储已经看出中国官员蔡锡勇是主管湖北工业的专业人员，但他故意操法语询问张之洞："张大人！贵国湖北织布局有多少纱锭？有多少布机？生产水平怎么样？现已达到多大规模？"

辜鸿铭听后，马上把对方法语问话内容，一字不差地翻译给张之洞。

张之洞对自己领导和建立的湖北织布局等企业，不是一般的了解，而是烂熟于心、了如指掌，遂脱口答道："湖北经济刚刚起步，一切都在发展中。而织布局有纱锭三百枚，布机一千张，一昼夜可出布两千匹，但其规模在国内名列前茅。布厂建立已取得成功。"

辜鸿铭不仅用法语将张之洞的回话准确无误地翻译给对方，而且用法语将他回话的感情、语气等，都恰如其分地表达出来。

俄罗斯皇储听罢赞不绝口，原想暂不使用本国语言，可是他一激动，便用俄语说出了"很好"——"欧钦尼，哈罗哨！"

张之洞见到这些外国人询问中国经济，一种奋发自强的激情在内心奔涌："外国佬，中国人说啥也不能落后于你们！炎黄子孙的血是热的，心是红的，中国人迟早要屹立在世界东方！"

然而，张之洞着实难忍地告诉俄罗斯皇储："我们中国人发展经济，振兴工业，不只是为了抵御外国经济入侵，也是为了壮大我们中国的经济和军事，永远不当亡国奴！"

辜鸿铭与张之洞的感情息息相关，从他们相互认识那天起，其爱国志向就是相通的。因而当辜鸿铭听了他说了这番义正词严的话后，便操法语郑重而如实地翻译给皇储。

这让俄罗斯皇储对张、辜两位中国人非常叹服。

在返回驿馆的路上，俄罗斯皇储同内戚希腊世子私下交谈时，感慨不已，都赞扬张、辜所表现出来的中国人的骨气。

数日后，张之洞在湖广总督府设宴款待俄罗斯皇储一行。席间，皇储为避中国人，用俄语和希腊世子交流，说晚上另有约会，应节制食量。

辜鸿铭暗笑，立即也用俄语对皇储说："此餐非常卫生，请您尽兴品尝，也请转告世子多吃一点！"

这位俄罗斯皇储越发惊讶，眉宇间的傲气顿时消失。

饭后，张之洞有吸鼻烟的习惯，便拿起鼻烟壶往鼻孔处放了几次，深吸了几次。

未见过鼻烟的世子，用希腊语问皇储："总督鼻吸何物？"

辜鸿铭听后便和张之洞耳语一番，张之洞把鼻烟递给希腊世子，皇储和世子都大惊失色。

俄罗斯皇储又携内戚希腊世子，由湖北汉口乘船去往上海。他们到达上海时，皇储逢人便说："汉口见张之洞，有辜鸿铭所通语言至博，各国无此异才！"

第十六章　设新机构　鼎力办洋务

酷暑的骄阳放射出灼热而刺眼的光芒，蓝天上的缕缕白云似乎被烤得东躲西散，远方的座座青山好像涂了一层淡淡白雾，江面上的水浪泛着碎银般的粼粼波光。沿江的武汉三镇仿佛被置于火上熏烤，大街小巷滚动着肉眼看不见的股股热浪，路上的行人寥寥无几，他们害怕地面上蒸腾的热气。此时，武昌内外大有令人窒息之感，即使来到硕大的梧桐树下避日乘凉，也是无济于事，因为那一片片肥绿的梧桐叶子早就被烈日晒得蔫蔫巴巴，火一样的阳光照样透过树冠枝干直接射到地面。

在这样的气候条件下生活和做事，实在是太困难了，除非是祖祖辈辈繁衍在这块土地上的人们，已经适应其生活和劳作习惯。而作为湖广总督的张之洞及其随行来鄂人员，面对呼吸都很吃力的天气，真有赴汤蹈火之感。他们觉得，不用说京师的天气远远好于武昌，就是广州也比这儿好得多。可是肩负重责，湖广总督府从上到下一派繁忙，没有一个人惧怕酷日炎热。

这一天上午，张之洞在总督府堂上处理完两湖的政事，官员们刚散去，他便回到书房，抓紧给朝廷撰写关于将广州枪炮厂移鄂的奏折。他已满头大汗，额头上的汗珠滴湿了文稿，但顾不上擦拭，硬是一口气写完。

张之洞正要叫薛福德发报寄折时，薛福德却汗流浃背地冲进室内，异常焦急地禀道：“张大人！出事了……”

“啊？出什么事啦？”张之洞手上的奏折还没塞进信封里便停了下来，惊问道。

“蔡锡勇让人给打伤了，伤得还不轻哩！”薛福德满脸焦虑。

“福德！你慢慢说，到底怎么个情况？”张之洞又继续追问道。

“刚才我去街上办事，突然看见总督府招募的几个技师，抬着一个病号从对面走来，我赶忙迎过去询问，才知道被抬的人是蔡锡勇，他是在汉阳龟山勘察工地时挨的打！”薛福德知道张之洞心里着急，简明扼要地汇报了蔡锡勇挨打的过程。

“就这些，还有吗？”张之洞再次盘问。

“没啦！当时来不及细问，人家急着去医院！”薛福德回答完后，掏出手帕擦了擦被汗珠浸入的眼眶。

张之洞听罢薛福德的禀述，知道蔡锡勇因汉阳铁厂勘察选址遇到了麻烦，并且挨打受伤，看来做任何事情都不可能一帆风顺。他想了想，说：“这样吧，福德，你先去电报局，把这份奏折发走，而后咱俩去看他！”

“是！”薛福德走到桌几前，从张之洞手中接过盛有奏折的信封，又说道，“张大人！您在府里等我，一会儿我回来请您！”

“不。咱们一起走，节省时间。”张之洞说着欠起身来，往门外走。

薛福德又急忙请示道：“张大人，我去派轿吧！”

“哎！用不着。”张之洞没有停步，仍在朝府门外走。

薛福德手拿奏折，匆匆走出府门。

他俩走到武昌电报局门口，薛福德说了声：“张大人，我去啦！”

“好，我在前边路口等你！”

张之洞看了一眼走进电报局的薛福德背影，便转身缓缓地迈着步履前行。

他着实有些担心，蔡锡勇的伤势可千万别重了，家里的父母、妻子和儿女等亲人都在广东，为了不给督署添麻烦，只身一人来湖北，这本身就是做出了牺牲。如果发生大的意外，亲属那一关可就不好过了，湖北实业的损失更难弥补。他暗暗祈祷上苍保佑！兴办实业等着你，汉阳铁厂等着你……

张之洞的担心不无道理。

是啊，张之洞在湖北兴办的实业建设中，汉阳铁厂是最重要的一页——

张之洞兴建工矿实业的念头和行动由来已久。早在抚晋期间，张之洞就认识到，进口洋铁非强国之道，便萌生建立近代铁厂的想法。督粤之后，他提出并运筹在广州城外白云山兴建铁厂的计划，还电告出使英国大臣刘瑞芬及后任薛福成，向英订购两座炼铁炉。该年底，他调任湖广总督，随即将拟建的广东白云山铁厂移至湖北。

张之洞放慢脚步在等待，等待薛福德追上来，但他的大脑在不停地思考，思考来湖北赴任后办的几件大事——

他到达湖北的当年年底，组建了卢汉铁路工程指挥部，第二年就展开施工大战，给全国建筑工程行业带来震动。几乎同时，在武昌成立湖北矿务局（后改名铁政局）。张之洞以督署名义任命蔡锡勇为该局总办，整个湖北的钢铁生产建设将由蔡总办挑起大梁。

可是，蔡锡勇刚刚上任，亦踌躇满志，准备大干一场，却遭如此不幸，真是太可惜了。出师不利不要紧，最怕损兵折将。蔡锡勇受伤，对他无疑是一次沉重打击。

他行至去往医院的路口处，停下了脚步，到一个售卖水果摊点，买上了几斤香蕉和橘子。当他回头朝来路张望时，只见薛福德跑步过来。薛福德是他非常得力的内勤和侍卫，凡是交办的事情都很有准头，从不含糊，件件都是有回声的。从他抚晋到督粤，乃至督鄂，薛福德跟他出来快十年了，还从未出现过大的纰漏和差错。像今天发报寄折这样的内勤日常工作，薛福德经办就更不必担心了。

“张大人，电报发出去了，今天下午朝廷就能收到奏折！”薛福德按照惯例，每办完一件事，都要及时反馈。说着，上前接过水果。

“好啊！”张之洞不再问发报的事情，而是急于看视蔡锡勇的伤情，督催道，“咱们赶快去医院，看看蔡锡勇。”

“是。张大人，从这边走！”薛福德带路，由路口往南行走。

张之洞跟着薛福德，两人加快了步伐，不一会儿，来到医院。

他俩走进病房一看，蔡锡勇已躺在病床上，头上缠着白纱布绷带，右眼也用白纱布蒙着，医生和几位技师站在床前，看来这是刚处理完的受伤部位。张之洞快步走至床前，忧虑地问道：“锡勇，怎么样？伤得厉害吗？”

薛福德轻步走过去，将手中提的香蕉、橘子放在床头几上。

蔡锡勇一见总督大人来病房看望，激动得涌出泪花，并要欠身坐起。张之洞劝道：“别动，别动啦！”

医生也劝阻蔡锡勇不要动，需要静养。随之，向张之洞介绍其伤害情况：“张大人，请您不用担心！蔡总办的伤势不是很重，颅骨受了外伤，现已敷上了药；右眼眶被打破了，也只是皮外伤，眼球没有伤着，不会影响视力的。”

“啊！是这样，这就好，这就好！”张之洞那颗悬吊的心终于落了下来，但还是不住地安慰蔡锡勇，“锡勇，不要想得太多，好歹伤势不是很重。幸运的是，没有伤到要害部位，大脑、眼球没有伤着，外伤可以慢慢养，不要心急，好好配合大夫，大夫会给你治好的！”

“唉！我还没做什么事情，就遇上这样的麻烦。张大人，我真是不争气！”蔡锡勇心内十分不安，自责地说。

“张大人！这事一点也不怨蔡总办，是那些采石户不听劝告，无端动手，才造成这样的后果！”一位技师反映肇事的缘由。

另一位技师非常气愤，似控诉般地说：“汉阳龟山这些采石户简直就是地痞！他们当中有一个小头目，听说是他纠集人打了蔡总办。并且扬言说，汉阳龟山是汉阳知府管辖的地盘，湖广总督无权过问这小地方！”

“他们太嚣张了，还要继续放炮崩山呢！”又一位技师汇报说，“张大人……”

张之洞打了个停止的手势：“等回总督府再说吧！”

蔡锡勇深知张之洞政务繁忙，哪里有时间到医院这种地方来，今天为了他可是破例呀！他说啥也不能让张大人待下去了，遂劝说道：“张大人！督署要事繁多，您该回去了，往后您也别跑了，我很快就会出院的。”

“那好吧，你先好好养一段时间，看看治疗情况再说出院的事。”张之洞转身又对医生叮嘱道，“您是大夫，我在这里拜托了，请用最好的药，给我们的蔡总办使上。确实，我还等着他呢！”

“请张大人放心，我们一定竭尽全力！”医生坚定地表示。

张之洞、薛福德转身走出病房，离开医院，匆匆忙忙地返回总督府去了。

汉阳龟山采石工地上，呈现出一片紧张气氛——

汉阳府知府廖兴业听说龟山采石户惹了大祸，将总督府铁政局总办蔡锡勇给打伤了，便带领众侍卫急忙赶到肇事现场。

他派人把十二名采石户召集在一起，勘察肇事经过，可是谁也不敢发言，只是你看着我，我看着你，最后大家将目光落在丁四身上……他心里其实早就揣测到，干这种目无王法的事情非丁四莫属。丁四是他的四小舅子，丁一、丁二、丁三都很本分，人家经商卖鱼、卖茶、卖水果都能够按规行事、照章纳税，唯有丁四经常招惹是非，让家里人、亲友们为他提心吊胆，擦“屁股”，可是，今天这个“屁股”难擦了。

他走到丁四跟前，愤怒难抑地说：“丁四！你说，你怎么又带头闹事？”

丁四一看廖兴业怒目圆睁，心脏跳得怦怦的，欲套近乎缓和关系，满脸堆笑地说：“姐夫！您先别生气……”

“丁四！你不准这么称呼！”廖兴业挥手制止道。

“是！是！”丁四改口道，“廖知府，我，我，我本来是想吓唬那位姓蔡的，可他硬是不离去，说啥也不让我们开山放炮，采不了石头，这不就断了我们的财源吗？所以……”

“所以你们就动手打人，打得人家满头是伤，并且伤势很重，住进了医院！”廖兴业又问了一句，“丁四，老实交代，是不是你们先动的手？”

丁四不敢正面回答，搪塞地说：“我们……我们也不是故意的……”

“胡说！你们既然先动手，还说什么不是故意的！”廖兴业打量这十二位采石户，怒声询问道，“除了丁四以外，你们谁还动手了？快站出来！”

等了好大工夫，没人敢往外站。

“好汉做事好汉当！现在你们不敢承认，将来总督府的技师把你们当中某一位认出来，可别怪我不客气！”廖兴业气愤交加，咬着牙齿，一字一句地说。

动手打人的几位采石户，听了廖知府这番话，就像挨了一顿皮鞭抽打一样，实在耐不住了，便一个个站了出来。

廖兴业举目一数，连丁四算一起，共五位。他挖苦地说：“你们五个人打一个人，打的是一个不还手的人，好厉害呀！”

丁四担心受惩处，哀求道：“廖知府，我们下回一定改！”

另外四个人也在不停地哀求，表示再也不敢了。

“大清有律法，打死了人要偿命，打伤了人要受罚！你们几个属于第二种。”廖知府给他们几个人一个思考的机会，一看他们不再吭声，便说道，“现在我宣布本案处理结果：第一，你们十二个采石户一律停止开采，绝不允许影响或干扰总督府勘察遴选汉阳铁厂地址；第二，丁四你们五个打人凶手，今天下午买上礼品，到医院探望蔡总办的伤情，并要赔礼道歉；第三，你们五个打人凶手，必须接受经济惩罚，丁四主谋，罚没十两纹银，其余四人为协从，各罚没五两纹银，明天一早速送到汉阳府，以作为蔡锡勇的赔偿！”

“廖大人！廖大人！廖大人……”丁四等五名凶手还想求情宽恕。

“那好，你们如果不服，就得回答我提出的几个问题，答得出来，免去惩罚，甚至去医院探望受害者也可免掉；答不出来的话，照罚不误！”廖兴业早已想好了让凶手们回答的问题，遂提问道，“你们知道吗？铁政局蔡锡勇总办是奉总督张之洞大人之命，为汉阳铁厂勘察选址，这是彻头彻尾的公事，而你们几个采石为了个人发财，纯属私事，却无端殴打他，这是什么性质的问题？你们想过没有？你们打了总督府的人，蔡锡勇受伤直接影响总督府兴办实业，这后果有多严重？你们为何这样做？七天前汉阳府就下达通知，鉴于总督府近日将派人到汉阳龟山执行公务，严禁在那里开山采石，怎么还要同官府对着干？这又是为何?”

丁四等五名凶手无言以对，无可奈何地摇了摇头。

“丁四，你们几个人回去准备吧!”廖兴业处理完打人案件，携侍卫们返回府邸去了。

廖兴业秉公办案的消息传到湖广总督府，张之洞听后很高兴，既然汉阳府知府已经妥善处理此案，就不必再追究了。

对丁四等几位凶手的惩处达到了预期目的，十二名采石户立即停止开山采石，并各自清理了施工现场，等待今后安排。

在医院住了七天的蔡锡勇，说啥也住不下去了，因为他担负的汉阳铁厂选址任务关系到全局，关系到整个湖北兴办实业的大事，确实耽搁不起，所以他硬是恳求医生，提前出院。

出院的当天，他就带领技师赶到汉阳龟山勘察去了，并且他还带上凶手们罚交的三十两银子，全部如数地退还给丁四等五个采石户。

光绪十六年（1890 年）八月，深秋之后，蓝天万里无云，艳阳高照，铁厂在汉阳龟山南麓破土动工了……

不久，海军衙门、户部会奏议复，同意将张之洞筹办的广州枪炮厂移鄂。厂址勘定于汉阳龟山下。

次年，张之洞又派辜鸿铭等人赴德国订购造枪机器，于当年运回湖北。

光绪十八年（1892 年）四月，湖北枪炮厂动工兴建。

几乎是与汉阳铁厂建立的同时，张之洞奏请将其在广州筹设的织布官局迁移武昌，于文昌门外江滨设立湖北织布局。

张之洞到达湖北后，抓紧政体改革，大力推行洋务运动——

据统计，张之洞督鄂期间，设置各类新机构 36 个，其中 25% 是按清廷的指示而设，75% 是按张之洞的意旨而设。新机构的设置，既是张之洞锐意创新的标志，也是张之洞推行“新政”的重要手段。

他醉心于“洋务”，以图富国强兵，亲手创建汉阳兵工厂。他对西方文化挑战的回应，主要表现在力主综合各方面舆论，取长补短，提倡“中学为体，西学为用”（简称为“中体西用”）的新观念，并一时广为流传，成为后期洋务派最响亮的口号。

然而，张之洞从来不忘抓教育，把抓教育作为干事业、育人才的重要举措。光绪十六年四月，五十三岁的张之洞创建了两湖书院。光绪十七年（1891 年）五月，他又相继设方言商务学堂、湖北舆图总局。

后世学者论及张之洞时认为，在其督鄂期间，湖北武汉三镇在商业、工业、教育、金融、交通等方面确实取得了长足发展，成为武汉城市早期现代化的一个重要界标。另外，“湖北新政”之所以成功，制度创新是关键，机构改革是前提。

张之洞在湖北武汉建立起来的一些重要而崭新的机构——湖北枪炮厂、湖北矿务局、湖北舆图总局、湖北织布局、纺纱局、缫丝局、制麻局等，它们为日后的工业重镇武汉的发展和壮大奠定了基础，在中国近代史特别是近代文明史上书写了浓墨重彩的一笔。

现在，还是让我们看一看汉阳铁厂的兴造过程……

前边提到，张之洞督粤时通过驻英使臣向英订购两座炼铁炉，并随其督鄂移至湖北。可是，汉阳铁厂逐渐建设起来的时候，这两座英式炼铁炉安装后却炼不出铁来。

英国专家已经走了，被吓走了。

面对英式炼铁炉这种近代设备，张之洞心里很着急，但又不能抱怨英国专家，因为他并非炼铁炉设计师，炉内设施的故障很难确定。

他蹲在灼热的炼铁炉炉口处，汗水像瓢泼似的，从头流到脚，可他全然不顾，仍在透过防护镜察看从炉膛内流出的紫红紫红的铁渣……

手持钢钎的炼铁工人们也都大汗淋漓，眼睁睁地看着炼不出铁水的高炉，束手无策。

站在张之洞身旁的薛福德，已经喊了多少遍：“张大人！张大人！”可是张之洞只把防护镜摘到安全帽上，没有离开炼炉口，还在思考铁炉的症结，根本没心思理睬薛福德。

忽然，他想出一个原因，但又确认不了，毕竟他不是专业搞钢铁的。他站起身来，恰巧蔡锡勇同工程师张炽走来，遂叫道：“蔡总办！你们来得正好，快，快过来！”

“张大人！你发现了什么吗？”蔡锡勇问道。

“你们俩看看这炉膛，是不是铁水出口处被炉渣堵住了？”张之洞用手指着火红的炉口，又说道，“我这是胡琢磨的，不一定对。”

蔡锡勇用手放下安全帽上边的防护镜，伏下身子，仔细观看，只见那滚沸的铁水伴随着蓝色的烈焰不住地涌动，但怎么也不能穿过铁水出口处，他站起身来对炼铁工程师说：“张工，你好好看看铁水出口处，好像是被炉渣堵住了，但不知什么原因。”

张炽将安全帽上的防护镜放了下来，并从一位炼铁工人手中拿过钢钎，走近炼铁炉炉口，躬身察看炉膛，随后两手持钎翻动炉膛内冶炼的铁矿石原料，但炼出来的铁水还是不能畅快流出。张炽直起腰来，折起防护镜，对张之洞、蔡锡勇分析道：“刚才张大人指出铁水被炉渣堵住的原因，值得研究。但是我用炉钎反复翻搅膛内的冶炼原料，铁水还没有出现……”

蔡锡勇看了看炉口外边悬挂的温度计，指示为1300℃，亦分析道：“按照炼铁的炉温要求，1000℃就可以出铁水，可现在已经是1300℃了，这也不是燃料煤炭的原因……”

张之洞虽说不是炼铁专家，但他肯于深入现场勘察，又听了他们的分析研究，似乎找出问题的症结，他挑了挑眉峰，带有判断的语气，说：“看来，刚进口的英式炼铁炉不会出问题，因为炉温正常嘛！而炉内炼铁原料和炼铁燃料应该是出铁水的主要因素，既然炉温达标，说明燃料煤炭没啥问题，那么炼铁原料铁矿石是不是值得研究？”

“张大人好厉害呀，一下子点到要害处！”张炽极其佩服这位总督大人。

“是啊，是啊，张大人分析得好，很有见地！”蔡锡勇赞同地说。

“不能这么夸我，没有你们俩现场勘察，我也说不出来。”张之洞还有些担心地说，“究竟是不是炼铁原料问题，还有待于进一步查找！”

“是。张大人！”蔡锡勇心里很着急，转身对张炽说，“张工，你抓紧召集人员把铁矿石化验一下，出了结果以后，赶快告诉我！”

“蔡总办，我现在就去安排！”张炽将手中那根钢钎交与身边的炼铁工人，转身欲走。

“蔡总办、张工，这件事就交给你们了，办得越快越好，争取尽快炼出铁来。不能让英国人笑话咱们中国人，人家把炼铁炉卖给我们，我们不能不会操作吧。总之，我们要动脑筋，争口气！”张之洞又叮嘱一番。

“张大人！您放心吧，我们一定抓紧时间，明天就会给您答复！”张炽说完朝原料厂快步走去。

果不其然，第二天早饭后，张之洞来到炼铁炉前，就看见抬着铁矿石的工人们走过来，后边跟着张炽、蔡锡勇及原料厂厂长芮岩。

工人们放下盛有铁矿石的竹筐，向张大人打招呼。

张之洞也向他们挥了挥手，顺便拿起一块铁矿石察看，并问道：“炉内原料是不是这些铁矿石？”

“没错。填到炉子里的原料，与这些矿石一模一样！”张炽从竹筐里也拿出一块铁矿石，递到张之洞面前，与他手中的那块矿石进行比较，问道，“张大人，您看，这些矿石从外表能看出什么问题来？”

张之洞摇了摇头，一边细看一边思考。

张炽继续汇报说：“可是经过化验，这些铁矿石含铁量太低，属于劣质矿石，所以将这样的铁矿石放进炉子里，即使加入更多的炼铁促进剂，也冶炼不出多少铁水来。简单说，这些铁矿石都是不合格的原料！”

张之洞意识到问题的严重性，说道：“这还得了！这是我们采集矿石的问题，一旦迟误不解决，可要耽误大事了！”

“是啊！当务之急是开采合格的铁矿。”蔡锡勇建议道，“张大人！我们应该聘请高手，帮助指导采矿。”

“蔡总办，你提醒得很好。”张之洞说着又问芮岩，“你们原料厂有多少这样的矿石？”

“回张大人的话，原料厂起码还有十万斤这样的铁矿石。”芮岩如实禀报说。

“嗯！不多，但要赶紧处理掉！”张之洞命令道。

芮岩躬身应道：“是！我们抓紧运走，腾出场地！”

问题的症结找到后，张之洞集中力量解决原料开采和燃料开采问题。

根据调查组提供的线索，张之洞又选派德国技师斯尔到大冶附近勘察，他还携辜鸿铭一同前往。

他们到达大冶后，天气骤变，忽然下起大雨来，而这里没有村庄，找不到避雨的地方。斯尔赶忙脱下身上的雨衣，蒙盖住探测仪器。

张之洞将手中的雨伞递给斯尔，斯尔不肯，摆手谢绝，但张之洞劝道：“斯尔先生，我是在中国南方长大的，打小时候就淋惯了雨水，从来就不怕雨浇！”

辜鸿铭将张之洞说的话，原原本本地译成德文。

斯尔听了，觉得张之洞这样的大官说话很幽默，不由得笑了，亦回话道：“总督大人，您的官太大了，给中国的老百姓要办很多事情，如果让大雨把您淋坏了，那中国百姓可能就不让我回国了！那，那可怎么办呀？”

辜鸿铭又把斯尔讲的这段德语翻译成中文，并描绘了他的手势和语气。

“哈哈哈哈……哪会有那么严重！”张之洞一听大笑起来，感到这位德国人也够幽默的，于是又说道，“斯尔先生，您本是德国人，不顾万里迢迢，不怕漂洋过海，来到中国帮助兴业，我们中国人以礼相待是应该的，请您接过这把伞吧！否则，中国的老百姓会骂我这个中国大官的！”

辜鸿铭听了张之洞讲的这番话，已深受触动，又把这段中文原汁原味地译成德文。

“太棒了，我接受！”斯尔伸出大拇指，接过张之洞递过来的雨伞。

辜鸿铭再做了一次翻译。

在场的人们都笑了。这笑声淹没了雷鸣闪电，驱除了雨淋的寒冷。

多大的困难在张之洞面前都得化为乌有，再大的风雨他也要照样前进。在张之洞的带领下，德国技师斯尔感到无比轻松和愉快，因而工作起来常常忘了吃饭，有时连水也顾不上喝。辜鸿铭、薛福德等人除了给他带路、打下手以外，就是充当他的服务员，尽量照顾好这位德国专家的饮食起居。

经过一周时间的勘察测试，他们发现大冶这里铁矿蕴藏丰富，并且合乎炼铁的要求。从而招工进设备，在此处兴建了中国第一个用近代技术开采的露天铁矿——大冶铁矿。

铁矿石含铁量的百分比远高于技术要求，这不仅使炼铁变得顺利，而且为炼钢造成优势。为此，张之洞等人所付出的辛劳没有白费，德国技师斯尔立了大功。

炼铁炉四周挤满了人。张之洞、蔡锡勇、张炽、辜鸿铭等正陪同德国技师斯尔在炼铁炉铁水出口处期待地观察着。

忽然，炽红的铁水奔流而出，就像那红色巨龙一般蠕动穿行，注入硕大的器皿。

顿时，人们欢呼雀跃，高声呐喊：“成功啦——成功啦——”

斯尔异常高兴，转过身来，一下子抱住了张之洞，此时已忘记了他的总督大人身份。张之洞早已把自己的官位抛在九霄云外，两手不停地拍打斯尔的臂膀，两眼流出了激动的泪花……

汉阳铁厂的成功，意味着湖北新政的开端，意味着湖北兴业的开始。

有了丰富的铁矿，没有充足的煤炭资源也炼不出铁来。为解决此问题，张之洞先后多次下令开发大冶三石煤矿、道士茯湫煤矿、江夏马鞍山煤矿和江西萍乡煤矿。同时，还修建了大冶矿区铁道。

光绪十九年（1893年）九月，汉阳铁厂建成了。分设炼贝色麻钢厂、炼西门士钢厂、造钢轨厂、造铁货厂、炼熟铁厂、炼生铁厂、机器厂、铸铁厂、打铁厂、造鱼片钩钉厂等大小10个分厂。招聘当地工人3000余人，聘用外国工程技术人员60余人。汉阳铁厂建厂初期，日产生铁50余吨，很快达到80余吨，是当时亚洲最大的钢铁联合企业。

各国已经看到，张之洞以汉阳铁厂为中心，兼采铁、采煤和炼钢为一体，创建了中国近代第一个也是远东第一座钢铁联合企业。它的建成，标志着中国近代钢铁工业的兴起，为中国重工业开了先河。

光绪二十年（1894年）五月，设置在汉阳龟山下的湖北枪炮厂正式落成。这一天，2000多名员工集合在一起，鼓声震天，鞭炮轰鸣。张之洞剪彩并发表讲话。湖北枪炮厂的成立，掀开了中华历史制造现代兵器的新一页，开创了中华历史上生产最新军火企业的新纪元。

接下来——

光绪二十一年（1895年）至光绪二十四年（1898年），炮架厂、炮弹厂、枪弹厂、炼罐子钢厂、无烟火药厂先后投产。

光绪三十年（1904年），湖北枪炮厂改名湖北兵工厂。

光绪三十四年（1908年），改名汉阳兵工厂。也就是到这一年，汉阳兵工厂累计制造步枪11万支，枪弹4000万发，各种炮860余尊，炮弹63万枚，以及轻重机枪、手榴弹、地雷等兵器。

后来，兵工厂的设备不断更新，规模不断扩大，不仅仅是晚清，直到民国年间，它都一直是中国最大规模的陆军兵器制造中心。

据后来的报告得知：总计从开机制造以来，湖北兵工厂共造成步、马步枪120余万支和各种开花炮弹63万余颗，前膛炮弹6万余颗，枪、炮器具各种钢坯44.6万磅，无烟枪、炮药27万余磅，硝镪水200多万磅。由此可见，张之洞创建的这家兵工厂，其生产能力较天津机器厂生产的武器“既逾数倍”，较上海江南制造局“亦复加多”，不失为近代中国规模最大、设备最新的军火企业。

让我们再看一看武汉近代纺织业的兴起给当地居民解决就业生活带来的好处——

武汉三镇市民在张之洞督鄂之前，曾因就业困难而生活困难。成千上万的居民由于没有职业谋生，便四处流浪，有些人乘船去上海，给外国企业打工；有些人租船，在江上打鱼求生；还有些人回到老家农村，重新拿起农具下田耕耘，继续土中刨食；也有的因无本钱经商只能在街上摆小摊、赚微利，勉强维持生计……

随着光绪十六年（1890年）闰二月四日湖北织布局的设立，张之洞注意扩大纺织企业的规模，以解决居民就业难的问题。其间，他在建立汉阳铁厂、湖北枪炮厂和开采铁矿、开发煤矿的过程中，安排了大量工人，有力地缓解了城市居民就业困难的问题，连带着部分女性也得到了就业。光绪十八年（1892年）十月，纱厂投产，日产棉纱100担；光绪十九年（1893年）正月，布厂投产，日产棉布1800尺。雇用外国工匠多人，招收三镇女工2500人。

我们欣喜地看到：19世纪90年代初期，中部崛起工业先行，钢铁枪炮纺织俱兴。张之洞的兴实业、办洋务，应该说走在了当时中国的前列，像他这样敢于迈大步并勇于搞实践的人可谓极少数。鉴于兴办实业的显著成果，毫不夸张地讲，到19世纪末期20世纪初期，武汉成为仅次于上海的第二个近代工商业中心，包括它的对外贸易额都是这样的，甚至于机器工业，有些比上海的规模还要大，这都是在张之洞手上完成的。张之洞用自己的智慧和辛劳实现了中国钢铁工业从无到有的历史性转变，引得在华洋人络绎不绝地前来参观，皆云“比外洋迅速已多”。张之洞被称为中国的“钢铁之父”，完全名至实归，当之无愧。

无疑，就连张之洞本人也没想到自己做过的事情会给后人带来那么大的影响。凡是学过中国近代史的人，都会清楚我国近代工业是如何在艰难中起步和发展的。在那充满坎坷的历程中，留下了张之洞一行行深深的脚印。雄才伟略的毛主席也曾说过，讲到中国的重工业不能忘记张之洞，湖北的工业基础，如汉阳铁厂、纺织厂、兵工厂、京汉铁路（卢汉铁路），都是他带头办的。毛泽东还曾说过，他当兵时使的枪就是“汉阳造”。

第十七章　屡屡被参　仍矢志不移

正当湖北实业如日中天之际，一股股反对大办洋务的势力似潮水般地涌来。

是啊，办洋务、兴实业的举动——建工厂、开煤矿、兴学校，无疑是对旧势力的严重冲击。

武汉三镇的一些守旧大员、土豪乡绅，对这如雨后春笋般的厂矿、学校十分看不惯，认为张之洞违背祖训、破坏常规，其实是因为办洋务打破了他们垄断的市场，失去了财源。所以他们三三两两分头集会在大街小巷，造舆论，发传单，开黑会，中伤张之洞，说他为了当官出政绩，铺张浪费；还有的说他设新机构，是巧立名目，讹诈税款；甚至有人说他目无朝廷，私自做主，办厂兴业……

谣言四起，沸沸扬扬！

一身正气的张之洞，正事大事都忙不过来，哪里顾得上这些阴沟里冒出来的胡言乱语。他，照常做他该做的事情。

这一天上午，张之洞在总督府处理完紧要公务，马上携蔡锡勇、张炽和斯尔等工程技术人员到汉阳钢铁厂各分厂视察生产情况，看到一切都很正常，他心里踏实了许多。

但是，张之洞发现了一些问题：有的分厂的工人技术不熟练，很显然是上岗前缺乏应有的技术培训；还有的分厂生产着实紧张，招收的工人还没有到位。

他们走到汉阳铁厂的大门前停了下来。张之洞就招收工人和技术培训两个问题，同大伙儿一块儿研究。

“蔡总办！你们制订的招工计划都落实了吗？”张之洞询问道。

蔡锡勇从衣兜掏出一份《汉阳钢铁厂辖属十个分厂招工一览表》，边看边回话道："从汉阳铁厂创建开始第一批招工，到十个分厂相继建立，先后十五批招工，共 2580 名，可以说招工计划基本落实了。"

张之洞点了点头，又问："今天，我们发现有的分厂缺工，怎么办哪？"

"回禀张大人！关于有的分厂缺编缺岗，我和张工也都觉察到了，经过逐分厂统计，尚缺额 260 名。三天前，我向汉阳府廖知府打了招呼，他答应今天将招收的 260 名新工人，亲自带到炼铁厂！"蔡锡勇说完，回头张望汉阳府方向，猜测道，"廖知府绝不会耽误的。他对总督府下达的任务从来都是按时完成，每次招工分配给他们的名额，没有一次不落实的！"

"我同意你的看法。廖兴业是一个尽职尽责的知府，上次他处理汉阳龟山采石案就很公道，听说带头挑事的叫丁四，是他的四小舅子，他毫不留情面，照样依法惩处！"张之洞叙说了对廖兴业的好感，打心里佩服这样秉公执法的官员。

"该惩罚是惩罚了，但是罚没丁四等五位凶手的三十两银子，蔡总办都如数退给了人家！"张炽因知内情插话说。

"哦，还有这事啊！"张之洞听后，惊愕地说，"不简单！我们蔡总办的人品值得颂扬！"

德国技师斯尔伸出大拇指，赞道："高尚！"

"这算什么呀？张大人，您让总督府给我报销了医药费、住院费，我怎么还要他们的钱！"蔡锡勇诚恳地说。

张炽不无嗔怨地说："哎！蔡总办，你也太实在了。你知道吗，那三十两银子是对丁四等五名凶手的罚款！"

"嘿！不能要，不能要！"蔡锡勇一边摆手一边翘首张望廖知府……

众人向他送去赞美的目光。

这时，只见薛福德和汉阳府的两名差人，带领着身穿便衣的百姓队伍快步走来。

蔡锡勇对张之洞说道："张大人！汉阳府招的工人来啦！"

"哦，咱们看看去！"张之洞亦转身同蔡锡勇迎过去。

张炽、斯尔跟在他俩身后。

看！他们排列得虽然不整齐，但这是新工人队伍。

啊！队伍行至汉阳铁厂大门外的广场上，陆陆续续地停下脚步。

从队伍前边走出的薛福德，直接奔向张之洞，抱拳禀道："张大人！刚才汉阳府廖知府派人到总督府把我找来，让我把他们新招的 260 名工人带到炼铁厂，请蔡总办查收并予以安排！”

“好啊！工人们来得正是时候，现在有几个分厂正缺人手，一会儿就请蔡总办接收吧！”张之洞说话时将目光转向蔡锡勇。

“是！张大人，我这就去办！”蔡锡勇拱手说着，便走近新工人队伍。

两位差人向蔡锡勇汇报了汉阳府招工情况，这260名新工人都是按照规定条件选招的，其中有80名是从上海、广州务工回来，素质比较高，钢铁厂应该把他们作为骨干。他俩说完后，把260名新工人的花名册和其中80名骨干的花名册都交给了蔡总办。

蔡锡勇大体浏览了一遍招工花名册，又端详了眼前的260名新工人队伍，心里比较满意，遂对两位差人说：“你们俩回去后，告诉廖知府，就说我们谢谢他，谢谢他对总督府的大力支持！”

“对，对，你们俩别忘了！”张之洞亦叮嘱道。

“是！请张大人、蔡总办放心，我们回去就转告廖大人！”一位差人抱拳告别道。

另一位差人还说道：“我们的知府廖大人忙得很，从一大早就接待那些反对兴实业、办工厂的乡绅，千方百计地劝阻他们别去闹事告状，到现在还没吃早饭呢！”

张之洞为有廖兴业这样的部属深感荣幸，遂激动地叮嘱道：“你回去转告廖知府，就说我张之洞谢谢他了！”

“小的一定记住。遵命！”另一位差人亦跪拜屈身，施礼领命。

两位差人向总督府张大人、蔡总办告别，返回汉阳府去了。

蔡锡勇根据有关分厂缺工现状，当场按照花名册将260名新招工人做了具体分配，并通知这些分厂厂务，将所分得的工人领回去，还叮咛他们必须进行培训，而后方能上岗。

张之洞因公务繁忙，叫上薛福德，提前回总督府去了。

他吃完中午饭，本应午睡歇息，但考虑公务太多，就匆匆到总督府办公，审阅批示近日发生的几起偷盗、抢劫案件卷宗。

圈定卷宗的意见刚写完，张之洞还没来得及向藩、臬两司交办，就又碰到一件棘手的事情——

忽然，满头大汗的薛福德急急忙忙地跑进室内，向张之洞禀道：“张大人！不好啦，出事了，出大事了！”

张之洞两手正在整理批示过的卷宗，一见薛福德慌忙不迭的样子，问道："福德！不要慌嘛，出什么事啦？快说！"

"有好几百名市民，集中在去往汉阳钢铁厂的路上，截住了拉运铁矿石的马车运输队，双方动了手，有几个车夫被对方用棍棒打伤了！"薛福德简略陈述事由。

"双方是不是还在殴打？现场有我们的人吗？谁在那里解决？"张之洞意识到事态发展的严峻性，一连追问了几个问题。

薛福德又回答道："双方已经住手，不再打了。多亏了廖知府、蔡总办及时赶到现场，一边大声劝告，一边上前阻拦，动手动武的现象总算停了下来。"

"谢天谢地！"张之洞松了一口气，但又问道，"到底有几位车夫受伤？他们的伤情严重吗？"

"十多辆马车，前边的车夫受伤了，有四五个人吧，现已送进了医院！"薛福德目睹了现场经过，估计的受伤数字基本差不多。

"看来这几位住院的车夫，伤势不可能轻了！"张之洞那颗悬吊的心还没有放下。

薛福德又请示道："张大人！马车运输队仍未放行……"

张之洞摆了摆手制止他，这个问题不需要重复说了，脑子里想出了主意，命令道："福德！你现在就去通知武昌镇总兵江帆，让他立即率兵到汉阳镇各路口，阻止聚众拦车。叮嘱他：绝不许可动手打人，违令者严加惩处！"

"是，我马上去！"薛福德领命跑出总督府，去找武昌镇总兵。

张之洞亦步出府门，牵过一匹快马，搬鞍跨镫，猛一挥鞭，由武昌朝汉阳急驰，奔向去往汉阳钢铁厂的大道。

通往汉阳钢铁厂的大道，平展展、亮堂堂，但是越来越高、越来越陡。看得出来，道路的尽头是坐落在汉阳山脚下的炼铁炼钢厂区。

此时，由十七八辆载运铁矿石的马车组成的运输队，排成一字形，各车并已拉起铁闸，各辕马随其车辆停在原地。

车队前面，几百名武昌、汉口市民横在大道中央，大有阻挡马车运输队行进之势。

站在首车车厢上的汉阳府知府廖兴业，面向市民们已讲话多时，向大家反复强调建立汉阳铁厂的重要意义，以及招收工人增加收成的好处等，他的嗓子喊哑了，头上的汗珠还在滴答、滴答地往下流。

蔡锡勇总办、张炽技师和铁矿石厂厂长芮岩也都站在市民旁边，他们向市民做了大量疏导工作，方给廖知府赢得了讲话机会。

张之洞乘骑赶到现场，勒缰下马。

蔡锡勇上前接过缰绳，当即向张大人汇报了制止这场肇事的简要情况，可以说这是一次多年来湖北从未发生过的市民反对官府的事件。

随之，蔡锡勇又从衣兜里掏出一张写好字迹的信笺，呈递给张之洞："张大人，请您审阅！"

张之洞接过来一看，信笺上的毛笔行书还真见功夫，不可能是一般市民写的，他仔细阅读，这是专门写给他的一封质问信，信中提出的几个问题，措辞锋利，语气尖锐，颇有咄咄逼人之态，从遣词造句及习惯用语来看，此信并非市民所写，十有八九出自当过官的人之手，信件结尾处要求总督大人当众逐条回答，落款却标明"汉口百姓"。为了尽快把眼前的事情处理好，甭管这封信的来头，他也得按照信件的要求向市民答复。

在车上站立多时且又冒着风险讲话的廖兴业，早已看见总督张之洞骑马赶来，顿即消除了压力，鼓足了勇气，讲到结尾处语调高昂而有力。他最后介绍说："现在，请我们的湖广总督张之洞大人讲话！"

场上的数百名市民顿即趋于寂静。

张之洞撩袍登上马车。为官多年，他对百姓还是非常有感情的。他看了看站在马队前边的诸多市民，爱民为民的那种激情立刻涌入脑际，没有一丝畏惧的感觉。他的手里虽然拿着那张诘问信笺，但是并没有急于回答，而是脱口喊道："乡亲们！你们的来意是好的，你们的心情我理解。但我首先以个人的名义讲几句心里话：你们为湖北的兴业、汉口的兴建，做出了努力，没有你们就没有湖北的今天，也没有汉口的今天，更没有我张之洞的今天！现在，兴建湖北和汉口的大业刚刚开始，要靠诸位去实施！汉口好比一艘航船，每个市民都要操舵使桨，我们才能到达胜利的彼岸！我们之所以办洋务、兴实业，就是为了富国强兵、安居乐业，不再受列强欺辱，不再受洋鬼子的气，中国人腰杆硬了，站起来了，才能永远不当亡国奴！你们知道吗，我们汉阳铁厂的兴造，实现了中国钢铁实业从无到有的转变！在华的洋人们已经听到这个消息，络绎不绝地前来参观，他们奔走相告，赞颂道：汉阳钢铁工业'比外洋迅速已多'。钢铁这个重工业发展了，就能带动其他产业一道前进，这是天大的喜事！乡亲们！市民们！我们自家办洋务、兴实业、图发展，要珍惜……"

这时，只听得“咣啷啷！咣啷啷……”接连不断的响声，原来是那些胸怀怒气的市民被张之洞充满激情的讲话所感动，怒消气散，将手中的棍棒全部抛在地上。

场上市民的情绪，应该说抵触情绪，已趋向化解。张之洞看到了，是他预料之中的。他举起那张信笺，抖了抖，大声地说：“乡亲们！市民们！我们当官的允许百姓生气，但我们当官的不能对百姓撒气。你们的气愤和担心，我完全可以理解，正如有的人所怀疑的，有哪个当官的不谋私利，不谋私利谁还去当官？但是，不尽其然。在此，我向大家说明，如果一个国家的所有官员都去贪赃枉法，那么这个国家也就毫无疑问地行将灭亡了！所以我说，怀疑一切是没有道理的。我郑重告诉诸位，凡是为民做主的官、一心为公的官，才会有所作为，才能受到百姓拥护！下面，我向大家回答四个问题：一是民商的生计和经营，请你们放心，湖北办洋务办得再热闹，也允许民商民企存在，汉口兴实业兴得再红火，也允许民商民企发展，这也是总督府认定的。二是民商的纳税和缴税。大清税法有明文规定，民商、民企必须依法纳税，任何人不得偷税漏税，至于总督府征收缴税，也都按照税法执行，绝不允许克扣加翻，如果所经营的商业、企业与湖北兴实业有关，税率可酌减或减半。三是各工厂占地索赔之事，总督府已派专人协同厂方到现场核查，土地和地上附着物等都要按规定赔偿。四是怀疑我张之洞个人贪污官款事项，我的回答是：纯属谣言，无中生有；一旦发现，革职查办！乡亲们！市民们！希望你们鼎力支持总督府办洋务、兴实业！”

张之洞的话音刚落，场上市民们鼓起热烈而持久的掌声……

接着，数百名市民自动地让开大道，站在两旁。

蔡锡勇、张炽走到车前，将张之洞搀下车来。

这时，只见芮岩厂长和原料厂的几位工人，分头到前边的几辆马车旁，替住院的车夫们拿起马鞭，放下车闸，准备行进。

忽然间，“叭、叭、叭……”一阵清脆的鞭声响彻天空。继而便是车夫们的吆喝声、骏马的嘶鸣声，还有那车轮声伴随着马蹄声及其脖颈上的铜铃声，混合成一曲野外交响乐。这“乐声”一浪一浪地滚向汉阳山下。

载运铁矿石的马车运输队终于驶进汉阳钢铁基地。

平静的日子没过三五天，又一令人窒息的巨浪向兴实业的领航人张之洞袭来。

这一天夜间，张之洞正在书房里，秉灯挥毫，给台湾巡抚刘铭传写一封关于发运军火的信函。他刚刚写就，把信笺装入信封内，就听到一阵敲门声，遂喊了一声："进来吧！"

推门进入的是薛福德。张之洞问道："福德，有事吗？"

"张大人！这里有一封军机处发来的急电。"薛福德走到案几前，将手中的电报呈递给张之洞。

张之洞撕开电报封袋，取出报笺，置灯下观看……这是族兄张之万发来的电报，告诉他说，湖北有人将他告到吏部，还有人将他告到大理寺卿那里，说他以湖北兴实业为名，搜刮民财，中饱私囊，望其有所准备，以应对查证。

"大人，是不是关于告状的事？"薛福德担心地问道。

"不管它，简直是胡说八道。"张之洞把电报摔在桌上。随即又拿起笔给族兄张之万草拟一封"电告已知，放心勿念"的电报，而后将这封电报手稿与写给刘铭传的信件一并交于薛福德，告诉他："明天早饭后，把电报、信件都发出去！"

"是，大人！"薛福德将电报、信件统统装入怀中，转身退出书房。

薛福德刚离去，汉阳府知府廖兴业就来了。

"张大人！我有急事相告，不得不深夜打扰，请您谅恕！"廖兴业进入室内，便拱手施礼，歉意地说。

"廖知府，坐下讲话。"张之洞手指案旁的座椅，谦让地说。

"多谢张大人！"廖兴业抱拳施礼，坐在木椅上，遂禀道，"本府所辖汉川县之县令刁顽忠，因多收民办实业税款被人告发，经派人稽查属实，故惩治停发其半年薪银。该县令对上司不满，多次到汉阳镇煽动百姓，蛊惑民心，反对汉阳府、总督府。近日，刁顽忠又悄悄找到他的一位亲友，是原来的汉阳府知府，给朝廷写了一封告状信，诬告总督府抬高税率，搜刮民脂民膏，还说总督大人袒护汉阳府知府敲诈民办实业税款的非法行为，等等，不一而足。"

"蚍蜉撼树，无关大局！"张之洞蔑视地说。

"我有一个差人，他曾在汉川县衙做过事，知道刁顽忠为人很不厚道。今天下午，他去汉阳镇邮局送信，路过原汉阳镇知府住宅门前时，碰见刁顽忠走出来，得意扬扬地跟他说：状告总督府、汉阳府知府滥收税款的控诉信，明日就可寄往京师！张大人，我们得想办法制止才是！"廖兴业出于维护总督府的威信考虑，不无提醒地说。

"哎！用不着担心，小鱼翻不起千层浪，无非给朝廷找点麻烦，他们若相信就派人来查嘛。"张之洞心里有数，总督府、汉阳府没有人胡作非为，难道怕有人中伤？

廖兴业再次恳求地说："不过，按照惯例，只要有人告状，上边就要派人来查。张大人，咱们得要有个精神准备！"

"对，我来安排。"张之洞想了想，说，"这第一轮状纸已经到了京师，朝廷暂未派人下来；今天，这是第二轮告状信，明后天也要发到京师，朝廷也够忙活了……"

"张大人，下官告辞！"廖兴业欠身离座，拱手施礼。

"廖知府，天色已晚，路上小心！"

张之洞说着，欠身站起，将廖知府送到门外。

看来，所有的大事件，其起因就像长江之发源地那般微小。然而，事件发生之前，让人无可理解，也无法控制。其实，早就有阴影投下。

只要有人告，就会有人查。哪怕是诬告，也不会风平浪静，总会惊动上峰，给你查个底朝天。

果不其然，第一轮告状信产生了效果。大理寺卿徐致祥受理告发湖广总督张之洞的案件，将状纸对其罗列的条条经济罪状进一步梳理，并上纲上线，进而参劾张之洞"不顾国法""辜恩负职"。

朝廷议而未决，于是责成两广总督李瀚章等从广东出发，就近前往武昌去查证。

李瀚章是洋务派首领李鸿章之兄长，张之洞则是被李鸿章称道的洋务派后起之秀，朝廷上下无人不知。尤其他赴两广总督任上，接替张之洞之职以来，督府上下及两广百姓对张之洞的口碑极好。他也深深感到，张之洞为两广的经济发展、布防和税务等方面，打下了良好而坚实的基础。所以，他出发之前，就叮嘱随从到达湖北后，针对关于张之洞的控告，本着重实绩、听反响，重证据、看结果的原则，真正搞好取证。

经过三天两夜的乘船，李瀚章等一行人从广州来到汉口。他们为了不给湖广总督府添麻烦，也防止给张之洞带来口实，到汉口码头下了船，没来武昌镇，而是在码头附近找了一家旅店，不声不响地住了下来。

但是，张之洞并不在乎这些引发人们联想的区区小事。他一听以李瀚章为首的广东调查组到达了湖北，并住在了汉口，马上派人去请他们。

张之洞尽地主之谊，在总督府设宴，为李瀚章等一行人接风洗尘。他亲自给几千里之遥赶来的广东调查组斟酒，并率先举杯豪饮。在他的热情带动下，李瀚章等人亦端杯畅饮。

正是由于张之洞的大力支持，以及他那豁达之举，广东调查组在查证的过程中进行得非常顺利。调查对象既有督署人员，又有工厂代表；既有工商税务官员，又有个体民营商家……重点突出，有面有点，实事求是，有根有据。

李瀚章召开调查组会议，综合每个调查人员的谈话记录。大家一致认为，张之洞在湖广总督任上，大办洋务，大兴实业，又抓教育，成绩突出。所谓搜刮民财、化为己有，查无实据；所谓“对抗朝廷”“辜恩负职”，纯属中伤，莫须有罪名。

调查组工作成效明显，很快完成任务。

经两广总督李瀚章亲自把关审定的奏报，及时呈送朝廷。

关于对张之洞经济问题的审核终于落实，确查具奏，将徐致祥弹劾奏书一概驳回。

李瀚章等一行前脚走，朝廷派来的大员陆润庠一行后脚到。

这便是第二轮告状信的生效反映。

诚然，陆润庠等赴武昌查办张之洞收税办洋务一案，也是奉朝廷之命前来执行公务。如果从这一点看，张之洞对他们是理解的，不会有反感和抵触情绪。本来应该在他们一到武昌就为其设宴接风，可是一想到陆润庠平常为人处世，心胸狭窄，奸诈多疑，总是习惯把他人的好心好意揣摩成一种目的，甚至于认为拉拢他、巴结他，所以对其淡然处之，尤其在当下被查阶段，闹不好说他殷勤热情是为了讨好钦差而减轻罪责。因此，张之洞只是携薛福德到陆润庠等人驻地，进行礼节性的拜访。

不过，张之洞在他们开始稽查之前，主动介绍了他近几年来在湖广总督任上办洋务、兴实业、建工厂的详情，并表示愿意接受审查和积极支持调查。

还甭说，张之洞这一言行，没让初来乍到的陆润庠一行挑出毛病来，相反他们认为这位张总督的姿态不低，像一个封疆大吏，即使陆润庠本人也说不出什么，从而使他们能够怀着一种平常心理，进行深入细致的查证。

十多天的调查走访，让陆润庠等人看到了一个兴旺的湖北和武昌，什么也没查出来。

然而，调查组还在湖北期间，张之洞不改初衷，依然大办洋务，照样征税纳捐。

调查结束了。陆润庠等人快走了，明天就要返回京师。

突然间，张之洞做出决定，今天晚上，总督府预备酒宴，为陆润庠等一行作临行饯别。他把这个决定告诉薛福德，命其送去请柬。

陆润庠一听张总督宴请，心里当然高兴，当即答应了薛福德。

薛福德向陆大人打躬告辞，回府准备去了。

感情往往左右理智。陆润庠本来对张之洞的官气有看法，对其核查无误的案件如何上报还在犹豫不决，张之洞却来了这么一手——请他们赴宴喝饯行酒，这让陆润庠不得不重新下决心，实事求是地上报朝廷。

在去往湖北总督府的路上，陆润庠把自己新的想法说给大家听。这些随行人员听后很兴奋，谁还愿意在多事之秋，让张之洞这位封疆大吏蒙受不白之冤呢？

酒席宴上，烛光明亮，气氛和谐。

张之洞懂得规矩，礼贤下士，待众人入席之前，将朝廷派来的陆润庠让到首席座位，他却坐在下首，这在往日是不曾见的。而后，他挥手示意，请其随行官员依次入座。

陪同饮酒的总督府人员有蔡锡勇、辜鸿铭等幕僚，及藩、臬二司主要官员。

饮酒之前，张之洞以主人的身份，代表湖广总督府开始致辞，他首先感谢朝廷的关怀和信任，把湖广督署大权交给他，不仅放手使用，而且大力支持，湖北的新变化，武汉三镇的新气象，象征大清的图强和繁荣，功劳属于朝廷；而后感谢陆大人及其一行，不辞劳苦，日夜察访，秉公执法，泾渭分明，为大清维护了国法尊严，为两湖维护了安定。

陆润庠等人听了张之洞总督讲的这番话，心里热乎乎的，觉得这位疆臣实在可敬。陆润庠内心也很佩服，张之洞不愧为多年督抚大臣！

讲完话以后，张之洞举起酒杯，请大家共饮。

他有一个饮酒习惯，从来不是碰一次杯，喝一次酒，而是连饮数杯，杯杯见底。他说今天晚上不能多喝，原因是昨夜办理公务几乎通宵，所以只能喝上几杯。于是，他一连饮下三杯白酒，确实每杯见了底。

大家一看张总督如此率真豪饮，也都端起杯来，亦将杯中酒饮下。

不知为啥，张之洞只觉得两眼蒙眬，困乏难支，勉强瞪了瞪双眸，挥了一下手臂，嘴里说话没有刚才那么清楚了，但还是非常礼貌地让大伙吃好喝好。

调查组的官员们并未十分介意，照样饮酒吃菜。而陆润庠似乎发现了什么，有意地端起酒杯，回敬张之洞大人。

遗憾的是，张之洞虽然模模糊糊地看到陆润庠向他敬酒的神态，但是自己怎么也睁不开眼睛，更谈不上举杯同饮了。这时，只见张之洞倏地一下仰靠在椅背上，竟然睡着了，打起了呼噜……

这也太不像话了！陆润庠心里很生气，头一回碰到张之洞这样的总督大人，陪同客人饮酒而自己却在席间睡起觉来。这可不是一般的失礼，说得严重一点，是对客人的侮辱。他几次欲站起离席，都被蔡锡勇、辜鸿铭以敬酒的方式，留坐下来饮酒。

饯别酒宴结束后，心情不快的陆润庠携随行人员离开了湖广总督府。然而，只有蔡、辜等人将他们送至府门外，张之洞却在椅子上酣睡。

次日清晨，陆润庠一行从汉口码头乘船离鄂，总督府官员蔡锡勇、辜鸿铭等赶来送行，而张之洞仍未到场。

满肚子怒气的陆润庠回到京师后，决定改变向朝廷上报的奏折，说啥也要参劾张之洞一本，非打击一下他的嚣张气焰不可。他不再同随行官吏协商了，按照自己的想法，一个人上报慈禧太后。

陆润庠穿上整洁的朝服，没有先去找皇上，而是直接求见慈禧太后。

他在长春宫总管李莲英的引路下，走进长春宫。在花园的凉亭内，唯见正在和宫女们下棋的慈禧太后。待李莲英禀告后，他快步走过去，步上凉亭台阶，撩袍双膝跪地，长揖叩头道："老佛爷万岁，微臣陆润庠去鄂访查归来，有要事回奏！"

"哦，那好。"慈禧太后放下手中的棋子，对她的贴身宫女瑞福说，"你们都下去吧！"

"是！"瑞福与几名同伴麻利地收拾起棋盘，悄悄地离去了。

"陆润庠，你说吧，张之洞到底怎么样？"慈禧太后问道。

"张之洞的问题比较严重，有些问题相当严重，因而微臣当面给皇太后回奏。"陆润庠满腹气愤，恨不得一下子全倒给慈禧，但必须有根有据、条理清楚，不能给她造成怀疑，否则参劾不成，给自己带来麻烦。他一边说着一边想着，唉！这位太后刚五十出头，年岁不是很大，忘心咋这么大呀？还不让人起来呀！

"哦，张之洞的问题这么严重，你慢慢说！"慈禧太后本来应该让陆润庠站起来回话，可是一听他说张之洞的问题相当严重，这让她也感到出乎意料，因为张之洞一向是她非常器重的卿臣，听到别人说他坏话，她心里自然不悦，因而有意让陆润庠跪着回话。

"张之洞问题有三：一是兴实业、建工厂，自作主张，设立新机构更是偏多，远远超乎朝廷的定额；二是苛捐杂税，搜刮民财；三是年迈体力不支，说着话吃着饭也睡觉，根本无法担负总督重任。以上三条，条条属实，望老佛爷明察！”陆润庠对张之洞没敢多参，经反复斟酌，捋出了三个问题。说完，将奏折呈了上去。

慈禧太后闻听勃然大怒，吼道：“张之洞不得了啦，没有王法啦！”

“老佛爷息怒，望保重玉体！”陆润庠一看，果真参劾奏效，心里暗喜。

“别跪着啦，起来吧！”慈禧太后终于发了话。

“谢老佛爷圣恩！”陆润庠又一抱拳作揖，伏身叩头，遂站起身来，只觉得两腿膝盖又酸又疼。

慈禧太后转身面向李莲英，厉声命道：“快去，速传圣谕，令张之洞飞速进京面君！”

“喳！”李莲英响亮地答应。

“老佛爷，微臣告退！”陆润庠再一次叩拜拱手，亦转身跟随李莲英，退出长春宫去了。

朝廷的电报很快发到武昌。

张之洞一看电报：令其飞速进京面君。他岂敢怠慢，把手头下一步准备抓好民企的公务暂放一旁，马上命薛福德随他进京。

他俩为了节省时间，抛开漕运航道，不走水路，而是即日启程，乘上快骑，速速北上，向北京出发了。

到达京师后，张之洞让薛福德牵着两匹骏骑先回自家府宅去，而他立即进宫晋见皇上和皇太后。

这里是乾清宫！

该宫总管太监黄天福叫了张之洞的起儿。

张之洞听宣后，急忙跟着黄公公步入乾清宫。

他进宫一看，光绪皇帝坐在御座上，一群小太监侍立两侧；慈禧太后坐在与御座平行的座位上，她身边没有带众宫女，只有贴身宫女瑞福、长春宫总管太监李莲英站在她旁边。

他当然跪在慈禧太后面前，好歹皇上同太后并列坐着，分不清谁主谁次。

皇上一见张之洞跪了下来，立即喝退小太监们。

“皇上陛下万岁、万岁、万万岁！太后陛下万岁、万岁、万万岁！”张之洞扬起双臂，长揖叩头。

慈禧太后一见风尘仆仆、奉旨进京的张之洞，遂说道：“张之洞，念你年过半百、一路劳顿，站起来回话吧！”

“还是皇阿玛体恤卿臣、考虑周到！”皇上插话道。

“多谢皇太后！”张之洞又向慈禧太后施一拜礼，便欠身站起。

“皇上，张之洞回京师来了，你来问吧！”慈禧太后觉得皇上已经亲政，自己不能像以前那样过多代劳了。

“不，不，不不不，还是请皇阿玛问！”皇上深知亲政的苦衷，必须把握好分寸，哪里敢随便做主！

“那好吧，我来问！”慈禧太后想起陆润庠对张之洞的参劾奏言，不禁怒上心头，喝问道，“张之洞！是谁给你的权力在湖北办洋务、兴实业，建那么多工厂？又是谁给你的权力设立那么多新机构？建厂开矿耗资过大，自己中饱私囊有多少？为啥对民办实业随意苛捐杂税、无端搜刮民财？”

“太后陛下、皇上陛下，容禀！”张之洞进京之前就明白了，这次被弹劾全是陆润庠搞的鬼，刚才听了慈禧太后这么一番质问，心里更清楚，百分之百地证实了是陆润庠诬告了他，但是也无法找这个孽障当面对质，只能按照皇太后的提问回话了，他稍加思忖便据实回奏，道：“微臣为了‘图自强，御外侮；挽利权，存中学’，在我节制湖广督署期间，方实施‘兴实业、办教育、练新军、应商战、劝农桑、新城市’，以大力推行湖北新政，并早已拟折上奏朝廷，朝廷且已回旨‘知道’。因而才在湖北办洋务、兴实业，建立起钢铁、煤炭以及纺纱、织布等诸多工厂。这也是由于饱受列强欺辱从而在战火中总结出来的图强奋发举措。可以说，微臣所行乃是朝廷给的权力，更是皇上、皇太后赐予的权力！”

“张之洞，你可真行，说来说去，说到我们头上来了！”慈禧太后对他的回答还算满意，只好又催促他，“下边的问题怎么说？”

“关于增设新机构，原因大致有三：一是办洋务、兴实业的需要，实业多了，机构必然要增多；二是针对专职，设立专司，并要有专人负责；三是机构专业化，方能提高办事效率。”张之洞回奏完第二个问题后，对下边的苛捐杂税、贪污公款的质疑，不再自我澄清，而是讲了依法纳税和根据经营项目减少征税的有关新条款，以及给朝廷缴纳税款的总额，并着重汇报了办洋务、兴实业的具体收支情况，陈述所集款项某某多少，干了什么事业，某某款项多少，办了什么工厂，某某开销多少等。他几乎是一口气说完，没有丝毫停顿，也没有半点虚夸。

张之洞说得口若悬河，头头是道，一条一款，严丝合缝，而且精神抖擞，无有半点倦意，显示出极其充沛的精力。慈禧太后被张之洞感动了，皇上也被张之洞感动了。

“张之洞大才矣！匡扶我大清江山，非汝莫属！”慈禧太后高兴地说，遂驳回控告张之洞的奏折。

“多谢太后、皇上恩宠！”张之洞激动不已，拱手施礼……

第十八章　助资减税　扶民办企业

古往今来，当官的受审查本是常事，仕途上乃司空见惯。关键的是，受审查官员千万别碰上冤假错案，否则结局可就难以想象了。

张之洞是个幸运儿。他一生中虽然多次被诬告中伤，但是从未遭遇囹圄。这不仅说明他的运气好，也说明他把握命运的智慧和能力远远高于常人。

澄清是非而又回奏得体的张之洞，于第二天同薛福德乘骑离开京师，返回湖北去了。

这一次，张之洞奉旨进京有幸在家住了一夜。他和夫人李静姝都已是中年人了，夫妇俩的团聚固然难得，见面叙说离别之情总觉得时间不够用，“欢娱恨夜短”更不必细说了。重要的是，家里的生活、孩子及亲友的事情谈都谈不完，不知不觉天就亮了。还算不错，夫妻俩敲定了两件事：一件事，为了十二岁的次子张仁侃的学习和前途，准备让他明年去湖北武昌读书；另一件是，鉴于唐训方（内兄唐炯的女儿）与阿胜（刘永福之子）已经结婚四年了，安排他们到汉阳铁厂做事，当然这得征求在台湾的刘永福的意见。

第二天，张之洞专门同长子仁权、长媳阿秀，并三岁的长孙厚琨会面交谈。他抱着长孙厚琨高兴地说：“谁之富不如吾之富，我张氏门庭香火不断，后继有人。我刚到中年，便三世同堂，不久之将来，即可父子公孙三及第！”

仁权、阿秀看到张之洞做了爷爷这般高兴神态，便异口同声地说：“爹！一定让您孙子好好读书！”

“对！万般皆下品，唯有读书高。”张之洞说罢，沉思了一会儿，又说，“等长孙年龄大一些，让他跟着我到湖北去读书。”

阿秀高兴而激动地说："那当然好啦，厚琨跟着爷爷学习，比一般孩子成长快多了，博学识广，将来好有出息！"

仁权不忍心麻烦父亲，遂说道："只是爷爷太忙了，哪有时间顾得上孙子！"

"我自有安排，你们不必担心了。"张之洞又询问了儿子、儿媳的生活、事业可否顺利。他俩告诉父亲，一切均好，不必惦记。张之洞还特意打听她母亲张美兰的身体和生活情况。阿秀告诉公爹说，母亲身体健康，在老家广东钦州生活很有乐趣，除了在宅院种了一个菜园子外，还在坡岭上种了十亩茶田。另外，她还说，前年秋天，她大姐阿娇同大姐夫相华也生了一个儿子。

张之洞听完阿秀这一番回话，心里踏实了许多。而后，他又告诉长子仁权，他已经给姐夫、广东巡抚鹿传霖发去一封信，让姐夫安排他出国留学，到外国学习几年，见见世面，打打外语基础。鹿传霖只要回了信，就可去广东办理留学手续了。他还说，这件事在广州就同你母亲商量过了，她表示全力支持。仁权听后，格外高兴，再三向父亲致谢。张之洞再一次叮嘱儿子，从政一定注意廉洁，俭以养德廉生威。张仁权不住点头称是。

张之洞回到湖广总督任上后，按照他原来拟订的办洋务、兴实业的计划，侧重抓好民办企业。他先拿出一个加强湖北民办企业建设的实施方案，交与湖北商会讨论研究。他和蔡锡勇以及湖北巡抚谭继洵等参加了这次商会。会上，湖北武昌、汉口的商人们，一致赞同督署出台的这个方案，只做了个别条款的修改与补充。尤其是汉口知名商人王予坊、万伯等，积极响应湖广总督府的号召，纷纷表示，一定当好民办企业带头人，并把采铁矿、纺纱厂、缫丝厂、制革厂也都抓紧建起来，以支持官办汉阳铁厂和湖北织布局，提供合格的原料和产品。同时，指定并强化茶叶作坊、甘蔗制糖、米面加工等企业。

由于总督府的倡导和支持，湖北特别是武汉三镇的民族实业放开了手脚，迈开了步子，很快走在了全国前面，并形成了第二次办厂高潮。

张之洞是一个细心人，对汉阳山下的采石户们一直也没有忘怀。

光绪二十年（1894 年）夏天，恰是一个阴雨连绵的季节，张之洞携蔡锡勇、薛福德等人，冒着雨打着伞，来到汉阳山下，察看采石现场。

这里是一片萧条景象：堆放的石块七零八落，起伏的地面冒出了稀疏的绿草，运石的道路已模糊不清，只有被炸过的阳面山体被雨水冲过之后，露出白花花而又亮晶晶的痕迹。

张之洞迅疾意识到，采石户停止开采，并不是因为雨天而停工。他向蔡锡勇询问道："汉阳铁厂正式投产后，你没有通知丁四他们继续开工吗？"

"张大人！我在不久前就告诉他们了，动工开采是没有疑问的，我还听到过炮声。"蔡锡勇如实回话道。

张之洞又问："他们因何停工？"

"是啊，我也觉得奇怪。"蔡锡勇思索后，猜测地说，"如果官府没人制止，他们是不会停工的。这会不会是汉阳府廖知府……"

"没错，大有可能是他下的令。"张之洞也猜测到是廖兴业制止的，于是转向薛福德命令道，"福德，你快去，通知廖知府、丁四赶紧到这儿来！"

"是，我这就去！"薛福德手持雨伞，转身奔往汉阳府。

在等廖、丁到来之前，张之洞让蔡锡勇跟他一块儿察看汉阳山山麓，与汉阳铁厂相望，相距不算太远，他讲明同意开采山石的原因，既能支持百姓生产，又能满足湖北建筑用石的需求，还可以为官办铁厂腾出场地，以停车备料使用，可谓一石多鸟！

少许，身穿蓑衣的廖兴业、丁四跟着薛福德急急忙忙地赶来了。

大雨下得猛烈起来，空中不时地雷鸣电闪。

看到总督张之洞大人、湖北铁政局蔡锡勇总办竟然冒着倾盆大雨，到汉阳山下办理公务，这让廖兴业知府深受感动，他一见面便说："张大人！蔡总办！这大雨天，你们怎么还出来视察呀？雨水多，道路滑，千万别摔着！"

"没关系，我们小心就是了！"张之洞毫不介意地说。

"张大人！蔡总办！你们这么大的官，还冒着雨到野外办公，真是太罕见了！让我这个小老百姓感动得不知说啥好了。"丁四一改往日常态，居然说起话来也懂得礼节礼貌了。

"哎呀！丁四也会夸人了，我还真没有想到。"张之洞望着丁四，微笑地说。

"是啊，人都在变化！"蔡锡勇亦为丁四的进步感到高兴。

丁四想起往日曾组织采石户打过蔡锡勇，可人家没有计较，还将罚没的银两一文不少地退还给他们，心里着实惭愧，不好意思地说："蔡总办！您大人不计小人过，我丁四对不起您哪！"

"嘿！丁四，你怎么又来了，你带着几个弟兄去医院给我道过歉，一切都算完事儿了，再也不许提啦！"蔡锡勇豁达而爽快地叮嘱道。

"是！蔡总办。"丁四在雨中长揖抱拳。

众人一看都笑了。

“来吧，咱们说正事！”张之洞转过身来，用手指着汉阳山采石作业面，问道，“丁四，采石怎么停止了？”

丁四听张总督这么一问，心里有些紧张，这次停工又是姐夫让停的，他看了一眼廖兴业，支支吾吾：“这，这……”

“这，这什么？你不敢说，我替你说！”廖兴业瞪了丁四一眼，而后走到张之洞跟前，和颜悦色地说，“张大人！您所询问的情况是这样：蔡总办在前些日子通知丁四等采石户允许动工开采石料，我也表示同意。可是，丁四他们没干几天，又把石头崩得满山遍野，连通往汉阳铁厂的路上都掉了石块，我一看太危险了，闹不好还要伤着行人和车马，所以我就下令让他们全部停止采石！”

“哦，是这么个情况！”张之洞思考着。

这时，雨下得逐渐小了，阴沉的天空开始亮起来。

“蔡总办！你分析一下，采下的石头崩得过远是什么原因？”张之洞一边朝山体作业面走着，一边问道。

众人也都跟着张之洞往前走。

蔡锡勇思索后，回答说：“按照炸药爆破的常识分析，药量越大，崩开的山石越多，飞溅的距离也就越远。因此，可以初步认定：石块儿崩得远，属于药量过大的原因！”

“有道理！”张之洞认为蔡锡勇的分析是可信的，但又转向廖兴业，“廖知府，你看呢？”

廖兴业亦认真思索道：“蔡总办所言极是。只要把握好每炮药量，宁少勿多，就可避免大块石头，包括中块、小块，飞溅到远方。”

张之洞进一步启发大家，再次问道：“你们再想想看，崩掉的石块，飞得远近，是否跟打眼装炮的角度有关？”

廖兴业听后不禁赞道：“张大人！您讲得太专业了！”

蔡锡勇一听也觉得张之洞分析得微妙，遂惊诧地说：“您这位总督大人太神了！您是不是学过？”

“你们俩别把我说得太高，我哪懂得那么多！”张之洞心想，我只是善于动脑罢了，为了让他们相信这一提议，只好说出自己经历的事情，“实不相瞒，近几年来，朝廷命我督办卢汉铁路，我曾多次去修路现场，亲自察看过开掘隧道工程，我和崩山的铁路工人们聊天的时候，他们跟我讲过打眼、装炸药、点导火索的情况……我这都是听来的。”

眼看着快走到临近作业面的地方，张之洞停住脚步。

众人也都停止前进。

“廖知府，咱们先统一思想，允许采石户开工，你看怎么样?”张之洞面向廖兴业问道。

廖兴业回话说：“这没问题，我原来就同意。只要解决安全问题就行!”

“好，咱们现在就解决。”张之洞转身朝向蔡锡勇，建议道，“蔡总办，为了确保汉阳山南麓道路上的行人、行车安全，从作业面崩下的石块往南溅飞不准超过一里，控制在道路北侧半里处，这便是行人、行车的禁区。禁区边界线要竖立标杆作为警示标志，任何人不准私自移动。你再好好看看，从这里向南，距离究竟有多少？如果担心目测不准的话，那么就可以用器具量……”

“我看行啊，您的目测基本准确!”蔡锡勇朝南伸出右手拇指目测后说道。

“至于如何打眼、装炸药方能达到要求，请你们再具体商量，也可以边实践边研究!”张之洞又叮嘱一句。

“张大人，您就放心吧!”蔡锡勇回过头来，看着丁四部署道，“大雨一停，你便通知所有采石户，来到采石现场，咱们一块儿商定!”

“是，蔡总办!”丁四愉快地应道。

“廖知府，怎么样?”张之洞注意征求这位当地父母官的意见。

廖兴业赞同地说：“张大人，就这么定吧!”

“丁四！你们得要好好干，不准出事故!”张之洞再三叮咛道，“只要效益好，不出事，总督府给你们奖励!”

“张大人，我们一定按您吩咐的去做!”丁四充满信心地说。

“咱们回吧!”

张之洞说罢一挥手，带领众人走下汉阳山……

光绪二十年六月二十三日（1894 年 7 月 25 日）这一天，张之洞正为湖北官办工业、民办工业齐头并进而高兴的时候，突然接到北京发来的电文：日本军舰突然袭击我北洋海军提督丁汝昌的战舰……他大惑不解!

日军挑起战火的原因——

光绪二十年三月，朝鲜爆发东学道农民起义，朝鲜政府请求清政府派兵帮助镇压。就在清政府迟疑不决时，日本劝诱清朝出兵，“代韩戡乱”，表示日本政府“必无他意”。清政府听信日本“保证”，于当年五月三日（6 月 5 日）派太原镇总兵聂士成、直隶提督叶志超率领两千精兵赴朝鲜援助。四日，按光绪十一年（1885年）中日《天津会议专条》规定，清政府知照日本，日本以保护使馆和侨民为由，派重兵占据了仁川至汉城一带的战略要地，不久起义平息。清政府建议中日同时撤军，日方拒绝，并继续增兵。六月二十一日（7月23日），日本借口“改革朝鲜内政”，闯入朝鲜王宫，俘虏国王，扶植傀儡政权。清政府被迫派兵增援。北洋海军提督丁汝昌派“济远”“广乙”等战舰护送兵船到牙山，支援叶志超、聂士成军队。

六月二十三日拂晓，“济远”“广乙”完成了护运船任务，从牙山起锚返航，当两舰驶至半岛海面时，与日本海军“吉野”“浪速”“秋津洲”三舰相遇，日舰不宣而战，向“济远”“广乙”两舰突然开炮，妄图趁其不备，将“济远”“广乙”击沉，从而燃起了战火。

因为这年是甲午年，史称这次中日战争为“甲午战争”。

清军“济远”“广乙”两舰丝毫没有防备，被打个措手不及，仓皇应战，损失惨重。

面对日军的挑衅，张之洞积极主张抵抗。他在收到京师朝廷发来电文的当天，马上草拟抗击倭日的奏折，并立即电呈报送。

清政府对日军的挑衅，忍无可忍，在全国舆论的压力下，七月一日（8月1日）正式向日本宣战。同一天，日本也向清政府宣战。

中日宣战后，张之洞曾奏请派马队“驰赴天津，听候调遣”，并想以“外洋为助”。他鉴于“倭势日强，必将深入”，建议朝廷“慎固津沽及盛京”。

九月下旬张之洞致电李鸿章，提出“购兵船、借洋款、结强援”三项主张。

九月底，日军强渡鸭绿江后，辽沈危急。张之洞再提出“购快船、购军火、借洋款、结强援、明赏罚”五事。

十月初，因为原两江总督刘坤一北调主持军务，张之洞则调署两江总督。湖北炼铁、织布等各局仍由其经理。

两江总督亦是清朝政府九位最高级别的封疆大臣之一。此总督总管江苏、安徽和江西三省的军民政务。由于清初江苏和安徽两省及上海市辖地同属江南省，因此当时该总督管辖的是江南省和江西省的政务，故号称“两江总督”。

张之洞署督两江时，心忧国事，寝食不安。尤其是甲午战争，他那颗忧国忧民之心整日悬吊着。他决定以实际行动，支持北洋水师，同日本展开甲午海战。为了抗敌，他把两江、湖广的军队大批北调；并在江宁仿德国营制，筹练江南自强军；后又以之为基础，在两江编练新军；为培养洋务人才，尤注重广办学校等。

光绪二十一年，清军失利。张之洞经常至长江沿岸，巡阅江防，修筑工事，购新出后膛炮，改筑西式炮台，设专将专兵领之，并招募德国教练，从而使江南自强军成为两江一带名副其实的抗敌军队。

一天上午，张之洞正在视察西式炮台训练场地，薛福德领着一位上海商人来访。张之洞一听这位商人专程由上海赶到江宁，他二话没说，在现场做了接待，热情地询问："您尊姓大名，在何地发财？"

"张大人！鄙人姓宋，名炜臣，在上海南货店经销布匹，多以丝绸为主。"宋炜臣恭敬地回话道。

"哦，宋先生，可谓商界大老板。"张之洞一听，马上明白，此人一定遇到了麻烦事，否则不会到这里来找他，遂又问道："您有什么事？直说。"

宋炜臣一看两江总督张之洞这么平易近人，真是意想不到，他上前又一次打躬施礼，回话道："张大人！您身居要职，日理万机，鄙人不忍心打扰，但因所经销丝绸布匹出口受阻，被英人垄断码头，以致给南货店货物造成大量积压，不得不请求督署帮助解决！"

"洋人太不像话了，他们忘了这是在中国地盘上，简直就是强盗！"张之洞听后非常气愤，为当时大清被列强欺辱而心情倍感压抑。他想了想，便告诉对方说："宋先生，你今天晚上住下来，明天我派人陪你一起去上海，找英国驻上海领事馆的领事，当面交涉，讲清理由，估计英国佬会答应的！"

"多谢张大人！"宋炜臣撩袍跪地，抱拳作揖，叩头施礼。

"宋先生，快快请起！"张之洞俯身搀扶。

宋炜臣欠身站起，回江宁驿馆等待去了。

当天夜里，张之洞以两江总督名义，给英国驻上海领事馆领事写了一封信，劝其对上海民办轻工业产品放行出口，一旦拒绝，后果自负。

第二天早晨，张之洞责成辜鸿铭带上信件，陪同宋炜臣登上江轮，沿长江顺水而下，返回上海。

三天后，辜鸿铭由上海回到江宁，向张之洞复命，不仅宋炜臣经营的丝绸布匹出口问题得以解决，而且上海的其他轻工业产品也可以出口远销国外。

这一年的年底，张之洞接到朝廷谕旨，奉命又回到湖北武昌，接替谭继洵之职，重新赴任湖广总督。

他将军政要务妥善安排后，再次着手狠抓民办企业。

张之洞是一个善于搞事业的封疆大吏。他深知正确用人是开展事业的根本大计，所以与武昌地区的民资巨头保持密切联系。

此时，原为上海南货店丝绸布匹经销商的宋炜臣已经来到湖北武昌，成为汉口巨商。

一天晚上，张之洞在湖广总督府摆设酒宴，招待宋炜臣。

酒席宴上，张之洞还叫上蔡锡勇、辜鸿铭等人，陪同宋炜臣一起饮酒。作为九位封疆大臣之一的张之洞，居然能够将宋炜臣这位商人视为朋友对待，这在当时也是罕见的。

当张之洞举起酒杯，表示欢迎宋炜臣的时候，宋炜臣受宠若惊，急忙站起，而是先抱拳施拜，诚恳致谢，后双手捧杯，与总督大人碰盏饮酒。

蔡锡勇、辜鸿铭不只是看到张之洞总督对商人宋炜臣的尊重，更重要的是，看到他对事业的执着，对振兴湖北经济充满了热情与信心。于是他俩也举杯向宋炜臣敬酒，让宋炜臣感到督署上下和蔼可亲，在湖北确实大有用武之地，因而促使他也像张之洞大人一样，豪饮干杯，畅谈不已。

交谈中，张之洞提出大办民用实业的话题，希望宋炜臣多出力、多献计、多投资，把湖北作为发展经济的舞台。业已爱上湖北这块沃土的宋炜臣，听了张总督这番话，深受鼓舞，仿佛接到一份作战命令，产生一种具有高度自觉性的压力。宋炜臣向张大人表示，一定不辜负督署厚望，不辜负朝廷厚望，努力发展实业，把湖北实业搞上去。

三天后，一直思考选定一个工业项目的宋炜臣，突然来到总督府，拜访张之洞。

张之洞热情接待了宋炜臣，发现宋的表情很兴奋，遂问道："宋先生，生意上是不是有什么喜事?"

宋炜臣一听便笑了，回答道："看来我有啥心事，都瞒不过张大人的眼睛。"

"说说看，让我也分享一下你的喜悦。"

"我已考虑了相当长时间，并对市场做了考察，想在汉口创办一个大型火柴厂，不仅满足湖广一带需求，还要给两江、华北等地提供产品!"

"好啊，这是大好事，我这里将会竭尽全力地支持!"

"那我就开始筹办了。待火柴厂建起来后，还真得仰仗张大人帮助!"

"没问题。只要你把火柴厂建成，我会给你大开方便之门!"张之洞诚恳地表态。

宋炜臣端起张之洞亲手给他沏的龙井茶，一连呷了三大口，兴奋不已地说：“张大人，我现在有了您这把尚方宝剑，回去就动工了。”

“行啊，大胆地干吧！”张之洞又鼓励他，“我期待你的好消息！”

“张大人，告辞！”宋炜臣欠起身来，抱拳施礼。

“宋先生，慢走！”

张之洞亦抱拳还礼，将宋炜臣送至门外。

一项民办工业即将破土动工，这对官办工业无疑是一次促进和挑战。张之洞把这一消息及时通报给蔡锡勇总办，蔡锡勇听后非常高兴，这同样是湖北新政的新气象，于是更加努力地抓好铁政局的重工业建设。

光绪二十二年（1896 年）春天，宋炜臣在汉口创办的燮昌火柴厂正式建成投产。

张之洞率领督署诸多官员，来到燮昌火柴厂门前，参加剪彩典礼。

鞭炮声、锣鼓声、唢呐声，响彻天空。

汉口镇大街小巷人山人海，人们都在为燮昌火柴厂的问世而欢呼庆祝。

一向信守诺言的张之洞，马上给予兑现。

诚然，张之洞与宋炜臣过从甚密，彼此有着深厚的友谊，但主要的是，张之洞出于对民办工业的重视和支持。同时，亦颇赏识宋的经营才干，从而多方提供便利。

随即，张之洞批准燮昌火柴厂获得十年专利权；在完税厘方面也给予优惠，“完厘用专章办理，由厘局发与统捐票，每箱收钱四百文，通行本省，不用再征”。

年仅三十周岁的宋炜臣，终于做成了创办燮昌火柴厂之创举。

从总督府张之洞那里获得支持的宋炜臣，心情格外愉快。一个人所从事的实业，能够得到他人的认可和支持，其价值无法用金钱来衡量。对此，宋炜臣深有体会。所以，他对张之洞的感激之情难以形容，只有在心底默默保证，凡是张总督发话让做的事情，坚决去完成，绝不讲价钱。

随着湖北重工业和轻工业的不断发展，耗电量亦大量增加。为此，张之洞多处走访考察，征求意见。多数人认为，应该在经济繁茂的汉口建立水电公司，因为汉口是重工业所在地，急需水电能源。可是官办水电公司实在无能为力，尤其经费短缺这一困难尚无法解决。他想来想去，还是决定走民办这条道路。

于是，张之洞携蔡锡勇、辜鸿铭等来到燮昌火柴厂，直奔董事长办公室。他们找到了宋炜臣，首先询问了工厂的生产与销售情况，以及工人的生活与劳保现状。宋炜臣逐一回答，告诉他们一切正常，无须挂念。

接着，张之洞向宋炜臣讲述了在汉口开办一个水电公司的重要性和迫切性，游说劝导其再以民办形式将水电公司办起来。

对于张总督这一提议，宋炜臣觉得颇有意义，开办水电公司是一件不可忽视的大事，直接关系到湖北经济发展的规模与速度，可以说，这同样是功在当代、利在千秋！宋炜臣当即表态说："张大人，你们尽管放心，开办水电公司这件事我来办理！"

张之洞一听高兴极了，遂赞道："宋先生，识大体、顾大局，勇于争挑重担，您为湖北新政立了大功！"

"岂敢，岂敢！张大人，您对我不薄，可谓恩重如山。至于我出点微薄之力，也是为了民商之事，完全是应该的！"宋炜臣谦逊地回话道。

"宋先生，此事就拜托了！"张之洞说罢欠身告辞。

办事坚守诚信的宋炜臣，从来不拖延时间，张之洞他们一走，立即行动起来。他把火柴厂的大小事情梳理了一遍，统统交给该厂厂长，按照轻重缓急去办理。

当天下午，宋炜臣便去联络汉口知名商人王予坊、万伯等十一人，共集资三百万元。集资款到账后，宋炜臣又组织筹款人成立了水电公司董事会。经董事会研究，该公司定名为：汉口既济水电公司。宋炜臣被推选为汉口既济水电公司董事长。

宋炜臣代表董事会，向湖广总督府递交了一份拟呈开办汉口既济水电公司的请示。

张之洞阅后十分高兴，认为宋炜臣是一位办实事、办大事的商人，对其理应给予大力支持，不仅立即批准，而且拨发官款三十万元助其股本。

民办公助的汉口既济水电公司终于建起来了。

水电供应的满足，使得武汉三镇这座沿江城市立即发生翻天覆地的变化。引人瞩目的是，汉阳钢铁厂、湖北织布局等可昼夜生产，从不间断。到了晚间，武汉三镇灯火通明，犹如白昼，显示出大都市的风采。这在当时其他城市是无法比拟的。由于水电资源的开掘和利用，湖北的重工业、轻工业都得到长足的发展。老厂换新颜，新厂增设备，使用电力的机器开始引进增多，使武汉成为全国极少数的电气化城市之一。就连湖北沿江码头也呈现出欣欣向荣的景象。

这一天的傍晚，张之洞携蔡锡勇、辜鸿铭、薛福德等人，视察汉阳钢铁厂归来。当他们走出汉阳铁厂大门时，只听汉阳山处传来“轰隆隆！轰隆隆！轰隆隆……”接连不断的开山采石放炮声。张之洞担心丁四等采石户的安全，遂问道：“蔡总办，天这么晚了，丁四他们怎么还不收工？”

蔡锡勇往北看了看，确实沙石飞滚，弥漫汉阳山南麓，亦觉得这种干法不妥，回话说：“个体生产就是这样，没有固定时间，天黑放炮容易出事！”

“不行，咱们得去看看，出了事可不得了！”张之洞说着，快步朝汉阳山南麓走去。

蔡锡勇、辜鸿铭、薛福德等紧紧跟在他的身后。

在将要走到禁区警示标杆的时候，张之洞发现禁区外边仍有许多碎石块，不禁忧虑地说：“这怎么行呢？这不是隐患吗？”

“贪利违章者，不可助长，必须禁止！”辜鸿铭插话道。

“张大人！明天我找丁四他们，他们这是急功近利，药量肯定是放多了！”蔡锡勇愤愤地说，“这太不像话了！”

张之洞蹲下身体，用手摸了摸石块，又向南看了看不远处通往汉阳铁厂的大道，不由得打了个寒战，似有后怕地说：“这若是出了事，可是人命关天哪！今天晚上就得见到丁四，处理这样的问题不能过夜！”

“是，张大人。”蔡锡勇准备按照张总督的意见处理，可是他站起身来，还听到稀疏的炮声，皱了皱眉头，不无抱怨地说，“丁四这小子，做事没准头啊，咱们等他吧！”

薛福德注意倾听山上的隐隐炮声，非常担忧地说：“张大人，咱们在这儿等候丁四太危险了，还是回去明天再说吧！”

“没关系，石头飞不到这儿来！”张之洞亦欠起身，往北望了望汉阳山。

“张大人，福德所言不无道理，还是小心为好！”辜鸿铭亦提醒道。

“张大人，我看咱们可以到前边路口等候，丁四他们收工回家一定会路过那里！”蔡锡勇面朝西南方向，用手指了指。

“行，咱们到前边等他！”张之洞赞同大家的意见。

众人刚刚离开警示标杆南侧的地方，忽然听到一阵猛烈的开山炸石炮声。他们回头一看，炸药托起的一股股石块，伴随着一团团烟尘，漫天飞舞，四处溅射，大有翻江倒海之势。尤其那炸药的火红光亮，胜如阴雨天空的一道道闪电，随后便可听见惊天动地的山石爆破声。一种令人恐怖的气息难以排遣……

“张大人！快走吧！”薛福德走上前，拉拽张之洞。

突然，一些石块砸在他们身后的路上。

“不好！闪开！”张之洞发现头顶上有一团黑乎乎的东西飞来，他用手猛一使力，将薛福德推到一边。紧接着，只听他“哎呀”一声，倒在了地上……

薛福德安全脱险。

张之洞却没能躲过这一劫。蔡锡勇、辜鸿铭闻声后赶紧跑过来，只见张之洞趴在地上，一动也不能动，他俩焦急地喊道：“张大人！张大人！张大人……”

被张之洞推到一旁的薛福德，听到蔡、辜二人的呼喊声，意识到大事不好，他一骨碌爬起来，一个箭步蹿到张之洞跟前，一看张之洞趴伏在地上，吓得两腿都软了，双眸噙着泪珠，伸手抱着这位总督大人的头，凄厉地呼叫：“张大人！张大人！张大人……您，您，您说句话呀……”

“张大人！张大人！”蔡锡勇、辜鸿铭也都跪伏在张之洞身旁，欲伸手抱他。

“没，没，没伤着我的头，不，不怕的……”张之洞咬着牙忍着痛坚持，但右下肢有剧痛感，遂说道，“你们，你们千万别碰我的右腿……右腿大有可能……”

“啊？右腿，右腿会不会骨折？”蔡锡勇发现张之洞右腿旁边有一块像小南瓜似的石头，再一看右大腿裤面上浸出湿乎乎的血迹，“哦，就是这块石头砸的。”

辜鸿铭也看到张之洞右腿受伤，叮嘱道：“张大人，您的右腿十有八九是骨折，您不能动，我们也不能动，必须用担架把您抬回去！”

蔡锡勇已经醒悟过来，马上对薛福德说：“福德！你快去，快去汉口医院，让医生带着担架来！”

“是，我这就去！张大人，您，您全是因为我，才遭了这么大的罪！”薛福德站起身来，深怀内疚地说。

“哎，别这么说，好歹咱们没有要害部位受伤，这是万幸嘛！”张之洞还在安慰薛福德，“你别胡思乱想，路上注意安全！快去吧！”

“是。张大人，您忍着点儿！”薛福德说罢，转身拔腿就跑，急速朝着汉口医院奔去。

过了半个多小时，薛福德提着灯笼，领着汉口医院的医生和拎着担架的护士们，快步朝汉阳山方向走来。

而后，蔡锡勇、辜鸿铭、薛福德等协助医务人员将张之洞小心翼翼地抬往汉口医院。

医院里，没有专职骨科医生，但是有一名聘请的德国外科医生，名叫富瑞特。在急诊室里，富瑞特对张之洞进行治疗，他以前治疗过骨折患者，因而这次仍用老方法，即采用夹板将张之洞右大腿骨折处固定起来，只是由于没有 X 光拍照机，尚不能诊断骨折具体情况，唯一的辅助治疗手段，就是服用增加钙质的西药。经过一个多小时的治疗处理，才基本结束，张之洞被抬到病房。蔡锡勇、辜鸿铭、薛福德等也都跟了进来。

大家站在床前，看见仰卧在病榻上的张之洞，闭着双眼，紧锁眉峰，一声不吭，于是问他感觉怎么样？疼痛感减轻了没有？张之洞摇了摇头，没有正面回答。其实，他的右大腿骨折处疼痛未减。他怕给他们添麻烦，不想说出实情。

蔡锡勇已经从张之洞的表情发现了这一问题，心里暗想，这得告诉他的侄儿张晋生，帮助一块儿想想办法。

这已是半夜时分，张之洞睁开眼睛，再一次道出心中挂牵的事情："蔡总办！明天早晨，你必须找到丁四他们，叮嘱注意安全的事情，说啥也不能晚上放炮采石！"

蔡锡勇应道："张大人，您放心养伤吧，我一定按您嘱咐的去做！"

张之洞故作平静道："你们都回吧，明天还有许多事哩，我一个人在医院静养就行啦！"

"蔡总办，辜先生，你们回去休息，我在这里陪床！"薛福德主动要求留下来。

"还是我留在这儿陪床，张大人有啥事的话，我同那位德国大夫交谈比较方便！"辜鸿铭亦诚恳地要求道。

"不用啦，刚处理完，你们回吧！"张之洞面向蔡锡勇、辜鸿铭催促道。

"好吧，张大人，您先在医院安心养着！"蔡锡勇向辜鸿铭摆了摆手，说，"咱俩走吧！"

"行，明天我再来！"

辜鸿铭看了看张之洞，转身跟着蔡锡勇离开病房，回总督府去了。

三天后，在黄陂县任知县的侄儿张晋生领着一位年过花甲的老中医，专程来到汉口医院看望受伤的叔父。蔡、辜二人陪同他们来到病房。

叔侄俩相见，张晋生落泪了，为叔父腿部受伤而万般心疼。他跪伏床前，哭泣地说："叔父！您受罪了……"

"晋生，没有大碍，无非休养一段时间，不要惦记！"张之洞虽然右腿疼痛一直未减，还是安慰侄儿。

张晋生发现叔父面容憔悴，嘴唇干裂，猜测到治疗不利，遂转身用手拉着老中医，向叔父介绍说："叔父！我从沛国谯——华佗的故乡——请来了华佗第五十二代传人华皖医生，特意给您治疗骨折！"

躺在病榻上的张之洞欠了欠上身，面带微笑地说："华医生，久仰大名，快，快坐下！"

"张大人，您不要动！"华皖伏身劝止，他随之询问道，"张大人，您先给我说一下当时受伤的情况，行吗？"

"好，我向您说说！"张之洞便把那天晚上到汉阳山南麓视察的经过讲述了一遍。

站在一旁陪床的薛福德内疚地说："张大人为了救我，才受了这样的重伤！"

华皖走上前，掀开张之洞腿上的白色床单，看到右腿打着夹板，高兴地说："夹板固定伤肢，大有益处，受伤骨骼不会继续错位。"

不知什么时候，德国外科医生富瑞特跟着辜鸿铭亦走进病房。

辜鸿铭将中国医生华皖说的这句话翻译了一遍。富瑞特听后高兴地操中文说："谢谢！谢谢！"

张之洞趁中德两国医生都在病房，遂说道："只是伤痛未止，不知何因？"

具有丰富临床经验的华皖，立即判断张之洞右大腿很可能是粉碎性骨折，他建议富瑞特打开夹板，进行会诊。

富瑞特照办了，迅速地把夹板打开。

华皖透过花镜，仔细查看，只见骨折部位浸出一块块紫红血印，当即诊断为：右下肢粉碎性骨折。

于是，他用双手一次次地抚摩复位，大约进行了三十分钟；又拿出一个药瓶，内装黄褐色药物，用一木勺将药物敷在受伤部位；而后蒙上药布，缠上绷带。他告诉富瑞特，可以不再使用夹板了。

富瑞特十分不解，但又十分佩服，不禁赞道："罕见！"

张之洞感到右下肢一阵凉爽舒适，顿即药到痛除，真乃神医也！

华皖叮嘱道："张大人，您可在床上静养半月，方能翻身自由！"

众人离去后，张晋生每天昼夜陪侍床前，给叔父送水送饭，端屎端尿。这让张之洞深深感受到侄儿的一片孝心。

在这半个月里，华皖一天一次来到病房，为张之洞辅助针灸治疗。这仍是他祖传医方，施针用药，简而有效。

半个月针灸结束了。华皖从药包中取出一本医书《中藏经》，留给张之洞览视，并说先祖华佗所著医书已佚，此书乃后人托名之作。

张之洞手捧医作，感叹不已，遂告知对方，拜读后一定完璧归赵。

不足两个月，张之洞果真下地行走自如了。

第十九章　甲午战败　拟新政总纲

心中装着国家大事的张之洞，岂能久住汉口医院静静养伤。他经过华皖的精心治疗后，仅在医院待了不足一个月就出院了。

张之洞每天拄着拐杖，坚持在总督府办理公务。因为侄儿晋生公务在身，在医院仅陪床十天，便匆匆返回黄陂县去了。这样，侍奉张之洞生活的担子，又落到薛福德肩上。张之洞提前出院就任，薛福德更忙了，不仅要照顾他的起居生活，而且还要为他的公务处理而跑上跑下，一天到晚不得停闲。

这一天上午，薛福德从电报局回来，手里拿着一份军机处发来的电报，急急忙忙地直奔总督府张之洞书房。

张之洞拆开电报一看，不禁心头一惊，这又是一个甲午海战的不幸消息：北洋海军提督丁汝昌自杀殉国……

还在两江总督任上时，张之洞曾为甲午海战上过多次奏折，并相继多次派出军队，以图挽救大清战事危机。在他重返湖北任湖广总督之前，就已经听到中日甲午海战中的一些不幸消息。尤其是黄海海战令人深思——

黄海海战，日舰先撤离战场，北洋舰队不久也返航旅顺。此时，双方各有损失，中国舰队“致远”“经远”“超勇”被击沉，“扬威”“广甲”自毁，另有六艘受创，死伤将士千余人，但主力尚存。日舰“旗帜”“松岛”及“赤诚”“吉野”“比叡”“西京丸”五艘受重创，死伤舰长以下官兵六百多人。

面对这种情况，软弱的李鸿章却忽视我军“主力尚存”，而借口“保船制敌”，命丁汝昌提督率舰队躲进威海港，结果坐以待毙。

不久，日本开始向旅顺口进攻。在甲午海战中，日本的海军实际上也遭受了重创，已无力正面进攻旅顺口，因为旅顺口沿岸布满了清军从德国购进的新式大炮。然而，狡猾的日军采取了用舰船运送陆军到花园口登陆、从背后抄袭的策略。遗憾的是，北洋水师舰队因李鸿章休战的命令，不再参加战事，陆上也没有陆军防御，由此日军不伤一兵一卒，很轻松地就登上了花园口，并直扑金州。在金州、旅顺、大连还驻有很多清军，但这些清军一看到日军到来，带上武器就逃跑了。

两个月以后，日军用同样的方法向威海卫发起了进攻。采用军舰运送两万多名日军，从威海卫东的成山角登陆，没怎么遇到抵抗，就占领了威海两岸的所有炮台，并且封锁了港口东西出口，北洋舰队完全处于敌军包围之中。

这时，威海港外的刘公岛还在清军手中，如果能够在陆军配合下，港内的水师完全可以突围出去，但水师中的很多洋人顾问都主张投降，对清军士气大有损害。水师提督丁汝昌发现这一情况后，马上据理反驳，向水师弟兄们讲述抗敌保岛的重大意义，强调捍卫中华领土和领海的神圣职责，展现为国为民视死如归的英雄气概。但是，担任水师副提督的英国人马格禄和军事顾问美国人浩威尔，却背着丁汝昌提督，勾结少数水师将领，鼓噪士兵哗变，以迫使丁汝昌投降。

大势已去，无力回天。丁汝昌一身正气，威武不屈，且不愿背个不忠的罪名，结果被迫在绝望中拔刀自杀了。

向来主张抗敌报国的张之洞，知道北洋海军有丁汝昌这样的爱国将领，打心底佩服和敬仰，可惜国力衰弱的大清，拥有丁汝昌这般人才太少了。

直到今天张之洞才知道详情——

丁汝昌死后，驻守刘公岛的港内清军水师在洋人的驱使下，很快由美籍军事顾问浩威尔起草了一份投降书，派人送到日营。光绪二十一年（1895 年）正月，日军正式接管了北洋海军十一艘兵舰、刘公岛的全部炮台以及威海卫的全部军械，各种物资均完好无损地成了日军的战利品。

丁汝昌远去了，永远地离我们远去了，但他的爱国精神和高尚品格将永远地留在人间。

张之洞手持毫管，几乎是泪湿信笺，给丁汝昌将军的亲属写了一封追思缅怀和安慰劝导的信件。

在丁汝昌自杀殉国后，张之洞曾建议将驻扎台湾的刘永福调来山东抗日，保卫烟台；在日军进犯山东半岛时，张之洞给山东巡抚李秉衡发去急电，建议李“责成地方官多募民夫，迅速星夜多开壕堑，于要路多埋火药，作地雷”，以阻止日军进犯；当张之洞得悉朝廷有割台海于日之说，于两江总督任上就曾致电京师总理衙门，历陈利害，极力反对割台，并提出保台的“权宜救急之法”有二：一、向英国借巨款，“以台湾作保”，英必以军舰保卫台湾。二、除借巨款外，“许英在台湾开矿一二十年”，对英有大益，必肯保台。

对于甲午海战从开始到结束，张之洞前前后后，给朝廷、给边防、给台湾不知发出多少信件、电报和奏折，也不知耗费了多少心力和心血。惋惜的是，都没有如愿以偿。他还在江宁时，中国就在甲午海战节节失利的情况下宣告失败。

张之洞的心情格外不好，除了沮丧之外，就是懊恼和痛惜。但绝不是因为自己腿上受伤，而仍是考虑去年甲午海战给大清及百姓带来的损失和耻辱，特别是让人汗颜的《马关条约》，世世代代、祖祖孙孙都将铭刻于心、永志不忘！

他给丁汝昌的亲属写完信件后，便一个人拄着双拐走出书房，到院子里溜达锻炼。其实，他是在排遣脑海中萦绕的甲午海战那些不愉快的事情。

不一会儿，薛福德回来了。他看见张之洞自己拄拐行走，赶忙跑到跟前，欲伸手搀扶，不放心地问道：“张大人，您能行吗？”

“不用管我，我自己来。”张之洞说着继续拄着拐杖朝前走，并且有意识地让受伤的右腿脚接触地面。

“小心，千万要小心！”薛福德跟在张之洞的身后，注意观看他的右脚脚步，叮嘱地说，“要悠着点儿，不能用力过大。因为时间太短，才一个多月，俗话说，伤筋动骨一百日！”

“对，你说得对！可是你要知道，给我接骨治腿的不是一般的外科大夫，而是华佗的传人——华皖。”张之洞对于自己的骨折很快痊愈充满信心，遂又说道，“华大夫临走时嘱咐过我，要敢于锻炼行走，一个月就要下地，伤脚越踩越实，越踩越恢复得快。他还告诉我，只要及早下地锻炼，保证两个月就可以扔掉拐杖！”

“张大人，我看华大夫说得正确！”薛福德出于对华皖医生的尊重和信任，方得出如此结论。

张之洞停下脚步，回过头来问道：“哦，为什么？”

“这，这还用说，凡是说大话的人，就必然有大本事！”薛福德知道华皖医生的医术很高，但又说不出个一二三来，一着急才说了这么一句话。

“哈哈哈……福德，你还真行！”张之洞听了薛福德这么一个老实人的回话，不禁笑了。

"张大人，您别笑话我，我这是瞎说。"薛福德觉得说话不妥，连忙自我纠正。

"哎！刚才你讲的这话，在有的人身上可能就是对的！"张之洞对薛福德未置可否。

还甭说，确实仅用两个月，张之洞就甩掉了拐杖，像正常人一样踱步行走，穿行在总督府院内院外、大街小巷。

骨折痊愈的张之洞，兴致勃勃地走进总督府大堂，开始办理公务。

他坐在大堂上，凭着多年的从政经验，迅速将一位知府及其所辖一位知县联合贪污税款的案件处理完毕。当总督府差人将犯人押出大堂后，他正要欠身离座，薛福德急忙跑进来，抱拳禀道："张大人，请暂等候，汉阳府廖知府有要事求见！"

"哦，他在何处？"张之洞问道。

"汉阳府的差人告诉我，廖知府正在路上走着哩，让我禀告大人，在大堂上求见。"薛福德一边禀述一边从衣兜掏状纸。

"廖知府要在大堂上见我，他是不是办什么案子？"张之洞进而询问道。

薛福德双手呈上汉阳府差人转送的状纸，回话道："张大人，请您过目，这是廖知府让他的手下送来的。"

"好，拿来我看。"张之洞接过状纸一看，果然是廖兴业知府亲手撰写的一份关于丁四等人无视法规放炮开山滥采石料的状纸。他一口气审阅了一遍，微笑道："廖知府为人严谨，处事公道，但似乎言重了！"

薛福德亦能猜出八九分，顺便问了一句："张大人，廖知府写的这份诉讼状，是不是那天晚上丁四他们放炮崩山的事？"

"是啊，廖知府还当真了！"张之洞把诉讼状放在桌案一角，毫不在乎地说。

"张大人，您咋这么讲啊？那天晚上多危险哪，您都看见了，炸药崩山，石块漫天飞，您救了我一条命，可您的右腿被炸得骨折，咱们几个人差点出人命。作为汉阳府知府廖兴业，对此事理应认真嘛！如果麻木不仁，任意下去，将来说不定要出大事哩！"薛福德认认真真地讲了这番话，旨在引起张大人注意，对丁四他们不能太宽容了，说啥也要有个处理结果。

"行，行，听你的。"张之洞嘴上答应，但心里在琢磨如何处理这件事。

不一会儿，廖兴业知府押着被五花大绑的丁四，走进总督府大堂。后边跟着铁政局总办蔡锡勇，他是被廖知府特意约来做证人的。

"张大人!"廖兴业抱拳打躬，而后双膝跪地。

"张大人!"蔡锡勇亦抱拳跪伏于地。

"张……张大人……罪民丁四……向您请安啦……"丁四因为双臂被绑缚于脊背上而不能拱手抱拳，只好两腿跪在地上，期待张总督对他从轻发落。现在他已经知道，两个月前，由于药孔打得深、药量装得多、点炮点得也多，因而炸开的山石漫天飞舞，其中一块石头将张之洞的右腿砸得粉碎性骨折……天哪！总算没砸死人！想起这件事，就让人后怕！他的脸色有些苍白，担心自己被送进牢房。

"廖知府，你们几个这是……"张之洞已看出他们的来意。

廖兴业拱手禀道："张大人，本来想在您受伤住院期间，就把丁四抓获归案，但蔡总办转达了您的指令：一是不准以您受伤为借口抓捕丁四；二是通知丁四等采石户严禁晚上放炮开山；三是只要遵守总督府的规定，可继续施工作业。但是下官总觉得，这次丁四违规违法案情严重，说啥不能轻易放过，因而只好等待您受伤痊愈，方才前来报案!"

"我清楚了!"张之洞站起身来，从桌案后边走到堂前，伸手搀扶廖兴业，说道，"廖知府，起来说话。"

"谢张大人!"廖兴业欠身打躬道。

"蔡总办、丁四，你们也都起来!"张之洞又向他俩挥了挥手说。

"谢张大人!"蔡锡勇抱拳站起。

"张大人，丁四向您鞠躬!"丁四用力点头猫腰，两个膝盖使劲一弹，便站了起来。

张之洞面对大堂两侧的差人，挥手道："你们都下去!"

"嘛!"众差人应声后退出大堂。

"福德，你快给丁四松绑!"张之洞命令道。

"是!"薛福德走至丁四身后，解开其绳索。

丁四顿感两臂轻松，浑身舒适，又急忙双膝跪地，边作揖边叩头，道："张大人！多谢、多谢、多谢!"

"行啦，行啦，快起来吧!"张之洞又回到他的座椅上。

"谢张大人!"丁四施拜站起。

"蔡总办，你是不是因为做旁证人，来到总督府大堂?"张之洞问道。

蔡锡勇向前跨了一步，回话说："正是！我乃受廖知府委托，为那天晚上丁四等肇事出堂做证！”

“好，知道啦！”张之洞点了点头，转而面对廖兴业再次询问道，“廖知府，你还有什么话要补充吗？”

“张大人，我的想法和意见都写在诉讼状里面了。”廖兴业回禀道。

“你的意思是？”张之洞又一次问道。

“法办丁四！”廖兴业斩钉截铁地说。

丁四接受捆绑，本来就是忍气吞声。考虑到自己放炮砸伤了总督大人，也应该登门认罪，但一听廖兴业要法办他，不由得狠狠地瞪了廖兴业一眼。心里想：我姐姐咋嫁给这么一个混蛋，简直就是六亲不认！唉，我丁四这条命，全托付给张总督了！

“别急，别急嘛！”张之洞朝廖兴业摆了摆手。

张之洞办案从来没说过这样的话，总是干脆利落，但今天却是一个例外。

蔡锡勇早就发现张之洞对丁四违规肇事之案难以下决心，一个重要原因可能涉及他本人受伤的问题，于是不无激将地说：“张大人，您是否因为您的腿被砸伤而不能判断此案！”

廖兴业一听也有同感，遂说道：“张大人，依法断案才是正理，您不能委屈自己！”

“二位此言差矣！就本案而言，丁四还算不上故意伤人罪，何况我还没问及丁四违规作业的动机！”张之洞不赞同他俩的说法。

丁四听张总督这么一讲，心里亮堂起来，立即抢上一句：“张大人，我确实有话要说！”

“好，现在我要听你说话。”张之洞开始询问，“丁四，你老实回答我，两个月前的那天晚上，你为何违规放炮作业？又因何晚收工？”

“张大人，您有所不知，在那段日子里，我们十多家采石户产销顺畅，订购石料的建筑公司与日俱增，而我们采下的石料供不应求，但都一一订了合同，一旦超过期限供货，就得向对方交纳罚款，所以我才做主加快采石，延长采石时间，以致出现打眼深、药量大、点炮多，甚至晚收工等严重违规作业现象。不过，从张大人右腿受伤的第二天起，我们接到蔡总办的禁令通知，立即纠正违规做法，宁肯受罚，也不再重复犯法违规之行为。以上所述，句句实情，请张大人定夺！”丁四如实禀述一遍，诚恳有加，旨在盼望张总督从轻发落。

张之洞听罢，觉得丁四他们的做法令人同情，似乎不可以立案，若采取教育的方法解决这个问题，其效果可能会更好，但又怕他说谎，遂喝问道："丁四！你如果欺骗本督署，可知罪加一等？"

丁四慌忙跪地，握拳禀道："张大人，丁四如有半句谎言，您可以把我的头砍了！"

"好啦，站起来吧！"

"是，谢张大人！"丁四拱手站起。

"丁四，你可要知道，放炮开山炸石违规作业的危害有多大？闹不好要出人命的，到时候判你死罪又有什么用呢？你一定要好好反省，要三思啊，千万不能再违规作业了。记住，违规就是违法！"

"是，我记住，违规就是违法！"

"丁四，今天本来应该对你判罪，但念你陈述理由，情有可原；尤其看在廖知府的情面上，将你绳索捆绑归案，所以从轻发落！"张之洞拿出事先拟好的采石户务必遵守的章程与法规，递向丁四，极其严肃地说，"丁四，你把总督府制定的这份开山放炮的章程与法规拿回去，组织所有采石户认真学习，严格执行，将来谁再违犯，就按有关条款惩处，可别怪我脸黑手狠！还有，学完后都在上边画押！"

"张大人，我一定按您说的去做！"丁四走到桌案前，伸出双手接过这份开山放炮的章程与法规。

"另外，为了让你们长点记性，总督府对采石户们违规违法的行为每户罚没现款十两纹银，凑齐后一并交到厘金局！"张之洞又面对蔡锡勇指示道，"蔡总办，你负责监督此事！"

"是。张大人，我一定照办！"蔡锡勇上前打躬道。

"丁四，你还等什么？"廖兴业严厉地督催丁四道。

"啊，啊……"丁四还在琢磨，张大人没有判他刑，免除牢狱之灾，只是罚没点银子，这可是天大的好事。刚才一听姐夫叫他，他的思绪猛然被拉回，急忙跪伏于尘，不胜感激地说，"张大人！您的大恩大德，我丁四没齿难忘。此次放炮开山肇事，严重违规违法，您却免除我刑事，只是以罚代判，这是对我莫大的关怀和宽容。在这里，我向张大人叩头了！"

"别，别，别叩头了！"张之洞当即劝止。

可是，丁四的前额已经狠狠地触地，叩头发出了"咣咣咣"的响声。

"好啦，好啦，丁四，快起来吧！"张之洞看丁四还在那里跪着，又催促他，

“丁四，你下堂去准备吧！”

“是！多谢张大人。”丁四长揖施拜，欠身站起后，退出大堂去了。

“张大人，你为啥不给丁四判罪呀？”廖兴业着实不解，朝张之洞问道。

“是啊，太便宜这小子了！”蔡锡勇亦觉得张大人对丁四判处太轻，似乎也有些不解。

“廖知府、蔡总办，你们一旦独立办案，千万要记住：教育是办案的重要途径。我们这次对丁四违规违法肇事之案，就是采取教育手段解决的，基本达到办案预期目的。”张之洞说到这里，便引用了庄周的一段话，“你们看，《庄子·在宥》书中这样写道：‘大人之教，若形之于影，声之于响。有问而应之，尽其所怀。’因而我们在办案中，必须在弄清案情性质的基础上，选择处理手段，惩治不是目的，改正才是目的，教育是重要的辅助手段，但一定注意教育后的良好效果！”

“张大人所言极是！”蔡锡勇听后，十分佩服。

“今天在此，下官又跟张大人学了一招，的确受益匪浅！”廖兴业亦深有感触，觉得张之洞确实不是一般官吏，而是一位感情丰富、思想深邃的高水平疆臣。

从此，汉阳山下的采石户们一直按规作业、正常生产，没再发生任何事故。

数日后，张之洞正在总督府议事厅听取蔡锡勇、张炽、芮岩、斯尔等人汇报汉阳钢铁厂生产情况时，薛福德给他送来一份京师军机处发来的电报，他当即拆阅。原来是重新上任的军机处领班军机大臣恭亲王奕䜣给他打来的电报，提醒他督署任上谨慎从事，以防他人设阻弹劾。

啊！又有人奏言参本，真乃岂有此理！张之洞不禁气上心头，干的干、看的看，看的给干的瞎诬陷！

不过，张之洞深感欣慰，难得这位出山不久的恭亲王对他如此信任和关怀，这种善意的提醒确实让人感到温暖。

张之洞听完汇报，当天午后便给恭亲王奕䜣发回一封电报：一是欢迎并祝贺恭亲王出山复任；二是感谢恭亲王对自己的警示和关爱。

薛福德把这封电报刚发走，又给张之洞带回京师张之万寄给他的一封信。

族兄张之万很长时间没来信了，确实让张之洞十分想念。他没顾得上吃晚饭，就躲进书房看信去了。

从信上得知，之万兄因近日身体患病，不能去吏部正常赴任，而是在家中休养。信中还特意讲了恭亲王奕䜣复出的背景和原因，让他注意经常与恭亲王取得联系，绝不可等闲视之，仕途上只要有了恭亲王这样的靠山，那么就不怕他人诬告中伤。是啊，恭亲王的本事满朝文武无不佩服，甭说叔嫂密谋的那场“辛酉政变”，很顺利地除掉“赞襄政务王大臣”——肃顺等八大臣的威胁，就是处理日常军机要事也得心应手。所以，族兄的来信嘱托，他是很理解的。

现在，张之洞清楚地看到，朝廷重新起用恭亲王奕䜣，是在甲午海战大清失利的背景下进行的。

北洋海军将领邓世昌、丁汝昌相继为国殉职，日本海陆军占领了威海后，又马上渡过鸭绿江分几路向辽阳进军。日军在进占辽阳时，除清军将领聂士成、依克唐阿率部下和自发的群众抗日武装在凤城坚决抵抗外，其余清军皆望风而逃，结果日军没费什么力气就攻占了海城等地，并直逼辽阳、沈阳两城。辽西也受到极大威胁。

形势越来越严峻。慈禧太后看到辽东半岛及辽西的大片土地这么快就被日军占领了，直逼北京，把朝廷闹得紧张而慌乱。她想来想去，还是痛下决心，赶紧重新起用已经被罢免了十年的恭亲王奕䜣，让他重返军机处，并主持总理衙门大事。用他和洋人的关系，请英、俄公使出面调停，向日本求和。

此时的英、俄都有自己的打算，并不急于让日本停战，当美国出面稍一反对，英国立即罢手，不再管这件事。其实美国反对英国出面调停，也是出于它自身利益的考虑，其目的是想让别国都不再插手这件事，由它一家独自出面调解日本停战问题，以便从中获得更大利益。

复出上任的恭亲王奕䜣面临这种战败局势，压力很大。因为他已看出美国和日本的关系最好，也只好呼吁美国出面调停。于是，美国公使开始在中日之间进行联络活动。日本此时刚占领了旅顺口、威海卫，也无力再向中国其他地方扩张，有人从中传个话，巴不得顺坡下驴，答应求和的要求。但日本首相伊藤博文表示，必须由恭亲王奕䜣或李鸿章充任全权代表，并以割地赔款为“议和”条件才能开议，否则不必派代表去日本谈判。

人称“鬼子六”的六爷恭亲王奕䜣，当然知道赴日谈判的结果和要害，国家如此局面并非他奕䜣造成，而是慈禧太后和李鸿章等人优柔寡断、用人不当，方酿成今日山河破碎的惨状，理应再让李鸿章收拾。从而，他向慈禧太后奏言，可请李鸿章赴日谈判，且符合日方要求。

慈禧太后准奏。她马上撤销李鸿章因甲午海战所受的一切处分，任命他为“头等全权大臣”，前往日本议和。光绪二十一年二月十八日（1895 年 3 月 14

日），李鸿章带着儿子李经方、美国顾问科士达等，由天津乘船去日本。

李鸿章内心充满着矛盾和焦虑。他心里暗想：有谁知道我内心的难言之隐呢？如果国力强盛，那么同任何国家谈判都无所畏惧，腰杆总是直挺挺的。可是如今甲午海战大清惨败，想说点硬话也是枉然。此番赴日谈判，结果不可能如意，只要签完和约，那么必然背上一个卖国贼的罪名，一辈子也不会抖落掉的。唉！事到如今，说什么也没用了，只能硬着头皮走下去了。

二十四日，中日双方在日本马关的春帆楼开始谈判，李鸿章一行不卑不亢，而日本首相伊藤博文等摆出战胜者的骄横姿态，肆意勒索，并说日本已准备攻占中国澎湖列岛。李鸿章当即反对，要求日方停止军事行动和减轻勒索，但被伊藤博文拒绝。

二十八日，李鸿章在谈判后回寓所途中，被日本暴徒用匕首刺伤。事件发生后，日本政府担心列强借口干涉，宣布除台湾、澎湖列岛地区外，其他战地立即停战。

三月七日，中日双方代表重开谈判，日本提出割让奉天南部、台湾、澎湖列岛，赔偿日本军费白银三亿两等苛刻的条件。清政府批示李鸿章与伊藤博文等“竭力申说”，尽量争取减少割地赔款。

三月十六日，日本提出最后修正案，伊藤博文只准李鸿章说“允，不允”两句，并以战争再起和进攻北京相威胁。

三月二十三日（4月17日），李鸿章终于和日本代表签订了丧权辱国的《马关条约》。

族兄张之万在信中提到，慈禧太后虽然请恭亲王奕䜣复出再任，并主管总理衙门大事，但也没能挽救《马关条约》带来的丧失国家主权的最严重危害。《马关条约》签订的消息传出后，人们立即知道，中国割让辽东半岛、台湾全岛及附属各岛屿和澎湖列岛给日本；赔偿军费二亿两白银；并增开沙市、重庆、苏州、杭州等四个通商口岸，日本可沿内河驶入以上各口岸……于是全国哗然，尤其拒绝和约、迁都再战的呼声震动了整个京城，并在全国掀起了反割地、反投降的斗争。朝廷及地方官吏也因《马关条约》丧权过重而不满，他们有的请求杀李鸿章以谢天下。

由于《马关条约》在国民中的极坏影响，同年李鸿章卸下直隶总督的职务，进入内阁办事，但被规定“不得与闻朝政”。

对于李鸿章赴日签订《马关条约》之举，张之洞与其说是同情，莫如说是反对。因为在他看来，国家强盛固然是谈判的有利条件，但是并不等于弱小怕强大，至多对方威胁开战，那么就要毫不犹豫地应战到底。以中国硕大的地盘、众多的人口乃至爱国民众的支持，难道还要畏惧一个小日本列强的欺辱！诚然，中日再战非某一人所决定，起码作为一名国家重臣，要敢于向朝廷谏言，陈破利害，当亡国奴的悲哀下场，恐怕是人人都不愿接受的。如果赴日谈判的担子落在一个爱国卿臣的肩上，那么绝不会是现在的结局。

伏案阅信的张之洞，思绪起伏，难以平静。但他阅完后，还是拿起毛笔，铺好信笺，给张之万写了封回信。在信中他恳切地叮嘱族兄注意保重身体，安心治疗和休养；他对李鸿章代表大清签订《马关条约》之事，没有过多地责怪和抱怨，而是讲明自己在湖广总督任上应该尽职尽责的态度，并决定进一步完善湖北新政的纲领；他还告诉族兄，一定同恭亲王奕䜣保持联系，力争求得其支持，近日已给恭亲王发去一份关于复出再任的贺电。他在信件结尾处，表示日后一旦进京办事，定会看望族兄。

由于《马关条约》的签订，给中华大地造成极大的损害。对此，张之洞万分心痛，坐卧不安。他在夜深人静时，秉灯挥毫，给朝廷上了一道《吁请修备储才折》。

在这篇奏折中，张之洞痛陈《马关条约》带来的严重危害："及今力图补救，夜以继日，犹恐失之，若再因循游移，以后大局何堪设想。"

悲观失望的态度绝不可取。他是这样认识的，也是这样积极去做的，他在此折中向朝廷提出九件应当急办之事，以为"中国安身立命之端"："一曰宜亟治陆军。二曰宜亟治海军。三曰宜亟造铁路。四曰宜分设枪炮厂。"一面雇用洋匠，一面商之洋厂，派工匠赴外洋该厂学习。五曰宜广开学堂。人皆知外洋各国之强由于兵，而不知外洋之强由于学，各省均应开设学堂，"自各国语言文字以及种植、制造、商务、水师、陆军、开矿、修路，律例各项专门名学之学，博延外洋名师教习"，同时派人员出国留学，赴德学陆军、赴英学海军，"其他工艺各徒，皆就最精之国从而取法"。六曰宜速讲商务。"尤须令出使大臣将各国商务情形随时考究，知照总署及各省督抚，以便随时悉心筹划。"七曰宜讲求工政。"讲格致，通化学，用机器，精制造，化粗为精，化贱为贵，而后商贾有懋迁之资，有倍蓰之利。""分遣多员，率领工匠赴西洋各大厂学习，一切种植、制器、纺织、炼冶、造船、造炮、修路、开矿、化学等事，皆肆习之，回华日即以充办理工政之官。"八曰宜多派游历人员。"不知外洋各国之所长，遂不知外洋各国之可患，拘执者狃于成见，昏庸者乐于因循，以致国势阽危，几难补救。”“欲破此沉迷，惟有多派文武员弁出洋游历一策。”九曰宜预备巡幸之所。宜择腹省远水之址建设行宫，以备战时京师危急，“进退自如，控制有策”。

张之洞所呈上的《吁请修备储才折》，以电报形式发往京师。

七天后，光绪皇帝与慈禧太后御批降旨：“知晓。可行。”

紧接着，张之洞将奏折中提出的九个方面的主张作为“湖北新政”之总纲，并以湖广总督府名义，颁发所辖督抚及道、府、州、厅，全面贯彻，倡导执行，从而使湖北建设一步步走向深入。

一个阴雨天，张之洞在总督府把所属官员召集在一起，亲自讲解湖北新政之总纲——“九个方面”的主张。大家看到，张之洞大人遵循他本人提出的“中学为体，西学为用”（简称“中体西用”）的理念，建议全面虚心、切实访求西学、西艺，以取长补短。这可从侧面证明，甲午战争并不能宣判自强运动的破产，因为自强运动改革的内容和范畴不仅没有因甲午战败而收缩锐减，反而随着社会经济的需求迅速扩充推广，只是部分重心转移至政治改革层面。

在讲解过程中，薛福德给张之洞送来一封电报。他拆开一看，这是光绪皇帝发给他的允奏贺电。他说：“皇上来电！”

众人闻声，皆跪伏于地。

张之洞手捧电报，宣读道：“张之洞总督及其督署：汝之上报《吁请修备储才折》，几日前已批示。然今日又发去贺电，皆因此折在朝野引起轰动，甲午海战虽败，却不忘忧国图强，访求西学，报国雪耻，亦可嘉也！钦此。”

“吾皇万岁、万岁、万万岁！”众人叩拜之后，站起身来。

张之洞挥手示意，让大伙坐下。

宣罢皇上的贺电，张之洞的心情激动不已。他遵照御示电告内容，叮嘱大家要牢记皇上的鼓励，坚持落实湖北新政总纲，以实际行动报答皇恩。

借此机会，张之洞提出“智以救亡，学以益智”的方针原则，并指出这是救亡良策，只要矢志不移、坚持下去，就能最终粉碎《马关条约》之图谋，重新恢复我们中国之主权。

听张之洞讲完这段话，在座的湖北巡抚谭继洵、武昌镇总兵江帆、汉阳府知府廖兴业、铁政局总办蔡锡勇、总督府幕僚辜鸿铭以及运司、粮道、税法、藩、臬两司的官员等都热烈地鼓起掌来。就连被特邀参加会议的德国技师斯尔，汉口民营企业家宋炜臣、王予坊、万伯等人也都鼓掌喝彩。

张之洞严肃地指出，自强运动屡遭阻挠的原因，在于某些官吏昧于国际新知、国势日蹙，亦不知急谋应敌良方，自甘落后。

接着，张之洞一再强调各种专门知识的重要性，认为若再不求新知而胡乱议政，只会祸国殃民。他说着拿出一份草拟手稿，向大家读道："夫政刑兵食，国势邦交，士之智也。种宜土化，农具粪料，农之智也。机器之用，物化之学，工之智也。访新地，创新货，察人国之好恶，较各国之息耗，商之智也。船械营垒，测绘工程，兵之智也。此教养富强之实政也，非所谓奇技淫巧也。华人于此数者，皆主其故常，不肯殚心力以求之。若循此不改，西智益智，中愚益愚，不待有吞噬之忧，即相忍相持，通商如故，而失利损权，得粗遗精，将冥冥之中举中国之民，已尽为西人之所役矣。"

众人又鼓起一阵潮涌般的掌声。

张之洞放下手稿，越讲心情越兴奋。他说，我之"中学为体，西学为用"的思想，乃是振兴工业的基础理念，学有渊源，是秉承汉宋经世儒学，注重学以致用，经用于当世。他呼吁大家，面对当前外患日亟的危机，我们要放眼世界，承认西政、西艺在实业组织运作和工艺科技方面有其优越性和实用性，必须虚心学习，不可妄自尊大。他还提醒大家，学习西政、西艺切不可损害固有的伦理道德规范，更不可有违自主权益，要做到见贤思齐而不丧失自我。在此原则下，大家齐心协力，抓紧振兴湖北实业。

掌声。雷鸣般的掌声……

第二十章　书院改制　创办新学堂

张之洞提出并实践“湖北新政”，是在国家甲午战败且同日本列强签订《马关条约》的情形下进行的，体现出中华民族不屈不挠的奋斗精神，显示出炎黄子孙不畏强暴的英雄品格。

今天，当我们再次反思张之洞倡导并实施的“湖北新政”时，我们会认为他是一个制定政治纲领的高手，也是一个绘制建设蓝图的设计师。因为他就像用一根红线，串起了晚清湖北社会生活的方方面面；这根红线的主体部分，就是社会转型。因为他的兴作，在湖北的传统社会形态中注入了新的社会形态因子，并以本土的姿态积极介入，力图和世界平等对话，告诉人类，中华民族是谱写自己历史的主人。

同时，张之洞“湖北新政”的提出与贯彻，让我们感到，他具有对新生活的创造。而他的创造性是经过对社会生活的亲身经历、长期观察和认真揣摩、深思熟虑得来的。前边已经讲述过，1885 年中法战争中，中国尽管取胜，但却签订了《中法新约》；1895 年中日甲午战争，中国战败，在日本签订了《马关条约》……这些往事让张之洞清楚地认识到，大清因国力衰弱，不得不为之付出惨痛的代价，因而也就让他及早地从清流派转化为洋务派，殚精竭虑地在湖北等地搞了大半辈子的洋务运动。从张之洞这位几乎与中国近代史伴随始终的复杂人物的生活历程中，不难发现，洋务派并非从天而降的天外来客，而是从沦为半殖民地半封建社会的中国土地上生长出来的，是从基础广阔的封建官僚群中脱颖而出的，其原因就是列强打破了中国数千年的封闭状态，从而引起中国社会各方面发生巨大变化。张之洞正是在这个历史阶段登上历史舞台的。他能够创造性地提出与贯彻湖北新政，除了本身勇于实践和善于总结外，一个重要原因就是这个时期的社会形势对他产生了深深的影响。

任何人不可能模仿而成伟人。从这个角度看，张之洞无疑具有很强的独创性、现实性和关照性，这其中的独创性更是一个闪光的辉煌点。一切历史都是当代史。中国国民对近代史的兴趣，又一次为这个观点提供了证据。然而在近代史能够站得住脚而又不被后人忘记的张之洞，一个最大的功绩就是他开展“洋务运动”，以“求强”“求富”为目的，敢于独创地开展他所从事的富国强民事业。

张之洞所走过的“洋务运动”道路，完全证明他是一个具备创造性兼开拓性的“洋务运动”领军人物之一。

综上所述，近代史“洋务运动”人物张之洞，可以说是一个视国事为生命、一心为国效力的爱国人士，也是一个顺乎时代潮流、有远见卓识的高级官员；但他同时又是一个视仕宦为生命、铁心忠于朝廷的传统士大夫，也是一个缺乏现代化知识、满脑子儒家思想禁锢的封建官僚（这将在后边有关章节披露）。

“湖北新政”之总纲正在湖北全面贯彻落实，所辖省、府呈现出一派欣欣向荣的景象。对此，张之洞并未满足，而是积极引进西方的新式工业，包括冶炼、机器制造业等。可是资金有些紧张，他只好带上辜鸿铭，到美、英领事馆联系贷款。还算如愿，他们答应了。于是，张之洞到外国银行贷款取得成功，使得新式工业的引进尽快落到实处。

张之洞在他的“中体西用”新观念的指导下，不只是注意引进西方的新式工业，而且把抓好教育学习作为根本大事来抓。然而，学习西方的政治、经济、科技乃至用人等，现时的中国式学院是难以完成的，必须加以大刀阔斧的改造，摒弃原来的传统教育模式，建立现代的教育体制。

一天晚上，在书房里，张之洞正在整理“中体西用”、教育改革的文件，忽然收到广东巡抚鹿传霖寄来的信件，肯定是关于长子仁权海外游学的答复意见。他马上拆开信封，取出信件阅视……果不出所料，姐夫同意了，让仁权近日即可赴广东，办理出国游学手续。不过鹿传霖在信尾处调侃道，张大人要求其子出国留洋游学，旨在学习西方科技，并开扩胸襟，增益才能。然更让世人惊诧的是，身为湖广总督，正在执行“中体西用”方针，每年可派留学人数数百名，却让儿子舍近求远，到广东出国。尤为不解的是，特意在给下官的信上表明，“该员自备资斧，不领薪水”。张大人是不是谨慎有余，怕遭人参劾！

张之洞看完了鹿传霖的来信，不禁“哈哈哈”地笑出声来了，自言自语道，“这个姐夫，也太小看我张之洞了，我才不怕有人弹劾告黑状呢！”

“张大人，您怎么一个人笑起来了？”薛福德刚走进室内，看到张之洞自己在笑，感到莫名其秒。

“没有什么。广东鹿大人来信了，同意仁权去他那里报到出国。”张之洞说着坐在案几前，拿起毫管，展开信笺，开始给鹿传霖书写回信，表示衷心谢意。

“这是大好事。仁权可以留洋游学了！”薛德福遂回禀道，“张大人，遵照您的吩咐，我已经通知各有关衙门、部门的大人、先生们，明天上午到总督府议事！”

“好啊！”张之洞边写边说，“明天早饭后，你把我写给广东鹿大人的感谢信发出去；顺便给北京仁权发一份电报，让他即日赴广州，办理出国留学手续！”

“是！张大人，我明天一早就来取信件和电文。”薛福德说完，便转身退了出去。

张之洞继续书写：“姐夫——所托办之事，已经喻允妥成，我在此表示竭诚谢意！近日，长子仁权即将赴粤办理出国游学手续，望百忙之中烦您接洽。最后，重申一下，儿子自费出国，就是让他懂得，为官就得廉洁无私，就得牢记民生……”

这一天，张之洞将湖北巡抚谭继洵、汉阳府知府廖兴业、总督府幕僚辜鸿铭以及主管教育的官吏等召集在一起，仍围绕如何贯彻“湖北新政”之总纲，研究讨论，立德立言。他首先讲到，我们不能只懂得西方强大在于兵，而忽视其内功在于学；更不能在官场上只晓得自相攻讦，而不愿虚心增益新智，“今日新学旧学，互相訾警，若不通其意，则旧学恶新学，姑以为不得已而用之；新学轻旧学，姑以为猝不能尽废而存之，终古枘凿，所谓疑行无名，疑事无功而已矣。”

“张大人所言道理深邃，令下官深省。”谭继洵感慨至极，率先发言，“我们学新知于国际，懂妙法之西方，理应教育为先，学习当头，切不可旧学恶新学。然而，教育体制所禁锢，若向前迈步难矣！”

“巡抚大人恰恰言中，这正是今日总督张大人召来诸位之目的！”辜鸿铭肯定了谭继洵的说法后，遂畅谈了自己多年外国留学的体会，“鄙人赴欧、美留学多载，学校所设科技、社会、军事和经济等类学科不同，但皆为学以致用，并非中国只开设‘四书五经’唯一学科。中国之教育，势必导致昧于国际新知，而不能弃弱图强。所以，书院改革势在必行！”

主管教育的官员也积极发言，阐明态度：“既然有了‘湖北新政’之总纲，就要伴随‘中体西用’的思想。而要实现‘中体西用’这个振兴工业的基础理念，只有抓好教育，别无他路！”

“下官同意列位大人所谈，本人亦有同感。”廖兴业自从追随张之洞贯彻“湖北新政”方针以来，思想认识产生很大飞跃，因而一直自觉行动，严格执行。他今天主动提出，“张大人从赴任湖广总督那天起，就把落实‘湖北新政’作为他的执政方针，并付诸实践，不停顿地开矿兴厂、练军办学。汉阳钢铁厂的创立，已大见成效，从而使汉阳府的经济效益与日俱增。这次学院改制，仍希望督署在本府地区试点先行，当然也可在督署所辖的更广泛地域选择和创立新的学院，给全国做出试点！”

“好啊，好啊，英雄所见略同！”张之洞听了大伙一番发言，心里感到非常畅快，没想到此次督署议政这么快就统一了认识，为下一步学院改制节省了时间，加快了进度。他兴奋地说：“我不再啰唆了，就根据诸位讲的意见，明确一下督署的目前打算：立即着手筹划书院改制，建立新学堂式书院，一边选址定点，一边狠抓落实。在此项改革任务中，希望大家勇挑重担，并积极出谋献策，让学院改制与引进新式工业并驾齐驱，争取在较短时间内抓出成效来！”

总督府议政结束了。

张之洞正在准备实施书院改制这一教育工程时，军机处领班军机大臣恭亲王奕䜣给他发来一封电报，命他三日内赶到京师，觐谒慈禧太后，有要事垂询。

聪明而机敏的张之洞立即意识到，又有人告他的状了。看来做点事情不是那么容易的，总会有人端着枪在你背后瞄向你。中伤是可怕的，从来没有间断过。因为在刑律上，对中伤者没有任何依据可循。一般说来，事实是对中伤者最好的辩明。不过，能够到慈禧太后面前告状的人，绝不会是等闲之辈。以前，有人作梗，主要靠醇亲王奕𫍽疏通；如今，有人使坏主要靠恭亲王奕䜣做主。再者，慈禧太后总不会对她重用的人下手吧！

于是，张之洞携薛福德，简装出发，奔往京师。

两天内，他们到达北京。

这次，张之洞没有回家，而是让薛福德随他一起去看望族兄张之万。他把从湖北织布局买回的一块新式印花布料送给嫂夫人，把从湖北一家茶业作坊买来的两斤新茶给了族兄。张之万夫妇不住地感谢香涛弟的一片盛情，并让厨师立即准备酒菜，热情地给他俩接风洗尘。

让张之洞感到欣慰的是，族兄之万的身体基本痊愈，精神也好多了，并且还能陪他们喝上几盅酒，来言去语，滔滔不绝。

酒席桌上，张之万告诉他，弹劾他的人仍是翁同龢，而翁同龢与李鸿藻、潘祖荫等大臣一样，同属清廷中的清流派。张之洞亦是清流派，但他已从清流派转化为洋务派。翁同龢对张之洞不理解，当然就要弹劾他了。

鉴于翁同龢是朝中资深位显的大员，张之万劝张之洞对其不可蔑视，一定要以礼相待，以理辩驳。张之洞听后，点头应是。

张之万为了让张之洞消除对翁同龢的抵触情绪，特意提醒他，不要忘记翁同龢以前曾给予他上疏同俄国争伊犁、主战抗法等一些大事的支持。张之洞频频点头，并说翁大人确实有许多高明之举。从光绪二年到光绪十二年这十年间，翁同龢担任过户部侍郎、都察院左都御史、刑部尚书和工部尚书。在同俄国争伊犁期间，翁同龢、潘祖荫以及亲王奕䜣、奕譞组成了一个核心内阁来处理这场危机。翁同龢还担任了两年的军机大臣，后虽被免职，但仍然保留包括皇帝老师在内的其他所有职务。

身在其位，必谋其政。张之万把这句老生常谈拿出来，劝说张之洞换位思考。从光绪十二年初至今，翁同龢任户部尚书。这个时期他的主要职责是筹划国家财政，一切开支不能突破财政界限。作为一个保守派的理财官员，翁同龢极力保持政府开支同数量很少的农业税收之间的平衡，这就难免要反对张之洞从外国银行贷款去引进新式工业，当然也就要反对他推行“湖北新政”了。

尽管张之洞表示理解，但他始终皱着眉头，思考着如何对付这位老夫子。其实，翁同龢仅比张之洞年长七岁，不过看上去可要比他大多了。张之万最了解张之洞，知道他要做的事情谁也拦不住。所以，最后还是鼓励他，要有信心和勇气对付翁同龢对他的这场弹劾。只要事实清楚、道理充分，就能够说服翁同龢，何况上有皇上、慈禧，且恭亲王奕䜣也要在场审听，这是他第四次复出就任将要解决的大问题，肯定要大力支持张之洞。

听罢族兄的一番周密点拨，张之洞豁然开朗，心情大好。他和薛福德酒足饭饱，抱拳致谢，遂向张之万夫妇告别，便匆匆奔向长春宫觐见慈禧太后去了。

这已是午后。

张之洞与薛福德两人乘骑挥鞭，快速前进。

当他俩快到长春宫街口的时候，便翻身下马，牵骑徒步前行。

这时，只见长春宫总管太监李莲英向他俩走来。李莲英给张之洞作揖施拜，道：“张大人！一路风尘，鞍马劳顿，咱家给您请安！”

“岂敢！李公公一向可好！”张之洞亦向李莲英抱拳。

“张大人，咱家在此迎候您，就是为了告诉您，老佛爷近几天搬到西苑住去了。”李莲英如实相告。

“哦，老佛爷这是为何？”张之洞着实不解。

李莲英笑了笑，说：“张大人，您还没听说吧。老佛爷觉得，皇上已经亲政，国事已都托付给皇上了；家事也不妨让女儿荣寿公主代劳了，像前些日子皇上的大婚典礼，一切踵事增华的点缀，以及照例应有的礼节，几乎都是让咱家向荣寿公主请示办理。不能再像以前那样，如今也该享享清福了。”

“李公公，太感谢您了，免得我进宫多走冤枉路！”张之洞又向李莲英拱手道。

“不谢，这是应该的。”李莲英嘴上这么说，但眼睛盯着张之洞，看他怎么谢。

张之洞朝薛福德一挥手，说：“福德，咱们走……”

“张大人——”李莲英截住张之洞的话，抢上一步，说，“您还没给赏钱哪！”

“哦，赏钱？哈哈哈哈……”张之洞一听对方冒出这么一句话，便大笑起来。但又一琢磨，当年左宗棠就是因为拒绝李莲英要赏钱，而吃了李莲英的亏，这位大太监在老佛爷面前说了左宗棠的坏话。唉！给他一个面子吧，转身对薛福德说：“福德，给李公公一百两银子，以示谢意！”

“这……”薛福德不太情愿地取下肩上的包裹，从里边拿出一百两银子，交与李莲英，道，“李总管，给您！”

“张大人，咱家接啦！”李莲英接过银子，又补充道，“恭亲王告诉咱家，他先行一步，在西苑门前等您，让您快去！”

“好咧，谢李公公！”张之洞说罢翻身跨鞍，掉转马头。

两匹骏骑穿过大街小巷，驰进通往西苑的大道上。

张之洞乘骑一直跑在前边。薛福德抖缰催奔，霎时追了上来。他俩并辔齐行，骑速渐缓。

“张大人，您干吗给李莲英那么多银子？”薛福德有些心疼，并说，“那可是您的俸银哩！”

“不多，不多，咱才给了他一百两嘛！”张之洞觉得还很合算，遂又说，“福德，你是不知道，外地大员来京，凡是麻烦李莲英做点什么事，他只要开口要赏钱，从来没有低于五百两银子的。咱才掏了一百两，这还算多？”

“哼！反正这小子够黑的！”薛福德打心里腻歪李莲英。

“朝廷上下，宫里宫外，对李莲英的人品都有评价，他是一个心狠手辣、又刁又坏的大太监。”张之洞第一次当着部属的面揭露宫廷里边的人，但又不放心地叮嘱薛福德，“对这种小人，不能跟他人随便议论，要尽量做些让步。俗话说，宁惹十个君子，不惹一个小人！”

“张大人，我记下了。”薛福德也懂得张大人的心意，人活在世上尽可能地不去惹麻烦，但还问了一句，“我有些不明白，怎么皇宫里还允许这种人存在？”

“福德，你呀，太单纯了！”张之洞没有正面回答他。因为心里有事，两腿猛一磕镫，胯下的骏骑“嗖”的一下蹿到了前边。

薛福德忽然想起李莲英告诉的一句话，恭亲王奕䜣在西苑门前等候，便急忙催骑赶了上来，遂问道：“张大人，恭亲王不是被罢免了吗，怎么他也到西苑去了呢？”

张之洞听了薛福德的问话，心内亦是感慨万端，便回答说：“唉！恭亲王仕途不顺，他先后四次遭贬，四次复出！”

“噢！恭亲王够坎坷！”薛福德虽然没当过啥官，但经常听说某某遭贬的事情，于是说了句，“伴君如伴虎啊！”

“是啊，恭亲王就是你说的这种境遇，在天子脚下太近啦！”张之洞一边抖缰，一边心想念叨。自从咸丰皇帝在热河驾崩，恭亲王以力挽社稷于倾颓的气概，一举粉碎肃顺集团夺得政权。此后，形成了太后垂帘、亲王辅政的格局。尽管恭亲王小心谨慎，但他还是遭遇了四次罢官：第一次罢黜在同治四年（1865 年）三月初七。慈禧太后的太监总管安德海借口给太后“更换御用餐具”，向内务府要求支出一笔巨款。恭亲王是内务府主管，考虑国事正值多难、军饷耗资颇多、国库空虚，宫中应尽量节俭，所以把安德海顶了回去。这样，慈禧太后以恭亲王奕䜣“悖功自傲、重用汉臣、收受贿赂”为由，罢免奕䜣军机处大臣议政王之职。十天后，在众臣上奏的情况下，恭亲王方复职。第二次被罢黜是在同治八年（1869 年）。奕䜣命丁宝桢将作恶多端的太监总管安德海处死在山东，慈禧太后一看她的贴身太监被杀，怀恨在心，瞅好机会又重演上一次对恭亲王黜免的处分。第三次罢黜是在同治十三年（1874 年）九月。同治皇帝在先一年二月正式亲政，两宫太后也要“撤帘归政”。慈禧感到失落，要了两万两银子，重修圆明园，让自己享乐。奕䜣迫于无奈带头答应了。年轻气盛的同治皇帝认为奕䜣等人“欺朕年幼”“图谋不轨”，一怒之下，颁旨把奕䜣、文祥、沈桂芬等十位重臣全部撤职，“以示惩儆”。这正中了慈禧太后的下怀。但眼看内阁一下子变成空壳，怕“引起众怒”，她当着十位重臣的面教训了同治帝几句，第二天，又颁旨“十大臣亦均复职”。第四次罢黜发生在十年后的光绪十年（1884年）四月……可是，又过了十年，光绪二十年（1894年）甲午战败后，光绪帝又请他再度“出山”，当然慈禧太后得表态同意，别看她不再“垂帘听政”了，国事政事的大权仍然握在手中……

“恭亲王为国图强，几经沉浮，值得人们敬戴。但愿他此次复出，能够长久地干下去，这对我督署湖广大有益处！”张之洞对奕䜣很敬重，尤其慈禧太后不再“垂帘”，朝廷中枢不可缺少此人，因而对他的再任似有一种找到主心骨的感觉。

两匹骏马蹄飞疾奔。张之洞盼望及早见到奕䜣，因为他复出后还没见过面呢，这次会面就省得到府上拜见了。

霎时，遥望西苑就在前面。他们老远看见恭亲王站在西苑大门外，便挥鞭磕镫奔了过去。

奕䜣已瞧见了张之洞，扬起手臂打招呼。

在距离恭亲王十多步远的地方，张之洞、薛福德勒缰停奔，翻身下马，徒步向前。

张之洞走了几步后，将手中的缰绳交与薛福德，让他在此牵马等候，他一个人去见恭亲王。

他快步行至恭亲王面前，屈膝跪地，大礼参拜，道：“张之洞叩见王爷！”

奕䜣急忙上前搀扶，叫道：“张大人，快，快快请起！”

“多谢王爷！”张之洞拱手施拜，欠身站起。

“张大人，一路辛苦，身体可好！”奕䜣面对来自湖北的湖广总督张之洞，诚心诚意地问候。

“岂敢岂敢！下官身体尚好，受到王爷如此关爱，实感不安！”张之洞又一次抱拳致意，亦问候道，“王爷身体可一向安康！”

“没啥负担，心宽体壮！”奕䜣微笑道。

“王爷出山，众望所归。我张之洞更是欣喜无限！”张之洞发自心底地说。

“唉！国难当头，政事繁重，我深感难以胜任！”奕䜣本想借助这个话题，说上几句难言之隐，但又一想，自己刚复职上任，一旦说多了会给人造成对上不满的印象，于是把想要说的话又咽到肚子里。

“王爷！下官在湖北多次收到您给我发去的电报，阅后颇受鼓舞，在此我向您深表谢意！”张之洞再次俯首抱拳。

“这是我应该做的。快，快免礼！”奕䜣挥手示意，让他平身。

“王爷，下官此番回京，还得仰望您多多照应。”张之洞开始转入正题。

“军事上有句话：将在外而军令有所不受。对于疆臣来讲，此话也是适用的。不过，外省大员要办的一些大事要事，也应回奏朝廷，一旦来不及请奏，事后必须补报。这是我嘱咐的第一点。”

“是。王爷！”

“第二点，对于弹劾你的朝廷重臣翁同龢，不可无礼，但不是让你屈服，我历来反对唯命是从，应讲则讲，应辩则辩。俗话说：砂锅不打不漏，言语不说不透。”

“王爷高见，下官牢记于心。”

“第三点，并非叮嘱你的注意事项，而是问你，有没有贪赃吞税之事？请你据实回答，我才心里有数。”

“回禀王爷，我张之洞身为朝廷命官，担任封疆大吏已经近二十载，深知国家之苦难，所获金银税款哪怕是分纹毫厘，也是万民劳动血汗钱，绝不敢化为己有，更不敢中饱私囊。一旦查出，我愿被就地正法！”

“好，那我就放心了！”

“王爷，全仰仗您了。”

“皇上、老佛爷都在场，你可根据翁同龢的指控，该怎么回答就怎么回答！”

“是。王爷，下官谨记！”

“张大人，咱们进去吧！”

“王爷先行！”

张之洞跟随恭亲王跨进西苑大门，踏上石板路，穿行在绿树掩映的长廊内。

他俩步入院心，立刻发现西苑像一个硕大草原，到处都是绿草覆盖。不过，这里有人工开掘的湖泊和小溪，以及设置的六角凉亭和假山，还有新栽不久的松树、梧桐、垂柳等。看上去这儿不像花园，却像一个猎场。啊！长有百分之八十的树木和绿草。但确切地说，这是一座彻头彻尾的行宫。看！湖岸东侧建有红砖绿瓦、飞脊刺天的宫阁。皇上和慈禧太后就在里面执行朝政、朝务。

张之洞边走边思索，揣摩出慈禧太后住进西苑的原因：今年的春气来得早，年前立春，大后天就是春分了。这几天一直刮东风，刮得人们棉衣服都穿不住，开始换季穿夹衣夹裤。西苑已是春意盎然，漫地皆是绿色的海洋，慈禧太后带领她身边的人，一定是为了到西苑看新绿、赏心悦目。这是其一。其二，西苑距离颐和园较近，修建园子的工程仍在继续，就连甲午海战那么惨烈，园子的修筑也没中止，听说现在正搞佛香阁建设。慈禧太后住在西苑，大概就是为了方便察看园子的工程进度。唉！耗费白银数额巨大，难怪廷臣与百姓怨声载道！张之洞心里虽然这么想着，但是绝不会去干谏阻慈禧太后的傻事，何况她对自己有恩呢！

恭亲王、张之洞行至宫阁门前，看到乾清宫总管太监黄天福从台阶上走下来，躬身施礼道："王爷、张大人！你们好！"

"黄公公好！"恭亲王、张之洞还礼问候。

"皇上谕旨，请二位大人觐见！"黄天福挥手示意。

"好。黄公公带路！"恭亲王亦挥手道。

"是。"黄天福转身先迈上台阶，朝宫内喊道，"恭亲王叫起——湖广总督张之洞叫起——"

随着黄天福的喊声，恭亲王和张之洞也赶忙登上台阶，并跟着他步入宫内。

他俩一眼便看到，光绪皇帝、老佛爷并坐在御座上，老佛爷身后侍立着她的贴身宫女瑞福；御座前边，翁同龢严肃地站在那里。

恭亲王奕䜣、湖广总督张之洞两人根据各自的身份，向皇上、老佛爷施跪拜叩头大礼，并呼道："皇上、老佛爷，万岁、万岁、万万岁！"

皇上挥手道："恭亲王、张大人平身！"

"谢皇上，谢老佛爷！"恭亲王、张之洞施拜站起。

随之，张之洞主动转向翁同龢，拱手道："翁大人，好久未见，身体可好？"

"张大人，老夫在此多谢啦！"翁同龢看见精神抖擞的张之洞，心里不知为啥，似乎有一种忌恨的感觉，但又一看他落落大方、不失礼仪，也只好还礼问候，"张大人，远离京师，政务缠身，你的精气神儿还不错嘛！"

"翁同龢，行啦，别阴阳怪气的了。今天张之洞回来了，你不是喜欢当面锣、对面鼓吗？你就把你对他的怀疑说出来吧！"慈禧太后的口气虽不十分强硬，但已透露出对翁同龢的不满。

"是。老佛爷！"翁同龢屈身抱拳道。

"还有你，张之洞，你的'辫子'咋那么多呀，总让别人抓住。前不久就曾几次被人弹劾，给朝廷净找麻烦，是不是看我们没事儿干了？"慈禧打心里喜欢张之洞这个人才，但看他屡屡被参，不免也有些厌烦，所以一见面就敲打了他几句。

张之洞跨上一步，拱手道："老佛爷言之有理，微臣愧对圣恩！"

“张之洞！翁大人对你的弹劾奏书在此，朕来问你：‘湖北新政’实施以来，你向国家上缴税款寥寥无几，这到底是什么原因？”光绪皇帝拿起奏书质问道。

张之洞迈步向前，抱拳打躬，回奏道：“甲午海战前夕，‘湖北新政’刚刚开始，微臣被调代理两江总督。为了抗敌，我将两江、湖广的军队大批北调，其粮饷、军械费用自然由我负责付出；同时，以国家全局为重，并借款支援东北之战事。甲午海战爆发后，‘湖北新政’也未中止，汉阳钢铁厂及其十个分厂相继建成投产，当然需要花费大量银两。尤其是湖北枪炮厂落成后，生产出来的枪炮武器也都运往前线，支援战事所需。甲午海战失败后，特别是《马关条约》的签订，给国家带来的经济损失更加惨重，微臣给朝廷上了一道《吁请修备储才折》，提出九个方面主张，承蒙皇恩御批，遂作为‘湖北新政’总纲——现正在实施贯彻中，其效益尚不能马上兑现，必须有一个过程。以上微臣所述，乃是上缴税款不足之原因！”

在张之洞回奏的过程中，翁同龢几次想打断他，但怕慈禧太后翻脸动怒，还是忍了下来，让他说完这段话。

这时，翁同龢看了看皇上、慈禧太后，他们的表情是平静的，又一看恭亲王，他在不住地点头，看来是赞同的。如果抢先指控，那么很有可能弄得众人不满，谁不知老佛爷是张之洞的保护伞呢！干脆，等一等，反正总有说话的机会。

光绪作为皇帝，想尽量做到不偏不倚，一边是户部尚书、主管全国财政的重臣翁同龢，且又是自己的老师，一边是封疆大臣、湖广总督张之洞，洋务派的领袖之一，常年从政在外，为国为民含辛茹苦，说啥也不能武断专行，把人家一竿子打下去。想到这些，还是平和处理为好。光绪皇帝便面向翁同龢，以征求意见的口吻，问道：“翁大人，您还有哪些疑问？”

“谢万岁！”翁同龢向皇上拱手施礼，而后转对张之洞，发出一连串的质问，“张大人，你实施‘湖北新政’之纲领是以图富强，但已有几年时间，仍不见效益，长此下去，国家财政如何运转？你私自做主从外国银行贷款，打破国家财政的平衡，一旦外国银行找你催讨贷款，而你又不能及时偿还，出了这样的漏洞，谁能替你堵上此窟窿？再说，你盲目行进，一无请示，二无报告，私下搞这种商业和实业试验，是谁给你的权力？最后，我再提醒你，新式工业的引进是冒险的，这同我们大清的经济实力不相吻合，是不是应该停止？以上所问，请张大人给一个明确的说法！”

“皇上、老佛爷，王爷！”张之洞抱拳，逐一施礼。

“张之洞，你就说吧！”慈禧太后听了张之洞回奏皇上的一番话，本来疑惑已解，但刚才一听翁同龢的指控，似乎觉得张之洞确实还有不少问题，“你尽量用事实说话，能够说服我等，千万别给我们兜圈子！”

“是。老佛爷！”张之洞屈身一礼。

恭亲王向张之洞递去一个眼神，示意他要大胆禀述。

“翁大人所指控，皆在情理之中。在国难当头之际，您老承担着筹划国家财政之重任，出于统筹全局的考虑，当然要精打细算，对各地的税收必须认真检查。对此，我十分理解，并欣然接受监督！”张之洞说了这番充满礼节礼貌的话，心里感念，多亏了族兄、恭亲王对他的提醒和嘱咐。

还甭说，翁同龢听了张之洞一席恭维言辞，心里感到莫大慰藉。自从担任这个理财官员以来，几乎听到的全是骂声，官员总认为国库存银很多，有钱也不给下边，今天还是第一次听到张之洞对他的赞赏，他心里的气消了许多，亦客气地说：“张大人，请讲吧！”

张之洞按照翁同龢提出的几个问题，条分缕析地进行了回答：“微臣督署湖广以来，一直遵照皇上、老佛爷御批，实行‘湖北新政’纲领，重工业之钢铁、煤炭、机器制造、枪炮生产等，轻工业之纺纱、织布、缫丝、制麻、制革等，还有修建卢汉铁路，以及造船业等，齐头并进，引进西洋设备、西洋技术和人才，大大加快了‘湖北新政’实施进程。目前，以汉口为中心的湖北工业实业，可居全国之冠，资本总额约一千万两白银。汉阳钢铁厂成为现今亚洲最大的钢铁联合企业。汉口由商业重镇一跃而为国内屈指可数的国际贸易商埠。汉口的直接对外贸易，现已成为全国四大商埠（上海、汉口、广州、天津）之一。在微臣督鄂之前，汉口对外贸易进出口额只有数十万两、数百万两白银不等，明年可达八百万两，后年可超一千万两。经济效益即将获取，近两三年内便可得到税收。至于从外国银行贷款之事，没有请示御批，主要考虑户部财政紧缺，不能给朝廷增加负担，以湖北部分实业项目建设作抵押，待不久的产值税收完全可以偿还，绝不会让国家为湖北担忧。所贷外款则是用来引进实业，特别是机器制造业，以落实‘湖北新政’之总纲，挽救甲午战败后的《马关条约》造成的国家损失！在外强欺辱、国力衰弱的情况下，作为朝廷重臣，理应为国效力，力争使我大清繁荣昌盛！这就是微臣督鄂实行‘湖北新政’之目的！以上陈述不知妥否，请朝廷圣裁、翁大人赐教！”

皇上、慈禧太后以及恭亲王听罢张之洞一番陈述回奏，都深受触动，就连翁同龢也被折服，只是还有个别异议。

“诸位！怎么样？我看张之洞也够尽心的了！”慈禧太后望着大伙儿，带着满意的口气问道，“翁同龢，你还有啥想法，说说吧！”

“翁大人，你看呢？”光绪皇帝亦问道。

“皇上、老佛爷！”翁同龢抱拳施礼，继而又对张之洞提问，“张大人所述，下官基本赞同。但我要反对的是，从外国银行贷款。这是太平军叛乱时给封疆大吏形成独立势力的一种不良习惯，容易使中央与地方之间产生冲突。因而我主张停止从外国银行贷款，当然亦要停止你对新式工业的引进，国家尚不需要洋务派这种改革！”

张之洞欲上前辩理，被恭亲王打手势拦住了。

“翁大人！此种说法似有夸大其词之感。”奕䜣不想让张之洞再辩驳了，前边奏言已恰到好处，“当年，平息太平军后，封疆大吏的地方势力是有些独立之特点，那是战事需要。如今已和从前不一样了，朝廷已三令五申，不准地方大员随意调兵遣将。关于张之洞从外国银行贷款之举，对朝廷财政开支无所大碍，因为仍是其督鄂所在地单独偿还；贷款既然成行，新式工业的引进应照常进行，否则将影响‘湖北新政’纲领的实施。我们应该让张之洞放开手脚，给全国各地带个好头，企盼一个崭新的湖北诞生在大清土地上。这样，也不负皇上、老佛爷一片苦心！”

光绪皇帝听后，点头赞许，但他没有急于表态，而是转向慈禧太后，谦逊地请示道：“皇阿玛，请您谕示！”

“皇上，你已经亲政了，还是你下旨吧！”慈禧太后假装谦辞，其实还握着大权，只不过当着外人的面不能暴露真实面目。

“不，不，不，皇阿玛，还是您下旨！”光绪皇帝一着急，说了个“您下旨”，自觉不妥，他一抬头，看见慈禧太后白了他一眼，立即改口道：“皇阿玛，您谕示表态，皇儿心里才踏实！”

“那好吧，既然皇上非让我说说，那么我就说两句。”慈禧先是面对翁同龢，不无责备地说，“翁同龢，按理说，你替皇上管理全国财政，也够辛苦的，家大业大底子空，当家理财是不易的。但是，办案稽查最好看准了，若不然是会耽误事的。”

“是。老佛爷谕示，微臣牢记于心！”翁同龢拱手作揖道。

慈禧太后又转向恭亲王，不无激励地说：“恭亲王，皇上请你出山，你受命于危难之际，然而你身为皇族重臣，肩负大清千钧重担，理应鼎力相助，一如既往！”

“老佛爷教诲，刻骨铭心。凡为大清，奕䜣万死不辞！”恭亲王早已俯首恭听，刚才听了慈禧太后对他的叮嘱，急忙躬身施拜。

“扶大清江山，非张之洞莫属啊！”慈禧太后收回目光，感慨地说。

张之洞听后，慌忙向前，施一拜礼，道：“老佛爷抬举，微臣受宠若惊！”

“张之洞，你督署湖广，成就斐然，望谨慎从事。且不可以为山高皇帝远，事事自己做主！”慈禧太后针对张之洞胆大气壮的毛病，狠狠地敲打一下。

“老佛爷警钟长鸣，微臣永远铭记于心！”张之洞抱拳施拜道。

光绪皇帝一看慈禧太后谕示完毕，便下达口谕，道：“张之洞！朕希望你认真落实老佛爷谕示，继续实施‘湖北新政’之总纲，期待你建设新湖北的佳音。现在，你可退宫启程了！”

“皇上、老佛爷，万岁、万岁、万万岁！”张之洞施叩头跪拜大礼，随后欠身站起。

他又走到恭亲王、翁同龢面前，施礼告别。

而后，张之洞转身退出宫门。

第二天清晨，天刚蒙蒙亮，启明星还没隐去。张之洞与薛福德两人又乘上快骑，离开京师，返回湖北。

度量大的人才能办大事，捅到天的状方能磨炼人。张之洞根本没把回京受到审查当回事儿，因为他知道，当官的没有不挨告的，不挨告的官没有作为，他心里坦荡荡的、豁达达的。所以，他回到湖北，就把已经筹备好的书院改制立即抓办起来。

这一年四月，张之洞终于在武昌创办了两湖书院，并进行了改制，成为一所新学堂。

第二十一章　清高失礼　遂遭人奚落

人们常说：天地是个闷葫芦，闷葫芦里有妙理。

张之洞对这句话领悟颇深，一个重要原因是他在现实生活中始终注意当好观察者，用自己的眼睛去读世间这一部活书。不能死读书、读死书，那样僵化地看事读书，就永远悟不出天地人间的妙理。

两湖书院改制兴办后，张之洞忽然想起卢汉铁路修筑搁浅，急需尽快上马。这一天早饭后，他携薛福德乘骑前往江北卢汉铁路工程指挥部，准备催促铁路建筑赶快复工。

张之洞于光绪十五年（1889 年）从广东调往武昌任湖广总督，这是他提议修建卢汉铁路的结果。严格说来，铁路建设始于李鸿章，因为他当年管辖下的直隶省计划把现有铁路从天津延至通州。许多御史和官员以这样会利于入侵者和引起村民骚乱并使驿夫失业为理由，坚决反对延伸这条铁路。当皇帝、慈禧太后征求督抚们的意见时，张之洞上书支持修筑内地铁路干线。在奏折中，他巧妙地利用了那些反对修建天津至通州铁路的御史们的论点。他向他们的异议让步，但却建议在内地修筑一条大铁路，从北京西南的卢沟桥至汉口。他的建议被批准。同年八月，他被任命为湖广总督以实现他的计划。

督鄂后的张之洞，积极筹划此事，及时成立了卢汉铁路工程指挥部，他亲自担任总指挥。侄儿晋生还从黄陂县推荐一位名叫颜启达的德国留学生，担任副总工程师。据估计，这条铁路将耗费三千万两白银，然而国库仅为此储备了二百万两白银。尽管资金不足，张之洞千方百计，东筹西措，以最大限度地确保建筑资金到位，后来汉阳钢铁厂落成，为铺设铁路提供了无以数计的钢轨原料，从而使其督办的该铁路南段修筑工程如期进行。

但是到了来年，中日两国因朝鲜问题关系紧张，国库的这笔资金被用来延长天津至唐山铁路东段的修建。这样，修筑卢汉铁路的计划被搁置了。张之洞对于他热衷的这项内地铁路干线工程，一直没有死心，几次跃跃欲试，可就是腾不出手来。中日甲午战争结束后，他认为时机到了，决心再次启动此工程。

一天，张之洞带领他的亲随卫士薛福德，出现在卢汉铁路工程指挥部。来自中国铁路总公司的总工程师俞钊健、副总工程师颜启达，以及指挥部相关部门负责人，马上拱手作揖、跪拜迎接。张之洞亦立刻抱拳还礼，让大伙站起来说话。

经过一番寒暄问候后，张之洞首先告诉大家，他此次来工程指挥部的目的，就是为了重新启动卢汉铁路建筑工程。众人一听精神大振，立即响起热烈的掌声。随后，张之洞咨询并听取总工程师俞钊健关于此前工程进度和存在问题的汇报。俞钊健还特意转告铁路总公司及其总经理、仍在病中的醇亲王奕譞对大家的问候，尤其是对卢汉铁路建筑的复工表示由衷的祝贺！

接着，张之洞询问了各施工队伍的复建情况，以及桥梁、涵洞、隧道等艰巨工程的现状和未来实施打算。对此，副总工程师颜启达逐一做了汇报，各施工队伍已经全部到岗，正在等待重新开工的命令。

咨询汇报会开到这里，张之洞连声说道："好，好，好！"而后，他向大家传达了朝廷关于卢汉铁路修筑工程重新开工计划的批示，并说，这是朝廷的重托，必须认真实施，做到一丝不苟。最后，他告诉工程指挥部的官员们，现已通过多方渠道，抓紧筹措资金，十天内资金将全部到位。同时，他还向中国投资者发行了股票，敦促铁路建筑施工计划的实施。他命令大家：按时复工，落实计划；全面展开，保质保量。

工程指挥部响起长时间的掌声。

安排完卢汉铁路重新开工计划后，张之洞与薛福德于当天下午返回总督府。

这时，一直跟随张之洞在总督府膳房担任管理员的王一丁，风风火火地走进张之洞书房。他一进屋便说："张大人，有一喜事向您禀告！"

"哦！什么喜事？"张之洞放下手中文书，问道。

王一丁回禀道："今天午后，李夫人携少爷张仁侃乘船来到武昌。我去汉口码头，将他们接到总督府。现已安排他们住进府邸，请张大人回府用晚膳！"

"太好啦，仁侃终于来了，这可真是喜事！"张之洞激动地说，"仁侃这次来湖北，可以直接到两湖书院读书了，将来一定会成为人才！"

“哦，张大人，我明白了，两湖书院是您新近创办的新学堂，跟普通私塾学的课程不一样，二少爷入了这所学校，将来肯定会有大出息！”王一丁赞道。

“一丁，咱们去饭厅吃晚饭！”张之洞欠起身来。

“不。张大人，今天晚上你要回府邸用饭，李夫人和二少爷在等您呢！”王一丁又补充说，“我已经做了安排，让厨师到您的宅邸预备菜肴，省得李夫人他们跑路了！”

“那好吧，我这就回府邸！”

张之洞说罢，立刻动身，朝自己的府邸走去。

当天晚上，张之洞与京师远道而来的李夫人和儿子张仁侃高兴地会面，并共进晚餐。同时，张之洞把送仁侃去两湖书院读书的想法详细地告知了他们。李静姝当然更是关心仁侃的读书了，嘱咐他一定听从父亲的安排，新学堂新知识，必须刻苦用功。业已读完私塾的张仁侃，听罢父亲的讲述后，决心放弃科举考试，投身到两湖书院深造。

次日，张之洞让李夫人在家休息，他和薛福德带领仁侃去两湖书院报到，并顺便了解一下这所新办学堂的课程安排情况以及教学现状。

学院院长黎竞超接待了他们。让黎院长感到惊奇的是，身为湖广总督的张之洞大人竟然没有坐轿，也没有坐车，而是徒步护送儿子仁侃来校报到。张大人再三叮嘱学校，对仁侃一定要严格要求，与其他同学一样，绝不允许特殊化。

在张之洞同黎竞超谈话时，张仁侃始终规规矩矩地站在一旁，注意倾听。从他身上，丝毫看不出高官子弟的优越感。对此，黎竞超心里很高兴，暗暗佩服张仁侃在京师时所受到的严格家庭教育，以及在私塾学校所养成的良好仪礼作风。

一会儿，黎竞超派人叫来一位名叫祖丹青的教习。他按照张之洞的叮咛，没有暴露张仁侃的身份，只是说：“祖教习，分给你们班一位新学生，名叫张仁侃！”

“黎院长，请您放心吧，我们一定会带好这位新学生！”

祖丹青说罢，便叫了一声：“张仁侃，来，跟我走！”

“是。”张仁侃应声后，跟着祖丹青走出院长办公室。

张之洞看到仁侃被正式安置到班里读书后，一桩心事总算了却。

当时，黎院长还向他具体地禀报了书院初期开设的经学、史学、理学、文学、算学、经济等六门课程，并把担任各课程的教师姓名及师资情况做了汇报。

对于书院的教学安排，张之洞还是满意的。但他向黎院长指出，为了推行“中学为体，西学为用”的方针，在武昌创办两湖书院，因而还得围绕学习西洋科学技术，准备增设新课程。同时，他还回顾了在广东创办广雅书院的经验——由于教学与课程的改革，其学术成就可与其他著名学堂匹敌。

黎竞超非常理解张之洞的思路，创办两湖书院，改革教育体制，主要就是为了培养新式人才，他表示一定抓紧准备，争取在短时间内拟出新增设的课程。

两湖书院的创立和运行，给张之洞带来莫大慰藉，重要的是为此后抓好湖北教育打下良好基础。

这一天，张之洞在总督府会客厅研究日常公事。他先是听取铁政局总办蔡锡勇、德国技师斯尔汇报汉阳钢铁厂的生产情况，以及为卢汉铁路提供的钢轨产品状况。他发出指示，必须保质保量、按时供应，确保施工第一线用料。他俩刚刚离去，铁路工程指挥部总工程师俞钊健、副总工程师颜启达急匆匆地赶来。张之洞主动向俞、颜询问，是不是启动资金没有到位？俞钊健摇了摇头，告诉总督大人，资金已经陆续到达工程指挥部账上，关键问题出在施工队伍上，河南施工队伍相继被抽回原籍，原因是老家黄河洪水泛滥，不得不回去抗洪抢涝，现在多处工地出现了停工现象。因而他和颜启达心急如焚，赶忙跑到总督府，向总督张之洞请示解决施工队伍问题。

数千名的施工人员离去，当然是十万火急的大事。张之洞分析认为，返回原籍的河南施工人员，多数老家位于黄河岸边的开封府，而没有遇到灾害的南阳府完全可以抽些民工，以补充施工队伍。于是，他按照当年北京铁路总公司的合同要求，当即给河南巡抚起草一份电报文稿，请其给予支援，从南阳府所辖县乡选派三千名民工，充实铁路建筑施工队伍，以替补返回河南开封府的施工人员。随即，张之洞将电报文稿交与薛福德，命令他赶紧去电报局发出。

俞钊健、颜启达一看所请大事落实，便欠身离座，向张总督告辞。

河南巡抚是一个办大事、讲信用的大员。三天后，河南南阳府果真派出三千名民工，开赴铁路建筑施工第一线。

“湖北新政”纲领的实施，推动了各项工作向纵深发展，重工业、轻工业、商业、造船业乃至农业等各行各业再次呈现出新气象。并且，“湖北新政”业绩很快传到了京师，就连外国使馆也都知道湖北的威名，许多国家的外宾陆续到这里参观考察。

然而，张之洞深知贯彻“湖北新政”纲领的艰巨性，从来不敢懈怠，养成了求真务实的精神。

卢汉铁路建筑是张之洞督鄂的一件大事。他听说河南南阳府派出的民工队伍如数如期赶到工地后，便亲自乘骑深入铁路建筑第一线视察问候。同时，他还在指挥部工程技师的陪同下，检查并指导了现场施工。

回来的当天下午，张之洞不顾去铁路建筑工地的疲劳，又拐到两湖书院了解和研究新增设课程情况。根据书院的准备，结合学习西洋科技的特点，张之洞同该书院院长黎竞超、主管教学的监院认真研究了拟设新增课程。最后敲定为，从光绪二十四年（1898 年）起，保留经学、史学、算学课程，陆续增设天文、地理、测量、化学、博物、兵法、兵操等课，从此开湖北近代教育之先河。

傍晚，张之洞接到京师总理衙门一封电报。他拆开一看："日本首相伊藤博文于近日访华，并准备由京赴鄂察游，望督署注意大清礼仪，给予接待，进而修之于邦，其德乃丰……"阅后，他不由得怒火满腔，东洋倭寇趁甲午海战大清失利，强逼签立《马关条约》，从而实现强盗掠夺。如今，首相伊藤博文又假惺惺访华，真是岂有此理！

愤恨归愤恨，接待还得接待。负责处理外交国事的总理衙门给他发来电报，当然是代表朝廷指示，任何人也不准违抗。

张之洞在总督府膳房吃罢晚饭，没有回府邸，而是去找他的万能翻译辜鸿铭，商量接待日本首相伊藤博文的事情。

夜晚已是一片漆黑，满天星斗眨着睡眼。张之洞却在手提灯笼的薛福德的引领下，悄悄来到辜鸿铭的住处。他俩进屋一看，辜鸿铭正在灯下翻译儒家经典《孝经》。作为总督府的幕僚辜鸿铭，一看张之洞夜访登门，慌忙抱拳打躬，而后给张大人搬过一把藤椅，请其坐下。

张之洞没有急于落座，而是直接走到案几前，伸手拿起一本英文版《论语》，翻看了一下，问道："鸿铭，你除了把《论语》翻译成英文版外，还翻译了哪些书籍？"

"张大人，不怕您见笑，我还翻译了《孟子》《中庸》，现已用英文、德文两种语言出版。我手头上还在翻译《孝经》，这也是英译书稿，脱稿后即可出版！"辜鸿铭将自己翻译的作品做了一番介绍后，拱手道，"张大人，请坐下讲话！"

"好，好啊！"张之洞坐在藤椅上，分析辜鸿铭所翻译这些书籍的意义，"鸿铭，你将我们老祖宗、儒家经典《论语》《孟子》《中庸》《孝经》等，译成英文、德文刊行于国外，尤其传播到西洋，让他们也了解一下东方文明和文化，这有利于提高我们民族的地位和威望！"

"张大人学识之广、见地之高，我辜鸿铭早已刮目相看。"辜鸿铭发自内心地表达崇敬。

“鸿铭谬奖。汝之才学已被世人所知，我张之洞岂敢盲目！”张之洞谦辞过后，掂了掂手中的《论语》，说，“西洋一些学者对你的英译本《论语》给予很高评价。他们指出，像著名的花之安、尉礼贤多是直译，让外国人理解了一层中华文化，总有误读的危险。而你却能广征博引欧西名著点染汇通，使欧美人士得以毫不费力地理解中国儒学精髓。严复走的是维新改革之路，译介了《天演论》等大量有关欧洲学术思想的著作，你却走了一条反逆潮流的‘中学西被’之路，这让国人感到自豪！”

听罢张之洞的一番赞赏，辜鸿铭不仅感到自豪，而更多的是，觉得这位总督大员称得上大清名臣，其学识涵养远高于其他重臣，遂又崇敬地说：“张大人对晚生的劣作拙识竟然有如此高论，我实感受宠若惊，此生难忘矣！”

“我确属词臣官员，而汝知经而不知权也！”张之洞又对他感慨无限地说。

“妙评，妙论！我一生将会书生气十足，一辈子不喜欢权势！”辜鸿铭欣然接受张之洞对自己的评语，马上问道，“张大人，夜来寒舍，不知有何要事相告？”

“好吧，我现在给你交代一项新任务，但你得冷静思考，绝不允许烦躁拒之！”张之洞说着，放下手中那本英译版《论语》。

辜鸿铭听了感到奇怪，急切地问道：“张大人，不知是什么任务？”

“今天晚饭前，京师总理衙门来电，近日日本首相伊藤博文访华来鄂，告知我们认真接待……”

“他们小日本是豺狼，把我们大清祸害得如此惨重，怎么还有脸访华？”辜鸿铭一听气冲头顶，不自觉地打断张之洞的话。

张之洞继续传达电文：“总理衙门要求我们湖广督署，‘注意大清礼仪，给予接待，进而修之于邦，其德乃丰……’万不可意气用事，常言道，‘外事无小事’。这事你不会不懂！”

辜鸿铭仔细思考后说：“请张大人放心！我知道该怎么做，到时候我给你们当好翻译就是啦！”

这一天来到了。这是19世纪末的一个阴雨天。

按照外交惯例，外宾访问必须遵守时间，分秒不差。因而伊藤博文携随从人员冒雨来鄂，打着雨伞按时下船。

张之洞以湖广总督身份，携总督府官员及翻译辜鸿铭等人，亦打着雨伞，到汉口码头迎接日本外宾。

主宾相互实施礼仪后，张之洞等便陪同伊藤博文等乘上载有布篷的马车，去汉阳龟山下，参观汉阳钢铁厂。

第二天，雨过天晴，骄阳升起。

总督府会客厅，中日双方举行洽谈。

长方桌案上，摆放着一个个沏好香茶的茶杯，一瓣瓣切好的西瓜。此时，张之洞等人与伊藤博文等一行分坐在桌案两侧，所坐位置都是平等的，谈话氛围基本和谐。

开始，伊藤博文便说："凡是外国友人来华访问，必须到湖北考察；一旦来湖北考察，必须访问两大名人，一是湖广总督张之洞，一是文化怪杰辜鸿铭。经过一天的参观考察，确实感到二位先生不凡！"

辜鸿铭将伊藤博文说的这段日语，如实地翻译成汉语。

张之洞听后，谦逊而诚恳地说："我们只是做了诚实人应该做的事情！"

这句简短的话，经过辜鸿铭巧妙的翻译，伊藤博文听后觉得不是滋味。他似乎有一种被人揭露的感觉，所以反问道："难道我们大日本帝国不诚实吗？"

辜鸿铭将对方不满意的问话如实翻译成汉语。

说实话，张之洞对日本的怒气有点不打一处来，刚才听了对方想要一个诚实的评语，遂马上给予体无完肤的揭露："哎呀，先生，怎么明知故问了呢？你们强迫我们外交大臣签订《马关条约》，霸占了我国辽东半岛、台湾全岛以及澎湖列岛等，并让赔偿军费二亿两白银……这，这就是大日本帝国的诚实吗？"

辜鸿铭将张之洞说的这段话，连同感情、态度、语气等一并翻译成日文。

伊藤博文听罢瞠目结舌。他过了好大一会儿，方说："惭愧，惭愧……"

这时，早有准备的辜鸿铭，从文件包里取出一份在日本横滨发行的《日本邮报》，递于伊藤博文，说："首相先生，请您过目！"

"好，我来看。"伊藤博文接过这张《日本邮报》，仔细一看，原来报上刊登着辜鸿铭的署名文章《列强的掠夺行径》，他从鸦片战争写到甲午海战，再到八国联军侵略中国，严厉谴责外国列强霸占中国领土主权、破坏中国文化和文明礼教的行径，呼吁世界人民热切关注，以正义的态度对待东方中国及其反侵略行动。这其中，当然也揭露和鞭挞日本帝国的丑恶嘴脸。伊藤博文阅后，心里如针扎似的，脸上热辣辣的，确实理屈，无言以对。

但是，作为侵略者的头目日本首相伊藤博文，不仅不会认错服罪，而且还对撰写文章的辜鸿铭产生了怨责，只不过不好明说，而是从其他方面寻机报复。他把这份《日本邮报》放在桌案上，转向辜鸿铭，故意扭转话题，道："辜先生，我向你请教孔孟学说。"

辜鸿铭回话道："请教不敢当，但可一起磋商！"

伊藤博文名为请教对方，却语含讥诮地说："辜先生留学欧美，精通西学，难道还不知孔子之教，能行于数千年前，而不能行于当今吗？"

辜鸿铭微微一笑，道："孔子的思想，就好比数学家的加减乘除，几千年前是三三得九。你说，难道还会是三三得八不成？贵国如果没有孔子之教，焉能有今日，我看不是因为洋人的那点玩意儿吧！"

不待伊藤博文发话，辜鸿铭又接着说了下去："不过，阁下说的也不是完全没有道理，这19世纪的数学是改良了，刚才我们说三三得九也有不正确之处。比如说，我们中国人向洋人借款，三三得九却七折八扣变成了三三得七，有时连七还得不到，成了个大大的负数。到了还钱时，三三得九却连本带利还了三三得十一！嘿，我倒真是不识时务，落伍得很！"

一席话说得伊藤博文窘口难言，再无他语。

此后，伊藤博文一行离鄂返回日本。他逢人就说："中国湖北确有两位俊杰，一个是张之洞，有独立管理疆土之能、经济建设大才；一个是辜鸿铭，有超凡翻译之才，并有金脸罩、铁嘴皮功夫！"

繁忙而庞杂的公务，常常打乱张之洞的正常生活秩序，一度弄得他性情乖僻，作息无规。他常常每日下午两三点入睡，到夜里10点才开始起床视事，其精气神儿超过他人。按照他的说法："这时的工作效率，远远高于白天。"这一下子可苦了他的手下人，因为他们白天不能睡觉，可是所要办的事情必须等到凌晨，只有得到这位总督大人请示后才敢去执行。

这种不定规的常规，慢慢地被大家知道了。幕府及臣僚有事，白天见不到张之洞总督，一般都在夜半之后请谒入见，甚至有时候至天明始获传见。总文案李文石每日入署办公，皆在晚10点以后。他与张之洞商洽公务，往往至于翌晨。他连续几个昼夜出入督署，累得筋疲力尽，也只好白日抽空伏案稍睡一会儿。有一次，他傍晚回家，吃完饭就要回督府，妻子很生气，说他常常夜不归宿，是不是去娼馆销魂了？他苦着脸回话说，哪里呀，半夜子时后方可见到总督大人商请公事哩！妻子听了，也觉得这位张总督是个怪人，遂对他歉意地说，冤枉你啦！

不知为啥，张之洞这种起居无常的乖僻，好长时间未能改变，总督府的属僚谁也不敢提出，只好顺从。总文案是如此，藩臬两司更是如此，他们于上午进署等待谒见，常值其神疲体倦之时，在门厅坐候，不即延入，动辄少说数小时之久，方能请谒张总督。道府以下属官，有的等候半天一夜，才可见到张大人，还有待至数日不获一见者。尤为严重的是，有时与客人谈话未已，张之洞忽然闭目假寐，甚至鼾声大作，将客人搁置一旁。客人不好惊动，只得悄悄退出。

张之洞还有一个生活怪癖，最嗜食鲜果糕点蜜饯等物。他的案桌旁常设茶几，放置各种鲜果及糕饵十余盘，以备随时取食。每日正餐亦备水果及中外良酿若干种，先以果类佐酒，饮完后再进餐。他有这么一个习惯动作，喜欢两腿蹲在椅子上据案而食，不喜垂足而坐。

所以，张之万在给胞弟之京写信时说："香涛饮食起居，无往不谬。性又喜畜猫，卧室中常有数十头，每亲自饲之食。猫有时遗屎于书上，辄自取手帕拭净，不以为秽。且向左右侍者说：'猫本无知，不可责怪，若人如此，则不可恕。'"

常居高位且又满腹经纶的张之洞，亦有仕宦的通病，即官气十足，自命清高。他把自己摆到一个不合适的位置，总是愿意俯视他人，觉得旁人不如自己。他喜欢与文人名士交往，对僚属不怎么放在眼里，属下多有不满，但又都无可奈何。下级岂能扭转上级的官气呢?

有一位布政使，名叫夏侯天，颇有些名气。他对人一视同人，对下以礼相待，对上从不阿谀奉迎，也从不惧怕和崇拜。但他偏偏也是张之洞的下级，尽管他如此个性，也不为张之洞尊重。张之洞对他多次失礼，他对张之洞十分不满，心里的怒气一直没有发泄出来。

有一次，夏侯天这位布政使又去总督府拜见张之洞，谈完公事后，只见张之洞靠在太师椅背上睡着了，他用手指敲了敲桌案——"哒、哒、哒……"

"哦、哦……"张之洞听到响声，醒了过来，但没有自责的表现。

夏侯天并没指责总督大人办公入睡，只是说了句："张大人，您一定知道墨子说过一句话：'官无常贵，而民无终贱。'"

张之洞的脑子反应极快，马上回话说："你讲的墨子这句话，还没有说完，下边还有：'有能则举之，无能则下之。'"

夏侯天听到对方补充的墨子这句话，无非是想抬高自己，证明自己有能有才，方被举到督抚以上的位置，但还得将对方这股权势熏天的气焰打下去，不由得想起了西汉东方朔讲的一句话，于是又说道："张大人，您不会没听说过，汉武帝的谋臣东方朔的话：'用之则如虎，不用则如鼠！'此训高否，有何感受?"

"虎鼠绝非同类，虎在山岗，鼠在洞内，不可同日而语！"张之洞听后，那张脸顿即沉了下来。

夏侯天一看，已快把张总督激怒了，不可再深说了，遂欠身抱拳道："张大人，下官告辞！"

"好吧，你慢行！"张之洞虽心里不快，但还是注意礼节，亦欠起身来。

夏侯天转身前行，张之洞送其随后。

按照清朝官场礼仪，总督张之洞应将布政使夏侯天从总督府内送至仪门，但张之洞送其到门厅就止步停下了。

这时，夏侯天回过头来，没有直说要求送他，而是故作神秘地对张之洞说："请大人多走几步，下官还有几句话要告诉您！"

"那好，咱们走吧！"张之洞答应道。

夏侯天一边琢磨，一边朝前走着。

张之洞认为夏侯天另有重要内容要说，就又陪着他走了一段路。可是，还不见夏侯天开口，遂问道："夏大人，你到底要跟我说什么？"

"张大人，我这心里话只能告诉您一个人！"夏侯天说着没有停步，仍然往前行。

他俩已经走到仪门，停住脚步。

张之洞不耐烦地问道："你不是有心里话要对我说吗？什么话呀？"

身为布政使的夏侯天，似乎有点得意地说："张大人！其实我只想告诉您，按照仪礼制度，总督应该将布政使送到仪门，现在大人既已按规定把我送到仪门，就请您留步吧！"

"你，你，你……"张之洞听罢，气得说不出话来，但又不好发作，因为这位布政使所为符合清代官场礼仪，实在无可挑剔。

"张大人，下官向您施礼告辞！"夏侯天说完长揖施拜，转身而去。

张之洞望着布政使离去的背影，不住地摇头……

这天晚上，张之洞回到府邸。

从两湖书院放学回来的张仁侃，看到父亲今晚要在家里吃晚饭，高兴得不得了，赶忙端来一盆热水，放在脸盆架上，笑着说道："爹！难得您回来一趟，快，快洗脸吧！"

张之洞看到二儿子这么懂事，心里还是很高兴的，但由于刚才同布政使发生了一点烦事，怎么也高兴不起来，只说了句："行啊，放那儿吧！"

仁侃已经发现父亲满脸不悦，不敢直接询问，很懂事地问候道："爹，您没日没夜地忙于督府，是不是太累了？”

“不，不累！”张之洞其实很累，听到儿子的问话，心里很受慰藉，不想告诉孩子实情。

“爹，您一定要注意身体。大清依靠您这样的大员重臣，咱们家里更离不开您，母亲和我都仰仗您哪，您只要体格健壮，什么困难咱都不怕！”仁侃第一次说了这般关心老人的话语。

“孩子，你长大了！”张之洞亲切地望着二儿子，两眼湿润了。

仁侃摇了摇头，说：“爹！儿子的年龄一年比一年大，但在父母面前，我永远不会长大的！”

“仁侃，这话说得不尽全对，但父母健在，儿女总是有依赖的！”张之洞心情好了许多，欠身离开座椅，准备洗脸，不禁想起二儿子已在两湖书院读书，关切地问道，“仁侃，你的学业怎么样？能跟得上吗？”

“我觉得经学、史学、算学等课程还是比较容易学的，因为六年私塾为此打下基础，而测量、天文，尤其是化学、博物、兵法等课，掌握起来难了些。不过我正在用功，争取尽快追上那些好同学！”仁侃根据近期的学习体会，如实向父亲做了汇报。

“嗯，孩子，说得在理呀！”张之洞洗着脸，听了仁侃的禀报，认为他读书已经入了门，只是感到学习新课吃力一些，遂提示道：“仁侃，掌握新课之所以困难，因为是应用课，大多数是跟西洋科技有关系。你若想真正学懂，必须注意两点：一是学好算学，掌握好工具；二是多做习题，自觉参与实践！”

“爹！您说得很对！”仁侃听了父亲的话，由衷地佩服，又问道，“今天晚上您吃完了饭，还回总督府吗？”

“是啊，您不能总是连轴转，应该适当地调整休息一下嘛！”李夫人走出来，希望丈夫能够留下来，夜里不再工作了。

“这……”张之洞深知他们母子的心情，都惦挂他的身体，所以不好明说今夜还回总督府。

“怎么，你还犹豫不定啊？香涛，你已是年过半百的人了，你要对你自己的身体负责，也要对我、对孩子们负责，你的健康关系到全家人的幸福！”李夫人动容地劝说道。

“夫人！你说得对，这些我全都理解。”张之洞不想辩解，唯恐伤了他们母子的心，但也没说出夜里不回总督府的想法。

“香涛！你意识到了吗？正由于你这位总督大人子夜之后处理公务，闹得督署和部下不得安宁，也得陪同一起议事。结果第二天大伙都无精打采，或多或少地影响了公务！”李静姝将臣僚的呼声说了出来，衷心希望丈夫改变起居无常的生活习俗，诚恳地劝道，“香涛，人们怨声载道，说啥也不能总是夜里办公。你知道吗？总文案李文石因长期夜不归宿，整日整夜地在督府办公，他的夫人黎秀芬对他产生了怀疑，非常不理解，离家出走了！”

“啊！竟然发生这样的事情？”张之洞半信半疑。

“谁还骗你不成！”李夫人理直气壮地说。

“唉！好吧，我一定克服！”张之洞长出了一口气，暗下决心，准备改掉这种起居无常、深夜办公的坏习俗。

“爹，咱们吃晚饭吧！”仁侃肚子早就饿了，向父亲提醒道。

“对，太晚了，不能再耽误了。”李夫人亦督催道，“香涛，走，吃饭！”

“好吧，吃饭！”

张之洞说完，便同李夫人、二儿子走出卧室，直接奔向餐厅。

第二十二章　废除科举　开教育先河

刚刚入夜，黑色的夜幕渐渐垂落下来，笼罩了北方连绵不断的群山和南方广阔无垠的平原，而西部的峰峦峻岭更加郁郁葱葱、幽深难测，在峡谷深处飞出一条刺眼的白练——滚滚长江由西向东奔来。狭长的深谷憋得江水透不过气来，时而出现急湍旋涡，时而骤显怒涛翻滚，并发出浪拍礁石的哗哗巨响。啊！处于上游的长江竟受到如此压抑，胸膛的激奋不停地涌动，随时准备向更远更广的地方倾泻，释放出难以估计的能量。

悠悠长江矢志不移，还在奔腾向东。江面逐渐由窄变宽，其体魄愈来愈雄壮，其身姿愈来愈舒展。啊！高山向它扬起手臂，给它让路；河流向它主动流入，同它齐唱；平原向它敞开胸怀，让它灌溉。美丽的长江，犹如一条绵长不尽的白色绸带，缠绕在万木葱茏的高山与阡陌纵横的平原之间。苍穹的天河，就像一条永远扯不断的银色丝带，那数以千万计的银汉星斗，不知疲倦地眨着眼睛，俯视着人间亮丽的长江。长江辉映着天河，天河照耀着长江。

暮云收尽溢清寒，银汉无声转玉盘。月亮悄悄爬上银河岸边，皎洁的月光与灿烂的星光交融在一起，照射得大地闪烁光辉。看！大江北岸，剪影的黄鹤楼，似乎传来历代文人骚客吟诵长江的妙语佳句；剪影的一座座山峦，轮廓清晰，仿佛是一头头雄狮蹲在那里，护卫着江畔的安宁。陡然间，江边亮起一片繁星似的灯火，码头响起轮船驶入的长长汽笛声。

这便是享誉中外的武汉三镇。

这座城市，在湖广总督张之洞的领导下，由于贯彻“湖北新政”大纲，现已没有白天和夜晚之分，没有平常与节日之别，它的每一个昼夜都在激动无休地喧腾着，简直就像一锅滚沸的开水。

引人注目的是，江北汉阳镇汉阳龟山下汉阳钢铁厂及其下设的十个大小不等的分厂，不分白日和黑夜，机声隆隆，生产不停；江南武昌镇之文昌门外江滨设立的织布纺纱官局及其纺纱厂、缫丝厂、制麻厂、制革厂等，也是昼夜开工、机声震耳；湖北枪炮厂、湖北机器制造厂乃至燮昌火柴厂等也都办得非常红火，效益越来越好；即便是汉口医院，不仅白天诊治，而且夜间照常营业；汉口商人联合开办的汉口既济水电公司，大大促进了湖北经济的发展，给武汉重工业、轻工业注入了取之不尽、用之不竭的能源，还给武汉这座城市带来了永久的光明。

这天晚上，夫人劝告张之洞，最好不要在深夜或凌晨办公了。但是，今天夜里他吃完了晚饭，还得按规定到江北汉阳钢铁厂检查夜间的生产情况。他说这是个例外，不能不去。李静姝和张仁侃无可奈何，只好应允。

张之洞是个细心人。他临走前，做了一项这样的安排：考虑到李文石妻子黎秀芬十有八九是回她娘家去了，便委托李静姝跟随管家、侍卫薛福德，明天乘马车赴江西寻找说服，并再三嘱咐李静姝完成这一重任，说啥也要把李文石的妻子劝回湖北。李静姝笑了笑说："香涛，你可倒好，我用总文案李文石妻子的例子劝说你，你却抓劳工似的把我也扯进来了！"

当夜，张之洞在铁政局总办蔡锡勇、德国技师斯尔、汉阳府知府廖兴业等人的陪同下，视察汉阳钢铁厂。他们看到厂区灯火通明，胜过白昼，生产车间机声隆隆，工人们一片繁忙景象。这热气腾腾的生产，让张之洞他们感受到很大的安慰，一种说不出的高兴和激动使他们忘记了深夜的疲倦。

可是，当他们走进造钢轨厂时，张之洞一眼就发现有两个车间灯光微弱，他猛一挥手说："走，到那里看看去！"

张之洞疾步向前，廖兴业、蔡锡勇、斯尔等紧跟在他后边。

他们进入车间察看，头戴安全帽、身穿工作服的工人们，都赤手候在炉前。这个厂的厂长鲁巨峰、协理雷威也都在这里。张之洞经询问，才知道因为电力不足，造成钢轨厂停工。他顿即吼道："这是怎么搞的，钢轨不能按时造出，卢汉铁路不就停工了吗？"

"张大人，我们厂里有责任，应该及时向铁政局报告。您，您就惩罚我吧！"厂长鲁巨峰看见总督张之洞大发雷霆，心里怦怦地跳，赶忙上前认错。

雷威精神也很紧张，额头上早就沁出汗珠，慌忙跪于张总督面前，道："大人，今天夜里车间停工，跟鲁厂长没关系，是我这个协理没有干好，应该早检查，发现缺电就应该向厂部报告。结果是鲁厂长深入车间检查生产，我才做了汇报。所以，我请求张大人、蔡总办处理我吧！”

“唉！这也不能全怪你们，水电公司那里可能出了问题！”张之洞叹了一口气，细心想了想，说，“雷威，你起来吧！”

“谢谢张大人！”雷威一见张之洞总督原谅了他，松了一口气，伏下身子，深深叩了一个头，而后抱拳长揖，站起身来。

“张大人，我现在去一趟既济水电公司，看看到底是什么原因，造成供电不足问题！”蔡锡勇走到张之洞面前，请示道。

“张大人，我看还是让蔡总办跑一趟吧，说不定今晚就能解决问题。”廖兴业在一旁劝说道。

“好吧，那就请蔡总办辛苦一趟，赶紧找到他们的董事长宋炜臣，迅速查清原因，尽快解决供电问题！”张之洞向蔡锡勇下达命令后，又说，“我们再看看其他分厂，还在这里等候！”

“是！我现在就去。”蔡锡勇说罢，转身离开车间。

在斯尔的引领下，张之洞与廖兴业将那几个分厂认认真真地察看了一遍，发现炼西门士钢厂、铸铁厂也是因为供电不足造成停产停工。张之洞嘱咐这两个工厂的厂长和工人们一定要坚守岗位，等待供电，准备继续生产。经全面视察，汉阳钢铁厂共有十个分厂，其中三个分厂因为供电不足导致停产。张之洞心中有了底数，遂带领廖兴业、斯尔赶紧折回造钢轨厂，等待回音。

大约过了子时，凌晨 1 点左右，造钢轨厂车间灯光骤亮，机器开始运转。工人们欢呼起来，为这突然来电、正常生产而高兴。

张之洞他们当然也是很兴奋的。他松了一口气，一块石头总算落了地。廖兴业、斯尔的脸上也都露出笑容。

厂长鲁巨峰、协理雷威组织工人们投入生产后，向张之洞大人一再表示感谢。不一会儿，炼西门士钢厂、铸铁厂都派人来，向张之洞大人汇报，他们厂也都来电，开始照常生产了。

正当这几个工厂生产一切恢复正常时，蔡锡勇与宋炜臣董事长来到造钢轨厂。张之洞主动迎过来，抱拳施礼，道：“宋先生，这深更半夜打扰您，向您赔礼致歉！”

“岂敢，岂敢！张大人，您身为总督，不顾疲劳，夜访工厂，让人敬佩。而既济水电公司出现纰漏，给贵厂生产造成损失，实感抱歉，晚辈向您赔罪了！”

宋炜臣亦打躬抱拳道。

“列位大人，请到这边坐！”造钢轨厂厂长鲁巨峰将众人领到车间一角，让他们坐在事先备好的方凳上。

张之洞面向宋炜臣询问道：“宋先生，您说说，到底是什么原因造成供电不足？”

“今天夜间，水电公司有两台大型发电机工作，其中一台发电机的主机出了故障，经过技师和工人师傅们的联合抢修，终于全部修复，方保障顺畅供电。”宋炜臣简明扼要地做了汇报。

张之洞听后又问道：“宋先生，以后还会发生类似故障吗？”

宋炜臣沉思不语。

“怎么，不好解决这个问题吗？”张之洞再次催问道。

“张大人，机器故障总是难免的，只要技工们注意经常检查维修，做到防患于未然，故障肯定会少出或不出。”宋炜臣终于开口回话，但又沉思了一下，继续说道，“不过，由于供电多、负荷大，类似今晚的事故还可能发生。我们只能加强值班技术力量，坚持维修保养制度，将事故减少到最小！”

“好！”张之洞肯定了宋炜臣的积极态度，遂又提出，“宋先生，我如果没有理解错的话，是不是再增加一台大型发电机，就可以解决供电多、负荷大的问题，同时也可以避免类似事故的发生！”

“张大人高见！”宋炜臣当即赞道。

“购买一台大型发电机，需要多少钱？”张之洞问道。

宋炜臣马上回话说：“一百八十万元！”

张之洞将目光移向廖兴业、蔡锡勇，问道：“廖知府、蔡总办，你们俩能有办法解决吗？”

廖、蔡两人互相看了看，各自觉得款数较大，实在难办，无奈地摇了摇头。

张之洞想出了一个集资主意，但没细说，向宋炜臣表态道：“这样吧，宋先生，七天后你来总督府，我给你一百八十万元！”

“张大人，太感谢您了！”宋炜臣听了总督张之洞的表态，心中万分激动，急忙站起，上前打躬。

这时，更鼓敲响了五下……

清晨，忙活了一整夜的张之洞回到总督府。他简单地洗漱了一下，没有吃早饭，便赶紧督促薛福德去备马车，赴江西执行一项特殊的公务。

凡是张之洞安排的事情，不论是家里人还是其属下，谁也不敢含糊，都得去落实。

现在，张之洞已经早早地站在总督府大门外，等待去往江西的马车过来。

不一会儿，薛福德手持长鞭，驾着马车驶来，车厢内坐着李夫人。

马车停在门前广场上。张之洞快步走过去，向李夫人打招呼："夫人，你这次出远门，是替总督府办理公事，太辛苦你了！"

"香涛，您就甭客气啦，还有啥嘱咐的，快说吧！"坐在车厢里的李夫人，知道丈夫是个办事认真的人，所以她在认真倾听。

"夫人，对于你的接人待物用不着嘱咐，你见了李文石的妻子，该说什么话比我想象的还要好，因而我也不说那些没用的话了。"张之洞没再叮咛什么，而是递给她一个银两包裹，说，"这是总督府奖给总文案李文石的一百两银子，相当于他半年的俸银。你把这份奖银交给他妻子，顺便说上一句：正是由于李文石干公务出色，夜以继日，毫无怨言，总督府才给他发放如此奖励！"

"太好啦！你这位总督大人使的这一招儿肯定管事，我可以省许多话哩！这一下她就会相信，她丈夫虽然夜不归宿，那是因为办理公务，绝不会是什么坏人！"李夫人马上意识到，丈夫办事还是高人一筹的，自己虽然也带来一些布料礼品，但说啥没有这份"奖银"分量重、含义深。她愉快地收起这个银两包裹。

"你们走吧，福德，路上一定注意安全！"张之洞叮嘱道。

"是，张大人！"薛福德扬起长鞭，抖起辕马缰绳，"叭"的一声，马车启动，辕马奔跑起来。

"香涛……回去吧……"车上的李夫人向丈夫大声喊着。

"一路保重！"张之洞挥动着手臂，望着远去的马车，向夫人高声喊道。

马车越来越远，霎时消失在大道拐弯处。

深感疲惫的张之洞，迈步跨入总督府，直接奔向自己的卧室。

他走进室内后，脱掉长衫和靴子，躺在枕头上，呼噜呼噜地便睡着了。

没有想到，进入梦乡的张之洞，忽然听到"咣咣咣"的敲门声，他被惊醒了。

他从床上爬起来，穿着内衣去开门，打开房门一看，原来是辜鸿铭站在门外。因为薛福德外出，辜鸿铭暂时替他行使管家、侍卫职权。辜鸿铭向他禀道："张大人，直隶总督袁世凯来了，是湖北巡抚谭继洵到码头上迎接的，他要拜访您，还要参观汉阳钢铁厂！"

“鸿铭，你赶紧去安排，先将袁世凯领到会客厅，让他稍候，就说我们刚从汉阳钢铁厂回来，一会儿便可以会见袁大人；而后派人去通知总文案李文石以及藩臬二司等，跟我一起陪同袁世凯察看钢铁厂、枪炮厂。”张之洞说罢走到衣柜前，翻找官袍和红顶子。

“张大人，我现在就去安排！”辜鸿铭领命后，快步离开总督卧室。

袁世凯在辜鸿铭的陪同下，走进总督府的会客厅。厅内，壁画映眼，花香四溢，案几上已沏好香茶，摆满香蕉、橘子和点心。辜鸿铭遵照张之洞的吩咐，先将袁世凯让到会客厅稍候，并告诉对方所安排的接待官员。待袁世凯坐下后，辜鸿铭请他喝茶、吃水果。袁世凯端起茶杯，呷了一口茶水，遂问道：“辜先生，你们的总督张大人，是不是一贯地作息不定？”

辜鸿铭一听马上做出反应，回答道：“袁大人，您只说对了一半儿，确切地说，我们的张总督恪尽职守，一贯地夜以继日。”

“哦，果真如此吗？”袁世凯翻动着那双三角眼，半信半疑地问。

“这不，昨天夜里，张总督去视察汉阳钢铁厂，整整忙了一通宵，现在刚回到总督府，正在洗漱。”辜鸿铭基本上据实回答对方，只是把张之洞正睡早觉的情况舍去了，并且还把对袁世凯的尊重说出来，微笑道，“这不，他听说您来了，连早饭都没顾上吃，让我先说一下，他随后就到！”

“张总督还是一位‘拼命三郎’，怪不得将湖北搞得中外皆知！”袁世凯高兴了，抖动得嘴角上的小胡子上下飞舞。但他心里也在想，辜鸿铭有一张利口，谁不知道啊，连日本首相伊藤博文也评说“辜鸿铭有金脸罩、铁嘴皮功夫”，搞不好是辜鸿铭在美化他的主子哩！

不一会儿，身着官服、头戴红顶的张之洞走进会客厅，双手抱拳，大声寒暄道：“袁大人，久违了！”

辜鸿铭一见张之洞大人来到会客厅，便悄悄退出去了。

袁世凯急忙站起，亦拱手还礼，恭维道：“张大人，多年不见，你还那么健爽潇洒！”

“哪里，哪里，我已经老了！”张之洞仔细打量了一番对方，故意夸赞道，“袁大人，自从那次在天津北洋公所相逢，至今已数载，您还是那么年轻、那么虎气，此乃大清后继有人！”

“张大人过誉，学生愧对！”袁世凯忆起当年与张之洞相识，自己仅官居五品，而张之洞已是封疆大吏、两广总督了，所以他自谦“学生”。

"哎！袁大人，您可不能这么过谦，您现在已是直隶总督兼北洋大臣，乃后来者居上矣！"张之洞嘴上这么说，心里不是很舒服。他于光绪十年（1884年）就已当上两广总督，那时袁世凯还只是一个五品同知，在朝鲜吴长庆军中"会办营务处"。连个"学"都没有"进"过的乳臭小儿，居然也成了封疆大吏。唉，看来人活在世上，说不定谁就能走运！张之洞注意礼节，遂挥手道："袁大人请坐！"

"谢张大人！"袁世凯拱手致意，坐在原座位上。

"袁大人，此次来鄂，我张之洞失礼了，请您多加包容、给予恕罪！"张之洞再次抱拳，深表歉意。

"张大人，您不能过谦自责，我奉旨回籍葬母，事毕离家，绕道江宁，乘专轮抵武汉。湖北巡抚谭继洵代表总督张大人，率领侍卫们，到汉口码头上迎接，盛陈仪卫，热情周到，这都是照规矩行事，半个'不'字我也挑不出来呀！"袁世凯极其诚恳地说了这番话，确实觉得湖北这里不好挑理。

张之洞又向对方检讨道："袁大人，我是说我……"

"张大人，请您别说了。"袁世凯摆了摆手，截住张之洞的话，非常理解地说，"刚才，辜先生已经向我做了解释，您这位总督大人为了实现'湖北新政'大业，一贯地大干，昨夜视察汉阳钢铁厂整整忙了一个通宵。您如此敬业，实在令人敬佩！"

"哎呀呀，惭愧、惭愧，袁大人给我这么高的褒奖，我这心里着实不安！"张之洞听了袁世凯一席赞语，不仅心内感动，而且不知不觉地对袁世凯产生了好感。他很有礼貌地说，"袁大人，您吃个香蕉吧！"

"好，好。"袁世凯应声后，伸手掰了一个香蕉，剥过皮吃了下去。

辜鸿铭疾步走来，向张之洞抱拳禀道："张大人，轿子已经准备好了，停在总督府大门外，看是否请袁大人乘轿，视察钢铁厂和枪炮厂？"

"好啊！"张之洞转向袁世凯，问道，"袁大人，您看……"

"行！咱们走吧！"袁世凯欠身站起。

"好，袁大人，请！"张之洞打个手势，让袁世凯先行。

他俩走到府门外，只见两顶绿呢八抬大轿停放在广场上，轿夫们分别侍立轿前轿后；旁边，湖北巡抚谭继洵、督署总文案李文石以及藩臬二司等官员各牵着骏马等候。

袁世凯向众人挥了挥手，低头钻入第二顶轿内。

带路并尽地主之谊的张之洞，乘坐在第一顶轿中。

“出发！”辜鸿铭喊了一声后，从侍卫手中接过缰绳，翻身跨上骏骑。

马队在前，轿子随后，浩浩荡荡地奔往江北汉阳山下。

汉阳钢铁厂门前，督署的侍卫们及部分工人列队两厢，摆开欢迎阵势。铁政局总办蔡锡勇携各工厂厂长也都侍立在那里迎候。

走出绿呢大轿的袁世凯，看到这种非同寻常的欢迎仪式，心里感到分外愉悦。

经过紧张而忙碌的大半天时间，张之洞等人陪同袁世凯视察了汉阳钢铁厂辖属的炼贝色麻钢厂、炼西门士钢厂、造钢轨厂、铸铁厂等几个主要分厂，还特意察看了湖北枪炮厂。张之洞恳切地要求这位直隶总督给予批评赐教，以促改进发展。袁世凯不但被湖广督署周至的礼数和热情的接待所感动，而且被这经济建设的显著成就所折服，极口称赞道：“张大人在湖北的规划，深远宏大，经济建设已开花结果！”

“袁大人过奖，我张之洞诚惶诚恐！”张之洞拱手谦辞道。

袁世凯又情绪激昂地说：“今日之下，只有我跟南皮两个人，还能够担当大事！”

“这……”张之洞闻听此言，顿觉袁世凯狂妄至极，真乃无知者无畏也！他想说些什么，但被对方一派胡言气得无话可说。

当天中午，张之洞在总督府为袁世凯安排了欢迎宴会。

谁能想到，这开宴之时，正是张之洞去寻好梦的辰光呢！平常，他本来一天当两天利用，即以午未之交为分界。大致每天黄昏是他的早晨，起床就办理公事，接见宾客，到午夜再进餐。食毕再进行公务，办事见客，直到日中歇手吃饭，饭罢复睡。由此可见，他的生活很没规律。现在，张之洞昨夜一宿未睡，视察并解决汉阳钢铁厂供电不足问题，加之上午又陪袁世凯考察参观，精神格外不济，疲惫自不必细说了。

张之洞率其部属，陪同袁世凯总督步入宴会厅。按照礼仪要求，他将这位直隶总督、北洋大臣袁世凯让到上座，他坐在宾客的对面，谭继洵、李文石、蔡锡勇、辜鸿铭及藩臬二司等人坐在两旁。美酒、佳肴全部备齐。主宾入席之后，大家刚刚坐定，张之洞只觉得双眼涩重，总想合拢，但他勉强睁得一睁，也只是半开而已。尽管如此，他还是强打精神，端杯站起，代表湖广督署，欢迎袁总督大驾光临，屈尊赴鄂。袁世凯亦赶忙欠身举杯，表示衷心感谢！可喜的是，张之洞在他深感困倦之中，竟然一连带头喝下三杯白酒，往日的豪饮雄风犹在，充分表达了主人的好客和热情，一下子将酒席宴的气氛活跃起来。袁世凯被他的率先豪饮感动了，亦连续三次干杯。众人见此当然不能坐视旁观，一边说些欢迎话语，一边举杯饮尽。

三杯酒过后，时间不长，那种热烈的氛围渐渐冷却下来了。众人看到，在一堂肃然之中，只见袁世凯谦恭地说不到三五句话，就会悄悄中断，因为他发现张之洞已经眼闭嘴张，正将入梦，等他头颅猛地向旁一侧，惊醒过来，袁世凯方再开口说话。

此情此景，确实罕见。谁看到过总督宴请总督，作为主人的总督竟然在席间呼呼酣睡呢?

张之洞终于倒在椅背上，打起了雷霆般的鼾声。这使得满座的陪客——谭继洵、蔡锡勇、辜鸿铭等皆为之局促不安，而他们只能看着高坐堂皇的袁世凯正在发愣，窘迫难言。是啊，如果替袁世凯想想的话，那么他今天所看到的现状真是人间的奇窘。

这时，奉命作陪的藩臬二司，从左右悄悄来到张之洞身边，想叫醒他以解尴尬，还未来得及开口，袁世凯已向他们摇手示意，不要惊扰了张之洞。

袁世凯悄然离去，但进出辕门，照例鸣炮，俗名“放铳”，督署的作陪人员谭继洵、蔡锡勇、辜鸿铭等代表张之洞，到码头相送。炮声却将张之洞惊醒了，他一看客座已空，知道袁世凯不辞而别。这是一件不但失礼，而且失态的事。张之洞想要弥补，只好立即传轿，赶到汉口码头去送行。

由总督衙门到江北汉口码头还有一段路，坐在八抬大轿里的张之洞，不住地催促轿夫们快走。分两班抬轿的轿夫们，换肩疾走，一溜小跑。但是，当张之洞乘轿赶到码头时，袁世凯乘坐的专轮已将起锚。张之洞只好拱手张望，以示送行，袁世凯只能在柁楼上拱拱手，向张之洞遥为致谢!

对待袁世凯的失礼和失态，给张之洞带来终生的遗憾。其实，他已经认识到，这种为人处世的失礼与失态纯属错误。如果为错误去辩解，那么错误就会更醒目，将来还会更严重；相反地，如果对犯下的错误感到悔恨，那么就会知道改正，错误没有白犯。所以，与避免错误相比，大多数人总是把悔恨看成崇高的美德。

因而，张之洞决定抽机会北上过府，向袁世凯当面赔礼道歉。

另外，张之洞还有一件心腹大事，至今未能解决，那就是科举制度像枷锁镣铐般地禁锢他大办教育。他想借助直隶总督、北洋大臣袁世凯的力量，一起请奏皇上，废除科举制度。可惜的是，袁世凯这次来鄂，他没能找到合适的机会提出此事，只能等以后再说了。

当然，张之洞为了废除科举制度，也曾付出了不懈的努力——

张之洞非常清楚，从隋唐到清代，历代皇家王朝都实行科举制度，上千年的科举历史从未改变和中断。科举制度分科考选文武官吏后备人员，这是年轻学子求取功名、步入仕途的唯一选择和途径。各朝考试，大同小异。明清各种考试主要考八股文和试帖诗。八股文结构有一定的程式，字数有一定限制，句法要求排偶对句。试帖诗限制尤严。张之洞虽然也是在极其严格的科举制度考试下走向官场道路的，但他在广阔的仕途和生活的层面上，逐渐成为一个通权达变的人物。在从事洋务活动和教育活动中，他看到了科举制度的弊端，认为八股取士，“自明至今，行之已五百余年。文胜而实衰，法久而弊起”，科举制度的改革势在必行。

光绪二十四年（1898 年）六月，张之洞与陈宝箴上呈《妥议科举新章折》，建议“合科举、经济、学堂为一事”，主张考试增设西学经济各科，如各国地理、学校、财赋、兵制、商务、刑律等类，以及“格致、制造、声、光、化、电等类”。清廷认为其所奏各节“剀切周详，颇中肯，立即通知各省，一体遵照，并令嗣后一切考试，不得凭楷法之优劣为高下”，而应以讲求实学、实政是务。

戊戌变法之时，张之洞又与两江总督刘坤一会衔上奏折，洋洋万言，以“设文武学堂”“酌改文科”“停罢武科”与“奖劝游学”等四事，专议育才兴学。

袁世凯走后，张之洞继续贯彻他的“湖北新政”大纲，一手抓经济、办洋务，一手抓教育、搞改革，把废除科举制度作为教育改革的重点内容之一。

在抓教育、搞改革的实践中，张之洞一边调研一边操作，认真听取留学西洋多年的辜鸿铭的宝贵意见，以及总文案李文石和督署主管教育负责人的建议。李文石很是用心，把各方面的意见及时梳理成文，还针对教育教学改革拟出举措，并提出废除科举制度的具体意见。李文石尽职尽责的积极性最大限度地调动起来了，这不能不说与张之洞夫妇关心李文石家庭生活、让他们夫妻重归于好有关。

多少年从政，张之洞从来不等不靠，既勤于调查研究、制定政策，又勇于身体力行，大胆实践。光绪二十八年（1902 年）四月，他改两湖书院为两湖大学堂，自强学堂为方言（外语）学堂，武备学堂为武高等学堂，设武普通学堂，独树一帜地创建湖北师范学堂。六月，他兼充督办商务大臣。八月，他出于促进货币流通、加快经济发展的目的，又在湖北武昌设立铜币局。

在仕途上，官员调转补缺的事情经常发生。光绪二十八年（1902年）九月，两江总督刘坤一病逝，张之洞奉命署理两江总督，这是他第二次抵江宁接两江篆务。

当年十一月，云贵总督魏光焘调任两江，第二年二月，魏光焘才到江宁履任，张之洞仍回湖广本任。这次，张之洞在江宁两江总督任上，仅仅干了四个多月。可以说，他督鄂大展实现“湖北新政”的抱负，没有受到太大的影响。

次年初，张之洞继续苦苦追求办好教育。他把奏设三江师范学堂的折子刚呈上不久，又想到改革科举制度的大事，决定还是去找袁世凯总督商量，目前此人在朝廷的威望较高，能够跟太后说上话。借此机会，正好可以登门向袁世凯赔礼道歉，以了却心中的憾事。

于是，当年二月，张之洞从湖北武昌入京觐见，途经保定，准备落脚，拜见袁世凯总督。

直隶总督袁世凯闻讯后，马上做了安排，必须周到而热情地搞好接待，说啥也不能让这位资深名高的疆臣挑出问题来。袁世凯率北洋将领和属官提前来到保定城外，迎候湖广总督张之洞。

当张之洞携辜鸿铭、李文石、薛福德等随行人员到达保定城下时，袁世凯快步向前，抱拳施礼，道：“张大人，一路风尘，劳顿辛苦！”

“袁大人，多有打扰，向您致谢！”张之洞拱手还礼道。

“张大人，不必客气，请随我进城！”袁世凯挥手示意。

“袁大人，请！”张之洞亦挥手谦让。

“张大人，请！”袁世凯说道。

袁世凯、张之洞并列前行，朝直隶总督府走去。

各自的随行人员跟在他俩身后。

总督府的大街上，北洋水师的官兵们位列大道两旁，道路中间铺设着耀眼的长条红毡，并有军乐队奏起了高亢而欢快的音乐，欢迎这位来自长江沿线的湖广总督张之洞。威严肃然，好不气派！

张之洞与袁世凯并肩踏上红毡，缓步穿行于队列当中。

这种采用军队和军乐队的欢迎仪式，让张之洞感到雄伟壮观、新颖别致，同时也让他觉得这个行伍出身的袁世凯，处世办事确有一番独特行为和超前意识。他一面思考着，一面不住地挥动手臂，向官兵们致意！

袁世凯心里早就扬扬自得，嘴角上露出矜持的微笑。他心里暗想：甭看你张之洞也身为总督疆吏、中第进士、名为探花，这样的事情，所谓儒臣是绝对办不到的！

欢迎仪式过后，袁世凯又将张之洞一行请到直隶总督府会客厅。主宾双方陆续入座，袁、张二人又相互寒暄一番。忽然，张之洞欠起身来，面对袁世凯，抱拳打躬，致歉道："袁大人，您上次赴鄂游察，张某多有得罪，在欢迎宴上失礼失态，今特向您赔礼认错，望多加海涵！"

"哎，张大人，这点小事何必挂在心上？快，快请坐！"袁世凯坐在那里没动，只是挥了一下手，表现出毫不在乎的样子。但心里在想，你张南皮回到河北故乡，本来可以荣光，却当着这么多人的面，怀着负疚自责的心态躬腰道歉，这也够失面子的了！

"不。袁大人，您还没有原谅，我张之洞岂敢落座！"张之洞看到袁世凯没有欠身还礼，故将对方一军。

"哦，好，好，好，谅解、谅解！"袁世凯心里琢磨，张南皮这个老滑头一点儿亏也不吃，他是嫌我没有起座，遂赶忙欠身并走出座位，亦拱手施拜，道，"张大人，您快坐下吧，我不会再责备您老人家了！"

"袁大人，多谢、多谢！"张之洞又拱了拱手，将身落座。

袁世凯放下手臂，转过身来，回到他的座椅上。说实话，他一开始就知道，对付张之洞要比对付江南魏光焘等疆臣们难多了，此人才识确实高人一筹，加之见多识广、慧敏聪颖，满肚子心眼儿，谁也唬不了。这次，张之洞来到北方，不会只是为了道歉一事，肯定还有其他事情。于是，他试问道："张大人，您这次离鄂来冀，一定还会有要事办理吧！"

"哎呀，袁大人不愧是将军出身，看人看事总是那么先知明快。"张之洞为了求助袁世凯，不得不恭维他。

袁世凯一听张之洞夸奖他将军出身，高兴极了，因为在一般人眼里，他没有进过学，至多说他是个行伍底子，所以他立即表示道："张大人，您尽管说，只要我能办到的。"

"袁大人，我想您不会不知道，当今国家急需培养人才，而科举制度的严格会试却压制了无数人才，理应对科举加以变通和改革，不知您是否同意这个想法？"张之洞以征求意见的口气，问道。

"这个想法我同意，科举乃陈规陋习，早就应该变通！"袁世凯想起当年几次参加科举考试，结果都是名落孙山，因而极其厌之。

“那好。我这里已拟出关于变通科举的奏书，并签署了我的名字，请您过目。”张之洞掏出奏书，递向对方，又说道，“袁大人，您如果同意的话，可以在上边签字，而后咱俩一起进京，上奏朝廷！”

“好，拿来我看！”袁世凯说道。

李文石将奏书转呈袁世凯。他当即审看一遍，并拿起毫管签署了姓名。随之，他把奏书交还张之洞保管。

天近晌午，袁世凯设盛宴款待张之洞一行。

令人不可思议的是，当袁世凯亲自率领北洋将领和属官举杯为张之洞等祝酒时，张之洞可能以为大事办完，心里坦然了，所以又一次伏案呼呼入睡。这使袁世凯颇为难堪……

第二天，张之洞与袁世凯以湖广总督和直隶总督的名义，一起向朝廷递呈了关于变通科举的奏书——

在这份奏书中，张、袁先向朝廷奏请变通科举，再以科举阻碍学校、请按年递减中额为言，指出“学校之敌……实莫甚于科举。盖学校所以培才，科举所以抡才；使科举与学校一贯，则学校将不劝自兴；使学校与科举分途，则学校终有名无实”。原因在于学校，“学校之成期有定，必累年而后成才；科举之诡弊相仍，可侥幸而期获售。虽废去八股试帖，改试策论经义，然文字终凭一日之长，空言究非实诣可比。设有年少博植之辈，未尝学问，小有聪明，或泛览翻译之新书，或涉猎远近之报纸，亦能侈口而谈经济，挟策以干功名。而宿学耆儒，皓首穷经，笃守旧说者，反不能与之角胜，坐视其速成以去。人见其得之易也，群相率为剽窃抄袭之学，而不肯身入学堂”。于是奏请“将各项考试取中之额，预计均分，按年递减”，“移作学堂取中之额”，使“学堂晋兴，人才接踵而不可胜用”。

慈禧审阅过奏书后，很快允奏——

张之洞一看，太后批准了关于变通科举的奏折，心中非常高兴，随即告别了袁世凯，便带领辜鸿铭、李文石、薛福德等人，由京师返回湖北。

但是，张之洞经过实践，发现了不少问题，仍然为科举制度所困扰，看来这种变通还没能从根本上解决问题。他进而认识到，若不彻底废除科举制度，则兴学无望。

于是，张之洞又于光绪三十年（1904 年）八月，同直隶总督袁世凯等人联合上呈《会奏请立停科举推广学校折》。

清政府同意了他们的上奏，颁发上谕，自丙午科为始所有会试一律停止。各省岁科考试亦即停止。

天下大事，必作于细。张之洞以百折不挠的精神，对中国教育制度进行改革，为中国教育战线树起了一面旗帜。中国的科举制度自公元606年起，至1906年止，历时一千三百年而寿终正寝了。

第二十三章　育人大计　派遣留学生

乳白色的晨曦帷幕渐渐拉开，缀满苍穹的璀璨星汉早已隐去，唯有西方的启明星晶莹透亮，在不停地闪烁并昭示凡尘。而耸立江边的航标灯在薄雾中一明一暗地闪亮，吸引着一艘艘航船安全驶入码头。

广博而平静的长江水面越来越清晰地展现出来，尤其在黎明即将到来之际，宛如万里长空中的一条银河，世世代代地抚慰人间。忽然间，从大江东方喷薄而出的一轮旭日就像蛋黄似的流泻在江面上，江心与江岸上的晨露雾气被驱散逝去。长江的肌肤沐浴着朝阳，被霞光洗礼之后，轻松而欢快地由西向东奔去。江水五光十色，耀人眼目，橘黄染就浪花，浪花卷着橘黄，似乎就是玛瑙宝石般地在水中滚来滚去。

“呜——呜——”码头上响起了一阵阵江轮汽笛声……

这里，是湖北汉口码头。

每天清晨，一艘又一艘的江轮驶进驶出码头。在客运码头上，手提行李的男女旅客，熙熙攘攘，络绎不绝，一些人登上客轮，而另一些人走下客轮。还有一些搬运工人，等候在货运码头上，待货轮进港后，开始紧张而忙碌地搬卸货物。

忽然，只听“呜……”一声长长的汽笛声响彻大江两岸，客运码头上的旅客们不由得停住脚步，举目观望。

航道上的客轮都已停泊在港湾里。唯见一艘白色江轮披着耀眼的朝霞，缓缓驶出港湾，进入下行航道。轮船甲板上，站立着七八名腰挂佩刀的侍卫，他们的目光注视大江周围，俨然一副警卫状态。这，便是湖广总督张之洞的专轮。

豪华而宽敞的船舱内，坐着身穿官服的张之洞。督署幕僚辜鸿铭、总文案李文石隔几坐在对面。而贴身侍卫薛福德坐在舱门附近，随时等待总督大人传唤，以便侍奉并办理琐事。

他们透过舱窗向外瞭望，港口码头已渐渐甩向船尾，房屋、烟囱、树木等也都依次朝船后闪去，建筑物越来越少，继而映入眼帘的是大片大片的翠绿庄稼。偶尔，可见一两只打鱼的帆船，船头上的渔翁正在收撒渔网，身旁木架上还站立着一只扑鱼的大黑鸟。霎时，江岸传来一阵又一阵纤夫拉船的号子声，悦耳动听触心弦。尤为令人醒目的，便是一行行雪白雪白的白鹭，由江南向江北飞去。

今天，张之洞所乘的专轮是由湖北汉口开往两江督署的。此番公务，他率领随行人员主要是为了寻觅招聘师范学校校长，解决湖北大办师范教育遇到的难题。

张之洞经过多年实践和努力，在湖北兴办教育已取得了瞩目成就——

当年，张之洞在湖广督署兴办教育筹备会上，曾经说道："日本兴学最骤，而学校之数在东方最多。"又说："国势之强弱在于人才，人才之消长在于学校；环球各国竞长之争雄，莫不以教育为兴邦之急务。"与会的兴教办学负责人和部分教师为他的言论所震动，不住地给他鼓掌。

从张之洞的言论可以看出，他对"教育—学校—人才—强国"之间的联系有清晰的认识。一方面，培养人才要求广兴学校；另一方面又无法实现"学堂必有师"。于是，陷入办学困境的张之洞将发展教育的眼光投到了师范教育领域，把发展师范教育，培养数量充足、知识结构全新的教师队伍作为广兴学校的关键。

在兴学之初，张之洞十分重视小学教育。在湖北各府、县建立和完善近百所小学堂，实现了他关于"查开通国民知识，普施教育，以小学堂为最要"的主张。但随着对教育发展规律的日益了解，他方提出"办理学堂，首重师范"的主张。因为他意识到："各属开办学堂，全赖师范得人，课程方能合度，管理才能得宜"；"查各国中小学堂，教员咸取材于师范学堂"。

19 世纪末，张之洞将在湖北兴办教育的情况写成《筹定学堂规模次第兴办折》上奏朝廷。在其中的"各学堂办法十五条"中，把师范学堂列为第一位，并在《学务纲要》中强调"宜首先急办师范学堂"。

坐在船舱内的张之洞，从窗口处看到一群背着书包的孩子正沿着江岸追逐戏耍……他不由得想起这些上小学堂的适龄儿童，正是办小学教育的结果，天真烂漫的孩子们是多么幸福啊！

但是，他又想起，曾经将湖北有关府、县的官员们集中在一起，对兴学之始各地中小学堂发展过猛的现象提出批评，指责盲目兴办中小学堂“实为蒙昧可异”，指出与其办一些名不副实的中学堂，还不如扎扎实实地抓合格师资队伍的建设。于是，他札饬各府暂停兴办中学堂，“先办速成师范或先办师范传习所”。

他心里明白，他的师范教育观之形成和大力兴办师范学堂的推行，相对于其他类型的教育起步要晚，直到光绪二十九年（1903 年）后才系统出现。这与他本身的教育实践规模日益扩大、教育观日益拓展的结果是一致的。

专轮顺水而下，行驶速度较快。

不一会儿，江边那些上学的儿童同江岸那片庄稼一起，统统落在专轮后边。

是啊，创办师范学堂是张之洞师范教育观的核心。他正是通过此举将自己关于师范教育的一些重要思想落实到具体的教育实践之中。

坐在张之洞对面的辜鸿铭、李文石，也和他一样，目光一直注视舱外，观看江岸景色。刚才那群上学儿童引起他俩遐想，不禁想起自己的孩子也在蹦蹦跳跳地上学读书。

不知什么时候，薛福德悄悄一个人坐在靠近舱门的临窗座位上，不住地往窗外江边观看，尽管孩子们的身影移向船尾，可还在用力张望。此时此刻，他不由得想起三年前的往事：他的儿子薛日贵、王一丁的儿子王小兴，都被张之洞大人由北京带到武汉，安排到湖北师范学堂读书。这，是天大的恩赐！连想都没敢想过，一个下人的孩子竟然能够到新成立的湖北师范学堂上学，好梦成真，简直上了天堂！

张之洞回过头来，将目光由窗外收回，看了看辜鸿铭、李文石，说道：“鸿铭、文石，二位高参，我想听听你们俩对创建师范学堂的看法！”

“张大人，我们创建师范学堂的成果在日益扩大，如今湖北共有师范学堂四十所，这在全国恐怕也是罕见的！”辜鸿铭夸赞一番后，认真思考，而后提出疑问，“诸多师范学堂的建立，虽然体现了办师范教育的宗旨，为其他新式学堂培养了合格的师资队伍，但是不知道学堂教师队伍是否够用？”

“这个问题不必担心，现已基本解决。我们所采取的措施有两条：一条是设初级师范学堂，今拟派充高等小学堂及初等小学堂二项教员者入焉；另一条是设优级师范学堂……以造就初级师范学堂及中学堂之教员、管理员为宗旨，以上项二种学堂师不外求为成效。”张之洞把兴办师范学堂、解决师资短缺业已采取的措施说了一遍，并进而补充道，“目前，我们在这一思想指导下，先后创立和改建了一大批师范学堂。”

李文石平时与督署主管教育的官员接触较多，还跟随张之洞视察过创立和正在改建的几所重点师范学堂，对于刚才辜先生与张大人的对话内容基本清楚，所以他肯定地说：“现在，张大人在湖北创办的师范教育称得上全国之冠，所创立和改建的几所重点师范学堂也是史无前例。诸如湖北师范学堂、两湖总师范学堂，还有正在筹建的湖北女子师范学堂等，在全国各省都是绝无仅有的！”

辜鸿铭听罢张、李的一番介绍，不禁兴奋不已，亦极口赞道：“张大人督署湖广，日理万机，昼夜不得安闲，大办洋务、兴办教育皆获显著成效，此乃湖广百姓大幸矣！”

“哎，身在其位，必谋其政嘛！”张之洞谦辞道。

辜鸿铭又说道：“湖北师范教育已经解决了师资问题，这可就太好啦！余下的问题，部分师范学堂校长短缺，相对还是好解决的！”

“对！选聘少数校长是比较容易的。”李文石赞同辜鸿铭的说法。

“二位所言，不尽其然。此番去两江招聘师范校长，说好听一点，咱们是向人家求援；说难听一点，咱们是挖人家的墙脚儿。你们仔细想想，这是好办的事吗？”张之洞说出办理此事的难处，为了提醒他俩引起重视。

“张大人，您不是认识两江总督魏光焘吗？”辜鸿铭问道。

“岂止认识，而且更是了解。”张之洞回答道。

“听张大人口气，魏总督不是一个好办事的人，看来这次到江宁，我们要遇到麻烦。”辜鸿铭脑子转得很快，从张之洞简短的回话中立即意识到，魏光焘不是省油的灯，一定是很油滑。

李文石在一旁亦分析道：“听说魏光焘是湖南邵阳人，原本出身是个厨子，后来投身湘军，曾隶服曾国荃部下，后来又跟左宗棠西征，积功升到道员。甲午那年，官居湖南藩司，巡抚吴大澄请缨出关，魏光焘领兵驻牛庄。日军未到，望风先遁。和议成后，吴大澄带着他的‘度辽将军’玉印回任，魏光焘的官运更好，竟升了陕西巡抚。后来，不知什么原因，魏光焘竟然巴结上了荣禄，也不知什么理由，荣禄说服了慈禧太后，同意将魏光焘派到两江任总督……张大人，如果您找到荣禄的话，请荣禄给魏光焘写个便条，让他干啥他就得干啥！”

“哎呀……魏光焘简直就是个混混儿！”辜鸿铭听了李文石的介绍，讥讽道。

关于魏光焘的身世，张之洞再清楚不过了，因为魏光焘也是总督，且又是接任自己的两江总督，怎么好意思当着部属的面揭露人家的短处？因而张之洞一边听李文石讲述，一边不停地点头，但就是不插言。直到最后李文石提到找荣禄写条子，张之洞这才摇头反对。

舱外头顶处传来一阵长长的江轮汽笛声……

安庆码头到了！

但是，张之洞的专轮没有停泊，而是继续朝江宁方向东行。

“张大人，刚才李大人说，您在临来之前，如果去京师找一下荣禄，给魏光焘写个便条就好了。”辜鸿铭觉得此法可行，还在惋惜。

“不行不行，荣禄已经卧病在床，哪有心思管咱们这些杂事？”张之洞嘴上这么说着，但心里早就想过，我湖广总督拿不出那么多的钱来，怎么能够空口去求军机大臣呢？

因为他知道魏光焘来两江的底细，更知道荣禄的为人，所以他不想去费心思做那些得不偿失的事情。

魏光焘通过给恭亲王奕䜣著书立说——《通商始末记》的王之春，搭上了荣禄的这条线（荣禄乃是步兵统领、军机大臣），另外又备了两万两银子的门包。这样，魏光焘希望调任两江的意愿，才有机会传达给荣禄。

于是，朝廷在谈到两江总督的人选时，荣禄已有准备，巧妙用词，开口便提出两点意见：一是两江自曾国藩以来，以用湘军宿将为宜；二是张之洞太会花钱，岂可以两江膏腴之地供他挥霍？后面这个说法，慈禧太后的心被打动了，她当时就说：“荣禄说这话，我最爱听了！”因而魏光焘的两江总督任命，很快就下达了。

辜鸿铭相信自己的判断，魏光焘肯定不是正派人，但又看到张总督不想说出真情，于是问道：“我们见了魏总督，应该怎样洽谈呢？”

“不要单刀直入，要看我的眼色行事，不能让对方生厌，这是其一；其二，不能局限于科举功名人选，但可注重实绩和阅历，有一定的管理能力那就更好了。”张之洞重申了洽谈原则，遂又叮嘱道，“不过，咱们要把好关，一定选聘合格的校长，哪怕是三五名也行！”

“张大人，江宁有我在国外留学时的同学，就是没有科举功名。”辜鸿铭想到了一些招聘线索，征求意见，“他们虽然没有教过书，但有一定的领导能力，是不是可以考虑？”

“嗯，完全可以！”张之洞很欣赏这类人才，当即表态。

“我也有一位同窗，名叫张涵，他是个举人，但没有当教师，也没有做官。据说在搞丝绸生意，可本人非常能干，如果让他出任一所师范学堂的校长，那一定会胜任的！”李文石亦提出一名人选。

“行，行，我们招聘这样的人，魏光焘不会卡的！”张之洞赞同地说。

专轮已驶入两江领域。时近正午，到了开饭时间。薛福德刚从餐厅转来，告诉张之洞，饭菜已经备好，请到船尾餐厅用餐。

张之洞说道：“这肚子叫唤了，确实该打点了！”

他们仨站起身来，跟随薛福德朝船尾餐厅走去。

江上这顿便宴，是张之洞从武汉出发前特意安排的。他让大伙吃好、喝好，免得到江宁后麻烦魏光焘。如果不是为了湖广自家的事，而是因公到两江，非得让魏光焘好好招待一番不可。

午后3点，张之洞的专轮抵达江宁码头。

尽管张之洞没有事先通知两江总督魏光焘，但是魏光焘从江宁码头值勤人员处得知此消息后，马上亲自率领督署官员和侍卫们赶到码头，威仪列队，鼓乐相迎。

张之洞等与魏光焘等见面后，双方不住地热情寒暄，问长问短。

在主人魏光焘的陪同下，张之洞、辜鸿铭、李文石、薛福德等一行，直接奔向两江总督府。

会客厅内，洋溢着两个督署之间的友好气氛。魏光焘深知张之洞非一般疆臣所比，所以对他分外殷勤，亲手给他倒茶水、剥香蕉。张之洞免不了也得夸上对方几句，说魏光焘是荣立过战功的督抚（其实魏光焘当年随左宗棠收复新疆立功后才是道员），这让魏光焘乐得嘴始终合不拢。看来，官场上的人绝大多数都愿意别人夸耀自己的政绩辉煌。

回到座位上的魏光焘，看了看张之洞等人，认为他们不会是闲游两江的，说道：“张大人，您是无事不登三宝殿哪！”

“魏大人，快言快语，我确实给您添麻烦来了。”张之洞回答说。

“张大人，不必客气，有事尽管说。”魏光焘硬充大度地说，“只要在我两江地盘上能够办得到的！”

“魏大人，把话说到这份上，我看这才是总督风范呢！”辜鸿铭故意插话将对方一军。

“我在湖北兴办师范教育，有几所师范学堂，尚缺几名校长，魏大人可否给予支援哪？”张之洞试探地说出来意。

魏光焘两只小眼珠一转，想出了一条缓兵之计，笑道：“哈哈哈……这个嘛，好说，过些日子，我把选拔的校长人选，亲自送到湖北！”

张之洞明白对方的用意，这是想利用拖的方法，把事情拖垮，这怎么行呢？干脆告诉他选聘的办法，省得他害怕，因此不无感激地说：“魏大人，如此热情，令人感动。但是我张某不能夺人所爱，此次聘用师范学堂校长，　是不去学堂硬招，而是采取自愿报名的办法；二是可以到教育战线之外遴选，绝不录用取得功名之人。您看，这两个聘用办法如何？”

李文石亦补充道：“魏大人，我们一定为您着想，不能因为湖广招选校长，而影响两江保留人才！”

“这两个办法还是可行的。但怕被聘机构不肯放人哪！”魏光焘仍在找借口推辞。

“以您总督大人的气魄和威望，他们焉能让您失面子！”辜鸿铭仍用恭维的语调，将对方的军。

张之洞一看，不使用钱是不行的，最不愿意干的事也得干，他先是向薛福德使了个眼神，又转向魏光焘，故意奉承地说：“魏大人，我知道您一贯廉洁，但现在办事有的人就是讲价钱，这是能够让人理解的。”

“魏大人，白银不多，仅五百两，请笑纳！”薛福德手捧一个盛银子的黄缎布包，呈放到魏光焘面前的案几上。

“这，这怎么行呢？”魏光焘假装推辞。

“魏大人，这银子你得收下，数量不多，让您打点他人嘛！”张之洞劝对方说。

“这是我们张大人的俸银。”薛福德解释道。

“这，这我就更不好意思了。”魏光焘嘴上虽然这么半推半就，但还是收下了。他思考了一会儿，说：“张大人，这件事就这么定了，按您的两个办法聘用师范学堂校长，我让江宁府知府岳显洲协助你们，具体招聘多少名，您看着办！”

张之洞欠起身来，走出座椅，上前打躬，抱拳谢道：“魏大人，我代表湖广督署、两湖人民，向您致以十二分谢意！”

魏光焘也赶忙离开座位，走到张之洞面前，抱拳施礼道：“不敢当，不敢当。魏某向张大人还礼，并请张大人日后多加体恤关爱！”

傍晚，魏光焘按照礼数要求，在两江总督府摆设宴席，款待了湖广总督张之洞一行。

晚宴结束后，魏光焘派属下将张之洞他们安排到驿馆歇息。

这天夜晚，张之洞他们又仔细研究了招聘的渠道和具体考核题目——关于对

“中学为体，西学为用”的认识；为什么说应该把兴办师范学堂摆在教育的首位；作为师范学堂校长应该履行哪几条职责……

正事说完后，辜鸿铭和李文石免不了咒骂魏光焘几句，说这小子太黑了，连张总督的俸银都敢收，可真不是个东西。张之洞劝止他俩不要骂人家，咱们给的钱不多，这年头兴这个，花钱送礼能办事就算没白花。张之洞还嘱咐他俩说，回武汉后千万别乱说，一旦传到魏光焘的耳朵里，咱们可就里外不是人了！

第二天，在江宁府知府岳显洲的大力协助下，张之洞他们比较顺利地完成了招聘师范学堂校长任务。此次，共选聘了八名校长，其中四名来自公开招聘，自愿报名；三名为辜鸿铭在国外留学时的同学；另一名是李文石的同窗张涵。

张之洞委托岳知府将已经选定的八名校长约到驿馆，由他跟他们谈话。张之洞就他们赴任师范学堂校长这一要事做了认真交代，希望他们在全省四十多所师范学堂中起到示范作用。最后，他还把他们的薪金、住房以及安排其家属、子女等待遇情况一并交了底，让他们七天后到湖北武汉报到。

被聘任的张涵等八名校长，听了湖广总督张之洞的讲话，都非常高兴，深受鼓舞，表示去湖北后一定尽心竭力，好好干一番师范教育事业。谈话结束，他们告别了张大人，回家准备去了。

两江一行，收获甚丰。

第三天清晨，张之洞携辜鸿铭等人，向魏光焘总督、岳显洲知府施礼告辞，登上专轮，由江宁逆水向西，返回湖北武汉去了。

随着教育的不断发展，尤其是师范教育的步步深入，张之洞越发感到人才的短缺、师资力量的不足。首先，在正规的优级师范学堂和初级师范学堂两大类型之外，又开办了师范传习所，对一些年龄在二十五到五十岁的有一定教学经验的一向在乡村市镇以教授蒙馆为生的人，或经过省城初级师范学堂简易科学习的优等生等进行短期培训，学习期限为十个月，毕业后给予准充副教员之凭照，即令在各乡村市镇开设小学。其次，张之洞对各级师范学堂的课程设置做出了具体的规定：初级师范学堂完全科的课程为十二种；优级师范学堂的课堂学习分为三节，第一节为公共科，主修人伦道德等八科，第二节为分类科，即学生分专业学习，第三节是加习科，即开设一些选修课。再次，在校址的选择上，张之洞强调“须择其所坐落地方水土，邻近人家之风俗，于道德卫生均无妨害者”。比如，光绪二十八年（1902 年）在武昌宾阳门南开办了湖北师范学堂；光绪三十年（1904

年）将武昌营坊口都司湖畔的两湖文高等学堂改为两湖总师范学堂，并开设湖北师范传习所；光绪三十一年（1905 年）于武汉开办六所支郡师范学堂，还饬令湖北各府将中学堂一律改为初级师范学堂；光绪三十二年（1906 年），张之洞将武昌私立女子师范学堂收为官办，等等。从上述师范学堂的设立来看，一方面它们都不在闹市之区，另一方面多临水而设。

一天上午，湖广总督府的议事厅，讨论热烈，发言不止。张之洞在这里召集幕僚辜鸿铭、陈衍，总文案李文石和武昌知府梁鼎芬等人，研究培养人才问题，主要商量派遣留学生之事——

张之洞首先列举一例：同治十一年（1872 年）至光绪元年（1875 年），容闳主持，选派十至十六岁儿童一百二十人，分四批赴美游学。其后，又陆续有不少青少年学生远赴欧美、日本留学。接着，辜鸿铭讲述了自己多年留学欧美、广泛掌握十多种语言的切身感受，重要的一条经验是，环境造就语言。

梁鼎芬以前就听过辜鸿铭是怪杰，今天听了他本人的讲述，外文水平确实惊人，不禁赞道："奇才，奇才！"

陈衍、李文石从辜先生的现身说法中也都认识到出国留学的重要性，不仅有利于掌握外文，而且可以更好地学习西洋科学知识。

综合大伙的发言，张之洞坚定了派遣学生出国游学的信心。他认为："出洋一年，胜于读西书五年，此赵营平百闻不如一见之说也。入外国学堂一年，胜如中国学堂三年，此孟子置之庄岳之说也！"另外，他还提出以出洋游学为加速培养合格新式教员的捷径，解决师范学堂师资力量不足的问题。

大家很快达成共识：当今育人大计，应派遣留学生。

张之洞以此拟成电报文稿，当即请奏朝廷。

几天后，朝廷给张之洞回电：允奏。钦此。

手里拿着朝廷电报批文的张之洞，情绪高昂，万分激动。他怎么也没想到，湖广督署关于派遣学生出国游学的主张竟然这么快得到批准和支持，这真是天赐良机呀！

为了尽快落实朝廷的谕示，张之洞引导督署官员和属下就游学方向进行了商议，大家一致认为："西洋不如东洋。"其理由是：一则日本路近费省；二则易于考察控制；三则相对于欧美语言，日文更便于中国学生掌握；四则日人已对西学做了选择介绍，便于学习。

此前，光绪二十二年（1896 年），张之洞曾派出湖北第一名公费留日学生戢翼翚（1878—1908）。

现在已是戊戌变法之后，国家许多有志之士都在考虑如何弃弱图强。作为湖广总督张之洞更是如此，他把派遣留日学生当成培养人才、以智救国的重要途径。

为了掀起派遣学生出国游学的热潮，张之洞决定自家带头，以消除他人顾虑。他在武昌总督府邸召开家庭会议，吸收李夫人和二子张仁侃参加，并有从北京赶来的长媳阿秀和长孙张厚琨、次孙张厚璟，来自黄陂的侄媳栗典颖和侄孙张长江，还有薛福德、高琼玉和薛日贵一家及王一丁、刘瑞琴和王小兴一家等也都与会。他向他们做了关于后生留学日本的动员，国家求贤若渴，吾辈应当努力。大家听后都高兴极了，都认为这是千载难逢的大好事，孩子能够出国深造，必能成为有用之才。夫人、儿媳、侄媳们，乃至弟媳们，一致拥护留学育人这一主张，同意自己的孩子赴日学习。二子张仁侃、长孙张厚琨、次孙张厚璟、侄孙张长江以及薛日贵、王小兴等都积极表态，愿意去外国读书。王一丁激动地说："张大人，我们永远忘不了您的大恩大德，咋也没想到，我原本是总督府厨房的一个水夫，儿子竟然能够去日本留学！"

汉口码头，人山人海，热闹非凡。

只见五百多名留日学生，排成四路纵队，陆续登上停泊在码头上的一艘巨型江轮。学生家长们站在码头外边，翘首张望自己的孩子。

湖广总督张之洞率领督署官员特意赶来，为几百名留日学生送行。

江轮汽笛鸣起——

码头外边的家长、亲属们大声呼叫，高喊自己孩子的名字。不少人流下了惜别的眼泪，因为孩子这一出国，至少三载不能见面。站在甲板上的孩子们，也是非常依恋自己的父母和亲人，遂扬起手臂喊叫着……

又响起长长的汽笛声——

江轮启动了。

载着学生们的江轮，渐渐驶离湖北汉口，沿着长江由西往东，顺水而下，直达上海。而后，他们将从上海换乘海轮，去往日本。

以后，张之洞又相继派出大批学生赴日学习实业、师范、法律、警察、军事。"据光绪三十三年的统计，留日学生全国各省共计 5400 多名，湖北所派学生即有 1360 余名，占了四分之一，所以湖北在当时有先进省之称。"

须知，张之洞于光绪二十年（1894 年）至光绪二十一年（1895 年）署都两江时，就曾多次派遣学生赴日、英、法、德等国留学。

张之洞任湖广总督十八年间，虽在湖北办学，但注意培育津南人才，尤其不忘为家乡培养人才。当时，天津府管辖天津、静海、青县、沧州、南皮、盐山、庆云共七个县。光绪三十年（1904 年），张之洞携薛福德、辜鸿铭、李文石等人由湖北来到津南，专门招选学生。从这几个县招去湖北上学的达二百多人，上的是湖北高等工艺学堂。其中，南皮县一百多人，天津府各属一百余人。

光绪二十九年（1903 年）张之洞离开武昌，北上京师，同袁世凯一起，觐见皇上，奏请变通科举，改革教育课程。在这一年的秋天，张之洞在京城制定完成“癸卯学制”之后，十二月初九，慈禧太后特意召见了他。

张之洞奉召地点在长春宫。这是自光绪二十六年（1900 年）八国联军入侵北京之后，慈禧太后回銮第一次回到她的长春宫。

受辱心情渐渐好转的慈禧太后，即使不再垂帘，但仍然把持朝政。她从奏折、电报中依然了解并控制军政要事，尤其对张之洞执行“湖北新政”大纲所取得的成就了然于心，不只是大办洋务，还有兴办教育，都让她深感兴趣，听说张之洞近日在京制定完成了一份“癸卯学制”，非把湖北的教育搞上去，产生了召见张之洞的想法。

往事似乎就在眼前，张之洞回忆起当年会试的情景……慈禧太后亲自阅卷，特意把他从二甲拔到了一甲第三，从而使他以一甲第三名的成绩被赐予进士及第，并授予翰林院编修的官职，以至于后来他被人们称作太后“手擢之人”！另外，他远离京城，多年在外担任封疆大吏，数次被人弹劾诬告，多亏了慈禧太后理解，给予支持，使他在仕途上能够春风得意，免受坎坷。

因而，张之洞将慈禧太后的恩典一直牢记心底。

今天，他见到慈禧太后比起往日她垂帘时更加敬重，急忙上前，双膝跪地，长揖叩拜，道：“老佛爷在上，张之洞大礼参拜，衷心祝愿老佛爷万寿无疆、万寿无疆、万寿无疆！”

“张之洞啊，快起来，谢谢你的一片苦心！”慈禧太后被他的祝福感动，随即挥手道，“莲英，搬把椅子来，给张大人坐！”

“嗻！”李莲英转身搬过一把木椅。

“多谢老佛爷恩典！”张之洞又一施拜，欠身站起，但他没有落座。因为他知道君臣之礼，只有资深王爷偶尔可享用太后、皇上的赐座，其他臣子是绝不允许的。

“张之洞，你离京做事、担负封疆大吏几十年了，如今已是六十六岁的人了。俗话说，人活六十六，不死掉块肉。我让你坐下讲话，你就坐嘛！”慈禧太后再次催促地说。

“回老佛爷话，君臣之别、君臣之礼，微臣至死不敢违犯。且微臣身体尚好，请老佛爷勿念！”张之洞拱手道。

“好吧，你既然不肯坐，那就站着说，咱们长话短说。”慈禧太后深知张之洞多年为官，非常注意君臣礼仪，从没发生过傲视朝廷的事情，所以只好依着张之洞。

“请老佛爷赐教！”张之洞仍抱拳道。

“张之洞，我今儿个把你找来，主要说两件事：一件是你督署湖广，那里的秩序还算比较稳定，希望你继续谨慎从事，就像你后期处理变法之事那样，一定要审时度势、顾全大局；第二件是你抓教育成效显著，给全国各省做出榜样，希望你再接再厉、不可松懈，我这里给你些钱，虽然不多，也算是奖赏吧！”慈禧太后说罢，转身朝李莲英挥了一下手。

“老佛爷，您太费心了。微臣已享皇家洪恩，理应做好朝廷交办的事情，焉敢承受奖赏！”张之洞推辞道。

“你就别客气了！”慈禧太后指着李莲英手中的东西，面向张之洞，道，“来吧，这是我给你的赏银五千两、活计一匣、路菜十六种！”

“谢老佛爷鸿恩！此情微臣将铭记终生，一辈子报答皇恩！”张之洞撩袍跪地，施叩拜大礼，而后站起身来，从李莲英手里接过一张五千两银票和一个木匣。

慈禧太后又说道：“张之洞，跪安吧！”

“老佛爷万岁吉祥！”张之洞因怀里抱着东西，单膝跪地，以示拜谢，欠身告辞，便走出长春宫。

年关将近，张之洞回湖广总督任内，顺道回家乡南皮祭祖。

翌年正月，张之洞携李静姝夫人再次回到家乡南皮双庙村。他宴请族人，亲朋欢聚。当谈到南皮教育时，张之洞深感落后，双庙村还没有新式学堂，村童仍在读私塾，遂决定自筹资金为家乡办一所小学堂。他以“皇太后赐银及历年廉俸所余，建合族小学堂。廉俸所余一万二千两，并赐金，购地十七顷有余，以利息为常年经费，名曰慈恩学堂，定额高等初等各三十名，学科照奏定章程办理”。此后“改为中学堂、高等小学堂各一所。中学三十名，高等小学六十名，本姓外姓各半。度地兴工，命次孙厚璟回籍经理其事，呈南皮县转详请奏。续捐银一万两生息备用。并选学生赴湖北学习”。校址设在南皮县城西南三里远的双庙村，学堂按新式学校建筑，工料十分讲究，间量进深高大，校舍间的回廊通往各个教室。学堂建有教室、寝室、议事厅、餐厅、伙房、图书室，在学堂后边建有风雨操场。

经过三年建设，学堂于光绪三十三年（1907 年）竣工。七月正式开学。初小五年，高等小学四年，中学为五年。

《全国重点中学通览》对慈恩学堂有这样的记载：“慈恩学堂原系清末大学士张之洞用慈禧太后赏银建的一所集中学与小学于一体的学堂，占地 12.16 亩，教室、宿舍、大厅、体育场等所有建筑有天廊相连，建筑宏伟，古朴大方，还设置花园假山，古槐海棠。正门光绪题匾‘慈恩学堂’，二门慈禧题匾‘振民育德’，都是鎏金大字……”南皮县的近代教育由此发端。

第二十四章　支持维新　亦反对维新

希腊的色诺芬尼有句名言："万物产生于大地，终究一切回归于大地。"

这是一句充满哲理性的格言。

按照这句格言来思考，人类随着岁月的流逝，一代又一代为着不断变化的世界所做出的巨大奉献，是完全值得的，因为这是一种宝贵精神，将顺乎大自然而融于大地，并与大地永存，与日月同辉。

万物的变化是永恒的。但人类生存的社会基础绝不会永恒，而是没有片刻安宁，伴着各种不同的变动必然常常地发生变化。

促使社会基础变化的往往是革新和改革。不过，革新和改革有着本质的不同。无论是在进步的国家里，还是在落后的国家里，改革是不可避免的，而且改革是不断的，可是要想改革取得成功却并非易事。众所周知，秦朝商鞅变法已取得成功，可终了他却落得个五马分尸的下场。

落后的国家其政治制度一定是落后的，甚至是腐败的。这就需要改革者拿出勇气，敢于揭露时弊、鞭挞丑恶，敢于革故鼎新、开拓进取，置个人安危于不顾，图国家昌盛而献身。

改革者站在大潮前头，不畏艰险；

变法者一心为了民族，生死度外。

亲爱的读者诸君！现在应该让我们一起回过头来追述一下光绪二十四年(1898 年）维新变法的始末——

笔者在本章所拟的题目："支持维新　亦反对维新。"这就高度概括了我们的主人公张之洞对待维新变法的态度，在维新运动初期、中期，他是寄予同情和支持的，但在后期他又是坚决反对的。其原因是：张之洞代表着封建统治阶级和封建士大夫的利益，极力维护他们的既得利益，绝不允许动摇他们的统治根基。

甲午战争中北洋海军的全军覆灭及中日《马关条约》的签订，举国震惊，在国内引起轩然大波，人们痛骂李鸿章的卖国行为。全国上下群情激愤，预示着将有一场新的风暴来临。

此时，正是全国举子在北京会试的时候，忽然从日本传来签订《马关条约》的消息，举子们听后非常气愤。会试驿馆内，烛光通明，犹如白昼。这些从考场内走出来的举子，吃完晚饭就集中在一起，口诛笔伐，痛骂卖国贼李鸿章，抨击腐败的清廷政府。

最后，经大家商议，首推康有为、梁启超两人，一起撰写了一份长达一万四千字的《上今上皇帝书》，参加会试的各省一千多名举人都签了名。

第二天，康有为、梁启超把众多举人集合起来，赶到都察院门前请愿，遂将《上今上皇帝书》呈上，拜求都察院向皇上转达他们的意见。

这就是轰动一时的“公车上书”。

遗憾的是，都察院的官员们看过这份《上今上皇帝书》之后，觉得文字犀利，内容不妥，对朝廷的软弱及李鸿章大臣的罪行揭露过甚，所以他们没敢转呈皇上。

这次“公车上书”虽然皇帝没有看到，但已造成广泛的影响，朝廷上下、宫廷内外几乎都知道举人们的奏言上书。康有为、梁启超成了享誉中外的维新派领袖。

“公车上书”的第二天，会试发榜。全国各省举子们前来看榜，一些人中第，一些人名落孙山。而康有为考中了进士，朝廷授予工部主事。但是并没有影响他的维新思想。不久，康有为、梁启超又第二次给皇帝上书，这次仍被都察院截留，皇上还是没能看到。

康有为并没死心。半个月后，康有为以进士的名义，第三次给光绪帝上书，他把这次写的《上今上皇帝书》直接交给乾清宫总管太监黄天福，嘱咐他无论如何转呈上去，最好能够亲眼看到皇上审读批示。

第三次上书，光绪皇帝终于看到了。

他读后很受触动，非常赞赏康有为的主张。

一个月后，康有为第四次写了《上皇帝第四书》，又托人呈了上去。

康有为这些“上书”，光绪的老师翁同龢都读过，觉得分析时政透彻，紧密联系实际，论述得很有道理。他积极向光绪推荐，请皇上好好读读，看是否有可吸取的东西。

光绪认真阅读了这些“上书”，读后心里久久不能平静。他的心被炽烈的火焰燃烧，激发的一种激情难以抑制。他陷入深深的思索之中。

光绪亲政六年来，耳闻目睹的内政外交，皆是一本失败的记录，尤其是甲午战争的失败和《马关条约》的签订，曾让他感到迷茫若失、凄楚沮丧，不知如何才能挽救国家于危亡之中。

他从康有为的文章中，看到了振兴大清王朝的一线希望，为保大清社稷，非实行新政不可，即从国家政体上改世袭帝王朝廷为君主立宪制，以图富国强兵。

但他不知怎样才能采纳康有为的变法，关键的问题是他必须请示慈禧太后批准，不敢擅自做主，否则寸步难行。想到这里，他还是准备硬着头皮找一找慈禧太后，争取求得她的同意和支持。他把自己的想法告诉了恩师翁同龢，询问，怎样请示慈禧太后才好?

翁同龢看到皇上热衷于变法维新，心里很高兴，当即表态支持。至于请示慈禧太后，是无可非议的。不过，应暂缓几日，待慈禧太后听到变法上书的呼声后，再酌情请示不迟。

光绪觉得翁同龢提出的请示时机有道理，让慈禧太后的耳朵里先灌输一些变法的正面思想，他再去当面呈请，她才不会一概拒之。

亲政的光绪皇帝，决定暂等几天再行请示慈禧。

康有为、梁启超等维新变法代表人物的“公车上书”运动，很快传到大江南北。湖广总督张之洞闻知这个消息后，马上做出反应，表态支持康、梁的变法行动，他分别给朝廷、军机处发去电报，赞扬康有为、梁启超等全国各省诸多举人联名的《上今上皇帝书》，此乃关注时政、关心国家，革故鼎新、变法图强之举。

光绪二十一年（1895 年）秋，京师强学会成立。

这时，张之洞因甲午战争而签订《马关条约》，亲自北上天津，跑到北洋公所，指控从日本签约回来的李鸿章。在那里他听到京师强学会诞生的喜讯后，马上回督署筹集一千五百两银子，派人送到京师强学会，以示捐资赞助。

紧接着，上海强学分会成立。

当天，身处武汉督署湖广的张之洞，忽然接到薛福德从武昌电报局取回的一封电报，这是由上海电报局发来的。张之洞拆看后得知，上海强学分会即将成立，大家一致推选他为该分会会长。一向关心国家政务大事的张之洞，深知强学会对促进维新变法的重要性和实效性，随即答应此事，遂拟写了一份关于同意担任上海强学分会会长的电报文稿，命薛福德立刻送到电报局发出，以免影响该分会按时成立。

薛福德领命后，手持电报文稿欲离开总督府，去电报局发报，张之洞忽然叫住了他：“福德，等一等！”

“张大人，还有事吗？”薛福德停住脚步，转过身来。

“我这里还有一封信，你把它一块儿带走。”张之洞说着拿起毫管，铺好信笺，开始撰写信件。这封信是他写给上海旧属汪康年的，他在信中要求汪康年把目光转向康、梁变法上，委派汪康年助办《时务报》，以加强宣传变法的力度。张之洞把信件递给薛福德，叮嘱道：“福德，你先到电报局把电报发走，上海强学分会准备召开成立大会，等待我的答复。而后你再去邮政局，寄走这封信！”

“是。张大人，我现在就去！”薛福德又接过信件，连同电报文稿一并装入衣兜内，于是转身走出总督府，朝街心电报局走去。

为了把变法舆论引向深入，张之洞不满足于个人的积极行动，而是以督署的名义召开高级官员会议——

在总督府议事厅内，参加会议的有：湖北巡抚谭继洵、汉阳府知府廖兴业、武昌府知府梁鼎芬、武昌镇总兵江帆；湖南巡抚陈宝箴、学政徐仁铸；总督府总文案李文石，幕僚辜鸿铭、陈衍等。

会上，张之洞向大家通报了康有为、梁启超率领全国各省举人进行“公车上书”运动的具体情况，主张变法维新的上书已经被光绪皇帝审阅，这一行动席卷全国各地，从京师到各省都在热切关注，估计朝廷很快就要做出反应。随之，他向各省、府提出要求，一定要以实际行动支持康、梁变法上书运动，尽快制定相应举措，以表明积极态度。

听完张之洞总督的动员讲话，湖北、湖南两省巡抚相继发言表态，坚决响应督署号召，全力支持康、梁变法上书，并准备在本省也成立强学分会，一边宣传变法，一边吸收支持变法积极分子。

几天后，湖北强学分会、湖南强学分会宣告成立，谭继洵巡抚与陈宝箴巡抚分别担任本省分会会长。

张之洞听说湖南省还创建了《湘学新报》以配合该分会开展宣传活动，他立即筹集了二千两银票，责成总文案李文石办理汇邮手续，寄往湖南《湘学新报》编辑部，以表赞助。

在戊戌变法兴起的同时，另一位重要人物以他对西学的研究成果，对国家和民族的分析与态度，极大地影响了康有为等维新派，这个人便是福建省侯官县的严复。

提起严复，人们自然会想到他的翻译名著《天演论》。但要知道《天演论》是如何形成的，还得要先了解一下严复本人的身世。

严复得益于父亲对他的教育。父亲是一个普通的乡村医生，使他自小就养成良好习惯，艰苦朴素、勤奋刻苦、为人正义。但在他十四岁那年，父亲积劳成疾，过早地离开了人世。

由于他天资聪颖又勤劳努力，就在他父亲去世的当年冬天，他以第一名的成绩考取了福州船政学堂。这是左宗棠督闽浙时创办的一所海军学校，附属于福州船政局。严复在这所学校的五年间，除了学习英文和驾驶船舶技术外，还学习了数学、力学、物理学、化学、天文学等课程。

同治十一年（1872 年）秋，严复以优异成绩毕业于福州船政学堂，被分配到军舰上实习和工作，一干就是五年。光绪三年（1877 年）他又被选派到英国去留学，除了学习专业知识外，对英国社会也进行了一番考察，直到光绪五年（1879 年）才回国。回国后，第二年，他被李鸿章聘到天津担任北洋水师学堂洋文正教习，十年之后又任该学堂总办。严复在这所学堂工作了二十年，直到光绪二十六年（1900 年）爆发了义和团运动，他才辞去职务，移居上海。

甲午战争以前，严复作为封建社会的一名知识分子，像其他人一样热衷于功名，愿得一官半职，曾几次参加科举考试，可是他这么一位福州船政学堂的高才生，后来又留学英国，完全称得上具有真才实学，竟然由于种种原因，一直未能中举。

甲午战争后，《马关条约》的签订，使中国陷入了严重的民族危机之中，严峻的形势使得严复警醒起来，他放弃了走科举做官的道路，转而成为提倡变法维新、救亡图强的宣传者。

光绪二十一年（1895 年），康有为、梁启超等维新倡导者们，读到严复连续发表在《直报》上的四篇文章：《论世变之亟》《原强》《救亡决论》和《辟韩》，精神受到触动，加深了对民族救亡和弃弱图强的认识，从而在变法维新这个重大政治原则问题上，与严复产生了共鸣。1897 年严复又参与创办了《国闻报》，公开报道国内外大事，抨击当时腐朽的政治和旧文化，继续倡导维新变法。

从光绪二十二年（1896 年）起，严复便着手译述英国生物学家赫胥黎的《天演论》。众所周知，这本书成为轰动一时的传世名作。《赫胥黎文集》第七卷前两部分专述进化论，题为《进化与伦理》，严复将它译为《天演论》。他每译完一篇，都加了按语，共二十九条，与译文的篇幅不相上下。光绪二十三年（1897年）初，严复在他主办的《国闻报》的增刊《国文汇编》第二、四、五、六期陆续发表，光绪二十四年（1898 年）三月，又以《天演论》书名出版。

《天演论》强调生物是进化而来的，不是万古不变的。遵循“物竞天择，适者生存”的规律，“物竞”是生存竞争，“天择”是自然淘汰，一竞一择，促使自然界生物进化。赫胥黎认为，这种生物进化，同样适用于人类社会的发展。

康有为、梁启超认真研读了《天演论》。此书上半部阐述的是达尔文主义，用生物进化论来解释社会现象，宣扬西方弱肉强食的理念。下半部阐述“人治日新”“终将胜天”的观念，鼓舞着中国人革新的信心，成为爱国志士维新变法的理论根据。

让我们一起再看看光绪皇帝是如何向慈禧太后提出实行新政的——

康有为、梁启超的“公车上书”被光绪审阅后，得到了他的赞肯，认为要保大清社稷，必须实行新政。于是，光绪听了翁同龢的建议，等了几天之后，便去请示慈禧太后。

光绪在总管太监的陪同下，乘坐马车来到西苑。

他走进乐寿堂，向慈禧太后跪地请安后，将公车上书的内容大致说了一遍，然后陈述了自己酝酿已久的新政方案。出乎他意料之外的是，慈禧并未训斥，也未阻挠，让他看着办。

他谢过老佛爷，乘车回到乾清宫着手准备。

光绪二十四年四月二十三日（1898 年 6 月 11 日），由军机处颁布了《定国是诏》的圣训，向中外宣示。光绪在圣谕中说：

> 数年以来，中外臣工，讲求时务，多主变法自强，迩者诏书数下，如开特科，裁冗兵，改武科制度，立大小学堂，皆经再三审定，筹之至熟，甫议施行。惟是风气尚未大开，论说莫衷一是，或托于老成忧国，以为旧章必应墨守，新法必当摈除，众喙哓哓，空言无补。试问今日时局如此，国势如此，若仍以不练之兵，有限之饷，士无实学，工无良师，强弱相形，贫富悬绝，岂真能制梃以挞坚甲利兵乎？朕惟国是不定，则号令不行，极其流弊，

必至门户纷争，互相水火，徒蹈宋明积习，于时政毫无裨益。即以中国大经大法而论，五帝三王不相沿袭，譬之冬裘夏葛，势不两存。用特明白宣示，嗣后中外大小诸臣，自王公以及士庶，各宜努力向上，发愤为雄，以圣贤义理之学，植其根本，又须博采西学之切于时务者，实力讲求，以救空疏迂谬之弊。专心致志，精益求精，毋徒袭其皮毛，毋竞腾其口说，总期化无用为有用，以成通经济变之才。

京师大学堂为各行省之倡，尤应首先举办，著军机大臣、总理各国事务王大臣会同妥速议奏，所有翰林院编检、各部院司员、大门侍卫、候补候选道府州县以下官、大员子弟、八旗世职、各省武职后裔，其愿入学堂者，均准其入学肄业，以期人材辈出，共济时艰，不得敷衍因循，循私援引，致负朝廷谆谆告诫之至意。

将此通谕知之。钦此。

四月二十七日，光绪在颐和园召见康有为。他听了康有为不少有关改革方面的意见，其变法的要点就是“富国、养民、教民”之法，实行“议郎制”，开设十二局。一言以蔽之，就是实行君主立宪制，学西方之经济建设，发展资本主义。

当时，张之洞特意从湖北给光绪发去一封电报，推荐一批思想开明的青年，其中就包括梁启超。

光绪在召见康有为、梁启超的时候，又和他们进行了一次长谈，心中分外高兴。当即，光绪授康有为暂时为总理衙门章京（主持文书工作），任梁启超为大学堂主事。维新派的骨干谭嗣同、杨锐、刘光第、林旭被任命为军机章京，参与批阅奏折、起草上谕的工作。同时，李鸿章因筹办新政不力而被赶出总理衙门。

于是，维新变法大张旗鼓地开展起来。因这一年是农历戊戌年，故史称“戊戌变法”。

特别值得引起我们注意的是，在维新运动中期，张之洞写下著名的大作《劝学篇》二卷，于光绪二十四年（1898 年）刊行。在《劝学篇》一卷前边，上谕批语这样写道——

光绪二十四年六月初七日奉上谕：“本日翰林院奏侍讲黄绍箕呈进张之洞

所著《劝学篇》据呈代奏一折。原书内、外各篇，朕详加披览，持论平正通达，于学术、人心大有裨益。著将所备副本四十部，由军机处颁发各省督、抚、学政各一部，俾得广为刊布，实力劝导，以重名教而杜卮言。钦此。

张之洞在《劝学篇》序中指出："窃惟古来世运之明晦、人才之盛衰，其表在政，其里在学。不佞承乏两湖，与有教士化民之责，夙夜兢兢，思有所以裨助之者，乃规时势，综本末，箸论二十四篇（《内篇》九，《外篇》十五），以告两湖之士，海内君子与我同志亦所不隐。《内篇》务本以正人心，《外篇》务通以开风气。……"

《劝学篇》这部著作的大意是：中国的出路在于复兴儒家学说，并采用西方的科学技术，但不采用它的哲学。这部著作中充满了对朝廷的忠诚和对中国的祸根——腐败官场的谴责。其真正目的是鼓吹一个先从教育着手、逐渐改良的方案，而不是皇帝和康有为正在尝试的激变。

光绪皇帝审读《劝学篇》并作了上谕批示后，除令军机处颁发各省督、抚、学政各一部外，又下令将它分发给所有官员和学者。

慈禧太后看过张之洞撰写的《劝学篇》之后，亦加称赞。

张之洞主张维护三纲五常，固然是一种文化保守主义，但却不必然是政治保守主义的主张。在这一点上，慈禧太后并没有真正看透。尤其应该引起我们注意的是《劝学篇》中"西学之中，西艺非要，西政为要""政尤急于艺"的提法。张之洞认为，中国文化要从西方吸取的，科学技术并不重要，重要的倒是西政。

即使在今天看来，这也仍然是非常大胆的主张。

简言之，张之洞的体用观也可以说是"中学为体，西政为用"。那么在其"君为臣纲"的价值理念下，所能吸取的西政究竟是何种政体呢？首先绝不可能是美国式的或法国式的共和政体。联系到张之洞在《劝学篇·正权》中关于法治优先于民主的阐述，可以证实，他心目中的理想政体只能是英国式的君主立宪政体。1901年，他在致刘坤一的函札中更进一步明确了这一"西用"的外延："其实变法有一紧要事，实为诸法之根，言之骇人耳。西法最善者，上下议院互相维持之法也。"在此明确表示了对西方宪政与代议民主政制的渴慕与心仪。

有意思的是，激进的康党与清廷的守旧派在政治上似乎水火不容，但他们执持的其实都是体用一元的整体论思想。唯有张之洞的中体西用论超越了两者的这一误区，为走出一元的传统社会作出了可行的规划。这一主张大略相当于托克维尔所说的，“改变法制可以不改变信仰”。

“中体西用”学说，说到底牵涉中西文化体系究竟是否可分的问题。晚清许多中国士人都倾向于文化体系是可分的，故采纳异文化之成分以重组自身文化至少是可能的。“中学为体，西学为用”正是这一观念的典型表达，希望达到一种主要讲求西学而又保存中国认同的理想境界，士人也可以广泛接受西方学理而不觉于心不安。

理论是行动的先导，而行动往往是理论指导的必然。

一天晚上，张之洞正在总督府书房阅览光绪帝关于实行新政的诏书，辜鸿铭悄悄走了进来，默默地坐在桌案旁边的椅子上。他俩互相看了看，谁也没有说话，但表情都是忧郁的，眼神透着沉重的心思。

过了好大一会儿，还是张之洞先开口问道：“鸿铭，你读书较多、游历甚广，对当前变法时局有何看法？”

“京师维新闹得很热烈，听说皇上频繁接见康有为等变法上书的首领，而太后似乎态度冷漠，这不得不令人深思，变法能否成功，恐怕还容不得乐观。”辜鸿铭说到这里，突然顿住了。

“那些跟着皇上跑的人，会看到这一点吗？”张之洞又问道。

“多数人看不到，只有极少数人心知肚明，将来的危险就出在他们身上。”辜鸿铭没有点名，因为他认为张总督是知道的。

张之洞知道他暗指袁世凯。

袁世凯与康有为的第一次正式合作，是光绪二十一年（1895年）八月在北京成立强学会。在强学会的开幕式上，袁世凯、徐世昌、杨锐、文廷式等人均被列为发起人。当场他们就发起了募捐运动，与会者也是纷纷慷慨解囊，使康有为“一举而得数千金”，解决了一直困扰他们的经费问题。其中，袁世凯当场认捐五百两，文廷式认捐一千两。随即，作为湖广总督张之洞，同两江总督刘坤一、直隶总督王文韶各认捐五百两，太原镇总兵聂士成认捐一千两。当时，李鸿章也打算认捐两千两，加入强学会，只是康有为考虑到他的名声太臭，所以没有接纳他。

对于辜鸿铭提出的看法，张之洞也有同感。凡是对事物喊叫得过火的人，总是有不可告人的目的。

袁世凯甚至表现得比维新派还“新”。他在北京各邸堂间大声疾呼：“必须大变法以图多保全数省。”不论是在北京，还是在天津，袁世凯往往是逢人便谈维新变法。他为了讨好皇上，专门去找皇上的老师翁同龢，特意表态说：“非大变法不足以保全，非维新不足以济时艰。”

“张大人，您在仕途奔走多年，看问题比我等深邃得多，我只是提醒一下罢了。”辜鸿铭遂又安慰他说，“张大人，好在您有一部《劝学篇》，既有新学，又有纲常。”

“鸿铭，我在近日闻到京师一些消息，预感到康梁变法奏书将要有一番阻力，咱们是得调整一下部署。”张之洞认真听取了辜鸿铭的劝告，脑海里开始新的打算。

的确，张之洞从陕西巡抚他姐夫鹿传霖那里得知，而鹿传霖又是从曾经流放到陕西的荣禄——现已回到慈禧太后身边——得知宫廷秘密消息的。光绪二十四年（1898 年）春末夏初，康有为给皇上上了一份奏折《请定国是而明赏罚》，由御史杨深秀代为呈递，光绪帝看后，越发增加了变法的信心，便请老师翁同龢向慈禧转告说：“儿不能做亡国之君，如不付儿全权，宁愿让位。”慈禧听了很生气，就叫人告诉光绪：“皇帝要办的事，太后绝不阻挡。”于是，光绪帝在四月二十三日下诏书“明定国是”。

张之洞分析认为，这既是变法维新的危险信号，又是光绪皇帝实行新政夭折的开始。他从心里同情皇上，当然还有康、梁等维新派，但又觉得他们的做法违背了封建纲常，又太过激进，自觉不自觉地滑向慈禧一边……

诚然，张之洞本人是过渡时代的人物，在他身上新旧思想冲突很鲜明。在近代史上，身居高位的大臣坚决反侵略的很少，可谓凤毛麟角。林则徐、左宗棠较突出，张之洞也可算一位。他虽未带兵上阵，但在中法战争、中日甲午战争中，敢于抗击外来侵略，督署两广时人们称他“张香帅”就是佐证。在民族存亡的关键时刻，他有言论也有行动，能够考虑到民族利益，有强烈的爱国主义思想，这必须给予充分肯定。可是，还应看到，张之洞是清朝大臣，忠于朝廷，维护封建统治；他相信儒学，维护纲常伦理，这两个方面贯穿于他的思想和行动中。

他本来支持维新变法，对康、梁也很友好。前不久，他在湖广总督衙门，还接待了当时仅为举人的梁启超，礼遇不亚于上宾，实不寻常。另外，戊戌六君子中的杨锐是他的得意弟子，跟他关系甚密；刘光第也是他所推荐。可是，张之洞和维新派之间渐渐有了分歧，走向了对立。开始仅是学术上的，张之洞对公羊学有意见；后来发展到政治分歧，反对民权说，终与康、梁反目。《时务报》汪康年、梁启超之纠纷便反映了这种矛盾。后来，张之洞又著《劝学篇》反对维新派。

光绪与康、梁等只顾推动维新运动向前发展，没有注意到新旧斗争正在渐趋激化。

这场变法运动深深地触犯了许多守旧大臣的利益。变法开始后不久，许多被砸了“金饭碗”的官僚和皇亲国戚纷纷赶到颐和园，请求慈禧太后重新听政，尽快制止变法运动。

慈禧太后说：“我不是为了听政，但变法这件事我是得考虑一下了。”

几乎是同时，张之洞连续采取举措，以表示反对维新变法的态度。

他登报声明：自除上海强学分会会长的职务；对上海《时务报》的进步言论大加干涉和指责；并严斥积极支持变法维新的湖南巡抚陈宝箴、学政徐仁铸等。

他拒绝了同两江总督刘坤一一同上疏反对废黜皇帝。

对维新变法一直耿耿于怀的慈禧太后，借助朝廷众卿也反对变法的机会，下诏命荣禄入京密商。

荣禄出身“忠义”世家。他的远祖费英东，是辅佐清太祖努尔哈赤打天下的开国元勋。其祖父塔斯塔在道光初年官居喀什噶尔帮办大臣之职，阵亡于回疆之乱的争战之中。征战平息之后，清廷对塔斯塔大加追恤，授予都统衔，并赐骑都尉世职。荣禄的伯父长瑞承袭了世职，被授予三等侍卫。荣禄的父亲长寿则被授予蓝翎侍卫，至咸丰初年，已官至天津直隶镇总兵，后来又任甘肃凉州镇总兵之职。咸丰元年（1851 年），太平天国农民起义爆发于广西，清廷统治集团惊恐万状，立即调兵遣将驰赴广西进行镇压，长瑞、长寿同时被征召参加了这一战事，结果兄弟二人双双阵亡。最后，朝廷对长瑞、长寿大加优恤，二人皆被赠以提督衔，予骑都尉、云骑尉世职，长瑞谥武壮，长寿谥勤勇，并设“双忠祠”。荣禄的叔父长泰随科尔沁亲王僧格林沁镇压捻军阵亡，可以说是“一门忠萃”。

荣禄就出身于这样一个不同寻常的家庭。他本人有将相之才，且又靠着祖先荫庇，十六岁那年便踏上仕途。先后任工部主事、户部银库员外郎、工部右侍郎、户部左侍郎兼管三库事务；光绪元年（1874 年），荣禄被授总管内务府大臣，其权位与御前大臣、军机大臣鼎峙。此后的为官期间，荣禄曾因上奏阻止慈禧太后自己挑选宫监而遭贬。但是，他后来又为给慈禧举行六十岁诞辰庆典送去一份十分丰厚的礼物，而被慈禧官复原职，获迁兵部尚书、军机大臣等要职，回到清廷权力中心，也回到了慈禧的身边。

目前，光绪帝起用康有为、梁启超、谭嗣同等参与新政，准备实行变法。慈禧太后唯恐形势有变，于是迅速起用了手握兵权的荣禄，授予他文渊阁大学士、直隶总督兼北洋大臣等职，统率董福祥的甘军、聂士成的武毅军和袁世凯的新建军。

现在，荣禄奉召秘密赶到颐和园，拜见这位已经不再垂帘听政、但仍然控制军政大权的慈禧太后。

慈禧太后正在为皇上极力支持变法、准备实行新政而焦虑不安时，荣禄来到眼前，向她跪拜请安，并请旨领命。

这时，正值光绪二十四年（1898 年）七月盛夏之际，也恰是维新变法进行两个月的高潮时期。

慈禧太后先是垂询："荣禄，你在天津这段时间，听到京师的一些新动态了吗？"

"微臣对变法已有耳闻，就几个书呆子在皇上耳边瞎吹风！"荣禄回答道。

"哎，不可小视啊！你这个步兵统领，不能只顾在那里抓军务，还得过问政务。"慈禧太后很欣赏荣禄的才能，也知道他忠诚可靠，没有过多责备，只是严肃地提醒道，"这维新变法，快要把天捅个窟窿了！"

"哦，这么严重！"荣禄引起警觉，遂请示道，"老佛爷，请您赐教。"

"荣禄，听命！"慈禧太后从椅子上站起来说。

"老佛爷，微臣听旨！"荣禄慌忙撩袍跪地，伏首抱拳。

"我命你抓紧操练队伍，严格军容军纪，八月间安排一次阅兵典礼，并请皇上到时驾临阅兵！"慈禧太后下达谕示，但没说出其动机和目的。

"微臣谨记。老佛爷万岁、万岁、万万岁！"荣禄长揖叩拜，欠身告辞，走出颐和园，乘坐专列返回天津去了。

慈禧部署天津阅兵这着棋还真灵，纯属"投石问路"。

当时，人们纷纷传说，慈禧将会在阅兵时宣布废黜光绪皇帝。

光绪听后亦非常紧张，马上去颐和园，面见慈禧太后，探个虚实。

慈禧见光绪来了，铁着脸对他说："你实行法政，我不管，可你要随便裁用大臣，任用那些维新派小人，不行！"

光绪仍然诚恳地说："皇阿玛，您听皇儿说，不变法不能救国，不把守旧无能的大臣罢免，任用有为之士，就不能变法。请皇阿玛理解皇儿的心情！"

慈禧冷笑说："嘿嘿……你倒该想想，你的皇位还要不要了！"

"太后，您……"光绪一看，慈禧太后是彻底地站在维新派的对立面，并从中悟出，她要向自己下手了。

母子俩话不投机，谈不合拢，不欢而散。

光绪一走，慈禧就同荣禄又一次密计趁天津阅兵之机进行兵变，实行废立。但她表面上却装出一个颐养天年的样子，假装脱离了朝政。

但这个密计被梁启超的内党得知，并告知了维新派。

光绪已知事态发展的严峻性，连发密诏，同康、梁等人反复研究对策。康有为几经思索，建议光绪召见正在天津小站练兵的袁世凯，让他为皇帝效力。光绪遂下旨给袁世凯，命他迅速“来京陛见”。

八月初一，光绪帝召见袁世凯，温语慰勉，问及变法事宜。袁世凯也十分乖巧，在皇上面前极力赞扬“新政”。光绪帝于是降旨嘉奖，并赏给他兵部侍郎衔，命他继续办理练兵事务。袁世凯连连磕响头，感谢皇上的隆恩。

第二天，光绪帝再次召见袁世凯，勉励他努力任事，并暗示他以后不必再受荣禄的节制。袁世凯点头应是，不住地感谢皇上的信任。

不过，一贯狡诈多疑的袁世凯，深知北京的政治形势非常险恶，所以他预先给自己留了后手，分别去拜访一些很有权势的守旧派大臣——礼亲王世铎、庆亲王奕劻、刚毅和裕禄，当面表示自己蒙受非分之恩，汗流浃背，要上疏辞去这一恩典，暗示自己要与光绪帝划清界限。

八月初二，为了确定下一步的对策，袁世凯又将自己的老友徐世昌邀来。经过一番密商，两人分析断定：维新派的力量远远不及守旧派，与其忠于光绪帝而白送性命和前程，还不如投靠慈禧保险。

八月初三，康有为、梁启超、谭嗣同等人聚集在一起，商议请袁世凯杀掉荣禄，彻底打乱“天津阅兵”计划。

当晚，谭嗣同带领好友大刀王五、通臂猿胡七，前往袁世凯的住所——法华寺。他们口称“要见尉帅”，冲破护从阻拦，大步登堂入室，正在饮酒的袁世凯被吓了一跳。

谭嗣同告诉袁世凯，天津阅兵是个阴谋，慈禧和荣禄要加害皇上，一边说，一边从怀中掏出一幅黄缎密旨和一支小令箭，令袁接旨。袁世凯跪地双手接过，迅速浏览了一下圣旨，原来是皇上命令他回天津铲除荣禄，夺过兵权，带兵赴京勤王。他极为惊骇，半晌无语。谭嗣同让他快起来，将军地说：“眼下皇上有难，全凭尉帅裁处了。”

袁世凯手持圣旨，欠身站起，大表自己对光绪帝的一片忠心，并宣称：“诛荣禄如杀一狗耳！”

谭嗣同走后，袁世凯反复思索，权衡利弊，决定反水告密。

八月初五下午，袁世凯赶到天津，向荣禄“告密”——将谭嗣同的秘访一字不漏地报告给了荣禄，还将密旨和小令箭一起交给了他。

荣禄闻讯大吃一惊，在做了一番布置后，急忙化装，连夜回京，去颐和园见了慈禧太后。

八月初六凌晨，慈禧太后即以迅雷不及掩耳的手段采取行动，将光绪帝幽禁到了瀛台，她自己开始重新“训政”。

光绪站在涵元殿的台阶上，望着茫茫的西苑湖秋水，仰天叹道：“吾不如汉献帝也！”

这样，戊戌变法失败了。从宣布变法到变法失败，前后共计一百零三天，光绪帝先后下达一百多道诏书，实行新政，于是人们又称之为“百日维新”。

慈禧重新走上前台的头一道懿旨，就是下令缉拿康有为、梁启超、谭嗣同等维新派人物。

这时，张之洞从湖北武昌给京师慈禧太后发来贺电，祝贺她重新“训政”。

殊不知，光绪在风声鹤唳的时候，并没有忘记与他休戚与共的维新派。他在去瀛台之前，曾下了一道密旨，令康有为等逃匿。康有为接到密旨，知道形势不妙，立即乘火车前往天津，又从天津搭英商太古轮船公司的“重庆”号客轮去上海，在英国领事白利南的保护下，从上海乘快艇去了香港。梁启超接到密旨后急赴日本大使馆避难，后来在日本人的保护下伺机逃到了日本横滨。

谭嗣同知道政变消息后，一面深悔自己错信了袁世凯而误了皇上的大事，一面暗下决心，打定主意，国难当头，以死来唤醒国人。大刀王五和通臂猿胡七两位侠士无论怎么劝他逃走，均告无效。最后谭嗣同慷慨赴死，他在狱中用炭写了首诗表达自己的壮志：

望门投止思张俭，忍死须臾待杜根。
我自横刀向天笑，去留肝胆两昆仑。

光绪二十四年八月十三日（1898 年 9 月 28 日），清政府在北京菜市口杀害了谭嗣同和另外五个被捕的维新派骨干：林旭、杨深秀、刘光第、杨锐、康广仁。后来，人们称他们为“戊戌六君子”。

戊戌变法之后，张之洞曾一度受到朝廷的怀疑，同时又为维新党人所憎恨，认为他胆小怕事而且背信弃义。他最后与维新派决裂了。当时，一些维新党人聚集在汉口，准备在义和团起事的掩护下，秘密举行武装起义以推翻慈禧太后，使光绪皇帝重新掌权，但张之洞侦知彼等的密谋，在汉口逮捕并处死其领导人唐才常及其十九名同谋。

第二十五章　引进人才　慧眼识真假

在这一段时间，张之洞除了督署日常公务之外，就一个人闷坐在总督府书房里，练写一些古人如颜真卿、孙过庭、米芾、董其昌的书法字帖，尽量排遣心中的郁闷和不快。社会上人们都在议论，戊戌变法失败后，北京发生了清政府杀害“戊戌六君子”的事件，而他又在汉口通过英国领事，破获设于英租界的自立军机关，捕杀唐才常维新派及其十九名同谋者。对维新变法，他从热情支持到截然反对，来了一个 180 度的大转弯，一下子堕入矛盾的旋涡之中。

他的心如被压上磐石般的沉重，一直难以解脱。他已有耳闻，国人支持变法、支持光绪皇帝，就连西方许多国家舆论也赞成中国有志之士的变法行动，对谭嗣同等“戊戌六君子”慷慨赴死的壮举无不称快。他从许多来信闻知，大江南北的维新派都在指责他、讽刺他、咒骂他，说他忘恩负义、反复无常，辜负全国维新派对他的期望，愧对清廷一代重臣的称号；京师的守旧派也在慈禧那里说他的坏话，说他从洋务派转向维新派，轻则为了自己沽名钓誉，重则心怀鬼胎，对朝廷不满。如今他上下说不清，里外不是人。

他何尝不为国人着想。在二十多年的疆臣生涯中，他舍得心血，舍得生命，从没有考虑或担心个人的安危。在往日的中法战争、中日甲午战争中，他该想的想了，该做的做了，有时为了一件要事，他置个人仕途于不顾，多次得罪权贵巨室。就拿实行“湖北新政”来说吧，别看自己节制湖广担任总督，朝廷赋予了大权，但遇到的难事还少吗？

他似乎悟出那么一点道理：在官与民这架天平上，常常把自己的言行砝码放在“官”的这一头，却忽视了“民”的另一头，没有把百姓放在官宦的前边。因为他平常总是这样约束自己：身为朝廷命官，焉能不为朝廷办事。

诸位读者先生！笔者在此告诉你们，我们的主人公张之洞在走向洋务派的过程中，学习西方的先进科技和事物，以求滋补自己的新知。

他读了不少孔孟的书，对道德的认识还是非常深刻的。他尤为欣赏孔子在《论语·子路》篇中说的一句话："不能正其身，如正人何？"恰孟子在《孟子·离娄上》篇中所述："胸中正，则眸子瞭焉；胸中不正，则眸子眊焉。"由此可以看到，个人的表率作用是何等重要！个人的高尚情操又是何等昂贵！

这天，他手持毛笔，用颜体写下"中庸之道"四个大字，但没有装裱，只是粘贴在桌案对面的墙上。他仔细端详着，认真思索着……看来看去，想来想去，总觉得这不像我张之洞的为人和个性，唰的一下他把这张书法撕扯下来，揉巴揉巴扔在纸篓里。

作为探花的张之洞，学问之高深自不必说。可是他对自己在戊戌变法始末的表现一直没有找到合适的定位，享受皇权服务皇权的思想始终笼罩着他。对此举还是后人对他的评价比较准确：张之洞是一个开明的封建士大夫，又是一个典型的封建王朝卫道士，本身所处的封建统治阶级地位必然决定其一切言行。

这时，总督府幕僚、忘年交辜鸿铭走了进来。他看到张总督撕扯条幅的情景，非常理解他此时此刻的心情，遂说道："道德法则经常变化，夸耀美德不忘恶德，从恶德中逃避是美德的开始！"

"酿成事实的恶德，已遭到国人唾弃，再想逃避也晚了。"张之洞放下毫管，感慨而遗憾地说。

"逃避就是忘却，忘却才能振作，何况大人的美德车船难以装载。"辜鸿铭的三寸不烂之舌很少在张之洞面前发挥威力，今天像一个大师似的开导他。

"吾岂能掩耳盗铃？"张之洞以为己所为之事忘却是不可能的。

辜鸿铭深知张之洞这位儒臣的个性与修养，耿介不阿，忠君不悖，所以不再多费口舌，而是引用孔子一句话对其加以赞扬："张大人，您是'临大节而不可夺'！"

张之洞谦逊地说："过奖，过奖！"

张之洞从甲午战争中得出这样一个结论：实力是和平的后盾，要增强实力必须靠人才来实现。

戊戌变法失败之后，他又投身到湖北新政的实业中来，继续重视人才的招揽和使用，也注意人才的流失。

这一天早晨，张之洞刚从府邸走出来，准备去吃早饭，只见薛福德从对面跑过来，气喘吁吁地报告说："张大人，汉阳钢铁厂出事了，斯尔跑了！"

"你慢慢说，到底出什么事？斯尔往哪儿跑了？"张之洞追问道。

"造钢轨厂鲁厂长同德国技师斯尔不知什么原因，吵了一架，斯尔背起行李就去汉口码头了！"薛福德简要地汇报了一遍。

"铁政局蔡总办知道吗？"张之洞一边朝前快步走着，一边又问。

薛福德紧跟在张之洞身边，回话说："蔡总办派人告诉我的，他已经赶往码头追斯尔去了！"

"福德，你快去总督府，给我备马！"张之洞命令道。

"是！"薛福德领命，拔腿就跑。

"回来！"张之洞喊道。

薛福德停住双脚，转过身来，问道："张大人，还有事吗？"

张之洞又命道："另外再备一个轿子，到汉口码头等候！"

"是，我马上去办！"薛福德领命后，飞也似的向总督府跑去。

张之洞对工厂发生的吵架事件并不感到奇怪，任何工厂都难免出现矛盾，只是跟外国人尽量不要争吵，尤其要注意尊重外国专家、工程技师的意见，人家是帮助我们搞建设来了，我们说啥也不应该惹怒人家。他心里暗暗怨恨蔡锡勇，对各厂负责人要求太松了；还有这个鲁巨峰，怎么这样莽撞呢？……

不一会儿，张之洞来到都督府大门前，只见薛福德牵着两匹骏骑已经等候在门前广场上。他赶紧走过去，从薛福德手中接过他那匹枣红马的缰绳，而后翻身跨骑，挥鞭磕镫，朝汉口码头方向飞奔。

薛福德亦翻身乘上他那匹白色骏马，挥鞭催骑，紧紧跟在张之洞的身后。

少许，他俩来到汉口码头。

二人同时飞身下马，张之洞把手中的缰绳递给薛福德，叮嘱道："福德，你在这里等候，我到码头里边看看！"

"是！张大人慢走。"薛福德接过缰绳，两眼注意观看进入码头的人群。

赶乘江轮的旅客们，看到身穿官服的长者走来，有些人认识他，这不是张之洞总督吗？便急忙给他让路。张之洞穿过人群，来到停泊在码头的江轮旁边，立即发现甲板上的蔡锡勇正在拉扯肩背行李的斯尔，他大声喊道："斯尔先生！斯尔先生！斯尔先生！"

蔡锡勇、斯尔听到了喊声，便住手回头，看到了张之洞总督。

“斯尔先生！斯尔先生！”张之洞仍在呼喊，“斯尔先生，请快下船！”

“张大人！张大人！”蔡锡勇喊道。

斯尔一看总督张之洞专程跑到码头追赶他来了，是走还是留，犹豫不决。

蔡锡勇趁机将斯尔拉下甲板，拽下江轮。

他俩与张之洞会面了。

张之洞没有询问斯尔要走的原因，而是亲切地说：“斯尔、锡勇，咱们回去！”

蔡锡勇、斯尔跟在张之洞的身后，朝码头外边走去。

张之洞看见了他那顶八抬绿呢大轿停放在道路旁边，轿夫们站在轿子前后等候。张之洞将斯尔引到绿呢大轿跟前，挥了挥手，说：“斯尔先生，请上轿，咱们回家！”

“不，不不不，张大人，我，我怎么能坐轿呢？”斯尔摇摇头，执意不肯。

“哎，请你不必客气，这轿子就是给你预备的！”张之洞说着用手指了指路旁的马匹，劝慰他，“斯尔，你看，我是骑马来的，骑马比坐轿敞快，可以观赏风景啊！”

众人被张之洞这幽默的语调逗笑了。

但斯尔还是不肯上轿，不住地摇头，并准备自己往前走。

张之洞看到身旁的蔡锡勇，还有刚赶来的造钢轨厂厂长鲁巨峰，向他俩猛一挥手……蔡、鲁心领神会，两人迅速跑到斯尔身边，大声叫道：“斯尔先生！”

斯尔愣住了！还没等他反应过来，蔡锡勇、鲁巨峰一左一右，便把斯尔连同他的行李一起抬入轿内。

“起轿！”张之洞命令道。

八抬绿呢大轿抬起来了。轿夫们抬着轿子，离开汉口码头，奔向武昌总督府。

张之洞携薛德福各跨上他们的骏骑，伴随着轿子，驰向武昌。

街道两旁的百姓看到这一情景，都在揣摩，坐在轿子里的官员职位肯定比总督张之洞高多了，张之洞还在轿前边骑马带路呢！

坐在轿子里的德国技师斯尔，心中的怨尤已荡然无存，感动得热泪默默地流落腮下。

这时，日出三竿。

蔡锡勇、鲁巨峰都回家吃早饭去了。

张之洞在总督府餐厅单独为斯尔备下早餐，但这是酒席便宴。作为湖广总督的张之洞，特意陪同德国技师饮酒吃饭，这在以往是不常见的。

张之洞亲自给斯尔斟酒、夹菜，斯尔深受感动，窘迫难言。对于斯尔的不辞而别，乃至赌气欲走，张之洞丝毫没有责备，而是一再赞扬斯尔对实行“湖北新政”做出的贡献，特别是多年来为建设汉阳钢铁厂所付出的汗水和心血，这些难忘的友谊将永远铭刻在湖北百姓的心中。

“惭愧！惭愧！”斯尔终于开口了，他的一双眸子晃动着感激的泪花。

“斯尔先生，不能这么说，肯定是我们做得不对。”张之洞当面揽过这次矛盾纠纷的责任。

恰在这时，蔡锡勇、鲁巨峰走进餐厅。

“这是汉阳钢铁厂的责任，张大人替我们受过，我们感到惭愧！”蔡锡勇抢着发言。

“不，这应该是造钢轨厂的责任，具体来说应该是我这个厂长的责任。造钢轨机出了几次故障，维修没能根除，斯尔给予批评是对的，让我们选购新机器，我又拒绝了。当时，我的态度又不好，斯尔先生，对不起，我向您赔礼道歉！”鲁巨峰说完，向斯尔恭恭敬敬地鞠了一躬。

斯尔放下酒杯，急忙站起，亦鞠躬赔礼，道：“鲁厂长，我态度太急躁了，向您致歉，更不应该一气之下出走，请您谅解！”

鲁巨峰与斯尔两人紧紧地拥抱在一起。

矛盾终于化解。这让张之洞感到欣慰，所以对蔡锡勇、鲁巨峰没再批评指责。但是，他在倾听鲁巨峰向斯尔赔礼道歉的过程中，了解到造钢轨机几次出现故障的问题，遂问道：“造钢轨机屡屡出现故障，到底是什么原因？”

蔡锡勇回答道：“机器并未老化，主要是主机不过关，包括电动机。”

“看来，我们得要进新设备，否则将会影响卢汉铁路铺轨进度。”张之洞表明自己的态度，但又问大伙，“你们的意见呢？”

“那当然好啦！”鲁巨峰高兴地说。

“张大人，我也是这么想的！”斯尔情绪高涨起来，但他知道总督府资金紧张，故通情达理地说，“我知道督署经费紧缺，但该花的还得花，说啥不能误了大事，可还得注意节约，一分钱也不能浪费！”

蔡锡勇亦表态说：“张大人，我同意您的想法，花钱要本着节约的原则，但一定要顾及选购设备的质量。”

“嗯，大家说得都很好，咱们买吧！”张之洞又问道，“造钢轨机的主机，哪个国家生产的比较好？”

“比较而言，应该是英国！”斯尔建议道。

“我看也是英国！”蔡锡勇赞同地说。

“好，就这么定了，英国。蔡总办，你负责联系，钱的问题我来解决！”张之洞最后表态说。

“是，张大人，我马上着手联系！”蔡锡勇愉快地领命道。

张之洞端起酒杯，面对斯尔说：“斯尔先生，我再敬你一杯！”

斯尔亦端杯，道：“岂敢岂敢！张大人，还是我来敬您……”

张之洞与斯尔共同举杯碰盏……

造钢轨厂的主机设备得以解决，卢汉铁路的建设照常进行，这使张之洞放下心来。然而让他感到最重要的事情还是不断地引进人才，尤其是聘用外国专业技术人才。

这段时间，张之洞带领蔡锡勇、辜鸿铭等人，先后去江宁、上海、福州、广州等几个发展快的城市，招聘引进了涉及军事、钢铁、纺织、铁路诸多方面的外国专门人才，有三十多人，从而进一步解决了一些部门急需人才的问题。

这次引进人才，张之洞已经记不清究竟是第几次了。

只有他的亲随薛福德记得清，至少是第十五次。

张之洞治理湖北近二十年，任内大力倡导和推进实业、军队、教育及社会文化事业的近代化进程，除了大量引进外国的机器设备和科学技术以外，还大量引进了外国的各种专门人才。

诚然，近代中国引进外国人才非自张之洞始。早在19世纪60年代，洋务先驱曾国藩、左宗棠、李鸿章等即聘用英、法、美等国军事人员，后来创办近代军事工业，又聘用外国技术人员，但数量都不多。福州船政局（包括附设学堂）是聘用外国人员最多的机构，大约有五十名。

“天才只能由天才来点燃。”张之洞在湖北开创的局面比他的前辈要大得多。他引进的外国人才不仅数量大，而且门类多，包括铁路、矿冶、钢铁、机械、兵工、纺织、制革、军事、警察以及普通和实业教育等。张之洞在湖北究竟引进了多少外国各类人才，没有精确的统计。但从留下的有关方面资料可以看到，张之洞引进的外国各类专门人才至少在三百五十人以上。他无疑是晚清时期引进国外人才最多的地方官员之一。

张之洞引进人才的指导思想是：权操自我，为我所用。他从不盲目引进人才，更不为冒牌人才所迷惑，但只要是人才，他将会百分之百地爱戴和尊重。

因为张之洞本身就是搞近代科技事业的官员，深知人才的重要性和特殊性。他从实践中深刻地认识到，能力太强的人，总是希望做超出能力范围的事，以施展自己的才华，对于有卓越才能的人，如果不给予其机会，就将失去其价值。人尽其才，才有所使，是他引进人才的重要目的，也是他能够留住人才的重要手段。同时，他还注意以优厚的待遇和良好的生活环境，作为引进人才的条件。因此他在湖北引进的人才几乎没有发生流失现象，还有外地人才主动到湖北投奔他，并且是一些知名商人和人才。这么一来，湖北成了一个沿江开放城市，且又是一个山清水秀、物宝天华、人才聚集的好地方！

仅从甲午战争前后来看，张之洞根据实际需要，引进最急需的专门人才。他以主要精力抓近代工业企业的兴办，这时引进的人才主要是工程师、矿师、农艺师、工艺师、技师、总管、监工、匠首、工匠等工程技术人员，达一百四十多人。

当然，张之洞对那些不学无术的人，总是拒之门外。

有一天，张之洞正在武昌总督府书房处理公务，薛福德走进来，向他禀报说："张大人，武昌镇有一名监生求见，您看是否允见？"

张之洞放下手中文书，说："可以，请他进来。"

"是！"薛福德应声后，走出督署书房。

湖广督署虽然是高级衙门，但由于张之洞广开门路，招贤纳士，每隔三五日就会有人主动登门，毛遂自荐。对此，张之洞尽量抽暇给予接待，以防漏掉人才。

薛福德将这位监生领进来了。

张之洞举目一看，此人身穿蓝色丝绸长袍，下穿一件白色缎面裤子，脚蹬一双千层底黑帮布鞋，可谓衣着整洁，就连头上的辫子也又黑又亮；但看他的面容已见褶皱，嘴角两侧刻有深深的弧线，眼球不停地滚动，似乎在搜索着什么；年龄四十开外，当年求知的影子全然不见，好像是顾盼茫然、心内彷徨不定。

"张大人，日理万机，尚能抽时接待晚生，令晚生感激不尽。晚生向您施礼请安，请受晚生一拜！"监生伏身跪地，长揖叩拜。

监生本是取得入国子监读书资格的人之简称，必须是贡生或荫生，应该是有学问的，可是他参拜施礼竟然说了四个“晚生”，语言啰唆，似有累赘。这让张之洞产生的第一印象就不够好。

张之洞挥了一下手，说：“免礼吧，请站起来说话！”

“谢过张大人！”监生又一施拜，欠身站起。

“请问这位监生尊姓大名？”张之洞问道。

“晚生姓赵，赵钱孙李的赵；名用，《水浒传》吴用的用。”赵用自得地回禀道。

“哦，此名有点意思。”张之洞又问道，“赵用，你现在何处供职？”

“我乃监生，身为候补知府，朝廷一直没有给我任职册封。”赵用回话道。

“原来如此。”张之洞听后转身走到文书柜前，取出一本卷宗，回到桌案前，坐在椅子上，仔细翻找。他找到了赵用的名字，经认真查阅其履历，知其不学无术，遂命薛福德取来纸笔，准备考一考赵用。

于是，张之洞当场亲手书写“锡茶壶”三字，递给他观看，说道：“赵用，做官必须识字，你认识这三个字吗？”

候补知府赵用一看，兴高采烈地说：“这三个字我认识，此锡茶壶也！”

张之洞听罢哈哈大笑，把手一挥，说：“送客！”

“张大人，您给我一个小官就行，如果进不了总督府衙门，能够去武昌府当个知事也行！”赵用哀求地说。

张之洞闭着双眸，摆了摆手，以示令其快快离去。

“张大人！张大人！”赵用不肯就此罢休。

“别啰唆了，走吧！”薛福德把赵用推出书房。

第二天，张之洞下文将这位候补知府遣回原籍，他在文中说：“该员能识‘锡茶壶’三字，尚可造就，着读书五年，再来听候补官。”

赵用接到辞退命令后，无可奈何，只好打起行李，离开武昌驿馆，返回原籍去了。

从此，那些无才而想做官的人，再也不敢找张之洞求官做了。

光绪二十六年（1900年）四月，义和团在京津一带迅速发展，越来越多的清军士兵也参加了义和团。清政府感到，若不避开义和团的锋芒，就有被推翻的危险，因而采取了“剿抚兼施”和“先抚后剿”的策略，允许义和团进京。在慈禧太后的招抚和默许下，义和团大批进入北京。五月初，英、法、德、奥、意、日、俄、美八国联军以“保护使馆”的名义，出兵镇压义和团，侵略中国的战争爆发。其间，清政府向列强各国“宣战”。六月十日（8月14日），八国联军一万八千余人从天津出发进攻北京。六月二十日（8月24日），他们侵入北京。1900年十一月，列强各国（除了出兵的八国外，又加上比利时、荷兰、西班牙三国）向清政府提出《议和大纲》，后又订立详细条款，于第二年七月二十五日（9月7日）在北京正式签字，史称《辛丑条约》。

义和团起义及八国联军侵略中国，对张之洞的忠诚和政治才智是一次决定性的考验。他忠于慈禧太后，服从朝廷的命令，但也充分意识到一场排外运动的危险性。他和两江总督刘坤一找到一个办法，使他们在义和团运动中得以同时受到太后和外国人的信任。他奉北京朝廷之命向北京调拨军队，但这些调出的军队是强征来而未经训练的，最精锐的军队他却留在身边。他行事所依据的信念是：义和团起事乃是对太后权力的“反叛”。来自北京的任何支持义和团和消灭外国人的法令，都是端王和那些实际上篡夺了朝廷权力的同伙所为。光绪二十六年（1900年）六月，上海外国领事团被告知，只要列强不派军队侵入长江流域，张之洞和刘坤一将保证长江流域的外国人的生命和财产安全。这项建议被列强基本上接受了，并且为其他督抚所采纳。它使中南地区外国人的安全得到保障，同时外国列强确实未敢进犯中南地区。

按《清史稿》记述：“二十六年，京师拳乱，时坤一督两江，鸿章督两广，袁世凯抚山东，要请之洞，同与外国领事定保护东南之约。及联军内犯，两宫西幸，而东南幸无事。”

19世纪末至20世纪初，张之洞的工作重点转向练新军、兴学堂、译西书，这时引进的人才多为军事教官、文武学堂教员和专职翻译。

光绪二十五年（1899年），张之洞创设湖北工艺学堂。他和蔡锡勇、李文石来到该学堂，视察学堂设立科目和所需人才。经同该学堂负责人一起研究，需要聘用两名日本工艺师，规定的条件是能够根据湖北物产的特点，动手制造新产品，并传授给中国工匠。

张之洞把选聘两名日本工艺师的任务交给了李文石。李文石奉命到日本驻华领事馆请求推荐，但推荐的结果，八个日本人没有一个是合格的。最后，李文石带领该学堂负责人去了一趟江宁，总算选聘了两名合适的日本工艺师。

这件事让日本驻华领事馆大失面子，唯恐中国人日后瞧不起日本人，更怕不再聘任他们的专门人才，特意派人到武昌总督衙门，向张之洞等督署官员赔礼道歉，说明情况，并再三要求湖北继续聘选他们的人员，表示一定合乎标准。

谋取私利的日本专业人员仍然大有人在，只是考虑到湖广总督张之洞精明强干，不好搪塞糊弄，而是采取讲条件、讲价钱的软方法，以求达到个人目的。

湖北武备学堂的聘任军事教官工作已经完成，准备择日开学上课。张之洞亲自到该学堂视察，听取学堂负责人的汇报。汇报中，张之洞了解到，被聘任的两名美国教官、三名德国教官都已经到校，只有一名日本教官虽然办理了受聘手续，可迟迟未能到校。张之洞询问到底是什么原因，学堂负责人回答说，这位日本教官可能要提出一些附加条件，一看我们没有答复，便端起了架子。张之洞同意学堂的做法，并嘱咐他们做好两手准备，日方一旦开学不来，马上选聘他人。

就在当天下午，受聘为湖北武备学堂的军事教官日本人松平康国突然来到武昌总督府，求见张之洞大人。

张之洞对待松平康国很热情，根本没把他当成普通教员，而是采用外宾礼仪，给他让座位，还让侍从给他端来水果。松平康国深受感动，不住地向张大人致谢。

“松平先生，您能受聘，我们表示热烈欢迎！”张之洞主动向对方表态。

“谢谢张大人！”松平康国欠身鞠躬。

“湖北武备学堂即将开学，不知松平先生何日到校？”张之洞催问道。

松平康国想了想，说：“张大人，我本来还有一个请求，但贵校没有答复。”

“哦，您说说看！”张之洞假装不知情，让对方说出来。

松平康国以为自己是受聘的军事教官，即使提出一些额外条件，中方也不会拒绝，遂说道：“我没有过高要求，就是想随带几名亲信一同赴华，以资臂助！”

张之洞没有犹豫，而是立即明确回复道：“松平先生，请理解为盼。此事须视湖北相须与否，由敝处裁定！”

他断然拒绝了日方的附加要求。

松平康国一看所提要求不成，没再恳谈，便一个人悄悄地到湖北武备学堂报到去了。

张之洞在聘用外国人员时，曾一度由于缺乏规范合同，使得中方受到对方控制，这使他非常恼火。

有一次，张之洞听到反映，湖北织布局发生挥霍局款现象，便派出李文石、蔡锡勇前去调查。

李文石、蔡锡勇领命后，前往文昌门外江滨，来到湖北织布局。经过同财会室、设备科的工作人员了解，确实存在花款不当的严重行为，仅上个月就从英国进口三台织布机，各分厂根本用不上，设备闲置起来了。他俩又到库房查看，果不其然，三台英式织布机封存在那里。

这不是浪费吗？他俩找到该局总办吴嘉坤、顾问英国人包尔瑞，交谈了解，追查原因。吴嘉坤的态度很明确，他是持反对意见的，因为各织布分厂机器设备基本齐全，没有必要再花巨款进口了。包尔瑞却理直气壮地说，花钱备用机器，有何不可！李文石向这位英国人耐心讲解了艰苦创业、节约办厂的道理。蔡锡勇则向包尔瑞指出，作为织布局的顾问应该和局办搞好协调，遇事要好好商量，不能一人做主。包尔瑞火了，他说我是湖北织布局的顾问，有权决定一切。

协调未果。李文石、蔡锡勇两人只好返回总督府，向张之洞如实回禀。

张之洞听后非常气愤，但又不能马上去找包尔瑞理论，他冷静地思考出现此事的原因：这是我们办事不周，没有签订合同加以规定造成的。

他记得，他署两江总督时，曾带领湖北铁政局总办蔡锡勇、翻译辜鸿铭等，深入金陵机器局检查工作，发现该局顾问英国人马格里也是一人做主，花钱购物、选购设备等都必须经他签字批准，而该局总办形同虚设，根本没有主管全局的权力。他立即纠正，提出与英国人马格里重新签订合同，明确中方责权，指出外方必须服从中国官员的命令，只要发现外方有违规违法事情，中方有权提出纠正或诉讼，请按照法律程序办理。经重新签订合同、修改有关条文后，这个问题才得以合理解决。

他还想起在署两广总督任内时，福州船政局就发生过类似事件。当时，法国人日意格、德克卑主持福州船政局工作，然后由洋员去物色雇用其他外国人，缺乏严格的合同约束，主、雇双方的责权关系不明，导致洋员专权要挟、挥霍局款等不良后果。这是由于此前官府或民间引进外国人才，主要是雇用已在中国的外国人，往往凭着个人私交，把局厂的创建和经营委托和承包给外国人。

鉴于上述发生的一些问题和教训，张之洞同蔡锡勇、辜鸿铭、李文石等，就如何聘用外国人签订合同之事做了认真研究，终于研究出比较妥善的办法。

此后，张之洞及其督署在聘用外国人员时，都要分别与受聘人签订聘用合同，合同载明受聘人必须听从中国官员节制调遣，必须遵守有关的规章制度，如“不遵厂规，随时撤换”，必须“尽其所知，教习华匠”，军事人员则规定其“断不能干涉带兵之权”。合同期限一般是先定一两年，“如有成效，再行展留”。同时，合同签订后，再进行法律上的公正。

张之洞高兴地说：“这样较为活便，去留权操自我。”

蔡锡勇、辜鸿铭、李文石等也都认为此法可行，并能避免原则性问题发生。

据此，张之洞责成总文案李文石，以督署名义草拟聘用外国人员的合同书，并下发到各有关机构，重新办理聘任手续。

李文石领命后，回自己的书房准备去了。

第二十六章　关心百姓　修筑护江堤

暑期的武汉三镇越来越热，整个城市被灼热的骄阳烤得滚烫，大街小巷没有一丝流动的风，就连那挺拔的白杨树顶的叶片也一动不动。路上的行人汗流浃背，路面扑扑地冒着白色烟尘，空气好像窒息一般，呼吸感到十分困难。

长江的水面被连续的高温驱逐得明显变窄，岸边的沙滩裸露得越来越多，江面上隐约飞腾着团团雾气，原来那是在悄悄地蒸发。江上的打鱼帆船寥寥无几，渔翁们可能也在躲避炎热。因而岸上的卖鱼商贩所剩不多，且又担心天热售卖不出而心急如焚。

沿江的汉口，一连数日高温闷热。武汉，中国“四大火炉”之一的这座城市可谓名副其实。

在这燥热的天气里，稀薄的气流使奔腾的长江减少了生气。江心上空，一行行白鹭鸟不见了，而那一只只小燕子却低飞于江面，跃上扑下，还有那一片片蜻蜓也都聚集在江边，飞来飞去。

忽然间，夕阳斜下，坠入西边天际的彩云之中，一股清凉峻冷的风从江面掠过，直扑干燥而酷热的武汉三镇。不大工夫，西部地平线的乌云出现了，满天的晚霞随即消失。只听得“嘎啦啦——”一声惊雷骤起，响彻大江南北，大有撕破夜幕之势。

啊，要变天啦!

“早怕东南，晚怕西北”；“彩云接日驾，不阴就得下”。看来，太阳没入西北天边的火烧云中，今天晚上这场暴雨非下不可了。

华灯初上，电闪雷鸣。来自西方和北方的乌云翻滚着涌向夜空，刹那间弥漫整个凌霄，黑沉沉的云涛像雄狮般地张着巨口，大有吞噬宇宙之势。继而，枣木棍形的雷电一次次划破黑锅底似的乌云夜幕，刺眼的光亮闪烁过后便是令人心惊胆战的一阵阵雷声。顷刻，如铜钱大的雨滴伴随着雷鸣电闪砸了下来，哗哗的大雨浇泼着干燥而饥渴的湖北大地，一直平静流淌的长江开始奔腾。

毫无疑问，长江中下游的天气之所以数日燥热干旱而突然大降暴雨，是受到中亚高脊酷热气流的东移影响，乃至喜马拉雅山冷空气的阻击，漫经西藏高原、川贵高原，使得湖北本省和南方邻省的地面，夏季经常受到西伸的太平洋副热带高压影响和内地盆地热低压影响，这种冷热气流的交织混融必将导致暴雨濒临。

大雨哗哗地下了一整夜，第二天天明还在下着。

武汉三镇被这倾盆大雨彻彻底底地浇洒了一遍。房屋、街道、树木、电线杆仍然笼罩在雨水中，路面上不停地溅起一串串水花，那一股股积水左流右淌地冲向低洼处，有些地方积水难以排泄，水面开始升高。

身为湖广总督的张之洞，心系湖北百姓的性命与财产的安全，一夜也没睡踏实。他几次不顾妻子李静姝的阻拦，披上衣服，打着雨伞，到街上察看雨情。

这一夜，李夫人陪着丈夫也没能安然入睡。她还去侄媳栗典颖的房间看望。栗典颖是白天从娘家襄阳乘船顺着汉水来武昌探望叔婶的，准备天气好转后赶回黄陂，因为心里惦挂丈夫张晋生。李夫人对待侄儿晋生像对待亲生儿子一样，尤其在吃、穿、住等生活方面的关怀，从小到大，始终如一。晋生对待她这个婶母也像对待亲生母亲一样，记得应试完了之后，李夫人感冒发烧，晋生便亲自给婶母熬药，还一直陪伴床前，几天几夜和衣而卧。这让李夫人非常感动。晋生到黄陂当知县，公务那么忙，还骑马来武汉看望叔婶，几次来都顾不上吃饭，当天赶回县里。汛期到了，李夫人除了惦记丈夫组织抗洪外，就是惦记在黄陂的侄儿晋生了。

张之洞勉强坚持到天亮，没有洗漱，也没吃早饭，便叫上住在同一府邸的薛福德，穿上雨衣，打上雨伞，朝长江汉口码头走去。

长江是暴雨洪水泛滥的危险地带。沿江的武汉三镇数汉口低洼，而处于江南岸的武昌和江北岸的汉阳地势较高，因此历代官府将通商客运码头设在汉口，且汉口地处江北，离湖北重工业基地汉阳钢铁厂较近，所以汉口的防洪极为重要。

张之洞携薛福德先到长江南岸沿江巡视，检查往年修筑的第一、第二道护堤。这第一道防护江堤全是石头水泥垒砌，直接阻挡江水上涨，洪水只要在安全水位警戒线以下，护堤是绝不会冲垮的。而第二道防护江堤则是采用沙土草袋垒成，阻挡漫淹第一道护堤的洪水，当洪水上涨到迫及第二道防护江堤，那将是最危险的，不过可以把准备好的沙土草袋往原来护堤上加高防御。但这必须做到防患于未然，来不得半点疏忽大意。

目前，张之洞在江南岸尚未发现危险信号，第一、第二道护江大堤基本完整无损。他同薛福德蹲在第一道护堤坝墙上，仔细观察江面水势，浑浊的江水翻卷着浪涛，不仅仅是雨水，还有上游倾泻的洪水，河床上的沙滩早就不见了，整个江面全是洪水巨流，江水逐渐上涨的态势基本确定无疑。张之洞猛地站起，向薛福德命令道："福德，你快去，通知抗洪指挥部的所有人员，尽快赶到江北汉口码头开会，我在那里等候！"

"是，我现在就去。张大人，请您注意安全！"薛福德手举雨伞，站起身来。

"好，我会的。福德，雨大路滑，你也要小心！"张之洞叮嘱道。

"张大人，您放心吧！"薛福德应声后，朝江岸走去。

张之洞手撑雨伞，冒着风雨，走出护堤坝墙，登上江岸，踏上大桥，一刺一滑地朝江北走去。

大雨仍在哗哗地下着。雨空中不时地出现闪电，并不断地传来隐隐的雷声，黑褐色的阴云还在不停地游动飘移，似有许多潜在的怒雨狂涛没有发泄出来。

凄风苦雨令人打起寒战，而张之洞心里更加焦灼不安。他一个人独自来到长江北岸，提前站在汉口码头上等候众人。

他不顾风雨侵袭，身上的雨衣早已被雨水穿透，只感到又湿又凉，但仍两手拽着那把胶布雨伞，查看这里的护江大堤。

幸好，长江北岸的汉口、汉阳都设有防护江堤，并且分为三道筑成。第一、第二道防护江堤也全是石头水泥垒砌，第三道大堤方是沙土草袋垒就。鉴于江北岸地势低洼，才多筑了一道石质坝墙。到现在为止，武汉三镇的江北岸尚未受到洪水波及，三道护江大堤安然无恙。

但是，张之洞站在这汉口码头上观察江水涨势，发现江水上涨似乎比起江南岸快了许多，第一道坝墙上的安全水位警戒线离江面要较为近些。不过，这还远远构不成险情。

水火无情，难以料到；要想抗灾，必先准备。张之洞深知这条道理，因为他节制湖广已经十五六年了，沿江抗洪救灾也十多次了，经验和教训确实比较多，最基本的一条应该是，全民总动员，做好一切抗洪准备。

不一会儿，完成通知任务的薛福德回来了。督署抗洪指挥部的全体人员陆续赶到江北汉口码头，他们是：副总指挥湖北巡抚端方[①]；成员有武昌府知府梁鼎芬、武昌镇总兵江帆、汉阳府知府廖兴业、总督府总文案李文石、铁政局总办蔡锡勇、湖北织布局总办吴嘉坤、汉阳造钢轨厂厂长鲁巨峰、汉口既济水电公司董事长宋炜臣等。

担负总指挥的湖广总督张之洞，看到他的身穿雨衣的属下们，每人手中还都拿着一把铁锹，尽管头上、裤脚全被雨水淋湿，但精神非常振作，且又一人不落地全部到场，心里暗暗高兴，只要湖广督署有这么一个坚强而有力的抗洪指挥部，就没有克服不了的艰难险阻，就没有战胜不了的洪水灾害。官为民、民靠官，官民携手志更坚。张之洞满怀信心地站在众人中间，心情激动地向大家动员——

“列位大人，诸位兄弟们！眼下湖北特别是武昌、汉口一带沿江的抗洪任务迫在眉睫，今年暑期气候不同往年，燥热时间长，雨水必然多，大有造成洪水泛滥之危险。因此，本督署特提出如下要求：第一，指挥部全体官员都要扼守岗位，坚持战斗在抗洪第一线，任何人不得临危惧险、擅离职守；第二，全民总动员，特别是青壮年男人和妇女，皆须参加抗洪大战；第三，组织抗洪突击队，加强警戒，沿江巡逻，发现险情，当即解决，武昌府、汉阳府负责落实此项要求，同时还要负责抗洪器材及车辆准备。我除了负责全局外，还要重点负责江北。端方大人主要负责江南。在这里，我希望大家同心同德，和衷共济，不惜一切代价，竭力完成此次抗洪重任！”

听了张之洞的动员讲话，大家一致表示赞同，深刻认识到今年抗洪的严峻性，并就加固护江大堤、解决草袋原料，以及如何发动百姓等问题，做了进一步分析讨论。汉口知名商人、既济水电公司董事长宋炜臣，主动提出他和汉口的一位建筑商是朋友，两人可以负责提供盛装沙土的数千条草袋。

为了尽快实现发动百姓的目的，张之洞提出指挥部成员的家属应带头参加抗洪的建议，大伙听了觉得很有道理，百姓总是要看当官的言行，当官的亲属一旦行动起来，百姓必然紧跟在后，这有多么强的思想政治威力呀！

最后，张之洞向大家做了重点部署，他看了一眼李文石，问道：“武汉三镇的江水舆图带来了吗？”

“哦，带来了！”李文石赶忙从怀里掏出一块裹得严严实实的雨布，非常精心

---

① 光绪二十七年（1901 年），端方升任湖北巡抚。

地一层层打开，露出那张《武汉三镇江水舆图》……这时，蔡锡勇将手中的雨伞遮挡在图纸上空，以防雨水淋湿。

张之洞俯首观看，遂一边指点舆图有关地址，一边向管辖官员下达指示：“来，大家过来看，我说的这些地方，应该作为重点抗洪防御……”

众人围拢在图纸周围。

他认真而严肃地强调：“梁知府，你除了注意武昌镇的抗洪安全外，还要在白沙洲、青山一带沿江加强防御。江总兵，你要积极协助，应抽调所有兵力投入抗洪大战！”

“请张大人放心，我们保证完成任务！”梁鼎芬、江帆齐声应道。

“廖知府、蔡总办、宋先生！”张之洞抬头呼道。

“张大人，请指示！”廖兴业、蔡锡勇、宋炜臣一齐说道。

张之洞又指着舆图向他们命令道：“江北的抗洪任务更是繁重，你们切不可粗心大意。汉口码头是重点，汉口镇、汉阳镇更不可忽视，百姓多，实业集中，百姓的性命、国家财产安全显得尤为重要。特别是来自陕北的汉水，也卷着洪流泥沙，由上游冲刷到下游，穿过汉阳、汉口两镇，直接倾入长江，在汉水与长江的汇合处，必然给抗洪带来威胁。这就要求你们在这里必须作重点抗洪防御，万万不可麻痹大意！另外，在长江与武湖之间的沙口，也要注意防洪防涝，总而言之，沿江、沿河、沿湖的防洪大堤仍要严密注视，并随时注意加固加高，以防万一和不测！”

“张大人提醒得非常及时！我作为汉阳府知府一定认真考虑，并据此制定抗洪措施，竭尽全力，保护汉阳府所辖地域子民性命和国家财产的绝对安全！”廖兴业看了看蔡、宋，又表态说，“我们还要确保汉阳钢铁厂、汉口既济水电公司的防淹防涝，杜绝洪水造成的一切事故！”

端方补充发言道：“张大人，我再把湖北全省的府、道官员集中在一起，向他们部署一下抗洪任务，对所辖地域的江、河、湖、泊严加防御，把灾情损失降低到最低程度！”

“端方大人，您这位巡抚想得更周到，这我就放心多了，我张之洞向您和其他大人以及弟兄们致以诚挚拜托、衷心感谢！”张之洞在雨中向众人拱手施礼，遂又督促道，“诸位多加保重，赶紧行动吧！”

“张大人，请您保重！”大家亦向张之洞抱拳施拜，而后冒着大雨，踏着泥泞道路，离开汉口码头，分头准备去了。

张之洞坐守汉口，官民携手，全民参战，一场抗洪抢险的战役打响了。

大雨没完没了地下起来，一连数日不见开晴。看来，一年一度的连绵雨季提前到来了；而且严重的是，雨量异常地大，似乎没有缓解的可能。据说，全省的江河洪水都已经到了危险程度，远远超过往年水势。当然，最危险的地方莫过于武汉三镇。市内某些街区不仅由于地势低洼受到长江洪水的威胁，而且还有汇入长江的汉水洪水的胁迫，这就使得长江河床容纳大雨洪水的力量顿感不足。

长江水位一天一个变化，一天比一天上涨。好在湖广督署早有准备，天降大雨的第二天，张之洞就把事先成立好的督署抗洪指挥部全体成员召集在一起，做了认真动员和详细部署。而后大家分头行动，立即动手，湖北武汉三镇的一场全民抗洪大战及时打响了。

按照指挥部的分工，全体领导成员各司其职，各尽所能，他们都在大江南北两岸现场指挥。此时，张之洞在长江北岸指挥，端方在长江南岸督阵。

现在，沿江两岸站满了抢修江堤的人群，一片繁忙紧张景象……推运沙袋的吆喝声，打夯木桩的呐喊声，指挥加固护堤的叫嚷声，一阵又一阵，响彻大江上空，就连苍穹的雨中雷声、江内的洪水涛声都被人们的抗洪抢险声浪淹没。可谓众志成城，大有排山倒海之势。

在清末那个时代，作为封建王朝的封疆大吏张之洞，居然能够身体力行，并率领官兵与万民抗洪抢险、战胜天灾，的确是难能可贵。尤其他还注意发动百姓，以海洋般的气势，掀起人民大众的抗洪斗争，这在中国历史上也是较为突出的一幕。

在长江南岸大堤上，武昌府知府梁鼎芬跑上跑下，指挥民众打木桩、垒坝墙、运沙袋。他还跑到长者、妇女面前，嘱咐他们小心路滑、注意安全。有时他从长者的肩上抢过扁担，换抬沙土草袋。百姓看到知府大人这般亲自手抬肩扛，情绪更加高涨了，干活的劲头更足了。

这时，人们看到梁知府在跟一位年过五旬的妇女争抢扁担，可这位妇女说啥也不让，她双手紧紧握住那条竹扁担，死活不松手。梁鼎芬恳求地说："大嫂，您是年过六十的人了，不能这么拼命干了，累坏了身体我怎么向上司交代呀？快，快给我扁担，您先歇一会儿嘛！"

"不，我不累。梁知府，您是大人，肩负抗洪指挥的重担，不能这么拼命地干哪！"这位妇女反而劝阻梁鼎芬，这让他十分感动。

梁鼎芬一看说服不了她，怎么也夺不下她的扁担，一着急喊了一声："李夫人！您……”

这位妇女愣住了，遂叫道：“梁知府，您怎么？……”

旁边的百姓也都愣住了！

啊！这位妇女是湖广总督张之洞的夫人李静姝。

一些住在武昌总督府邸附近的居民，认识李夫人，听说她也来到长江大堤上抢险干活，开始还有些不相信，可是刚才听到梁知府喊“李夫人”，便惊愣了，仔细观看辨认，啊，果然是李静姝夫人！遂齐声呼喊：“李夫人，歇歇吧！”

李静姝已经夺下扁担，同总文案李文石的妻子黎秀芬，一起抬着装满沙土的草袋登上护江大堤。

紧随她俩后边的高琼玉和刘瑞琴也肩抬一条鼓梆梆的沙土草袋，亦步亦趋地往大堤上攀登。

巾帼不让须眉。在总督夫人李静姝的带动下，参加抗洪的妇女们群情振奋，斗志昂扬，推车运土的，肩抬沙袋的，垒坝砌堤的，都在你追我赶，争先恐后，其干劲和速度不在男人之下。

武昌镇总兵江帆身先士卒，一马当先，他一个人肩扛两条沙袋跑在最前边。他身后跟着一列长长的清军官兵队伍，每个人肩上都扛着一条沙袋，也是一溜儿小跑，冲上大江护堤。

雨下得又猛又大，江堤逐渐增高。

长江北岸的抗洪场面亦是轰轰烈烈，与南岸遥相呼应。汉阳府知府廖兴业、铁政局总办蔡锡勇，指挥着两支抗洪队伍，分别在汉水入江口处、码头临近防护江堤上，紧张地往水中打木桩，垒修加高江堤坝墙；拼命地装运沙土草袋，加高加宽第三道护江大堤。

这里的抗洪队伍也有娘子军。她们的工作任务更加繁重，除了肩扛沙土草袋外，还要协助男人们从汉阳龟山下拉运石料、木桩和沙土。

人们的衣服被雨水淋湿浇透，汗水雨水流在了一起，浑身上下又湿又凉，但在这紧张的抗洪大战中，谁还能顾得上呢？大家只有一个念头：只要能保住家园，再苦再累心也是甜的。

年近七旬的张之洞总督，深知自己肩上的抗洪担子的繁重。武汉三镇数万人的生命与财产的安全，还有他多年为国家经营的轻、重工业企业，其资产早已超过数亿元，所创造的巨大经济份额等，都紧紧地牵动着他的心，面对如此暴雨洪峰的威胁，他岂能不忧国忧民！

他七天七夜没有回家。他和属下吃在抗洪工地，干在抗洪工地，夜半三更实在困倦就在工棚里打个盹，睁开眼便打上灯笼到江岸巡视。

每天他都在抗洪现场跑来跑去，江南江北两岸留下他数不清的足迹。

这一天，他听汉阳府知府廖兴业说，他的侄儿张晋生携夫人栗典颖，亲自率领两百多个民工，特意从黄陂县赶来，到汉水与长江汇合处，协助汉阳府民众奋力抢修沿江大坝与护堤。廖兴业还说，张晋生知县安排好全县的抗洪防涝任务后，闻知武汉三镇情势危急，便主动率队到汉阳参战，胸怀全局、无私奉献的精神令人敬仰！

听罢廖知府对侄儿晋生的一番夸赞，张之洞心里十分高兴，暗暗赞佩侄儿的行动，只有这样忘我地为国效力、为民付出，才不愧为朝廷命官，不愧为我张氏门庭的后代！至于侄媳栗典颖，也使他非常佩服，她从娘家襄阳归来，又从武昌刚刚回到黄陂，就跟着丈夫和民工们来到长江沿岸，参加抗洪抢险，真是不简单哪！但他没有当着廖知府的面赞扬侄儿和侄媳，而是欣慰地点了点头，只是说晋生身为汉阳府管辖的黄陂县知县，理应胸怀全局，抗洪抢险是每个子民的义务，也是每个臣子的职责。

当张之洞随同廖兴业来到汉水入江口处检查修筑坝墙和防护江堤的时候，他看到大家干得热火朝天，不管是背运石料、抬扛沙袋，还是入水打桩、垒砌石坝，大家都是奋不顾身，你追我赶。他一边走着观察，一边嘱咐大伙儿多加小心、注意安全。在场的市民们，几乎都认识了这位湖广总督，有这么大的官亲临抗洪第一线，参战并指挥，困难再多也能克服，洪水再大也能战胜！人们心里受到极大鼓舞，浑身有使不完的劲儿，连日来尽管非常劳累，但没有一个人退出抗洪现场。

有几个市民激动地喊道：“张大人，辛苦啦！”

张之洞听后，内心亦感到异常激动，市民们多么质朴呀，他们本身明明很累，却如此礼貌地向我问候，遂扬臂抱拳向大家致意，并喊道：“弟兄们！姐妹们！你们受累啦！你们用汗水、用生命保卫武昌、汉口，我以湖广督署的名义，向你们致以诚挚的谢意！”

“张大人好！张大人好！张大人好！”市民们边走边喊，有的人举起手中的扁担热情地喊，还有的人举起手中的铁锹大声呼喊。

张之洞听到水中打木桩的人群喊声，不由得举目望去，终于发现侄儿晋生正在抡起铁锤击打木桩。他可能是因为不想让现场百姓知道自己是总督张之洞的亲侄子，所以只顾埋头干活，不愿抬头张望，其实他从百姓的喊声中已经知道叔父走过来了。张之洞本想走到侄儿跟前说上几句话，慰问一下，也是碍于大众面前叔侄说话不便，只好向前走去。

迎面走来一群抬沙袋的女子。她们也是两人肩扛一条沙袋，但步伐走得很快，互相追逐竞赛一般。

突然，一个女子的喊声传来："叔父！叔父！"

"啊！这是……"张之洞仔细一看，肩抬沙土草袋的这位女子是侄媳典颖，他随声喊道，"典颖！典颖！"

"叔父！您注意安全，别累着！"栗典颖手扶肩头上的扁担，停住了脚步，亲切地问候道。她身后的那位妇女也停留在那里。

"好，好。典颖，你也要注意身体！"张之洞看了看典颖，又看了看她后边的那个妇女，嘱咐道，"你们俩都要注意安全，脚底下太滑，千万别摔着！"

"张大人，您放心吧，我们不会有事的！"那位妇女抢先说道。

典颖又问候道："叔父！我婶母还在府上吧，让她也得保重身体！"

"你婶母体格还是很健壮的，她和你们一样，已经在江南岸工地上干了好几天活了，现在她正忙着抬扛沙土草袋哩！"张之洞把李夫人的情况告诉了侄媳。

"让我婶母千万注意，她年岁大了，不能累坏了身体！"典颖打心里惦念婶母，不住地向叔父叮嘱后，又问道，"叔父，您看到晋生了吗？他就在那边打木桩呢！"

"看到了，看到了。只是人太多，我没到跟前去，等工程完成差不多了，咱们全家集中在一起，说说话，吃顿饭！"张之洞因没和侄儿说上话亦感到遗憾，只能这样安慰侄媳。他马上意识到她俩肩上还抬着沙土草袋，遂催促道，"典颖，你们俩快走吧，太沉啦，注意安全！"

"知道啦。叔父，我们走啦！"典颖应声后，同那位妇女一起抬着沙土草袋朝大江护堤走去。

张之洞到汉水入江口处巡视了一遍，看到抗洪施工现场忙而不乱、布置有序，对廖兴业知府的指挥和安排还是很满意的。但是，他看见那奔涌的汉水激流，一浪卷着一浪，飞快地注入长江，使那混浊的江面打起了一个又一个旋涡。水位尚且没有明显地上升，可是水量越来越大，江水汇合的地方呈现容积过猛的现象，并不时地发出浪拍堤坝的哗哗巨响！这里，一定潜伏着洪水冲堤的危险！

他赶紧把廖知府拉到近前一同察看，研究分析江河汇合处的水势，认为此处存在洪水决堤的隐患。他严肃地下达命令：“廖知府，你马上通知民工，在这江河汇合口处迅速加高第一、第二道护堤坝墙，全部采用石料垒砌；同时，赶紧动员低洼区域的居民，务必在今明两天转移到市区外边的山岭和高地，任何人不准违抗命令！”

“是！张大人，我立刻去安排！”廖兴业领命后，转身去找汉阳府的官员们，抓紧落实张大人的指示。

不一会儿，只见丁四驾驭载运石块的马车来了，后边还跟着几辆采石户的载石马车。廖兴业快步迎过去，又向丁四等人交代了需进一步增加石料的任务，并要求加快采石和运输的速度。丁四等表示，坚决完成任务。

张之洞向廖兴业部署了新的任务后，赶忙折回汉口码头。他又登上码头附近的护江大堤，仔细观察江面水势——又黑又黄的江水掀起了无休止的波涛，河床内的水位已经开始上涨，这是任何人也阻止不了的。他心里知道，这意味着什么，只是不能把它挂在嘴边上，否则将会给人们带来恐慌和躁动。他再次查看了护江大堤上的水位安全警戒线，这是一条用红漆油过的红线，江内的洪峰巨浪距离这条刺眼的红线，还有一段高度。他转过身来，看到蔡锡勇、鲁巨峰以及汉口镇的官员们，都在其岗位指挥民工、市民赶修江堤、坝墙，第一、第二道护江石坝大堤与第三道沙袋摞就的大堤都在不断增高，这无疑是在与长江内的洪峰涨势争抢速度。

忽然间，江浪滔滔，洪水上涨，第一道护江大堤的水位安全警戒线被全部淹没。

面对此情，张之洞沉着冷静，严肃对待。他向抗洪第一线的全体官民发出命令：继续加固和修筑堤坝墙，不要被洪水险情所吓倒，满怀信心地争取抗洪斗争的胜利！

身为总督的张之洞，命令加行动，他那亲临防洪筑堤工地的表率作用，大大增强了全线官兵、民工的抗洪信心，百姓斗志仍然那般旺盛。

谁也没想到，长江南岸却被洪水冲决堤防，一下子淹灌了武昌市区。张之洞闻讯后，随薛福德立即赶到南岸。

哪里有危险，张之洞就出现在哪里。他到洪水决口处一看，原来是长江与汉水汇合的地方，洪水太大、浪涛过猛，自然波及南岸，这一点是无可置疑的。他马上组织男性民工推运石头、背扛沙土草袋，拼命地抢修江堤决口。经过两个多小时的奋战，把洪水冲决堤防的豁口处堵塞住了。

张之洞松了口气。武昌镇总兵江帆也一直在现场指挥，一见险情得到解决，便跑过来劝说张大人休息一下。张之洞又仔细察看一遍，郑重地对江总兵说，暂时不会出现太大的危险，但绝不可麻痹大意，还得注意加强军民巡逻，以防险情突变。江帆点头领命，回头再去告诫他的士兵。

张之洞俨然是一个高级指挥员，往那把太师椅上一坐，继续指挥民工筑堤。说也奇怪，那汹涌的江水，在张之洞面前，戛然而止，不往外溢。一时群情激愤，欢呼声响彻云霄，挖土筑堤，铁锹飞舞，不消一日，将堤筑好，防止了水患。

百姓感念张之洞总督，将在武汉修筑的一段长江堤防，称为“张公堤”，尊称张之洞为活佛。日后，当地百姓将其当神明敬奉。

坐镇武汉的张之洞，忽然接到荆州洪水告急的电报。张之洞向端方巡抚、梁鼎芬知府做了重点交代，而后带着李文石、薛福德等随员，从汉口码头乘“固陵”号轮船，到荆州查勘堤防。

“固陵”号轮船逆水往西，到达荆州后，张之洞携李文石、薛福德等随从立即下船，同荆州当地官员、水务人员勘查洪水涨势、修筑防洪堤坝情况，随之找出加固防洪堤坝的重点地段，令其指挥民工突击运石抢修，并装运沙土草袋，垫高沿岸防洪大堤。

荆州府知府于耀谦按照张之洞总督的指示，重新部署任务，统一调配人力和物力，大大加快了抗洪抢险的进度。荆州抗洪工地上的百姓，一看湖广总督张之洞来到江岸勘查险情，他们斗志昂扬，群情激愤，全场顿时沸腾起来……

在官场上，下级尊重上级已成定式。在这一点上，从古到今都是如此。

时近晌午，荆州府于知府朝张总督走来，特意请张大人一行赴宴饮酒，张之洞婉言谢绝，并说此次来荆州，抗洪重命在身，焉能讲究吃喝。

说完后，张之洞与其随从李文石、薛福德等回到“固陵”号江轮上吃午饭。饭后，他们又急忙赶到抗洪工地。

就这样，张之洞来荆州的三天三夜，他和他的随从在船上住宿，自备伙食。荆州地方官吏为他预备公馆，他坚决不住；向他供应物质，他拒不接受；给他摆下酒宴，他坚决不赴席。随从人员像他一样，亦不接受任何礼品。张之洞总督及其一行，为官清正廉明，主动为荆州办了那么多好事，什么待遇也不要，因此，深受荆州地方官员和百姓的称赞。

武汉三镇的洪水灾害险情尚未得到缓解，一直让张之洞牵挂。他将荆州抗洪工作全面展开后，基本杜绝了危险，于是他带领随从人员李文石、薛福德等，又乘上“固陵”号轮船，顺水东行而下，直奔武汉三镇。

张之洞下了轮船，仍然奔向抗洪工地。他又来到武昌江岸，李文石、薛福德跟在他的身后，主要负责保卫他的安全。

面对一浪比一浪高的滔滔洪水，沿着第一道防护江堤的惊人心胆的警戒红线向前流去，张之洞的那颗心腾的一下提到了嗓子眼儿。早已惊呆的人们站在岸边高岗处，那些胆小的妇女不时地发出大哭小叫声。他无法劝阻安慰百姓，分开抗洪抢险的人群，不顾李文石、薛福德的拦截，只身走到第一道防护洪水的大堤上。这里恰是前几天修堵的决口处，正是汉水汇入长江的地方。

“张大人，危险，危险哪！”李文石总文案高声喊着。

“张大人，这里不能久留，快走，快走吧！”薛福德一边喊着，一边将张总督拉下第一道护江大堤。

张之洞被拉到第二道堤坝上，说啥也不想离开这里，他向周围民工们大声命令道：“弟兄们，千万不能松劲呀！我们只有奋力抢修护江大堤，才能战胜洪水险情！”

岸边高岗处又一次传来妇女的哭叫声……那哭叫声与浪涛声交织在一起，让人无法忍受。啊，她们是武昌镇的居民，只因洪水冲进她们的宅院，她们担心自己无家可归了。

民工们听到张总督的命令，再加上女人们的哭声——不是命令的命令——如皮鞭似的抽打他们的脊背，不由得气冲霄汉、力胜猛虎，拼命地打木桩、背石料、扛沙袋，修筑这曾被洪水漫过的第二道防洪大堤。

洪水越来越猛烈地冲刷堤坝，水位在一毫米一毫米地不断上升。

张之洞派人将武昌府知府梁鼎芬、武昌镇总兵江帆叫来，告诉他俩，他已做出新的决定：为了减少损失，确切地说是为了减少百姓的死亡，应立即组织市区低洼处的居民，向郊外丘陵山地转移。这是其一。其二，在市区江南岸赶紧加修第三道防洪江堤，以沙土草袋为主要材料。其三，马上组织抗洪抢险队，主要任务是，抢救遇到危险的老少妇孺，以及受到洪水威胁的其他百姓，必须把他们送到安全地带。

命令一个接一个——这也是张之洞发出的最为严峻的命令。

梁鼎芬、江帆两人领命后，立刻分头行动，组织南岸军民迅速落实张之洞总督的指示。

南岸工地上，又一次掀起抢险筑堤的高潮；武昌镇部分住在低洼处的市民亦开始向丘陵山地转移……

傍晚，张之洞携李文石、薛福德以及驻武昌镇的部分官兵，依然守护在第二道防洪大堤上。此时，第三道防洪江堤已经筑起。堤上站满了巡逻人员。

顿时，武汉三镇长江南北两岸火把燃起，就像两条红色巨龙一样，沿江蠕动，照耀着奔涌的洪水。

阴雨连绵已经持续十天了。眼下纯属水的世界，虽是江水却又一片汪洋。堤坝上下全是泥泞，找不到任何干燥的地方。抗洪人们的两只脚被雨水浸泡得几乎全是浮肿，周身被雨水侵袭得又湿又凉，但谁也顾不上，谁也没去喊苦叫累。即使到了晚上，抗洪的军民也都守卫在工地，没有一人退却。

雨中的夜晚显得更加漆黑，除了火把燃亮的沿江一线外，四周全是黑沉沉的，像是一个巨型的黑锅底笼罩着。

站在第二道堤坝上的张之洞，借着李文石、薛福德、梁鼎芬等属下举起的火把，查看江中水情……汹涌的洪水茫茫一片，带着可怕的哗哗喧吼在眼前疾速而过，令人呼吸受到压抑。

子夜时分，浪涛声忽然骤起，打破了这沉寂的雨空。继而，黑压压的洪峰从上游向下游扑来，发出“哗——哗——”的怒吼声，席卷着江水向东奔去。不大工夫，洪峰渐渐逝去，变成平缓的洪水，但水位迅猛地抬高。啊，大事不好！洪水再次溢出，漫过第一道防洪大堤，发出“哗啦、哗啦”的看似轻柔却惊心动魄的声音……

张之洞及其属下几乎都看到了，并且看得清清楚楚。梁鼎芬、李文石、薛福德等齐声喊叫，说这里太危险了，请张大人赶快离开。张之洞摇了摇头，摆了摆手，坚持留在这第二道堤坝上，并说这儿是安全的。

紧接着，江北岸汉阳方向传来一阵阵喊叫声，但是听不清喊叫什么，毕竟对岸远了些。不过，张之洞意识到，对岸江北汉阳十有八九出现险情，否则不会在深更半夜发出那样的惊人吼声。现在，长江南北两岸，抗洪形势都很严峻，武昌洪水已是第二次溢出第一道护江大堤，其他地方也在所难免。因而他必须坚守岗位，不能随便走开。

是的，在这千钧一发之际，江北汉阳抗洪工地上之所以出现一片怪吼声，是因为发生了始料不及的天大意外……

在汉水与长江汇合处，连日来洪峰崛起，激流涌进，一直威胁人们的安全。然而，抗洪大军在汉阳府廖兴业知府的指挥下，勇敢奋战，毫不退缩。特别是打木桩的诸多勇士，其中就有黄陂县知县张晋生，他们轮番作战，在水中泡了三天三夜，硬是在决口处筑起了坝墙。

可是，在今天子夜汉水洪峰突然袭来，一下子将新筑坝墙冲垮。汇入长江的洪水漫过坝墙，朝岸边第二道护堤涌来。张晋生等十二名勇士不死心，他们纷纷跳入水中，臂挎臂地形成一堵人墙，顿时驱使洪峰减弱。这时，廖兴业知府指挥民工们扛运沙土草袋，向站在决口处的人墙地方摞筑抢修，经半个多小时的齐心协力、团结奋战，终于把冲垮的坝墙重新筑起来了。

在洪水中的十二名勇士，开始往堤坝上跳，但是这太不容易了，因为他们体力消耗太大，力气实在不够用。经过反复挣扎，有六名勇士登不上堤坝。张晋生水性极好，一口气将四个弟兄推上护堤。他准备救助最后一名弟兄，可是两臂没有一点力气了，怎么也托举不动这个勇士。在这万分危急的时刻，突然发现眼前漂来一根木桩，他嗖的一下抓住了。要知道，张晋生水性极佳，即使再累，他只要紧紧抓住木桩不放，是绝对能够生还的。然而，他把生的希望留给了他人，勉强踩着水，拨着浪，将这根木桩推到那个勇士手边。当他看见那个勇士双手抓住木桩的时候，突然一个洪涛浪峰朝他头上盖下来，他在洪水中很快虚脱，失去控制自己的力量。在这最后的刹那，他耳边传来岸上的呼唤声："张知县——张知县——""晋生——晋生——"他眼前仿佛闪过妻子栗典颖的面容身姿，一边呼喊他的名字，一边向他伸出一只手，似乎要抓住他这个亲爱的人的手，说啥也舍不得他离去，可是接着他便在洪峰狂涛中消失了……

第二十七章　恃才傲物　总督府困窘

黎明前的雨空仍是黝黑黝黑的，夹带雨丝的江风是清冷清冷的。

站在武昌江堤上的张之洞，与李文石、薛福德及梁鼎芬等人，一夜没有合眼，始终注视江内的洪涛巨浪。他透过黎明的雨光，看见茫茫的洪水已经淹没眼前的第一道防洪护江大堤，水面上好似趋于平静，但却打着一个又一个旋涡，无疑这滔滔长江水变深了许多。江面上，漂浮着被洪水连根拔下的老树、被洪水冲毁房屋的檩木，以及牛、羊、猪、狗等，陆陆续续地顺水而下。在这些逝去之物中，只有漂荡的老树和檩木可以为难中之人做楫做舟，可谓大自然千种万物，各从其类，相依为命！

连日不断的大雨转为绵绵的细雨，再加上一阵紧似一阵的江风，使得晨曦更加凄楚酷冷。

张之洞早有预感，两岸百姓承受的巨大损失，乃是金银无法弥补的，尽管他这位朝廷疆臣竭尽全力，拼死抗洪，但也不能彻底战胜大自然的灾害，尤其面对人的伤害，他更是无力回天。他的身上似觉寒冷，但胸膛如有大火在燃烧，嗓子眼儿在冒火，还有许多事情等着他去处理……

伴随着风雨，武汉长江南北两岸传来一阵又一阵的哭声。这哭声凄厉而悲惨，这哭声有妇女、儿童，也有男人和老人……

噩耗传来——张之洞从抗洪抢险第一线得知：武昌死亡十二人；汉阳死亡十六人，失踪二人；汉口死亡七十人，失踪八人。武汉共计死亡九十八人，失踪十人。他万分震惊，无比悲痛，就像一尊木雕似的呆呆地坐在湿漉漉的堤坝上，好长时间一言不发。

过了许久，张之洞才从沉痛中醒悟过来，方在湖北巡抚端方、武昌府知府梁鼎芬等人的陪同下，走到武昌镇一具具遗体面前，开始悼念死者并抚慰其家属。

又悔又痛的汉阳府知府廖兴业，几天几夜没敢合眼，尤其是昨天夜里，他像过鬼门关似的煎熬……他怎么也没想到，湖广总督张之洞的侄儿——黄陂县知县张晋生，竟然因为抢救一位民工，而自己选择了牺牲。直到今天早晨，他从汉口码头派出的船只，才在前方百余里外寻找到汉阳失踪的两人，其中一人便是张晋生。他看过运回的两具遗体，久久地不想离开，张晋生生前的廉洁从政、豁达为人，特别是在这次抗洪斗争中的表现，不怕苦累，不惧艰险，置生死于不顾，用自己这个勇士的生命换得另外一位勇士的生还，实在是壮举，伟大而崇高！

作为汉阳府知府的廖兴业，当然不愿意他的子民丧生，更不愿意他的属下黄陂县知县张晋生牺牲，如果他们都活着，那么这次抗洪抢险该有多么好的结局呀！

他着实悔恨，悔恨自己当时没下死命令阻止，张晋生能够听从他的命令吗？恐怕也很难。因为那是在生死关头，一个人的人生目标只要确立，其他人是难以更改的。这么一想，以理服人的事，即使做错了也不要后悔。但他心里的悲痛是难以排除的，何况又是那么一位好的知县永远地失去了呢？

廖兴业带着满腹的惆怅和酸痛，从长江北岸的汉阳去长江南岸的武昌，准备向张之洞总督当面汇报此事。他走在途中，还没到长江大桥北端桥头，就见蔡锡勇总办从汉口码头方向快步奔来。他身后不远处是张之洞大人和李静姝夫人，还有湖北巡抚端方、武昌府知府梁鼎芬、督署幕僚辜鸿铭、亲随卫士薛福德等人。蔡锡勇知道张晋生知县牺牲的消息，他亲眼看到从船上抬下寻找回来的张晋生知县和另一位勇士的遗体，但是他怎敢向张大人夫妇报如此大丧呢？蔡锡勇告诉廖知府，张总督与端方巡抚悼念汉口死者回来了，他们准备去汉阳哀悼，可是张总督夫妇还不知道侄儿晋生牺牲的消息……廖兴业点了点头，心里在盘算如何向张大人开口。他走到张之洞大人面前，急忙向张之洞、端方二位大人施礼问候，并向李夫人抱拳请安。

张之洞、端方看到廖兴业知府迎过来，他俩没有询问任何情况，而是径直朝汉阳镇走着。李静姝有些不放心，心里惦记侄儿晋生的安危，便向廖知府询问：黄陂县张知县的身体状况如何？廖兴业听李夫人这么一问，心想：张大人夫妇马上就要到达停放遗体的现场，恐怕再也瞒不下去了。但是他不能直接告诉李夫人事情的真相，应该由张总督向她说明，并认真劝解开导，以免发生意外。于是廖兴业故作镇静地回答道：“李夫人，请不要多虑。张知县他……”

“他怎么样？”李静姝急切地追问道。

“他的身体很健壮！”廖兴业忍着悲痛，硬是咬着牙，违心地向李夫人这么回话。

“哦！”李静姝点了点头，似乎相信了廖知府的答话，遂快步朝前走着。

走在前边的张之洞，已经听到他俩的对话，便立刻停住脚步，等待廖兴业追上来问个究竟。不过张之洞心里早就猜测着、判断着，天降不祥之兆，因为清晨听取汉阳府报告死亡人数，不是知府廖兴业，而是他派去的属下，这怎么不令人产生怀疑呢？

其他人都走过去了，就剩下张之洞、廖兴业两人了。他俩互相看着，半晌无语。廖兴业深知张总督对侄儿张晋生的无限深情，心里难受极了，他的双眸涌出滚烫的泪珠，哽咽地汇报说：“张大人！我……我……我没有尽到责任……”

张之洞心里什么都明白了，他摇了摇那白发苍苍的头，摆了摆那枯瘦的手，他已是年近七旬的老人了，将要面临丧失亲侄儿的悲痛，不是亲生胜如亲生，他似乎不愿对方说下去，因为这颗人生苦果已经吞到他的嗓子眼儿……

廖兴业知府还是照实禀道：“张晋生知县……为了抢救他人……把唯一可以让他生还的木桩……扔给了同伴……他，为国牺牲了……”

这如同五雷轰顶般的消息，险些把张之洞击倒。他站在泥泞路上的两只脚，滑了一个趔趄，廖兴业急忙上前扶住他，劝慰地说：“张大人，张大人！您一定要保重，要保重啊！”

“廖知府，请不要担心我，我没事！”张之洞强打精神，两腿尽量控制住，绝不能摔倒；鼻孔酸楚楚的，眼眶里涌出万般思念侄儿晋生的泪珠，但背过脸，强忍悲痛，说啥不让泪水流下，让属下为他操心。他那双泪眼看着前方，泥泞的道路，茫茫的洪水，两只脚亦朝前迈着，并对廖兴业说：“咱们走吧，我自己能行！”

“好，张大人，您慢走！”廖兴业松开双手，紧紧跟随在张之洞的身后。

作为叔父的张之洞，那颗疼怜侄儿的心胜似怜子之心，他把这个从少年时抚养成人的侄儿，早就看作自己的亲骨肉了，更是张家的后继人才。他心里多么盼望已经当上知县的晋生，再为国家和百姓做些事情，其前途是那样耀眼辉煌。他出身官宦家庭，又是书香门第，张之洞对其的期待和企盼似乎更深了一层。

侄儿晋生十余岁，生父张之濬便病逝了。张之洞一看，大哥不在了，大嫂体弱多病，难以养活一双子女，遂把侄儿带到京城。不久大嫂又因病去世，侄儿晋生成了既没父爱又没母爱的孩子。多亏他娶了李静姝，先是失去生母的长子仁权重新得到母爱，后是失去父母的侄儿晋生也能够一同享受母爱。

确确实实，贤惠善良的李夫人，对待仁权和晋生两个孩子视如己出，格外疼爱，督促他们读书、练琴，直到他俩一起考上进士。前些年，晋生那么再三恳求地要去南疆参加抗法作战，她考虑到晋生已经失去亲生父母了，说啥也没答应，主要担心他到战场上发生意外，怕出生命危险。由于他一再坚持要到艰苦的地方磨砺自己，为百姓做些事情，她这才找之万大哥将他安置在湖北黄陂县当了知县。

面对远去的晋生，李夫人能够承受得了吗？她，她早已把自己的生命与晋生的生命连在了一起，任何人、任何时候都不好让她割舍呀！

张之洞思前想后，两只脚踉踉跄跄。他和廖兴业快要追上端方巡抚他们了，一眼看见往前走着的李夫人，那种忐忑不安和无比辛酸一齐涌上心头，他的那双脚又有些迈不动了，心里特别特别地沉重，且又特别特别地着急，恨不得马上看到侄儿晋生……

张晋生给作为叔父的张之洞留下了终生难以磨灭的印象——中法战争爆发后，晋生不想参加会试，非要去广西前线参军抗法不可；经全家人竭力劝说，他没能去成。尤其是他婶母李夫人，即使他会试中第进士后，再次请求抗法参战也没应允，终于将他留了下来。他愉快地服从朝廷安排，只身到偏远的湖北属县任职，并恪尽职守，廉洁奉公，没有分毫贪占行为。

晋生在黄陂县知县任上，公务那么繁忙，还抽空带着媳妇典颖、侄孙长江一次次到武昌总督府，看望叔婶，这让张之洞一辈子也忘不了。晋生啊，你的心太细了，当叔父正在接管修筑卢汉铁路总办、成立筹建指挥部时，你立即从黄陂县输送毕业于德国莱比锡大学铁道工程专业的留学生颜启达，为卢汉铁路建设总工程师提供了合适人选；叔父的右腿被采石户开采的石块砸伤后，你又从黄陂县领来外科名医华皖，妙手回春治愈……

张之洞一边朝汉阳现场走着，一边思念侄儿晋生，不由得那种责怨自己的情绪涌入脑际……

晋生……侄儿……叔父对你关心得太少了，你在黄陂县任职十七八年了，可叔父一次都没去过黄陂县哪！哪怕我到那里看一看，听你说一说，我给你指点指点，也算我这个叔父为侄儿尽一份责任哪！晋生……侄儿……叔父对不起你呀……

晋生……侄儿……叔父身为总督、疆臣，可你从不把自己当成高官门第的后代，从未找过豪门巨室跑官要官，而是一生勤勤恳恳，朴朴实实，保持着普通百姓的本色，说实话，叔父为你感到欣慰自豪啊……

晋生……侄儿……你虽然取得进士功名，又是一县之父母官，但是你能够和百姓一起，并身先士卒，不怕危险，挺身而出，投入抗洪的伟大斗争，你把生还留给他人，选择了舍己救人，令人赞羡哪……

晋生……侄儿……叔父，还有你的婶母，我们再也看不到你那潇洒的身影，再也听不到你那动人的声音，再也享受不到和你在一起的天伦之乐了。侄儿……你走得太早了，你才四十三岁呀，正是人生大好年华，你却……离开了人世……而我这样一个……白发老人……居然还活着……这，这还有什么意义呀……晋生……侄儿……我的好侄儿……我永远也看不到你啦……

张之洞的脸庞抽搐着，双眸倏地流下了两行苍凉的泪水……

他原本想在路上向李夫人说出侄儿晋生的真实情况，但考虑时间太紧了，还得去汉阳悼念其他死者。唉！由她去吧，人生的悲痛是无法代替的。

汉阳长江防洪大堤附近传来一片哭声……

沙土草袋上边，并排躺放着十八具遗体，每个尸体跟前跪伏着哭悼的亲属，围着的人群也都洒下了难过的泪水。

张之洞同端方携随从穿过人群，奔向遇难的死者遗体。

他突然发现，侄媳典颖趴伏在侄儿晋生遗体上边厉声哭泣……她手腕上还戴着婚前丈夫给他的那份定情物：一副银镯。这副银镯在她和他第一次见面时，他毫不犹豫地就给了她，并说这是婶母李夫人事先给他准备好的，将来同谁结婚就以此订婚。她越哭越伤心……哭泣地喊道："苍天哪！你怎么这样不开眼哪？竟然夺去晋生的命啊！这叫我怎么活呀！晋生……晋生……你不管我啦……也不管咱们的儿子长江啦……长江留学回来，还在天津南开中学代课……你说和我一起去看看孩子，你又总是没空……晋生……晋生……你永远离开我啦……"典颖哭得上气不接下气。

他猛然看到，李静姝夫人像发疯似的朝晋生遗体跑去，并大声哭号："晋生……晋生……侄儿啊，侄儿啊……你怎么……你怎么不跟婶母说一声……就永远地走了……侄儿啊……侄儿啊……"

李静姝跑到晋生近前，却止住哭声，咬着嘴唇，慢慢地蹲下身子，透着模糊的泪眼，仔细打量失去生命的侄儿晋生，用那颤抖的双手，抚摸他的头部、脸颊、身体……万箭穿心，万般痛煞，万般思念，她哇的一声，又哭开了："侄儿啊……侄儿啊……侄儿啊……我心爱的侄儿啊……你不能死啊……你死了婶母怎么活呀……这不是要婶母的命吗……侄儿啊……侄儿啊……苍天你咋不睁眼看看哪……你为何夺走我的侄儿啊……我再没有这么好的侄儿啦……侄儿啊，婶母还愿意你……像少年时候那样……婶母侍候你……抚养你……一辈子不想离开你……侄儿啊，你长大了，都考中进士了……你能做事了，都当上知县啦……婶母高兴啊……还替你九泉之下的父母高兴啊……可你……怎么就这样……走了呢……侄儿啊，你知道吗，婶母这么多年……从没有忘记过你呀……你少年时候念的书本、穿的衣服，还有你和仁权一起练的古琴，婶母还都给你留着呢……总希望有一天，咱们能够住在一起，婶母把这些东西拿出来……咱们一块儿……回忆这人生往事……侄儿啊……这人生往事……再也回不来了……侄儿啊……婶母老了……你知道吗……你走了……婶母见不着你这么孝顺的侄儿了……我还有啥活头儿啊……侄儿啊……侄儿啊……"

李静姝这位年过半百的老人在仁权十几岁时就进了张氏门庭，没多久，侄儿晋生也来到膝下。当时，她仅有二十七岁，一边给仁权当了继母，一边给晋生当了养母。后来，她又生了个儿子仁侃，一个人抚养三个后生，这是何其艰难哪！至今已有二十多年了，她同晋生一直保持相依为命的感情，不是生母胜似生母。如今，晋生永远地离去了，她当然像被挖去心头肉一般，痛煞难熬！她与晋生之间的感情水乳交融，那便是千金难买、胜似生母的亲情！

众人听了李夫人那字字情、声声泪的哭诉，都不禁流下辛酸的泪水……

她身旁的侄媳栗典颖，想念丈夫晋生的心情难以形容，嗓子早就哭哑了。但看到婶母拼命地哭悼晋生，典颖不忍再哭下去了，几次劝说婶母不能过分伤心，千万要保重身体呀！

薛福德与高琼玉夫妇、王一丁与刘瑞琴夫妇，也都含着悲痛的泪水，走到李夫人跟前不停地劝解。高琼玉和刘瑞琴一看劝说不下，生生把李夫人架起，搀到旁边的草袋上坐下。

这时，只见汉阳府知府廖兴业率领十一位打木桩的勇士，朝张晋生遗体走来，他们分两排向他跪拜哭悼，第一排是廖知府和被张晋生抢救生还的五人，第二排是另外六人，他们痛哭失声，不住地哭泣："张知县……张知县哪……您不能走哇……张知县……您是我们的好兄弟呀……我们一辈子也忘不了您哪……张知县……”

其中第一排哭得更厉害，他们五人是张晋生给的第二次生命，特别是那位在生命最危急时刻得到张晋生扔过的木桩的民工，哭号声撕人肝胆，他厉声哭泣：“张知县……张知县哪……是您让我还活着……是您用自己的生命……换了我这条活命……我，我，我一辈子……也忘不了您哪……我，我，我来世……一定要报答您……报答您的救命之恩哪……张知县……张知县哪……”

坐在一旁的李静姝目睹这一情景，她已经听到侄儿晋生是为了抢救他人而献出了宝贵生命，心里虽然万分悲痛，但是受到很大慰藉，那种自豪感、荣誉感涌入脑际，周身的热血在奔涌……

围站的人群闪开了。张之洞、端方携属下梁鼎芬、江帆、廖兴业、辜鸿铭、蔡锡勇及督署官员等，走至十八名死者遗体跟前，在这里又开始祭奠亡灵——他们每人双手捧着一碗酒，遥望苍天，面向死者，慢慢地洒在诸位遗体前面……

最后，张之洞走到侄儿晋生遗体前，伏身掀开白色布帘，望着侄儿那安详的面孔，久久凝望，不想离开，默默地流下两行悲痛至极的泪水……

据武汉《历代长江洪水纪事年表》记载，历史上最大的一次洪水灾害发生在元代至正十八年（1358 年）。“江洪突发，河床涨满，浪峰高丈余，冲淹城池，毁坏官署民房八百余间，溺亡者三千余人。”按当时江堤石坝刻字记载的水位线数字换算，实际水位近二百米，流量接近每秒三万三千立方米。

万万没有想到，五百四十多年后，武汉这座城市亦发生这么大的洪水。但是，湖北及武汉百姓在湖广总督张之洞的带领、指挥下，却战胜了这次长江洪水灾害，全城被冲毁的房屋仅百余间，死亡并牺牲者也才一百零八人（含失踪八人）。可以说，基本保住了武汉三镇。

张之洞他们在祭奠完死者并安慰其亲属后，立即召开抗洪指挥部会议，研究商议对死难家属抚恤照顾、对受害居民救济以及如何重建家园等有关事宜。

连雨渐停，大江东逝。雁阵哀鸣，把酒酹天。一场罕见的暴雨洪流终于过去了。

洪水过后，武汉三镇及湖北其他沿江地区都在开展赈灾救济、重建家园活动。张之洞携辜鸿铭、蔡锡勇、薛福德等人，乘“固陵”号轮船视察出访。

张之洞一看没有发现什么问题，便决定自己微服私访一次，让其他人吃住在船上，等候他归来。

他微服私访也没有发现什么异常现象，心里很欣慰，免得再操劳烦心事。

在微服私访途中，张之洞碰到在松江某官宦之家任教的同窗好友辛怀古，两人交谈非常默契。辛怀古招待张之洞吃了午饭，本来可以留他住下，但因有事外出，只好请张之洞到官宦家暂住，张之洞欣然应允。

那宦官名叫张显进，是一个善于交友的人，也是一位善走仕途的人。

第二天，当地松江知府淳于恒庆祝寿辰。张显进邀请张之洞前去淳于恒知府宅邸祝贺。

席间，宾主谦让座位，而张之洞竟毫不逊让，独居首位。

知府淳于恒见状心中大为不快，用手指着桌上的当地名菜鲈鱼说道："鲈鱼四鳃，独占松江一席。"

松江办酒席，如果桌上无鲈鱼，则不能称上等酒席，故有"独占松江一席"之说。在此，淳于恒知府语意双关，实际上是在声明："我乃堂堂知府大人，松江是我的天下，你有什么资格独占我的上席？"足见满腹牢骚，内含讥讽又露霸道。

张之洞听后当然知道对方用意，遂借席上的螃蟹立即回了下联："螃蟹八足，横行天下九州。"

上下联对比，足以看到张之洞的下联棋高一着，其意思是你鲈鱼只不过在松江之内称王，小小知府而已。我螃蟹则不然，所向披靡，横行天下，占据首席理所当然。下联表面斯文，实则尖刻，寓意颇深。

松江知府淳于恒听罢，知道来者不凡。经打听才知道，原来是张之洞总督大驾光临，不免大惊失色。

淳于恒急忙赶到张之洞大人的住处，当面谢罪，叩头不已。张之洞并不以为然，压根儿就没有不高兴的想法，他豁达而爽快地说："席间戏言，岂能当真！"

不过，人们皆知，张之洞恃才傲物表现在各个方面。

经过几个月的赈灾救济、重建家园，武汉三镇的建设如初，面貌更新，尤其市民的生活环境和居住条件得以恢复，那种饱受洪水侵吞的灾害痕迹基本消除，开始呈现安居乐业、欣欣向荣的景象。

有一天，张之洞正在总督府大堂办理公务，武昌府知府梁鼎芬、武昌镇总兵江帆、督署幕僚辜鸿铭急急忙忙地走来。张之洞一见这三个人走进大堂，估计有重要事情向他禀报，不得不先把手中的卷宗放下，两臂伏案，询问道："诸位一齐来到大堂，难道赈灾出现什么差错了？"

"市井繁荣，一切顺利！"梁鼎芬代表武昌府回答道。

“社会秩序井然，没有闹事的！”江帆总兵亦回话说。

“哦！那到底发生了什么事？”张之洞将目光移向辜鸿铭，看到辜鸿铭一身颀长的瘦骨，面目上不见红润，不粗不细的发辫开始出现灰白，但那双不太大的圆眼珠依然放射着睿智的光芒。辜鸿铭自从他节制两广任总督以来，就一直给他当幕僚、任翻译，帮他处理各种疑难问题，那种相互信任早已注入他们各自心田的深处。

辜鸿铭对于梁知府、江总兵的回话不太满意，心想，有人在侮辱张总督的人格和形象，怎么能说“繁荣”“井然”呢？他见张之洞望着他催问，先看了看梁鼎芬、江帆，后又话里有话地回答说：“刚才梁知府、江总兵的回话，让我有些不敢言语了，但张大人一再催问，晚生只得如实相禀：今天上午到街上办事，路过一裱画店，看到墙壁上悬挂着一份裱糊的《三矮奇闻》画幅，其中有一位便是张总督人物画像，我觉得此画幅不妥，大有讽刺诬蔑之意……”

“辜先生，你是不是看到画幅之后，就去找了梁知府、江总兵？”张之洞截住辜鸿铭的话，问道。

“正是。”辜鸿铭回答道。

张之洞理解辜鸿铭的心意，但怕他对梁、江产生误解，当即劝解道：“依我看，梁知府、江总兵对此事很重视，他俩听了你辜先生反映情况后，马上跟随你来到总督大堂，同你一起报告这件事！他俩虽然没直接说，但这是等待你这个目击者说哩！”

辜鸿铭听了张之洞这么一说，觉得是这么个道理，对梁、江的不满情绪随即消除。他点了点头，说道：“那倒是。”

张之洞已经想好处理画幅的方法，面对梁鼎芬、江帆命令地说：“梁知府、江总兵，你二人谁也不准去刁难这家裱画店，让人家自主经营，做好生意！”

“是，请张大人放心！”梁鼎芬、江帆拱手道。

张之洞又说道：“这件事由我和辜鸿铭先生处理。你们二位可以回去啦！”

“好，张大人，告辞！”梁鼎芬、江帆又抱拳施礼，转身退出总督府大堂。

《三矮奇闻》画幅，画像突出一个“矮”字，尽管画面画了三个矮子，可人们最感兴趣的是，画中的张之洞总督。所以这家裱画店招来许多人驻足观看，一时轰动省城武昌，街谈巷议，沸沸扬扬。

不一会儿，薛福德从街上跑回来了。他把看到的这一切，向张之洞大人作了汇报。

这，便是辜鸿铭所担心的。

薛福德、辜鸿铭一再向张大人提出建议：应该立即惩治裱画店老板和该画幅作者！

张之洞摇了摇头，不赞同此举，他心里已有章程，只是不想在这里说，于是向他俩命令道："鸿铭、福德！走，咱们去裱画店！"

"是，张大人！"辜鸿铭、薛福德应声领命，同张之洞一起走出总督府衙门，奔向这家裱画店。

裱画店到了。张之洞携辜鸿铭、薛福德等走进裱画店，开始寻找那份《三矮奇闻》画幅……他们在东面板壁上看到有用水彩画的《三矮奇闻》画幅，但是周围站满了观赏的顾客。薛福德挤到画幅附近，给张之洞、辜鸿铭开了一条小道。因为他们穿的是便衣，顾客们不知道是谁，所以对他们的挤入很不高兴，用白眼翻看他们。

张之洞仔细打量《三矮奇闻》画幅，上面画的是三个矮子的写生：一为张之洞，一为瞿廷韶，一为巡警道冯绍祝。张之洞贵为总督，身材矮而瘦；瞿廷韶以瘦小著称；冯绍祝系粤人，绰号"冯矮子"。他看过之后，知道这是裱画店老板利用文人的笔墨游戏唱生意经，也不怎么介意，转对薛福德吩咐道："福德！你去找画店老板，将这画幅买下！"

"人家这画，画的是名人，价钱低不了。"薛福德担心地说。

"去，快去，不管多少钱，也得买下！"张之洞督催道。

"是！"薛福德应声后，去找画店老板买画。

张之洞、辜鸿铭走出裱画店，在店门外等候。

"张大人，您身为总督，官高位显，任他人作画讽刺，您也太仁慈了，就这样便宜他们啦！"辜鸿铭着实不解，抱怨道。

"鸿铭，这种生活小事不必太求真，人家是为了生活，才做这样的生意。再说，也是好意嘛！"张之洞心里坦荡荡的，毫不在乎。

"什么？好意？张大人，人家把你画成……"辜鸿铭听了张之洞的解释，觉得不可思议。

"啊，你是说画家把我画成矮子？我本来个子就不高，这是实情。说实话，正是因为我贵为总督，名声在外，人家才画我嘛，这也是对我的宣传哪，有什么不好的？"张之洞心里想过，只要自己才学渊博，管他个儿高个儿矮，难道还怕别人讽刺！

手拿《三矮奇闻》画轴的薛福德，快步走出裱画店。他向张之洞回禀道：“张大人，画幅买回！”

“好，好啊，这幅画我得收藏起来，留个纪念！”张之洞十分得意地说，“走，咱们回总督府。”

“唉！”辜鸿铭无奈地长叹了一口气。

张之洞心情愉快地朝总督府走去。

对于热爱古董古玩、书画珍品的张之洞来说，《三矮奇闻》画幅放入专门盛放古玩、书画的书柜里，确实也是珍藏保管起来。

在薛福德帮他打开书柜时，里边还真的藏有不少好东西——有古铜器鼎炉、酒樽、刀具，有古陶器坛罐、茶壶、茶碗，还有一些书画等。

辜鸿铭走进一看，心想：张总督爱好古玩古物，怎么没有多少值钱的东西呢？

张之洞问道：“鸿铭，怎么样？”

“古物奇玩，大开眼界！”辜鸿铭不愿说出真情，怕伤害他爱好古玩的自尊心，所以故意夸赞道。

张之洞伸手摸了摸铜器和陶器，不无炫耀地说：“你看，这是商朝的青铜器，这是战国时期的陶器……”

“张大人，我不太精通古玩，但我听人说过，殷商时期没有这么精致的酒杯和刀具，战国时期的陶器还没有类似现在的茶壶和茶碗。”辜鸿铭实在憋不住了，遂褒贬几句，并提出建议，“张大人，对这些出土文物，是否应该再考察一下生产时间？”

“是的是的，文物是一时半会研究不透的。不过，当年我在京师翰林院供职时，就以赏玩古董字画出名，凡是经我手鉴定的古玩古物应该没啥问题。”张之洞对古玩研究心里没啥底数，只好向对方做一番这样的解释。

辜鸿铭不想再深说了，只是点点头，表示认可。平日里闲谈时，他也听人说过，张之洞与潘祖荫、吴大澄等人，曾在北京以流连诗酒、赏玩古董字画出名。后来，张之洞连续多年历任封疆，爱好古玩的雅兴不减，且自命精于古物的鉴别。现在，怎好一再驳逆这位总督大人？

张之洞又拿出珍藏的几幅字画向辜鸿铭、薛福德介绍：“你们看，这是晋朝书圣王羲之的《十七帖》，这是北宋米芾的《蜀素帖》《研山铭》，这是明朝董其昌的《杜甫七律诗》，还有这幅山水画，是郑板桥的《青竹》……”

“张大人，你可得保存好，千万不能弄丢了，不管真假，将来都是文物！”辜鸿铭不相信这些字画都是真迹，遂打断他，不想继续看了。

“鸿铭，你说得对，这些古玩、书画将来都得成为文物！”张之洞相信自己收藏的价值。至于辜鸿铭提出的怀疑，他不反感，起码为他今后收藏提供了经验和教训。

辜鸿铭、薛福德将打开的画幅、书法，一个一个地重新卷起，放回原来的书柜里。

这一年的秋后，张之洞奉旨进京，汇报湖北特别是武汉三镇等地的抗洪救灾情况。临行前，他让薛福德多带些银两，以备遇到特殊情况使用。薛福德知道他花钱大手大脚，不注意节俭，而且全是他的俸银，公款他是从不占用的，所以便提醒他，眼看快到年底了，花钱的地方还多着哩，是不是少带些钱。可是张之洞却说没关系，离过年还有好几个月时间，俸禄完全够用了，该带的钱尽管带吧，穷家富路嘛！薛福德一看说服不了他，只好按他说的去做，把积攒的一千两俸银全带上了。

张之洞携薛福德等随从按时赶到京师。

他向朝廷如实回奏了湖广督署率领百姓如何抗洪救灾、重建家园的经过，特别是用鲜血和生命保住了武汉三镇和实施湖北新政的所有企业厂房。满朝文武听后，异口同赞。慈禧太后代表朝廷颁旨奖励，当时赏银一万两，并把奖赏银票当面交给他。张之洞欣喜若狂，他接过圣旨和银票，不住地叩拜谢恩，还向朝廷百官抱拳致谢。他决心继续抓好湖广督署政务，绝不辜负朝廷的期望。

张之洞满怀激动的心情，告别了慈禧太后和朝廷卿臣。他回到驿馆，叫上薛福德，去绕古玩市场。

路上，张之洞喜不胜喜，把朝廷对湖广督署的颁旨奖励告诉了薛福德。薛福德听到这个喜讯，高兴极了，一再赞扬张大人的领导风范，心想，这次去古玩市场，花点钱买点东西该不是问题吧！

他俩进入古玩市场，漫步绕了一圈。张之洞突然发现一个摊位上摆着一个古鼎，斑斓璀璨，新颖别致。他伸手抱起，左看看，右瞧瞧，爱不释手，心想：这可是一件奇玩珍宝，千载难逢啊！他轻轻地放下古鼎，面向古董商问道：“老板，这古鼎是何时文物？”

古董商回话说：“此乃秦代铜鼎！”

张之洞又问：“多少钱能卖？”

“至少一千两银子。”古董商用手摸着古鼎，像舍不得卖似的。

“这也太贵了!”薛福德在一旁帮助砍价，“起码得降一半，若不然我们就不买了。”

“是啊，这价码太高了。”张之洞当然不愿花太多的钱，也在向古董商讲价，“对，折半，卖的话我们就拿走。”

“行，五百就五百，我宁可赔了，卖给你们!”古董商一看，机会来了，马上同意出手。

张之洞面向薛福德说：“福德，掏钱吧!”

薛福德知道张大人手里有朝廷奖励的一万两银票，便提出：“张大人，您那里不是有银票吗?”

“胡说! 那银票怎么能随便动?”张之洞的态度极其严厉。

“好，好好好，我来拿现钱。”薛福德从肩上摘下银两包裹，从里边取出五百两银子，递给了古董商。

古董商收好了银子，拿出一块黄色丝绸布，把古鼎放在上面，包严系实，交于薛福德。

“好了，老板，回见!”张之洞向古董商告辞。

“二位客官，慢走!”古董商向他俩挥了挥手。

薛福德肩背剩下的银两包裹，手提着这个珍贵的古鼎，跟随在张之洞身后，走出古玩市场。

张之洞携薛福德于当日离京，乘火车、坐轮船，满载而归，返回湖北武昌。

年过七旬的张之洞，丧失侄儿的悲痛心情尚未完全消除，但这次由京回鄂，似乎平复了许多忧愁。这是因为朝廷对于他率领督署、组织百姓抗洪抢险、赈灾济民、重建家园所取得的成就，给予了充分肯定和莫大奖赏，他觉得作为一个疆臣效忠朝廷、爱护黎民，能够得到如此殊荣也算值得了，对湖广百姓也是一个交代。

这一天傍晚，张之洞在总督府大摆宴席，招待僚属和抗洪模范人物。坐在首位的张之洞，举目看到长方桌席两侧的官员：湖北巡抚端方、湖南巡抚陈宝箴、湖南学政徐仁铸；武昌府知府梁鼎芬、汉阳府知府廖兴业、武昌镇总兵江帆；总督府总文案李文石，督署藩、臬两司官员，幕僚辜鸿铭、陈衍，铁政局总办蔡锡勇；汉口商人宋炜臣、王予坊、万伯等，并有这次抗洪抢险的勇士和百姓代表等。他站起身来，向大家宣读朝廷对此次湖广督署抗洪抢险的奖赏决定……众人也都站起身来，注意倾听。之后，张之洞告诉大家，他准备把慈禧太后奖赏给督署的一万两银子用在“湖北新政”建设上。大家听后异口同声地赞道：“张大人英明！”随之，张之洞向大家建议，举起酒杯，一齐感谢朝廷的关怀，于是他和众人一饮而尽。

他让大伙坐下，感谢诸位在抗洪斗争中对督署的大力支持及所付出的艰辛和代价。他像往常一样，遂又一连饮下三杯酒。众人向他报之以热烈的掌声。

高兴之余，张之洞让薛福德捧出以高价购买的那一古鼎，请诸位共同欣赏。薛福德遵命，先置鼎于案，并插梅花一枝于鼎中，注水少许以润花。大伙边饮酒边观赏，不意酒过三巡，鼎下竟有水徐徐流出，满堂惊愕，甚觉奇怪。经辜鸿铭、陈衍等幕僚认真检查，方知古鼎并非秦代古铜所制，而是纸板仿制。张之洞赶忙走过去仔细观察，惊讶地“啊”了一声，始知为古董商所骗。

凡是在张之洞督署供职做事的人，都知道这位总督大人爱好玩赏古董字画碑帖；加上他心性高放，创办新政，讲究排场，经常请客宴会，诗酒流连，喜欢送礼赏赐，所费不赀。如此，一年到头结算下来，往往入不敷出，陷于窘境。

这一年的年底到了，总督府的生活拮据得无法向外人开口，年关难以过去。李静姝免不了抱怨张之洞：“香涛，你身为总督，挣的俸银不少哇，怎么家里花钱这么紧张啊？”

张之洞安慰道：“夫人，你别急，我有办法。”

李夫人哭笑不得，回答说：“我知道你还是老办法，拿家里的东西去当钱！”

张之洞不再言语了，赶紧吩咐薛福德带上东西去当铺。

薛福德已经习惯了总督府这种过日子的方法，两广时期如此，湖广时期也如此。武昌“维新”等大当铺知道总督府是“老客户”，每年春节前后都得打交道。所以，他们内定这一行情：凡是总督衙门拿皮箱来当，每口箱子当二百两银子，并不开箱看内里装的是什么东西，只照箱数付给银两。开春后银根松动，督署再用银子赎回箱子。当然，当铺则可赚一笔利息了。

这一天早晨，薛福德怕人看见，便悄悄地挑上两个大皮箱，送到武昌“维新”大当铺。当铺伙计已知这是总督衙门的惯例，二话没说，收下两个大皮箱，当即付给他四百两银子。

薛福德装上银子，回总督府交差，准备过年去了。

第二十八章　清末三届　标举以特称

说起信仰，人们往往把它看作人生的追求，而这种对信仰的追求，来自人的主观意念，所以说，信仰是理性的延伸。只要有了信仰，也就有了思想、意识，不顾一切地去追求，义无反顾，死而无憾，在追求的路上尽管遇上一万次挫折却始终不会动摇。

张之洞坚信，信仰是人生的动力，更是热望之爱。因为他是在大清国力衰弱、列强入侵中华的历史条件下，悟出了革故鼎新、弃弱图强的治国方略，除了在理论上提出“中体西用”论之外，还在督署湖广领地上实施“湖北新政”总纲，力求振兴中华，重振国威。这就是他此生的人生信仰。

严格地讲，信仰就是对所希望的事物本质的认定，是对见不到的事物的爱，甚至是对似乎不可能实现的理想的追求，因而必然招来一些人的怀疑和反对。

我们都不会忘记，张之洞在实行“湖北新政”的过程中，一次次被弹劾、遭诬告，恐怕原因就在于此，当然还有心怀守旧思想的反对派在作怪。其中，就有人上疏弹劾他挥霍税款、浪费资金，尽管受命大臣、两广总督李鸿藻也曾给予他极大的袒护，但这种中伤口矢已成社会流传的话柄。人们说他花钱如水，不顾后果。对于这些传言，张之洞不是不知道，但他毫不介意，依然如故，该怎么办还怎么办。

关于朝廷对张之洞抗洪赈灾、重建家园的奖赏一万两银子，他借大张筵席召开庆祝会的机会，向僚属部下表了态，全部用于“湖北新政”建设上。他言而有信，说到做到。经调查了解，汉阳钢铁厂需要进设备，汉口码头急需扩修，这直接关系到“湖北新政”的建设与发展。于是，他召集僚属有关人员，研究议定，并根据调查了解的情况，拟出了朝廷赏银一万两的分配方案：汉阳钢铁厂进设备用款五千两，汉口码头扩建需花五千两。大家兴致勃勃，纷纷表态，一致赞同此方案。他代表督署，责成铁政局总办蔡锡勇、汉阳府知府廖兴业分头去落实。他与蔡、廖等三人在赏银分配方案上，都一一签了字。当即，他让总督府总文案李文石拿出银票，交给蔡、廖，再三叮嘱他们专款专用。蔡锡勇、廖兴业表示一定不负圣恩，坚决完成督署交给的任务。

在对待公款的问题上，张之洞从政几十年从不含糊，而是认真理财，心细如丝。可以说，他对国家公款从不贪占，分文不取。

他非常欣赏苏东坡所作的《前赤壁赋》，并把文中倡导的清廉之语抄录于书法条幅，即：

且夫天地之间，物各有主，苟非吾之所有，虽一毫而莫取。惟江上之清风与山间之明月，耳听之而为声，目遇之而成色，取之无禁，用之不竭，是造物者之无尽藏也，而吾与子之所共适……

人活着要谨慎，从损失中避免灾难。张之洞早有领悟，这是在坎坷的人生道路上积累的经验和教训。有人说："张总督，您真不简单，您七十多岁了，从同治二年考中探花又被授职翰林院编修开始，仕途生涯至今已经四十多年了。可您从来没有倒下过，没有被朝廷免过职、罢过官。您比起恭亲王（奕䜣）、李中堂（李鸿章）他们不知强多少倍！"张之洞谦逊地摇摇头，没有正面回答，而是慨叹地说："唉！我这一辈子做对了一些事，也做错了一些事，如果再活七十岁，我一定会当个圣人！"

如今，张之洞大概是由于到了晚年，不论是办理公务，还是料理家事，不仅小心谨慎，而且注意策略。本来次子张仁侃、长孙张厚琨、次孙张厚璟、侄孙张长江同薛日贵、王小兴他们从日本留学回来，就应该把侄儿张晋生的墓迁移到老家直隶南皮，但考虑朝廷给的一万两赏银还没有具体着落，故意将迁墓之事往后推了推。现在，赏银分配使用已经全部落实，他便着手准备料理迁墓之事。他想好了，目前总算可以回家祭祖、给侄儿晋生迁墓了，谁也不会诬告我张之洞贪占朝廷赏银了。

第二年春天，张之洞带领全家人回家祭祖，并把侄儿晋生的墓一并迁入河北老家南皮县双庙村祖坟。

斯人已去，入土为安。面对侄儿晋生的坟墓，李静姝两手不停地往炉内添加烧纸，眸子里涌出思念的泪珠，而后举起香火，默默地站在那里祭奠……长子张仁权与长媳阿秀携长孙张厚琨、次孙张厚璟，已跪伏于坟旁，侄媳栗典颖带着侄孙张长江，早已跪伏坟前，她手里攥着丈夫给她的那副银镯，两眼不住地淌下泪滴，待供炉内香火、纸钱燃起后，一起叩拜祭祀。

祭祖是后人对先人的尊崇和怀念。张之洞和夫人李静姝，携领长子仁权、长媳阿秀、长孙厚琨、次孙厚璟，并次子仁侃，侄媳典颖、侄孙长江等子孙后代，开始摆设供果，烧香祭祖。祭拜之前，张之洞向儿孙们介绍他的几位先祖、祖父张廷琛、父亲张锳、生母朱碧筠、养母魏芷香、先妻石凤怡夫人以及唐夫人、王夫人等，他要求后代人缅怀祖先，继承遗志，发扬光大，不忘养育之恩。随即，他与李夫人，并众儿孙，伏地叩拜……

迁墓、祭祖完毕，张之洞、李静姝夫妇携儿孙们回到老家双庙村，拜访家族老人和兄嫂们。此时，大哥张之濬和大嫂、二哥张之潭已相继去世，只有三哥张之濮健在，二嫂、三嫂她们的身体都很好，其儿孙后代们也都很健康。张之洞让李夫人把带来的银子，给兄嫂们各家留下二百两，以解决生活困难问题。

祭祖探亲结束，张之洞带领全家人告别家族亲人，准备回湖北。家族亲人和全村人都纷纷赶来送行，把他们送至村头大路。

这时，已经出嫁的叔伯妹妹张嫣然特意从邻村婆家赶来，给张之洞四哥及其全家人送行。当张之洞向她询问家中的生活时，她一看这位当封疆大吏的哥哥如此关心自己，那种委屈不禁涌上心头，便三行鼻涕两行泪地呜呜地哭起来了。张之洞见状，追问情由，详细打听。原来这个妹妹的男人，是个纨绔子弟，脾气又不好，一不顺心，就拳打脚踢，任意虐待。张之洞听了以后，不免有些生气，点了点头，鼻子“哼”了一声，转身从包裹里取出一件马褂子，递给了妹妹，并叮嘱道：“嫣然妹子，你为人妻室，要孝敬公婆，夫妻恩爱，事事注意，学会谦让。你穿了为兄给你的这件衣裳，日后就会好的！”

作为妹妹的张嫣然，不解其意，本想和当大官的哥哥说了，给长长威风，撑撑腰，出出气，这可倒好，给一件旧褂子，这能管什么用？但又不好再纠缠，只好面对张之洞、李静姝夫妇说：“四哥、四嫂，你们走吧，一路保重！”

张之洞向送行的家族亲友挥手告别，让全家人登上马车，赶往保定火车站，准备及早回鄂。

张嫣然回到婆家，经常穿着张之洞给的那件褂子。

这一天，张嫣然的丈夫喝醉了酒，回到家里耍酒疯，又将她毒打了一顿，并将褂子打破。张嫣然实在觉着这个气没法往下咽，什么时候是个头呢？反正离城里不远，你张之洞管不了，我找县太爷去。于是，张嫣然悄悄走出家门。

她跑到县衙，击鼓三声，大喊民妇有冤。

县官听见击鼓，慌忙升堂。张嫣然将丈夫打人一事细细说来，最后她还哭诉道："青天大老爷，您看，他将我穿的衣裳都打破了，您得给民女做主啊！"说完，她在大堂上号啕大哭。

县官走上前，定睛一看，啊！这还了得，民妇穿的是皇上的赐物，打破马褂子，就等于打了皇上。遂当即差人去抓捕妇人的丈夫，带到县衙大堂。

这小子到堂上一看，原来是他老婆告的状，胆子大了起来，跪在堂前也不老实，竟跟县太爷指手画脚，还说什么"我打我老婆，谁也管不着"！县官把惊堂木一拍，咣的一声，骂道："混账东西！你打坏皇上的赐物，犯了欺君之罪，还敢如此无礼！来人，把他拉下去，重打四十棍！"

衙役们将他拖到堂外，狠狠地责打四十棍，直打得他皮开肉绽，鲜血外流。而后，衙役们又将他拖到堂上。他向县官苦苦求饶，说今后不再打骂夫人了。他终于服了软，认了错，县官这才饶恕了他。从此，这个恶少一改前非，再也不敢打骂媳妇了。

人只要有了名气，特别是官高位显的人，总是会受到人们褒贬的，包括其才华和品德，甚至要害缺点过失，轻则被社会流传，重则可能载入史册。

清代末年，权势最为显赫的封疆大吏有三：湖广总督张之洞，直隶总督袁世凯，两广总督岑春煊。稗官野乘有载，时人称他们仨为三屠，即清末三屠，今人说当时又叫三大杀手。杀手当是现时叫法，意大利黑手党盛行，美国动作片杀手狂飞，这种称呼才流行于时。三屠之称，较合于历史实际。因此，方以为题。

三屠者，张之洞用财如水，人称为屠财；袁世凯好行杀戮，自小站练兵至山东剿拳到天津搜杀拳民余遗，杀人不计其数，时称屠民；岑春煊性好劾人，不畏强暴，自监司大员以至微员佐贰，有时劾至百余人，称为屠官。自然，这只是各就其突出之一项标举以特称。

一身而二屠并在者自不免，如袁世凯，兼为屠财好手。

三屠者——张之洞、袁世凯、岑春煊，对于人们给送的绰号：屠财、屠民、屠官，心里当然很不高兴，总觉得这是一种侮辱，是一种亵渎。他们仨奉旨晋京议事时，常常碰到一起，不免谈起三屠话题，发牢骚最甚的应该是袁世凯、岑春煊。张之洞虽说是也有怨气，但好像不怎么在乎，他说："人前背后言长短，哪个私下不说人！"袁世凯反驳他说："张大人，你可真行，学会了中庸！"岑春煊担心而忧虑地说："人言可畏！话说久了，必成定式，将来有人把'三屠'写入史书，我们再也抖落不掉了！"

张之洞听到这里，哈哈大笑起来，幽默而诙谐地说："袁大人、岑大人，您们听说过吗？《易经》书中有这么两句话：'善不积，不足以成名；恶不积，不足以灭身。'因此，人做好事，只有持之以恒，才可以彪炳青史；人做坏事，遗若不痛改，必然身败名裂，遗臭万年，照样可以注入史册。所以，你们俩不要太往心里去，也不要管得太具体，由它去嘛，生活的本来面目则是真正的历史！"

"不行，不行，不能按您的说法去做，做好事与做坏事有本质上的不同，造好舆论与造坏舆论更是有本质的不同，我们不能放任自流，该管的得管，该关的得关！"岑春煊不赞同张之洞的说法，主张对传播"三屠"绰号的一些人，进行逮捕关押。

"对，对！这个主意好，怎么能让中伤我们的人逍遥法外呢？"袁世凯与岑春煊的意见基本一致，继而又说道，"咱们回去后，各司其法，抓捕传播'三屠'谣言者，杜绝史书记载之后患！"

"不可，不可，欲盖弥彰，竟有何益，这不是越抹越黑吗？"张之洞极力反对他俩抓人的想法，遂劝道，"两位大人回到督署后，千万不能动此干戈，其后果不堪设想。只要咱们为官者善恶分明，多做善事，不做恶行，谁爱说点啥，就由他去说嘛！"

袁世凯、岑春煊点点头，但是没再说什么。

可是，他们仨回到各自的督署地盘后，袁世凯、岑春煊还是采取了行动，他俩分别在保定、广州抓捕了传扬"三屠"的一些市民。此举影响很大，人们都在骂他俩霸道无理，目无国法。

张之洞闻讯后，相继向保定、广州发去电报，劝说袁、岑两位总督不能违背大清律法，言者无罪，岂能随便抓人，一旦朝廷怪罪下来，后果不可收拾，且社会已造成不良影响，故须速速放人，切切不准延搁。

面对社会舆论的压力，以及湖广总督张之洞的来电苦劝，直隶总督袁世凯、两广总督岑春煊意识到他们的行动过火，捕人违法，马上派人把监押的所谓传播三屠谣言的市民一概释放，并宣布其无罪。

果然，三屠者，史书野乘均有记载。

张之洞、袁世凯、岑春煊这三位疆臣大吏，谁也没逃脱掉历史对他们的铭记——或褒贬，或揭露，或鞭挞。

史学者徐一士《凌霄一士随笔》评论张之洞好大喜功；黄濬《花随人圣盦摭忆》评论张之洞在光绪二十年至二十二年署理两江总督期间所为，说是“今观其举措，似侧重铺张应付，专力为物质上之角逐者”。

说张之洞好大喜功则是确评，因为好大喜功，不免铺张应付。

张之洞在两广总督任时，上奏在广州筹建炼铁厂，列举数字，指报广东产铁甚多，而购入洋铁，开支甚大，呈请在英国订购大炉及机器。在办理此事过程中，张之洞因筹办卢汉铁路转调湖广总督，继任两广总督的李瀚章奏报广东产铁不多，不能开设铁厂。张之洞因奏请炼铁厂移设湖北，即后来的汉阳钢铁厂。张之洞上报广东产铁情况全属臆测，而对于国外炼铁方法全无所知，贸然便要买回两座炼铁炉。英厂主说是须先将煤焦和铁砂样品寄英化验，才能根据品质决定设计炼铁用的炉子。张之洞竟然答复：“中国之大，何处无佳煤佳铁？但照英国所有者购办一份可也。”英方按英国所用炼铁方法设计两座炼炉运到，马鞍之煤无从炼焦，大冶之铁不适用于此种炉型，变成笑话一场。诚然，张之洞不得不派铁政局总办蔡锡勇，重新提供样品化验，再次购买炼炉设备。仅在英国订购机器所花用亦为三十多万两，加之选设厂址不当，填土费用就花了三十多万两。两者相加，用去了建厂经费的十分之二。因为浪费而导致的损失如是之大，这是张之洞在落实“湖北新政”总纲初期所做的一大憾事。举此一例，可概其余。

此种屠财排面，惊世骇俗。

张之洞由于财务开口过大，没少被人弹劾，但总有人力保使其免祸。黄濬在《花随人圣盦摭忆》中评论张之洞“巧宦热中”，张之洞做官，自有一套本领，让慈禧欢心，醇亲王奕譞为之奥援，他出身清流，为翰林时履劾大员，但一生清廉，博得好名声，遂恣睢放肆，为所欲为，旁人不敢奈何。张之洞自撰的《抱冰堂弟子记》，述其在粤督任上得奕譞维护，颇为自得：“己丑庚寅间，大枢某、大司农某，立意为难，事事诘责，不问事理。大抵粤省政事无不翻驳者，奏咨字句无不吹求者。醇贤亲王大为不平，乃于曩所议奏各事，一一皆奏请特旨准行，且事事皆极口称奖，并作手书与枢廷诸公曰：‘公等幸无藉枢廷势恐吓张某。’又与大司农曰：‘如张某在粤有亏空，可设法为之弥补，不必驳斥。’其实粤省报销款固无所亏也，然贤王之意则可感矣。”得意之情，跃然纸上。

正史对张之洞亦有评述。《清史稿》张之洞本传有句云："莅官所至，必有兴作。务宏大，不问费多寡。""任疆寄数十年，及卒，家不增一亩云。"前事言公，后事言私。公者，张之洞居疆臣数十载，历两广、两江、湖广诸任，其所作为，规模极大，而他用财如水，不问多寡，耗费了国家大量资财。但他有一个最大的好处，不谋私利，不贪污，不行贿，所有国家钱财都用到了事业上去。所以，张之洞一生有清廉之名。"及卒，家不增一亩"，即就其私者而言。本传中另有一例，即张之洞在光绪二十八年再署两江时，有道员私献商人金二十万为寿，请开矿海州，这就是现在所谓的行贿了，张之洞"立劾罢之"。

前不久，笔者偶观电视报道，张之洞身后，家乡河北南皮只遗房屋一处，已为张氏后人捐献做了学校校舍。他们很清楚，张之洞一生重视教育，在任翰林期间，两典试差，两放学政。任四川学政时，创设尊经书院，请湘潭王壬秋入蜀掌院，硕学大儒多出其门，承传继任，蜀学大盛，川人至今感念。后任封疆大吏，转向洋务事业，仍不忘教育，如在本书前边有关章节提到的：张之洞在广东恢复创建广雅书院，在湖北设立武备、农工商、铁路、方言、军医诸学堂，当其著者。张氏后人捐献张之洞故居做校舍，可谓善体先人之志。

提起袁世凯，人们不会忘记他在光绪二十四年（1898 年）戊戌变法之际所扮演的叛徒嘴脸。谭嗣同等"戊戌六君子"的被杀害，以及全国各地参与戊戌变法的志士仁人的被诛杀，皆与袁世凯有密不可分的关系。袁之此种屠民，许多有关清史的书籍都不同程度地进行了记载。

《正说清朝十二臣》一书对袁世凯屠民罪状亦有具体披露：血腥镇压山东义和团——袁世凯靠天津小站练兵，走上了一条呼风唤雨、培植自己的势力而主掌军权的道路。光绪二十五年（1899 年），袁世凯被清廷任命署理山东巡抚，即刻上任。同时，他在天津小站编练的"武卫右军"（由"新建陆军"改编而来）也全部开往山东，依旧由袁世凯统率。从此，袁世凯一跃成为显赫的封疆大吏。袁世凯及其武卫右军之所以被派往山东，是由于外国教会与山东人民矛盾的激化。在这一年，平阴、肥城两县交界处发生了一起教案，英国传教士卜克斯因为蛮横无礼被当地群众打死。当时，英国驻华公使曾向总理衙门递交照会，声称：如果中国政府不严惩暴徒，英国将直接出兵保护教堂。袁世凯为了讨好洋人，立即将肥城县令撤职，并不论是非曲直，强行将两名平民判处死刑，向教堂赔偿白银九千两，还在卜克斯的死亡地点竖立"纪念碑"。因而，袁世凯的非法行动遭到山东义和团的反对。可是，执掌兵权的袁世凯，经常派兵前往各地镇压义和团，保护洋人。清廷曾担心他草率行事，会酿成大祸，所以连下三道上谕，告诫他不可意气用事，徒恃武力。对此，袁世凯却不服气，并上了一份奏折，宣称：如果义和团“纠合百十万人鞭挞五洲，而该匪等势成燎原，不可向迩，国家又将何以制其后?”接着，袁世凯颁布了《严禁拳匪暂行章程》八条，规定：无论军民，凡是有练拳或者赞成设立“拳场”的，立即杀无赦！代表民众意志的义和团是吓不倒的。对于曹州、济宁一带“素多盗贼”的地方，袁世凯把军队调到那里集中“清剿”。当时，他的军令是：凡是义和团一经拿获，就立即按照《清匪章程》，“不分首从，就地正法”。

袁世凯不仅在山东境内屠杀，还一路杀到了直隶境内。如在东光县方圆十里的地方，树上挂满了被害者的头颅。本来，清廷花大力气编练“武卫右军”，是为了抵御外侮，没想到武卫右军的“第一战”就是砍杀同胞。

中国近代史所记述的大军阀袁世凯，是一个万恶不赦的屠民刽子手。他从天津小站练兵，培植军事势力开始，一步步爬到封疆大吏的位置，一直到最后取得清朝江山而代之，向世人演出了一幕“复辟”的丑剧，所镇压对其反抗的军民不计其数……

下面说岑春煊的屠官之事——

岑春煊在清末算得上干练能臣，做事有担当，有魄力，本人亦清廉，有佳誉。

人的身世在一生中也是很重要的。岑春煊捐班出身，以父（岑毓英，云贵总督）荫升迁极快，至光绪二十四年（1898年）得任广东布政使。时在戊戌维新期间，裁巡抚，布政使岑春煊直接受两广总督谭仲麟管辖。岑到位之初，有人来控告道员王某，颇多不法，商民多受其鱼肉。岑经调查，王某情况属实。他请总督撤去王某差事，但谭仲麟对王某格外宠信，没有答应他的建议。岑自行撤去王某的补袖厂坐办，又邀集司道同寅谒谭，请求并撤王的督署文案。谭、岑二人当场冲突，大干了一场。后岑春煊奉召入都陛见，弹劾谭、王营私舞弊。状告总督，这当然是岑春煊较大的一次屠官。此时，甲午战败后李鸿章受攻击，亟谋外放总督，由荣禄推荐谋得，取代了谭仲麟。可见岑之参奏，起到了参考作用。岑春煊敢于老虎头上拔毛，算得上一条汉子！

岑春煊因庚子年为慈禧和光绪避八国联军西狩护驾有功，深得慈禧宠爱信任，一再重用，官至总督、尚书。至光绪二十九年（1903年），岑春煊调署两广总督兼广东巡抚，更加胆壮气豪，办起事来心中有了底数。

在粤三年，岑春煊办了两件惩治贪污案：

进士出身的裴景福，历官广东数县知县，在南海县任上，贪污受贿经查出者，即达银圆二十四万四千二百余元。岑先将裴景福革职看管，裴自愿罚款充饷，外释。不料，裴逃往澳门，抗不归案。岑派员赴澳门交涉，得以引渡，充发新疆。这是其一案件。

其二乃是粤海关书办周荣曜侵蚀巨款案。小小一书办，侵蚀之款竟达数百万，尤可惊者，以款贿动赫赫权贵庆亲王奕劻，被派任出使比利时大臣，但尚未出洋，被岑春煊揭发，革职查抄。不过，岑春煊动得了书办周荣曜，却动不了奕劻。岑在谒见慈禧太后时多言奕劻不当，慈禧问："汝说奕劻贪，有何证?"岑春煊详细讲了周荣曜运动出使比利时之事，"斯时奕劻方管外务部，周犯便伊所保，非得贿而何?"慈禧说："奕劻太老实，是上人的当。"从此没有下文了。

此屠官之名，未必为美谥。

当时，身为两广总督的岑春煊，脑子里还真的存有"王子犯法与庶民同罪"的正义观念，认为慈禧老佛爷也太不主持公道了，难怪大清衰落且又受外国列强欺辱!

很显然，岑春煊的想法似乎过于天真。

他从京师返回两广督署任上，心里十分不快，憋了一肚子的火。回忆以前自己弹劾的任何一个违法官吏，无不应验受惩，唯独这次弹劾庆亲王奕劻受贿，丝毫没有撼动，原因就是慈禧给予袒护，以最高权力遮掩了大清律法，无视了万民愤怒。

他决定再苦谏一次，看是否此案还有转机。晚上，他秉灯伏案，给慈禧撰写奏书，首先陈述大清律法对所有人都是有效的、共通的，过于宽容的律法几乎不会被人们尊重，到头来将会被坏人践踏；而后讲了无视律法势必产生专制，违背朝廷的事情就可能发生，甚至催生独断专行、自立山头；最后指出无法的地方无不义，要想保持一方稳定，必须严格执法。他在奏书结尾处，恳切再三，诚望思之。

但是，他在这份奏言中，只字未提庆亲王奕劻受贿违法之事，免得刺激慈禧，产生不好的效果。

为了谨慎起见，岑春煊没有急于发出这份奏书，他把总督府的藩臬二司官员、总文案等人找来，一块儿审读研究。大伙听了他给慈禧草拟的谏书，觉得陈述有力，分析深刻，并讲清了依法、执法的意义和要害，只是认为上疏于慈禧太后不知妥否，劝他慎重考虑，严防引火烧身。

作为两广总督岑春煊能够听其属下对于他撰写奏书的意见，就已经不简单了，如果让他修改某些不妥之处，那么还可能同意，现在他们要劝止他发出奏折，他是绝对办不到的。他当即决定，将此谏奏文稿电报寄出，并责成总督府总文案办理。

谏奏发报，时间很快。从广州电报局发往北京电报局的电报，当天下午就可到达皇宫。

慈禧太后当然看到了，看到了两广督署的这份电报奏折。她知道岑春煊这个人的性格，干什么都非常较真，争强好胜，尤其是弹劾官吏简直就像个疯子，不达目的不罢休。她心里暗想：庆亲王是你随便弹劾的？她把电报折子扣下了，嘱咐奏事处的人转告军机处，不用理他。

左等右盼，不见回音。三天过去了，没有皇宫的消息。岑春煊心里有些着急，难道北京没有收到电报？他不放心，立即派人去找总文案，问个究竟。

总文案知道岑总督的想法，便把军机处的电报回执交给他查看。他看过后，又把电报回执交还给总文案，但一直皱着眉头，半晌无语。

这位总文案劝慰总督大人，电报奏折既然发出，老佛爷肯定收看了，谅军机处任何人也不敢扣发，人家不回音肯定有人家的原因，咱们也不必为此烦恼。

揭发庆亲王奕劻受贿是至关重要的大事，焉能不了了之？如果不派人查访，到头来那就是诬告。岑春煊心内如开了锅似的，怎么也平静不下来，这不是给后人留下话柄吗？他越想越窝囊，越想越恼火，一时间，不知如何是好。他准备寻找高人求教，听听意见，再作决定。

于是，岑春煊把总督府的公务安排了一下，携带总文案等随从人员，乘坐“粤珠”号专轮前往湖北汉口，去拜访张之洞总督。

张之洞一看两广总督岑春煊到了，立刻命人设宴款待岑大人一行。

宴席过后，张之洞将岑总督他们请到会客厅叙话。

“岑大人，您不远千里，由粤来鄂，无事不登三宝殿！”张之洞对这位中年总督非常尊重，注意以礼相待，从他一下船就亲自到码头迎接，到设宴招待也是亲自陪同接风，再到会客厅交谈更是谦恭礼让。

“张大人，晚生此番赴鄂，登门求教来了！”岑春煊面对张之洞这位资深疆臣当然也是极其尊重的，故所言并非客套。

“请不必客气，有话尽管讲。”张之洞热诚地望着对方，谦逊地说。

“好吧！张大人，我在广东遇到一个棘手的案子，实在想不出什么好办法，想听听您的高见。”

“请讲，愿闻其详！”

岑春煊将前不久办理的粤海关书办周荣曜侵蚀数百万巨款案，及以赃款贿赂庆亲王奕劻乃至慈禧如何给予袒护等，一五一十地说了一遍。他特别谈到，目前他同朝廷正处于僵持之中，慈禧扣压了他的电报，迟迟未给答复。面临这样的形势，确实不知道下一步棋该怎样走。

听罢岑春煊这么一番介绍，张之洞也感到这是个棘手的大案。控告庆亲王奕劻受贿本来就是通天的大案要案，庆亲王本身是军机大臣，而且又是皇族内阁总理大臣，谁还能搬得动他呢？能够拍板定案的只能是慈禧太后，可是她已经表了态，说庆亲王太老实，是上了别人的当。这就说明她从根本上否定了此案，千真万确地袒护了庆亲王。现在，要想重新撬动此案，简直比登天还难！

张之洞深知岑春煊的个性，在屠官这件事上，八匹马也休想把他拉回。张之洞出于对岑春煊的爱护，还是婉言劝阻他：“岑大人！您首先应该看看庆亲王在朝中所处的位置，再看看慈禧太后对此案的态度，而后来决定如何处理本案，会更好些。自古以来，不论是朝廷，还是后宫，有许多悬案未解，这不能说办案卿臣无能，而是由于他们难以摆脱错综复杂的关系，苦于权力有限，只好作罢，留给后人评说。依老朽愚见，岑大人业已为国分忧、为民执法，何必再为此案自寻烦恼呢？我看，还是算了吧，不再追究为好！”

“张大人此言差矣，历朝历代都强调，王子犯法与庶民同罪。根据《宋史》所编创的大戏《潘杨讼》，您不会没看过吧，审理此案的就是一位知县寇准，他依法办案，终于将一品官太师、皇上的岳父潘仁美判处死刑！应该说，潘仁美的官衔不低于庆亲王奕劻，并且其裙带关系也是够硬的，这不是很好的案例吗？”岑春煊举此大案的终结，旨在反驳张之洞的意见。

“据我所知，《宋史》对潘杨两家一案尚无具体描述，而《潘杨讼》是戏曲，其中八贤王赵德芳是寇准的后台，也是皇上的至亲皇叔，即使如此，还让皇上将寇准晋封为吏部天官，官位在一品太师之上，这是多么大的力度啊！所以，寇天官才能把官高位显的潘杨两家之大案办理成功！”张之洞通过对这些人物的具体分析，驳回对方所举案例，遂又劝说道，“岑大人，您的为官为人，世人皆知，谁都知道您做官清廉，为人正直，不畏权贵，耿介不阿。但就办案来讲，必须于法于理、于人于情都得吻合，否则事与愿违！”

岑春煊听后，觉得张之洞所言似乎有道理，但又一思索，如果这样放弃的话，岂不是抛掉了法与理？他又问道：“张大人！照您所言，办案要注意于人于情吻合，就不要于法于理吻合这个大是大非了吗？”

张之洞一看，岑春煊是一个一条道跑到黑的人，怎么苦劝也是无济于事的，只好再劝说他一句关键的话，听了更好，不听也没办法了，又说道：“岑大人，有道是，权贵巨室不可惹！”

此言像闷棍一样砸在了岑春煊头上。岑春煊被“闷”在那里，好长时间没有说话。

张之洞知道他的心思，无言并不意味着他打心里服气，很有可能是在考虑怎样对付权贵巨室。为了安慰他，张之洞走过去，给他续茶。

果然如此。岑春煊那张脸沉了下来，面对这位倒茶水的长者张之洞总督，不但没有致谢，反而冷冷地说：“张大人，我怎么也没想到，此番赴鄂白来一趟！”

“岑大人，这……”张之洞窘口难言。

“好啦，咱们走吧，别再打扰张大人啦！”岑春煊欠起身来，向他的总文案等随行人员挥了挥手。

“不行不行，岑大人您们绝不能就此回粤，必须住上几日。若不然，老朽于心不安，日后你我怎能相见？”张之洞心里不是滋味，急切地劝阻。

在张之洞总督的再三挽留下，岑春煊及其随行人员便住在了武昌督署驿馆。

但是，第二天早饭后，岑春煊还是执意要走，张之洞只好陪他们吃了早饭，并派了八台绿呢大轿和马车，将岑春煊总督和他的随从送到汉口码头。张之洞亦携湖广总督府官员，亲自送行，看着岑春煊一行登上返回的“粤珠”号专轮。

汽笛声响，专轮启动。

码头上，张之洞及其属下皆扬臂抱拳，向站在甲板上的岑春煊一行送别。

岑春煊拒绝张之洞的劝告，是由岑春煊的性格决定的。他一向认为自己为朝廷执法是任何人不可阻挡的，若不是因为此案涉及皇族王爷，且又有慈禧的干预，他是不会亲自来湖北找张之洞求教办法的，可是张之洞出了个主意让他作罢，不再追究庆亲王，这未免令他失望。

他在临离开武汉时，心里暗暗打好了主意，决定去找袁世凯商量，请这位重握兵权的疆臣给予支持，坚决惩办庆亲王奕劻。

可惜呀！这么聪明的两广总督岑春煊，却看不透直隶总督兼北洋大臣袁世凯的为人品格。袁某绝对达不到张之洞那样的诚挚忠信、与人为善，戊戌变法的失败，与袁世凯扮演的欺君背主的叛徒角色是分不开的。看吧，这次袁世凯是怎样对待岑春煊的！

心切而性急的岑春煊，没有直接回广东，而是携随从由上海换乘海轮北上天津，去找袁世凯。

这期间，袁世凯正在全力支持清廷政府搞立宪考察——

光绪三十一年（1905 年）七月，朝廷发出谕旨："辅国公载泽、兵部侍郎徐世昌、户部侍郎戴鸿慈、原湖南巡抚端方①、商部右丞绍英分赴东西洋各国考察政治。"这是因为清政府看到，光绪三十一年十一月二十六日（1905 年 1 月 2 日）结束的日俄战争，日本以一个君主立宪的小国家，竟然战胜了庞大的专制国家俄国，所以也想改变政体，派人到外国考察宪政，以便弃弱图强。五大臣出洋的事情为媒体所传颂，都认为这是清政府难得的善举。不过还是有革命者看穿了清政府只是想借着"立宪"的外衣来延续自己封建统治的真实用心，所以，五大臣于光绪三十一年八月二十日（1905 年 9 月 24 日）上午 10 点，刚坐上开往天津的专列准备启程的时候，就发生了一次震动中外的暗杀事件——吴樾冲进包厢，引爆了身上的炸药。吴樾殉难，五位大臣中，有四位因为有仆人拦阻仅受轻伤，只有绍英受伤较重，险些丧命。此次五位大臣出国考察未能成行，以失败告终。

没过多久，考察团重组成员，分期启程。为了防止再生不测，旅程的沿途都由当时颇具实力的袁世凯进行周密布置。当年十一月十一日（1905 年 12 月 7 日），宪政考察团的第一路成员由北京正阳门车站出发。这一路由户部侍郎戴鸿慈、原湖南巡抚端方为正副团长，率正式团员三十三人，从秦皇岛乘坐"海圻"号兵舰，到达了上海港。十一月十三日（12 月 19 日）下午 2 点，美国太平洋邮船公司的巨型邮轮"西伯利亚"号，向着日本驶去，转乘在这艘船上的考察团正式出发了。紧接着，由载泽、尚其亨、李盛铎率领的考察团也于十二月二十日（1 月 14 日）乘法国轮船公司的"克利刀连"号扬帆启程。

在出国过程中，考察团不断把对日、美、英、德、法、意、俄等十几个国家的政治情形报告朝廷，各国的元首及高官也向这些从中国来的官员介绍了他们国家的宪政历史和经验。这次五大臣回国不久，在袁世凯等一批拥护立宪的人士要求下，又组织了第二次专门针对意、日、德、英四个君主立宪国家的考察。

没有想到，慈禧太后并无立宪的诚意，仍想保障皇权，并提出让庆亲王主持

① 1905 年，端方调至湖南任巡抚，湖北巡抚由张之洞兼领。

内阁总理衙门。

岑春煊一行来到了天津。在北洋公所求见了袁世凯，讲述了控告庆亲王的前后过程，请袁大人鼎力支持。

袁世凯正在为立宪犯难哩，因为慈禧太后改变了主意，并要备重用庆亲王，在这个节骨眼上岑春煊添乱，岂不坏了大事！但是，又不能明惹岑春煊，此人太难缠了。于是，袁世凯假装义愤填膺，不住地骂庆亲王贪赃枉法，并表示他要亲自找慈禧老佛爷面奏，请岑总督尽管放心。

岑春煊信以为真，再三拱手致谢。他心里在想，袁世凯比张之洞强多了，仗义，痛快，可交！

他愉快地携随行人员返回了广东。

他哪里知道，他前脚走，袁世凯后脚就去找慈禧、庆亲王，原封不露地密告了此事。慈禧太后、庆亲王一下子对岑春煊产生了恶感。

左等右等，不见回音。岑春煊急了，料到袁世凯给他使了坏，遂马上进京，去联合瞿鸿机，一起弹劾庆亲王和袁世凯，酿成光绪三十三年（1907 年）丁未政潮，事虽未成，可是瞿、岑两人均因此落职，亦云壮矣！

第二十九章　南张北袁　同入军机处

被人们向往已久的春姑娘走来了，迈着款款舞步朝向湖北武汉走来了。她头戴绿色纱巾，身穿绿色纱裙，足蹬绿色丝绒鞋，面带微笑，眼含秋水，来到这透澈碧绿的长江岸边。啊！她是春天的使者，她是春天的仙姑，她就是春天的象征……谁拥有春天，谁就拥有春姑娘；谁拥有春姑娘，谁就拥有永恒的绿……

大江南北，春意盎然。江水涌动，碧浪绿波。那倒映在江心的蓝天白云，也被染成带有图案的绿色绸带，那射入江心的金色骄阳，仿佛被波光涟漪浴成剔透琥珀。两岸的垂柳白杨，被春风摇曳，吐着嫩枝绿芽。垂柳枝条搭在水面，好似与长江喃喃细语，叙说这“湖北新政”的佳绩；白杨枝干挺拔入空，恰如向世人展示，宣告崭新的武汉三镇屹立在中华大地！

万水奔腾入东海，千碑长拔铭群山。滚滚逝去的长江，冲刷着无声的岁月，然水有千年未曾改流，泽润着山河大气；巍巍挺拔的峨眉，镌刻着难辨的龙蛇，但山无一日忽然看尽，见证着人间沧桑。

在湖北特别是武汉三镇这块宝地上，张之洞花费了十七八载光阴，几乎用了大半生精力，率领其督署官员和众多百姓，历尽艰难困苦，踏破坎坷之路，一齐倾洒无数的汗水和心血，硬是在晚清没落时期，将落后的武汉三镇浇灌成了一座现代化城市，走出一条不是改革胜似改革的辉煌大道，描绘了中国 20 世纪初叶的灿烂前景。

汉口广场上，搭起了彩色舞台。舞台前檐悬挂着红缎横幅，上面写有醒目的黄色字迹：“中国卢汉铁路全线建成通车庆典。”左右两侧并挂有上下对联：未来可观中华经济崛起；亘古罕见京汉两地畅通。

舞台下边，站立着河北、河南、湖北等各省的铁路施工队伍，并有武汉三镇的市民和商人，周围挤满了邻近各县乡的平民百姓，人头攒动，如海似潮。

惊天动地的锣鼓声，噼里啪啦的鞭炮声，响彻长空的火车汽笛声，还有那一阵阵轮船汽笛鸣叫声……交融震天，回响江岸，给武汉三镇带来一片浓浓的节日氛围。

少顷，头戴红顶、身穿官服的湖广总督张之洞，精神抖擞，气宇轩昂，满面春风地走上舞台。他身后跟着武昌府知府梁鼎芬、武昌镇总兵江帆、汉阳府知府廖兴业、总督府有关官员，以及铁政局总办蔡锡勇、幕僚辜鸿铭，并中国铁路公司负责人和总工程师颜启达等人。他们分别侍立舞台两侧，唯有张之洞站在舞台中央，准备向大会庆典贺辞。

待锣鼓声、鞭炮声过后，又响起一声震耳欲聋的火车吼叫……霎时，整个会场肃静下来。

张之洞宣布："中国卢汉铁路全线建成通车庆典现在开始——"

继而又是一阵锣鼓声、鞭炮声……

"列位大人、先生们、市民们以及各施工队伍英雄儿女！你们辛苦啦！我代表湖广督署和中国铁路公司并卢汉铁路总办，向大会祝贺！"张之洞向与会全体人员问候之后，便满怀激情地正式致贺辞，"世人皆知，惊动全国上下的卢汉铁路，于光绪十五年开始动工，到光绪三十二年中旬竣工，历时十六载零六个月，终于迎来北京至汉口铁路的全线建成通车。卢汉铁路全线建成，这是中国破天荒的巨大成就，也是开天辟地以来，我们大清子民在中国领土上首次建设成这么长的一条铁路，更是震惊中外的一大壮举，向世界各国展示了大清风采，中国人用自己的双手，开拓了属于中国人自己的铁路！让那些洋人看看吧，我们中国多么强大，我们中国多么自豪！我们的千千万万百姓，像长城那样，永世屹立高山峰巅；像长江那样，永远奔腾万代不息……湖北文绍中兴颂，武昌书追化度碑。新湖北，强'武汉'，就让我们官民携手共同描绘吧……"

台下百姓一片欢呼，四处呐喊。

各省施工队伍、湖北武备和铁路等各学堂师生们口号声此起彼伏——"建设中华，壮大图强！""强大光荣，衰弱可耻！""爱我大中国，永不受欺辱！"

伴随着口号声，又是一阵阵鞭炮声、锣鼓声。

接着，唢呐奏起。广场上的秧歌队、舞狮队、杂技队、腰鼓队开始尽情地表演。

张之洞率领督署官员和属下、幕僚、中国铁路公司人员以及铁路建设工人代表，朝着汉口火车站走来。

整个列车披红挂彩、气象一新。尤其那机车头被装饰得更加灿烂夺目，系着花形的硕长红绸布带缠绕车头两侧，显示着通车典礼的气势。

张之洞等人已登上列车，登上为庆典演示的列车。

“呜……”火车鸣笛，像一头雄狮般地发出一阵惊人的长嘶叫声。只见车头两旁“哧哧”地喷出团团雾气，继而车轮启动，传来“咣当咣当”的响声，机车带动列车，由南往北，缓缓驶出月台。

霎时，车速加快，汉口与长江都被甩在车尾，车轮同铁轨的摩擦变得均匀起来，“咣啷啷、咣啷啷……”有节奏的响声不时地传入车厢内。

张之洞他们透过车窗向外瞭望，那纵横阡陌、座座村庄、棵棵树木、条条河流像形状不同的几何图形，争先恐后地朝车尾飞速闪去。张之洞心想：照这样的速度行驶，列车用一天一夜时间就可到达北京。

然而，当天列车只在湖北省境内行驶数站，便再从北向南，返回汉口……张之洞等人尝试了铁路的快捷和效能，感受了人类的文明和进步，同时预测到其对于推动经济发展和描绘美好未来所起的巨大作用和影响。

卢汉铁路，即京汉铁路的全线竣工和通车，给中国腹地和国都北京带来前所未有的崭新变化，特别是，武汉正处长江与铁路的交叉点上，舟楫之利、铁路之便，不但使武汉的货物流通更加畅快，而且使武汉国际大都市的地位更加凸显。

正是京汉铁路上隆隆行驶的火车、长江上轮船鸣响的汽笛和汉阳钢铁厂高耸入云的烟囱，才使湖北及武汉的经济建设不断掀起一个又一个高潮，才使中国社会的近代转型之路显得具体可感。

亲爱的读者诸君！您们都知道，早在光绪十五年七月十二日（1889 年 8 月 8 日），清廷调当时的两广总督张之洞改任湖广总督，督办卢汉铁路。从那时起，张之洞将心思用在湖广督署，堪当大任，踏上了治鄂兴汉之旅，迈向其一生事业的巅峰；居然能够在封建帝王统治时代，创造性地开展新型的经济建设；并巧妙地利用国内外关系，克服常人未所见的种种困难，给后人留下一个反复体会的创举——湖北新政。

须知，张之洞为了实现“图自强，御外侮；挽利权，存中学”，是以抓住修筑卢汉铁路为契机，在主政的十八年间，兴实业、办教育、练新军、应商战、劝农桑、新城市，大力推行“湖北新政”。

最为可贵的是，张之洞在执行“湖北新政”纲领过程中，始终以武汉为建设中心，集中一切财力、物力和人力，先后创办了汉阳钢铁厂所属——汉阳铁厂、汉阳铁厂机器厂、湖北枪炮厂、大冶铁矿、造钢轨厂等十个分厂和湖北织布局、缫丝局、纺纱局、制麻局、制革厂等一大批近代工业企业，一跃居全国之冠，资本总额由原来的1100万两白银，上升累积为2000万两白银。从而，汉阳钢铁厂连续多年成为亚洲最大且又最知名的钢铁联合企业，就连日本也刮目相看。汉阳钢铁厂的迅猛发展，带动了整个经济战线的发展，形成了以重工业尤其是军事工业为龙头的湖北工业内部结构，武汉也就一跃而成为全国的重工业基地了。

现在，让我们看一看张之洞是如何抓军事的——

卢汉铁路全线建成通车庆典结束后，张之洞立即召开督署会议，不仅吸收总督府官员、幕僚和知名商人参加，还令湖北所辖府道主官列席。

会上，张之洞总督主持，并提出两大议题：一是如何进一步落实湖北新政总纲，促进武昌等地经济建设和经济发展？二是怎样抓好湖北新军、走上富国强兵之路？

卢汉铁路全线建成和通车，给人们带来无限希冀和追求，也为湖北及武汉三镇的经济事业提供了千古难觅的发展机遇。官员们基于这一认识，结合张总督提出的两大议题，发表了许多宝贵意见，经济上既要抓好生产，又要抓好市场，既要抓好铁路，又要抓好码头，发挥其现成的流通渠道、成熟的市场体系的作用，以保证经济稳步上升发展；军事上一方面抓好武备学堂的办学和招生，另一方面抓好湖北新军的组建和训练，以提高军政素质和战斗力为目的，给国家培养一支新型的湖北新军队伍。

张之洞肯定了大家提出的宝贵意见，认为这是好主意、好谋略，并表示一定采纳，随之在经济上总结出“一兴、四抓”的举措，即“兴经济，抓生产、抓市场、抓铁路、抓码头”，进而落实“湖北新政”纲领，扩大湖北新政成果。在军事上他又围绕落实“湖北新政”纲领，提出新的方针：抓师资、育人才，办好武备学堂教育；选将领、募新兵，建设一支现代化的湖北新军队伍。

会议最后，张之洞对督署官员和属下做了分工：兼任湖北巡抚的张之洞主抓全省经济，汉阳府知府廖兴业、铁政局总办蔡锡勇负责汉阳、汉口两镇经济和码头管理；督署交通官员与幕僚辜鸿铭侧重协调铁路与码头的安全运输任务；武昌府知府梁鼎芬除负责武昌镇经济外，还要与武昌镇总兵江帆协助督署抓好湖北军事……

身为湖广总督的张之洞，当然还要负责督署全盘公务了。不过，他在执政的舞台上，从来不是“眉毛胡子一把抓”，而是抓重点、抓中心，把经济、民生、教育、军事作为重点，把重点分为轻重缓急，再确定重中之重，继而先后抓之。

早在光绪二十六年（1900 年）八国列强侵略北京前后，张之洞就意识到，派留学生去外国只学习经济、实业是远远不够的，还必须学习法律、军事，这样才能培养全面人才，以适应国内外形势的需要。于是，湖北所派赴欧、亚洲留学生又增加八百多人。

同时，他对西法有了更新的认识。作为洋务派的代表人物张之洞，是主张学习西方法律的，这从他在洋务运动时期提出的“中学为体，西学为用”学说可以得到证明。他与当时的两江总督刘坤一合上的《采用西法十一条折》，就此提出了具体措施，并指出了采用西法的理由：西方列强的政体学术，经历了数百年的研究、数千人的修改，确系精良，且能相互仿效，故成效显著；学习西法不仅有利于修改我们自己的法律，而且可以使中国由弱变强。另外，张之洞还主张法分民刑、改良监狱等，因此，聘用日本法学博士当顾问，必须两人：“一专精民法，一专精刑法”。改良监狱，在他看来，也是采用西法的必然措施。但是学习和采用西法要有前提，即“中学为体”，中法的根本原则不能动；“西学为用”，西法的基本原则不能学。

经过一段时间的呼吁和启奏，朝廷对于修改法律有了初步认识和精神准备。

还在清末修改法律正式开始之前，张之洞就主张“择西学之可以补我阙者用之，西政之可以起吾疾者取之”，他认为这样做是“有其益而无其害”。于是，光绪二十七年（1901 年），他又与两江总督刘坤一联名上了三道《江楚会奏变法折》，提出了“恤刑狱”、“结民心”、改良法制的建议，并同北洋大臣、直隶总督袁世凯一起，保举沈家本、伍廷芳为修律大臣。

光绪二十七年（1901 年），大清修改法律开始了。

当年，张之洞在他所奏的《整顿中法十二条折》中关于刑法改革的九条意见中，便参考了西法，提出了“重众证”、“改罚锾”、“教工艺”、改良监狱等具体改进方法。稍后，他慎重而明确提出：“鉴前事之失，破迂谬之说，将采西法以补中法之不足。”

张之洞还十分重视西律中的“公法学”，这是他在办洋务过程中与西方各国打交道时经常遇到的课题。对此，他又向朝廷和修律大臣提出两条建议：第一，参酌中外法律，制定“通商律例”，作为处理在华外国人案件的法律依据。第二，培养熟悉中外法律的人才，以适应这种需要。为此，张之洞还提出这样的主张：聘请各国律师，博采各国矿务律、铁路律、商务律、刑律等，为中国编撰简明矿律、路律、商律、交涉刑律等四律打好基础。他说制定此四律既是当务之急，经济之需要，又是防害之要，兴利之先资。

张之洞怀着为国为民的赤诚之心，一个个谏言奏折，一封封主张书信，几乎皆被朝廷、修律大臣采纳，可谓大清修改法律的重臣。

我们不难看出，张之洞既是封建社会制度的卫道士，又是勇于探索、不断创新的开拓者。就拿修改法律来说，清代中国毕竟有自己的独特历史传统和显著文化背景，照搬西方的法律是绝对行不通的。张之洞深知此情，所以他开始就提出，不可照搬西方外国法律，但可以学习西方立法的技术和经验，引进某些新兴领域的法律内容，并从其自然法种理论模式，强调“天人合一”以及“礼”与法的结合。

一个国家政权的巩固，军队的强大是关键。张之洞从政多年，对此深有体会。法制建设固然重要，但如果忽略抓军事这个根本大业，那么法制将成为空壳。因为军队作为国家机器的重要组成部分，一旦削弱，国家政权就会丧失，其他行业无从谈起。所以，“练新军”也是张之洞大力推行“湖北新政”的重要内容之一。

这次督署会议散会之后，张之洞总督率武昌府知府梁鼎芬、武昌镇总兵江帆等一行人，视察湖北军事建设。

湖北军事的形成已有十年的历史。晚清持续不断的内忧外患，国家不时受到列强欺辱，使张之洞体悟到，“练兵一事，鄙人身心性命之学”。甲午海战之后，他屡陈奏章，力主编练不同于绿营、防营的新式武装。光绪二十二年（1896 年）二月，张之洞以从两江调鄂的护军营为基础，又选募新兵，参用德国军制，聘请德国教官操练，开始成立湖北新军，并进行编练。这是军事之一。军事之二，则是他于光绪二十二年在武昌黄土坡成立了湖北武备学堂，聘请德、日军事教官，该学堂主要任务是培训湖北新军官佐。光绪二十四年（1898 年），张之洞特意从湖北选派 20 名学生，前往日本学习武备。军事之三，他于光绪二十五年（1899 年）武昌亲自选址，成立武昌绿营公所，作为军官训练中心。

通过视察湖北军事建设，张之洞等人看到湖北新军的不断成长，坚定了大办新式武装的信心，遂拿出相当数额的资金，使湖北新军实现武器装备的近代化，同时，还积极筹划征集兵员、选拔带兵将领。

张之洞把湖北新军作为一支新型的武装队伍来抓。除了武器装备的近代化之外，他特别重视士兵的素质，要求多吸收“实能识字写字，并能略通文理之人”入伍。他亲手制定湖北练兵要义，第一条就是“入营之兵必须有一半识字”。在此思想指导下，湖北新军成为各支新军中文化素质最高的军队。光绪三十一年(1905 年)，该军在汉阳府所辖的黄陂县，募兵 96 人，籍中竟有禀生 12 人、秀才 24 人。较高的文化素质使不少官兵具备接受新的社会政治思潮的知识基础。对于这一点，张之洞还没有想到。

张之洞几乎用了大半生光阴，献身于兴实业、办教育、育人才。这为他后来选人、用人打下了很好的基础。他在各个时期、各个地方任职时，培养了不少人才。在四川任学政时，大力整顿科举积弊，并亲自讲学于尊经书院。在这一时期，张之洞所取用和培养的代表人物有袁昶、许景澄、陶横、孙诒让、张祥龄、杨锐等。他节制湖广任总督时，搞书院改制，把旧的书院改制成为新学堂式的书院，尤其是像两湖书院。两湖书院培养了很多重要的近代人物，比如黄兴等。

视察后，大约过了一个月时间，于光绪三十二年（1906 年）四月，张之洞看到湖北新军的扩充筹建条件基本成熟，近代化的武器装备已经到位，从黄陂县招募的那些文化素质较高的新兵也都补充进来，带兵的基层官员和主要将领经严格审查后皆可任命，于是他马上携督署官员和梁鼎芬、江帆等人，赶到湖北新军驻地。

面对威武整齐的队列阵容，张之洞总督正式宣布：湖北新军最后建成，定编为一镇（师）和一混成协（旅）。张彪为第八镇统制，黎元洪为第二十一混成协统领。

接着，张之洞还将到任的张彪、黎元洪介绍给全体将士，并让他俩分别在第八镇、第二十一混成协队前发表就职演说。

张彪、黎元洪讲完话后，张之洞最后向湖北新军提出两条要求：一条是继续抓好编练，扩大武装，严格训练；另一条是注意提高素质，学习文化知识，掌握近代化的武器装备。

湖北新军的继续编练收到了显著成果，军队规模不断扩大。到光绪三十三年(1907 年)，湖北新军计有编成陆军第八镇（一个师）一万余人、暂编第二十一混成协（一个旅）五千余人。这一年，张之洞还将警察制度移入湖北新军军营，在全国率先组建湖北新军第一支宪兵队（后扩编成宪兵营），对该军士兵进行严密监视。至此，湖北新军是仅次于袁世凯北洋六镇的第二支强大的军事力量。

繁多的公务，紧张的操劳，让张之洞苍老了许多，已染成白霜般的发辫和胡须，俨然一位白头翁的形象。

光绪三十三年（1907 年）六月的一天傍晚，张之洞从新军军营回到总督府府邸，直奔饭厅准备吃晚饭。

饭桌前，多了长媳阿秀、长孙张厚琨和在河北老家负责建校的次孙张厚璟；还有侄媳栗典颖、侄孙张长江等，这是因为侄儿晋生牺牲后，张之洞与李静姝夫妇俩把他们母子专门从黄陂县接来，一起生活，以便相互照应。

吃饭时，贤惠的长媳阿秀，先给公爹、婆母盛上饭，又给赴日留学回来不久的小叔子仁侃、侄儿长江并嫂嫂典颖盛满饭，懂事的侄媳栗典颖也赶忙上前，给大侄厚琨、二侄厚璟盛了饭，随即给弟妹阿秀盛满饭，并连续夹了几筷子菜；贤德的李夫人，心里惦记着晚辈，她抢着给三个孙子长江、厚琨、厚璟夹菜，还对长孙厚琨、侄孙长江、次孙厚璟说，你们和你二叔仁侃去日本留学几年肯定吃不好，回到家里多吃些可口的饭菜。子孙们也都有尊有让，尽量劝对方吃饱吃好。全家上下和和睦睦、谦谦让让，给年已七旬的张之洞、年过半百的李静姝两位老人带来无尽的欢乐和欣慰。

张之洞拿起筷子、端起饭碗，看到全家人，高兴之余，忽然想起侄儿晋生，牺牲已经三年多了，浑浊的两眼涌出了泪珠……作为婶母，李夫人一直没有忘记侄儿晋生，背地里不知落过多少次眼泪，但就是不让丈夫看见，因为他年近七旬丧失亲侄子，受到的打击太大了。今天，她发现发须全白的丈夫又在酸痛地思念侄儿，心里像刀扎似的，可是又无法当着这么多人的面劝说。她轻轻地用手拽了拽丈夫的衣服，并看了一眼典颖，给他使了个眼色。张之洞心领神会，立刻强装笑颜，说："我是看到全家人坐在一起，心里高兴啊！这才是老有所得、少有所养，享不尽的天伦之乐哩！""是啊，是啊，还是老爷说得好，只要全家人老老少少在一块儿，生活就是快乐的！"李夫人说着，那双目光抛向侄媳典颖。栗典颖的双眸早就噙着泪花，听了叔婶一番话，勉强把思念丈夫的悲痛咽到心里，没让泪水落下，还尽量点点头，而后也端起了饭碗……

这时，薛福德兴冲冲地步入饭厅。只见他手里拿着一封电报，快步走到张之洞跟前，禀道："张大人，今天上午收到京师朝廷发来一封电报，由于您去了新军军营视察，只好晚上给您送来。"

"哦，朝廷来的电报，肯定是要事。"张之洞放下碗筷，接过电报，顺手拆封，当即览视一遍，脸上浮现出笑容，但很快严肃起来。

李夫人不解地问道："到底发生什么事啦？老爷，您说呀！"

"唉！"张之洞长叹了一口气，朝廷既然公开下诏，也没啥保密性了，遂又将电报文稿递给薛福德，命令他，"福德，你来宣读！"

薛福德双手接过电报文稿，念道："湖广总督张之洞见电知悉——吏部经议奏获准，张之洞节制湖广总督任上有功，不负圣恩，鞠躬尽瘁，朝廷授予体仁阁大学士，特授军机大臣，兼筦学部。汝与袁世凯同入军机，共辅朝政，以挽危局。见电后，望你在十日内来京报到。切切！光绪三十三年六月初十。钦此。"

全家人早已放下碗筷，注意倾听薛福德宣读朝廷发来的电报，当他的声音刚一落下，大伙顿即欢呼起来，尤其这些青少年子孙大声叫嚷："父亲！爷爷！高升了！""爷爷！我们可以回北京啦！""奶奶，爷爷当了大官——军机大臣，咱们还可以回北京原来那个家啦！"阿秀高兴极了，心想这下可好啦，丈夫仁权外务再忙，也能回家啦。她一边点头，一边说："是的，是的！"栗典颖亦非常兴奋，不住地点头，为叔父大半生的仕途高迁而暗暗赞许，她没有说啥，但眼含热泪，打心里替叔父、婶母高兴。

李夫人面向薛福德，热情地说："福德，你辛苦一天啦，这么晚啦，就在这儿吃吧！"

"谢谢夫人！我得回去，琼玉和日贵他们母子俩还等我呢，再说，咱们住在一个大院，我家离这儿多近哪！"薛福德婉言谢绝。

"别留福德了，让他回家吃吧！"张之洞插话说。

"张大人、李夫人，我走啦！"薛福德说罢走出餐厅，回家吃晚饭去了。

"香涛！你年已七旬，封疆在外几十年，也该有个归宿了。现在，朝廷让你回京到军机处任职，你为啥不高兴呢？"李夫人担心地问道。

"夫人，别问了。"张之洞端起饭碗，拿起筷子，面向大家说，"来，来，咱们都吃饭吧！"

李夫人不解地摇摇头，顺手操起了筷子。

众人亦继续吃晚饭。

第二天清晨，张之洞提前吃了早饭，太阳还没出来，他一个人来到总督府衙门。

过了一会儿，薛福德也赶到督署衙门。往常，谁也没有他来得早。可今天他一看，张之洞的书房门扉虚掩着。啊，张大人一定有要事急办，若不然怎么会来这么早呢！

薛福德轻手轻脚地走进张之洞书房，看到张之洞正在手持毫管撰写文书，没敢上前打扰，而是站在室内等候。少许，张之洞挥笔写就，抬起头来，说："福德，关于朝廷册封任命电报，先不要跟外人讲！"

"是。张大人，我记下了！"薛福德已经猜测到，这位总督大人是不想离鄂赴京任职的。

"我给朝廷写了一份谢皇恩辞军机的奏折，你用电报发走。"张之洞把这份奏折递给薛福德，又叮嘱道，"记住，这也不能告诉他人！"

"请张大人放心，我一定照办！"薛福德拿上奏折文稿，装入衣兜内，转身欲走。

"福德，你要快去快回。回来后，通知督署官员和汉阳府知府，随我去汉阳钢铁厂视察！"张之洞又命令道。

"是，我现在就去电报局！"薛福德快步走出总督府衙门，一溜儿小跑，奔向武昌电报局。

大约过了半个时辰，张之洞携督署官员、汉阳府知府廖兴业、铁政局蔡锡勇总办、幕僚辜鸿铭，以及薛福德等人，每人各乘一匹快骑，朝着汉阳钢铁厂方向急驰而去。

他们一连七天，将汉阳钢铁厂及其所属十个分厂视察一遍，对生产、经营、推销和设备等方面进行详细调查，找出问题，拿出方案，认真解决。

接着，张之洞又拿出三天时间，带领督署有关官员、武昌府知府梁鼎芬、汉阳府知府廖兴业和湖北织布局总办吴嘉坤等人，来到武昌文昌门外江滨，视察了湖北织布局，并纺纱局、缫丝局、制麻局等轻工业企业，逐一总结分析，解决了尚存的一些问题，确保其正常生产和经销。

而后，张之洞还同督署主管教育的官员和幕僚辜鸿铭以及廖兴业、梁鼎芬两位知府，一起视察了湖北武汉三镇各学堂、各师范学堂。张之洞他们在武昌两湖大学堂（两湖书院于1905年更名）停留的时间最长，将近两个小时。听了院长和监院详细汇报后，张之洞详细询问了新增设天文、地理、测量、化学、博物学、兵法以及兵操等学科的落实和效果情况，还有在管理方面，积累了哪些经验，让他们好好总结一下，上报总督府。

张之洞对教育事业如此重视和热爱，将之视为生命的重要组成部分。其属下和随从打心里佩服这位总督大人，他们哪里知道，他是一个快要离鄂赴京的朝廷命官。

多日的视察，让张之洞更加留恋“湖北新政”大业。他回到总督府又给朝廷写了一份关于辞去军机继续留鄂的奏折，命薛福德再次用电报发往北京。

两辞军机，均奉温旨慰勉。

张之洞本人对入京不无犹豫。他不仅舍不得自己十八载苦心经营的“湖北新政”，而且也不愿意与舞弄权术的袁世凯同入军机，一起共事。因为他知道，现在年事已高，执政做事的时间不多了，打心里珍惜晚年，还想为国为民贡献余热，一旦去了京师，入职军机，势必影响未竟事业。所以，赴京到任，他一拖再拖。

一个月过去了。

又一个月过去了。

这期间，朝廷连续发来七封电旨敦促其来京赴任。

张之洞每天晚上回到府邸，家里人都在催他去京到职。李夫人劝他说：“香涛，你不能再拖延了，说啥也得走啦。本来干得很好，成就辉煌，京鄂无人不晓，到头来不能落个抗旨不遵的下场！”

他的知己幕僚辜鸿铭，无论在总督衙门，还是在总督府邸，也都多次劝说他这位总督大人赶快进京上任。这天晚上，辜鸿铭又来到他的府宅，极其严肃地劝道：“张大人，您是国家重臣，是多年的封疆大吏，各种道理比我等懂得多，理解得深。难道您不知道，圣命难违吗？何况您是被朝廷重用，不应该再留恋湖北了。张大人，您可能还不清楚，北京传来消息，个别卿臣已经参奏您‘疆臣抗旨’啦！张大人，您可要三思啊！”

督署其他官员和属下，也都劝说张总督应尽快去京师。

万般无奈，张之洞只好放下重重心事，答应家人和属下准备离鄂赴京。

临离开湖北之前，张之洞带领梁鼎芬、廖兴业、蔡锡勇、辜鸿铭等人，先是到汉阳龟山下，视察湖北枪炮厂。这个厂是光绪十八年（1892 年）至光绪二十年（1894 年）经过两年多时间建成的。从光绪二十一年（1895 年）开始，所属的炮架厂、炮弹厂、枪弹厂、炼罐子钢厂、无烟火药厂都先后投产。这次视察，张之洞等了解到，到目前为止，累计制造步枪 11 万支，枪弹 4000 万发，各种炮 1000 余尊，炮弹 63 万枚；还生产了轻重机枪、手榴弹、地雷、手雷等兵器。张之洞向各厂厂长、技师和工人们提出表彰和鼓励，并希望他们多生产新枪新炮新武器，为国家强盛做出新贡献。

到光绪三十四年（1908 年），也就是张之洞离鄂的第二年，该厂改名汉阳兵工厂。

这些都是“湖北新政”的成果。

张之洞等人又朝汉口码头走来。他们老远就听到客轮、货轮发出的一阵阵汽笛声。那声音悠扬而浑厚、深沉而雄壮，一下子将人置身于繁忙的景象之中。

当他们登上码头，看到江面上这一艘艘崭新轮船进出港口的时候，心潮起伏，激动不已，心里确有一种难以名状的振奋和快乐。啊！这就是威震中外的赫赫有名的武汉商埠——汉口码头。

汉口在19世纪末、20世纪初成为国内最大的米谷、钢铁集散中心，是一个内贸型的纯商业城市。早在1861年，汉口开埠。后来，帝国主义国家出于扩张和侵略的需要，首选汉口作为内陆通商口岸，正是看中其现成的流通渠道、成熟的市场体系及其在全国的商业地位，为其深入我国内地倾销商品、掠夺原料、扩大经济侵略服务。但同时，武汉成熟的市场体系也为本土工业化创造了必备的条件，不仅为其配置资源和销售商品服务，而且具有示范和带动作用。且地处内陆的武汉三镇不同于上海，其近代工业化的建立必须依靠国内市场，故而武汉三镇成熟的市场体系及其商业中心的地位，对其工业化进程具有尤其重要的意义。

当时，武汉三镇是具有全国影响力的港口城市。汉口的直接对外贸易额，在张之洞督鄂前虽在全国四大商埠（上海、武汉、广州、天津）中位列第三，但进出口额只有数十万两、数百万两不等，而到1903年已突破1200万两，1905年更突破3500万两。汉口的间接对外贸易亦然，张之洞督鄂前，间接贸易进出口最高数字是1880年的4200余万两，到1899年达到6700余万两，1904年突破1亿两大关。无论是直接贸易还是间接贸易，都有数倍增长，武汉已“驾乎津门，直追沪上”。

“湖北新政”纲领的实施，使湖北和武汉的经济迅猛发展起来，为张之洞的财政改革打下坚实基础。正是由于他的财政改革，使湖北的岁入由初任时的大约700万两白银增加到他离开武昌时的1500万两白银。

“湖北新政”表明，企业的发展与其市场化进程可以良性互动：市场化带动工业化，并为其发展提供前提条件；工业化则推动市场化的进一步发展，相辅相成，共同发展，因而才促使武汉逐渐形成上乘的流通渠道、成熟的市场体系及其在全国重要的商业地位。

当然，张之洞个人的思想、政治取向也随之发生深刻变化。张之洞督鄂前，其个人的人生经历已由“词臣”而膺“封疆”，取向也由“清流”而一变为“洋务”。

督鄂后，张之洞为实行“湖北新政”纲领，其取向又从“洋务”转变为“实务”，肩负着“薪尽火传”的使命感，因而决心“排除万难，为鄂兴百世之利”，目标就是“崭新湖北”，“理财练兵，使湖北一变而为富强”。如今，张之洞督鄂的目标已经实现了。

张之洞离鄂赴京的决心定下来以后，马上召集全家人商讨议定，做好搬迁的各种准备，并责成李夫人和总督府管家、亲随卫士薛福德全权料理府邸搬家事务，还特意嘱咐他们，不准接受任何官员、任何百姓的礼物，分文毫厘也不许占有。

同时，张之洞按照朝廷规定，不从督署带走一官一吏、一兵一卒，只身赴任，不给朝廷增加任何负担。在朝廷允许的情况下，只带走一名幕僚辜鸿铭，因为辜鸿铭随其进京并非入军机谋职，而是另有所用。

还有，薛福德与王一丁两家人乃是张之洞几十年同生共死的亲友，从他们的父辈开始一直到现在，从未分开过，然而，他们的生活和住宿全由张之洞个人负责，所以这次他们也要跟随张之洞全家一起进京。

张之洞总督离鄂的日期越来越近，知道消息的人越来越多。但他每天还奔波在总督衙门，跑上跑下，处理离职前的一些重要事宜。

总督府邸大门前，看望张之洞夫妇并为其送礼的车辆和人员络绎不绝。有的车辆装载着一匹匹丝绸布，有的车辆装载着香蕉、茶叶和白糖，有的车辆装载着珍贵的江西瓷器，还有的车辆装载着珠宝珍玩。另外，又有些车辆装载着几只山羊、绵羊，尤其那些百姓，有的手提捆绑的活鸡，有的臂挎一篮子鸡蛋……

早已站在大门外的薛福德，奉命“挡驾”，概不收礼。对于送礼的官员、商人以及百姓，他极力劝阻，不准进府。

门外争执不休，一时平静不下来。

这时，李静姝从院内走出府门，站在高台上。她首先代表张之洞总督向诸位来宾表示衷心谢意，强调人到心到、人到心诚，而送礼将会拉大双方之间的距离，影响彼此之间的感情。她还说，自古以来，凡是做官受贿者，必然走向腐败堕落，被平民百姓所唾弃。因此，如果大家打心里爱护拥戴张大人，就请把礼物收回。这也是他的意见和命令。她还替张之洞热情地表示，欢迎大家日后有空到北京做客。

场上的人们被李夫人一番感人肺腑的话说服了，谁也不再坚持送礼了，互相点头，赞叹不已。

送礼的车辆和人群自动地散去了。

风气正，人心顺。这么一来，湖北的官员和百姓更加思念和敬仰张之洞总督，谁也不再到总督府邸送礼了。

对此，张之洞十分高兴，再三赞扬李夫人、薛福德处事稳妥，知轻知重，并说这是对他近二十年督鄂执政、为国为民所取得成就和荣誉的珍惜，也是对他未来赴京行走军机的大力支持。

但是，各工厂、学堂、军营为了怀念张之洞，都在悄悄联合准备为其塑造石像铜像。

这一消息被张之洞得知后，他将蔡锡勇、辜鸿铭、黎元洪和督署主管教育的官员召集在一起，认真询问有无为他造石像铜像的举动。他们几位没敢隐瞒，但是说还在筹划之中，并说这是众人意向，没人组织。张之洞当场拍案："不行，绝对不行！'湖北新政'是朝廷旨意，是湖广督署及其属下、百姓集体所为，焉能为某个人树碑立传！我张之洞岂能受此誉哉？"

说罢，张之洞立即伏案，挥毫疾书，指令湖北及武汉各工厂、学堂、军营停造石像铜像，并让他们即刻传达下去。

蔡锡勇、黎元洪等人遵照张之洞总督的指示，分头落实去了。

光绪三十三年（1907年）八月的一天，一个不平常的日子，更是湖北及武汉人民永远难以忘怀的日子……张之洞在这一天将要告别他节制十八年的湖广督署和难舍难分的湖广百姓。

汉口火车站广场，人山人海，川流不断，数以万计的民众从四面八方自发地向这里涌来，给离鄂赴京的张之洞大人及其全家人送行。尽管张之洞有言在先，再三叮嘱属下和湖北官员，一定给百姓讲清楚，不要到火车站为他送行，但是商人、百姓哪里肯听，照样悄悄赶来，表达对张之洞总督的一片真心！

身穿官服、头戴红顶的武昌府知府梁鼎芬，汉阳府知府廖兴业，武昌镇总兵江帆以及督署官员，铁政局总办蔡锡勇，湖北织布局总办吴嘉坤等人，并湖北新军张彪、黎元洪等将领，也都列队向张之洞总督送别。

汉口的几位知名商人宋炜臣、王予坊、万伯等，眼含着热泪，朝站在前边的张之洞挥手。

百姓中，不仅有市民，还有郊外农民，尤其是武汉那些拉黄包车的工人也都停下挣钱生意，纷纷赶来送行。

身穿官服、短身巨髯、风仪俊整的张之洞，望着广场上给他送行的属下官员、平民百姓，人员之多，规模之大，场景之隆重……他的一双昏花老眼早已涌出感动的泪花，可爱的湖北、可爱的百姓，我一辈子也忘不了你们哪……他扬臂抱拳，一次次作揖施礼，他摘下红顶子，又一次次挥摆致意，他大声喊着："诸公诸君、乡亲百姓！你们多多保重，请回去吧！我们后会有期——"

张之洞戴上红顶子，转过身来，向李静姝、薛福德、王一丁等人及辜鸿铭挥了挥手，走进月台，登上列车。

霎时，火车一声长笛鸣起。接着列车启动，徐徐驶出汉口车站，朝向北京奔去……

第三十章 壮心不已 仍殚精竭虑

在这收获的金秋季节里，北京西山亦具独特的民族风情，也有以助游趣之感。但见那挺拔屹立的奇峰，环山曲水的龙泉，苍翠欲滴的松柏，令人赏心悦目、兴致难尽。尤其那一片片郁郁葱葱的枫林，竟然被金阳秋风染就一簇簇火焰般的红叶，人称“西山红叶”。漫山遍岭红似火，凄凉烧尽人海沸。因此，世人常说，南方贵州红枫湖，北京西山红叶林。这，大概就是秋天的南北写照。

到了金色的秋天，再要游览北京的风景名胜之区，当属北海。硕大的北海，湖面辽阔，湖水清澈，蓝天倒映，碧波荡漾，亭榭林立，山石错落，并有那醒目的白塔，引人的石舫，以及那一只只小船在湖中划来划去，一群群雪白飞鸽在北海上空翱翔盘旋。

然而，张之洞一个人来到北海，并非游览赏景，而是沿着北海湖畔徘徊不止。面对这北京圣地国都，不由得忆起曾让他振奋不已的督抚湖广……他的一双眼睛忍不住涌满了苍凉的泪水。忽然，一阵秋风刮来，刮过了黄绿相间的北海湖面；北海湖面掀起了层层涟漪，凉飕飕的微细水珠飘洒在人们脸颊上；湖畔岸边的黄色金菊花圃散射出沁人心脾的馨香，但又有被吹落的丁香叶片翻卷着随风摇曳；蔚蓝的天空万里无云，是那样的又高又远，金色的太阳，是那样的又明又亮，在永恒地微笑。

张之洞借到北海附近散步之机，尽量排遣心中的不快和郁闷。

“香涛！香涛！”李静姝一边喊着，一边向丈夫走来。

他继续朝前走着，依稀听见熟悉而充满亲情的呼唤声在耳边回响。

“香涛！香涛！该回家吃午饭啦！”李静姝快步走到他身后。

他停下脚步，回头一看是妻子李静姝，问道：“夫人，你怎么来啦？”

“我是来叫你吃饭的。”李静姝知道丈夫的心事，遂劝说道，“香涛，别再想了，再想也不能回湖北了。俗话说，千里搭彩棚，没有不散的筵席！这个道理，你应该比我懂。”

“你说得对。我也知道，总留恋过去，确实也没啥用。不过，‘湖北新政’及其结出的硕果，是我大半生的追求和奋斗，饱藏着多少人的汗水和心血，这让我无论如何也不会忘却的！”张之洞嘴上答应接受妻子的劝慰，可心里还是念念不忘往昔的湖北。

是啊，往事并不如烟。每个人在自己的人生道路上，凡是做过有益于人类的事情，尽管不一定惊天动地，可能是平平常常，但作为个人也会刻骨铭心的。确切地说，人生就是斗争，每个人的一生是一场战役，那是一场长期的充满艰苦奋斗、多灾多难的战役。一句话，正因为人生要斗争，人生才会美。

因而，张之洞怀念他曾经督署领导实施的“湖北新政”大业，是多么有情可原，是多么在情理之中！

张之洞在妻子李静姝的搀扶下，穿过什刹海的林荫小道，直接奔向自己家的宅院后门……

张之洞携全家人此番入京，住在白米斜街的大宅院中。张之洞离鄂回京前，再三请求朝廷，说啥也不要军机大臣所住的那种豪华府邸，只要一个旧一些的宅院即可。这样，朝廷只好按照他的要求，在白米斜街找一所比较大的旧宅院，作为这位担任几十年封疆大吏且又是军机大臣的国家重卿的住宅。

这所大宅院，房子并非新置，却是新修。由于张之洞是从湖广总督任上进京就职，所以由湖北善后总局拨款 2 万两白银，对宅院进行了修缮。按照有关记载和一些知情者的回忆，张之洞的这座府邸有很大的两进院落，每进院落都由抄手回廊将东西南北四面的房屋连在一起。

临街则是朱漆大门，青砖绿瓦防雨门楼，大门对面矗立着一座颇具气派的镶嵌粉红色花岗岩的青石照壁。而大门两侧，则悬挂着张之洞自己书写的集句楹联：朝廷有道青春好，门馆无私白日闲。

府邸的东侧是连带的花园。花园景观宜览宜赏，颇富园林之胜，园中广植古柏高松、桃杏梨枣、繁花茂草；树下摆放石桌石椅，还有用卵石铺就图案别致的甬路，环绕林间；花园东北角，有一座假山，山底下隐藏着石洞，山顶上流下淙淙的人工泉水，附近设置一个巨大石盘，供游览时闲坐歇息；花园东南角建有六角凉亭，看得出这是刚刷过漆的比较老的建筑物；假山与凉亭之间，有一个人造水池，水上建有一条木板浮桥，水面上的荷叶开始变得半黄半绿，而那绿生生的水草显示出很强的生命力。

可能因为紧邻什刹海，所以还在花园北端起建了一座二层的砖木结构的观景楼，红门绿窗，可四处瞭望。从楼上前廊便能眺望地安门一带的市井百相，打开后窗即可俯视什刹海的红荷绿柳。

至今，张之洞的这座府邸楼房依然立在什刹海边上。

张之洞同李夫人商量后，考虑每进院落东西南北都设有房屋，对这个硕大府邸的两进院落做了这样的分配：东院由他们老两口儿、次子仁侃居住，并有侄媳典颖、侄孙长江也住进同一院里；西院由长子仁权、长子媳阿秀、长孙厚琨、次孙厚璟等晚辈人居住。由于刚来北京，住房不是很好找，张之洞夫妇便把薛福德一家、王一丁一家都留在府邸，同他们一起住在东院。眼下，包括吃饭也都在一块儿。

这种居住安排，张之洞夫妇俩费了许多口舌。开始，薛、王两家非要去外边租房，怕给张大人添麻烦，实在过意不去。经过张之洞、李夫人苦口婆心地劝说，甚至讲了他们的父辈薛亮、王光与先父张锳生死与共的感情，他们才留下来。怎么能舍得分开，何况现在初来乍到！

今天，是他们进京的第二天。老老少少，欢聚一堂。大家在一起吃了午饭，并各自畅谈了来京的新鲜感。住在驿馆的辜鸿铭，也来张之洞府邸吃午饭，他是一个广交善谈的人，别看他刚来北京一天一夜，就打听到朝廷许多新消息。他说来自武昌两湖书院的一位名叫黄兴的同学，现在可成了大人物。张之洞知道黄兴是一个有出息的学子，光绪二十四年（1898 年）戊戌变法时期入两湖书院读书，光绪二十八年（1902 年）张之洞选派他去日本留学，入东京弘文学院师范科学习，次年四月，黄兴毕业后回国。但此后他悄悄组织成立革命团体华兴会，并被推选为该会会长。

张之洞听辜鸿铭说，黄兴成了大人物，便问他到底是怎么回事。辜鸿铭便把黄兴第二次于光绪三十一年（1905 年）去日本筹划成立中国同盟会的简要过程说了一遍，还特别谈到，黄兴被选为执行部庶务科庶务，成为同盟会中仅次于孙中山的重要领袖。张之洞听后，心里为有黄兴这样的学生十分高兴，但还不清楚中国同盟会的主要目的是什么。他放下了碗筷，思索着、猜测着……

午饭后，张之洞在李夫人的督催下回房歇息去了。

但是，他可能是因为年纪大、心事多，没有多少觉，怎么也睡不着，只好从床上爬起来。

他一看，李夫人不在室内，估计是怕影响他休息，她才躲到别的房间或到外边去散步。可是，李夫人想得很周到，几上给他摆着水果，还有沏好的茶。他坐在茶几旁边，端起茶杯，呷了几口热茶。

按照往常的习惯，他闲暇无事，总是爱到府邸花园绕一绕，现在他还没去军机处报到，正好有时间，所以他身着便衣长衫，穿过月亮门，只身走进府宅东侧花园。

不知为什么，他不知不觉地走到东北角的假山前，伫立凝望，若有所思。记得原来他和李夫人住的京师那所宅邸，后院便是花园，花园内除了树木、花卉、亭榭外，北端也有一座假山石。眼前的假山和以前的假山特别相似，规格、形状、大小、高矮几乎都一模一样，所不同的就是现在的假山多了几道淙淙泉水。

他坐在巨大的石盘上，仍在观望这座假山，正出神入化时，只见一只老猕猴从山底下的石洞里走出来，他越看越觉得眼熟，越看越觉得亲切，他认出了它，还是原来那只猕猴，他惊异地喊出了声："老伙计，久违了！"

"啊——啊——"老猕猴惊叫着。

张之洞赶紧抱起拳头，拱手作揖。

这时，经多年风雨的老猕猴，见到老主人张之洞，亦感非常亲切，遂站立起身，也抱着双手，向他搭躬致意，表示团聚美好。

是啊，张之洞与老猕猴好多年没见面了。自从他督任湖广至今已有十八个冬春，很少回到原来的宅院，所以也就没有机会看到老猕猴。但一直在京的老猕猴，亲历了光绪二十年（1894 年）中日甲午战争、光绪二十六年（1900 年）八国列强侵略北京，不管枪弹多么激烈，也不管炮火多么凶猛，它始终无所畏惧，泰然地留守京师，为主人看护宅院。这让张之洞对它有一种难以形容的留恋和敬意。

不一会儿，薛福德端着香蕉、橘子、苹果、荔枝走来了。张之洞心想，这回可好了，总算有礼物给老猕猴了。

"张大人，这些水果都洗过了，是李夫人让我送来的，您在园子里边休息边吃吧！"薛福德说着把水果放在石盘上。

"好，好，我一会儿就吃。"张之洞伏身拿起一串香蕉，完完整整地递给老猕猴，说，"老伙计，这是我的一点心意，请收下！"

老猕猴脸上露出感激的笑容，抱起双手不住地作揖，而后接过这串香蕉，并撕下一个剥了皮，开始吃了。

薛福德看后，觉得张大人和老猕猴相互之间很有感情，心想，这也是缘分吧！于是他拿起一个苹果，递向老猕猴。

没想到，老猕猴却谦辞地摇了摇头，没有接这个苹果。

张之洞喊了一句："喂！老伙计，他是我的家人，他给你的苹果，你应该收下！"

老猕猴点了点头，朝薛福德鞠了一躬，便伸手接过苹果。

"张大人，我刚才到街上买东西，顺便给您捎回几张报纸，请您看看吧！"薛福德从挎包里取出几份报纸，递到张之洞手中。

"好啊，我得看看，有啥新闻？"张之洞接过报纸，坐在石盘上开始阅览。

老猕猴抱着香蕉、苹果，转身朝假山石洞走去。

薛福德亦悄悄退出花园。

这是光绪三十三年（1907年）9月6日出版的《申报》，并非新报，而是张之洞进京十天前印刷出来的报纸。其实，张之洞已经听到一些谣言，南北两大重臣张之洞、袁世凯同入军机，是"丁未政潮"余波之下大清政坛的重大调整，成为舆论注意的焦点和朝野议论的中心，时论对此颇多揣测。有些人竟然说，这是朝廷的调虎离山之计。严格说来，主要矛头应指重兵在握的袁世凯。至于他张之洞，权力制衡之外，共辅朝政以挽危局说似乎更符合实情。

张之洞透过老花镜镜片，看到《论袁张同入军机事》一文这样写道："环顾廷臣疆吏，由稍实政事思想而才识之足以稍备缓急者无出袁、张。况当是时，革命之风潮正亟，而满汉之意见未融；官制之更张如麻，而立宪之基础未定；外交则在在棘手，而折冲樽俎者尚乏其人。故自有此谕，而满汉之意见借以消除；自有此谕，而立宪之基础可望成立；自有此谕，而外交庶不至专事赠礼，而亦可收末路之挽回。"他阅后心里还算踏实，这是传媒界对袁、张同入军机的一种褒奖。

他还打开1907年8月20日的《盛京时报》，上边刊载一篇文章《张中堂最近政见之传闻》，文中披露："张中堂近屡有电至京，于改革官制、设立内阁暨维持粤汉铁路、对付留学生问题并消除满汉界限办法，皆别有政见。"接着，他又翻阅8月23日《盛京时报》一文《电召鄂督之原委》，这篇文章开头便提出：当廷臣反复讨论袁世凯请立内阁折议而未决时，闹得满朝卿臣心里都很不愉快，因而两宫不无怨辞。继而文中揭示张总督被召的原因，即慈禧太后对众卿说："你们毫无主意，张之洞虑事周详，可电召来京，裨各事有所商斟。”由此可见，张之洞来京赴任并不只是为了牵制袁世凯，还有为协助朝廷执政的原因。他看到了这一关键问题，心里受到宽慰，总算还有点用处。

进京的第三天，张之洞向李夫人打了个招呼，准备去军机处到职赴任。李夫人嘱咐丈夫要保重身体，凡事小心谨慎，注意与同僚搞好关系，不可像督署那样个人说了算。

他身穿官服，头戴宝石顶戴、双眼花翎，足蹬白底儿朝靴，手执一把鹅毛扇，遂端坐在八人抬的绿呢大轿之中。

李夫人、长子媳阿秀、侄媳典颖以及薛福德一家、王一丁一家等都来府门外送行。

只听薛福德高喊一声：“起轿！”

绿呢大轿被八名轿夫抬起来了，直接奔往皇宫。

待大轿离开什刹海畔的府邸，张之洞挑开轿窗帘，向薛福德招了招手，薛福德快步跑过来，张之洞告诉他，先去仪鸾殿见慈禧老佛爷，而后再去军机处。薛福德点头应是，便走到前边去通知领班轿夫。

仪鸾殿宫门到了。

绿呢大轿停下来，张之洞在薛福德等人挑开轿帘后，走出轿门。

他向宫门侍卫说明来意，侍卫马上去通禀长春宫总管太监李莲英。

少许，李莲英从宫内走来了。

张之洞同李莲英相互抱拳，施礼问安，而后他在李莲英的带领下，去见慈禧太后。

慈禧太后听说张之洞进京上任来了，今天又特意入宫拜访她，让她感到颇有些激动。因为四十年前他曾是她亲自圈点的探花，从而他四十余年为官，其中三十年封疆，且仕途辉煌，并从未受贬，算得上大清臣子中的佼佼者，所以他是她青睐的朝廷重臣。于是，她带上贴身宫女瑞福，走出宫门，到湖园凉亭迎接和等待这位多年的疆臣。

张之洞老远就看见七十二岁的慈禧太后站在凉亭内，便加快了脚步，踉踉跄跄地赶了过去。

他停在凉亭外边的一棵柳树下，慌忙跪伏于尘，大礼叩拜，山呼道：“老佛爷在上，微臣张之洞叩见，祝福您万寿无疆！万寿无疆！万寿无疆！”

“去，你们去把张大人搀起来！”慈禧太后扬起她那右胳膊，面向李莲英、瑞福说道。

李莲英、瑞福一边应声："是！"一边走向张之洞近前，伸手搀扶。

"张之洞……"

"老佛爷……"

慈禧太后望着张之洞，张之洞也抬起头来，看着慈禧太后。两个七十多岁的老人相互凝望着。她和他相视无语，两人的眸子都涌出泪花。

李莲英、瑞福互相递了个眼神，便躲到湖边树林里去了。

从咸丰十一年（1861 年）辛丑政变除掉八大朝臣以来，至今光绪三十三年（1907 年），慈禧掌权已四十六年了。此后，她究竟还有多长时间的活头，她个人也说不清。但是，她自己认为，作为一个女人能够在中国大清皇权舞台上执政四十六载，应该说是罕见的了，况且还经历了太平天国、捻军造反、义和团闹事，并有英法联军火烧圆明园、中法战争、中日甲午海战、戊戌变法、八国列强侵略北京等一系列战事政事，尽管签立了一个个不平等条约，所受欺辱未断，但总算得以"解决"，这难道说不也是一个掌权者的"辉煌"吗？

她白发苍苍，满脸褶皱，记载了这几十年的沧桑。她心里清楚，作为臣子的张之洞，同样也经历了这几十年的沧桑，他像林则徐、左宗棠一样，对外敌一贯主张抵抗，誓死捍卫大清政权和领土，同时，这么多年一直不忘抓实业、搞武备，为国鞠躬尽瘁，这当然也是对她的支持，更是对她的忠诚。

她和他，两人面对，泪眼相望，好长时间什么话也说不出来，但各自心里都知道，对方是多么不易呀！

他和她，关系甚深，极感知遇之恩。如果当年不是孝钦显皇后慈禧太后将他拔置上第，由三甲末名提到二甲，又从二甲提到一甲第三，即被赐予进士及第，并特别识拔改为探花，那么哪有后来的翰林、督抚、封疆，乃至今天的体仁阁大学士，又军机大臣呢？她为他奠定了一生仕途的基石，她是他人生转折的恩人。他，永远也不会忘记她！

她和他，虽说是君臣，但彼此心心不异，从没发生过反目和不忠，即使有时政见不同，也能随着时间的推移而日趋化解。他能做到：臣不记君过，子不记父仇。君臣之间几十年的关系，能够如此和谐，太难得啦！她为自己独具慧眼，给国家选拔张之洞这样的栋梁之材而感到自豪！

她和他，想着想着，又一次潸然泪下。老太后慈禧呜咽涕泣，老卿臣之洞亦涕泣呜咽，两人竟然哭出了声……

她和他，始终未交言，盖各有伤心，不知从何处说起，唯有对泣而已。

哭泣已久，慈禧太后觉得有些累了，想回宫休息，可心里觉得还有话说，就是不知道说啥。

读者诸君！笔者写到这里，给您们从《金銮琐记》中引用一首诗句，概括他们君臣相见，即："湖园召见上帘钩，年少探花已白头。各有伤心无一语，君臣相对涕横流。"

最后，还是把持中国最高权力的慈禧太后，想起了她要办的政坛大事，遂叫了声："张之洞！"

"微臣在！"张之洞抱拳应声道，并连忙跪伏于地，"请老佛爷谕示！"

"唉！我这口气儿只要没出在外边，还得要瞎操心。"慈禧太后伤感之余，向张之洞嘱咐道，"庆亲王奕劻年纪已老，而摄政王载沣尚且年幼，汝系朝廷旧臣，国家政务历练颇深，日后国政，仗汝办理！"

"多谢老佛爷重托。微臣张之洞虽已老朽，愿鼎力辅佐朝政，以济时艰！"张之洞诚恳受命，伏尘叩谢。

"张之洞，快起来吧！"慈禧太后颤颤巍巍地走过去，欲伸手搀扶，并又说道，"你年岁大了，往后进得宫来，就把跪礼免了吧！"

"老佛爷恩典，微臣没齿难忘，请再接受微臣一次叩拜！"张之洞又一施叩拜大礼，方站起身来。

"张之洞，我有点累了，想回宫休息！"慈禧太后着实感到疲倦，只好停止交谈。

"好，好，老佛爷，我送您回宫！"张之洞急忙走到慈禧太后跟前。

看！一位七十岁的老人在搀扶着一位七十二岁的老人……

说心里话，慈禧太后愿意张之洞扶她回宫，起码两人可以回忆过去，谈论往事，共叙人生也是一种享受。所以，她没顾得上喊瑞福、喊李莲英，而仍然不停地朝前走着。

这时，传来李莲英、瑞福的喊声："张大人——张大人——张大人——"

张之洞与慈禧太后两人便停下脚步，看见他俩跑步追了上来。

"张大人，我们来扶老佛爷！"李莲英赶忙走上前，搀扶慈禧太后。

瑞福亦上手搀扶主子，但她还在喘着粗气。

"老佛爷，您保重！"张之洞拱手告辞。

"张之洞，你也得注意身体！"慈禧太后在他俩搀扶下，朝仪鸾殿走去。

张之洞走出宫门，坐上那顶八人抬绿呢大轿，前往军机处赴任。

刚才慈禧的一番召见，虽说让他感到欣慰，但看到老太后那苍老的面孔、那颤抖的身躯，尤其听了她那诚恳有加的衷心嘱托，似乎有些凄楚悲凉，难寻回天之力。是啊，自从中法战争以来，特别是甲午战争以后，国家重臣左宗棠、李鸿章以及恭亲王奕䜣、醇亲王奕譞等，都相继病逝，离开了人间。中用的朝廷大臣寥若晨星，没有几个像样的，难怪人们热情地传说，南张北袁同入军机。再加上光绪被软禁，慈禧年岁大，朝中决策定乾坤之人几乎已经没有了。在这样的情况下，慈禧太后委命授权于他，他怎么能不忧心忡忡呢？

坐在轿内的张之洞，带着满脑子的压力去上任。他愈来愈认识到，国家兴亡，匹夫有责。尽管自己年事已高，绝不浪费光阴，更不要去搞那些无意义的内耗，至于有人说袁世凯善搞权术，跟他争斗大可不必，只要他能够把朝廷决定下来的大事办好就行，其他琐碎之事用不着去纠缠。作为个人尽量跟他和睦相处，力争以大局为重，说啥也不能辜负老佛爷的期望，定要做一个始终如一的大清臣子。

张之洞到军机处上任来了。这里的重卿，张之洞几乎都认识，只是有的没有共过事。但最熟悉的是两个人：一个是袁世凯，一个是姐夫鹿传霖。不过，张之洞同他俩私人来往并不多，这是由于长年督抚无暇的原因。庆亲王奕劻、摄政王载沣也都在座。谁都知道，张之洞入军机乃慈禧太后的旨意，再加上张之洞是朝廷资深疆臣，所以大家对他很热情，让座、沏茶，并主动介绍情况。他也很谦恭礼让，再三表示，日后请诸位多多包容谅解，给予大力支持。

作为军机大臣的张之洞，确实能够做到对己严、对人宽，这也是难能可贵的。

张之洞入枢军机的第三天，忽然接到两江总督端方的一封密电，说是署理江苏巡抚陈启泰“嗜好甚深，不堪封疆重任”，力保湖北藩司李岷琛继任江苏巡抚，并建议武昌知府梁鼎芬，调补藩司。

他没有直接去找慈禧太后请奏，而是将端方的电报交于同僚传观，诚恳地说：“午桥（端方之号）主张，我无意见，请列公合议！”

这天奕劻因事没有到班。电报传到载沣、鹿传霖手里，他俩没有表态。可是，等传到袁世凯手上，他一看便知此事的前因后果了。

这些情形，袁世凯已有所闻，如今看到端方的电报，立刻便知道其用意，只是要跟陈启泰为难，而非荐贤。李岷琛是张之洞督署湖广时期的旧部，梁鼎芬更是武昌张之洞堂上的红人，如此迎合，借李以逐陈，自然会得到张之洞的支持。

袁世凯心里暗想：不能长张之洞的志气，更不能助张之洞的权势，否则将来悔之晚矣！

于是，袁世凯笑笑说道：“伯平（陈启泰之号）是不是抽大烟，还在怀疑之中，至于少东（李岷琛之号）的痼疾甚深，是我在天津亲眼得见的，莫非午桥竟不知道？”

这么一说，张之洞无法再为李岷琛撑腰了，遂问道：“袁大人，那么你看，怎么回复午桥？”

“张大人，依我看，是不是等一等为好？”袁世凯婉转地回绝了他。

“好吧，就这样办！”张之洞没有多想，愉快地听从了对方的意见。

对于老部下的提拔任用，张之洞并非撒手不管，也不是躲避畏嫌，而本着实事求是、注重业绩的原则，待机奏荐。

对待家人、亲友和幕僚的寻职，张之洞动员他们自己去应聘，根本没有动用手中的权力。他们照办了，效果很好，达到了预期目的。

幕僚辜鸿铭、次子张仁侃、长孙张厚琨已得到正式通知，三日内务必到外务部报到供职。仁侃与厚琨叔侄俩高兴极了，终于可以从事外交公务了。仁侃还想过，这回可以同大哥仁权一起干外交了。现在，仁权又任驻美公使馆参赞官员，兼留美学生监督，外务部丞参上行走。到职后，得向大哥好好学习外交经验。厚琨多想了一层，父亲仁权当过兵，打过仗，又是进士出身，现又搞外交，经多识广，难免挑剔。他打心里不愿意与父亲同朝共事，干不好恐怕天天受责备。他心里暗想，唉，干着看吧！辜鸿铭的心情则不是很愉快，只是因为袁世凯主管外务部，让人感到别扭。

此时，张厚璟仍须回到故乡南皮县双庙村，继续监管慈恩学堂的竣工扫尾建设，而后再留校担任校长并任教。现在，他深知爷爷张之洞的苦衷和夙愿，遂迟回南皮几日，主动带领张长江、薛日贵、王小兴去参加津南地区有关师范学堂的应聘考试，结果长江、日贵、小兴都被北洋大学录用任教，通知他们仨在三日内报到。

这可乐坏了张之洞！他马上同李夫人商量，是不是应该大摆酒席庆祝一番？他说：“人活七十，子孙有洪福，亲友有好运，难得，难得呀！”李夫人乐得合不上嘴，亦称颂道：“香涛，这全靠你，才有如此洪福和好运，应该摆筵庆祝！”

当下，李夫人吩咐下去，马上大摆酒筵，庆贺亲友与子孙就业。

什刹海边的张之洞府邸开始热闹起来——

鼓乐震天，鞭炮齐鸣。全府上下，一片欢腾。院内院外，张灯结彩。

卧室内，电话铃声响起……这是张之洞督抚以来，进京入军机，第一次享用的现代化通信设备——有线电话。他在给他姐夫鹿传霖、姐姐张之兰打电话，请他们参加今天的家庭宴会。不尽如人意的是，姐姐年大体弱，不想来了。张之洞没再勉强要求，因为前几天他携李夫人带着礼物，去看望姐姐、姐夫时，就发现姐姐身体确实有病，没有精气神儿，所以只能请姐夫一个人参加这次家庭便宴。

赴宴人员还算齐全，除张之洞全家，薛、王两家外，鹿传霖、辜鸿铭都按时到场了。

开宴之前，张之洞首先讲话，祝贺亲友、子孙们靠自己的学养和实力找到供职单位。鹿传霖也很高兴，赞扬内弟之洞在督鄂期间给大家打下教育与学习的基础，阐明十年树木、百年树人的道理。

张之洞率先举杯，让大家一边饮酒一边畅谈。众人兴高采烈，都端起酒盅，碰盏痛饮，而后你一言我一语地拉起了家常。

薛福德与王一丁两家一直是张之洞夫妇俩牵挂的亲友。张之洞让他们负责张府的厨房事务，薛福德仍担任大管家和贴身随从。但是为了增加薛、王的家庭经济收入，让他们还在什刹海边的闲空房子里开了一家会贤堂饭庄。饭庄开业后，非常红火，经常有宾客、文酒之会，且又因为张之洞身居高位，喜欢交往，应酬也多。这里地处什刹海，本来就风光旖旎，再加上会贤堂饭庄的兴旺，从而白米斜街很是繁华了一阵。

自张之洞、袁世凯同入军机处后，朝野希望张之洞对袁世凯能有所制约，抑制官场争权纳贿之风。张之洞心里很清楚，袁世凯是一个十足的政客，其人的危险性不是现在，而是将来。目前以袁世凯为首的北洋集团已成为大清最有实力的军事政治集团，怎能轻易对他下手呢？再说，朝廷军政空虚，闹不好招致颠覆社稷的恶果。

可是袁世凯没有把张之洞这位儒臣放在眼里。有一次，军机大臣兼外务部尚书袁世凯在接见德国驻华公使时说："张中堂是讲学问的，我是讲办事的！"言下之意，张只不过是一介书生。

袁的幕僚在外务部楼道处碰到辜鸿铭，便把袁同德国公使讲的话告诉了他，以为这是袁的得意之语。辜鸿铭一听，觉得袁太狂傲了，也不客气地回敬了一句："诚然，然要看所办是何等事，如老妈子倒马桶，固用不着学问。除倒马桶外，我不知天下有何事是无学问的人可以办得好的？"

“你，你……”袁的那位幕僚气得无言以对，尴尬地走了。

供职外务部的辜鸿铭，所臧否的人物，当时不但大都健在，而且权势未衰，他却能指而骂之，实乃不惜开罪于人的狂狷之士。其言，寓劝世于骂世之外，含妩媚于辛辣之中，殊非当时一般士大夫可比。诸如对袁世凯这样的权贵则更毫无假借，常在公开场合痛骂他是流氓、贱种，智商只能等于北京倒马桶的老妈子云云。

身处军机的张之洞，一直盼望干些正事，以献夕阳之辉。这一天，他终于盼来了——

光绪三十三年八月二十三日（1907年9月30日），清廷谕令入值军机的张之洞管理学部。张之洞接到谕示后，心中大喜而振奋。他从青年时期进翰林院供职，到中老年督抚为官，前后长达四十年，始终重视教育，并狠抓教育。世人皆知，张之洞是中国近代教育的奠基人，也是创造中国师范教育的第一人。管理学部虽说是单一的教育事业，但它是学部短暂历史上的一件大事，也是张之洞政治生涯中的高峰。

朝廷谕任张之洞管理学部，这是由于他颇具主抓教育的经验和智慧、胆识和魄力。他深深感到任重而维艰，所以他在生命的最后阶段，将相当多的精力与心血倾注于学部事务，这恰恰也是他从疆吏进入权力中枢，对国家决策发挥作用与影响最直接的时期。

学部方面，张之洞的深入与主抓，引起上下不小的骚动。首先是尚书荣庆不安于位。荣庆仕途发迹，缘于任山东学政时结识袁世凯，并由后者引荐，和权倾一时的荣禄拉上关系，就任学部尚书后，还与袁过从甚密。他以前虽在管学大臣任上因修订学制与张之洞共过事，实际不过附庸。如今，荣庆还想倚仗袁世凯，可掌管学部事务的却是张之洞，并且被张大刀阔斧地改革，从体制到管理、从建校到学制、从教学到课程都做了重新调整和规划，一向守旧的荣庆，如坐针毡，无所适从。

管理学部是张之洞晚年思想的延续和变化。其实背后隐藏着清末兴学过程中张之洞与袁世凯的思想对立。但是，人脉与袁世凯关系密切的学部，在此前更多地运用直隶兴学经验，而对张之洞按照湖北模式制定的《奏定学堂章程》即癸卯学制，并未照本宣科地贯彻执行。对此，张之洞便从调查实际和拟订制度条文的具体措施上，推动学部改革方案的落实。

晚年入阁拜相当军机大臣、充体仁阁大学士兼管学部的张之洞，虽一生没在直隶任职，来故乡南皮也不多，但对津南地区和南皮县的影响是深远的，尤其体现在教育方面——学部撑起较大的力度。

诸君可能还记得——经张之洞多次会同其他重卿联名启奏，要求清廷废除科举，清政府同意他们的上奏，业已颁发上谕，规定丙午（1906 年）科一律将科举停止，历时一千三百年的科举制度结束了。

现在，张之洞趁科举废除，将津南地区书院、私塾淘汰停办，但津南各学校如雨后春笋般建立起来。天津先后建立第一师范、南开学校、北洋法政、天津优级师范、北洋大学、河北工学院等学校。各州县以及乡村都办起学校，沧县直隶二中、泊头等九师范相继建立。

还有，诸位读者已经知道的相关情况——清风书院改为高等小学堂，光绪三十三年（1907 年），即停罢科举制度的第二年，张之洞在他的家乡南皮县双庙村建成慈恩学堂，招生 60 名，不久改为中学和高等小学各一所。翌年，南皮县建劝学所。光绪三十六年（1910 年），在南皮县城西街建立模范小学校。民国初年，在湖北上过学的学生回到当地，带来新风，纷纷利用庙宇改办学校。当时流行一句话：中华民国大改良，扒了庙宇盖学堂。到 1930 年，根据民国南皮县县志记载：全县初级小学校 248 所，在校学生 5078 人，另有高小师范等学校。

一天夜间，因学部事务奔波劳累的张之洞，提前入睡歇息了。子夜时分，电话铃声忽然响起。张之洞与李静姝夫妇俩全被惊醒，张之洞伸手拿起话筒，他一听是内务府打来的电话……啊，噩耗传来，两起噩耗一块儿传来。他那握话筒的双手颤抖着，两只眼睛直瞪瞪的，嘴里不停地念叨着："天塌了……天塌了……"

"你快说，怎么回事？"李夫人催问着。

张之洞悲切切地说："皇上……驾崩了……慈禧老太后……驾崩了……"

李夫人闻听后亦大惊失色："啊！这，这是真的吗？"

光绪三十四年十月二十一日（1908 年 11 月 14 日）晚 5 时许，光绪驾崩，时年三十八岁。

光绪三十四年十月二十二日（1908 年 11 月 15 日）晨 9 时许，慈禧病逝，享年七十三岁。

仅仅相隔一天，手握权杖的中国两位最高统治者相继死去，引起国内外一片震惊。

张之洞怎么也没想到，光绪皇帝、慈禧太后竟然走得这么快，两天前他同袁世凯、奕劻、载沣等卿臣还去过皇宫探望慈禧……

光绪死时，慈禧也已病入膏肓，在神智尚清醒时，召见王公大臣，传下一道懿旨，诏溥仪继位。

第二天清晨，张之洞吃完早饭，乘上那顶八人抬绿呢大轿，在薛福德等随从的陪同下，朝着皇宫走去。他无限伤感，老泪横流，不住地思念已故的慈禧老太后。

时光如水，转眼到了宣统元年（1909 年）。

六月初，张之洞便觉得身体不适，胸部压抑，偶有疼痛感，并常常头冒虚汗，本应去找医生查看，但他舍不得花费时间，仍照常上朝理政。

这一天上午，张之洞入宫，同其他卿臣议政。

摄政王载沣（溥仪生父）提出，津浦路总办，可由徐世昌兼领。

这是一个不合适的主张。张之洞极力反对，并列举了徐世昌一系列重大过失，他说："徐世昌自奉甚俭，而任意挥霍公款。徐世昌当东三省总督时，带了两千万两银子，连同原有的库存，不下三千万两之多。在沈阳大兴土木，踵事增华，不下几年工夫，花得净光光。如今让徐兼了津浦路的总办，其作风不改，路成无日。依之洞看，重用此人不妥！"

摄政王载沣又说："庆亲王保他'才堪继任'。"

"虽然才堪继任，无奈与情不属。"张之洞仍据理反驳，"闹不好，激出变故！"

"怕什么！"载沣淡淡地说，"有兵在！"

张之洞闻言大惊，像是胸部被人捣了一拳，顿觉喉间有什么东西上涌，而且自己微微嗅到一股腥气，口一张，"啪"的一声，一口鲜血吐在摄政王载沣面前。

"啊？不得了，不得了！"载沣大惊，喊道，"快，快，快传御医！快，快，快把张中堂抬到军机处！"

于是，太监们七手八脚地将张之洞抬到军机处的会客厅，让他躺在藤椅上，只见他面如金纸，气喘不止。经御医诊断后，给他开了中药方，并拿上中草药，将他送回府邸。

这一天是农历六月初四，张之洞就此病倒了。

他这么一病，吓坏了李静姝和全府老小。

一连请假五天，张之洞未能入值。鹿传霖过府来看他，安慰这位年过七旬的小舅子凡事想得开，务必要保重身体。张之洞告诉姐夫，他把摄政王"有兵在"的话看作是亡国之言，认为当国执政者，明见民变将起，却悍然不顾地勒兵观变，是真正地自绝于民，不亡何待！

这话传到摄政王耳中，自己也觉得失言了。但没有想到这一句话，竟会将七十三岁的三朝老臣气得吐血，心中未免内疚。他赶紧派人给张之洞送去人参、西洋补药。

这一天上午，张之洞似乎觉得有了些精神，向李夫人提出要到花园走一走，看一看。李夫人答应了，她和儿媳阿秀、侄媳典颖搀扶他步入府邸东侧的花园。

张之洞无心赏花观景，他要去花园东北角观看假山石。李夫人、阿秀、典颖不理解他的心情，心想，假山有啥看头？但婆媳们没说啥，搀着他来到假山前。

满腹心事的张之洞，围绕假山周围寻找什么东西，但什么也没看见；他又走到假山石洞口处，朝着里边仔细张望，空洞洞的，黑乎乎的，凄冷冷的，也是什么都没发现。

“老爷！你在找什么？”李夫人问道。

“唉！它不在了，永远不在了！”张之洞两眼流下凄楚的泪水。

“老爷！你在说什么，什么不在了？”李夫人不解其意，继续问道。

“老猕猴……已经走了……”张之洞哽咽地回答道。

“哦……”李静姝似懂非懂地应了一声。

两个多月的时间过去了。张之洞再未出过白米斜街的院子。

宣统元年八月二十一日（1909 年 10 月 4 日）中午，摄政王载沣可能也是因为此事引起的心中歉疚，亲临张府视疾，杏黄大轿来到什刹海边的白米斜街，通过现今 11 号院的两扇大门抬进大厅，那恐怕也是张之洞府邸最风光也最凄怆的一刻了。

此时，正值深秋的北京，一阵阵凉风由西山向北海刮来，北海水面被风轻轻地掀起一层层微波细浪，岸边的紫丁树叶闪闪发光，而上空又有一群白鸽翱翔。一刹间雨云消散，乌云变成淡褐色薄云，雨水刷洗的空中，露出时隐时现的斜阳，显示出一副冷淡憔悴而又无精打采的样子。时至傍晚，落入火烧云中的残阳如血一般的殷红。忽然，一行人字形大雁掠过什刹海云空，发出一阵阵“嘎——嘎——”的凄凉叫声，从北向南飞去……

尾 声

望月人怀远，秋风思归客。

张之洞病逝的消息传到江南，两湖大地沉浸在悲痛之中。武汉三镇更是一片凄怆，各工厂、学堂、军营都在自发地组织祭奠张之洞总督的活动。全城到处是披黑戴白的悲惨景象，悼念的人群洒下思念的泪水。

由督署铁政局总办蔡锡勇、湖北织布局总办吴嘉坤、武昌府知府梁鼎芬、汉阳府知府廖兴业牵头，会同汉阳钢铁厂、湖北织布局等，个人集资、自愿参加，分别在汉阳龟山山麓、武昌文昌门外江滨竖起了张之洞的全身石像。

汉口商人宋炜臣、王予坊、万伯等，也非常怀念张之洞，他们自己出资，在汉口既济水电公司院内竖立起张之洞身穿大清官服的铜像。

湖北新军营房内，肃穆凄然。他们开过张之洞总督追悼会后，第八镇统制张彪、第二十一混成协统领黎元洪当即发出呼吁，全体将士自愿捐钱，为纪念张之洞这位湖北新军创始人，塑造起一尊张之洞身着大清总督官服的全身花岗岩雕像。

正在学校读书的董必武，听到京师传来张之洞逝世的消息后，十分悲痛，心情极为沉重，带头解囊捐资，为张之洞总督立碑。

董必武与张之洞尚有不解之缘。1905 年春，来自湖北黄安（今红安）的年已十九周岁的董必武，入张之洞创办并兼任学堂总监的武昌文普通中学（待 1910 年 10 月方可毕业）。当时，听说总督张之洞对学生非常尊重，无论自己乘车还是坐轿，凡是学生向他行礼，都站起来微笑点头，表示还礼。董必武、蔡天民等新入学的学生有些不信，便联络几十名学生，在休假日到张之洞住所附近溜达，他们散开，不远一个，见张之洞坐轿颤颤地来了，穿着两湖学堂校服的学生都立正站好，向张之洞行礼，张之洞扶着轿杆站起来微笑点头作答，然后坐下。走不几步又一个，就这样站站坐坐、坐坐站站，弄得他一身汗。后来他明白了，这是调皮的学生在戏弄他。但他仍是起起坐坐，点头微笑，毫不生气。事后董必武他们嬉笑不已，董必武还写了一首打油诗："香帅坐轿去衙，不比走路轻松。连连站起坐下，频频点头打躬。"

武昌府知府兼学堂山长梁鼎芬知道以后，要处分董必武。张之洞笑道："乡村先生讲究师道尊严，谁能相信总督大人对学生以礼相待呢！他们试一试，说明他们多求索而少盲从，多自强而少懦怯，像董用威（当时董必武名用威）这样的学生，越多越好啊！"

从而张之洞与学生建立了浓厚的感情，学生们将他视为长者恩师。同时，说明了张之洞礼贤下士，宽容待人，且又聪慧识珠，培养了诸多的像董必武、黄兴、陈潭秋等数以百计的拯救民族危机的英雄儿女和栋梁之材。

张之洞这位晚清重臣离开人世后，湖北武汉人民和河北南皮乡亲自觉自愿地捐资纳款，为其树碑塑像，以祭追思怀念之情。至今，我们尚可看到，湖北黄石冶钢集团院内，矗立着一座熠熠生辉的张之洞汉白玉半身雕像。

在人生这本书上，几乎每一页都充满着艰苦跋涉和艰难奋战，常常浇洒着汗水和鲜血，甚至有着丧事的黑框，显示出一幅壮丽而耀眼的画卷。

张之洞在其人生画卷中，展示了他那高屋建瓴的睿智才华、不屈不挠的进取精神、关心未来的爱国热情、苦干实干的英雄本色。张之洞的一生是光辉灿烂的一生，是成就卓著的一生，是影响社会发展和催促后人奋进的一生。通览张之洞的整个人生，他做了很多好事和大事，办实业，筑铁路，抓教育，建新军。他在历次反侵略战争中一贯主张坚决抵抗，闪烁着光辉的爱国主义思想。这一点正是他同李鸿章等人的不同之处，也是他和李发生矛盾的重要原因。

无可非议，张之洞的一生在许多方面做出显著成绩，值得肯定和纪念，至于他的局限和缺点，可以从他所处的时代和地位进行历史唯物主义的分析和解释，便可以得到理解。

在意识形态领域内，还没有一个理论家能够预测到，因张之洞实施"湖北新政"所孵化的社会生产力、民族资产阶级、新式知识分子、倾向革命的"湖北新军"士兵，最终成了封建王朝的掘墓人。

张之洞病逝两年后的宣统三年（1911 年），就在张之洞坐镇近二十年的湖北省会，举行武昌起义，即震惊中外的辛亥革命。

1911 年 7 月，在黄兴的领导下，中国同盟会中部总会在上海成立，首要目的就是策划两湖起义。此时，也就是武昌起义前夕，湖北新军中已有三分之一的士兵参加了革命组织，成为起义的主力军。不久，新军的大部分官兵被调入川，同盟会认为在武昌起义的条件已经成熟。

10 月 10 日，武昌起义爆发。工程第八营革命党的总代表、正目（相当于班长）熊秉坤领导该营首先行动，很快就顺利地占领了楚望台。工程营左队队官（相当于连长）吴兆麟被推为临时总指挥。革命军以工程营为主力，分三路向武昌进攻，以迅雷不及掩耳之势攻占了湖广总督衙门，湖广总督瑞澄携其属下等清朝官吏弃城逃逸。11 日凌晨 2 时，革命军攻下武昌全城，武昌起义胜利。

接着，革命军又先后占领汉阳、汉口。武汉三镇皆被控制。

按照黄兴的“一省发难，各省纷起”的方针，湖北的两个邻省湖南、江西迅速响应，并在武汉成立了湖北军政府。

1911 年 10 月 28 日（宣统三年九月七日）下午，由上海抵达武昌的同盟会领袖黄兴，被任命为革命军战时总司令。而此时清廷已调集了朝廷三分之二的兵力进攻武汉，汉口失守，汉阳告急。11 月 16 日，临危受命的黄兴率部偷渡汉水，反攻汉口失败，退守汉阳。黄兴重整军队，又亲赴最前线指挥，终于将汉口从清军手里夺了回来。袁世凯的北洋军统帅冯国璋狗急跳墙，竟下令放火焚烧汉口，死伤居民 10 万之多。黄兴率领的两湖革命军损失惨重，但他们牵制住了清朝的主力，为全国各地风起云涌的起义争取了宝贵的时间。

革命烈火迅速蔓延，不到两个月的光阴，全国范围内形成了汹涌澎湃的革命洪流。全国有 14 个省宣布独立，清政府的统治土崩瓦解。

1911 年 12 月 29 日，在光复的南京，遵照上海同盟会的提议，举行了十七省代表会议，成立中华民国临时政府，成立了临时参议院，通过了《中华民国临时约法》。

1912 年 1 月 1 日，选举了孙中山为中华民国临时大总统，黄兴任陆军总长兼参谋总长。会议决议改用公历纪元，由于当年为农历辛亥年，故史称这年的鼎革之变为辛亥革命。

辛亥革命时期，孙中山与黄兴并称为“孙黄”，他们并肩作战，为推翻帝制、建立民主共和国立下了不朽的功绩，黄兴也与孙中山一起被誉为“中华民国开国二杰”。

1912年2月12日，清末代皇帝宣统被迫宣布退位。从此，从顺治帝建都北京开始的清朝，276年的封建专制统治宣告结束。

辛亥革命结束了中国几千年的封建帝王统治。

1920年，董必武和陈潭秋在武汉成立共产主义小组。

辛亥革命10年后的1921年，伟大的中国共产党成立。

出席中国共产党“一大”的13位代表中，湖北籍的5位（董必武、李汉俊、包惠僧、陈潭秋、刘仁静），湖南籍的4位（李达、毛泽东、周佛海、何叔衡）。“两湖”相加，共9位，占与会者的百分之七十。这不是偶然的，不能说与热心近代教育、任湖广总督18年之久的张之洞大办新式教育没有关系。谁又能说得清楚，张之洞所节制的湖广地区竟然成为培育中国共产党创始人的摇篮！

如果说张之洞造就了一批封建王朝的掘墓人，他自己可能在九泉之下不认可。

有论者讥讽张之洞为“种豆得瓜”。

中国民主革命先行者孙中山先生却誉称：“张之洞是不言革命之大革命家。”

张之洞还被日本名臣伊藤博文誉为中国第一能办事之人。

中国同盟会在东京集会时，理事黄兴曾在会上笑道：“我要给我的老师前两湖书院名誉院长、湖广总督张之洞，铸造一枚百吨黄金的大勋章，以奖励其为革命所做出的重大贡献：第一，张之洞用官费资送三千名湖广留日生，此中半数成为革命党骨干。第二，张之洞建造的汉阳枪炮厂为革命党准备了充足的武器，革命党接过他的‘汉阳造’驱逐鞑虏，恢复中华。第三，张之洞所任职的地方——广州、武昌、南京，几乎都成了革命的策源地。”

一代伟人毛泽东在谈到近代中国工业发展史时曾经评价道：“谈到重工业，我们不能忘记张之洞。”并说，“我当兵时使用的枪就是‘汉阳造’。”

史学家冯天瑜先生这样评述张之洞：张之洞督鄂18年间的新政实绩，为武汉地区的早期现代化进程做出了切实的贡献。他所开创的具有现代性质的制造业、工商业和文化教育事业等，有些在20世纪乃至当今仍在发挥作用。张之洞开拓风气、勤笃务实的进取精神，对于今天的武汉现代化建设事业，仍具有积极的启示作用。

历史地看，正是汉口开埠以后资本主义的强行“输入”和张之洞督鄂近20年的本土积极回应，两者的交织加速了湖北、武汉的早期现代化进程，因而使得“湖北新政”在我们面临经济全球化和区域经济一体化的今天，更值咀嚼，耐人寻味。

诚然，历史可能有多种评说，但历史应该不会忘记这位长髯飘飘操着南方贵州口音的矮个子北方人——南皮张文襄公（张之洞病卒后，朝廷给其谥文襄）。

酝酿准备：2008 年春天—2008 年秋天

构思写作：2008 年冬天—2009 年秋天

（全书完）

真实、形象地为张之洞传神写照
——王凤翔长篇历史小说《张之洞》读后

李世琦

张之洞是晚清四大中兴名臣之一，曾对清末乃至中国现代史产生巨大而深远的影响，张之洞逝世时有挽联称其“系天下安危五十年”。孙中山称他为“不言革命之革命者”。毛泽东说：“提到重工业，不能忘记张之洞。”张之洞一生丰富漫长，几乎涉及晚清所有的重大历史事件，涉及政治、经济、军事、文化、外交的方方面面。要给这样的人物立传，又是以历史小说的体裁，无疑是一件非常困难的事情。但读了王凤翔先生的书稿，我觉得他很出色地完成了自己的工作。

首先，真实、形象地写出了张之洞一生的文治武功、主要建树。真实是历史小说最重要的特征，是其区别于一般小说的本质要求。本书在写到张之洞参与的历史事件中，举其荦荦大端者，诸如中法越南战争、兴办洋务、参与维新变法、甲午战争、东南互保、提出“中学为体、西学为用”、撰写《劝学篇》废止科举兴办新学，一直到慈禧、光绪去世，宣统继位。这些晚清的重大历史事件，作者参考、研读了大量的史学专著、人物传记，保证了时间、地点、人物的真实、准确，从宏观上保证了全书真实、客观的历史环境、时代气氛，使人物性格在真实的环境中变化、发展。

其次，真实、形象地写出了张之洞的性格。作为晚清重臣，张之洞有着丰富、复杂的经历，有着长达 18 年的翰林院生涯，多半生担任封疆大吏，晚年入京，进入军机处，成为慈禧、光绪倚重的大学士，直到 73 岁病逝。作为屹立晚清政坛 50 年而不倒的高级官僚，他的性格无疑是复杂的。本书不仅真实、形象地写出了他复杂的性格，而且写出了从早年到老年的变化轨迹。张之洞是少年成名的才子，他 16 岁举乡试第一，考进士蒙慈禧钦点为探花，进翰林院任职。史书称张“少有大略。往者词臣率雍容养望，自之洞喜言事”。本书第五章写他年少气盛，打破词臣少言时事的传统，劾奏崇厚与俄交涉丧权辱国，请斩崇厚以谢天下，导致崇厚被革职治罪，中俄重新订约，为国家挽回了损失。他上奏时的锐气逼人，他奏疏的言辞犀利，都非常符合他这时的才华横溢、年轻气盛。而第二十章写他奉旨进京述职，面见太后，他对太后和翁同龢、奕䜣的应对，对三人心理的揣摩，都到了游刃有余的境界，充分展示了经过数十年的宦海风云的历练，他的察言观色、左右逢源的功夫已极为深厚，他能够屹立晚清政坛而不倒，就完全可以理解了。再如张之洞对维新派的态度，出于对清廷的忠诚，他可以接受维新派一定程度的改革，也就是他说的“中学为体，西学为用”，超过这个限度，就是他所不能接受的，特别是当他得知慈禧太后对维新派动了杀机后，他马上就要撇清干系，千方百计以自保。而他此前的《劝学篇》中的观点，以及他太后门生的历史渊源，果然让他涉险过关，未受任何处罚。在该书中，作者既写了张之洞的忧国忧民、雄才大略，也写了他的投机取巧、好名、虚荣，所谓“爱而知其恶”，写出了一个真实、完整、血肉丰满的张之洞。他购买文物被古董商欺诈，花了大把银子却落了一场空，也是很有意思的细节。

真实与虚构的问题是历史小说创作需要解决的核心问题。著名历史小说家姚雪垠先生说过：“先研究历史，做到处处心中有数，然后去组织小说情节，烘托人物，表现主题思想。这是历史真实与艺术虚构的关系，也就是既要深入研究，也要跳出历史。”王凤翔先生在创作中比较好地把握了真实与虚构的关系，历史事件的时间、地点、人物都是真实的，而在心理描写、环境气氛、人物对话等方面，则驰骋作家的想象力，展现自己的才华，做到“深入研究”与“跳出历史”的统一，历史真实与艺术虚构的融合，让作品既好读又耐读。因为一味追求真实，就成了历史考据，真实性确实做到了，但读者读起来则味同嚼蜡，不忍卒读。而如果只借几个历史人物的名字借题发挥，放开去写，那就成了戏说历史，或者是历史演义，则不能称为历史小说了。王凤翔先生在本书的写作中时时牢记这一原则，较好地处理了真实与虚构的关系。比如第九章《威震中外　镇南关大捷》写张之洞夜访冯子材一节，就是很好的例子。在史书记载中只有“之洞复奏遣提督冯子材、总兵王孝祺等”一句。作者根据这一史实，运用自己的生花妙笔，艺术地再现了“张之洞夜访冯子材”一节。在张之洞进村时，作者这样描写山村的环境：

山村的夜晚沉静得出奇，人的呼吸声能够听得清清楚楚。然而，由于时近夏初，不时地传来山林内的蝉鸣声、鹈鹕鸟叫声，只有它们打破这山村的沉寂。此时，月亮升起来了。

让读者有身临其境的感觉，仿佛自己随着张之洞一起到了冯子材的老家。随后描写了张之洞与冯子材、冯夫人，冯的两个儿子的相识、交谈，冯子材慷慨应命出征的经过。在写张之洞与冯子材告别后写道：

升到头顶上的月亮，宛如银盘一般，洒下似水的光线，照射得山野绿地斑斑驳驳、深深浅浅。逶迤的山峦在月光下时隐时现，那一个个峰巅高高陡陡、起起落落、圆圆平平，显示出南方两广山脉的特点。纵横于原野上的大河小溪，被天上的月亮映照得泛着光辉，如同一条条白色绸带盘绕在墨绿色的巨幅丝绒中。遥远的地平线那边，横贯东西几千里的珠江，好似银河缀于九天苍穹。

啊！博大辽阔的南国国土，让每个炎黄子孙爱恋不已……

这一头一尾的描写，首尾呼应，情景交融，刚柔相济，既写出了祖国河山的壮丽，又生动地刻画了张之洞、冯子材等人物忧国忧民、慷慨报国之情，很好地烘托了气氛，独立起来看是一篇优美的短篇小说。

类似的章节在本书中还有许多。在第二十六章《关心百姓 修筑护江堤》中，作者写了张之洞指挥武汉三镇人民抗洪的故事，从总督府、府、县各级官员，到普通市民，三教九流，各色人等，其气氛的热烈，场面的宏大，情节的惊险，最后张之洞夫人亲自上阵，侄儿的牺牲，都有很强的艺术感染力，对张之洞形象的丰满都有不可忽视的作用。历史小说的写作需要多方面的艺术素养、长期的艺术积累。王凤翔先生能够写出历史小说《张之洞》是和他多年的艺术探索分不开的。这位已过知天命之年的老作家，曾有过多年的军旅生涯，转业到地方后又从事过新闻、艺术和教育工作，担任过几个岗位的领导职务。他的作品涉及小说、戏剧、影视、报告文学等不同的艺术门类，发表、出版的作品已达四百五十万字。就历史小说而言，已出版过《赵飞燕》(花山文艺出版社)、《从歌女到太后——赵姬》(天津古籍出版社）等。所以作品中的战争、战斗场面都写得很生动、逼真，书中的对话都很精彩、个性化，展示了他深厚的艺术功力。

《张之洞》描写了清朝晚期广阔的历史画面，刻画了一大批晚清重臣的形象，我很高兴把它推荐给爱好历史和文学的读者朋友。

2010年10月27日

于石门静远斋

（作者为人文学者、文艺评论家、中国作家协会会员、中央财经大学中国发展和改革研究院特邀研究员、中国诺贝尔学研究中心主任、中外传记文学研究会理事）

创作历史作品仍须观察（跋）

如今，这部长篇历史小说《张之洞：坐对天池一长啸》即将由中国文史出版社再版发行。

烟水罗浮路，人我须弥山。在漫长的创作生涯中，我一直苦苦求索，潜心探寻，似乎总也没有找到捷径。然而，我有一个深切体会，创作如同春蚕吐丝一样，如果离开桑叶，没有合适的温度，那么蚕丝永远吐不出来。所以，每当取得一次微薄创作成果，我心中就感慨不已，念念不忘出版机构的关怀和支持。

万人丛中一握手，使我衣袖三年香。创作此书过程中，让我深深地感受到，友谊是千金难买的。十年前，此书《张之洞》由河北人民出版社出版发行。几年来的伏案创作，河北人民出版社社长董宝生、总编辑马千海、编审李世琦等，都给予我无私的帮助和热情的鼓励。他们态度谦和，诚挚待人，严格选材，循循善诱，还给我寄来有关张之洞的宝贵书籍，使我克服了种种困难，终于能够走过坎坷之路，进入正常的创作状态，乃至取得创作成果。专家李世琦先生对我的直接扶助和关怀，令我十分感动，他在繁忙的本职工作、学术活动中，担任本书的责编，还抽出宝贵时间为此书撰写了专家总评文章，给予我意想不到的评价和鼓励，使我受益匪浅。他的工作精神体现了河北人民出版社的高尚的道德风范。

若有师模承造化，并无恩泽得天资。万万没有想到，河北人民出版社出版的此书，十年之后，竟然被中国文史出版社给予再版机会。趁此再版之际，我怀着无比激动的心情，向贵社领导表示诚挚的敬意和衷心的感谢！尤其让我难忘的是贵社责编梁玉梅老师，她和我素不相识，但她在北京看到此书，便向社领导请示决定，再版此书。梁老师从北京打来一个个电话，好不容易终于同我得以联系。

梁老师工作认真负责，严谨细致，具有很强的编辑能力和深厚的知识功底，对书中个别地方提出了宝贵的修改意见。在此，我向这位良师益友表示深深的敬意和由衷的感激之情。

文绍中兴颂，书道怀良知。在此，还应提出感谢的有三位年轻人：一是韩剑英，他本来是全国颇具名望的戏剧导演，工作繁忙，但借回京机会，不辞劳苦，奔走了好几个书店，为我找到并购买了《清史稿》全集，累得他出了几身汗，最后将书籍带回秦皇岛。二是王继麟，也是抽暇奔波，在京秦一带，连续两个多月跑书摊、进书店，如寻找瑰宝一般，筹备选购有关清末史书和涉及张之洞的各种书籍。他们的辛劳，为我创作的前期案头准备工作，打好了基础。三是王继军，工作亦是很忙，上班没有时间，只能在工作之余，见缝插针，打印书稿，他几经校改、多次打印，利用几百个夜晚和若干双休日，可谓花费了大量时间和心血，从而保证书稿按时发往河北人民出版社。另外，我趁此机会还要表达一下对爱人王秀珍的感激之情。她多年来在自己的工作之余，为我的创作劳动和职业爱好给予极大的支持和莫大的尊重，承担起所有烦琐的家务，包括衣食住行，可以说她默默无闻地为着品德、为着伴侣、为着全家做出难以名状的无私奉献。

创作历史作品手法不一、风格各异，甚至反映的主题也不尽相同，但是我从创作本书的实践中所得粗浅体会大致有三。

其一，创作历史作品同样需要生活。我曾经写过几部长篇历史小说，本书乃是其中一部。一位善意的朋友对我说：有历史知识的人，就能写出历史小说，用不着深入生活。仅此观点，不尽皆是。实践使我认识到，创作历史作品同样需要深入生活，并且这种生活的渠道应该更加广泛，除了有的放矢地调查了解外，还要针对所写的历史人物和历史事件去查找相关史料和书籍，而后进行遴选，进行具有典型意义的遴选和构思。在创作这部作品的过程中，我不仅翻阅了《清史稿》，而且查看了有关张之洞的若干书籍，包括他的著述、诗文、电牍、奏议等，从中找出其生平简介、史实年代，以及与其有连带关系的重要人物和重要事件，这样将塑造的张之洞主人公同其他人物编织成有序的网络，并置于历史的旋涡之中，从而提高作品的整体意识，加重作品的历史感、厚重感和真实感。

其二，创作历史作品与观察宇宙人生密不可分。观察中，不仅注意找出事物的内在联系和发展规律，而且注意从中悟出所受的教育和启迪。而宇宙人生总是脱离不了现实生活的。通过观察宇宙人生，便可得出这样的结论：历史是现实的一面镜子。写作历史作品切记这条原理，我想，这是创作行业的通理。因为人类史本质上是思想史，写作历史作品有助于我们挖掘人类史的本质，剖析人们的思想史，以便更好地让历史为现实服务。只有认清历史，才能懂得现实，而只有懂得现实，才能明确历史的意义。因此，我在写作本书的过程中，严格把握切合现实这一创作原则，尽量使张之洞这个近代历史人物显示其突出的个性和特点，既要符合历史的真实性，又要与当前改革开放的时代密切融合。

其三，创作历史作品与广泛的社会阅历分不开。作者的社会阅历如何，直接关系到创造艺术品的质量，撰写历史作品更是如此。诸如作者人生经历，不管是担任过何种职务和哪级领导，还是做过哪些职业，即使是最基层、最普通的职业，对文学创作、对认识生活都是大有裨益的，都是宝贵财富。又如作者的某些爱好和擅长，哪怕是一两种业余爱好，也是贵而难得。举例而言，像喜欢诗词、书法、绘画甚至戏曲等都有益处。因为许多知识门类几乎是从历史演变而来，无不凝结着历史的洗涤和积淀。大家都看过著名京剧《将相和》《赵氏孤儿》，这些传统戏曲就是来源于对著名史学家司马迁的《史记》的改编。因而在本书中，我先后引用了戏曲《西厢记》《潘杨讼》的有关词句、历史故事，以渲染作品某些情节和氛围，推动故事向纵深发展。

尊敬的读者诸君!《张之洞：坐对天池一长啸》虽然再次出版问世，但由于笔者在创作文坛上尚属探索学习阶段，认识水平、写作能力以及掌握史料皆有局限和不足，因而作品中难免存有谬误，诚恳地希望你们在百忙之中抽暇审阅教正!

千寻磐石固，十年树木成。在这衣食无忧的大好时代，我将继续沿着创作道路求知奔波，尽力为人民做点有益的事情。

上述拙文是为跋。

王凤翔

2009 年秋于秦皇岛

2020 年改于秦皇岛